August Fournier

Die Geheimpolizei auf dem Wiener Kongress

Eine Auswahl aus ihren Papieren

Verlag
der
Wissenschaften

August Fournier

Die Geheimpolizei auf dem Wiener Kongress

Eine Auswahl aus ihren Papieren

ISBN/EAN: 9783957002587

Auflage: 1

Erscheinungsjahr: 2014

Erscheinungsort: Norderstedt, Deutschland

Hergestellt in Europa, USA, Kanada, Australien, Japan
Verlag der Wissenschaften in Hansebooks GmbH, Norderstedt

DIE GEHEIMPOLIZEI

AUF DEM

WIENER KONGRESS.

EINE AUSWAHL AUS IHREN PAPIEREN.

VON

AUGUST FOURNIER.

WIEN
F. TEMPSKY

1913

LEIPZIG
G. FREYTAG
G. m. b. H.

VORWORT.

Es scheint, wie in der schönen Literatur, so auch in der gelehrten, unbeabsichtigte Bücher zu geben. Dieses wenigstens ist eins. Längst mit den Dokumenten bekannt, die seinen Inhalt bilden, war ich doch bis vor kurzem noch keineswegs gesonnen, sie zum Gegenstand einer besonderen Veröffentlichung zu machen. Ich hatte es vielmehr für hinreichend gehalten, sie in einer Geschichte des Wiener Kongresses, an der ich arbeite, beiläufig zu verwerten und nur wenig davon wörtlich wiederzugeben. Bei einer neuen Durchsicht aber mußte ich mich überzeugen, daß es sich dabei doch um zu viele Zeugnisse von historischem Wert handelt, als daß sie nicht eine gesonderte Mitteilung verdienten; und da mir eine solche zugleich auch den Vorteil versprach, das erzählende Werk einigermaßen zu entlasten, entschloß ich mich rasch dazu.

Das Archiv des Wiener Ministeriums des Innern verwahrt unter seinen Polizeiakten eine Reihe von Faszikeln interessanten Inhalts. Es sind die in fortlaufender Folge, vom September 1814 bis in den Juni 1815, vom Polizeiminister dem Kaiser erstatteten Vorträge über alles, was mit dem europäischen Kongreß zusammenhing, der damals in Wien tagte. Die Vorträge waren die Einbegleitung einer ganzen Anzahl von geheimen Berichten über politisch hervorragende Fremde, Interviews mit ihnen, Nachrichten über ihren Verkehr und ihr Gehaben und nebenher über Stimmungen und Urteile in der fremden wie in der einheimischen Gesellschaft, in deren Salons damals die öffentliche Meinung Österreichs entstand. Diesen Geheimberichten waren stets auch Abschriften heimlich geöffneter oder sonst zur behördlichen Kenntnis gelangter Korrespondenzen beigelegt. Aus dem überreichen Vorrat dieser Dokumente nun — Rapporte und Interzepte — wird hier eine Auswahl mitgeteilt. Was die Rapporte betrifft, so geschieht dies unter dem Gesichtspunkt, daß es sich dabei zwar größtenteils nur um historische Quellen sekundärer Natur handelt, aus denen allein man keine reine Geschichte schöpfen wird, daß aber diese Quellen, sorgfältig aneinander geprüft und mit bereits feststehenden Zeugnissen verglichen, überdies mit allen ihrer Eigenart entsprechenden Vorbehalten benützt, immerhin den Wert ergänzender oder erläuternder Nachrichten beanspruchen dürfen. Und da heute nur sehr wenige private

Aufzeichnungen über den Kongreß bekannt sind, denen eine höhere Bedeutung zukommt, so schienen mir die Polizeiberichte geeignet, mindestens teilweise die klaffenden Lücken zu füllen. Und dasselbe kann von den Interzepten gelten, in denen über die fremden Souveräne, die Geschäfte ihrer Diplomaten und mancherlei sonstige Vorkommnisse bei dem großen Rendezvous Europas berichtet wird, wobei jedoch die nachweisbare Herkunft dieser schriftlichen Zeugnisse, die genaue Kenntnis ihrer Verfasser und ihrer Adressaten, ihnen ein größeres Gewicht beilegt. Davon sind hier, soweit der Inhalt es rechtfertigte, voraus solche aufgenommen worden, die, wie z. B. die Depeschen Bernstorffs oder die Briefe Theresens von Sachsen, weil Originale und Konzepte davon fehlen, als Unica anzusehen sind. Ich habe nicht unterlassen, mich hierüber mit auswärtigen Archiven zu verständigen, und empfinde es als eine sehr angenehme Pflicht, ganz besonders den Herren Vorständen der Archive von Berlin, Dresden, Stuttgart, München, Weimar, Stockholm und Kopenhagen für die gütige und schnelle Erledigung meiner Anfragen zu danken. Ebenso ist mir mein aufrichtiger Dank für die liebenswürdige Unterstützung, die ich seitens der Herren Beamten der Wiener Archive, hier wie immer bisher, gefunden habe, eine wahre Herzenssache.

Von fachkundiger Seite wird man vielleicht die wissenschaftliche Ausstattung dieser Dokumentensammlung etwas dürftig finden. Das mag wohl sein. Ich glaube aber, daß die einfache Art der Darbietung dem einfachen Zweck, den sie anstrebt, genügt und entspricht: die Papiere — aus denen Unwesentliches weggelassen wurde — wollen gelesen und nicht etwa bloß im Bedarfsfall nachgeschlagen werden. Darum habe ich es auch in der Einleitung vermieden, in den dort mitgeteilten Charakterbildern den urkundlichen Stoff zu erschöpfen. Nur eine Art lebendigeren Kommentars zu dessen Verständnis sollten diese Skizzen bilden und jeder imstande sein, die Bilderreihe nach Gefallen zu vermehren oder reichlicher auszuschmücken. Dabei, so wie bei der Auslese der Papiere, leitete mich die Meinung, daß es möglich sei, den Gang der großen Geschäfte doch etwas deutlicher zu erkennen und die daran beteiligten Personen unserem Urteil ein wenig näher zu bringen. Von Abgeschlossenheit oder Vollständigkeit konnte und sollte dabei nicht die Rede sein. Genug, wenn denen, die der historischen Erinnerung Wert beimessen oder auch nur Gefallen an ihr finden, einiges Neue geboten wird, das ihr Interesse weckt oder befriedigt.

Wien, im Januar 1913.

A. F.

INHALT.

Seite

Vorwort V

I. Einleitung.

1. Entstehung und Entwicklung des geheimen Dienstes 1
   Die Verstaatlichung der Polizei in Österreich. Joseph II. und Graf Pergen. Die Polizeihofstelle. Die Geheimpolizei als politische Wehr. Postlogen und Interzepte. Furcht vor Aufklärung und „Philanthropie". Graf Sumeraw und die Resolution von 1806. „Vertraute höheren Standes". Das Geheime Kabinett. Die Wiener Linienmaut. Endgültige Organisation der Staatspolizei.
2. Die geheime Staatspolizei auf dem Wiener Kongreß 12
   Die Fremden des Kongresses. Polizeiminister Baron Hager. Die Rapporte. Alte und neue Konfidenten. Der Vertraute * *, Carpani, Leurs, Weyland, Hebenstreit, Neustädter, Otocki, Freddi, Paris u. a. Freiwillige Konfidenten höheren Standes. Die materiellen Rapporte. Zuträger Metternichs. Die Polizei der Fremden. Chiffons und Interzepte. Widerstände. Das Bordereau der materiellen Rapporte. Folgerungen.
3. Ergebnisse 29
   Das Salongespräch als Geschichtsquelle. Die Aufgaben des Kongresses. Die vier Mächte. Abwandlung der polnischen und sächsischen Frage. Zwist und Einigung. Alexander I. Großfürst Konstantin. Friedrich Wilhelm III. Friedrich I. von Württemberg. Kronprinz Wilhelm. Max Josef von Bayern. Friedrich VI. der Däne. Großherzog Karl von Baden. Karl August von Weimar. Talleyrand. Hardenberg und Humboldt. Metternich. Gesellschaftliche Zirkel.

II. Dokumente.

Vor dem Kongreß.

Graf Goltz an Piquot, Breslau, 28. V. 1814 91
Rosencranz an Bernstorff, Kopenhagen, 18. VI. 1814 92
Hegardt an das Ministerium in Stockholm, Wien, 25. VI. 1814 92
Hager an Oberpolizeidirektor Siber, Wien, 1. VII. 1814 93
Derselbe an Regierungsrat La Roze, Wien, I. VII. 1814 93
Der Vertraute 1 ∞ an Hager, Wien, 6. VII. 1814 94
Bernstorff an Rosencranz, Wien, 7. VII. 1814 94
Graf Harrach an Graf Marcolini, Wien, 7. VII. 1814 95
Hegardt an den König von Schweden, Wien, 9. VII. 1814 95
Bernstorff an Rosencranz, Wien, 13. VII. 1814 96
Therese von Sachsen an Baronin Speth, 16. VII. 1814 97
Hegardt nach Stockholm, 16. VII. 1814 98
Bernstorff an Rosencranz, 16. VII. 1814 99

VIII Inhalt.

	Seite
* * an Hager, 18. VII. 1814	100
Piquot an Goltz, 20. VII. 1814	101
Bernstorff an Rosencranz, 20. VII. 1814	101
Therese von Sachsen an Prinzessin Amalie, 24. VII. 1814	102
Piquot an Goltz, 27. VII. 1814	102
Bernstorff an Rosencranz, 30. VII. 1814	103
Steinlein an den König von Bayern, 30. VII. 1814	104
Prinzessin Elisa Bacciochi an Aldini, 2. VIII. 1814	104
Graf Hardenberg an Münster, 3. VIII. 1814	107
Derselbe an denselben, 3. VIII. 1814	108
Bernstorff an Rosencranz, 3. VIII. 1814	109
Steinlein an den König von Bayern, 6. VIII. 1814	109
Humboldt an Fürst Hardenberg, 13. VIII. 1814	110
Rosencranz an Bernstorff, 16. VIII. 1814	111
Bernstorff an Rosencranz, 17. VIII. 1814	111
Kaiserin Maria Feodorowna an den König v. Württemberg, 15/27. VIII. 1814	112
Hager an Siber, 29. VIII. 1814	113
Erzherzog Karl an die Großfürstin Katharina, 31. VIII. 1814	113
Chevalier Freddi an Hager, IX. 1814	114
Humboldt an F. Hardenberg, 3. IX. 1814	116
Gen. Wintzingerode an den König v. Württemberg, 5. IX. 1814	116
Graf Hardenberg an Münster, 7. IX. 1814	116
Humboldt an K. Friedrich Wilhelm III., 14. IX. 1814	118
Gen. Wintzingerode an den König v. Württemberg, 7/19. IX. 1814	119

September 1814.

A. Rapporte:

Zum Vortrag vom 23.	119
Zum Vortrag vom 27.	119
Vortrag Hagers vom 28.	125
Hager an v. Leurs, 28.	126
Zum Vortrag vom 29.	126
Zum Vortrag vom 30.	134

B. Interzepte:

Minciaky an Stackelberg, 23. IX. 1814	136
Engeström an Löwenhjelm, 24. IX. 1814	136
Gagern an den Prinzen v. Oranien, 28. IX. 1814	137
Rosencranz an Blome, 28. IX. 1814	138
Schulenburg an Einsiedel, 28. IX. 1814	139

Oktober 1814.

A. Rapporte:

Zum Vortrag vom 1.	140
Aus dem Vortrag vom 3.	146
Zum Vortrag vom 3.	146
Zum Vortrag vom 4.	150
Zum Vortrag vom 5.	155

Inhalt. IX

	Seite
Zum Vortrag vom 6.	156
Zum Vortrag vom 7.	158
Zum Vortrag vom 8.	159
Zum Vortrag vom 9.	164
Zum Vortrag vom 10.	165
Zum Vortrag vom 11.	169
Zum Vortrag vom 12.	170
Zum Vortrag vom 14.	175
Zum Vortrag vom 15.	178
Zum Vortrag vom 16.	178
Zum Vortrag vom 17.	183
Zum Vortrag vom 18.	185
Zum Vortrag vom 19.	191
Zum Vortrag vom 20.	192
Zum Vortrag vom 21.	192
Zum Vortrag vom 22.	195
Zum Vortrag vom 23.	196
Zum Vortrag vom 24.	197
Zum Vortrag vom 26.	198
Zum Vortrag vom 27.	199
Aus dem Vortrag vom 28.	204
Zum Vortrag vom 28.	204
Zum Vortrag vom 30.	208
Zum Vortrag vom 31.	210
Berichte des Grafen Keller über seine Unterredungen mit F. Metternich	212

B. Interzepte:

Bellio an den Fürsten der Walachei, 3. X. 1814	217
Bernstorff an Blome, 4. X. 1814	218
S. Martin d'Ayle an S. Marsan, 4. X. 1814	218
Mariotti an Dalberg, 5. X. 1814	219
General Oyen an den Großherzog v. Hessen, 5. X. 1814	220
Hegardt an Engeström, 5. X. 1814	220
König Friedrich von Württemberg an Mandelsloh, 7. X. 1814	221
Löwenhjelm an Engeström, 8. X. 1814	221
Dalberg an Jaucourt, 8. X. 1814	222
J. de Maistre an S. Marsan, 8. X. 1814	223
Gaertner an Fürst Loewenstein, 8. X. 1814	224
Ompteda an Münster, 11. X. 1814	225
Bellio an den Fürsten der Walachei, 16. X. 1814	225
Dupont an Talleyrand, 15. X. 1814	226
Löwenhjelm an seinen Bruder, 18. X. 1814	227
Bresson an die französischen Marschälle, 19. X. 1814	227
Mavrojeni an seinen Bruder, 22. X. 1814	228
Dalberg an Jaucourt (?), s. d.	228
Löwenhjelm an Engeström, 26. X. 1814	229
Gräfin Rechberg an ihren Vater, 26. X. 1814	230
Elisa Bacciochi an Aldini, 30. X. 1814	230
Dieselbe an Pozzo di Borgo, 30. X. 1814	231

X   Inhalt.

November 1814.

A. Rapporte:

	Seite
Zum Vortrag vom 1.	232
Zum Vortrag vom 2.	233
Zum Vortrag vom 4.	235
Zum Vortrag vom 5.	239
Zum Vortrag vom 7.	239
Zum Vortrag vom 8.	240
Zum Vortrag vom 9.	242
Zum Vortrag vom 10.	242
Zum Vortrag vom 11.	246
Zum Vortrag vom 12.	247
Zum Vortrag vom 13.	250
Zum Vortrag vom 14.	251
Zum Vortrag vom 15.	253
Zum Vortrag vom 16.	254
Zum Vortrag vom 17.	259
Zum Vortrag vom 19.	262
Zum Vortrag vom 20.	263
Zum Vortrag vom 21.	264
Zum Vortrag vom 22.	265
Zum Vortrag vom 23.	266
Zum Vortrag vom 24.	267
Zum Vortrag vom 25.	267
Zum Vortrag vom 27.	269
Zum Vortrag vom 29.	273
Zum Vortrag vom 30.	274

B. Interzepte:

Küster an Friedrich Wilhelm III., 1. XI. 1814	275
Mavrojeni an den Fürsten der Moldau, 1. und 2. XI. 1814	276
Rosencranz an Schimmelman, 3. XI. 1814	277
Löwenhjelm an Engeström, 5. XI. 1814	277
Hegardt an Engeström, 9. XI. 1814	279
Gräfin Rechberg an ihren Vater, 9. XI. 1814	280
Hegardt an Engeström, 12. XI. 1814	280
Mavrojeni an den Fürsten der Moldau, 16. XI. 1814	281
Hegardt an Engeström, 19. XI. 1814	282
Löwenhjelm an Engeström, 19. XI. 1814	282
Stein an Hardenberg, 22. XI. 1814	283
Gräfin Rechberg an ihren Vater, 23. XI. 1814	283
Friedrich Wilhelm III. an Marie Louise, 23. XI. 1814	283
Mavrojeni an den Fürsten der Moldau, 26. XI. 1814	284
Gebhardt an Piquot, 28. XI. 1814	284
Gräfin Rechberg an ihren Vater, 30. XI. 1814	285
Piquot an ?, 30. XI. 1814	285

Dezember 1814.

A. Rapporte:

Zum Vortrag vom 1.	287
Zum Vortrag vom 2.	289

Inhalt.   XI

                                                                Seite
Zum Vortrag vom 3. 291
Zum Vortrag vom 4. 292
Zum Vortrag vom 5. 293
Zum Vortrag vom 6. 293
Zum Vortrag vom 7. 294
Zum Vortrag vom 8. 295
Zum Vortrag vom 9. 296
Zum Vortrag vom 11. 299
Zum Vortrag vom 12. 301
Zum Vortrag vom 14. 302
Zum Vortrag vom 15. 303
Zum Vortrag vom 17. 303
Zum Vortrag vom 18. 304
Zum Vortrag vom 19. 305
Zum Vortrag vom 21. 306
Zum Vortrag vom 23. 307
Zum Vortrag vom 24. 312
Zum Vortrag vom 25. 314
Zum Vortrag vom 26. 314
Zum Vortrag vom 27. 314
Zum Vortrag vom 28. 315
Zum Vortrag vom 29. 319
Zum Vortrag vom 30. 320

B. Interzepte:

F. Hardenberg an Stein, s. d. 323
La Tour du Pin an Bonnay, 1. XII. 1814 323
Bollmann an Frau Reinhard, 14. XII. 1814 324
Bollmann an Gentz, 21. XII. 1814 326
Stein an F. Hardenberg, 22. XII. 1814 327
Stand der russischen Armee, s. d. 327

Januar 1815.

A. Rapporte:

Zum Vortrag vom 1. 329
Zum Vortrag vom 2. 330
Zum Vortrag vom 3. 333
Zum Vortrag vom 4. 333
Zum Vortrag vom 6. 333
Zum Vortrag vom 8. 335
Zum Vortrag vom 9. 335
Zum Vortrag vom 10. 336
Zum Vortrag vom 11. 337
Zum Vortrag vom 12. 338
Zum Vortrag vom 13. 338
Zum Vortrag vom 14. 340
Zum Vortrag vom 16. 341
Zum Vortrag vom 21. 342
Zum Vortrag vom 22. 346

XII Inhalt.

Seite

Zum Vortrag vom 23. 347
Zum Vortrag vom 24. 347
Zum Vortrag vom 25. 348
Zum Vortrag vom 27. 350
Zum Vortrag vom 28. 351
Zum Vortrag vom 29. 353
Zum Vortrag vom 30. 353
Zum Vortrag vom 31. 354

B. Interzepte:

Baron Marschall an Stein, 1. I. 1815 355
Bollmann an Lafayette, 3. I. 1815 355
Derselbe an Hauff, 3. I. 1815 356
Derselbe an Frau Reinhard, 3. I. 1815 357
Wintzingerode und Linden an Friedrich I., 5. I. 1815 358
Ompteda an Münster, 10. I. 1815 360
Friedrich I. an die württembergische Kongreßgesandtschaft, 12. I. 1815 361
Wintzingerode an seinen Sohn, 12. I. 1815. 361
Prinzessin Therese an Prinzessin Amalie, 14. I. 1815 362
Dieselbe an Prinz Maximilian, 15. I. 1815 363
Phull an den Kronprinzen von Württemberg, 15. I. 1815 364
Pfeffel an Wrede, 19. I. 1815 365
Prinzessin Therese an Prinz Maximilian, 20. I. 1815 367
Königin Hortense an Beauharnais, 23. I. 1815 367
Gentz an Dalberg, 23. I. 1815 368
Derselbe an denselben, 23. I. 1815 368
Therese von Sachsen an Prinzessin Amalie, 25. I. 1815 369
Löwenhjelm an Engeström, 25. I. 1815 370
Mavrojeni an seinen Bruder, 25. I. 1815 370
Therese von Sachsen an Prinzessin Amalie, 26. I. 1815 371
Neustädter an Verhovácz, 27. I. 1815 372
Phull an den Kronprinzen von Württemberg, 31. I. 1815 372

Februar 1815.

A. Rapporte:

Zum Vortrag vom 1. 374
Zum Vortrag vom 2. 375
Zum Vortrag vom 3. 377
Zum Vortrag vom 5. 377
Zum Vortrag vom 6. 380
Zum Vortrag vom 8. 384
Zum Vortrag vom 9. 384
Zum Vortrag vom 10. 386
Zum Vortrag vom 11. 387
Zum Vortrag vom 12. 388
Zum Vortrag vom 15. 390
Zum Vortrag vom 16. 392
Zum Vortrag vom 17. 394
Zum Vortrag vom 19. 395

Inhalt.   XIII

Seite
Zum Vortrag vom 20. 396
Zum Vortrag vom 21. 399
Zum Vortrag vom 22. 399
Zum Vortrag vom 23. 400
Zum Vortrag vom 24. 402
Zum Vortrag vom 25. 403
Zum Vortrag vom 27. 403
Zum Vortrag vom 28. 404

B. Interzepte:
Jouffroy an Friedrich Wilhelm III., 3. II. 1815 406
Montgelas an Wrede, 4. II. 1815 407
Stein an Gräfin Orloff, 5. II. 1815 407
Stein an Humboldt, 6. II. 1815 408
Zerboni an Leipziger, 8. II. 1815 408
Zerboni an Reibnitz, 11. II. 1815 409
Salmour an Fürstin Tyszkiewicz, 11. II. 1815 409
Castlereagh an Liston, 14. II. 1815 410
Wellington an Liston, 16. II. 1815 411
Bollmann an Bülow, 19. II. 1815 413
Bollmann an Gentz, 20. II. 1815 413
Dalberg an den Fürstprimas, s. d. 414
Grote an Münster, 27. II. 1815 415

März 1815.
A. Rapporte:
Zum Vortrag vom 1. 417
Zum Vortrag vom 3. 418
Zum Vortrag vom 5. 418
Stadion an Hager, 8. III. 1815 419
Zum Vortrag vom 8. 419
Zum Vortrag vom 9. 420
Zum Vortrag vom 10. 421
Zum Vortrag vom 11. 421
Zum Vortrag vom 13. 424
Zum Vortrag vom 14. 425
Aus dem Vortrag vom 15. 425
Zum Vortrag vom 15. 426
Zum Vortrag vom 16. 426
Zum Vortrag vom 19. 427
Zum Vortrag vom 20. 429
Zum Vortrag vom 21. 430
Zum Vortrag vom 23. 430
Zum Vortrag vom 24. 431
Zum Vortrag vom 28. 431

B. Interzepte:
Angelo an den Reis Effendi, 8. III. 1815 431
Czartoryski an Anstett, 13. III. 1815 432
Großherzog von Baden an Kaiser Alexander, 14. III. 1815 433

XIV Inhalt.

Friedrich Wilhelm III. an den Kronprinzen in Berlin, 14. III. 1815 . . 433
Marie Paulowna an ihren Gemahl, 16. III. 1815 434
Talleyrand an Ruffin, 16. III. 1815 434
Dalberg an seine Frau, 20. III. 1815 435
Stein an Plessen, 21. III. 1815 436
König Max I. an die Königin, 31. III. 1815 436

April 1815.

A. Rapporte:
Zum Vortrag vom 1. 438
Zum Vortrag vom 5. 439
Zum Vortrag vom 8. 439
Zum Vortrag vom 9. 439
Zum Vortrag vom 10. 440
Zum Vortrag vom 11. 440
Zum Vortrag vom 12. 441
Zum Vortrag vom 15. 441
Beilage: Schlachtgesang von F. L. Z. W. 442
Zum Vortrag vom 16. 446
Zum Vortrag vom 19. 447
Zum Vortrag vom 20. 449
Zum Vortrag vom 25. 450
Zum Vortrag vom 27. 451
Zum Vortrag vom 28. 451
Zum Vortrag vom 29. 452
Zum Vortrag vom 30. 452

B. Interzepte:
Dalberg an seine Frau, 11. IV. 1815 453
S. M. Bethmann an Kaiser Alexander, 14. IV. 1815 454
Rapp an Bethmann, 8. IV. 1815 454
Hardenberg an Brockhausen, 15. IV. 1815 455
Gräfin Hartz an Gräfin Compignano, 21. IV. 1815 456
Blacas an Talleyrand, 22. IV. 1815 457
Großfürstin Katharina an den Kronprinzen von Württemberg, 22. IV. 1815 458
Therese von Sachsen an Prinz Max, 23. IV. 1815 458
Großfürstin Katharina an den Kronprinzen von Württemberg, 24. IV. 1815 459
Der Kronprinz von Württemberg an die Großfürstin, 24. IV. 1815 . . . 460
Stackelberg an Phul, 25. IV. 1815 460
Der Kronprinz von Württemberg an die Großfürstin, 25. IV. 1815 . . 461
Ompteda an Münster, 25. IV. 1815 462
Piquot an Voigt, 26. IV. 1815 462
General Watzdorf an seine Gemahlin, 26. IV. 1815 462
Czartoryski an Anstett, 29. IV. 1815 463
Prinz Wilhelm von Preußen an Erzherzog Johann, 29. IV. 1815 . . . 463

Mai 1815.

A. Rapporte:
Zum Vortrag vom 1. 465
Vortrag vom 3. 465

Inhalt. XV

	Seite
Zum Vortrag vom 6.	467
Zum Vortrag vom 9.	468
Zum Vortrag vom 10.	468
Zum Vortrag vom 12.	469
Zum Vortrag vom 14.	470
Zum Vortrag vom 17.	471
Zum Vortrag vom 20.	472
Zum Vortrag vom 24.	472
Zum Vortrag vom 25.	472
Zum Vortrag vom 26.	473
Zum Vortrag vom 28.	473
Zum Vortrag vom 30.	474

B. Interzepte:
Krüdener an Nesselrode, 2. V. 1815 475
Therese von Sachsen an Prinz Max, 6. V. 1815 476
Gräfin Hartz an die Gräfin Compignano, 8. V. 1815 477
Anton von Sachsen an Einsiedel, 10. V. 1815 478
Münster an den Prinzregenten von England, 24. V. 1815 478
F. Hardenberg an Goltz, 31. V. 1815 479

Juni 1815.

A. Rapporte:

Zum Vortrag vom 2.	481
Zum Vortrag vom 3.	481
Zum Vortrag vom 7.	482
Zum Vortrag vom 9.	483
Zum Vortrag vom 11.	484
Zum Vortrag vom 13.	486
Zum Vortrag vom 14.	487
Zum Vortrag vom 15.	488

B. Interzepte:
Gaertner an Solms-Laubach, 9. VI. 1815 488
Dalberg an Gräfin Schönborn, 12. VI. 1815 489
Spaen nach Hause, 14. VI. 1815 489

I. EINLEITUNG

1.
Entstehung und Entwicklung des „geheimen Dienstes" in Österreich.

Von dem welthistorischen Prozeß der Verstaatlichung öffentlicher Gewalten, wie er sich in Deutschland zur Zeit der großen Monarchen des achtzehnten Jahrhunderts vollzog, konnte, was man „Polizey" nannte, nicht unberührt bleiben. Konnte es umso weniger, als man damals darunter oft noch das Ganze des obrigkeitlichen Waltens in der Richtung von Wohlfahrt, Sitte, Ordnung und persönlichem Schutz der Bewohnerschaft in Stadt und Staat verstand. Erst später schränkte sich der Begriff auf die behördliche Bürgschaft für öffentliche und private Sicherheit und Ruhe ein, wobei es schließlich auch geblieben ist[1]). Als die Fürstengewalt die ständische Mitregierung endgültig verdrängt hatte und nun dahin strebte, gleicherweise die Verwaltung möglichst unbehindert und uniform zu leiten, da nahm sie den Ständen und den Städten auch die Polizei ab und gestaltete sie zu einem wichtigen staatlichen Regierungsbehelf. Das geschah hier etwas früher, dort etwas später. Während Friedrich II. von Preußen schon im Jahre 1742 in Berlin einen königlichen Polizeidirektor einsetzte, kam es in den Ländern Maria Theresias erst nach dem Krieg um ihr Erbe zu landesfürstlichen Polizeibehörden anstatt der ständischen. Zunächst waren es (1754) Polizeikommissäre, die in und für Wien ernannt wurden; bald darauf ward daselbst eine Polizeidirektion errichtet. Im Jahre 1782 ernannte Josef II. den „Staatsminister in inneren Ge-

---

[1]) Noch im Jahre 1761 schreibt Achenwall, „Staatsklugheit", S. 265: „Übrigens wird das Wort Policey in mehrerem und so weitläufigem Verstande genommen, daß öfters die ganze Regierungs-, auch wohl die Grundverfassung einer Stadt oder einer Provinz, auch wohl die gesamte Verfassung der Landesregierung eines ganzen Staates darunter bisweilen begriffen wird." Bei v. Berg, „Handbuch des teutschen Polizeirechtes", Göttingen 1798, I. 218, heißt es dagegen schon: „Die Polizey ist verpflichtet, jede Störung der öffentlichen und privaten Sicherheit nach Möglichkeit zu verhindern."

schäften", Grafen Johann Anton von Pergen, einen in unterschiedlicher Amtstätigkeit erprobten und vertrauten Staatsmann, der ständischer Landmarschall von Niederösterreich geworden war, zum Präses der staatlichen Regierung dieser Provinz und vertraute ihm drei Jahre später, darüber hinaus, die Leitung des gesamten Sicherheitswesens für alle nicht ungarischen Länder an. Nicht nur die Polizeidirektion von Wien ward ihm überwiesen, sondern auch die Gouverneure der übrigen Länder hatten in gewissen, namentlich geheimen Polizeisachen unmittelbar, d. i. ohne den Weg durch die ihnen vorgesetzte Wiener Hofkanzlei (Ministerium des Innern) zu nehmen, mit ihm zu verkehren[1]). So war es namentlich, nachdem im Jahre 1786 auch in den Landeshauptstädten Polizeidirektionen errichtet worden waren, die den Länderchefs zur Seite stehen sollten. Sie erhielten in dem genannten Jahr eine besondere, von Pergen entworfene Instruktion über das Ganze dessen, was man den „geheimen Dienst" nannte, eine Anweisung über Ziele und Mittel einer verborgenen neben der offenkundigen Tätigkeit der Staatspolizei. Was die Ziele betraf, so hatte Pergen schon in einem früheren Vortrag an den Monarchen als den obersten Zweck dieses heimlichen Gebarens bezeichnet, „daß Ew. Majestät in höchster Person die Hauptveränderungen der Gesinnung in dero Erblanden selbst mit einem übersehen können". Josef ließ dies gelten, wollte aber doch, indem er vor allem die Stellung der Monarchie im Konzert der Mächte im Auge hatte, ganz besonders seine Beamten überwacht wissen, ob sie nicht etwa sträfliche Beziehungen nach außen unterhielten, sein Militär, ob es nicht etwa Armeegeheimnisse an fremde Mächte verriet, und den Klerus, ob er nicht etwa Mißgunst wider die Regierung nährte und die Kanzel zur politischen Agitation mißbrauchte. Die Beobachtung fremder Diplomaten und ihres schriftlichen Verkehrs mit ihrer Heimat verstand sich

---

[1]) Josef schrieb auf einen Vortrag Pergens vom 22. Juli 1782: „Was den geheimen Dienst angeht, da können die Beamten nur soweit nutzbar werden, wenn sie unbekannt und ihr ganzer Auftrag in größter Geheim verbleibet. Diese können aber nicht wirken, und die nötige Hilfe nicht haben, wenn sie nicht immediate an den Landeschef gewiesen werden, wie es hier ist, und nachher erst zwischen den Landeschefs und Ihnen (Pergen) allher über diese Geschäfte **unmittelbar und ohne Einsicht der (Hof-) Kanzlei** die Rapports per privatas zu meinen Handen gelangen. Es muß also wieder eine besondere Instruktion für den **geheimen** Dienst verfaßt werden, die nur diesen immediate angehet und die den Landeschefs, von mir unterschrieben, unter Einbindung des engsten Geheimnisses wieder zu überschicken sei." (Archiv d. Wiener Minist. d. Innern, das hier immer anzunehmen ist, wo nicht ein anderes genannt wird.)

längst von selbst. Unter den Mitteln, die in der geheimen Unterweisung für die Erreichung dieser Zwecke an die Hand gegeben wurden, galt das bereits eingeführte Meldungswesen als erstes: jeder ankommende Reisende mußte der Behörde angezeigt werden. Daneben ward die Benützung von Dienstleuten, die man ausforschte, von Lakaien, Kutschern u. dgl., die man bereithielt, um sie in beobachteten Häusern unterzubringen, und ähnliches empfohlen[1]). Dann sollte auch die Lokalpost („Kleine Post") neben der kaiserlichen Post, der alle Briefschaften anvertraut werden mußten, der Polizei Dienste leisten. Vor allem aber das Chiffrenkabinett, dem die Entzifferung diplomatischer Korrespondenzen oblag und dessen Wirksamkeit durch das Verbot, schriftliche Sendungen anders als mit der Post zu befördern, wesentlich erhöht wurde. Wer irgend in den Verdacht gelangt war, einen heimlichen Briefwechsel zu führen, hatte die Durchsuchung seiner Papiere zu befahren[2]).

Die Unzufriedenheit unter den Ständen aller Länder der Monarchie mit dem Regiment Josefs, das ihre Vorrechte auf allen Gebieten so wenig schonte, und die großen politischen Ereignisse in seinen letzten Regierungsjahren: der Aufstand in Belgien, die Verbindung der ungarischen Malkontenten mit dem Ausland, der Umsturz in Frankreich und seine Fernwirkung, all das erweiterte nicht nur das Arbeitsfeld geheimpolizeilicher Wirksamkeit — denn jetzt ward Ungarn in deren Bereich eingeschaltet — es gab ihr auch zugleich eine noch bestimmtere politische Richtung und verschärfte ihre Maßnahmen. Denn hatten früher unter ihren Aufgaben noch Schutz und Sicherheit des Einzelnen eine immerhin wesentliche Rolle gespielt, so galt es nunmehr fast ausschließlich die Sicherheit des Staates und seiner inneren Ordnung im ganzen. Als Pergen dem Nachfolger Josefs, Leopold II., seinen ersten Bericht über sein Amt erstattete, erklärte er als dessen Hauptzwecke: „alle für den Staat verdächtigen oder gefährlichen Personen auszuforschen", „den Zusammenhang der Gesandtschaften unter sich und deren vertraulichen Umgang mit den Staatsbeamten zu beobachten", „alle beim Volk einschleichende Unzufriedenheit, üble Gesinnung oder wohl gar aufkeimende Meuterei zu entdecken", für neue

---

[1]) Schon zur Zeit Josefs II. hatten Konfidenten der Polizei im Hause des preußischen Gesandten die Papierkörbe heimlich zu durchstöbern. Siehe Mitrofanow, Joseph II., I. 225. Auch der Nuntius stand unter eifriger Aufsicht.

[2]) Ich habe den vollen Wortlaut der Instruktion von 1786 in einem Aufsatz „Kaiser Joseph II. und der geheime Dienst" im Juliheft 1911 der „Österreichischen Rundschau" veröffentlicht und diesen dann in den dritten Band meiner „historischen Studien und Skizzen" (Wien, 1912) aufgenommen.

Gesetze und Verordnungen Stimmung zu machen und dem Ansehen des Herrschers abträgliche Literatur baldmöglichst auszuforschen[1]). So war das geheime Polizeiwesen nicht nur in seinen Mitteln und Wegen, sondern auch in seinen Zielen verstaatlicht; es war im Staatsorganismus aufgegangen, um ihn, und ihn allein, vor Unfall zu bewahren.

Auf diesen Grundlagen wurde später unter dem Neffen des Reformkaisers, dem Sohne Leopolds, Franz, weitergebaut, nachdem man vollends mit dem revolutionären Frankreich in Kampf geraten war[2]). Zu Beginn des Jahres 1793 ward ein eigenes Ministerium, die „Polizei-Hofstelle", errichtet und Pergen als „Oberster Polizeiminister" an die Stelle des Präsidenten berufen, die er dann über zehn Jahre lang bekleidete. Die grauenhaften Ausschreitungen der Pariser Revolution, insbesondere das blutige Schicksal des verwandten Königspaares, darauf die eifrige Propaganda der neuen Republik, die in Ungarn — und vereinzelt auch in Österreich — Verschwörungen hervorrief, und endlich der fortdauernde Krieg, der nur zu oft für die Gegner Sieg und Vorteil bedeutete, haben das Regierungssystem des Kaisers Franz aufs nachhaltigste beeinflußt. Da man all diese Schrecken und Übel dem Geiste der Neuerung zur Last legte, den man als die Ursache des Umsturzes in Frankreich ansah, setzte sich im Charakter des Herrschers jenes tiefe Mißtrauen gegen alles Neue fest, das ihn dauernd zum Feinde jeglicher Reform und aller neuen Gedanken im Staate machte. Es hat auch das Polizeiressort als abwehrende Instanz zu erhöhter Bedeutung emporgehoben. Denn die eigene Staatsbürgerschaft vor Ansteckung mit dem, was man jenerzeit „Schwindelgeist" nannte, so gut es nur möglich war und, wenn es sein mußte, selbst mit fragwürdigen Mitteln ebenso zu schützen, wie

---

[1]) Vortrag Pergens vom 2. März 1790.

[2]) Nichts unrichtiger als die lange in der historischen Literatur vertretene Meinung, Leopold II. sei der Schöpfer der österreichischen Geheimpolizei gewesen, deren Elemente er aus Italien mitgebracht habe. Diesen Irrtum, der mit der posthumen Wertschätzung Josefs II. zusammenhängt, findet man bereits in einer 1799 („im siebenten Jahr") erschienenen Broschüre: „Geheime Polizei in Wien," deren ungenannter Verfasser völlig kenntnislos ins Blaue hinein schrieb und u. a. auch den Ursprung der Geheimpolizei auf Leopold II. zurückführte. Dieser hatte, im Gegenteil, Josefs System gemildert, die Polizei dezentralisiert, d. i. den Statthaltereien übergeben, und Pergen so wenig Geltung übrig gelassen, daß er 1791 seine Demission gab. Insbesondere bezüglich der Geheimpolizei hatte Leopold entschieden, daß der Wiener Polizeidirektor an die Geheime Hof- und Staatskanzlei (Minist. d. Äußern) gewiesen werde, wodurch Pergens persönliches Ressort ohne wesentlichen Inhalt blieb. (Resolution auf einen Vortrag vom 12. März 1791.)

man den eigenen Herd vor fremder Gewalt und Plünderung zu bewahren strebte, wurde jetzt ein Grundsatz österreichischer Staatskunst und mit fast derselben Schärfe gehandhabt, mit der man ehedem das für notwendig erachtete Prinzip der Glaubenseinheit gegen Andersgläubige zur Geltung gebracht hatte. Was war da natürlicher, als daß voraus die Geheimpolizei, die den Stimmungen im eigenen Volke und den Einflüssen von außen nachzuspüren hatte, bei dem Regenten hoch im Werte stieg? Ihre Mittel der Beobachtung wurden vermehrt, und ihre Achtsamkeit auf die literarische Agitation und den schriftlichen Verkehr aus der Fremde verschärfte sich[1]). Zu Ende des Jahrhunderts ward auch die Zensur in den Bereich des Polizeiministeriums eingeordnet, und das Briefgeheimnis, das den Diplomaten gegenüber niemals sonderlich geachtet worden war, verlor den letzten Rest an Respekt.

So war man in Österreich in zwingender Furcht und Abwehr dessen, was man für staatsschädlich hielt, dorthin gelangt, wo schon vor Jahrzehnten das absolute Königtum Frankreichs gestanden hatte, als ihm Beaumarchais' Figaro vorwarf, daß es „Spione halte und Verräter besolde, Siegel löse und Briefe unterschlage, immer bemüht, die Kläglichkeit der Mittel durch die Wichtigkeit des Zweckes zu beschönigen[2])". Nur daß es nunmehr nicht in Österreich allein so war, sondern nahezu überall, wo man sich den expansiven Angriffen der Revolution ausgesetzt fühlte. Ja, sogar die französische Republik selbst, die jenes Königtum besiegt und beseitigt hatte, langte nach dessen Maßregeln; auch sie nahm die Presse, so wie die alten Monarchien taten, unter Staatsaufsicht, und auch in Paris wurde mit ausländischen Briefen nicht rücksichtsvoller umgegangen als anderwärts, was bald alle Welt wußte und — alle Welt begreiflich fand. So schrieb z. B. Wilhelm von Humboldt im Jahre 1797 aus der Seinestadt an Schiller, die Briefe gingen zwar sicher, nur geschähe es meistens, daß die abgehenden und ankommenden auf der Post eröffnet würden, „eine Vorsicht, die man der Regierung in jetziger Zeit nicht verdenken kann[3])." Und wenn man sie dem Angreifer nicht verdachte, wer hätte sie dem Verteidiger verdenken mögen? Tatsache ist, daß man es im geheimen Chiffrenkabinett zu Wien und in den sogenannten „Postlogen", den Entzifferungs-Bureaus bei den

---

[1]) Siehe meinen Aufsatz „Knigge und Blumauer" in meinen „Historischen Studien und Skizzen", 3. Reihe.
[2]) Figaros Hochzeit, 3. Akt, 5. Szene.
[3]) Siehe „Deutsche Rundschau", Januar 1911.

Hauptpostämtern der Provinz, bald zu einer besonderen Fertigkeit darin gebracht hatte, Briefe, die aus irgend einem Grunde der Beachtung wert erschienen, in ihrem Laufe aufzufangen (zu interzipieren), sie zu öffnen und zu kopieren (zu perlustrieren) und dann, wieder geschlossen, an ihre Adresse weiterzubefördern. Die Abschriften oder Auszüge, die man davon machte, hießen „Interzepte". Als zu Ende des achtzehnten Jahrhunderts der große Kongreß zu Rastatt tagte, hatte Österreich in diesen Dingen bereits einen gewissen Ruf[1]). Nur die Postverwaltung Napoleons war darin, wie der Kaiser auf S. Helena rühmend erzählte, zu noch größerer Virtuosität gelangt[2]).

In den ersten Jahren des neuen Jahrhunderts wollte man in Wien entdeckt haben, daß der gefürchtete Geist der Neuerung nicht allein von dem revolutionären Frankreich her drohe, sondern sich bereits über den ganzen Weltteil verbreitet habe; die Staatspolizei müsse daher, schreibt Pergen am 21. März 1803 an seinen Kaiser,

[1]) H. Hüffer, Der Rastatter Kongreß, I. 34: „Für die geschicktesten in dieser Hinsicht galten die Österreicher."

[2]) Gourgaud, Sainte-Hélène. Journal inédit de 1815 à 1818. I. 400.— In Österreich erhielt sich das Verfahren mit interzipierten Briefschaften noch bis in weit spätere Zeit, und Erinnerungen eines höheren Postbeamten aus dem Vormärz (Max Löwenthal) geben darüber folgenden Aufschluß: „Die (in Wien) zur Post gegebenen Briefe gewisser bezeichneter Personen werden in das geheime Ziffernkabinett gebracht, wo sie eröffnet, abgeschrieben, dann wieder gesiegelt und der Postanstalt zurückgegeben werden. An einer eigenen Flamme ohne Rauch wird das Siegel erweicht, nachdem vorher mit einer gewissen, in einen Ring eingegossenen, halbweichen aber schnell erhärtenden Metallpasta ein scharfer Abdruck davon genommen worden. Nach bewerkstelligter Abschrift wird dieses improvisierte Petschaft auf das neuerdings erweichte Siegelwachs aufgedrückt, und es zeigt sich keine Spur von dem, was mit dem Briefe vorgegangen. Ein solches nachgemachtes Siegel hält sich mehrere Wochen; dann wird wieder ein neuer Abdruck genommen. (Freundliche Mitteilung des Wiener Lenauforschers Prof. Castle.) Im Jahre 1802 hatte man in Wien die Kunst ersonnen, mit chemischer Tinte und in Chiffren geschriebene Briefe zu entziffern, ohne das Original zu beschädigen. Siehe Fournier, Gentz und Cobenzl, S. 108. Auch die Diplomaten verstanden sich gar wohl auf diese Technik. Gentz konnte Siegel in Lehm und Ton abdrucken und dann zu Petschaften trocknen lassen; ein spanischer Legationssekretär gebrauchte auf dem Wiener Kongreß beim Lösen der Siegel eine Platte mit einer runden Öffnung, um das Papier zu schonen, und machte seine künstlichen Siegel aus erhärtetem Wachs. (Vertraulicher Polizeirapport vom 2. Oktober 1814.) Vgl. auch meinen Aufsatz „Gentz und Bellio" in der Deutschen Revue, Sept. 1912 und Wirkner, Meine Erlebnisse, 1825—1852, S. 75: „Das war ein Regierungsbehelf, der zu jener Zeit in allen, selbst in konstitutionellen, Ländern Anwendung fand."

„in gegenwärtiger Epoche ihre Aufmerksamkeit nicht bloß auf die k. k. Erbstaaten, sondern auf den herrschenden Geist in ganz Europa richten, wenn sie ihrer Bestimmung entsprechen will". Der Minister hatte nämlich gefunden, „daß geheime philanthropische Gesellschaften jetzt mehr als je ihr Wesen treiben, daß sie nach bestimmten Plänen handeln und, obwohl zerstreut in ganz Europa, doch in engster Verbindung auf einen Zweck hinarbeiten, ihre Taktik nach Zeit und Umständen ändern und all ihr Streben dahin lenken, die Grundvesten der christlichen Religion und der monarchischen Verfassung zu erschüttern[1]." Deshalb sei es äußerst notwendig, die österreichischen Untertanen vor dem schädlichen Einfluß solcher geheimer Gesellschaften zu bewahren und durch Korrespondenten im Ausland genaue Berichte über die drohende Gefahr zu erhalten. Da war es nun, das große Gespenst, das fortan Jahrzehnte lang, auch nach dem Sturz des revolutionären Empire in Frankreich, die Politik des Wiener Hofes und seiner Räte in Sorgen halten wird, jetzt als Freimaurer, Philanthrop und Illuminat, später als Tugendbündler und Carbonaro, als Burschenschafter und Mazzinist verkleidet, und der Kampf dagegen wird als einer der wichtigsten Staatszwecke gelten. Kaiser Franz genehmigt nicht nur den Vorschlag seines alten Dieners, er wird auch bezüglich der heimlichen Prozeduren, soweit sie den Briefverkehr betreffen, nachgiebiger als er ursprünglich gewesen war[2]. Im November 1803 trat Graf Pergen, achtzigjährig, von seinem Amte zurück; ein Jahrzehnt später, 1814, ist er gestorben. Man kann sagen, daß die österreichische Geheimpolizei in ihren wesentlichen Grundlagen sein Werk war.

Seine Nachfolger schritten auf dem von ihm gebahnten Wege weiter. Napoleons Übergriffe im Frieden ließen bald wieder einen Krieg befürchten, wobei es nach der Meinung des neuen Polizeiministers Baron Sumeraw — eines durchaus reaktionär gesinnten Mannes — aufs neue zur Pflicht wurde, „nicht nur beständig in militärischer und finanzieller Hinsicht in einer respektablen Verfassung zu sein, sondern auch genau zu wissen, was im In- und Auslande, vorzüglich aber auch in der Residenzstadt Wien, dem Sammelplatz aller Ereignisse, in politischer Rücksicht Merkwürdiges vorfällt". Diesem Zweck zu entsprechen, empfiehlt er als einen neuen Behelf die Gewinnung vertrauter Persönlichkeiten vom Stande, die in den vornehmen Zirkeln der Residenz, wo die fremden Diplomaten zumeist

---

[1] Das Wort „Philanthropie" wurde damals in behördlichen Schriftstücken häufig in einem zwischen Aufklärung und Revolution, jedoch näher zu dieser, gelegenen Sinne gebraucht.

[2] S. Fournier, Gentz und Cobenzl, a. a. O.

verkehren, insbesondere auch bei den Bankiers, Zutritt haben. Diese „Vertrauten höheren Standes", wie sie seitdem ämtlich bezeichnet werden, würden, was sie dort vernähmen, an den Polizeiminister oder dessen Adlatus (den Polizeidirektor) berichten, die sich für ihre Anonymität zu verbürgen hätten[1]). Auch darauf ging der Kaiser ein und erteilte die erbetenen Befehle. Und als dann im nächsten Jahr (1805) der Krieg wirklich ausbrach und mit schweren Verlusten für die Donaumonarchie endete, da meinte man wieder nur mit einer Verschärfung des geheimen Dienstes vorgehen zu sollen. Man unterschied ihn jetzt „in den für das auswärtige Interesse Seiner Majestät oder die eigentliche Staatspolizei und in die geheime Polizei des Innern[2])", und eine kaiserliche Resolution, die die Vorschläge des Polizeiministers teilweise sanktionierte, faßte die wesentlichsten Grundsätze, die bei der geheimen Staatspolizei zu beachten kamen, aufs neue in einer festen Norm zusammen. Sie wird noch in Geltung stehen, wenn später auf dem Wiener Kongreß das über Napoleon siegreiche Europa sich eine neue Ordnung geben wird, und mag darum hier in ihrem wesentlichen Wortlaut mitgeteilt werden:

„Da es in bezug auf die diplomatische Staatspolizei jetzt mehr als jemals darum zu tun ist, die Handlungen, Verbindungen und Äußerungen der fremden an meinem Hoflager aufgestellten Gesandten und der übrigen zum diplomatischen Korps gehörigen Personen, sowie der ab- und zureisenden Fremden, genau zu beobachten und ihre Korrespondenz, sowohl im In- als im Auslande, fortwährend im Auge zu halten, so müssen zur Erreichung dieser wichtigen Zwecke notwendig ausgiebigere Mittel als bisher angewendet, und der zu ihrer Bestreitung erforderliche Aufwand muß, insoferne ohne denselben die Erreichung des Zweckes untunlich ist, nicht gespart werden[3]). Es müssen sich demnach in jedem Haus der ausgezeichneteren fremden Gesandten ein oder ein paar im Solde der Polizei stehende Leute befinden, welche von den gewöhnlichen Ereignissen Bericht erstatten. Was die wichtigeren Vorfallenheiten betrifft, so muß ihnen vermittelst vertrauter Personen aus den gebildeten Ständen, welche nicht bloß in den jedermann offen stehenden Häusern, sondern auch in engeren und gewählteren Zirkeln Zutritt haben und die dem Chef der Polizei allein

---

[1]) Vortrag Sumeraws vom 21. Februar 1804.
[2]) Vortrag Sumeraws vom 2. Februar 1806.
[3]) Der geheime Dienst wurde unter Josef II., und noch lange nachher, mit 10.000 Gulden jährlich bestritten, die der Polizeiminister unmittelbar vom Monarchen in vierteljährlichen Raten übermittelt erhielt. Im Jahre 1814 auf 1815 wird er, soweit es sich um ständig besoldete Konfidenten handelte, mit etwas über 50.000 beziffert.

bekannt sind, auf die Spur zu kommen getrachtet werden, wobei es nicht allemal auf bare Bezahlung, sondern sehr oft auf persönlich erworbenes Zutrauen und auf genaue Kenntnis der besonderen Umstände ankommt, durch welche dergleichen Individuen bestimmt werden können, für das Beste des Dienstes tätig zu sein ... Wie die Ausführung der hier deutlich angegebenen Zwecke zu geschehen hat, bleibt Ihnen überlassen und kann darüber im voraus schwer etwas Bestimmtes angegeben werden, zumal oft augenblicklich gehandelt werden muß, um die sich darbietenden Gelegenheiten mit Erfolg zu benützen. Indessen ist a) die Gewinnung mehrerer in Häusern der Gesandten angestellter oder Zutritt habender Individuen nicht länger zu verschieben, sondern diese wichtige Quelle unentbehrlicher Nachrichten so schnell und so ergiebig als möglich zu eröffnen; b) in den vorzüglichsten Gasthäusern, sowie wenigstens in jenen Privathäusern, wo besonders von Fremden gesuchte Monatsquartiere vermietet werden, sich unter den Dienstleuten und Aufwärtern einiger Kundschafter und Vertrauter zu versichern, damit man einen Fingerzeig erhalte, ob und wie weit bei diesen oder jenen Fremden eine genauere Beobachtung notwendig wird, und c) sich eine hinlängliche Anzahl solcher Individuen zu verschaffen und immer an der Seite zu haben, welche als Lohnbediente oder als sonst in allerlei Eigenschaften Dienst suchende Personen denjenigen Fremden beigegeben werden können, die man einer besonderen Aufsicht unterziehen will[1])."

„Bei der Korrespondenz, von welcher mittels des Geheimen Kabinetts[2]) Einsicht genommen wird, kommt es hauptsächlich darauf an, die geheimeren Wege zu kennen, auf welchen diese

---

[1]) Die Gasthäuser mit ihren fremden Gästen standen längst unter polizeilicher Aufsicht. Nur fand schon im J. 1768 ein Österreicher (Baron Scherzer) Friedrichs II. von Preußen Verfahren mit den Wirten, — „die verbunden sind, von allen Zusammenkünften, Gesprächen und sogar, wenn Jemand bei ihnen wohnt, der dem Staate verdächtig scheinet, von seinen bei sich habenden Briefschaften, täglich einen verläßlichen Protokollsauszug der geheimen Polizei einzuschicken" — besser als die Wiener Praxis, die nicht so weit ging. Siehe Erich Schmidt in der „Vossischen Zeitung", Januar 1889.

[2]) D. i. des Chiffrenkabinetts, das damals unter einem Kabinettssekretär als Direktor stand und in der Hofburg seine besonderen Amtsräume hatte. Es hatte der Hof- und Staatskanzlei und der Polizeihofstelle gleicherweise zu dienen. Im Jahre 1812 wurde es dem Kabinett des Kaisers einverleibt und dem Vorstand der Kabinettskanzlei unterstellt. (Handbillet an Hager vom 13. Januar 1812.) Sein offizieller Titel „Geheimes Ziffernkabinett" wurde meist verkürzt als „Geheimes Kabinett" gebraucht. Auch die Kabinettskanzlei des Kaisers hieß „Geheimes Kabinett".

Korrespondenz eingeleitet wird, um sich einer lästigen Aufsicht zu entziehen, und wenn eben hierzu die vorangeführten Veranstaltungen besonders nützlich sind (wo sich aus der fortgesetzten Beobachtung der Personen ergeben wird, welche Briefe eine vorzügliche Aufmerksamkeit verdienen und durch welche Kanäle sie gehen), so wird dagegen die Einsicht der Briefe auch wieder wichtige Fingerzeige liefern, um die Beobachtung nach den jedesmaligen besonderen Umständen noch zweckmäßiger einzurichten. Diese Fingerzeige werden Ihnen mitgeteilt werden, ohne daß es nötig wäre, alle Interzepte in extenso einzusehen[1]). Versuche, um in die Kenntnis auch jener Depeschen zu gelangen, welche fremden Kurieren anvertraut werden, sind nie ohne meinem Vorwissen zu machen. Als Standpunkte für Logen setze ich für jetzt, außer Prag und Brünn, auch noch Salzburg, Linz, Lemberg, Krakau, Preßburg, Ofen, Triest, Graz und Görz fest und treffe die Einleitung, daß in allen diesen Städten Logen, insoweit sie nicht schon wirklich bestehen, ehestens errichtet werden. Auch werde ich dem Geheimen Kabinett in der Folge solch eine Verfassung geben, daß von dort aus im geheimen Dienst abgerichtete Individuen ohne alles Aufsehen an Orte entsendet werden können, die durch einen Zusammenfluß von Umständen auf einige Zeit interessant werden[2]). Da aber die Erfahrung lehrt, daß, zumal bei wichtigeren Fällen, welche eine große Aufmerksamkeit erheischen, selbst die offizielle Korrespondenz[3]), auf deren Einsicht das Geheime Kabinett sich fast einzig beschränkt, unter Aufschriften von Privatpersonen zu laufen pflegt und dadurch der Aufsicht fast gänzlich entgeht, so haben Sie durch sorgfältige Anordnung der oben erwähnten Mittel dergleichen geheime Wege ausfindig zu machen, um dem Kabinett bestimmt anzeigen zu können, auf welche Briefe es, nebst der offiziellen Korrespondenz, sein Augenmerk zu richten habe, indessen auch der ohnehin in das Geheimnis eingeweihte Oberpostverwalter von selbst solche Briefschaften, die als verdächtig auf alle Fälle (gelten), oder die auf eine fortgesetzte Korrespondenz deuten, wenigstens von Zeit zu Zeit in das (Chiffren-) Kabinett abgeben muß, um sich zu überzeugen, ob selbe eine nähere Aufmerksamkeit verdienen."

---

[1]) Sumeraw hatte ursprünglich in seinem Vortrag vom 2. Februar 1806 gewünscht, möglichst von allen Interzepten Kenntnis zu erhalten.

[2]) Das wurden in den nächsten Jahren die böhmischen Badeorte, insbesondere Teplitz und Karlsbad. Vgl. F o u r n i e r, Karl August von Weimar in Karlsbad, 1807, in Histor. Studien und Skizzen, III.

[3]) Das sind die mit der Post (seltener mit Kurier) beförderten Depeschen der Diplomaten. Siehe unten.

„Das Anhalten und Wegnehmen der Briefe an den Linien meiner Residenz und an den Grenzstationen[1]) hat zwar als eine längst bestandene Maßregel auch für die Zukunft noch Platz zu greifen, insoweit hierbei von durchpassierenden Fuhrleuten, Boten u. dgl. die Rede ist, und kann bei dieser Gattung Leute nach Umständen auch eine strengere Durchsuchung stattfinden. Dagegen würde es aber viel zu gehässig sein, dies auch bei angeseheneren Fremden eintreten zu lassen, die doch immer, wenn es ihnen ernstlich darum zu tun ist, einen Brief zu verbergen, Mittel dazu finden. Bei Fremden oder Reisenden solcher Gattung ist daher, da wegen ihrer zollämtlichen Behandlung die diesfälligen Vorschriften ohnehin Maß und Ziel geben, in Ansehung der Briefe bloß auf eine bescheidene Anfrage sich zu beschränken, denselben die wegen der Briefe bestehende Verordnung in Erinnerung zu bringen, damit niemand sich mit Unwissenheit entschuldigen könne, und nur bei eintretendem Verdacht die Visitation mit Anstand durchzuführen[2]). Auch ist überhaupt zu anderen, Aufsehen erregenden und den Schein von Gewalttätigkeit an sich tragenden Maßregeln, als z. B. Hausvisitationen unter dem Vorwand einer Kontrebande, Arretierungen wegen Beschuldigungen, die man leicht als Deckmantel anderer Absichten erkennen kann, strengere als die sonst gewöhnliche Ausübung der Maut- oder Polizeigesetze gegen solche Individuen, von denen man weiß, daß sie viel mehr in anderen Beziehungen Aufmerksamkeit verdienen, nur äußerst selten und nie ohne Wahrscheinlichkeit, auf diesem Wege zum Ziel zu kommen, zu schreiten, sondern vielmehr solange als möglich im Stillen zu wirken. Insoweit hierbei diplomatische Verhältnisse eintreten, darf das Einvernehmen mit meiner geheimen Hof- und Staatskanzlei nie unterbleiben, und

---

[1]) Weil sie nicht mit der Post befördert worden waren. „Linien" hießen die Mautstätten an der äußeren Umwallung Wiens zu Zwecken der Verzehrungssteuer.

[2]) Es war, nachdem diese Bestimmungen ins Leben getreten waren, nichts ungewöhnliches, daß Reisende von höherem gesellschaftlichen Rang sich zu der Gefälligkeit verstanden, Briefe ihrer Bekannten und Freunde an ihren Bestimmungsort mitzunehmen. So verzeichnet z. B. Gentz in seinem (handschriftlichen) Briefjournal eine ganze Anzahl aristokratischer Personen, die seine Korrespondenz beförderten: im Jahre 1806: Metternich, Fürst Lubomirski, Graf Finckenstein, Graf Zichy, Fürst Eszterházy, für seinen Briefwechsel von Prag nach Wien: Graf Kolowrat, Prinz Schönburg, Gräfin Czernin, Prinz Rohan u. a., Namen, vor denen der polizeiliche Eifer sicher Halt machte. „Durch die Post", schrieb er noch 1816 an Wessenberg, „schreibe ich, comme de raison, nur das, was jedermann lesen kann oder soll." Siehe F o u r n i e r , „Gentz und Wessenberg", S. 102, und „Gentz und das Geheime Kabinett" in Historische Studien und Skizzen, III.

überhaupt kann eine fortwährende Kommunikation zwischen beiden Hofstellen für den Dienst nicht anders als gedeihlich sein, was schon allein zum Bestimmungsgrund dienen muß, diese Kommunikation nicht außer acht zu lassen, welche sich jedoch bloß auf das, was jeder Chef, um seine Pflicht erfüllen zu können, zu wissen bedarf, zu erstrecken hat und folglich keineswegs auf eine vollständige Mitteilung der eigentlichen auswärtigen Verhältnisse der Monarchie und der sich darin ergebenden Veränderungen ausgedehnt zu werden braucht." Eine Mahnung zur Vorsicht bei der Auswahl der Konfidenten schließt die Vorschrift[1]).

An diesen Grundsätzen der geheimen Polizei, wie an dem ganzen System der Hofstelle, ist später nichts Wesentliches geändert worden. Als einmal der Kaiser, vielleicht auf den Vorschlag seines Ministers des Äußern Stadion, daran dachte, die öffentliche Polizei von der geheimen Staatspolizei zu trennen und an die Gouvernements (Statthaltereien) der Länder zu verteilen, wußte Sumeraw die Einheitlichkeit seines Ressorts wirksam zu verteidigen. „Die geheime Staatspolizei", legte er dem Monarchen dar, „wirkt im großen; ihr Wirkungskreis erstreckt sich auf das ganze Staatsgebiet. Da nun der obersten Gewalt unendlich daran liegt, alles in Erfahrung zu bringen, was der inneren und äußeren Sicherheit Gefahr drohen könnte, so ist es die Staatspolizei, der die Anordnung zweckmäßiger Mittel obliegt, diese Gefahr bei Zeiten zu entdecken, derselben bei Zeiten vorzubeugen, mithin auf jeden Teil des Staatsgebiets, auf jeden Gegenstand, der das Staatsinteresse berührt, ihre Aufmerksamkeit, Sorgfalt und Tätigkeit zu richten." Das lasse sich nur erreichen, wenn der Leiter der geheimen Polizei ohneweiters auch über den öffentlichen Sicherheitsdienst verfüge[2]). Es blieb beim Alten.

2.
Die geheime Staatspolizei auf dem Wiener Kongreß.

Nachdem endlich, nach der Auflehnung des Weltteils wider das drückende Übergewicht des französischen Empire, die verbündeten Heere im März 1814 bis Paris vorgedrungen waren und Napoleon

---

[1]) Resolution auf den Vortrag Sumeraws vom 2. Februar 1806. Was die Beziehungen zwischen der Polizei und dem auswärtigen Amt betrifft, so verdient bemerkt zu werden, daß der Minister des Äußern, Graf Philipp Stadion, sich nicht dazu verstand, der Polizeihofstelle aus seinem Ressort mehr als die nötigsten Mitteilungen zu machen.

[2]) Vortrag Sumeraws vom 20. April 1807.

im April abgedankt hatte, kam Ende Mai mit König Ludwig XVIII. ein Friedensvertrag zustande, dessen vorletzter Artikel für die Entscheidung der noch ungelöst gebliebenen politischen Fragen einen „allgemeinen Kongreß" in Wien in Aussicht nahm. Da zogen dann im September unzählige Fremde, zog ganz Europa in die Stadt an der Donau ein. Da gab es hohe Souveräne mit ihrem Hofstaat: Kaiser Alexander I. von Rußland mit Gemahlin und Schwestern, König Friedrich Wilhelm III. von Preußen mit zwei Prinzen, König Friedrich von Dänemark, Max Josef von Bayern und die Königin, eine Schwester der Zarin, Friedrich von Württemberg, Karl von Baden, Karl August von Sachsen-Weimar, und noch eine ganze Reihe deutscher Fürsten, teils solcher, die aus dem Zusammenbruch von 1806 noch Land und Herrlichkeit gerettet hatten, teils andere, die Mediatisierten, denen dies nicht gelungen war. Hessen allein war in sechs Linien des regierenden Hauses vertreten. Alle brachten auch ihre Kanzleien und Räte mit. Andere Herrscher, wie Ludwig von Frankreich, Georg von England und der Papst, hatten ihre Minister entsendet, König Murat von Neapel, der Schwager des entthronten Imperators, sowie sein Gegner, der Bourbon Karl von Sizilien, dann Viktor Emanuel I. von Sardinien, Wilhelm von Holland, die Könige von Spanien, Portugal und Schweden, ließen sich durch eigene Gesandtschaften vertreten, desgleichen die Kantone der Schweiz, die souveränen Ritterorden, die deutschen Hansastädte, Frankfurt und Mainz, die ehemalige Republik Genua und andere italienische Kleinstaaten und Gemeinden. Und außer diesen offiziellen Persönlichkeiten waren noch gar viele andere Interessenten entweder selbst eingetroffen oder hatten Wortführer geschickt; so der deutsche Buchhandel, um sich gegen Nachdruck und Zensur zu wehren, die Judenschaft von Hamburg, Bremen, Lübeck und Frankfurt, um bürgerliche Rechte zu gewinnen oder verlorene wiederzuerlangen, ja sogar die Marschälle Napoleons sandten einen Anwalt, um von den Renten, die ihnen Napoleon in fremden Ländern angewiesen hatte, etwas zu retten. Kurz alle waren da, die etwas zu erreichen hofften oder etwas zu verlieren fürchteten, die, wie der Mechaniker Drais, der deutschamerikanische Arzt Bollmann, der Münchener Professor Hermann, Projekte anzubieten hatten oder, wie Dannecker, Isabey, Neukomm u. a., ihre Kunst zu verwerten trachteten, wenige, die, wie der Romantiker Zacharias Werner, die Seelen vor der sündigen Welt zu retten unternahmen, dagegen viele, die in dieser Welt nach Geld und Geltung strebten. Und dazu eine Legion von Neugierigen und Lebensfrohen, von Bummlern, wie jener Graf La Garde, dessen Notizen heute noch ein unverdient hohes Ansehen genießen, und Glücksrittern aller Art, das lockere Frauenelement nicht zu vergessen, von den hochgeborenen Intrigantinnen der großen Welt herab bis zu den gefälligen Dirnen für alle. Es war eine schier unübersehbare Menschenflut, die durch die Straßen Wiens dahinwogte.

Für die österreichische Polizei ergab sich bei diesem Ansturm von außen her eine fast unlösbare Aufgabe, wollte sie, dem Normale von 1806 gemäß, alles belauschen und bewachen, was da fremd war. Denn nach Hunderten zählten allein schon die Diplomaten und Sachwalter mit ihren Hilfskräften, nach Tausenden die auswärtigen Besucher der Stadt überhaupt. Und dazu kam noch das Unerwartete, daß die bisher gegen Napoleon verbündeten Mächte gleich zu Beginn der Besprechungen über den erledigten Nachlaß des Empire uneins wurden und sich insgeheim zu befehden begannen, so daß der Kongreß mehrere Monate lang von feindseligem Zwist erfüllt war. Dieser Krieg im Frieden erhöhte natürlich die Anforderungen, die an den „geheimen Dienst" gestellt wurden; denn nun galt es, anstatt offener Freunde, heimliche Gegner zu beobachten, die ihrerseits gewiß mit allen Mitteln ihre Absichten zu verdecken suchten. Da war es wohl ein schweres Stück Arbeit für die Polizeihofstelle, an deren Spitze seit einigen Jahren Baron Franz Hager, ein gutartiger Mann und eifriger Beamter von altem Adel, stand, dem Auftrag des Kaisers entsprechend, „sich über die in Wien weilenden Souveräne und deren Umgebungen und Räte genaue Nachrichten zu verschaffen". Es gelang auch nur, weil das System von 1806 bereits eingelebt war und bloß in den Mitteln vermehrt zu werden brauchte, um den vervielfachten Anforderungen des Amtes zu genügen. Man hatte schon seit einigen Jahren „Vertraute höheren Standes" in den geheimen Staatsdienst aufgenommen, und auch Agenten niederer Kategorie zur Hand, um sie, wie es jene Instruktion verlangte, bei den fremden Missionen als Kanzleidiener, Lakaien, Kutscher, Heizer, Stubenmädchen usw. unterzubringen, die dann ihre Beobachtungen täglich einem der vertrauten Beamten Hagers mitteilten. Man brauchte nur beide Kategorien durch neue Werbungen zu vermehren, und der Minister wird schon in der letzten Septemberwoche dem Kaiser versichern können, „daß er bereits mancherlei Einleitungen getroffen habe, um über die wichtigsten Persönlichkeiten Nachrichten einzuholen, soweit es sich um Kongreßsachen handle, und daß er bemüht sei, diese Anstalten zu erweitern und zu vervollkommnen[1]." Schon am 1. Juli 1814 hatte Hager an den Wiener Oberpolizeidirektor Hofrat Siber geschrieben: „Die bevor-

---

[1]) Vortrag Hagers vom 26. September 1814.

stehende Ankunft der fremden Souveräne erheischt vervielfachte Aufsichtsanstalten, wodurch man täglich zur Kenntnis alles dessen, was ihre allerhöchste Personen und ihre nächste Umgebungen betrifft, aller jener Individuen, die sich ihnen zu nähern suchen, und der Pläne und Unternehmungen, die an diese hohe Gegenwart sich reihen dürften, auf eine möglichst umfassende Weise gelangen könnte. In dieser Absicht muß ich Euer Wohlgeboren schon jetzt auffordern, nicht nur die besseren Vertrauten, welche Ihnen schon zu Gebote stehen, dazu vorzubereiten, sondern auch für diese besondere Gelegenheit um neue Vertraute, oder solche Personen aus dem Handelsstande, aus den Honoratioren, auch aus dem Adel und Militär sich zu bemühen, welche geeignet und geneigt wären, Ihnen oder mir alles, was sie in obiger Beziehung erfahren, schriftlich oder mündlich ohne allen Verzug zu eröffnen." Siber möge ihm alle, die er im geheimen Dienst zu gebrauchen gedenke, nennen. Ein ähnliches Schreiben erging an den Regierungsrat La Roze bei der Polizeidirektion, der zugleich Vorstand des Judenamtes war, worin dessen Einfluß auf die angesehenen israelitischen Häuser in Anspruch genommen wurde. „Die Chefs oder die durch bessere Bildung sich auszeichnenden Söhne derselben sind besonders geeignet, solche Notizen aufzufassen und zu sammeln, welche die Staatspolizei im vorliegenden Falle interessieren." Ende August — der Kongress war unterdes verschoben worden — erneuerte Hager seine Mahnungen an Siber und ergänzte sie dahin, daß die fremden Diplomaten („Deputierten") mit ihrer „Umgebung und Berührung" durch geheime Beobachtung „in Evidenz gehalten" werden mögen. „Ich wünsche," heißt es da, „daß alle für das höhere Fach geeignete Polizeibeamte und Vertraute nun zweckmäßig verwendet und doppelt angestrengt werden, und ermächtige Ew. Wohlgeboren, für die Dauer des Kongresses neue gewandte Vertraute aufzunehmen, um es ja nicht an der genauesten Pflichterfüllung gebrechen zu lassen, welche das Auswärtige Ministerium und Seine Majestät mit vollem Fug und Recht von der Polizei in dieser so wichtigen Periode verlangen müssen[1])."

Auch einzelne gut akkreditierte Konfidenten „höheren Standes" wurden von Hager ersucht, ihm Vorschläge zu machen, und es gab unter ihnen bereits erprobte Berichterstatter aus den Salons der großen Welt. Da ist ein besonders geschätzter Vertrauensmann, der seine

---

[1]) Hager an Siber, 29. August 1814. Dieses wie die vorstehenden zwischen Hager und Siber gewechselten Schreiben bilden mit anderen ein eigenes Konvolut n. 2264 der Allgemeinen Polizeiakten des Jahres 1814.

Berichte mit * * zu zeichnen pflegt und damit schon im Vorjahr in den Listen der Geheimpolizei erscheint. Er verkehrt in der ersten Gesellschaft der Residenz, der er selbst entstammte und aus der er fast täglich umfangreiche schriftliche Rapporte über dort Gehörtes und Erfahrenes, soweit es die Politik, die Verwaltung, die Finanzen betraf, an Hager erstattete. Sie wurden von diesem als „die Berichte des Ew. Majestät bekannten Vertrauten" dem Kaiser vorgelegt. Sein Name wird in den Akten nie genannt. Daß er aber wirklich „höheren Standes" war, geht aus Briefen des Ministers an ihn hervor, der ihn darin mit „Hochdieselben" anredet[1]). Und wie viel Zutrauen er genoß, zeigt der Umstand, daß man ihn nicht nur zu Rate zog, als es sich darum handelte, neue Vertrauensmänner zu werben, sondern auch, als sich die Frage ergab, ob der österreichische Diplomat Baron Wessenberg, der im Geruch liberaler Gesinnung stand, zum zweiten österreichischen Bevollmächtigten beim Kongreß ernannt werden sollte. Der Befragte gab eine Wessenberg günstige Auskunft. Aus seinen Berichten, die in einem etwas veralteten, durch französische Wendungen beeinflußten Deutsch abgefaßt sind, geht gelegentlich seine langjährige Freundschaft mit Graf Solms-Laubach und seine genaue Bekanntschaft mit den Mitgliedern des ehemaligen Reichshofrats hervor, soweit sie dem Herren- und Grafenstande angehörten. Er zählt sie alle auf, bis auf einen, einen Grafen Friedrich T., in dem man vielleicht ihn selbst vermuten darf. Andere Anzeichen scheinen in andere Richtung zu deuten. Hager hatte ihn bei Beginn der diplomatischen Konferenzen ersucht, „sich nunmehr bloß jenen Datis widmen zu wollen, welche Sie in den mancherlei alten und neu gebildeten höheren und diplomatischen Zirkeln über das Interesse und Getriebe der verschiedenen anwesenden fremden Souveräne, Nationalinteressenten[2]), ihrer Umgebungen und Missionen auffassen können." Der Vertraute versprach sein Möglichstes zu tun. Und er hielt sein Versprechen. An jedem Tag — mit sehr wenig Ausnahmen — bekam Hager von ihm einen meist umfangreichen Bericht über alles, was in den vornehmen Kreisen, bei den Hoffesten, zu denen er Zutritt hatte, über die fremden Monarchen und Diplomaten, aber auch was von diesen über die österreichische Politik und ihre Sachwalter gesprochen wurde; kurz er tat wirklich sein Möglichstes. „Ich und Graf Herberstein,"

---

[1]) Hager an **, 13. Mai 1814: „Hochdieselben mögen sich besonders den Gesprächen in der Baldaccischen Koterie widmen".

[2]) „Nation" offiziell vielfach für „Volk", „Bevölkerung" gebraucht, „Nationalinteressent" für Vertreter eines Volkes, Diplomat.

schreibt er einmal in einem seiner Rapporte, „wir haben alle Freitage bei Prosper Sinzendorf ein vertrautes Diner, wo wir vertraulich zusammentragen, was jeder weiß. Emanuel Khevenhüller, der auch zu Baldacci geht, ist gleichfalls von diesen Diners[1]." * * erstattete seine Berichte nicht gerade um Gottes Lohn. Schon seit Juni 1813 bezog er von der Polizeihofstelle ein bescheidenes Salair, das sich während der Kongreßzeit allerdings nicht unbeträchtlich erhöhte: im Oktober 1814 sind es fünfhundert, im November tausend Gulden, im Januar 1815 wird ihm Ersatz für ausgelegte Wagen, Neujahrsgelder u. dgl. geleistet. Hager hatte ihm schon vorher Entschädigung für alle Kosten in Aussicht gestellt.

Gleich * * gab es noch eine ganze Anzahl von „Vertrauten höheren Standes", die ihre Dienste gegen Bezahlung leisteten. Einer, der in den Listen der Geheimpolizei als C—i (es ist der Dichter Carpani) erscheint, signiert seine französischen Rapporte mit „Nota". Er hat vielfache Beziehungen zu fremden Diplomaten, gehört zum intimen Kreis der Erzherzogin Beatrix (Modena) und ist auch sonst in der großen Welt gerne gesehen. Ein „Herr von L." (Leurs) hat auch schon im Jahre 1813 in Verbindung mit der Staatspolizei gestanden und namentlich in der Zeit nach dem Kongreß in Prag — während der sogenannten Liquidationsgeschäfte — mit preußischen und russischen Politikern nähere Bekanntschaft gemacht, die er jetzt verwerten wird. Er wurde im Vorjahr geadelt und steht, gleich * *, hoch in Geltung. Auch er wird wegen Zulassung Wessenbergs zu den Kongreßgeschäften zu Rate gezogen, und auch er gibt ein zustimmendes Votum ab. Nun soll er „mindestens jeden zweiten Tag einen gehaltvollen Bericht über die Kongreßangelegenheiten und über die Verhältnisse dieses oder jenes Souveräns" erstatten[2]), und er muß entsprochen haben, denn er erhält schon im November, außer seinem ständigen Honorar, eine Summe Geldes als Belohnung „für einen ausgezeichnet wichtigen Dienst"[3]). Dann ist da ein Graf M. (Majláth), in hoher Amtsstellung, der beim Besuch der Monarchen in Ofen, Oktober 1814, die heimliche Beobachtung leiten wird, ein Graf K., der der Exkaiserin Marie

---

[1]) Zum Vortrag vom 9. Januar 1815. Baldacci war vor kurzem noch einflußreicher Generaladjutant des Kaisers gewesen. Er wurde 1813 Armeeminister und zum Freiherrn erhoben.

[2]) Brief Hagers vom 28. September 1814.

[3]) Wahrscheinlich dafür, daß er das zweideutige Verhalten des moldauischen Agenten Bellio aufdeckte, der von Wien abgeschafft wurde. Vgl. F o u r n i e r, „Gentz und Bellio", Deutsche Revue, September, 1912.

Luise Dienste geleistet und nun über ihren Aufenthalt in Schönbrunn zu berichten hat; ein Herr von K. und ein Herr von H. haben diplomatische Bekanntschaften, die sie ausnützen; ein Herr v. W. (Weyland) rapportiert über Fürsten und Vertreter kleindeutscher Staaten und Städte, ein Herr v. O. (Otocki), ein Pole, über seine Landsleute, die im Oktober in großer Anzahl nach Wien gekommen sind und unter besonderer Aufsicht stehen. Ein Herr H. (der Schriftsteller und Privatgelehrte Hebenstreit, der seit 1811 in Wien lebt) hat zu Karl Müller, dem Lützower, freundliche Beziehungen und referiert über ihn und den Kreis preußischer Nationalen um ihn herum und was er sonst aus der Umgebung des preußischen Staatskanzlers Hardenberg vernimmt. Er wird durch den Grafen Karl Rechberg, mit dem er in literarischer Verbindung steht, in den Kreis der Bayern eingeführt und auch mit dem Buchhändler Cotta bekannt gemacht. Ein älterer Konfident, der sich hinter dem Zeichen 1 ∞ verbirgt, ist der Staatsbeamte von Neustädter, mit Diplomatenkreisen viel in Fühlung; er ist Ungar und schreibt für den Gebrauch des Kaisers Denkschriften über ungarische Verhältnisse. Dann gab es mehrere „Vertraute höheren Standes, die keine Quittung ausstellen", wie es in den Listen heißt, um nicht ihre Namen nennen zu müssen. Sie bleiben verschwiegen, wie noch manche andere. Nur von wenigen lüften die Akten in ihren intimsten Falten das Geheimnis. Da erfährt man z. B., daß jener Italiener, der täglich während des Kongresses so sauber geschriebene französische Berichte über die Vertreter der Kurie und die Diplomaten der romanischen Staaten liefert, ein Chevalier Freddi ist. Er selbst zeichnet seine Rapporte gar nicht oder mit F. oder „de F.". Er war vor kurzem noch im Sekretariat der Wiener Nuntiatur beschäftigt gewesen, bis ihn ein Consilium abeundi der Polizei um seine Stelle brachte. Aber Hager ließ ihn nicht ziehen, sondern gewann ihn, als der Kongreß sich zu versammeln begann, für den geheimen Dienst, für den er sich dadurch empfahl, daß er heimliche Beziehungen Friedrich Schlegels — damals als Hofsekretär der Staatskanzlei beigeordnet — zum Nuntius Severoli zur Kenntnis der Behörde brachte. Freddi, der, wie er in einer Denkschrift erzählt, „in Italien, am Bosporus, am Orontes und am Nil" Erfahrungen gesammelt haben wollte, kannte aber nicht nur die Wiener Vertrauensmänner der Nuntiatur, was bei dem gespannten Verhältnis der österreichischen Regierung zu Rom nicht ohne Wert war, sondern hatte, von Florenz her, auch Beziehungen zu den Repräsentanten Spaniens (Labrador) und Portugals (Palmella), die er jetzt verwerten wird, indem er namentlich über Gespräche und Vorgänge im Kreise der „Deputierten" aus dem Süden

Europas referiert[1]). Auch er ward von der Behörde dafür entlohnt. Neben Freddi gab es noch andere Italiener in Wien, die Hagern dienten; er nennt gelegentlich einen Abbate Cancas, einen Signor Ferrari. Neugeworben wurde u. a. auch Paris, ein Belgier und aus der Kriegskanzlei entlassener, übrigens reich begabter Offizier, der russische Beziehungen hatte. Neben diesen honorierten Hilfskräften gab es aber noch solche, die nur aus patriotischem Eifer der Regierung mit Berichten, auch geschriebenen, dienten; mitunter sind unterzeichnete Namen von Hager selbst aus den Akten herausgeschnitten worden. Es waren vornehme Leute, die es als Verpflichtung fühlen mochten, der Behörde mitzuteilen, was sie gesehen oder vernommen hatten, und wovon sie annahmen, daß die Kenntnis davon dem eigenen Lande von Nutzen sein könnte. Da ist z. B. einer („der besondere Vertraute"), an den der Zar gelegentlich auf einem Ball die Frage richtete, ob er nicht selbst einen geben wolle[2]). Und auch auf die aristokratischen Ehrenkavaliere, die den fremden Souveränen beigegeben waren, rechnete Hager als Helfer und „Berichtleger", wie ein amtlicher Ausdruck den heimlichen Berichterstatter bezeichnete, und rechnete nicht ganz vergebens. Hieraus ergibt sich, daß man bei diesen Rapporten keineswegs bloß an gewöhnliche Spionage denken darf. Nein. Sowie der Herrscher selbst und seine obersten Diener die Überzeugung hatten, mit dem „geheimen Dienst" eine notwendige Pflicht gegen den Staat zu erfüllen, die ihn über alles Gemeine hoch emporhob, so lebten auch gewiß viele der „Vertrauten höheren Standes", soweit sie Österreicher waren, des Glaubens, mit ihren Rapporten und Mitteilungen, schriftlichen und mündlichen, einen Zweck öffentlichen Interesses zu fördern und sich um das Vaterland verdient zu machen. Hält man dies alles fest, so wird man, was uns heute daran befremdend oder gar abstoßend anmuten mag, nachsichtiger und richtiger beurteilen. Selbstverständlich war es Hagern nicht minder darum zu tun, auch unter den Fremden Berichterstatter zu gewinnen. Er notiert gelegentlich einen Grafen W—r, ohne den Namen auszuschreiben, einen Deutschen, der angeblich in Steins Kanzlei arbeitete, dann nennt er den preußischen Diplomaten Otterstedt, den er „für den geheimen Dienst zu benützen" gedenkt, ebenso einen Herrn von Borsch. Ob und inwieweit diese Fremden dem Ansinnen der österreichischen Geheimpolizei entsprachen, ist nicht gut festzustellen.

---

[1]) Ein Freddi wird vom österreichischen Staatshandbuch mehrere Jahre hindurch als Vizekonsul in Fano (im Römischen) verzeichnet.
[2]) Rapport zum Vortrag vom 18. Oktober 1814.

Zu den Berichtlegern „höheren Standes" kam nun eine erkleckliche Anzahl von Geheimagenten niederer Kategorie hinzu, wie sie die Resolution von 1806 gleichfalls schon vorgesehen hatte. Das waren zunächst Detektives, von denen jeder eine der fremden Persönlichkeiten, die man dazu für wichtig hielt, zu überwachen und über sie täglich einen „materiellen Bericht" zu erstatten hatte: wen sie bei sich empfing, wen sie besuchte, mit wem sie konferiert oder gearbeitet hat usw. Solche Rapporte lieferten auch jene Konfidenten, die als Bedienstete (Lakaien, Heizer, Kanzleidiener) in den Häusern der fremden Missionen untergebracht worden waren, nur daß sie ihre Mitteilungen zumeist mündlich bei einem der Polizeiräte der Wiener Polizeidirektion (Schmidt, Goehausen) anbrachten. Daß die Wirte der Gasthöfe jetzt wie ehedem in Pflicht der Polizei standen, versteht sich von selbst. Aber auch die Vermieter von Privatwohnungen — und deren gab es viele — leisteten ihr teils freiwillige, teils geforderte Kundschafterdienste. So wohnte z. B. der russische Staatsmann Anstett, dessen reiche Arbeitskraft die Bevollmächtigten des Zaren, die Nesselrode und Stackelberg und Rasumowsky, nicht entbehren konnten, bei dem Redakteur Bartsch der „Wiener Zeitung", der seinen Mietsmann von früher her kannte und nun eingehend über häufige Gespräche, die er mit ihm führte, berichtete. Herr von Gaertner, der Anwalt einer ganzen Anzahl deutscher Kleinstaaten, wohnte bei einem Oberleutnant Klaus, der in Paris La Harpe, den Lehrer und einflußreichen Freund des Zaren, kennen gelernt hatte. La Harpe befand sich jetzt als Abgesandter seines Schweizer Kantons Waadt in Wien, und Klaus erbot sich, über ihn Mitteilungen zu machen. Das waren unentlohnte und gerne dargebotene Dienste, und so hat sicher noch mancher sich zu freiwilligen Berichten an die Behörde bereit erklärt. Und nicht bloß an die Polizeibehörde. Auch Metternich hatte seine eigenen vertrauten Zuträger. Die Gräfin Fuchs glaubte sie zu kennen und nannte den Prinzen Wenzel Liechtenstein und den jüngeren Grafen Schulenburg, den Flügeladjutanten Schwarzenbergs. Auch ein Prinz Rohan soll dazu gehört haben. Ja, wollte man es sich mit bloßer Vermutung genügen lassen, dann könnte man vielleicht auch annehmen, daß Sardiniens Vertreter, der Marquis v. Saint-Marsan, zu Metternichs Vertrauensmännern zählte. Sein Name fehlt — und seiner fast allein — in den Listen der beobachteten fremden Diplomaten; er erfährt vor allen übrigen Metternichs Absichten mit Murat von Neapel; sein Tagebuch enthält kein einziges tadelndes Wort über Österreich, dagegen aber zum 26. Oktober 1814 die Notiz, Metternich habe ihn ein für allemal zum Souper geladen und zu welchem Zweck¹)." Und konnte nicht auch Dalberg — seit Jahren ein geheimer Vertrauensmann Österreichs in Frankreich und jetzt einer der Bevollmächtigten Ludwigs XVIII. neben Talleyrand — zu gewissen Zeiten mit Mitteilungen gedient haben? Doch das wären ebenso vage als unbeweisbare Annahmen. Denn diese Dinge liegen im Dunkel. Es aufzuhellen und die Identität all der einzelnen Personen festzustellen, wäre schwer möglich und würde auch kaum die Mühe lohnen. Und ebenso ist es mit den ungenannten Konfidenten Hagers. Genug, daß die Fülle ihrer Berichte es gestattet, durch Vergleichung und innere Kritik die besser unterrichteten Gewährsmänner von den anderen zu unterscheiden; mögen sie immerhin hinter Chiffren und Zeichen verborgen bleiben.

Natürlich hatten auch die fremden Ministerien und Missionen ihre Vertrauten. Eine Hauptperson der russischen Geheimpolizei, General de Witt, Gemahl einer verwitweten Fürstin Potocka, war schon Anfang September in Wien erschienen. Die schöne, geistvolle, intriguante und höchst leichtfertige Fürstin Katharina Bagration, eine Verwandte des russischen Regentenhauses, die schon seit Jahren in Wien lebte, galt allgemein als die heimliche Helferin Rußlands, von der der Zar persönlich bei wiederholten nächtlichen Besuchen sich informieren ließ. Sie war um so leichter gewonnen worden, als sie von Metternich, dessen Huldigungen sie ehedem entgegengenommen hatte, um der nicht minder schönen und galanten Herzogin Wilhelmine von Sagan willen verlassen worden war. Übrigens sagte man im allgemeinen den Russen in Wien nach, sie hätten namentlich die unsittliche Weiblichkeit in den Dienst ihrer politischen Interessen gezogen²). Daneben waren sie ohne Zweifel auch von Männern, die in den Gang der großen Geschäfte eingeweiht waren, gut bedient. Schon wenig Tage z. B. nach dem 3. Januar 1815, an dem die Vertreter Englands (Castlereagh), Frankreichs (Talleyrand) und Österreichs (Metternich) im tiefsten Geheimnis eine Defensivallianz gegen Rußland und Preußen geschlossen hatten, überraschte Alexander I. den britischen Lord mit der Mitteilung, daß er davon bereits wisse. Nicht immer gelang es

---

[1] „Metternich m'invita une fois pour toutes à souper et pourquoi". R i n i e r i, Corrispondenza dei Cardinali Consalvi e Pacca, p. LX.

[2] Ein Polizeirapport nennt insbesondere eine bekannte Wiener Kurtisane, die Wolters, die vom Generaladjutanten Wolkonsky ein förmliches Salär bezogen haben und gelegentlich in Männerkleidern zu ihm in die Burg gekommen sein soll. Ein anderer Bericht brachte eine andre Dame ähnlicher Art, die schöne Morel, sogar mit dem Zaren in Beziehung, was aber unrichtig und auf den Großherzog von Baden zu deuten war.

der österreichischen Polizei, wie bei dem Vertreter des Fürsten der Walachei, Bellio, einem Verrat österreichischer Staatsschriften an Rußland dadurch zuvorzukommen, daß man den Schuldigen aushob und an die Grenze beförderte. Im russischen Interesse vermutete man auch den Herzog von Acerenza-Pignatelli, den Gemahl der Prinzessin Johanna von Kurland, die mit ihrer Schwester, jener Wilhelmine von Sagan, zunächst im österreichischen Lager stand. Daß Talleyrand sich gute Nachrichten zu verschaffen wußte, beweisen seine inhaltsreichen Briefe an seinen König. Von wem? Die Beziehung zu Gentz hat dieser selbst in seinem Tagebuch einbekannt. Den Grafen Sickingen, den vertrauten Freund und Kammerherrn des Kaisers Franz, erwähnt der Franzose in seinen Berichten wiederholt; doch das war eher ein heimlicher Sendling des Kaisers als ein Zuträger des fremden Ministers. Als solchen bezeichnete der Salonklatsch gelegentlich den Prinzen Louis Rohan, der ehedem der Gemahl der Wilhelmine von Kurland gewesen war, und nannte den preußischen Major Martens, einen Neffen des hannöverschen Diplomaten und Völkerrechtslehrers dieses Namens, als Berichterstatter Dalbergs. Als Leiter der preußischen Geheimpolizei wurde, mit Recht oder Unrecht, Graf Bethusy bezeichnet, der auch sofort unter tägliche Aufsicht kam. Auch Hofrat Heun (der Dichter Clauren) hatte, neben Anderen, geheime Rapporte zu liefern. Vom Fürsten Hardenberg, dem preußischen Staatskanzler, wollte man erfahren haben, daß er sich mit Vorliebe zweier Vertrauten — davon einer sein Kammer- und Kanzleidiener Veith — bediente[1]). Ein Baron Bodenhausen, ehedem westfälischer Kammerherr, soll dem schwedischen Kronprinzen als geheimer Agent gedient haben.

Zur Überwachung und Ausholung der fremden Persönlichkeiten gesellte sich eine nicht minder eifrige Erkundung des geschriebenen Wortes. Die in den Wohnungen und Kanzleien der auswärtigen Staatsmänner untergebrachten Konfidenten hatten namentlich auf alle Skripturen aufmerksam zu sein und insbesondere den Inhalt der Papierkörbe an das Polizeiministerium oder die Polizeioberdirektion abzuliefern. Dort wurden diese Reste — empfangene und zerrissene Briefe oder verworfene Konzepte — wenn sie nur einigermaßen politisch wichtig erschienen, äußerst kunstvoll durch Reihen winziger Siegellackplätzchen aneinandergefügt, so daß das ursprüngliche Schrift-

---

[1]) Über diese Dinge unterbreitete Hager dem Kaiser in Vorträgen vom Oktober und Dezember 1814 die entsprechenden Belege. Vergl. auch unten den Rapport zum Vortrag vom 11. März über Heun.

stück fast vollständig wieder hergestellt erschien. Derart vom Untergang gerettete Dokumente nannte man „Chiffons". Aber nicht die Papierkörbe allein, auch die Kamine standen unter Polizeiaufsicht, und nicht selten wurden angekohlte Schriftfragmente eingeliefert. Namentlich der Kamin des Freiherrn vom Stein, der damals zwar nicht, wie man allgemein meinte, förmlich in russischen Diensten stand, wohl aber für Rußland Dienste leistete, hatte einen gewissen Ruf der Ergiebigkeit. Einmal fand man darin einen Brief des Herzogs Alexander von Württemberg, dann einen Bericht aus Sachsen, den Stein im Unmut weggeworfen haben soll, ein Schreiben, das den Text des Rieder Vertrags von 1813 begleitet hatte, u. dgl. m. Wie Stein seinen Kamin, so hütete Dalberg seinen Papierkorb nicht sorgsam genug. Aus ihm erfuhr man, noch ehe Talleyrand davon sprach, die Absicht der französischen Regierung, Napoleon auf Elba aufzuheben und auf eine entferntere Insel zu bringen. Ein Schreiben, das der Kriegsminister Dupont an Talleyrand gerichtet hatte, und dessen Inhalt dem Polizeiminister mitgeteilt worden war, bestätigte die Meldung des Chiffons. Da aber nicht nur Diplomaten und Agenten polizeilich überwacht wurden, sondern auch solche Fremde, die mit ihnen verkehrten, so ließ man auch bei diesen nach interessanten Schriftstücken forschen. Da ist z. B. jener Justus Erich Bollmann, der aus Amerika mit einem ganzen Sack voll Projekten (Dampfschiffahrt auf der Donau, Platin zu Münzzwecken, ein Heilmittel für die österreichischen Staatsfinanzen in Form einer Nationalbank) nach Wien gekommen war und mit Talleyrand seit langen Jahren in Beziehung stand[1]). Er wurde, kaum daß er den ersten Schritt in das französische Botschaftshotel getan hatte, schon unter Beobachtung genommen, und noch heute bewahrt das Archiv der Polizeihofstelle manches chiffonierte Konzept von seiner Hand. So war es z. B. auch mit Eugen Beauharnais, dem Stiefsohn Napoleons und Schwiegersohn des Bayernkönigs, ehedem Vizekönig von Italien, der in Wien die ihm in Paris zugesagte Landentschädigung suchte. Er wird sie nicht finden. Aber er steht unter polizeilicher Überwachung, und namentlich, da der Zar Alexander ihn seines vertraulichen Umgangs würdigte. Man hat einen Gascogner in seinen Dienst gebracht, der, wie es heißt, zerrissene Papiere in ziemlicher Anzahl ablieferte. Einmal sogar einen ganz heilen Brief von Eugens Schwester, der Exkönigin Hortense, die dem Bruder im

---

[1]) Siehe neben seinen von Friedrich K a p p veröffentlichten Briefen und der V a r n h a g e n s c h e n Studie über ihn meinen Aufsatz „Aus der Zeit des Wiener Kongresses" in der „Wiener Allgemeinen Zeitung", 16. Juni 1880.

Februar 1815 warnend mitteilte, daß man ihn zum Parteihaupt der Bonapartisten in Frankreich ausersehen habe. Der Brief war, aufs kleinste zusammengefaltet, in einer Bürste versteckt, angekommen und von dem Kammerdiener aus der Gascogne früher entdeckt worden als von seinem Herrn. Dieser las ihn erst, als die Polizei schon lange Kenntnis von seinem Inhalt hatte.

Viel mehr Wert natürlich als die Chiffons hatten für die Behörde die Interzepte von tatsächlich expedierten Korrespondenzstücken, und die Beamten des geheimen Kabinetts waren Tag und Nacht an der Arbeit[1]). Oft genug fehlte da die Zeit, die eröffneten Briefe wieder zu schließen und mit der Post weiter zu befördern, woraus reichlich Verlegenheiten und Beschwerden entstanden, so daß Kaiser Franz sich im Februar 1815 zu einem strikten Befehl genötigt sah, die perlustrierten Postsendungen nicht zurückzubehalten. Was unterlag aber auch nicht alles dem geheimen Verfahren! Um sich nichts halbwegs Wissenswertes entgehen zu lassen, wurden so ziemlich alle Postbriefe geöffnet, deren Herkunft oder Bestimmung ein staatliches Interesse zu rechtfertigen schien. Und da ward zwischen Fremden und Einheimischen kein Unterschied gemacht, die Grenze nach oben nicht kürzer gezogen als die in die Breite. Die Korrespondenz z. B., die die Kaiserin Ludovika von Österreich mit einer Freundin in Preßburg pflog, entging ebensowenig der behördlichen „Operation" wie der Briefwechsel der ältesten Schwester des Kaisers, der Prinzessin Therese von Sachsen, mit ihrem Schwager Max von Sachsen und ihrer Schwägerin Amalie in Prag, oder der der Kaiserin Marie Louise mit Graf Neipperg, der der Erzherzoge unter sich, ja selbst die regelmäßigen Berichte, die Gentz mit Metternichs Vorwissen an den Fürsten der Walachei erstattete, wurden „geheim behandelt". Und nicht minder die Briefe der Fremden. Was nicht völlig vertrauenswerten und erprobten Boten und Kurieren anvertraut war, wurde untersucht[2]). Was die Schwester Alexanders I., die Großfürstin Katharina, an ihren Verlobten, den Kronprinzen von Württemberg, was der König dieses Landes nach Stuttgart oder später von dorther an seine bevollmächtigten Minister

---

[1]) Das Personal des Chiffrenkabinetts erhielt nach Schluß des Kongresses eine Gratifikation von 2000 Gulden von der Polizeihofstelle ausbezahlt.

[2]) Die Gepflogenheit, die diplomatischen Depeschen mit Kurieren zu befördern, scheint erst im 19. Jahrhundert allgemein geworden zu sein. Wenigstens heißt es in einem Vortrag Hagers an Kaiser Franz vom 7. Januar 1811: „seitdem die französische Botschaft und die übrigen fremden Gesandtschaften die Absendung eigener Kuriere mit ihren Depeschen vorziehen", sei die Geschäftslast des Ziffernkabinetts wesentlich leichter geworden.

nach Wien schrieb, was Diplomaten und Staatsmänner an Briefen der Post oder Estaffette übergaben: alles begegnete der mißtrauischen Wißbegier des Staates, der es sich in jahrzehntelangen Krisen angewöhnt hatte, überall Gefahr für sich zu sehen, und in seiner vervielfältigten Obsicht eine Pflicht gegen sich selbst zu erfüllen meinte. Natürlich wußte man in den Kreisen der Betroffenen bald genug von diesen Eingriffen der Regierung in die Freiheit des schriftlichen Verkehrs, oder ahnte sie zum mindesten, und wurde vorsichtig. Da ließ z. B. Lord Castlereagh, der Minister Englands, weibliche Dienerschaft durch seine Leute anwerben, anstatt sie aus den Händen eines maskierten Agenten der Geheimpolizei entgegenzunehmen, so daß diese ihr vertrautes Personal dort nicht unterbrachte. Der Beamte, der mit Bedauern darüber berichtet, bemerkt dazu, daß dies „wahrscheinlich aus Vorsicht" geschehen sei und man nun erwägen müsse, ob nicht die hinter dem Rücken der Behörde angeworbenen Stubenmädchen bei Castlereaghs doch noch nachträglich ins Vertrauen gezogen werden könnten. Das scheint dann auch gelungen zu sein, denn bald vernahm man aus dem Castlereaghschen Hause, zwar keine politischen Geheimnisse, wohl aber z. B. die niedliche Bagatelle, daß Seine Lordschaft sich täglich mit Tanzen Bewegung machten, wozu sie Gemahlin und Schwägerin aufforderten, in deren Abwesenheit aber auch mit einem Stuhle vorlieb nähmen, den sie Stunden lang im Kreise schwenkten. Im übrigen war mehrere Monate lang bei den Engländern nicht viel zu holen. Alles ward von ihnen durch erprobte Kuriere expediert, an denen vorerst jede Versuchung abglitt. Die Konzepte der Berichte, die nach London gingen, wurden von den Sekretären selbst sorgfältig aufbewahrt, die verfehlten Stücke sofort verbrannt.[1]) Bald wurden auch Andere mißtrauisch. Ein italienischer Geschäftsträger, Aldini, ehedem Staatssekretär des Königreichs Italien, prüfte sorgfältig vorher das Stück Papier, worauf der Arzt ihm ein Rezept verschrieb. Fürst Radziwill war bei dem, was er aufzeichnete, so vorsichtig, daß er seine Aufsätze in seiner Anwesenheit kopieren ließ, die Konzepte selbst in den Kamin warf und die Briefe, die nach auswärts gingen, persönlich zum Fürsten Hardenberg trug, der sie sicher expedierte. In Wien vertraute er nur seinem Leibjäger Besorgungen von Botschaften an. Und so taten schließlich viele. Freilich, diejenigen, die ihre Korrespondenz der Post übergaben, mußten sich auf alle Zufälle gefaßt machen. Das einzige Mittel, ihnen zu begegnen, war, daß man den Text weniger leicht verständlich ge-

---

[1]) Vortrag Hagers vom 5. Oktober 1814.

staltete, d. h. entweder in Chiffren mit unsichtbarer Tinte zwischen gleichgültig lautenden Zeilen schrieb, oder mit verstellten Namen, oder wie die Großfürstin Katharina im Briefwechsel mit ihrem Bräutigam, in entstellter Sprache; es war ein Französisch mit dritten Personen unverständlichen Kürzungen, was die geistvolle Prinzessin „très commode" fand. Prinzessin Therese in ihren Briefen an ihre sächsischen Verwandten begnügte sich damit, die Personennamen durch andere, erfundene, zu ersetzen. Sie gebrauchte, um die Geheimpolizei irre zu führen, mitunter ganz launige Benennungen für bestimmte Persönlichkeiten, die dadurch unkenntlich werden sollten, nannte z. B. ihren Bruder, den in seinem Äußeren keineswegs verführerischen Kaiser Franz „Venus", Metternich „Krautfeld", den Zar „Piatti", König Friedrich Wilhelm III. „Birkstock", den hinkenden Talleyrand „Krumpholz", Castlereagh „Althof", das Land Sachsen „Nektar" usw., harmlose Vermummungen, die mit zureichender Personenkenntnis und nach einiger Übung leicht gelüftet werden konnten und der gewandten Beamtenschaft des Chiffrenkabinetts kaum viel Schwierigkeit bereiteten. Unter falschem Namen und mit unverständlichen Wendungen berichteten auch die Bevollmächtigten der Stadt Frankfurt nach Hause[1]). Und so mögen noch manche andere getan haben, von dem Chiffren-Apparat der Staatsregierungen ganz abgesehen.

Alle diese schriftlichen Zeugnisse einer eifrigen Beobachtung — Rapporte, Interzepte, Chiffons — liefen nun Tag für Tag in den Amtsräumen der Polizeihofstelle zusammen, wo sie zunächst von Hagers vertrautesten Räten sortiert und von ihm selbst gelesen wurden, um dann in einer Auswahl, als Beilagen des täglichen Vortrags, dem Monarchen unterbreitet zu werden. (Dabei waren die Kongreßsachen von den übrigen geheimen Polizeiangelegenheiten wesentlich gesondert.) Die Vorträge selbst sind zumeist nicht viel mehr als Hinweise auf bemerkenswerte Beilagen, in der Regel bloß ganz kurze Einbegleitungen des vorgelegten Materials. Aus dem Bordereau der „materiellen Rapporte", das jedem Vortrag beigefügt war, kann man heute noch ersehen, worauf und auf wen es der Geheimpolizei jeweilig besonders ankam. Zu Anfang sind es — und das lehren auch die oben erwähnten Briefe Hagers an die Vertrauten — vor allem die Souveräne und ihre Umgebungen, die man beobachtet wünschte, dann insbesondere die Vertrauensmänner und Diplomaten Rußlands, das sich gleich im Anfang durch seinen kategorischen Anspruch auf das ganze Herzogtum Warschau mit seinen drei Alliierten (England, Österreich, Preußen)

---

[1]) S c h w e m e r, Geschichte der Stadt Frankfurt, 1814—1866, I. 128 ff.

in Widerspruch gesetzt hatte. Man faßte da besonders jenen russischen geheimen Staatsrat Anstett ins Auge, der früher Österreich geneigt und namentlich bei den Abmachungen über die galizische Grenze im Jahre 1810 gefällig gewesen war. Er hatte Anfang 1813 mit Schwarzenberg den Waffenstillstand verabredet und am Prager Kongreß und bei dem späteren Liquidationsgeschäft, das dort abgewickelt wurde, als russischer Bevollmächtigter teilgenommen. Der schlaue Elsässer merkte bald, daß man ihn ausholte, und benützte dann seinerseits den Zwischenträger, um seine Ordensschmerzen zu Ohren der österreichischen Regierung zu bringen und was sonst ihn gut dünkte. Gleichwohl sind seine Äußerungen, da er zeitweilig beim Zaren in Ungnade und dann gesprächiger war, nicht ohne historischen Wert. Dann beobachtete man den General Witt, den Strategen Jomini, den man mit Memoranden beschäftigt wußte, die man gerne gekannt hätte, u. a. Daneben schenkte man Castlereagh, Talleyrand, dem feindseligen Nuntius Severoli, den Abgesandten Murats und, ganz allgemein, der französischen, preußischen, württembergischen und spanischen Mission besondere Aufmerksamkeit[1]). Später, als man sah, daß sich die Überwachung der gekrönten Gäste in der Hofburg, wo sie wohnten und wohin die Polizei keinen Zutritt hatte, nicht durchführen ließ, erschienen sie nicht mehr auf der Liste; sie wurden nur noch an anderen Orten beobachtet. (Kaiser Alexander hatte alsbald seine Ehrenkavaliere verabschiedet.) Dagegen rücken die Personen ihrer Umgebung, ihre Minister und Diplomaten in den Vordergrund des behördlichen Interesses, dem die einen mehr, die andern weniger Hindernisse in den Weg legen. So ist z. B. von dem polnischen Fürsten Czartoryski, dem Freunde und Ratgeber des Zaren, nur auf weiten Umwegen eine Äußerung zu gewinnen, von Stein gar nicht, dagegen erweist sich der russische Staatsmann Kapodistrias einem Vertrauten gegenüber, dessen Schwester am russischen Hofe in Ansehen stand, sehr redselig. Sogar der russische Leibarzt Wylie und der rumänische Erzbischof Ignatius, ein russischer Pensionär, konnten zum Sprechen gebracht werden, und von dem Geliebten der Bagration, Fontbrune, und ihrer Gesellschaftsdame, der Marassé, erfuhr man Einzelheiten ihrer Unterredungen mit dem Zaren. Dazu kommen, neben Eugen Beauharnais und Stein, auch Laharpe und der aus Paris herbeigerufene Pozzo di Borgo, der russische Vertreter am französischen Hofe. Die Abkehr Hardenbergs von der bis dahin gemeinsamen Politik der drei Mächte wider des Zaren Absichten in der polnischen Frage

---

[1]) Bordereau zum Vortrag vom 29. September 1814.

hat auch die Preußen der Wiener Polizei interessanter gemacht als sie es bisher gewesen waren. Der militärische Vertreter Friedrich Wilhelms in Petersburg, General Schoeler, der preußische Gesandte in Stuttgart, Herr von Küster, ein Graf Reichenbach u. a. werden zu längeren Gesprächen veranlaßt. Hardenberg selbst läßt man eifrig beobachten. Daneben aber auch die Anwälte der kleindeutschen Fürsten, die italienischen, französischen, spanischen und portugiesischen Diplomaten, während die Engländer, vielleicht der guten Beziehungen wegen, in denen man zu ihnen stand, zurücktreten[1]). Späterhin wechseln aber, fast mit jedem Tage, die Gegenstände der Aufsicht im einzelnen. Nur wenige Namen bilden eine stehende Rubrik, während jeder neue Ankömmling von Interesse sofort in Beobachtung genommen wird. Auch Marie Louise mit ihrer französischen Umgebung fällt ihr jetzt anheim. In der ersten Januarwoche 1815, als sich die politische Krisis bereits zu der Frage, wieviel Land Preußen von Sachsen erhalten soll, ermäßigt hatte, waren es täglich über dreißig Personen, die unter besonderer polizeilicher Kontrolle standen: alle russischen Politiker, Stein, Hardenberg, aber auch Bayern und Württemberger, Graf Rechberg, Baron Linden, der Schwede Löwenhjelm, der Däne Bernstorff und die französischen Bevollmächtigten (neben Talleyrand und Dalberg sind es Graf Latour du Pin und Alexis von Noailles), obgleich man eben erst mit Ludwig XVIII. das erwähnte Bündnis geschlossen hatte, Beauharnais, die Spanier und Italiener. Die Diplomaten des Papstes und Portugals fehlen jetzt[2]). Neben den materiellen Rapporten haben sich aber auch die Berichte aus der Gesellschaft vermehrt. Sie hat sich, je nach Stimmung und Parteinahme, in eine Anzahl von Gruppen gesondert, die besonderen Berichterstattern zugewiesen waren.

So ist das schier Unübersehbare nahezu übersichtlich geworden. In das Chaos haben Zeit und Übung leidlich Ordnung gebracht, und es gilt nun nur noch die Frage, ob dieser komplizierte Apparat dem Staate auch in der Tat die wichtigen Dienste erwies, die er sich von ihm erwartete, ob, was diese so vielfältige und angespannte Aufmerksamkeit auf alles und jeden ergab, die aufgewandte Mühe lohnte. Von der Beantwortung dieser Frage wird dann auch der Gewinn abhängen, den die geschichtliche Kenntnis jener Tage davon zu gewärtigen hat.

---

[1]) Bordereau zum Vortrag vom 7. November 1814, und später.
[2]) Bordereau zum Vortrag vom 5. Januar 1815.

3.
Ergebnisse.

Der erste Eindruck, den man beim Durchlesen all der täglichen Polizeirapporte gewinnt, ist der, daß hier weit mehr historisch Wertloses als Wertvolles vorliege und daß nebensächlicher Klatsch einen unverhältnismäßig großen Raum einnehme. Eine gründliche Sichtung aber zeigt, daß sich daraus für die Charakteristik der handelnden Personen und des gesellschaftlichen Schauplatzes, auf dem sie sich bewegten, ja mitunter sogar für den Gang der Verhandlungen, immerhin der eine und andere Beitrag gewinnen läßt. Da von den intimen politischen Geschäften in den ersten Wochen den „Vertrauten höheren Standes" noch so gut wie gar nichts bekannt wurde, so füllten sie, um nicht am Ende etwas zu übergehen, was wichtig sein konnte, ihre Berichte mit allem, was sie erhorchten, an und gingen auch am Unbedeutenden nicht vorbei. Erst als bei der wachsenden Uneinigkeit unter den entscheidenden Mächten doch manches vom Stand der Dinge in den Salons verlautete, in denen die Diplomaten verkehrten, oder sonst „im Vertrauen" herumgetragen wurde, da wurden die Rapporte auch in politischer Hinsicht etwas gehaltvoller. Sie haben für den Geschichtschreiber den großen Nachteil, daß sie meist aus zweiter oder dritter Hand hergeholt, oft ungenau und überdies durch die Kopisten des Amtes teilweise entstellt mitgeteilt sind, anderseits aber doch auch den nicht geringen Vorzug, daß sie zeitlich unmittelbar erstattet wurden und daß die drängende Eile, in der sie abgefaßt werden mußten, der Erfindung und Imagination des Berichterstatters keinen breiten Raum zur Entfaltung übrig ließ. Aneinander abgewogen und berichtigt, können sie immer als geschichtliche Quelle einen gewissen Wert beanspruchen. Im ganzen freilich sind es mehr die Akteure des Kongresses und die Bühne, auf der sie auftraten, als die Handlung selbst, worüber berichtet wurde. Da sich nun aber doch alles auf diese bezieht, so sei sie hier vorerst in den wesentlichsten politischen Fragen, soweit es unsere heutige Kenntnis davon möglich macht, skizziert.

Im Pariser Frieden ward, wie gesagt, bestimmt, daß alle Staaten, die von der einen oder andern Seite in den Krieg verwickelt gewesen waren, Vertreter auf einen Kongreß nach Wien entsenden sollten, damit man dort zu den Friedensschluß ergänzenden Abmachungen gelange. Es hieß aber darin auch, daß zunächst die vier Großmächte: Österreich, Preußen, Rußland und England über die von der Übermacht Frankreichs zurückgewonnenen Territorien und zum Zweck eines festen und dauerbaren Gleichgewichts der Kräfte in Europa unter sich schlüssig werden und mit ihren Beschlüssen die Grundlage für die Verhandlungen der übrigen Staaten, d. i. des Kongresses im ganzen, liefern sollten[1]). So begannen denn sofort, nachdem die Minister jener vier Mächte angelangt waren, vertrauliche Besprechungen zwischen Metternich, Nesselrode (für Rußland), Hardenberg und Wilhelm von Humboldt (für Preußen) und Lord Castlereagh (für England), die aber schon bei der ersten, allerdings wichtigsten, der noch ungelösten Angelegenheiten ins Stocken kamen. Das war die Frage nach dem Schicksal des 1807 von Napoleon geschaffenen und mit Sachsen verbundenen polnischen Herzogtums Warschau, das jetzt der Zar Alexander im vollen Umfang für sich begehrte, um ein nationales „Königreich Polen" daraus zu formen. Daran schloß sich dann die andre nach der Zukunft Sachsens an, dessen König Friedrich August I. Napoleons Bundesgenosse geblieben und nach der Schlacht bei Leipzig als Kriegsgefangener nach Berlin gebracht worden war, und das jetzt Preußen, ebenfalls in seiner ganzen Ausdehnung, nach Eroberungsrecht in Anspruch nahm. Über diese beiden Fragen hatte nicht die geringste Andeutung im Frieden von Paris gestanden, und auch später war man darüber noch zu keinerlei Abkommen gelangt. Jetzt mußten sie beantwortet werden. Alle übrigen Aufgaben, die den Kongreß beschäftigen sollten, als: die kontinentale Entschädigung Hollands für seine an England abgetretenen Kolonien, die territoriale und konstitutionelle Einrichtung Deutschlands, die Aufteilung der von Frankreich zurückerstatteten linksrheinischen Länder, dann des Königreichs Westfalen und des Großherzogtums Berg auf dem rechten Rheinufer, die Entschädigung Dänemarks für das an Schweden verlorene Norwegen, die Ansprüche der Bourbons auf das von Murat beherrschte Neapel, auf das von Österreich zurückgeforderte Toskana und auf das der Exkaiserin Marie Louise zugewandte Herzogtum Parma, die Rückforderung der dem Kirchenstaat seinerzeit entfremdeten drei Legationen (Romagna, Ferrara, Bologna) durch den Vertreter des Papstes, Cardinal Consalvi, das Begehren Genuas nach seiner Selbständigkeit gegenüber dem des Königs von Sardinien, es für sein Land zu gewinnen, wie ihm auch schon in Paris zugesagt worden war, das weitere Schicksal der ionischen Inseln, die unter französischer Herrschaft gestanden hatten, die Zukunft Maltas und seines Ordens, die Sehnsucht der im Jahre 1806 mediatisierten deutschen Fürsten nach ihren früheren Herrschaftsrechten, dazu Aufgaben eines allgemeinen Kulturfortschritts, wie die Freiheit für die Schiffahrt auf den europäischen Strömen, die

---

[1]) Artikel XXXII des Friedensinstrumentes und Artikel I der geheimen Separatartikel. D'Angeberg, Congrès de Vienne, I. 170 f.

Aufhebung des Sklavenhandels u. a. — alle diese Fragen traten vor jenen beiden, für das künftige Kräftebild Europas entscheidenden, zurück. Und wenn auch zu ihrer Bewältigung und Erledigung Komitees gewählt wurden, so war deren Tätigkeit doch bald durch die Uneinigkeit der Hauptmächte lahm gelegt und von Beratungen des Kongresses im ganzen vollends keine Rede.

Was diese Uneinigkeit hervorrief, war, daß Österreich, das man mit seinen Entschädigungen auf Italien und einen Streifen Süddeutschland verwiesen hatte, es nicht erträglich fand, wenn zu gleicher Zeit zwei expansive europäische Großmächte an seinen Grenzen einen so gewaltigen Kräftezuwachs erfuhren, wie ihn Rußland und Preußen beanspruchten. Seine Lage wurde dadurch, politisch und militärisch genommen, eine höchst ungünstige. Preußen, das in früheren Kriegen mit Napoleon ebenso wie Österreich gelitten hatte, war zwar Metternich bereit, den Besitz Sachsens einzuräumen, jedoch nur unter der Bedingung, daß der Berliner Hof gemeinsam mit dem Wiener Kabinett und der britischen Regierung Front gegen Rußlands Vergrößerungsabsichten machte, jenes Rußlands, das in der Notzeit der Anderen aus seiner Verbindung mit Napoleon reichen Gewinn gezogen, Finnland annektiert, Stücke von Galizien erworben, mit der Einverleibung Bessarabiens sich an den für Österreichs Handel so wichtigen Donaumündungen festgesetzt hatte, und das nun auch noch bis Krakau vorzudringen drohte, während sein konstitutionelles Königreich Polen — und es sollte eine Konstitution erhalten — für die Polen Galiziens sicher eine gefährliche Anziehungskraft besaß. Der Staatskanzler Hardenberg, der, wie mehrere seiner Räte, den Rückgewinn polnischen Landes für Preußen hoch einschätzte und Rußlands Übermacht nicht weniger fürchtete als Metternich, hatte diesen hoffen lassen, er werde im Widerstand gegen des Zaren Pläne mit ihm zusammenwirken, und sich auch wirklich in den ersten Konferenzen dagegen erklärt. Da fand er aber bei seinem König so viel Abneigung, dem Freunde im Osten offen entgegenzutreten, daß er in der ersten Novemberwoche auf dessen Befehl seine Position an Österreichs Seite verließ, worauf Metternich sich aufs neue vor die Möglichkeit gestellt sah, daß beide Nachbarn eine gefahrdrohende Verstärkung erhielten. Er hatte für diesen, bei der bekannten Disposition Friedrich Wilhelms III. nicht ausgeschlossenen Fall die Tür zu Frankreich und den deutschen Mittelstaaten (Bayern) offen gelassen, die sich aufs bestimmteste gegen die preußische Annexion Sachsens erklärten. Jetzt näherte er sich ihnen und gestand nur noch einen Bruchteil dieses Landes Preußen zu, was dessen König zurückwies.

So war, statt der in Paris vorausgesetzten Einmütigkeit der vier alliierten Mächte, Zwietracht unter ihnen entstanden und hatte sie in zwei gegnerische Lager, hie Preußen und Rußland, hie Österreich und England, auseinander getrieben. Das britische Kabinett hatte von vornherein Partei gegen Rußland genommen und trat jetzt auch dafür ein, daß der König von Sachsen in einem Teile seines Landes belassen bleibe. Es drohte offener Kampf zwischen den ehedem Verbündeten. Denn als Hardenberg in einer Konferenz der vier Großmächte am Sylvestertag 1814 im Namen Rußlands und Preußens erklärt hatte, diese beiden Staaten würden es als Kriegsfall auffassen, wenn Preußen die Einverleibung von ganz Sachsen verweigert werden sollte, schlossen sich England und Österreich mit Frankreich zu jener Defensiv-Allianz vom 3. Januar 1815 zusammen, von der oben bereits die Rede war. Unterdes aber hatte sich am Neujahrstag das preußische Kabinett für eine weniger schroffe Auffassung der sächsischen Sache entschieden, vielleicht auf den Rat Alexanders I., der schon vorher Kaiser Franz gegenüber eine nachgiebigere Haltung des Preußenkönigs für wünschenswert erklärt hatte. Damit war die Kriegsgefahr fürs erste beschworen, und die Verhandlungen in der Kommission der vier Großmächte für die sächsische und polnische Sache, in die nun auch Frankreich aufgenommen wurde, drehten sich fortan nur noch um das Ausmaß des preußischen Anteils an Sachsen. Hiebei ergab sich allerdings gegen Ende Januar noch eine neue Verschärfung der Gegensätze, da Österreich gegen die preußische Annexion der sächsischen Elbefestungen (Torgau), Frankreich und England gegen die der Stadt Leipzig opponierten. Der Widerstand Österreichs wurde aber von England beschwichtigt, das zugleich den Kaiser von Rußland bestimmte, zu Posen auch noch Thorn an Preußen abzutreten, dem damit der Verzicht auf Leipzig erleichtert wurde. Und so kam es am Beginn der zweiten Februarwoche zu der bekannten Teilung Sachsens, wobei dem König August zwar die größere Hälfte seines Landes verblieb, mit Preußen aber der ergiebigere Teil vereinigt wurde. Der Zwist wegen der sächsischen und der polnischen Frage war — der Zar hatte an Österreich den ruthenischen Tarnopoler Kreis abgetreten und Krakaus Unabhängigkeit zugestanden — geschlichtet, und die übrigen Geschäfte des Kongresses, die deshalb gestockt hatten, wurden wieder flott. Als dann vier Wochen später die Nachricht in Wien eintraf, Napoleon sei von seiner Insel Elba, die ihm bei seinem Sturz eingeräumt worden war, entwichen und wieder in Frankreich erschienen, war aller Zwiespalt unter seinen Gegnern beseitigt, und sie einigten sich rasch aufs neue wider ihn. Während ihrer Rüstungen, und als der neue Kampf (zunächst gegen Murat, der die Partei seines Schwagers ergriffen hatte) begann, um sich später in Belgien zu vollenden, wurde in Wien eifrig gearbeitet, und in der ersten Junihälfte schloß mit der Unterzeichnung einer Anzahl Verträge und der Akte, die sie in sich vereinigte, der Kongreß, der nie formell eröffnet worden und eigentlich, nach der Auffassung verschiedener Leute, gar kein richtiger Kongreß gewesen war[1]).

Von diesem hier knapp umrissenen politischen Hintergrund hob sich unendlich lebhaft und mannigfaltig das Getriebe in Wien ab, und eine Überfülle an Festen und geselligen Zerstreuungen aller Art verbarg nach außen die Zwietracht im Innern. Da diese Zwietracht aber Monate lang anhielt, so nahm auch das Vergnügen kein Ende, und man wurde seiner — und die Bevölkerung der Stadt nicht zuletzt — ehrlich satt. Nur die Polizei wurde nicht müde. Hinter allerlei Masken verborgen spähte und lauschte sie unverdrossen und im Bewußtsein gebotener Pflicht, und aus ihren Berichten steigen Charakterbilder empor, für die das bunte Leben den Rahmen abgibt. Einzelne Proben, die sich leicht vermehren ließen, mögen hier dargeboten werden, gleichsam als Maßstab des geschichtlichen Gewinnes, den diese Dokumente abwerfen, und zur Erleichterung ihrer Lektüre. Vielleicht sind sie imstande, auch Kundigen etwas Neues zu sagen. Abgeschlossene Urteile sollen damit nicht gesprochen sein.

Alexander I.

Im Mittelpunkt der Aufmerksamkeit aller Welt, die sich im Herbste des Jahres 1814 auf die Vorgänge n Wien konzentrierte, stand von allem Anfang an der Zar von Rußland, dessen Wesen, jeweilige Stimmungen, Absichten und Meinungen zu erforschen auch die geheime Staatspolizei Österreichs als eine ihrer vornehmsten Aufgaben betrachtete. Alexander war ohne Zweifel die wichtigste Persönlichkeit des Kongresses. Heute noch gilt er den Historikern als ein schwer faßbarer Charakter[2]). Er war es seinen Zeitgenossen nicht minder, die den geistig gut veranlagten und reichlich gebildeten Mann fast unaufhörlich zwischen einem pathetischen Idealismus und schlauer Berechnung, zwischen gewollter (und dann vollendeter) Liebenswürdigkeit und ihrem launenvollen Gegenteil schwanken sahen. Den Eindruck eines völlig ausgereiften, in sich gefestigten Menschen aber machte ihnen der nun doch schon siebenunddreißig Jahre alte

---

[1]) „Der Kongreß als solcher ist bloß durch seinen Schlußakt ins Leben getreten." Gentz, Tagebücher, I. 283.

[2]) Siehe die kurze Charakteristik in meinem „Kongreß v. Châtillon", S. 12.

Herrscher nicht. Eines sahen alle: daß sein Wesen von einer starken persönlichen Eitelkeit und einem Geltungsbedürfnis dominiert war, das die Siege der Koalition über das Genie Napoleons ins Maßlose gesteigert hatten. Er wußte, daß er durch seinen Entschluß für den Fortgang des Krieges über die russischen Grenzen hinaus das große Befreiungswerk entscheidend gefördert hatte, dünkte sich darum hoch über den übrigen und überschätzte seine Gewalt. Seine eingebildete Allmacht äußerte sich in mannigfacher Art[1]). Namentlich fand sie in allerlei feierlichen Versprechungen und Zusagen nach verschiedenen Seiten hin Ausdruck, und er war höchst verstimmt, wenn er sie nicht einhalten konnte, was dann sein tiefgewurzeltes, durch sein schlechtes Gehör noch vermehrtes Mißtrauen nicht zwingenden Umständen, sondern nur persönlicher Intrigue Anderer zur Last legte. So hat er sich Ende 1813 mit Metternich, dem er bis dahin großen Einfluß auf sich eingeräumt hatte, verfeindet, weil dieser sein den Schweizern verpfändetes Wort nicht achtete und den notwendigen Durchmarsch der Armee durch einige Kantone durchsetzte. So hat er, schon vor Paris und später, den Polen das feierliche Versprechen geleistet, ihr nationales Königreich unter seinem Zepter wiederherzustellen, und fand nun wiederum den österreichischen Minister auf seinem Weg[2]). Eine verstärkte Abneigung gegen ihn war die Folge. Um nicht polnisches Land an Preußen abtreten zu müssen, hatte er sich dem König Friedrich Wilhelm gegenüber verpflichtet, ihm zu ganz Sachsen zu verhelfen. Er konnte nicht im Zweifel sein, daß er auch hier ein österreichisches Interesse hart berührte[3]).

---

[1]) Nichts bezeichnender, als wenn er auf dem Kongreß zu Talleyrand sagte: „Ich habe den Preußen Sachsen gegeben."

[2]) Am 3. Mai 1814 hatte er in Paris an Kosciuszko geschrieben, er hoffe die Regeneration der tapferen und ehrenwerten polnischen Nation zu verwirklichen und habe dazu die feierliche Verpflichtung übernommen. Potocka, Mémoires, p. 361 und an vielen anderen Orten.

[3]) Die leidige Gewohnheit, sein Wort zu verpfänden, hatte Alexander auch verführt, Eugen Beauharnais die bestimmteste Zusicherung zu machen, daß er ihm ein eigenes Land verschaffen werde. „Ich garantiere es Ihnen", hatte er nach dem Polizeirapport gesagt, und Beauharnais' Briefwechsel mit seiner Gattin bestätigt die Mitteilung. (Du Casse, Mémoires du Prince Eugène, X. 321.) In Paris ließ er Napoleons Schwester Elisa Bacciochi versichern, er werde sich dafür interessieren, daß sie Lucca erhalte (Siehe unten das Interzept vom 13. November 1814). Im J. 1812 hatte ihm seine Schwester Katharina geschrieben: „Un des principaux chefs d'accusation contre vous est votre manque de parole envers Moscou". (Correspondance de l'Emp. Alexandre, p. 84.)

Der persönliche Gegensatz, der sich schon in Paris in mitunter wenig höflichen Bemerkungen des Zaren gegen Metternich geäußert hatte, kam in einer Unterredung am 24. Oktober 1814 in Wien zu geradezu verletzendem Ausdruck, so daß sich der Minister, dem es auch an Selbstgefühl nicht fehlte, Wochen lang weigerte, dem Zaren auf dessen Wunsch aufzuwarten. Alexander hatte übrigens schon vorher begonnen, seinen Unwillen zur Tat zu machen. Da hatte z. B. die Herzogin von Sagan, jene glückliche Rivalin der Fürstin Bagration bei Metternich, einen großen Teil ihres Vermögens in Rußland liegen. Es ergaben sich nun Schwierigkeiten, die, wie die Polizei wissen wollte, der Zar selbst ihr bereitete, nicht ohne ihr bedeuten zu lassen, daß ein völliger Bruch mit dem österreichischen Minister ihre Interessen fördern würde. Die schöne Dame soll den Wink beachtet, und Metternichs Eifersucht, die schon früher durch eine offenkundige Untreue der Herzogin geweckt worden war, dann zum Bruch geführt haben, den Gentz in seinem Tagebuch ein „Ereignis ersten Ranges" nannte[1]). Als darauf ein (falsches) Gerücht erzählte, Metternich habe sich bei der schönen Julie Zichy Trost geholt, soll es sich Alexander nicht versagt haben, der Gräfin ins Gesicht zu sagen, er wisse darum und wisse es von Metternich selbst, was der Wahrheit durchaus widerstritt[2]). Klatsch, wird man sagen. Gewiß. Aber menschliche Charaktere setzen sich nun einmal aus Kleinem und Großem zusammen, und wer sie ganz verstehen will, darf dabei auch das Geringfüge nicht übersehen. Kleine Züge, wie diese, werfen immerhin auf andere Handlungen, wo Wichtigeres auf dem Spiele stand, ihr Licht, und wenn man z. B. im Tagebuch des Freiherrn von Stein zum 5. November 1814 mitgeteilt findet, Alexander habe dem König von Preußen mit der Nachricht zugesetzt, Metternich hätte sich ihm gegenüber bereit erklärt, in der polnischen Sache nachzugeben, wenn er Preußen Sachsen vorenthalten wollte, so wird niemand, der diese Mitteilung des Zaren mit jenen kleinen Schachzügen gegen den österreichischen Minister zusammenhält, ihr Glauben beimessen[3]). Es ist bekannt, daß der

---

[1]) Zum Vortrag Hagers vom 2. November 1814 und G e n t z, Tagebücher, I. 322. Auch S t e i n verzeichnet in seinem Journal die Notiz: „Die Herzogin von Sagan bewog er (Alexander), mit Fürst Metternich ihre Verbindung gänzlich abzubrechen." S. M. L e h m a n n, in der Histor. Zeitschr., N. F. XXIV. 396.
[2]) Zu demselben Vortrag vom 2. November, wozu der Vertraute bemerkt, diese Geschichten seien den Fremden bekannt.
[3]) Hans Delbrück hat — der einzige soweit ich sehe — die Richtigkeit dieser kaiserlichen Mitteilung (Histor. Zeitschr., N. F. XXVII. 256) in Zweifel gezogen,

Minister, als er durch Hardenberg davon hörte, empört an diesen schrieb, er sei bereit, die Unwahrheit dieser kaiserlichen Erzählung in Anwesenheit des Zaren zu erklären, und ebenso bekannt ist, daß dieses Billet einige Wochen später, im Dezember, zu Alexanders Kenntnis kam, der nun völlig mit Metternich brach, „weil er ihn desavouiert habe"[1]). Möglich, daß des Kaisers hartes Gehör ihm in dieser Sache einen Streich gespielt hat; wahrscheinlicher aber, daß er um seines politischen Zweckes willen — Preußen in der polnischen Frage von Österreich und England zu trennen — diese Intrigue selbst einfädelte. Um sich da zu entscheiden, wird man gut tun, nach möglichst vielen und unbefangenen Nachrichten und Urteilen über ihn aus jenen Tagen zu forschen, die, zusammengefaßt, eine Meinung darüber zulassen, ob ihm wohl eine derartige Handlungsweise zuzutrauen war.

Was sich nach etwa fünf Wochen seines Aufenthaltes in Wien in den politischen Zirkeln über ihn herumsprach, faßt ein Polizeirapport in folgendem zusammen: „Man hält ihn für einen Schwindler (fourbe), der sich vor ehrenwerten Leuten den Anschein des Philanthropen gibt, aber auch die Kanaille an sich zieht, um alle Welt für sich zu haben. Man glaubt, er sei falsch und ohne moralischen Fond, obgleich er von Religion redet wie ein Heiliger und allen äußeren Schein wahrt"[2]). Weiter noch in abfälliger Beurteilung, viel zu weit, ging der durch seine Extravaganzen auffallende Lord Stewart, der Bruder Castlereaghs und Gesandte Englands in Wien. Er fragte eines Abends bei der Sagan, zu einer Zeit, wo sich dort

---

während Treitschke sein wegwerfendes Urteil über Metternich vorzugsweise darauf gründete, ohne die Glaubwürdigkeit des Zaren zu untersuchen. S. auch Lehmann, Tagebuch des Freiherrn v. Stein, a. a. O. 399. 400.

[1]) Histor. Zeitschr., N. F. XXVII. 259. In seinen Memoiren erzählt Metternich, Alexander habe sogar von der Absicht eines Zweikampfes mit ihm gesprochen, was darauf zurückgeht, daß der Zar zu Graf Hardegg sagte, er wüßte, wenn es seine Verhältnisse zuließen, was er Metternich gegenüber zu tun hätte, der ihn der Unwahrheit geziehen habe. S. Steins Tagebuch, S. 426.

[2]) Zum Vortrag vom 2. November 1814. Was sein religiöses Verhalten betraf, so vergleiche man den Bericht über die Szene in der Gruft seiner Schwester (zum Vortrag vom 5. November 1814), sein Benehmen gegen den griechischen Bischof in Ofen (28. Oktober), seinen Protest gegen die Verwendung biblischer Stoffe zu lebenden Bildern (21. November) und Koslowskis, des russischen Diplomaten, Mitteilung, er wünsche die griechische mit der lateinischen Kirche vereinigt zu sehen und suche zugleich die Polen durch die Jesuiten zu gewinnen. (8. November.)

noch alles Antirussische versammelte, die Hausfrau vor einem Dutzend ihrer Gäste, wie sie den Kaiser Alexander finde; für ihn sei er ein ehrsüchtiger, verleumderischer (imposteur) Narr[1]). Und Stewart blieb nicht vereinzelt. * * berichtet „von Personen, die den russischen Kaiser genau studieren" die Äußerung, er werde endigen, wie sein Vater, denn die „schlechte Opinion", die er in ganz Europa von seinen persönlichen Eigenschaften verbreitet habe, sei in Rußland wohlbekannt[2]). Auch der Vertraute O., der mit den Polen verkehrte, brachte die Nachricht, es werde von vielen gefürchtet, daß er in den Zustand seines Vaters verfalle[3]). Das wurde dann von Anderen wiederholt. Z. B. von Dalberg, der meinte, Alexander habe einen verschrobenen Kopf wie Paul I. und werde zugrunde gehen wie dieser[4]). Sogar Wilhelm v. Humboldt — in diesen Tagen gewiß ein unvoreingenommener Zeuge — sagte zu Frau v. Eskeles, der Gemahlin des Bankiers, die es im Vertrauen weitergab, der russische Kaiser sei falsch und eigensinnig, man könne sich mit ihm nicht genug in Acht nehmen, und Hardenberg schrieb an Gneisenau klagend über „Herrschsucht und Tücke im Gewande der Menschenfreundlichkeit und edler liberaler Gesinnungen"[5]). Der dänische Minister, der im Dezember die Gelbsucht bekam, wunderte sich, daß sie bei der „perfidie" und der „mauvaise foi" des russischen Kaisers nicht schon der ganze Kongreß habe[6]). Man wird an Napoleons Urteil „fourbe et faux" erinnert, das auf dem Kongreß auch ein Pensionär Rußlands, der griechische Erz-

---

[1]) Zum Vortrag vom 2. November 1814.
[2]) Zum Vortrag vom 17. November 1814.
[3]) Zum Vortrag vom 29. November 1814. Talleyrand war bei seinen Gesprächen mit dem Zaren dessen Raschheit in Rede und Gebärden und darin eine Ähnlichkeit mit Napoleon aufgefallen. Der schwedische Gesandte hatte den gleichen Eindruck. Die Beobachtung schien richtig. Denn Karl August von Weimar schrieb am 17. November 1814 seiner Gattin über ihn: „L'on dit qu'il singe parfaitement Napoléon, qu'il est imbu de ses principes et de tous les tours d'adresse que son maître lui a enseignés: bouderie, emportements, duplicité, caresses, mensonges crasses. Talleyrand et Dalberg sont émerveillés de ses talents imitateurs." (Weimarer Staatsarchiv.)
[4]) Zum Vortrag vom 24. Dezember 1814.
[5]) Zum Vortrag vom 14. November 1814. Pertz-Delbrück, Gneisenau, IV. 296. Czartoryski selbst, des Zaren langjähriger Freund, schrieb in sein Tagebuch: „Eine eigentümliche große, aber doch beschränkte Seele. Es ist etwas Kleinliches, Niedriges, Beschränktes in ihm." (Biblioteka Warszawska, 1909, II. 63.)
[6]) Zum Vortrag vom 28. Dezember 1814. Auch der Dänenkönig konnte von unerfüllten Zusagen erzählen.

bischof Ignatius von Jassy, bestätigte, indem er sich unter Vertrauten vernehmen ließ, der Zar kompromittiere sich allenthalben durch seine unerfüllten Versprechungen; er führe die Menschenliebe im Munde und trage die Falschheit im Herzen[1]).

Diese von verschiedenen Personen und aus den verschiedensten Lagern zusammengetragenen, seltsam übereinstimmenden ungünstigen Urteile über einen Herrscher, der doch kurz zuvor mit viel Sympathie empfangen worden war, wiederholen sich in den Rapporten. Nun könnte man einwenden, die Vertrauten der Polizei hätten möglicherweise ihre Berichte absichtlich zu Ungunsten des Zaren gefärbt, um Metternich angenehm zu sein. Aber dieser bekam die Rapporte nicht immer zu Gesicht; sie gingen direkt aus dem Polizeiministerium an den Kaiser und enthielten auch über ihn sehr oft recht harte Urteile, da er reichlich Gegner hatte. Kein Zweifel, daß, um seine Lage zu erschweren, ihn von seinem Platze zu verdrängen, von Alexanders Seite alles Mögliche geschah. Beim Kaiser von Österreich, bei dem der Zar nach jener Unterredung am 24. Oktober Klage über den Minister führte, fand er freilich kein Gehör, und auch ein zweitesmal hatte er keinen Erfolg, als er zu Franz sagte: „Ihr Metternich will uns miteinander verfeinden." Aber umsoweniger ließ er es an mittelbaren Versuchen fehlen, den Sturz seines Gegners herbeizuführen. So bemerkte er z. B. auf einer Jagd beim Grafen Almásy zur Gräfin Zichy: „Ich verehre Ihren Kaiser als den vortrefflichsten Mann der Welt, aber sein Ministerium kann ich nicht leiden. Es taugt nichts[2])." Ein andermal meinte er im Gespräch, Metternich sei der beste Zeremonienmeister der Welt, dagegen der letzte Minister, den man auftreiben könne[3]). Sein intimer Vertrauensmann La Harpe sprach bei einem Diner, das der Schweizer v. Müller gab, von den vielen Gerüchten über die erschütterte Position des Fürsten und knüpfte daran die Bemerkung, dessen anmutvolle Erscheinung, sein Hang zu witzigen Bemerkungen u. dgl. eigneten ihn viel mehr zum Gesandten als zum Minister einer Großmacht. Man werde ihn wahrscheinlich nach Paris schicken, wo er vortreffliche Verbindungen habe. Es sei ebenso absurd wie gefährlich, einen Minister zu halten, der von den Österreichern verachtet, von den Fremden gehaßt werde, und es sei erstaunlich, wie scharf sich die öffentliche Meinung wider ihn wende[4]). Alexander

---
[1]) Zum Vortrag vom 12. Dezember 1814.
[2]) Zum Vortrag vom 10. November 1814.
[3]) Zum Vortrag vom 29. Dezember 1814.
[4]) Zum Vortrag vom 10. November 1814. Der Vertraute nennt als seinen Gewährsmann den portugiesischen Grafen Miranda, der dabei gewesen war.

unterließ es auch nicht, auf den ihm erwünschten Nachfolger Metternichs hinzuweisen. Es war dessen Vorgänger im Ministerium, Graf Philipp Stadion. „Mein guter Stadion," sagte er bei der Bagration, „ich habe ihn mit viel Vergnügen wiedergesehen; ich liebe ihn sehr, er ist so gut, so freimütig, so loyal[1])." Und ähnlich sprach die kaiserliche Suite.

Wenig klug war es von Alexander, sich von seiner Abneigung wider Metternich zu abfälligen Äußerungen über den ganzen Stand der Diplomaten verleiten zu lassen. Es war auf dem ersten Ball, den der Fürst gab, also noch vor dem vollen Zerwürfnis, daß er laut zur Fürstin Paul Eszterházy sagte, das Fest sei sehr schön, der Saal groß und prächtig, aber es sei eben immer Diplomatie bei solchen Gelegenheiten dabei, und er liebe nicht, was falsch sei. Und fast das gleiche sagte er in Gegenwart des Erzherzogs Ferdinand zum Grafen Rasumowsky, der sich darauf anheischig gemacht haben soll, zu einer Fête bei sich hundert Mann von des Kaisers österreichischem Regiment einzuladen[2]). Das war das Regiment Hiller, dessen Uniform der Zar in Wien mit Vorliebe trug — Zivilkleidung trug er nie — und dessen Offizieren er die Schulden zahlte, nachdem er in der Alserkaserne eine schmeichelnde Ansprache an sie gehalten hatte[3]). Denn er war nur für das Militär eingenommen und sprach sich oft in dieser Richtung aus. So sagte er z. B. wenig taktvoll der alten Fürstin Metternich, er verachte alles, was keine Uniform trage. Und um den Gegensatz recht zu markieren, überhäufte er Schwarzenberg mit Aufmerksamkeiten: er kam seinem Antrittsbesuch zuvor, lud sich bei ihm zum Tee, und ihn (und Wrede) zu sich, wenn er den Souveränen ein Diner gab; Metternich wurde nie gebeten. Bei den Russen hieß es dann, ihr Kaiser unterhalte absichtlich den Zwiespalt (la mésintelligence) zwischen dem österreichischen General und dem Minister — Schwarzenberg war, wie alle Militärs, gegen Metternichs Zugeständnisse an Preußen in der sächsischen Frage — indem er jenen mit ebensoviel Auszeichnung als diesen mit Kälte behandle[4]). Das Urteil über Schwarzenberg, das

---

[1]) Zum Vortrag vom 4. Oktober 1814. Der Zar ahnte wohl kaum, daß auch Graf Stadion ihn längst richtig beurteilte. „Le caractère connu de l'Empereur Alexandre" schreibt er im April 1809 an Erzherzog Franz. Fedorowicz, Campagne de Pologne, I. 321.

[2]) Zum Vortrag vom 21. Oktober 1814.
[3]) Zum Vortrag vom 22. Oktober 1814.
[4]) Zum Vortrag vom 2. Oktober 1814.

Alexander als das seinige verbreiten ließ, und womit er gewiß das Richtige traf, lautete: er sei ein guter Soldat, der die außerordentliche Eigenschaft besitze, inmitten einer Affäre nur an die Sache zu denken und sich selbst dabei ganz zu vergessen[1]). Das hinderte ihn aber nicht, zu Wolzogen, dem russischen General, zu sagen: „Wir werden ja sehen, wer von uns beiden, ich oder Schwarzenberg, der große Feldherr in den letzten Feldzügen war"[2]).

Alexander wünschte aber nicht nur als berühmter Feldherr, sondern, bei aller Abneigung gegen die Berufsdiplomaten, auch als hervorragender Staatsmann zu gelten, und es schmeichelte ihm, wenn es hieß, er sei sein eigener Minister. In jener erregten Unterredung mit Metternich sagte dieser, er sei um eine Antwort verlegen, da doch der Zar die beiden Eigenschaften des Souveräns und des Ministers in sich vereinige[3]). War dies nun wirklich in dem Sinne der Fall, daß er Wille und Tat in seiner Person verband und sich zu seinen Herrscherpflichten auch noch die Geschäftslast des leitenden Staatsmannes auflud, wie es Napoleon getan hatte? Tatsache ist, daß er selbst die politischen Gespräche mit den fremden Monarchen und deren Ministern führte, daß sein Minister, Graf Nesselrode, für unbedeutend galt und es bald allgemein anerkannt war, daß der Zar seine Geschäfte

---

[1]) Zum Vortrag vom 4. Oktober 1814. Er lobte auch Bianchi „wegen seines Genies", Hieronymus Colloredo „wegen seines Mutes". Colloredo war ein erbitterter Feind Metternichs. Vgl. Nesselrode, Lettres et papiers, V. 188.

[2]) Zum Vortrag vom 6. Januar 1815. Es war derselbe Wolzogen, an dessen Frau im Jahre 1845 Herzog Eugen von Württemberg schrieb: „Daß der Kaiser in militärischer Beziehung des Rates bedurfte, wissen alle unterrichteten Zeitgenossen zu genau, als daß es dazu einer Erläuterung bedürfte". (Deutsche Revue, Dezember 1911.) Man mochte sich dabei in Wien der verlogenen Schilderungen erinnern, die Alexander nach der Schlacht bei Austerlitz nach Berlin gelangen ließ, und jenes russischen Bulletins, das Napoleon später mit einem vernichtenden Kommentar im „Moniteur" veröffentlichte. (Siehe darüber meinen „Napoleon", I. II. 113.) Über die Folgen der Abänderung der österreichischen Dispositionen vom 14. Oktober 1813, die auf Anregung des russischen Generals Toll erfolgte und die Alexander sich zum Verdienst anrechnete: Woinovich, Kulm, Leipzig, Hanau, Wien 1911. Man vgl. übrigens die folgende Stelle in Michailowsky's „Erinnerungen an das Jahr 1814 und 1815", S. 137: „Nachdem der Kaiser (im März 1815) seine Absicht nach Rußland zurückzukehren, aufgegeben hatte, beschloß er wieder, ebenso wie im vorigen Jahre, die Heere persönlich anzuführen", Michailowsky gehörte zu den Personaladjutanten. Seine Aufzeichnungen belehren vortrefflich über den Dunstkreis von Weihrauch und Lüge, der den Zar umgab.

[3]) Steins Tagebuch, S. 395.

in eigener Person besorge[1]). Das traf aber doch nur bis dorthin zu, wo die Diskussion aus dem Rahmen allgemeiner Erörterung heraustrat und die sachliche Arbeit begann. Dann hatten seine Räte reichlich zu tun[2]).

Ehe Alexander von Petersburg abgereist war, hatte er zu seiner Umgebung gesagt: „Ich gehe nach Wien, weil man es wünscht. (Er hatte sich selbst eingeladen.) Dort aber werde ich nicht weniger noch mehr tun als ich will"[3]). Wie stand es nun um diesen Willen? In inneren Angelegenheiten schätzte man ihn — nach unseren Nachrichten — nicht sehr hoch ein. Ein ziemlich unterrichteter Mann, Herzog Karl August von Weimar, der Schwiegervater einer Schwester Alexanders, sagte von ihm zum Fürsten Ligne, er sei nur „eine Puppe des russischen Senats"[4]), und Ligne selbst zu Anderen, er trage bloß den Titel, jeder Gouverneur einer Provinz sei mehr Herr als er, die Gouverneure machten die Ukase, und es wäre für ihn vielleicht gefährlich, sie nicht zu unterzeichnen"[5]). Wenn das wirklich so im Innern war, wie da gesagt wurde, so schien es doch im Äußern anders. Denn Alexander hielt z. B. an seiner polnischen Idee fest und setzte sie auch schließlich zum großen Teile durch, obgleich, vom Widerstand der Mächte abgesehen, unter den Russen, und selbst unter seinen Räten, wenig Neigung dafür vorhanden war. Das schloß freilich nicht aus, daß sein Wille, je nach den Einflüssen, die auf ihn wirkten, rasch wechselnden Schwankungen unterworfen war. Der Einfluß Metternichs auf ihn war zu Beginn des Jahres 1814 von dem Steins abgelöst worden. Dazu kam der La Harpes und später derjenige Czartoryskis, von denen in Wien, wo alle drei in der Umgebung des Zaren erschienen, der Schweizer wohl am meisten gehört wurde[6]). Es geschah mit aus Dank-

---

[1]) General Schoeler, der seit mehreren Jahren als Adjutant König Friedrich Wilhelms III. dem Kaiser zur Seite gelebt hatte, versicherte einem Wiener Freunde, Alexander habe sich schon seit 1809 nur noch mit mittelmäßigen Leuten umgeben und sei gefährlicher als man vermute. (Zum Vortrag vom 1. Oktober 1814.)

[2]) Siehe unten die Interviews mit Anstett.

[3]) So erzählte Czartoryski angeblich einem Polen. (Zum Vortrag vom 11. Oktober 1814.)

[4]) Zum Vortrag vom 23. September 1814.

[5]) Zum Vortrag vom 2. Oktober 1814.

[6]) General Witt bestätigte im Gespräch den großen Einfluß La Harpes, den die Polen deshalb umwürben. (Zum Vortrag vom 8. Oktober 1814.) Nesselrode und Stackelberg beklagten den des „Franzosenhassers" Czartoryski, Fürst Wolkonsky, der Generaladjutant, den von Alexanders geistvoller Schwester Katharina. (Zum Vortrag vom 4. Oktober 1814.) Andere Russen, die * * belauschte, ließen

barkeit. „Ein Fürst ist in der Regel nur ein Fürst", soll Alexander einmal zur Bagration gesagt haben. „La Harpe aber hat aus mir einen Menschen gemacht, und ich werde ihm dafür mein Leben lang dankbar sein"[1]). Und da nun La Harpe mit Czartoryski für den polnischen Plan eintrat, so erklärt sich die Hartnäckigkeit Alexanders in der Sache — einen Augenblick im November vielleicht ausgenommen, wo er zu größeren Zugeständnissen bereit geschienen, sie aber alsbald wieder zurückgenommen hat. Damals mag es wohl gewesen sein, wo die Zarin, deren langjährige Liebe zu Czartoryski in Wien wieder neu aufflammte, den Gemahl des Wankelmutes zieh, und wo bald nachher die Polizei zu melden wußte, Alexander arbeite nun fast täglich mit den Polen[2]).

Solcher Arbeit tat allerdings die fast ununterbrochene Kette von Unterhaltungen und Festen, dann auch die Lust des Kaisers an militärischen Schaustellungen u. dgl. Eintrag. Im Oktober klagte La Harpe über die vielen Zerstreuungen seines Zöglings von ehedem, den er um die Mitte des Monats erst zweimal gesehen haben wollte[3]). Anstett sagte damals seinem Quartiergeber Bartsch im Vertrauen, eine Arbeit über Polen, die er dem Kaiser zu liefern habe, eile nicht, weil sein Herr im Augenblick mit seiner Husarenuniform zu sehr beschäftigt und untröstlich sei, keine passende zu besitzen, da doch der König von Preußen sich bereits als Husar gezeigt habe[4]). Anstett war, wie Nesselrode u. a., ein Gegner der polnischen Pläne des Zaren und deshalb im Sommer auf sein Gut verbannt gewesen. Da er aber für die Geschäfte unentbehrlich war, mußte er nach Wien. „Das Lächerliche ist," erzählte er hier Ende November, „daß, wenn die anderen

---

den Vertrauten zu dem Schluß kommen, daß anderseits doch auch die russische (gemäßigte) Partei ihre Geltung beim Zaren habe, der so „die dupe von dieser oder jener faction" sei. (Zum Vortrag vom 7. Oktober 1814.)

[1]) Zum Vortrag vom 4. November 1814. So soll die Fürstin ihrem Geliebten Fontbrune erzählt haben, von dem es auf Umwegen die Polizei erfuhr.

[2]) Zum Vortrag vom 6. Dezember 1814. Die Zarin hatte man damit beruhigt, daß, „wenn auch der Kaiser für den Moment nachgegeben und Miene gemacht habe, seinen Lieblingswunsch aufzugeben, er ihn dennoch hege und der Löwe wieder erwachen werde".

[3]) Zum Vortrag vom 14. Oktober 1814. Ähnliche Bemerkungen machte später (20. und 26. März 1815) Czartoryski in seinem Tagebuch: der Kaiser sei unordentlich und arbeite gar nichts, er tappe ohne Überlegung umher. (Biblioteka Warszawska, 1909. III. 68 ff.)

[4]) Zum Vortrag vom 14. Oktober 1814.

ihm allzu sehr zusetzen, er zu mir seine Zuflucht nimmt. Von solch einem wankelmütigen Kopf muß Sie nichts wundern, besonders wenn er in die Enge getrieben wird. Wenn die anderen Mächte festhalten, weiß ich freilich nicht, was am Ende geschehen wird. Aber es wird viel Disputierens geben und Zeit kosten, und Ihr werdet den Kongreß noch lange haben[1]."

Die Voraussage bestätigte sich. Hier durch sein den Polen gegebenes feierliches Versprechen gebunden, dort zu Zugeständnissen gedrängt, deren kategorische Ablehnung die Gefahr eines Krieges heraufbeschwor, schwankte Alexander, bei aller äußeren Hartnäckigkeit, Monate lang zwischen den widersprechenden Meinungen seiner Umgebung und sah sich endlich zu wenigstens teilweiser Nachgiebigkeit genötigt. Und ebenso ging es ihm in der sächsischen Frage. Am 26. September soll er zu Prinz Anton von Sachsen gesagt haben, er habe, um Polen zu behalten, dem König von Preußen Sachsen als Entschädigung überlassen; könnte man übrigens einen anderen Weg finden, um diesen Monarchen (Friedrich Wilhelm III.) schadlos zu halten, so wäre er es zufrieden[2]. Hätte Alexander diese Worte wirklich gesprochen, so hätte er da seine bindende Zusage gegenüber Friedrich Wilhelm III. außer acht gelassen, vielleicht sich erinnernd, daß er in Frankfurt, und kürzlich erst in London, den König von Sachsen ermutigt hatte, auf seine Freundschaft zu zählen[3]. Die Äußerung zu dem sächsischen Prinzen läge in derselben Linie, wie die von der Polizei verzeichnete andere aus dem Dezember zu einem Mann „von hoher Distinktion" (Beauharnais?): es sei nun alles mit Polen im Reinen und nur der König von Preußen noch eigensinnig, doch hoffe er, ihn „zurecht zu bringen"[4]. Vergleicht man damit ein Interview mit Schoeler, dem langjährigen preußischen Militärattaché in Petersburg, worin dieser sagte, Alexander nütze die Anhänglichkeit seines königlichen

---

[1]) Zum Vortrag vom 31. Oktober 1814. Das Gespräch fand am 28. statt.

[2]) Zum Vortrag vom 1. Oktober 1814. Diese Äußerung fehlt in dem über die Audienz berichtenden Brief Antons an den König, wo es nur heißt: „ne répondit que par une révérence". (Dresdener Archiv.)

[3]) Vgl. E g l o f f s t e i n, „K. Augusts Reise nach Paris und England, 1814". Deutsche Rundschau 1908, II. 414.

[4]) Zum Vortrag vom 21. Dezember 1814. (Graf Fürstenstein, dem es von jener Persönlichkeit selbst mitgeteilt worden war, zum Berichtleger.) Vgl. auch oben S. 32 die erwähnte Äußerung zu dem Kaiser von Österreich und namentlich Graf Münsters Depesche vom 17. Dezember 1814 an den Prinzregenten von England. (M ü n s t e r, „Polit. Skizzen", S. 202 f.)

Freundes zu seinen Zwecken aus, so werden auch Nachrichten von einer Mißstimmung zwischen den beiden Monarchen wahrscheinlich[1]). Als Beispiele für Alexanders Wankelmut zitierten die Rapporte u. a. auch noch folgende Vorfälle: Er habe — es war im Januar — zu Talleyrand gesagt, so daß es die Gräfin Zichy vernehmen konnte: „Wenn Sie sich da (in die sächsisch-polnische Sache) nicht weiter einmischen, lasse ich Ihnen gegen Murat freie Hand", während am nämlichen Tage die Gräfin Széchényi behauptete, von ihm gehört zu haben, er wisse nicht, was man gegen Murat eigentlich habe, der sich doch wie ein Kavalier benehme[2]). Später, als Napoleon bereits wieder auf dem Thron von Frankreich saß, und kurz nachdem Alexander das Ächtungsdekret wider ihn unterzeichnet hatte, sagte dieser zu Marie Louise bei einer Visite in Schönbrunn: wenn das französische Volk Napoleon oder die Regentschaft haben wolle, werde er nicht säumen, seine Anerkennung vorzuschlagen; man könne sich einer ganzen Nation nicht widersetzen[3]).

Alexander war von seinem Aufenthalt in Wien zunächst sehr befriedigt. Wenigstens äußerte er in den ersten Wochen seines Aufenthaltes, er habe sich auf allen seinen Reisen nirgends so wohl befunden wie hier. Seine Russen sei er gewohnt, in den Staaten, die er während des Feldzuges kennen lernte, habe er viel Elend und mißvergnügte Leute angetroffen, in England wieder sei der Menschenschwall zu groß: Österreich allein besitze, was Vergnügen schaffe, „da es das Mittel von allen Nationen in sich enthalte und man in allen

---

[1]) Zum Vortrag vom 2. Januar 1815. Dazu in Gentz' großer Denkschrift über den Kongreß, Februar 1815: „Österreich, von Preußen in seinem Vorhaben, Rußlands Absichten zu durchkreuzen, im Stich gelassen, hoffte, sich der Zarenmacht bis zu einem gewissen Grade bedienen zu können, um Preußens Pläne (auf Sachsen) zu ermäßigen. Rußland schien dazu bereit (eut l'air de s'y prêter), verlangte aber zuerst die Ordnung der polnischen Angelegenheit nach einigen Änderungen. Österreich überzeugt, Sachsen und Polen nicht zugleich erhalten zu können, entschied sich, das zweite fallen zu lassen". (M e t t e r n i c h, Nachgelassene Papiere, II. 485.)

[2]) Zum Vortrag vom 2. Februar 1815. Eine vorübergehende Neigung für Murat ging auch aus einer Bemerkung des Generaladjutanten Czernischeff hervor, der zur Széchényi sagte: „Wenn Murat nicht euer Alliierter gewesen wäre, hätte Eugen den Bellegarde bis nach Wien gejagt".

[3]) Zum Vortrag vom 1. April 1812. Auch die Generalin Hitrow erzählte aus der Umgebung des Zaren, dieser sei gegen die Bourbons nicht gut gesinnt und scheine von Napoleon ein gemäßigtes Benehmen und Sicherheit auf lange Jahre zu erwarten. (Ebenda.)

Handlungen weder zu extrem noch zu eingeschränkt sei"[1]). Etwas später sagte er zu Kaiser Franz: „Papa, es ist gut, daß Petersburg so weit von Wien entfernt ist, ich käme sonst alle vierzehn Tage hierher[2])." Zu diesem Behagen trug viel bei, daß er in dem Kreise schöner Frauen der hohen Aristokratie sehr entgegenkommend aufgenommen und seiner persönlichen Eitelkeit damit geschmeichelt worden war. Gleich im Beginn hatte er einige von ihnen besonders ausgezeichnet: die Fürstin Eszterházy-Roisin, die Gräfin Sophie Zichy, die Fürstin Gabriele Auersperg, Prinzessin Moriz Liechtenstein, die junge Gräfin Széchényi, die aber alle bald merkten, daß es ihm, „so wie in Frankfurt und an allen anderen Orten, nur um Koketterie und Gefallsucht zu tun sei[3])." Später erklärte er einmal die Gräfinnen Marie und Julie Zichy als die schönsten des Damenflors, bemühte sich in großer Artigkeit um sie, bis er schließlich der weniger hübschen, aber sehr tugendhaften Fürstin Gabriele Auersperg vor allen den Vorzug gab, eine Wahl, die von bösen Zungen scharf glossiert wurde[4]). Doch erschöpfte sich sein Interesse im Tanz, den er leidenschaftlich liebte und mit großer Ausdauer pflegte, und sonst in harmloser Geselligkeit[5]). Wo er darüber hinausging, stieß er an. So, wenn er in Ofen der Gräfin Orczy den Hof machte und ihr, vernehmlich für das Ohr des Grafen M., zuflüsterte, er bedaure, daß sich die Gelegenheit nicht biete, ein belastetes Gewissen davon zu tragen, hoffe aber, sie bald in

[1]) Zum Vortrag vom 4. Oktober 1814.
[2]) Zum Vortrag vom 11. Oktober 1814.
[3]) Zu den Vorträgen vom 4. und 18. Oktober 1814. Aus einem gelegentlichen Interzept meinte Hager eine intime Beziehung des Zaren zu der Frankfurter Bankiersfrau B. nachweisen zu können, aus einem späteren Vortrag an den Kaiser geht aber hervor, daß er sich — in der Person des Liebhabers — geirrt hatte.
[4]) P o t o c k a, Mémoires, p. 372: „On en rit sous cape, la célèbre Mᵒˡˡᵉ Bourgoing ayant compromis la réputation de l'Empereur lors de son séjour à Paris."
[5]) Von Alexanders Ausdauer im Vergnügen schreibt Gentz am 1. Juli 1814 dem Hospodar der Walachei nach englischen Journalen folgendes: „Der Kaiser kam im Hotel Poulteney mit der Großherzogin von Oldenburg um 3 Uhr morgens an — es war bei der Rückkehr aus Oxford — kleidete sich sofort um und begab sich auf den Ball zu Lady Jersey, wo er bis sechs Uhr tanzte. Um zehn war er bereits wieder in Bewegung, um verschiedene öffentliche Anstalten zu besichtigen, dinierte Abends bei Lord Castlereagh, ging um elf Uhr ins Drury Lane und nach dem Schauspiel zur Marquise Hertford, wo die Gesellschaft bis drei Uhr versammelt blieb." Alexanders Lieblingspolonaise wurde in Wien öffentlich verkauft und hat sich — u. a. in einem Manuskript des Hofbeamten Skall über den Kongreß — noch erhalten. Es ist trivialste Musik.

Wien zu sehen. Oder wenn er der Gräfin Széchényi auf dem Ball bei Pálffy die Bemerkung machte, es wäre ihm sehr angenehm, provisorisch den Platz ihres abwesenden Gatten einzunehmen, worauf er die bekannte Antwort erhielt, ob er sie wohl für eine Provinz halte. Oder wenn er sich bei der Fürstin Eszterházy ansagte, als ihr Mann in Eisenstadt weilte, und auf der ihm übersandten Liste von Damen, die er dort treffen würde, alle Namen ausstrich bis auf den der Hausfrau, die dann eilends den Fürsten herbeikommen ließ[1]). Dies und anderes sprach sich in den Salons herum und wurde zu seinen Ungunsten ausgelegt. Denn man erfuhr daneben von den mehrfachen nächtlichen Visiten, die er der Fürstin Bagration abstattete, die allerdings bei ihrer Verwandtschaft mit dem russischen Kaiserhause — sie war eine Großnichte der Kaiserin Katharina I. — auf seine Besuche rechnen durfte, wenn auch nicht gerade weit über Mitternacht hinaus. Und man wird von einer Petersburger Frau Schwarz, der Gattin eines von Alexander begünstigten Geschäftsmannes, erfahren, die sich berühmte, daß der Zar sie und neben ihr nur noch eine dortige Kaufmannsfrau mit seiner Neigung auszeichne, für die Damen der Aristokratie aber nichts mehr übrig habe. (Seine langjährige offenkundige Beziehung zur Gräfin Narischkin hatte sich im letzten Sommer gelöst.) Ob und wie weit er mit der galanten Bagration vertraut geworden war, interessierte die Polizei, die eifrig das Haus in der Schenkenstraße überwachen ließ, in dessen Beletage die beiden Rivalinnen, Bagration und Sagan, sich teilten, weniger, als der allfällige politische Inhalt seiner Gespräche mit ihr. Als es ihr endlich gelungen war, etwas davon zu erfahren, nahm sie an, hier hätten Alexanders Neugier und die Lust an der politischen Intrigue zartere Neigungen überwogen. Einmal ward ihr berichtet, der Zar hätte der Fürstin erzählt, man habe ihn von österreichischer Seite in Beziehung zur Herzogin von Sagan bringen und ihn durch sie ausholen wollen, habe jedoch seinen Zweck nicht erreicht[2]). Möglich, daß Metternich anfangs an derlei dachte; die Akten der Polizei aber enthalten weiterhin nichts mehr davon. Bei der Bagration erreichte Alexander, daß sie an denselben Tagen, da Metternich Gesellschaften gab, selbst Soireen veranstaltete, wo er dann mit seinen Russen erschien, um bei Metternich fehlen zu können. Als einmal Ball bei der Fürstin war, nötigte er auch die Zarin, ihn zu besuchen, was dieser bei dem üblen Ruf, dessen

---

[1]) Zu den Vorträgen vom 22. November und 12. Dezember 1814.
[2]) Zum Vortrag vom 4. Oktober 1814.

sich die Hausfrau erfreute, nicht leicht fiel und ihm als Hartherzigkeit gegen die Gattin zur Last gelegt wurde. Zu den Festen des österreichischen Hofes wurde die Bagration nicht geladen[1]). Daß Alexander mit seiner Gemahlin nicht im besten Einvernehmen lebte, wußte man in Wien. Man sah, daß sie nie zusammen speisten, sondern daß die Kaiserin bei ihrer Schwester, der Königin von Bayern, täglicher Gast war. Man hörte auch, daß der Kaiser sie mitunter vor anderen zurechtwies, wie z. B. auf einem Ball, wo sie es unterlassen hatte, Wellington zum Tanz aufzufordern. Und man vernahm auch — es war bei Zichy — wie er, als man laut, ihm zu Gehör, ihre Schönheit pries, deutlich vor sich hinsagte, er könne das nicht finden[2]). All das nahm gegen ihn und für sie ein, von deren geheimer Beziehung zu Czartoryski kaum viele gewußt haben dürften[3]). Und da man ihm auch, nicht mit Unrecht, die Hinauszögerung des Kongresses zur Last legte, dessen lange Dauer allmählich zur allgemeinen Kalamität geworden war, so wurde man gegen ihn geradezu erbittert und griff in einseitiger Abneigung alles auf, was zu seinen Ungunsten sprach. So erinnerte man sich, daß der Ehrenkavalier, der ihm bei seiner Ankunft an die Reichsgrenze entgegengeschickt worden war, in einer Soiree beim Bankier Arnstein von ihm erzählt hatte, er sei im Grunde ein Mensch, von dessen „Wildheit" man sich keinen Begriff mache, wozu andere, Engländer und Preußen, zustimmten und meinten, man müsse sich schämen, daß Kaiser und Könige vor diesem „Wildfang" zitterten, hinter dessen Äußerungen gar nichts stecke[4]). Man erinnerte sich auch, daß der kürzlich verstorbene Fürst Ligne sein Witzwort, der Kongreß gehe zwar nicht vorwärts, aber er tanze, auf den Zar gemünzt hatte, der ihn dann dafür zur Rede stellte, und daß derselbe Ligne von ihm gesagt hatte, er sei keineswegs wofür er gelten wolle, sondern nur „Schall und Rauch"[5]). Und man entsann sich auch, daß Alexander in Wien keine der öffentlichen Anstalten besucht, die Kunstschätze ignoriert, keinerlei

---

[1]) Der Aufwand, den sie machte, brachte sie schließlich in Gefahr einer Schuldhaft, die aber aus Schonung in Hausarrest gemildert wurde. S. unten.

[2]) All diese Einzelheiten nach Rapporten zu verschiedenen Vorträgen Hagers. Die letzterwähnten vom 27. Januar, 9. Februar, 3. Februar 1815.

[3]) Napoleon hat davon gewußt und auf S. Helena darüber gesprochen. (Gourgaud, Journal, II. 401.) Czartoryskis Tagebuch verrät die langjährige Neigung. Vgl. auch die „Souvenirs" der Gräfin Golowin, (p. 113) über die Anfänge dieser von Alexander tolerierten Beziehung.

[4]) Zum Vortrag vom 6. Oktober 1814.

[5]) Zu Vorträgen vom 10. Oktober, 21. November, 18. Dezember 1814.

Einkäufe gemacht hatte, und nahm es ihm übel, daß er in der Winternacht, in der das Rasumowskysche Palais brannte, nicht auf der Brandstätte erschienen war, während Kaiser Franz dort die Löscharbeiten überwachte und sich eine schwere Erkältung zuzog. Schließlich bekam er auf den Faschingsredouten so harte Worte zu hören, daß er sie mied, und die Polizei mußte darauf bedacht sein, ihn vor unehrerbietigen Äußerungen des Publikums zu schützen, wenn er des Abends Arm in Arm mit Beauharnais die engsten Gäßchen der inneren Stadt durchzog[1]). Man tat ihm dabei Unrecht. Denn es waren auch sympathische Züge ursprünglicher Art in seinem Wesen, und es scheint, als habe in dem komplizierten Akkord seines Charakters sogar eine naive Saite mitgeklungen. So, wenn wir hören, er habe auf einem Kinderball mit allen Kindern getanzt, auf einem Fest in Pest sich mehrere Stunden lang mit einem Bürgermädchen unterhalten, auf der Fahrt durch Ungarn sich selbst ein Mittagmahl gekocht u. dgl. Im übrigen hatte auch der persönliche Verkehr zwischen den Souveränen in der Burg, wo, neben dem Kaiser Franz, Alexander, Friedrich Wilhelm und die Könige von Württemberg und Dänemark wohnten, durch das politische Zerwürfnis weniger als durch vereinzelte Krankheitsfälle gelitten. Wenn man selbst hie und da des Abends den Zar das Appartement seines Hauswirtes mit heißem Kopf und unzufriedener Miene verlassen sah, die Harmonie war nicht wesentlich gestört worden, und noch ehe der Zwist um Sachsen beglichen war, konnte man in der ersten Januarhälfte den Wiener Hof mit seinen Burggästen in den Hoftheatern oder beim „Staberl" in der Leopoldstadt erscheinen sehen. So behielt am Ende die alte Fürstin Metternicht recht, die Ende Dezember zu ihren Besuchern gesagt hatte: „Glauben Sie mir, der russische und unser Kaiser haben nie aufgehört, sehr gut Freund zu sein; es wird alles friedlich und gut ausgehen[2])."

Es war für Alexander nicht ganz leicht, sich jenen gegenüber aus der Affäre zu ziehen, denen er feierliche Versprechungen geleistet hatte, die er schließlich nicht, oder doch nicht vollkommen, zu halten vermochte. Wenn er an Preußen die großpolnischen Gebiete von Posen und Gnesen und Thorn abtrat, Krakau zum selbständigen Freistaat machte, den Österreichern — Czartoryski war dagegen ge-

---

[1]) Zum Vortrag vom 9. Februar und vom 27. März 1815. „J'ai été hué dans la rue par les polissons de Vienne", soll er selbst sich — nach dem Zeugnis des Grafen Fries — geäußert haben. Das wurde dann allerdings nach Napoleons Wiederkehr von Elba und der Erneuerung der Koalition besser, und Alexander lobte wieder die Wiener wie zu Beginn seines Aufenthaltes.

[2]) Zum Vortrag vom 1. Januar 1815.

wesen — die Salzwerke von Wieliczka ließ und den Tarnopoler Kreis in Ostgalizien zurück gab, während eine Vereinigung Litauens und Russisch-Polens mit dem Herzogtum Warschau, die er ursprünglich geplant hatte, sich bei der Abneigung der Russen gegen dieses Projekt als unausführbar erwies, so war das bedeutend weniger, als er den Polen in Aussicht gestellt hatte[1]). Aber mehr war eben nicht erreichbar gewesen. Nur den Namen „Königreich Polen", über den er seinerzeit mit Napoleon gestritten hatte, als er (Alexander) ihn ausgetilgt haben wollte, hatte er durchgesetzt. Er half sich schließlich, wie die Polizei wissen wollte, indem er erklären ließ, die polnische Nation werde wohl zufrieden (satisfaite) sein, ihre Existenz gesichert zu haben, und wenn es auch für den Augenblick unmöglich gewesen wäre, ihr ihre volle Unabhängigkeit zurückzugeben, so habe er sie doch zum mindesten in die Lage versetzt, sie eines Tages unter seinem Schutz (sous sa protection) wiederzugewinnen[2]). Wie er Beauharnais seine feierliche Zusage hielt, ist bekannt. Nach vielen Hoffnungen, die er in ihm geweckt und die sich alle als unerfüllbar dargestellt hatten, bot er ihm das Fürstentum Pontecorvo an, das zwar von Bernadotte zurückgelegt worden war, das aber der Papst für sich beanspruchte und dessen Besitznahme von Österreichs Zustimmung abhing. Beauharnais lehnte ab. Auch Elisa Bacciochi mußte ihre von dem Zaren genährten Aussichten auf Lucca begraben.

Noch auf dem Kongreß, als die Nachrichten von dem wunderbaren Vordringen Napoleons in Frankreich nach Wien gelangten, soll in Alexander jene Neigung zum Mystischen erstarkt sein, die der Feldzug des Feindes in Rußland und der Brand von Moskau in ihm hatten keimen lassen und die späterhin in seinem Charakter einen so breiten Platz gewann[3]). Möglich. Tatsache aber ist, daß er bis dahin in Wien — von jenen wenigen Bemerkungen über seine Religiosität abgesehen — von allen Beobachtern nur als Weltkind erkannt und geschildert worden war: als willkommener Gesellschafter in dem aristokratischen Damenkreise, der ihm seine kleinen Sünden längst verziehen hatte und wo er um Pfänder spielte, zu Klavierbegleitung meisterhaft Melodien pfiff, gelegentlich mit der schönen Gräfin Wrbna

---

[1]) Er hatte allerdings schon im März 1814 zu Czartoryski gesagt, er werde „den größten Teil von Großpolen an Preußen abtreten, jedoch Österreich nur die Weichselgrenze geben", aber auch hinzugefügt, die Polen sollten bedenken, daß er dafür sieben Millionen Litthauer angliedere. (Bibl. Warsz. 1909. II.)

[2]) Zum Vortrag vom 13. Februar 1815.

[3]) Siehe Edling, Mémoires, p. 257, wo die Veränderung als durch einen Brief der Krüdener hervorgerufen dargestellt wird.

die bekannte Wette einging, wer sich rascher umzukleiden imstande sei, und dergleichen Harmlosigkeiten mehr, ohne daß ihn hier intimere Beziehungen gefesselt hätten, oder als leutseliger Spaziergänger, wenn ihm allenfalls Venus leichtgeschürzt auf der Straße begegnete. In diese Vergnügungen brachte freilich die neue Kriegsgefahr von außen, nachdem man sie im eigenen Lager mit Glück beschworen hatte, einen ernsten Ton. Die Sicherheit, daß es neue Kämpfe und neues Blutvergießen geben werde, ließen Alexander noch weiter von seiner selbstbewußten Höhe niedersteigen als er bereits angesichts des dauerhaften Widerstandes gegen seine ursprünglichen Pläne in Wien herabgelangt war. Er wurde wieder ein guter Bundesgenosse und söhnte sich schließlich auch mit Metternich aus. Der Einfluß der frommen Krüdener und — vielleicht nicht minder — daß der entscheidende Sieg bei Waterloo so ganz ohne sein Zutun errungen wurde, machten ihn noch fügsamer und schliffen einzelne spröde Stellen seines Wesens vollends glatt, die sich in der Zeit des Kongresses mitunter wenig angenehm fühlbar gemacht hatten.

Großfürst Konstantin.

Einigermaßen beeinflußt wurde das abfällige Urteil über Alexander auch durch das wenig angemessene Benehmen seines Bruders Konstantin — die Schwestern waren allgemein respektiert und verdienten es vollauf — und seiner militärischen Suite. Von dieser hieß es einmal, sie benähme sich erstaunlich roh und unverschämt (grossièreté et insolence), im Gegensatz zur Höflichkeit der Preußen und der anderen Fremden[1]). Und ähnlich lautete das Urteil über den Bruder, der übrigens bald Wien wieder verließ, um in Warschau die polnische Armee zu organisieren. Wenn man nun schon in Alexander einen „Wildfang" sehen wollte, der diese Bezeichnung kaum verdiente, sein Bruder rechtfertigte sie durchaus. Zahlreich sind die Berichte über seine meist sehr geschmacklosen Knabenstreiche. So rief er z. B. des Nachts aus einem versteckten Winkel des inneren Burghofes die schlafende Wache ins Gewehr, die herausstürzte und dann vergebens nach dem Anlaß fragte, der ihre Nachtruhe gestört hatte. „Der Großfürst wollte sich halbtot-

---

[1]) Zum Vortrag vom 6. Oktober 1814. Dazu stimmt Czartoryskis Bemerkung über die „Unmanier" von Alexanders Gefolge in London. (Bibl. Warsz. 1909. II. 440) und die Schilderung der Gräfin Lieven in „Correspondance de l'Empereur Alexandre I. avec sa soeur Catherine" (p. 245 f.) Übrigens klagte man in Wien gelegentlich auch über die Dienstleute der Engländer.

lachen," sagt der Rapport[1]). In einer Gesellschaft bei Stackelberg verspottet er einen alten Grafen Eszterházy wegen seines Zopfes und zieht sich von ihm die Bemerkung zu, es sei sehr bedauerlich, an ihm die Erziehung eines Prinzen so ganz zu vermissen[2]). Er soll auch schon in der ersten Novemberhälfte Wien deshalb verlassen haben, weil er ein Mitglied des österreichischen Hochadels tätlich beleidigt hatte, worüber jedoch die Polizei nichts meldet. Er hatte fast nur unter Russen Verkehr. Besuche bei den fremden Hoheiten zu machen oder die ihrigen zu empfangen, war ihm ein Greuel. Er erkundigte sich auch immer vorher, wann die Herrschaften nicht zu Hause seien, ehe er dann seine Karte abgab. Nur zu Eugen Beauharnais ging er mit Vorliebe und empfing ihn auch jederzeit. Wie sein Ehrenkavalier, Baron Welden, dem Polizeiminister mitteilte, hatte er eine große Verehrung für den Vizekönig und meinte gelegentlich, man sollte ihm eine Armee anvertrauen, er würde sie sicher gut führen. Alle seine Kenntnisse erschöpften sich in der militärischen Dressur. Er machte denn auch in Wien bloß eingehende Studien über das österreichische Exerzier-Reglement und bestellte fast alle Tage gemeine Soldaten in die Burg[3]). Eine Zeitlang fuhr er zweimal täglich, dann regelmäßig des Abends, zur Bagration, wo er im kleinen Kreise fast allein das Wort führte. Da war es wohl, wo er sich einmal über die russische Thronfolge herausließ und sagte: „Ich wünsche nicht nur nicht zu regieren, sondern bin sogar sicher, daß ich niemals den Thron besteigen werde. Ich habe mich mein Leben lang nur mit militärischen Dingen befaßt und kenne nur sie. Aber wenn auch der Kaiser keine Kinder haben sollte, und wenn auch Paul I. das Recht des Mannsstammes festgesetzt hat, so haben wir doch bei der Krönung meines Bruders, des Kaisers, schwören müssen, denjenigen als Nachfolger anzuerkennen, den er dazu bestimmen wird"[4]). Bekanntlich hat Konstantin nach Alexanders Tode wirklich auf den Thron verzichtet.

---

[1]) Zum Vortrag vom 8. Oktober 1814.
[2]) Zum Vortrag vom 10. November 1814.
[3]) Zum Vortrag vom 16. Oktober 1814.
[4]) Zum Vortrag vom 21. Oktober 1814. Paul hat nicht nur durch den Akt von 1797 die Thronfolge im Mannsstamm vor den weiblichen Gliedern des Hauses festgesetzt, sondern auch im Manifest von 1799 Konstantin zum „Cesarewitsch", d. i. zum Nachfolger Alexanders erklärt, wenn dieser ohne männliche Erben sterben sollte. Vgl. Eichelmann, „Das kais. russische Thronfolge- und Hausgesetz" im Archiv f. öffentliches Recht, III. 97 ff., und Schiemann, „Nikolaus I." I. 131 ff. Von einem Eid der Brüder ist bisher nichts bekannt geworden, und auch

Er war in der Tat nur Soldat. In Wien aber hat er doch auch geglaubt — es war als der Zar in Ungarn weilte — sein Scherflein Politik beitragen zu müssen. Das geschah, indem er einerseits bei den Preußen Mißtrauen gegen die ihm verhaßten Engländer zu verbreiten suchte, dann aber auch, indem er vor den Fortschritten des revolutionären Geistes in Norddeutschland warnte. Die polnischen Generale, meinte er, würden in einigen Jahren diesen Dingen Halt gebieten (mettre le holà). Trotz seiner Abneigung gegen alle politische Neuerung empfing er aber doch wiederholt La Harpe bei sich und erbat sich von ihm sogar einen Gouverneur für seinen natürlichen Sohn. Von der Mutter des Knaben, einer Person aus niederem Stande, erzählte man sich, daß sie auf Konstantin nicht geringen Einfluß habe und ihn mitunter recht unglimpflich behandle[1]).

Friedrich Wilhelm III.

Gegenüber dem hohen Interesse, das man Alexander I. entgegenbrachte, trat das an den anderen Fürstlichkeiten weit zurück. Dennoch ward dem König von Preußen anfangs viel Sympathie, noch mehr als jenem, zu Teil, wofür Friedrich Wilhelm nicht unempfindlich blieb[2]). Auch den Damen der Gesellschaft gefiel er besser. Sie rühmten seine würdige und doch auch zugleich bescheidene Art, seine militärische Haltung, und sogar sein Äußeres gewann den Vorzug vor dem des Zaren, der darin den hochgespannten Erwartungen nicht ganz entsprochen hatte und an dem ein „affektierter, halb aus russisch und halb aus französisch gemischter Ton" befremdete[3]). Nur als man des Königs Deferenz gegenüber Alexander wahrnahm, wie er nie anders als ihm zur Linken ging und stets einen halben Schritt zurückblieb, da wandte sich die Kritik auch gegen ihn. „Sie heißen ihn den linken Schächer, den Schatten des russischen Kaisers", meldete ein Vertrauter, und die Gräfin Rechberg bemerkte auf die Nachricht von einem Zwist zwischen dem preußischen und dem russischen Ministerium — es war gegen Ende Oktober — sie glaube nicht daran,

---

Schilder, der Geschichtschreiber Alexanders I., der das Hausarchiv durchforschen konnte, hat nichts davon gewußt. (Gütige Mitteilung Th. Schiemanns.)

[1]) Zum Vortrag vom 21. Oktober 1814. Es war die Französin Friedrichs in Warschau, deren Sohn 1812 von Alexander geadelt worden war. Vgl. Schiemann, a.a. O. S. 229 und die „Mémoires de la Comtesse Potocka", p. 395, 3.

[2]) Zum Vortrag vom 29. September 1814.

[3]) Zum Vortrag vom 4. Oktober 1814.

so lange der König der treue Begleiter Alexanders bleibe[1]). Und sie behielt Recht, wenn auch der preußische General Schoeler von seinem König geltend machen wollte, er sei keineswegs ein steter Bewunderer alles dessen, was Alexander tue, sondern glaube ihm nur durch Dankbarkeit verpflichtet zu sein, die der Zar dann für seine nicht immer selbstlosen Absichten ausbeute[2]). Noch Ende November kolportierte man in Wien ein in Dresden entstandenes Pasquill, das den Kaiser von Rußland darstellte, der dem König von Preußen die Krone Sachsens reicht, während der Kaiser von Österreich die Hände segnend über beider Häupter ausstreckt; die Inschrift lautete: „Saxoniae Cives Honorem Alexandris Nomini Dicunt Eternum" (SCHANDE)[3]). Die militärische Suite des Königs war anfangs durchaus Österreich geneigt, schon wegen der Arroganz der Russen; doch alle sagten, ihr König bleibe bei seinem „Je ferai comme l'Empereur Alexandre"[4]).

Eifriger wurde die Beobachtung des Königs, als im November durch dessen Machtwort die trennende Krise eingetreten war, und als später, wie man sich erzählte, Hardenberg um seine Entlassung bat. Daß Friedrich Wilhelm sie nicht annahm, schrieb man dem Einfluß seines Generaladjutanten v. d. Knesebeck zu, der davon abgeraten hatte, „weil die Nation an Hardenberg hänge"[5]). Hardenberg blieb. Er unterschied sich damals vom König und von Humboldt darin, daß er schon jetzt, vor Ende November, bereit gewesen wäre, nicht das ganze Land Sachsen in Anspruch zu nehmen, wenn entsprechende Stücke polnischen Gebietes an Preußen fielen, wogegen sich aber Alexander wandte, der von seiner Absicht, seinen polnischen Plan einzuschränken, rasch wieder abgebracht worden war[6]). Dem König war der Gedanke, das reiche sächsische Land ganz für sich zu gewinnen, allmählich lieb geworden; zu Ende des Jahres sagte er zu zwei Ritterschaftsdeputierten, er werde davon nicht lassen, und wenn er sich darum schießen müßte[7]). Daneben fehlte es freilich nicht an Stimmen im preußischen Lager, die, im Vertrauen, das Beharren auf der Forderung ganz Sachsens nur als taktisches Manöver hinstellten,

---

[1]) Zum Vortrag vom 30. Oktober 1814.
[2]) Zum Vortrag vom 2. Januar 1814. Siehe oben.
[3]) Zum Vortrag vom 6. Dezember 1814. Die Zustimmung Österreichs zur Annexion Sachsens durch Preußen ward allgemein angenommen.
[4]) Zum Vortrag vom 30. September 1814.
[5]) Zum Vortrag vom 27. November 1814.
[6]) Siehe oben S. 42. Näheres über diese Abwandlungen der sächsisch-polnischen Frage ist einer eingehenderen Darstellung vorbehalten. S. übrigens unten S. 73.
[7]) Zum Vortrag vom 30. Dezember 1814.

damit man schließlich doch einen entsprechend großen Teil davon und dazu polnisches Land erwerbe, das, außer Hardenberg, noch einige von seinen Räten (Jacobi, Zerboni di Sposetti, Jordan u. a.) hoch bewerteten. In ihrem Kreise sind wohl auch die nicht allzu günstigen Urteile über Alexander entstanden, der, wie sie sagten, verführt von Eitelkeit und Projektenmacherei, keiner Ruhe fähig sei[1]). Schließlich kam es zu einer ernsten Verstimmung zwischen dem Zaren und dem König, die daher rühren mochte, daß Alexander wirklich seinen Freund „zurecht brachte"[2]).

Der mißmutige Grundton in Friedrich Wilhelms Wesen erhielt in Wien, bei aller Aufmerksamkeit, die Kaiser Franz seinen hohen Gästen zollte — von der sächsischen Sache abgesehen — mancherlei Nahrung. Schon daß die Wiener Etikette dem Dänenkönig den Vortritt einräumte, griff ihm, wie aus seiner Umgebung verlautete, „tief ins Herz". Dann verursachte ihm Ärger, daß die kleinen deutschen Fürsten in ihren Kollektivnoten so viel von der Notwendigkeit eines deutschen Reichsoberhauptes redeten[3]). Als darauf im Dezember das entscheidende Schreiben Metternichs eintraf, das auf der Teilung Sachsens bestand, wurde das „rheumatische Fieber", an dem er gerade laborierte, „weil der König im Zorn sich nicht beherrschen kann", schlimmer.[4]) Auch er hatte sich, in Nachahmung Alexanders, den Dienst seiner österreichischen Ehrenkavaliere verboten; darauf blieben sie fort; und als er später doch und wiederholt den Wunsch aussprach, sie an seiner Tafel zu sehen, ließ sich keiner finden, „was ihn so sehr erboste, daß er fortan allein speiste"[5]). Ärgerlich war ihm auch eine Antwort, die er sich von Zacharias Werner zuzog. Dieser war nicht nur vom Protestantismus zum Katholizismus übergetreten, sondern hatte auch die priesterlichen Weihen empfangen. Der König ließ ihm gegenüber die Bemerkung fallen, er liebe nicht Leute, die ihre Religion wechseln, worauf Werner erwidert haben soll, dann müsse Se. Majestät auch Luther und Calvin nicht leiden können[6]). Mißmutig machte ihn auch die Schlittenfahrt, die vom Hof für die hohen Gäste im Januar veranstaltet wurde: eine Reihe prächtiger

---

[1]) Zum Vortrag vom 25. Januar 1815.
[2]) Siehe oben S. 43.
[3]) Zum Vortrag vom 2. Dezember 1814 (Äußerung Humboldts).
[4]) Zum Vortrag vom 11. Dezember 1814.
[5]) Zum Vortrag vom 5. Februar 1815.
[6]) Zum Vortrag vom 23. Februar 1815. Die Sache wird von Frau v. Montet in ihren „Souvenirs" (p. 117) anders erzählt. Danach hätte Werner erwidert, er sei eben deshalb zur Religion seiner Voreltern zurückgekehrt.

Schlitten, mit je einem Herrn und einer Dame darin, fuhren durch die Stadt und nach Schönbrunn — und er äußerte sich zu Hardenberg, Metternich habe damit die Souveräne den Wienern zur Schau gestellt[1]). Das war nun ganz unrichtig. „Birutschaden" im Sommer und „Schlittagen" im Winter standen längst auf den Vergnügungsprogrammen der kaiserlichen Hofämter, die jetzt nachgerade schon in Verlegenheit waren, was sie den fürstlichen Gästen zur Unterhaltung noch bieten sollten. Metternich hatte damit wenig zu tun. Aber der König meinte so und sah auch während der Fahrt an der Seite seiner Dame, der Gräfin Julie Zichy, recht unwirsch aus, ohne aufzublicken. Die Wiener nannten ihn dafür einen „launigten Menschen".[2]) Metternich hatte es nun einmal auch bei ihm verschüttet. Anfang Februar verzeichnet die Polizei eine Äußerung, die der König in Gegenwart der Generale Knesebeck und Thiele getan haben sollte: „Dieser Kerl hat mir einen Lieblingsplan vernichtet", womit er weniger den Gewinn von ganz Sachsen als die Vermählung seines ältesten Sohnes mit einer österreichischen Kaisertochter gemeint habe[3]).

Um seiner habituellen üblen Laune zu entfliehen, gab es für Friedrich Wilhelm zwei Wege. Der eine führte ihn zu den ausgezeichneten Komikern des Leopoldstädter Theaters, der andere in die aristokratische Gesellschaft, in der er die schöne Julie Zichy zu finden sicher war, die er sehr verehrte. Auf einem Ball bei Stackelberg wich er zwei Stunden lang nicht von ihrer Seite, und bei einem Souper bei der Bagration gab es Verwirrung, da er die Gräfin zu Tisch führen, sie aber nicht vor anderen Damen den Vortritt nehmen wollte[4]). Graf Rasumowski machte Glück mit der Bemerkung, nach Sachsen sei dem König Julie Zichy das Liebste. Ein Rapport aus dem Mai läßt ihn, als er sich vor seiner Abreise ihm Zichyschen Hause verabschiedete, Tränen vergießen.[5]) An eine intime Beziehung darf man dabei nicht entfernt denken, doch gehörte allerdings die ganze Familie Zichy zum unbedingten Anhang des Königs[6]). Dem entsprechend war sie ebenfalls Metternichs Widersacher, bis die Rückkehr Napoleons auch hier den Gegensatz milderte.

---

[1]) Zum Vortrag vom 25. Januar 1815.
[2]) Ebenda.
[3]) Zum Vortrag vom 10. Februar 1815.
[4]) Zu Vorträgen vom 29. Dezember 1814, 10. Januar 1815.
[5]) Zum Vortrag vom 29. Mai 1815.
[6]) Alexander und Friedrich Wilhelm fanden sich jeden Samstag zum Souper bei Karl Zichy ein. (Zum Vortrag vom 2. April 1815.)

König Friedrich von Württemberg.

War man dem König von Preußen in Wien mit viel Sympathie entgegengekommen, so hatte Friedrich I. von Württemberg von vornherein nicht darauf zu rechnen gehabt. Daß er einer von den Napoleon am meisten ergebenen Rheinbundfürsten gewesen war, spielte dabei weniger mit als der Ruf einer argen Tyrannei, mit der der übrigens grundgescheite Fürst sein Land regierte, und namentlich seine Bauern zu Zwecken seiner Jagdleidenschaft mißbrauchte[1]). Sein feindseliges Verhalten gegen seinen Sohn, den ungleich sympathischeren Kronprinzen Wilhelm, dazu auch noch sein unförmliches und häßliches Äußere und der Ruf widernatürlicher Neigungen taten das Übrige, um ihn ganz und gar unbeliebt zu machen. Schon in Linz hatte sich die Bürgerwehr geweigert, bei seiner Durchfahrt auszurücken, was dann auf seine Beschwerde hin untersucht und mit einem Mißverständnis entschuldigt wurde[2]). In Wien konnte die Polizei schon eine Woche nachdem er — bedeckten Hauptes, was man ihm verargte — in die Residenz der Habsburger eingezogen war, dem Kaiser mitteilen, daß die allgemeine Stimmung wider ihn sei[3]). Mit Eifer erzählte man sich allerlei Anekdoten über ihn und sprach von einer englischen Karikatur, die den beleibten Souverän darstellte, wie er, außer Stande seinen Hosenknopf zu erblicken, auf den die Landkarte von Württemberg gezeichnet war, ausrief: „Wie unglücklich bin ich, daß ich mein Land nicht übersehen kann!"[4]) Bald wußte man alle seine Lebensgewohnheiten. So z. B. daß des Morgens auf ein Zeichen seine vier Kammerdiener zur gleichen Zeit in sein Schlafzimmer treten mußten, wo er oft schon um 7 Uhr abends das Bett aufsuchte, um damit sein Fernbleiben von den Festen zu entschuldigen[5]). Auch sein wenig höfliches Wesen war bald bekannt. Außer den Ehrenkavalieren

---

[1]) Graf Münster schrieb über ihn vom Kongreß weg an den Prinzregenten von England (25. Oktober 1814), es seien so bizarre Akte der Tyrannei, daß, wenn er sie aufzählen wollte, Seine Hoheit ihm nicht glauben würde. (Archiv Hannover.) Steins wegwerfendes Urteil über ihn ist bekannt.

[2]) Der Kaiser von Rußland und die Könige wurden, auf Befehl des Kaisers Franz, in jeder Provinz mit denselben Ehren empfangen wie er selbst — den König von Preußen ausgenommen, der incognito reisen wollte. (Allg. Polizeiakten, n. 2264 v. 1814.)

[3]) Zum Vortrag vom 6. Oktober 1814.

[4]) Zum Vortrag vom 8. Oktober 1814.

[5]) Zum Vortrag vom 2. Oktober 1814. Daß für sein Embonpoint ein Ausschnitt in den Speisetisch gemacht worden war, wußte man ebenfalls sofort.

waren den Souveränen, die in der Hofburg wohnten, Edelknaben (Pagen) zur persönlichen Dienstleistung zugeteilt worden. Als einmal der König einem dieser jungen Adelssprossen, einem Baron Beck, etwas barsch zurief: „Bring er mir ein Glas Wasser", antwortete das Bürschchen: „Majestät, ich bin Baron Beck, und mein Kaiser sagt ‚Sie' zu mir", worauf sich der König korrigierte. Der Page wurde dann (in allen Gnaden) seiner Dienste enthoben und die Kleinigkeit mit Behagen in den Salons herumerzählt[1]).

Angesichts dieser Stimmung, die ihm nicht verborgen blieb, war es nicht zu verwundern, daß sich Friedrich I. in Wien nicht sehr wohl fühlte, was man übrigens auch auf Rechnung des Einflusses setzte, den sein Günstling und Generaladjutant Baron Dillen auf ihn nahm. Geärgert hatte ihn schon, daß der Schriftsteller Jasmund, der den württembergischen Dienst auf eine ihm mißfällige Art verlassen hatte, in der Begleitung Steins nach Wien gekommen war und Metternich sich weigerte, ihn auszuweisen. Und verstimmt war er auch, weil sein Land gegen das neue Königtum Hannover im Rang zurückstehen mußte. Noch im Oktober soll er häufig über dies und anderes nach Stuttgart geschrieben haben, mit dem Befehl, die Briefe sofort zu verbrennen.[2]) Einer davon fiel aber doch der Wiener Polizei in die Hände. Er war vom 7. Oktober 1814 datiert, an den Staatsminister von Mandelsloh gerichtet, und erging sich über die bevorstehende Ordnung der Dinge in Deutschland mit Unmut, da sie seiner absoluten Herrlichkeit Gefahr zu drohen schien. Der Brief enthielt übrigens auch „Verse", die zeigten, daß dieser Monarch sogar poetischen Regungen nicht unzugänglich war. Nur daß sie etwas plump zum Ausdruck kamen[3]).

Friedrich teilte nicht die Neigung der übrigen Herrscher, sich in Wien, auf den Spaziergängen usw. möglichst unerkannt zu bewegen. Er wollte stets als König angesehen sein ‚was das allgemeine Urteil auch nicht zu seinen Gunsten beeinflußte. Um nun den üblen Eindruck, den er machte, etwas zu verwischen und wenigstens die adeligen Kreise einigermaßen für sich zu stimmen, versöhnte er sich mit seinem Bruder Ferdinand, der als General in der österreichischen Armee

---

[1]) Zum Vortrag vom 15. Oktober 1814. Weniger glücklich kam ein anderer Edelknabe weg, der bei Maria Paulowna, der Erbherzogin von Weimar, in Diensten stand und ihr einmal ihr Taschentuch zu bringen hatte, als sie bei Tische saß. Der junge Herr brachte es ihr in der Hand — und erhielt es auf einem Teller zurück.
[2]) Zum Vortrag vom 9. November 1814.
[3]) Siehe das Interzept unten S. 221.

diente und in der Wiener Aristokratie eine hervorragende Rolle spielte, und erklärte sich bereit, ihm alle schuldig gebliebenen Apanagen auszuzahlen. Auch suchte er sich, als er vor der Zeit, Ende Dezember, Wien verließ, durch immense Geschenke an das Hofpersonal ein gutes Andenken zu sichern[1]). Die Organe der Polizei wollten wenige Tage vor seiner Abreise auf seinem Schreibtisch ein Dokument wahrgenommen haben, Klagen der verschiedenen Stände seines Volkes enthaltend, und man nahm an, daß es bei seinem raschen Entschluß, Württemberg eine Verfassung zu geben, mitgewirkt habe[2]). Andere wieder meinten, und fanden ihre Meinung in Berichten aus der Umgebung des Kronprinzen bestätigt, daß „der unerwartete Staatsakt" des Königs als gegen seinen Sohn und Nachfolger gerichtet anzusehen sei, der für seinen Regierungsantritt eine Konstitution in Aussicht genommen hatte. Sollte Friedrich sich damit beeilt haben, weil er sich keiner langen Zukunft mehr versah? Nach der Ansicht der damals berühmten Wiener Ärzte hatte er bei seiner Körperfülle und der wenig rationellen Lebensführung nur noch ganz kurze Zeit zu existieren. Es wurden aber doch noch zwei Jahre daraus.

Kronprinz Wilhelm von Württemberg.

Vater und Sohn haßten sich, und die Briefe, die der zweite an vertraute Personen nach Stuttgart schickte oder von dorther empfing — sie fielen zum Teil der Wiener Polizei in die Hände — sind Urkunden dieses Hasses. Natürlich stand Wilhelm auch in einem ganz anderen politischen Lager als der König. In früheren Jahren hatte er nie, wie sein Vater, zum unbedingten Anhang Napoleons gehört und sich auch geweigert, eine Ehe in dessen Sinne zu schließen[3]). Jetzt erfuhr man, daß er vom Freiherrn vom Stein beeinflußt werde, dem Gegner höchstselbständiger Souveränitäten in Deutschland, der, wie es hieß, durch ihn auf die Großfürstin Katharina und durch sie auf den Zar einwirkte[4]). Denn daß er der Erkorene der Herzogin-Witwe von Oldenburg und mit ihr bereits heimlich verlobt war, war nicht lange verborgen geblieben und, durch Interzepte, auch den österreichischen Behörden rasch bekannt geworden, die bis dahin eine Ehe der Großfürstin mit Erzherzog Karl für wahrscheinlich ge-

---

[1]) Die Polizei erfuhr, daß er 60.000 Gulden in Dukaten, Tabatieren usw. verteilt habe. Jeder Lakai bekam 300 Gulden.
[2]) Zum Vortrag vom 21. Januar 1814.
[3]) Zum Vortrag vom 16. Oktober 1814.
[4]) Zum Vortrag vom 21. Dezember 1814.

halten hatten. Der Prinz verkehrte nicht sehr viel in den Hofkreisen und in der großen Gesellschaft, blieb am liebsten unerkannt und ging oft im Frack ins Theater, um nicht in die Hofloge eintreten zu müssen[1]). Das ziemlich allgemeine Urteil über ihn, soweit es in der Wiener Aristokratie zum Ausdruck kam, lautete, er habe Geist, sei ein guter Soldat, aber ein Kritikus, etwas boshaft und neidisch und, was das Gemüt anbelange, ungefähr seinem Vater gleich. Vielleicht wäre dieses Urteil glimpflicher ausgefallen, wenn man nicht von jener Verlobung mit der Schwester des Zaren gehört hätte, die um seinetwillen den Erzherzog ausschlug, nachdem Wilhelm seine Ehe mit der Tochter des Königs von Bayern in wenig delikater Weise gelöst hatte. Dazu wollte man noch wissen, daß er nebenher für die Aufmerksamkeiten anderer Frauen, selbst in Wien, nicht ganz unempfänglich blieb. Auch daß er seit Jahren schon an eine Stuttgarter Beamtenstochter gefesselt war, die ihm wiederholt Vaterfreuden bereitet hatte, hat der Klatsch aufgestöbert[2]).

Aus des Prinzen Benehmen gegen den bayrischen Hof ergab sich, daß ihm sein Schwager, Kronprinz Ludwig, bittere Feindschaft entgegentrug, die in Wien bekanntlich einmal hart an ein Duell heranführte. Weniger bekannt dürfte aber sein, daß ein Blindekuhspiel der hohen Herrschaften den nächsten Anlaß dazu gegeben hat. Als nämlich der Bayer dabei die schöne Julie Zichy zu fassen kriegte, warf ihm der Württemberger vor, er sei bei diesem Fang nicht blind genug gewesen. Ludwig entgegnete, jener habe ihm stets nur unangenehme Dinge zu sagen, und begehrte Widerruf. Und da ein solcher nicht erfolgte, forderte er Wilhelm zum Zweikampf heraus, der am nächsten Morgen im Prater stattfinden sollte. Der Württemberger fand sich pünktlich ein, nicht aber der Bayer, sondern ein Brief des Fürsten Wrede, der die Angelegenheit gütlich beilegte[3]). Fortan vertrug man sich, so gut es der Groll zuließ, der eigentlich erst nach Jahren zum Schweigen kam, als die von Wilhelm verlassene erste Gemahlin, Karolina Augusta, Kaiserin von Österreich wurde.

König Max Josef von Bayern.

Der Zwist, der durch die Trennung der Ehe Wilhelms von Württemberg mit der bayrischen Königstochter, „einer zwar in den äußerlichen Reizen von der Natur etwas vernachlässigten, jedoch in den geistigen

---

[1]) Zum Vortrag vom 26. September 1814.
[2]) Zum Vortrag vom 16. Oktober 1814.
[3]) Zum Vortrag vom 12. Oktober 1814.

Eigenschaften desto vortrefflicheren Prinzessin", wie es in einem vertrauten Bericht heißt, zwischen den Häusern Wittelsbach und Württemberg entbrannt war, zog auf dem Kongreß noch weitere Kreise. Da z. B. Stein für den Verlobten der Großfürstin Katharina Partei nahm, ward auch er als Gegner des bayrischen Königshauses angesehen, und selbst des Kronprinzen Ludwig, obwohl ihm dieser bisher politisch nahe gestanden hatte. Nun nahm Stein, wie bekannt, auf Görres' „Rheinischen Merkur" Einfluß, und es fehlte darin nicht an kritischen Bemerkungen über die Münchener Politik und auch über den Kronprinzen, die dieser wiederum Stein vorrückte, bis schließlich Cottas „Allgemeine Zeitung" im Auftrag Bayerns einen scharfen Artikel gegen den Freiherrn brachte, der mit seinen deutschen Einheitsplänen längst die Abneigung des Königs Max auf sich geladen hatte. Dazu störte auch die sächsische Frage die notorisch gute Laune des jovialen Fürsten, dessen Vorliebe für derbe Redensarten bald allgemein bekannt war[1]). Und daß er von den Heimlichkeiten der Diplomaten so wenig erfuhr, kränkte ihn nicht minder. Im Oktober sagte er einmal zu einem Manne seines Vertrauens, das österreichische Ministerium mache es nun ebenso wie ehedem Napoleon: man sage ihm nichts[2]). Davon blieb ihm ein gewisses Mißtrauen gegen Metternich, dem er auch die anfängliche Parteinahme für Preußen schwer vergaß. Noch im Februar meinte er von ihm, er habe zwar Geist, Begabung, Anmut und Feinheit, solle aber nicht glauben, daß alle andern Menschen blind seien[3]).

Max Josef sah in der Erwerbung Sachsens durch Preußen einen „gegen die Unabhängigkeit Bayerns gerichteten Zug" und sprach sich sehr bestimmt für die alte Dynastie aus. Er würde ihr, wie er sagte, mit 40.000 Mann zu ihrem Rechte verhelfen wollen, wenn er nicht allein zu schwach dazu wäre[4]). Nur in Frankreich, das ebenfalls von vornherein für Sachsens angestammten König eintrat, sah er einen Rückhalt. Da ihm aber eine direkte Annäherung an diese Macht auf eigene Faust nicht tunlich erschien, so fragte er einmal auf einem Balle den Vertreter Spaniens, Grafen Labrador, ob er häufig mit

---

[1]) Dafür verwies ihn auch der derbe Wiener Witz, der die Souveräne in bekannte Stadtquartiere verteilte, in den „Sauwinkel". Der König von Dänemark wohnte im „Elend", der Kaiser von Österreich in der „Papiermühle".

[2]) Zum Vortrag vom 28. Oktober 1814.

[3]) Zum Vortrag vom 28. Februar 1815.

[4]) Zum Vortrag vom 7. Oktober 1814.

Talleyrand zusammentreffe, und sagte, als die Frage bejaht wurde, er möchte ihn wohl auch gerne öfter sehen, wage es aber nicht. „Übrigens", fuhr er fort, „mache ich Ihnen mein Glaubensbekenntnis: ich bin der Familie Bourbon ergeben"[1]). Das Schicksal Sachsens ließ ihn auch einmal vernehmlich sagen: „Wir haben Napoleon gestürzt, weil er andere Fürsten um ihre Throne brachte. Machen wir es besser, wenn wir Sachsen teilen?"[2]) Und im Dezember, als er sich einmal mit den Monarchen von Österreich, Preußen und Rußland zusammenfand, rief er in die Diskussion: „Nun, wir Alle haben frühere und größere Sünden auf uns geladen als mein lieber Schwager"[3]). (König Friedrich von Sachsen hatte seine Schwester Marie Amalie zur Frau.)

Auf den, dem er seine Königskrone verdankte, kam Max Josef ungern und selten zu reden. Einmal notiert die Polizei eine Erinnerung an ihn, als er die schöne Stiftskirche von Melk lobte und man ihm sagte, daß dies auch Napoleon getan habe. Da erwiderte er, der hätte eine Münchener Kirche höher gestellt, doch allerdings auch recht oft gelogen[4]). Herber verfuhr er mit Murat. In einem Gespräch mit dem Prinzen Leopold von Sizilien ereiferte er sich über ihn: natürlich müsse man diesen Spitzbuben fortjagen, und das wäre gar nicht genug, aufhängen müßte man ihn. „Ich kenne alle seine Streiche (fredaines); mich muß man über ihn befragen; das ist ein Verbrecher, wie er nie seinesgleichen hatte"[5]).

Seine Abneigung gegen eine landständische Verfassung in Bayern blieb in Wien nicht unbekannt. Man erfuhr auch, daß er, als Anselm Feuerbach im letzten Sommer seine Schrift „Über deutsche Freiheit und Vertretung deutscher Völker durch Landstände" veröffentlicht hatte, den Verfasser zu sich entbot und ihm bittere Vorwürfe darüber machte, weil er damit revolutionäre Ideen in Umlauf bringe. „Sie müssen wissen", sagte er ihm, „daß ich Stände nicht liebe"[6]). Die Politik hatte übrigens dem König in Wien reichlich Zeit gelassen, sich

---

[1]) Interzept. Dalberg an Jaucourt in Paris, 20. Oktober 1814. S. unten S. 223. Houssaye, „1815", I. 126 zitiert nur den ersten Teil des Gesprächs nach einem Memoire des französischen Diplomaten La Besnardière. Vgl. Pallain-Baillou, Briefe Talleyrands an Ludwig XVIII. S. 52.

[2]) Zum Vortrag vom 21. Oktober 1814.

[3]) Zum Vortrag vom 14. Dezember 1814.

[4]) Zum Vortrag vom 3. Oktober 1814.

[5]) Zum Vortrag vom 7. Oktober 1814.

[6]) S. unten das Interzept vom 3. Februar 1815. Man wollte aber bei der württembergischen Regierung wissen, es sei im Kabinett Montgelas doch ein Verfassungsentwurf entstanden und nach Wien geschickt worden. (Ebenda.)

für die Sammlungen der Stadt zu interessieren. Er kaufte auch eine kostbare Mineralienkollektion, gab viel Geld für „Malereyen" aus und hinterließ eine gute Erinnerung.

Friedrich VI. der Däne.

So wie den Wittelsbacher hatte man in Wien auch den König Friedrich VI. von Dänemark mit großem Wohlwollen aufgenommen, schon seines Schicksals wegen, das ihn gelegentlich sogar um seine Fortexistenz als Herrscher der Dänen bangen ließ, da auch er die Bundesgenossenschaft mit Napoleon büßen mußte. Ende Oktober äußerte er sich einmal in dieser Art zum Fürsten Ligne, er sei wahrhaftig wie der Vogel auf dem Zweige und sehe trübe in die Zukunft[1]). Es war die Zeit, in der ein Tauschprojekt Dänemark-Hannover erörtert und von mancher Seite für ausführbar gehalten wurde. Jordan z. B., geheimer Rat des preußischen Ministeriums und von Hardenberg geschätzt, sprach sich damals über die allgemeine Lage zu einem der Konfidenten Hagers aus und wie „in Ansehung Rußlands eine große Sicherheit dadurch erreicht wäre, daß Seeland englisch und der Sund und die Ostsee dem britischen Einfluß untergeben würde"[2]). Auch im Salon des Barons Puffendorf sprach man von demselben Tausch als von einer „tüchtigen Nase für Kaiser Alexander"[3]). Der alte Thugut dagegen, Österreichs einstiger Minister, der als Privatmann in Wien lebte, erklärte den Tauschplan für unausführbar, und er behielt recht; er wurde nicht ernstlich verhandelt. Dem König Friedrich blieb sein Land, wenn auch stark durch den Verlust Norwegens reduziert, für das in dem kleinen Lauenburg (wofür man Schwedisch-Pommern an Preußen hingeben mußte) kein Ersatz gesehen werden konnte. Doch mehr hat der König in Wien nicht zu erreichen vermocht.

Friedrich VI. war nicht eben ein schöner Mann zu nennen mit seinem Albinokopf, und die meisten fanden ihn häßlich; dazu soll er zeitweilig einen guten Trunk geliebt haben. Aber er hatte ein sehr liebenswürdiges Wesen, und als er Wien verließ, konnte Alexander immerhin zu ihm gesagt haben, er nehme alle Herzen mit sich fort. Er war ja auch weit über die Aristokratenkreise hinaus populär geworden. Das kam von seinen abendlichen Wanderungen durch das Wiener Volks-

---

[1]) Zum Vortrag vom 28. Oktober 1814.

[2]) Zum Vortrag vom 28. Oktober 1814. Ähnlich sprachen ein paar Tage später einige andere „Herren vom preußischen Bureau".

[3]) Zum Vortrag vom 27. Oktober 1814.

leben, auf denen ihn nur sein Ehrenkavalier, Graf Metternich, begleiten durfte. Sie erstreckten sich tief in die Vorstadt hinein, wo sich denn auch bald ein süßes Mädel „Königin von Dänemark" nannte, was ihr von der Polizei mit Ernst verwiesen wurde. Als er fort war, hieß sie „die dänische Wittib"[1]). Ob es Friedrich schließlich doch noch erreicht hat, was er sehnlich wünschte, ein Nonnenkloster zu besichtigen, ist den Akten nicht zu entnehmen[2]).

Obgleich er sich mit Metternich von Anfang an gut verhielt, stand er doch mit seiner Umgebung unter unausgesetzter Beobachtung, so daß er einmal darüber klagte, von dem ihm zugewiesenen Kammerherrn von Steigentesch und einem (vertrauten) Kammerdiener Müller fortwährend belauscht zu werden. Und er bot doch so wenig Anlaß zu Mißtrauen.

Großherzog Karl von Baden.

Er gehörte zu den unzulänglichsten Figuren des Kongresses, den er nur als gute Gelegenheit aufgefaßt zu haben scheint, sich angenehm zu zerstreuen, bis er sich bei seinen nächtlichen Exkursionen mit dem Kammerjunker Bornstedt eine schwere Erkältung zuzog. Sein eigener Minister, Baron Hacke, der durch Verwandtschaft und Bekanntschaft in Wien viel Umgang hatte, viel erfuhr und manches erzählte, sagte von ihm zu einem Vertrauten mit Zeichen des höchsten Mißmutes, sein Herr sei zu nichts weniger tauglich als zum Regieren, und es wäre gut, wenn er abträte[3]). Bei diesem schroffen Urteil über den eigenen Souverän mochte mitgespielt haben, daß der Großherzog sich fast nur durch seinen Vertrauensmann v. Sensburg beeinflussen ließ, an den alle Minister und Stellen ihre Berichte abzugeben hatten. Ein Vertrauter Hagers wußte nun, wie er erzählt, in dem General die Hoffnung auf einen österreichischen Orden zu erwecken, und meinte ihn dadurch ganz für Österreich gewonnen zu haben. Tatsächlich soll, wie Hacke Dalberg mitteilte, der Großherzog dem Kaiser Franz gelegentlich von der deutschen Kaiserkrone gesprochen, Franz aber geantwortet haben, er wolle sie nicht, werde aber auch nicht gestatten, daß ein anderer sie nehme[4]). Sensburg verriet dann seinerseits dem Vertrauten — ohne wohl dessen Beziehung zur Geheimpolizei zu

---

[1]) Zum Vortrag vom 26. Mai 1815.
[2]) Zum Vortrag vom 6. Oktober 1814.
[3]) Zum Vortrag vom 28. Oktober 1814.
[4]) Zum Vortrag vom 14. Oktober 1814.

kennen — sein Herr wünsche sich sehnlich das Großkreuz des Sankt Stephansordens. Daraus wurde aber nichts. Was aus Rapporten und Interzepten hervorgeht, zeigt bei diesem Fürsten eine grauenhafte innere Hohlheit, die nach außen als Abneigung gegen jegliche Geschäfte bemerkbar wurde. Metternich hatte für ihn auch wenig Aufmerksamkeit übrig; er soll von dem Minister noch im Dezember keine Einladung erhalten und sich darüber beklagt haben[1]). Nach einem Hardenbergschen Entwurf der Neuordnung Deutschlands aus dem April 1814 hätte Baden den Breisgau mit 400.000 Seelen an Österreich abzutreten gehabt. Der Zwist Österreichs mit Preußen wegen Sachsens störte diesen Plan, und Alexander I., Karls Schwager, intervenierte zu dessen Gunsten. Gleichwohl, und seiner Verschwägerung mit Rußland ungeachtet, soll der Großherzog sich einmal in den kritischen ersten Tagen des neuen Jahres in der Weinlaune geäußert haben, er werde sich, wenn der Krieg ausbreche, an Österreich halten, er könne nicht anders, namentlich wenn es mit Frankreich verbunden sei. Seine Schwester freilich, die Kaiserin von Rußland, opfere er damit. „Denn Alexander wird eine so gute Gelegenheit, sie los zu werden, nicht versäumen[2])." Der Krieg brach nicht aus, aber der Großherzog wurde, nach langem Sträuben, von seiner Schwester dazu gebracht, am 25. März 1815 dem Zaren schriftlich mitzuteilen, daß er den von seinem Großvater vorbereiteten Akt unterzeichnet habe, der die Grafen Hochberg zur Herrschaft berief[3]).

Herzog Karl August von Weimar.

Goethes fürstlicher Freund verdiente wohl, daß sein Aufenthalt auf dem Kongreß zum Gegenstand einer besonderen Darstellung gemacht würde[4]). Von seinen politischen Plänen, deren Horizont sich vor dem Kongreß weithin, über das ganze Sachsen, erstreckt hatte, soll hier, da die Polizei wenig davon erfuhr, auch nur wenig die Rede

---

[1]) Zum Vortrag vom 28. Dezember 1814.

[2]) Zum Vortrag vom 3. Januar 1815. Es war bei einem Souper beim bayrischen Oberstlandmarschall. Sensburg war dabei und vielleicht derjenige, der das pikante Detail mitteilte.

[3]) Zum Vortrag vom 25. März 1815. Der Brief ist vom 14.

[4]) Hoffentlich bleibt Baron E g l o f f s t e i n, der bereits in der „Deutschen Rundschau" von 1908 von des Herzogs politischen Bemühungen vor dem Kongreß gehandelt hat, seiner Absicht treu, auch dessen Auftreten in Wien zu schildern.

sein. Er hat sich in Wien auf das Projekt eines Direktoriums über die thüringischen Lande zurückgezogen, war aber im Dezember auch damit auf den Widerstand Gothas gestoßen. Im Januar, als er sicher war, daß ein Stück Sachsens dem königlichen Hause blieb, hat er nur noch „ein Abwechseln der beiden Wettiner Linien" beim Bunde empfohlen, da die katholische immer nach dem Süden neigen würde[1]). Er schränkte seine Ziele hauptsächlich auch deshalb ein, weil seine russische Schwiegertochter sich für eine territoriale Vergrößerung des weimarischen Landes auf Kosten Sachsens nicht bei Alexander verwenden wollte. Karl August, der ursprünglich die Anschauung gehabt hatte, das sächsische Land dürfe nicht an Preußen fallen, sondern müsse den Wettinern erhalten bleiben, wich nun davon ab und suchte sich mit Friedrich Wilhelm zu verhalten, um aus dem preußischen Anteil sächsischen Bodens eine Vermehrung seines Landgebietes zu gewinnen, wie sie Hardenberg für ihn vorgesehen hatte. Der Zeitpunkt dieser Umkehr wird vielleicht dort zu suchen sein, wo er sich von einem Kollektivschritt der sächsischen Herzogtümer zu Gunsten des Königs von Sachsen ausschloß[2]). Oder dort, wo er seine frühere Ansicht von der Vortrefflichkeit eines deutschen Kaisertums in den Händen des habsburgischen Hauses im Stiche ließ. Dann erklärte er im Vertrauen, man wäre in Preußen „ein Esel", unter so günstigen Umständen, da Österreich ohne Geld keinen Krieg führen könne, in der sächsischen Frage nachzugeben, und meinte dazu, auch der Wiener Hof sollte zugreifen und sich den erzgebirgischen Teil von Sachsen nicht entgehen lassen[3]). Das war zu der Zeit, als man über ihn rapportierte, er stecke immer bei der Oldenburg und beim König von

---

[1]) v. Gersdorff, Karl Augusts Vertreter, an den preußischen Finanzrat Staegemann, bei Rühl, „Briefe und Aktenstücke zur Geschichte Preußens", I. 352. Daß damit nur die alternative Teilnahme am künftigen deutschen Bundesrat gemeint war, ist in einer Denkschrift an den Zaren vom 11. Januar 1815 ausgedrückt, wo der Herzog, der schon im September die Großherzogswürde für sich begehrt hatte, „wenigstens abwechselnd mit dem jedesmaligen Chef des albertinischen Hauses Sitz und Stimme im ersten Rat des deutschen Bundes" wünschte. (Weimarer Staatsarchiv.)

[2]) „Le duc de Weimar, qui s'était toujours si fortement prononcé, n'a pas voulu s'y joindre", hieß es in einem Bericht der Gräfin Rechberg an ihren Vater vom 26. Oktober 1814. S. unten S. 230.

[3]) Zum Vortrag vom 27. Januar 1815. Karl August kannte vielleicht den Geheimvertrag vom 3. Januar nicht und übersah daher die Möglichkeit englischer Subsidien für Österreich.

Preußen und habe in dem preußisch-sächsischen Schauspiel eine der ersten Rollen inne[1]).

Karl August gab sich aber in Wien nicht bloß als Politiker, sondern als ein Fürst, der noch andere Interessen hatte. Und wenn es auch zur Legende gehört, daß er erst die Wiener auf die Bedeutung ihrer Ambraser Sammlung aufmerksam gemacht habe, so ist doch richtig, daß er sich mehr als ein anderes fürstliches Haupt um die geistigen Schätze Wiens bekümmert hat. Das kaiserliche Naturalienkabinett, insbesondere die mineralogische Abteilung, fand an ihm einen rückhaltlosen Bewunderer, und auch die Bestände der Hofbibliothek wußte er gebührend zu bewerten, von denen er jedoch meinte, sie seien nicht entsprechend würdigen Händen anvertraut. „Das Bibliothekspersonale ist bei Gott scelerat", ließ er sich vernehmen[2]). Gegen dieses harte Urteil könnte man einwenden, daß damals der berühmte Slavist Kopitar und der Kupferstecher Adolf Bartsch an der Bibliothek Stellungen hatten. Es mögen übrigens wohl auch unzulängliche Beamte vorhanden gewesen sein. Dem Herzog wurde sein Interesse an den großen Sammlungen von der Bevölkerung, die auf diese Dinge sehr stolz war, hoch angerechnet. Und daß er bei der Schlittenfahrt im Januar von den Souveränen der einzige blieb, der das Schlittenrecht (seine Dame zu küssen) in Anspruch nahm, machte ihn dem leichtlebigen Völkchen der Wiener nur noch sympathischer.

Talleyrand.

Der Minister Frankreichs kam mit einer ausführlichen Instruktion nach Wien, die sich sowohl gegen Alexanders polnische Pläne als auch gegen Friedrich Wilhelms Absichten auf Sachsen und überdies wider die Fortexistenz Murats auf dem Throne von Neapel wandte, das ebenso wie Toskana und Parma der Familie Bourbon wiedergewonnen werden sollte. Es ist bekannt und oft geschildert worden, daß er sofort gegen die präliminaren Beratungen der vier ehedem alliierten Mächte: Österreich, Preußen, England und Rußland, die ihn und den Vertreter

---

[1]) Zum Vortrag vom 6. Februar 1815. Einmal taucht in den geheimen Berichten die Notiz auf, auch Goethe, der von Wien ferngeblieben war, sei zur diplomatischen Arbeit herangezogen worden. Zum Vortrag vom 22. Februar 1815: „Goethe hat die Note des Herzogs v. Weimar in Betreff der deutschen Angelegenheiten geschrieben." Eine Anfrage beim Großherzoglichen geh. Haupt- u. Staatsarchiv ergab negativen Bescheid.

[2]) Zum Vortrag vom 27. Oktober 1814.

Spaniens übrigens zu sich eingeladen hatten, protestierte — obgleich solche Beratungen im Pariser Frieden, den er selbst unterzeichnet hatte, vorgesehen waren — und sich nur den Beschlüssen des vollen Kongresses fügen zu wollen erklärte. Dabei vertrat er eine Theorie vom Kongreß im althergebrachten Sinne, die mit der Auffassung Metternichs und Castlereaghs durchaus kontrastierte, die meinten, die Wiener Zusammenkunft sei, wegen der gleichzeitigen Anwesenheit der Monarchen und ihrer Minister an einem Ort, bloß als ein wertvoller Behelf zur schleunigeren Erledigung der Geschäfte anzusehen und habe mit den Förmlichkeiten früherer Kongresse, auf die Talleyrand verwies, nichts gemein. Dieser erreichte dann zwar, daß auch noch die zwei übrigen Unterzeichner des Pariser Friedens, Schweden und Portugal, in ein Achter-Komitee aufgenommen wurden, das unter Metternichs Präsidium mit Gentz als Protokollführer tagen sollte und auch tatsächlich Sitzungen hielt, konnte jedoch nicht hindern, daß jene vier die sächsische und polnische Frage der vertraulichen Unterhandlung unter sich vorbehielten[1]). Da lesen wir dann in den Polizeirapporten, daß er sich noch wochenlang — anders als er dies seinem König darstellte — recht vereinzelt gefühlt habe. Jedenfalls hat er sich erst zu voller Geltung gebracht, als die „Vier" in ihren Sonderverhandlungen über jene beiden Fragen uneins geworden waren, England und Österreich, der drohenden Haltung Rußlands und Preußens gegenüber, seine Unterstützung annahmen und auch Alexander seinen Vorschlägen Gehör schenkte. Seitdem galt er in der öffentlichen Meinung von Wien als der bedeutendste unter den anwesenden Diplomaten, mit dem sich an Ansehen nur noch Wilhelm von Humboldt messen könnte[2]). Die Geschichtschreibung wird dieses Urteil nicht ohne Einschränkung hinnehmen.

In der Zeit als Metternich und Hardenberg noch zusammenhielten und jener noch bereit war, Sachsen aufzugeben, da sprach Talleyrand sich recht erbittert über ihn aus. Denn der österreichische

---

[1]) Die Auffassung A. Sorels im VIII. Bande seines Werkes „L'Europe et la Révolution" (p. 387): Talleyrand hätte seit dem 30. September Zutritt zu a l l e n Konferenzen gehabt und seine anfängliche Isoliertheit sei damit vorüber gewesen, ist unhistorisch. Der walachische Agent Bellio schrieb auf eine von Gentz erhaltene Information am 3. Oktober an den Hospodar: „Gestern sind die Bevollmächtigten der vier Mächte aufs neue zusammengetreten und übereingekommen, an ihrer ursprünglichen Bestimmung und dem Gange, den sie sich vorgezeichnet hatten, nichts zu ändern." (Interzept.)

[2]) Sie wurden mit zwei Athleten verglichen und den übrigen Kongreßbesuchern nur sekundäre Rollen zugewiesen. (Zu Vorträgen vom 8. und 9. Februar 1815.)

Minister hatte sich zwar, wie erwähnt, für den Fall, daß der König von Preußen in der polnischen Frage nicht mit seinem Kanzler ging, den Weg zu Frankreich offen gehalten, Monate lang aber keine Miene gemacht, ihn zu betreten. „Dieser Mensch", sagte da Talleyrand, „erscheint mir nicht als der erste Minister des Hauses Österreich, denn er entthront die Mitglieder der kaiserlichen Familie eins ums andere, am Ende auch noch seinen Herrn." Ein andermal meinte er, Metternich werde noch die Hand dazu bieten, die Schwester seines Monarchen ihrer legitimen Erbschaft zu berauben[1]). Das stand in demselben Polizeirapport, worin es hieß, die Preußen bezeichneten es als das größte Unglück, das Deutschland und Österreich treffen könnte, wenn Metternich, wie das Gerücht ging, das Portefeuille niederlegen wollte. In dieser Zeit der politischen Isolierung der Franzosen, im Oktober, erschien das Haus ihrer Mission in der Johannesgasse der Polizei „wie ein verschlossenes Kastell", und es gelang nur „angestrengten Bemühungen", daraus „einige Schriften zu interzipieren". (Es waren die Chiffons von Dalberg.) Damals arbeitete Talleyrand häufig nur mit seinem Sekretär Rouen, mit dem er auch speiste, und klagte dem Fürsten Ligne gelegentlich, daß der König von Preußen mit ihm schmolle, der Kaiser von Rußland ihm nichts sage und der Kaiser von Österreich ihm ausweiche[2]). Er hielt damals mit abfälligen Äußerungen, auch nach anderer Seite, nicht zurück. Bei den weitgehenden Ansprüchen Rußlands auf Polen schien es ihm, „als hätte man mehr den Erfolgen als den Grundsätzen Napoleons den Krieg gemacht; man dürfe nicht einen Koloß stürzen, um einen andern aufzurichten"[3]). Zu Beauharnais sagte er verbittert, das Diner gehe bald zu Ende: er fürchte nur, es werde Kanonenkugeln zum Nachtisch geben[4]). Unterdessen suchte er bekanntlich an die kleineren deutschen Staaten heranzukommen und machte sich an die Vertreter aus Sachsen, Baden, Hessen u. a. heran, die er zu sich einlud. Sie gingen nicht gerne hin, da es, wie sie sagten, bei Österreich, Preußen und Rußland Aufsehen mache. Aber sie gingen doch. In diesen Wochen notgedrungener Zurückgezogenheit war ihm ein Tonkünstler, den er aus Paris mitgebracht hatte, ein wertvoller Hausgenosse geworden. Das

---

[1]) Gemeint war die Erzherzogin Therese, die Gemahlin des präsumtiven Thronfolgers in Sachsen. (Zum Vortrag vom 2. November 1814.)
[2]) Zum Vortrag vom 3. November 1814.
[3]) Zum Vortrag vom 18. Oktober 1814.
[4]) Interzept: Loewenhjelm, der Gesandte Schwedens, nach Stockholm, 26. Oktober 1814.

war der Kompositeur Neukomm, ein Schüler Haydns und Freund der damals in Wien gefeierten Sängerin Milder, ein Salzburger von Geburt, der ehedem längere Zeit in Wien gelebt hatte, und Talleyrand dürfte ihn wohl voraus seiner Kenntnis der Wiener Verhältnisse wegen mit sich genommen haben. Die Polizei überwachte ihn denn auch sofort, überzeugte sich aber bald von seiner völligen Harmlosigkeit. Es kam nun vor, daß der Minister manchmal zwei Tage hindurch daheim kein Wort sprach; da ließ er Neukomm in seinem Salon stundenlang auf dem Klavier spielen, schrieb dabei oder saß still vor sich hinsinnend[1]).

Seine politische Charakterlosigkeit war in Wien vielen wohlbekannt, und es zirkulierte eine Karikatur, die ihn mit sechs Köpfen zeigte, deren jeder „Vive" schrie, aber jeder etwas anderes leben ließ: „Vive la République", „Vive l'Egalité", „Vive l'Empereur" usw. Jetzt meinte er sich der Welt des alten Europa dadurch zu empfehlen, daß er sich als selbstlosen Anwalt der Legitimität einführte und nebenbei für sich geltend machte, wie Napoleon ihm schon vor sieben Jahren mißtraut habe, worauf ihm einmal Ligne erwiderte, er habe ihm schon vor zwanzig Jahren nicht getraut[2]). Der leise mit einem tiefen Organ sprechende Mann mit den steinernen Zügen im Antlitz war, von seinem Klumpfuß ganz abgesehen, keine anziehende Erscheinung. So sehr man auch Geist und Geschick an ihm mit Recht bewunderte, und seine witzigen Aussprüche von Salon zu Salon kolportierte[3]), so mochte ihn doch niemand. Schon daß er alles, was er sagte, immer gleich als etwas unzweifelhaft Bedeutendes aufgefaßt wissen wollte, mißfiel. Auch Alexander konnte ihn nicht leiden, wie die Bagration verriet[4]). Daß er die Idee hatte, Napoleon von Elba durch einen Gewaltstreich zu entfernen, erfuhr die Polizei, wie oben erwähnt, durch Chiffons aus Dalbergs Papierkorb. Nach Talleyrands Berichten an seinen König hätte er darüber mit Castlereagh und Metternich gesprochen und jenen auch bereits für den Plan gewonnen, während der Österreicher widerstrebte. Das waren aber nur Gespräche ohne Form und Folgen; zu Verhandlungen über das Projekt ist es gar nicht gekommen, ja, Talleyrand selbst entschloß sich nicht, die Sache weiter zu verfolgen, sondern sprach die Meinung aus, der

---

[1]) Zum Vortrag vom 26. Oktober 1814.
[2]) Zum Vortrag vom 22. Oktober 1814.
[3]) So z. B. wenn er einem Neugierigen, der ihn fragte, was er denn in der Zeit zwischen dem Einmarsch der Verbündeten nach Frankreich und der Abdankung Napoleons getan habe, antwortete: „Ich habe gehinkt" (J'ai boité).
[4]) Zum Vortrag vom 4. November 1814.

Souverän von Elba sei ohnehin bereits ein toter Mann[1]). Es war dies eines von den verschiedenen unzutreffenden Urteilen, die er damals in Wien mit überlegener Miene von sich gab.

Inzwischen hatten sich im November und Dezember die Dinge, der Uneinigkeit der „Vier" wegen, derart verwirrt, daß es zu jener Allianz Österreichs und Englands mit Frankreich kam, das damit wieder vollwertig geworden war, und es bleibt das unbestrittene Verdienst Talleyrands, die günstige Konjunktur nach Kräften ausgenützt zu haben. Geschaffen, wie er seinem König einreden wollte, und wie man in Frankreich heute noch zu glauben scheint, hat er sie nicht[2]). Nun aber setzten sich Metternich und der Engländer kräftig dafür ein, daß auch er in die fortan regelmäßigen Beratungen der vier Mächte über Sachsen und Polen als Repräsentant der fünften Großmacht aufgenommen wurde, worauf dann das Komitee der „Fünf" zu dem bekannten Vergleich gelangte. In den diesem Beschluß voraufgehenden Januarwochen sagte Talleyrand einmal etwas hochmütig zu dem Deutschamerikaner Bollmann über die anderen: „Sie haben weder den Mut, sich offen zu verfeinden, noch Verstand genug, sich zu verständigen"[3]). Man war aber längst schon auf dem Wege, sich zu einigen, und von den „Kanonenkugeln zum Dessert" wollte niemand etwas wissen. Talleyrand hatte den Verstand der anderen unterschätzt. Und ebenso ging es ihm mit der Lebenskraft Napoleons. Der Mann von Elba war noch keineswegs tot, sondern verließ plötzlich seine

---

[1]) Siehe hierüber meinen „Napoleon", III. 307. Jahrzehnte später, am 13. März 1851, schrieb Metternich aus Brüssel an Lord Londonderry, der seinerzeit als Lord Stewart mit seinem Bruder Castlereagh am Kongreß teilgenommen hatte: er könne mit bestem Gewissen versichern, daß damals „weder offiziell noch vertraulich, noch in irgend einer Form, die etwas anderes gewesen wäre als der Ausdruck eines individuellen Gedankens, über eine Versetzung Napoleons, sei es nach St. Helena oder anderswohin, verhandelt wurde". (Französ. Konzept in Plaß durch die Güte Hans Schlitters.)

[2]) Seine Bemühungen, unter der Hand die kleinen Staaten und einzelne Männer zu gewinnen, hatten nur eine vorbereitende Wirkung gehabt. Gentz schreibt im November allerdings ein Memoire über die Notwendigkeit einer Verbindung Österreichs mit Frankreich und einen Brief an Schwarzenberg, der auf Metternich in dieser Richtung drücken sollte: die Entscheidung aber brachte doch die Hartnäckigkeit des Zaren, die Talleyrand erst spät und nur teilweise zu erschüttern vermochte, und der Stimmungswechsel in England, auf den er keinen Einfluß hatte. Hier hat ein Diplomat Bayerns, Pfeffel, mit weit größerem Erfolg gearbeitet. Siehe unten S. 365.

[3]) Interzept. Bollmann an Frau Reinhard. 24. Januar 1814.

Insel. Anfänglich wußte niemand in Wien, wohin er sich gewandt haben könnte, und darüber kam selbst Talleyrand in Unruhe. Zwar trug er auch jetzt seine kühle Überlegenheit zur Schau und meinte, er habe diesen Streich des Korsen erwartet und auch seinem König darüber geschrieben. Aber das war nicht die Wahrheit. Seine Berichte an Ludwig XVIII. enthalten nichts von solcher Voraussicht. Dagegen melden Polizeirapporte aus diesen Tagen, seine Ruhe sei nur eine scheinbare gewesen, denn er habe, als er am 8. März nach Preßburg gefahren war, dort der Prinzessin von Lothringen seine große Aufregung eingestanden und zugleich Zweifel über den französischen Kriegsminister Soult geäußert[1]). Auch dieser Zweifel war nicht gerechtfertigt. Denn Soult wurde zwar nachher der Generalstabschef Napoleons, im Komplott mit ihm oder seinen Anhängern hatte er aber keineswegs gestanden. Kurz darauf erhielt denn auch Talleyrand von Soult ein Schreiben, das ihn vollkommen beruhigte[2]). In die Irre ging er aber namentlich damit, daß er aufs bestimmteste annahm, Napoleon werde sich nach Italien gewendet haben, was ihm, des Herzogtums Benevent wegen, noch besondere Sorgen machte. Hier beschämte ihn ein kleiner Sekretär im Dienste der französischen Botschaft. Der wußte nämlich, daß man bei Grenoble einen größeren Truppenkörper sammle, und setzte voraus, daß es Napoleon ebenso gut wüßte und darum dorthin marschieren würde, wie es auch wirklich geschah[3]). Als bekannt geworden war, daß jener in Cannes ans Land gegangen sei, wurde Talleyrand um vieles ruhiger und prophezeite nun, „daß dieser Mensch, der nicht in einer Tragödie enden wollte, in einer Posse enden werde"[4]). Aber es war keine Posse, sondern ein blutiges Drama, das in den nächsten Monaten zu Ende gespielt wurde, und Talleyrand selbst hatte bange Zeiten durchzuleben. Wußte er denn nicht, wie es in Frankreich stand? und hatte er die Stimmung in der Armee nicht gekannt, die sich sofort Napoleon zuwandte und die man erst auf Schlachtfeldern bekämpfen mußte? Die Wiener Polizei war da aus ihren Interzepten weit genauer informiert. Sie wußte z. B.,

---

[1]) Zu den Vorträgen vom 11. und 12. März 1815.
[2]) Zum Vortrag vom 17. März 1815.
[3]) Zum Vortrag vom 12. März 1815.
[4]) Zum Vortrag vom 13. März 1815. In Wien erzählte man sich auch, er habe zum König von Preußen gesagt, er fürchte nichts von der Landung Napoleons, denn sie schaffe nur die Gelegenheit, ihn hängen zu lassen, worauf der König erwiderte, man müßte ihn doch wohl vorerst haben. (Ottokar Thon. Ein Lebensbild. Aufzeichnung vom 21. März.)

daß am 25. Februar, eben als Napoleon sich zur Abfahrt von Elba rüstete, am Louvre folgendes Pasquill angeschlagen worden war:

„Warum ist der König in Gamaschen?
Weil es im Februar kalt ist.
Was wird er im Mai tun?
Er wird in Strümpfen gehn (Il sera en bas)[1]."

Nun war aber Ludwig XVIII. schon im März „herunter", und es half nichts mehr, wenn Talleyrand jetzt dem Zaren Vorwürfe darüber machte, daß er im Vorjahr Napoleon auf Elba belassen hatte. Es half nichts. Denn es gab nun wieder einen Kaiser der Franzosen statt eines Königs von Frankreich — wenn auch nur für hundert Tage.

Die wunderbaren Erfolge Napoleons und sein neues Regiment verbreiteten in Wien reichlich Besorgnis. Talleyrand mußte von seiner Höhe herabsteigen, einen großen Teil seiner Beamten entlassen, und sich überdies gegen allerlei Mißtrauen wehren, das ungerechtfertigt war. Seine Geltung war null geworden und sein persönlicher Kredit wurde von den Wiener Banquiers nicht mehr honoriert[2]. Erst auf den Feldern von Waterloo wird er beide wieder gewinnen.

Gegen Ende Januar, als allgemein der Gedanke an Krieg unter den Freunden bereits aufgegeben war, ging eines Abends bei Talleyrand das Gespräch um das Ergebnis des Kongresses. Da sprach er ein zutreffendes Wort. Einer gedachte der Vertreter des Malteserordens und wie unzufrieden sie seien, worauf der Hausherr sagte: „Recht so, jeder muß ein wenig unzufrieden von hier fortgehen, jeder irgend ein Opfer bringen. Aus diesen Opfern erwächst der Zusammenhang aller, das allgemeine Wohl[3]."

Hardenberg und Humboldt.

Fürst Hardenberg, der preußische Kanzler, galt auf dem Kongreß für den fleißigsten Staatsmann. Und dieses Urteil, das unwidersprochen

---

[1]) Zum Vortrag vom 14. März 1815.

[2]) Zum Vortrag vom 30. April 1815. Am 19. März verließen vier Sekretäre die französische Mission in Wien, um nach Paris zurückzukehren, darunter Talleyrands getreuer Rouen und sein bester Arbeiter La Besnardière. Der Minister hatte es ihnen freigestellt. Man sprach in seinem Palais davon, daß er die Dienerschaft auf einen Lakaien und einen Kammerdiener einschränken wolle, und bedauerte den Wandel im Geschick des großen Staatsmannes. Zum Vortrag vom 19. März 1815.

[3]) Zum Vortrag vom 28. Januar 1815.

blieb, war gerechtfertigt. Schon im April, noch in Paris, hatte er einen umfassenden Plan der Neueinrichtung Europas ausgearbeitet und im Sommer einen Verfassungsentwurf für den Bund der deutschen Staaten aufgezeichnet, den er dann in Frankfurt mit Stein und Solms-Laubach durchsprach. Kurz, er kam gerüstet wie kein anderer nach Wien und war dann auch hier rastlos tätig[1]). In jenem Plane vom April hatte der Kanzler für Preußen außer Sachsen noch ein umfangreiches Territorium vom Herzogtum Warschau mit über 1,300.000 Einwohnern gefordert, denn er hielt, wie gesagt, große Stücke auf den Besitz polnischen Landes, etwa wie später Bismarck, der einmal zu dem französischen General Fleury meinte: „Lieber sterben als unsern Besitz in Polen in Frage stellen lassen." Mit dieser Anschauung und solchen Forderungen — er hatte Österreich Stadt und Gebiet von Krakau, den Zamoscer Kreis und das Tarnopoler Gebiet zugedacht — stand Hardenberg ganz auf Seiten Metternichs, der ja vor allem die von Alexander angestrebte polnische Erwerbung möglichst eingeschränkt wünschte, und als dann der Zar von solcher Einschränkung nichts hören wollte, brachte Hardenberg im Kreise seiner Beamten unverhohlen seine Unzufriedenheit mit dem, was er „russische Anmaßungen" nannte, zum Ausdruck[2]). Nachdem er dann von der Politik an Metternichs Seite abkommandiert worden war und es einen Augenblick schien, als ob Alexander I. sich doch zu Zugeständnissen herbeilassen wollte, erklärte sich auch der Kanzler bereit — wohl um der beanspruchten polnischen Gebiete willen und um den Zusammenhang mit Österreich nicht völlig zu verlieren — von Sachsen etwas nachzulassen[3]). Da war es aber, wo Humboldt sich von ihm trennte, an der Erwerbung von ganz Sachsen für Preußen fest-

---

[1]) Eine Stichprobe aus den täglichen Detektivberichten über den Kanzler vom 14. Oktober stellt fest, daß er von 8½ bis 10 Uhr vorm. mit Geheimrat Jordan gearbeitet, von 12 bis 2 den Besuch seines Königs gehabt, dann zwei Stunden bei Metternich konferiert und nach einem Diner bei Humboldt von 8 bis 10 Castlereagh in Geschäften bei sich gesehen habe. Das Tagebuch erwähnt nur den Besuch des Königs und das Diner bei Humboldt, nennt aber statt Castlereagh den Geheimen Staatsrat Béguelin, den der Vertraute mit dem Lord verwechselt haben dürfte.

[2]) Zum Vortrag vom 21. Oktober 1814.

[3]) Daß auch Metternich bis tief in den November hinein Hardenberg noch nicht aufgab, bezeugt Gentz in jenem Schreiben vom 21. an Schwarzenberg, worin er Klage darüber führt, „daß der Fürst Metternich noch auf hundert schwache Palliativmittel denkt, um unserer unvermeidlichen Trennung — ich sage Trennung, nicht Bruch — von Preußen zu entgehen". Schwarzenberg möge eine bestimmte und kategorische Sprache führen. (Original auf Schloß Worlik. Gütige Mitteilung des Fürsten Karl Schwarzenberg. Siehe die nächste Note.)

hielt und den Zar, bei dem er hoch in Geltung stand, sei es selbst oder durch Steins Vermittlung, zu bestimmen suchte, von seinen polnischen Forderungen nicht abzugehen. Fürst Adam Czartoryski sekundierte, und Alexander beschränkte seine Konzessionen derart, daß Preußen auch weiterhin auf ganz Sachsen bestand und für dessen König eine Entschädigung am Rhein in Vorschlag brachte, der, vor allem, England nicht zustimmte[1]).

In diese kritische Zeit — oder noch vorher — könnte Hardenbergs Demissionsgesuch gefallen sein, das abzulehnen Knesebeck dem König geraten haben soll. Hier war es, wo auch Stein sich wieder von Hardenberg entfernte und Solms-Laubach, Steins Satellit, den Kanzler einen „beschränkten Kopf" nannte, der er gewiß nicht war. Hardenberg klagte dann beim Bankier Arnstein darüber, wie unangenehm ihm der Wiener Aufenthalt täglich gemacht werde, eine Klage, die übrigens auch Humboldt hören ließ, der mit seinem Zynismus allerdings nicht so vieler Sympathie begegnete, wie der Kanzler, und bei dem sie auf

---

[1]) Zum Vortrag vom 3. Dezember 1814: Dalberg zu ** : der russische Kaiser werde jetzt von Czartoryski, Baron Stein und Kapodistrias regiert; die Russen seien furios über ihren Kaiser, der von drei Nichtrussen regiert werde. Zum Vortrag vom 6. Dezember 1814: Graf Ossulinski zu ** : der Zar arbeite täglich zwei bis drei Stunden mit Czartoryski. Zum Vortrag vom 4. Dezember 1814: das preußische Kabinett wirke unmittelbar auf Rußland, indem es zwar für seinen Teil zurückzutreten scheine, dessenungeachtet aber alles Mögliche aufbiete, damit Rußland dem Wunsche, Polen zu besitzen, nicht entsage. „Bis zu diesem Augenblicke hat daher die Humboldtsche Partei, zu welcher alle Kabinetts- und Staatsräte gehören, die Oberhand. Hardenberg ist ziemlich friedfertig gestimmt." Keineswegs alle Räte waren der Humboldtschen Ansicht. Von Jordan z. B. meldet ein Bericht, er sei durchaus dagegen gewesen. Auch von Jacobi-Kloest ist das gleiche bekannt. Wohl auch von Zerboni, seiner polnischen Interessen wegen. Andere Rapporte (vom 2. Oktober und im Januar) halten daran fest, daß es zwei preußische Parteien gebe, eine radikalere und eine moderierte. Rapporte vom 24. und 29. November 1814 melden aus dem preußischen Lager, „daß an der jetzigen Spaltung hauptsächlich W. v. Humboldt schuld sei, weil er den Kaiser von Rußland immer zu bestimmen suche, auf Polen nicht Verzicht zu tun, welches dann die natürliche Folge hat, daß Preußen die sächsischen Länder in Besitz erhalten will." Man wollte bei der Polizei übrigens schon Ende September wissen, Humboldt und der Kanzler stünden nicht gut zusammen. (Zum Vortrag vom 30. September 1814.) Jener zog sich dann durch seine Haltung auch den Ärger Karl Augusts zu, der am 17. November 1814 an seine Gemahlin nach Hause schrieb: „ce Chinois de Humboldt" sei der Urheber und Beförderer alles Üblen, das Preußen tue, während Hardenberg in der Sache Sachsens nachgeben wolle. („Hardenberg voudrait céder par rapport au Roi de Saxe, mais Humboldt empêche tout." Weimarer Staats-

die gescheiterte Absicht zurückgeführt wurde, Hardenberg zu ersetzen[1]). Als dann im Dezember Metternich sich endlich doch von Hardenberg trennte und bloß noch eine kleinere Hälfte Sachsens an Preußen gelangen lassen wollte, fanden sich die beiden preußischen Staatsmänner wieder zusammen. Nur daß jetzt, nachdem Alexander doch etwas mehr Zugeständnisse machte (Posen und Gnesen für Preußen, den Tarnopoler Kreis für Österreich), Hardenbergs Geltung wieder vorwog[2]).

Die polizeiliche Überwachung Hardenbergs führte im Oktober zu einer Entdeckung, die jedoch aus zu trüber Quelle floß, als daß sie schlechthin Glauben verdiente. Ein Vertrauter, ein Italiener, meldete eines Tages, „der preußische Minister" habe von Eugen Beauharnais hunderttausend Dukaten (!) in Empfang genommen, der Vertreter Sardiniens, Graf S. Marsan, habe davon gesprochen. Hager unterbreitete die Mitteilung ohne eine weitere Bemerkung dem Kaiser, gab aber zugleich Auftrag, über die Person jenes preußischen Ministers ins Klare zu kommen. Zwei Wochen später schwor der Berichtleger — nach den Akten ein Advokat Gioelli — es sei Graf (!) Hardenberg gewesen, der die hunderttausend Zechinen von dem Fürsten Boernais (!) angenommen habe und berief sich wieder auf die sardische Mission[3]). Natürlich konnte von dem G r a f e n Hardenberg, dem Gesandten und Vertreter Hannovers, keine Rede sein. Aber auch der Fürst kam für Beauharnais kaum in Betracht. In dessen fortlaufender Korrespondenz mit seiner Gattin findet sich der Name Hardenberg gar nicht. Warum auch? Eugen hatte in Paris ein „Etablissement"

---

archiv.) Über Hardenbergs Haltung schreibt Metternich an Karl Zichy, der Kanzler habe ihm zwischen dem 17. November und dem 9. Dezember die offizielle Erklärung gemacht, „daß der König über die Inkorporation von Sachsen nachgeben werde; dieselbe Erklärung machte er dem Marschall Wrede." (Zichysches Familienarchiv. Gütige Mitteilung Professor Marczalis.) Auch der Mecklenburger Plessen erfuhr von der Spaltung im preußischen Lager, aber er setzt sie viel zu spät an. (H i r s c h f e l d, Von einem deutschen Fürstenhof. II. 82.) Diesen bestimmten Angaben gegenüber verlieren die gegenteiligen von Stein (Tagebuch S. 409) und Staegemann (Olfers, S. 253) an Gewicht.

[1]) Zu Vorträgen vom 17. und 25. November 1814.

[2]) Zum Vortrag vom 29. Dezember 1814: Der polnische Graf Skarbek erzählte, „die Polen seien durch die Entfernung Humboldts von den Geschäften sehr dekonzertiert". Daneben wußte die Gräfin Rechberg sogar zu erzählen, Humboldt sei es gewesen, der Hardenberg durch den König zwingen ließ, „die gewissen Papiere mit den Privatbillets vorzulegen". Man vergl. damit Humboldts Brief an Caroline vom 11. Dezember 1814 („Wilhelm und Caroline v. H." IV. 437).

[3]) Zu Vorträgen vom 9. und 27. Oktober 1814.

vertragsmäßig zugestanden erhalten, hatte dazu das Ehrenwort Alexanders und kräftige Versprechungen Metternichs; wozu sich noch um Hardenberg bemühen? Doch, wie die Sache auch sei, interessant ist dabei der gemeldete Anteil S. Marsans an dem Klatsch. Marsan kannte Hardenberg von Berlin her, wußte wohl auch, daß dessen Vermögensverhältnisse nicht immer die besten waren, und notiert in Wien einmal, am 13. Oktober, nachdem er dort gespeist hatte, die Bemerkung in sein Tagebuch, daß der Kanzler zweitausend Gulden täglich ausgebe[1]). Im übrigen fehlt der Sache jede nähere Beglaubigung. Etwas besser begründet scheint eine zweite Angelegenheit gleicher Art. Der Vertraute niederer Kategorie, der zur täglichen Beobachtung des Fürsten Radziwill aufgestellt war, meldete am 25. Oktober 1814, es hätten am Tage vorher die zwei „Hofjuden" des Kaisers Alexander einen Sack Geld zu Radziwill gebracht, der ihn später zu Hardenberg zum Speisen mitnahm und dortließ. Der Zar fuhr am Abend dieses Tages — es war nach jener stürmischen Unterredung mit Metternich — nach Ofen, wo er den von seinem Kanzler entfernten König von Preußen von der polnischen Politik seines Kabinetts zurückbringen will. War das Geld für Hardenberg bestimmt? Etwa ein Geschenk Alexanders? Wenig Tage nachher merkt der Kanzler in seinem Tagebuch die Dotation mit Neuhardenberg durch seinen König an. Möglich, daß der Zar ihn zu gleicher Zeit beschenken und ihn wohl auch für seine Pläne günstiger stimmen wollte. Das Tagebuch erwähnt übrigens den Besuch Radziwills am 24. Oktober gar nicht, während es die Anwesenheit Steins bei Tische verzeichnet. Man ging seitens der Polizei der Sache nicht weiter nach, und ihre Papiere sprechen nicht mehr davon.

Metternich.

Von dem leitenden Staatsmann Österreichs — „Seiner Majestät Staats-, Konferenz- und der auswärtigen Angelegenheiten dirigierender Minister", wie er damals hieß — ist vorher schon so oft die Rede gewesen, daß nach den Aufzeichnungen der Polizei nicht mehr allzuviel zu sagen übrig ist. Wie Metternich den Kongreß auffaßte, wie er zu Alexander I. stand, wie er sich zu Hardenberg und in der sächsischen und polnischen Frage verhielt, wie zu Talleyrand und Castlereagh,

---

[1]) Rinieri, Corrispondenza dei cardinali Consalvi e Pacca, p. LIX. Er ist gewissenhaft genug, unter einem anzuführen, daß er selbst an jenem Tage in drei Robbern Whist 962 Gulden verspielt habe.

und wie seine galanten Beziehungen die Politik berührten: all das wurde bereits erwähnt, und was sonst noch in den Papieren des geheimen Dienstes steht, ist eigentlich nur deshalb interessant, weil man daraus nichts weniger als den Eindruck gewinnt, als handle es sich hier um den Mann, der bald nachher an die erste Stelle unter den Politikern Europas treten und sie viele Jahre lang behaupten wird. Was man vor allem aus den Rapporten erfährt, denn sie spiegeln es wider, ist, daß Metternich reichlich persönliche Feinde und politische Gegner, insbesondere in der österreichischen Aristokratie, besaß. Daß er seinerzeit so ganz unerwartet einen der ihrigen, Philipp Stadion, zur Seite gedrängt und sich auf dessen Platz gesetzt, daß er die Kaisertochter mit dem gehaßten Emporkömmling verheiratet und diesen so lange auf seinem Thron erhalten hatte, konnten sie ihm nicht verzeihen, die Stadion, die Schönborn, die Starhemberg, die Colloredo und so manche andere, allesamt untereinander verwandt und verschwägert. Daß er die Krone der rechtgläubigen Wettiner den Preußen zu opfern bereit war, kam noch dazu. Und da die Preußen dadurch an Österreichs Nordgrenze heranrückten, wurden auch die hohen Militärs, Schwarzenberg voran, seine Gegner. Daß er neue Männer seines Vertrauens, wie Graf Mercy und Baron Handel, ins auswärtige Amt berief, schuf ihm selbst in seiner nächsten Umgebung Unzufriedene, die unfreundlich über den Chef sprachen[1]). Ob er, etwa Ende Oktober, wirklich in seiner Stellung gewankt hat, wie das Gerücht wissen wollte, läßt sich nicht erweisen. Allerdings berichtet Talleyrand seinem König, Franz I. habe hinter dem Rücken des Ministers seinen vertrauten Freund, den Grafen Sickingen, zu ihm und zu Wrede geschickt, damit die polnische Frage eine Zeit hindurch, während des Ausflugs der Souveräne nach Ungarn, unentschieden bleibe, was als Mißtrauen gegen den Minister aufgefaßt werden konnte: aber fallen ließ darum der Kaiser seinen ersten Ratgeber doch nicht, mit dem er gerade in der polnischen Frage vollkommen übereinstimmte, den er erst kurz vorher zum Fürsten erhoben hatte und dessen Sturz nur den Wünschen Rußlands entsprochen hätte, das in seinen ausgreifenden Plänen zu bekämpfen auch des Kaisers Meinung war[2]). Und dazu kam, daß

---

[1]) Die Berichte nennen sogar Hudelist, den ersten Staatsrat, dann die Räte Hoppe, Kruft, Bretfeld unter den Malkontenten. Auch der stets unzufriedene Baron Hügel, von dem es hieß, daß er schon 1805 hatte Minister werden wollen, war darunter.

[2]) Im Dezember (11.) 1814 schrieb Karl August an die Herzogin Luise über Metternich: „Der Kaiser hat Vertrauen zu ihm, aber sonst niemand." (Weimarer Staatsarchiv.)

es an Ersatzmännern fehlte. Denn von Stadion, dem einzigen, den man zu nennen wußte, behauptete der alte Thugut, daß er an Fähigkeiten des Geistes weit unter Metternich stehe[1]). Von anderer Seite wurde Stadions Bigotterie bemängelt, die damals am Wiener Hofe, bei der Spannung mit der Kurie, noch keine Empfehlung war. Freilich war Metternich durch die sächsische Sache in schwere Verlegenheit — er bezeichnete es drastischer — geraten, aber da kam Hardenbergs Abschwenken in der polnischen Frage, das ihn früherer Verpflichtungen, die übrigens noch gar nicht förmlich eingegangen waren, überhob, und stützte seine Position[2]). Von einer späteren Unsicherheit der Stellung Metternichs, im Dezember, von der Hardenberg an Gneisenau und der Mecklenburger Plessen nach Hause schreibt, ist in den Polizeiberichten nur in der Form die Rede, daß er seine Demission angeboten, der Kaiser sie aber nicht angenommen habe.

Kein Zweifel, Metternich gab mancherlei Anlaß zu ungünstiger Kritik. Derselbe Mann, der während der letzten Kriegszeit als einer der eifrigsten Arbeiter gelten konnte, wurde, heimgekehrt, lässig in seinem Dienst, wie er es allerdings, nach dem Zeugnis Humboldts und anderer Diplomaten, schon vor den Feldzügen gewesen war und wie er es, zu seinem und Österreichs schwerem Nachteil, auch in seinen späteren Jahren wieder werden wird[3]). Seine ewigen Weibergeschichten und allerlei Tändelei, die viel Zeit kostete, und dazu eine etwas leichtfertige Geschäftsbehandlung, lieferten reichlich Stoff zu abfälligen Bemerkungen[4]). Man nahm es ihm schon übel, daß er das erste Diner, das er gab, auf einem Service servieren ließ, das ihm von Napoleon

---

[1]) Zum Vortrag vom 28. Oktober 1814. Daß Thugut vom Kaiser zu Rate gezogen wurde, scheint sicher. In einem Rapport vom 27. September 1814 (**) hieß es schon, daß Sickingen sehr häufig zu ihm „referieren" komme. (Zum Vortrag vom 29. September 1814.)

[2]) Vgl. meine Studie „Österreich und Preußen im 19. Jahrhundert", Seite 17.

[3]) G e b h a r d t, W. v. Humboldt als Politiker, I. 388.

[4]) Schon im September machte sich Philipp Stadion unter Freunden darüber lustig, daß man in der Staatskanzlei die Vorakten von 1812 und 1813 nicht finden könne. (Zum Vortrag vom 16. September 1814.) Talleyrand tadelte Metternichs Leichtfertigkeit, die zur Kalamität werde, und in einem französischen Bericht hieß es: „Was soll man von einem Manne erwarten, der in der ernstesten Lage den größten Teil seiner Zeit nur auf läppische Dinge verwendet und sich nicht scheut, eine Probe des ‚Paschas von Surênes' bei sich zu veranstalten." P a l l a i n - B a i l l e u, S. 7 und 128. Daß Metternich dies tat, um bei der Kaiserin in Gunst zu kommen, wußte der Franzose nicht.

geschenkt worden war[1]). Damit brachte man dann den Vertrag mit Murat vom Januar 1814 und Metternichs zärtliches Verhältnis zu dessen Frau in Verbindung, mit dem man seine nachsichtige Politik gegenüber dem König von Neapel erklären wollte. Das waren nun französische Ausstreuungen und nichts weiter, insbesondere in der ersten Zeit, als Metternich, von einigen persönlichen Freunden abgesehen, nur bei den Preußen Verteidiger fand, die seine ablehnende Haltung gegenüber Talleyrand rühmten und das Zusammenstehen ihres Vaterlandes mit Österreich — Metternichs und Gentzens Idee seit 1804 — als Basis des europäischen Gleichgewichts erklärten. Später verlor er natürlich diesen Anhang, während seine heimischen Widersacher ihn, als er sich von Hardenberg trennte und in der sächsischen Frage den Kurs änderte, der Unbeständigkeit ziehen. Auch wollte man erlauscht haben, daß sich einige kleinere Souveräne beklagt hätten, er ließe es ihnen gegenüber an Devotion fehlen, spreche sitzend mit ihnen u. dgl. m.

Ernster als dies Gerede aufzufassen war die Beurteilung, die — wie mehrere Rapporte melden — Metternichs früheres Verhalten, und nicht bloß bei seinen Widersachern, gefunden hat. Daß er nicht vor dem Kongreß über die polnische Angelegenheit ein Abkommen getroffen habe, hieß es, sei zu verurteilen. Man wußte eben in weiteren Kreisen nicht, daß Alexander I. einem solchen Ansinnen, seitdem Österreich in der Koalition mitkämpfte, stets ausgewichen und erst nach dem Pariser Frieden mit Forderungen hervorgetreten war, die Metternich nicht annehmen durfte und die er in London vergeblich zu ermäßigen getrachtet hat. Hardenberg bezeugt es, der am 29. März 1815 an Gneisenau schreibt: „Rußland allein ist schuld, daß wir uns nicht in Paris und London vereinigten; es steigerte täglich seine Bedingungen"[2]). Auffällig ist da, daß auch Kapodistrias, der auf dem Kongreß in der Gunst des Zaren immer höher stieg und mit zur Führung der Geschäfte ausersehen war, den gleichen Vorwurf gegen Metternich erhoben haben soll[3]). Eher ließe sich hören, was die Preußen tadeln wollten, daß er nicht schon beim Eintritt Österreichs in den großen Bund seine Bedingungen gestellt habe. Aber als Österreich beitrat, galt noch die

---

[1]) Es sei ihm, sagte man, als „Opfergabe für die neue Iphigenie" gegeben worden. (Zum Vortrag vom 11. Oktober 1814.)

[2]) Siehe hierüber meine Studie „Zur Vorgeschichte des Wiener Kongresses" (Historische Studien und Skizzen, II. 298 ff.) und Pertz - Delbrück, Gneisenau, IV. 480.

[3]) Zum Vortrag vom 20. Februar 1815.

Reichenbacher Abmachung (das Herzogtum Warschau solle aufgeteilt werden), und als man Anfang September zur Abfassung der Allianzverträge schritt, da hat eben Alexander, dessen Truppen bei Kulm in erster Linie zum Erfolg beigetragen hatten, sich zu nicht mehr verstanden, als daß, wie es im Teplitzer Vertrag hieß, man sich seinerzeit über das polnische Land in Güte auseinandersetzen werde. Konnte da Metternich, eben als man den entscheidenden Schlag gegen Napoleon plante, dieser Frage wegen sich von den Alliierten trennen? Daß er um Karolinens willen deren Gemahl auf dem Thron von Neapel erhalten habe, war unwürdiger Klatsch, dem zwar Talleyrand in seinen Briefen an Ludwig XVIII. reichlich Worte lieh, der aber jeden Grundes entbehrte. Der Vertrag vom Januar 1814, der den Schwager Napoleons durch die Garantie seines Thrones unddie Aussicht auf päpstliches Gebiet auf die Seite der Alliierten brachte, war von Österreich zwar in seinem eigenen Interesse, aber doch auch im vollen Einverständnis mit seinen Verbündeten abgeschlossen worden. Niemand hat damals noch mit dem Sturz des Imperators gerechnet. Später, als er erfolgt war, ward der Vertrag allerdings eine Verlegenheit für Metternich. Die Alliierten unterließen — was sie früher beabsichtigt hatten — Murat zu bestätigen, und als Österreich auf dem Kongreß durch Friedrich Wilhelm gezwungen wurde, sich dem bourbonischen Frankreich zu nähern, konnte und wollte sein Minister Murat nicht mehr halten. Nur die Hand sollte sein Herr nicht selbst dazu bieten müssen, ihn vom Throne zu entfernen. Nach dem Kongreß mochten die Gegner König Joachims gegen ihn unbeirrt schalten. Inzwischen aber hatte dieser, unsicher geworden und auf Napoleons Wiederkehr nach Frankreich seine letzte Hoffnung bauend, vor der Zeit zu den Waffen gegriffen, und damit sich selbst vernichtet. Als es schon zu spät war, hat Karoline an Metternich geschrieben, und im Privatarchiv des Schlosses Plaß liegt das Konzept einer Antwort des Ministers, die, durchaus formell gehalten, der ehemaligen Herzensdame keinerlei tröstliche Aussicht gewährt. Er habe ihren Brief dem Kaiser unterbreitet und sei von diesem ermächtigt worden, ihr zu erwidern, daß der König von Neapel, von dem sich Österreich einer Sicherung der Ruhe in Italien versehen hatte, ein System der Eroberung gewählt und zugleich den Jakobinismus unterstützt habe; das habe ihn dem Wiener Hof entfremdet und dessen Vermittlertum unmöglich gemacht[1]). Am Tage, an dem der Brief Wien verließ (2. Mai 1815), tobte schon bei Tolentino

---

[1]) „Mon ministère à atteint ses bornes le jour où le Roi a dépassé les frontières de son royaume."

die Schlacht zwischen Österreichern und Neapolitanern, in der Murat sein Reich verlor. Metternich aber war froh, einer Schwierigkeit entkommen zu sein, ohne offen eingestehen zu müssen, wie wenig Gewicht Österreich auf seine Zusage von früher mehr legte. Die Neigung, die ihn einmal in Paris an Karoline gebunden hatte, war ja auch längst durch andere verdrängt worden und wäre sicher niemals stark genug gewesen, bei ihm gegen ein Interesse des Staates ins Gewicht zu fallen.

Die Wendung in der neapolitanischen Frage gestaltete auch die Beziehungen des Wiener Hofes zur römischen Kurie besser. Metternich, von aller religiösen Befangenheit frei — er galt als Freimaurer — und sein Kaiser, der Kirche gegenüber durchaus Josefiner, hatten der Restauration des Kirchenstaates mit geteilten Gefühlen zugesehen[1]). Noch zu Beginn des Kongresses standen die Österreicher in den Legationen von Ferrara, Bologna und Romagna, und wenn auch Franz I. versicherte, daß er sie nicht für sich behalten werde, so war die Spannung mit dem päpstlichen Stuhl doch so groß, daß der Nuntius Severoli von tiefer Abneigung gegen Metternich erfüllt war. Da kam die Wendung in der Konstellation der Mächte, die Murat so gefährlich wurde. Sie schlug der Kurie zum Vorteil aus. Metternich erwies sich nun dem Kardinal Consalvi mehr zuvorkommend, und als dieser nach dem Kongreß heimgekehrt war, säumte er nicht, in einem Schreiben anzuerkennen, wie sehr der österreichische Minister zu den Erfolgen des hl. Stuhles beigetragen habe. Metternich, der Murat seinen Staat garantiert und päpstliches Gebiet in Aussicht gestellt hatte, erhält nach dem Kongreß das Bildnis Pius' VII. mit dessen Dank zugeschickt und wird von dem bourbonischen Ferdinand, der den erledigten Thron von Neapel wieder bestieg, zum Herzog von Portella mit einer Rente von 60.000 Franken ernannt. Welche Wechselfälle!

Andere Vorwürfe, die dem österreichischen Minister gemacht wurden, galten seinem Charakter im allgemeinen. Da schlossen sich seinen österreichischen Gegnern gewichtige fremde Stimmen an. Stein z. B. übersah seine eigene prekäre Stellung zu Diensten des Zaren und wollte nur in Stadion den guten Genius Österreichs sehen, und

---

[1]) Bei der Nuntiatur war das Freimaurertum der Metterniche eine ausgemachte Sache. Vgl. den Rapport zum Vortrag vom 20. Februar 1815. Auch Freddi hatte sich einmal unter Freunden geäußert, er wünsche sich nur deshalb in eine Freimaurerloge aufgenommen zu werden, „um dadurch die Protektion des Fürsten Metternich zu erlangen". Siber an Hager, 3. September 1814.

Herzog Karl August rühmt in seinen vertrauten Briefen an die Gemahlin die „vernünftigen Österreicher", die Metternich „Leichtfertigkeit, Winkelzügigkeit, Kurzsichtigkeit und Kenntnislosigkeit" vorwarfen. Es waren dies wohl die Österreicher, mit denen der Herzog zumeist verkehrte: der Erzherzog-Palatin und die Kaiserin Ludovika voran, die so urteilten und dabei gegen den Minister Partei nahmen[1]). Daß die Kaiserin wider Metternich gestimmt war, will auch Czartoryski wissen und spricht davon in seinem Tagebuch. Von den Vorwürfen Karl Augusts traf nur die erste Hälfte zu, die zweite aber nicht. Metternich nahm wohl auf dem Kongreß sein Amt etwas zu leicht und setzte sich, ein Virtuose in Auskünften und Ausflüchten des Moments, skrupellos über ernste Schwierigkeiten hinweg; sein Hang zur Intrigue spielte in seine Politik nur zu oft hinein und ihm selbst manchen Streich; ihn aber der Kurzsichtigkeit und der Unkenntnis in wichtigen Fragen zu zeihen, geht gewiß zu weit. Gerade in den beiden hervorragendsten Geschäften hat er, wohl anfangs ohne genügenden Ernst und Tiefe, aber gewiß nicht ohne Voraussicht gehandelt, da er sich den Seitenweg nach Frankreich und Bayern und zugleich die Kasse Englands für alle Fälle offen hielt. Schließlich gelangt man zu dem, was Gentz und Humboldt vor und Hardenberg während und nach dem Kongreß über ihn sagten, als dem Zutreffendsten. Gentz schrieb im Jahre 1810 in sein Tagebuch: der Minister sei immer mit hundert Dingen und vielleicht etwas zu sehr mit seinen eigenen Interessen beschäftigt, er besitze Begabung und Geschick und Unerschrockenheit, sei aber leichtfertig, oft von Zerstreuungen in Anspruch genommen und von sich selbst erfüllt. Sollte ihm sein Stern treu bleiben, denn er halte sich für vom Glück begünstigt, dann würde er wohl imstande sein, sich und Österreich in angemessene Verhältnisse zu bringen[2]). Ein Jahr später, bald nach seiner Ankunft in Wien, schrieb Preußens Gesandter nach Hause: „Mit ausgezeichneten Talenten und sehr achtungswerten Eigenschaften des Charakters verbindet der Minister eine Leichtigkeit, von Grundsätzen abzusehen, die allein gerecht durch das Privat- und politische Leben leiten können"[3]). Und Hardenberg mahnte im Januar 1815, als man noch in den Verhand-

---

[1]) Wien, 11. Dezember 1814: „Les Autrichiens sensés, et les Archiducs à la tête — (Johann gehörte nicht dazu) — sont convaincus que ce sont la légèreté, la finasserie, les petites vues et l'ignorance de leur f... Prince Metternich qui ont totalement gâté les affaires." (Weimarer Staatsarchiv.) Vgl. über die Kaiserin das Billett Katharinas an Alexander I., Correspondance, p. 114.

[2]) Gentz, Tagebücher, I. 247.

[3]) Gebhardt a. a. O., I. 482.

lungen über Sachsen stand, Gneisenau zu einer milderen Beurteilung Metternichs, dem in der sächsischen Frage „nur Schwäche und Leichtsinn, keineswegs aber ein ränkevolles falsches Betragen" zur Last gelegt werden könne, wenn man auch Ursache habe, „mit seinem unzuverlässigen Wesen unzufrieden zu sein"[1]).

Solche grundsatzlose Unzuverlässigkeit scheint allerdings auf dem Kongreß, wo er in dem Kaiser Alexander mit der Unzuverlässigkeit eines Mächtigeren zu tun hatte, zu Metternichs Eigenschaften gehört und z. B. den Grafen Senfft einmal zu der Äußerung verleitet zu haben, mit Stadion als Minister würde wenigstens „ein anständiger Mensch" ans Ruder kommen[2]). Senfft war Sachse. Sprach er so, weil Metternich damals Sachsen aufgegeben hatte? Oder meinte er es anders? In früherer Zeit war über den Minister die Meinung verbreitet gewesen, er sei für Geld nicht unempfänglich. Napoleon spielte in der berühmten Dresdner Unterredung von 1813 mit ihm im Zorn darauf an. Graf Brühl schrieb gelegentlich an den preußischen Major von Vegesack: „Minister Metternich soll durch glänzende Auszeichnungen und durch Geld zu gewinnen sein"[3]). In den Polizeirapporten und auch in den Interzepten des Kongresses begegnet nichts, was in diesen delikaten, damals übrigens durchaus nicht unerhörten, Dingen gegen den Fürsten spräche. Es wird darin nur einmal erzählt, daß Genua Geld für seine Unabhängigkeit aufzuwenden geneigt war und dessen Vertreter, Brignole, große Summen zu diesem Zweck verfügbar gehabt, aber auch, daß er bei Metternich kein Gehör gefunden und sich dann an die Engländer gewandt habe[4]). In der Korrespondenz der Frankfurter Deputierten soll allerdings eine Summe von 10.000

---

[1]) Pertz-Delbrück, Gneisenau, IV. 314. Dazu vergleiche man den Brief Hardenbergs vom 5. Dezember 1814 und namentlich vom 29. März 1815. (Ebenda S. 299 und 481.)

[2]) Zum Vortrag vom 2. November 1814. Besonders charakteristisch für Metternich ist dessen Haltung in der Frage der zweiten Deklaration gegen den zurückgekehrten Napoleon, im April 1815, die er, wie Gentz an Wessenberg schreibt, selbst angeregt, dann aber verläugnet hat. Charakteristisch auch, wenn Gentz seufzt, der Minister habe die kurländischen Schwestern in alle politischen Geheimnisse eingeweiht: „Was sie wissen, ist unglaublich", Fournier, Gentz und Wessenberg, S. 86.

[3]) Polizei-Akten zu 1813. n. 1398. Der Brief war aus Karlsbad, 30. Mai 1813 datiert und teilte dort erlauschte Charakteristiken der Generale Bubna, Schwarzenberg, Radecky mit, und dann auch die zitierte über Metternich mit dem Ausruf: „Wo wäre wohl so eine halbe Million besser angewandt worden".

[4]) Zum Vortrag vom 29. September 1814.

Dukaten (etwa hunderttausend Kronen) mit dem Namen Metternich, den die Entzifferung ergab, zusammenhängen[1]). Doch ist, vorausgesetzt, daß die Chiffre richtig gelesen wurde, es möglich, daß der Vater des Ministers für Dienste erfolgreicher Vermittlung diese Summe von der Stadt Frankfurt als Geschenk erhielt, die für den Lenker der Politik einer Großmacht auch kaum ansehnlich genug gewesen wäre. Übrigens hat Metternich nach Schluß des Kongresses von Kaiser Franz eine nennenswerte Entschädigung für seine Mehrauslagen — 56.000 Gulden — erbeten und erhalten[2]). Baron Peter Meyendorff, der später, nach 1827, russischer Geschäftsträger in Wien war, schrieb über ihn: „Er hat seine Stellung nicht mißbraucht, um sich zu bereichern. Sein Einkommen beträgt nicht mehr als hunderttausend Gulden Silber, und eine halbe Million schuldet er den Rothschilds, obgleich er, seitdem er im Amt ist, mehr als für zwei Millionen Geschenke in Gütern, Diamanten usw. von verschiedenen Souveräns erhalten hat"[3]). Daran dürfte es wohl auch auf dem Kongreß nicht ganz gefehlt haben, obgleich man unter sich übereingekommen war, diesmal von den üblichen Präsenten an die Diplomaten abzusehen. Und daran nahm die Welt jener Tage schon gar keinen Anstoß.

Allmählich verstummten die Vorwürfe, die, gerecht oder ungerecht, von verschiedenen Seiten gegen Metternich erhoben wurden. Man begann ihn höher zu bewerten, und auch wir werden seine Verdienste um Österreich auf dem Kongreß nicht gering einschätzen dürfen. Denn schließlich war es ja so, und gewiß durch sein Verdienst, wie Joseph de Maistre es aus der Entfernung sah, als er am 2. Februar 1815 aus Petersburg nach Hause schrieb: „Österreich ist unbegreiflich. Aus einem Abgrund hat es sich mit einem Sprung bis in die Wolken erhoben. Es war wenig angebracht, ihm Findigkeit (finesse) abzusprechen. Man muß sehr viel davon besitzen, um solche Er-

---

[1]) S c h w e m e r, Geschichte der Stadt Frankfurt a. M., 1814—1866, I. 219.

[2]) Kaiser Franz wäre in diesem Punkte kaum nachsichtig gewesen. Seine Abneigung gegen Gentz rührte namentlich von dessen leidiger Gewohnheit her, von allen Seiten Geld anzunehmen, und Metternich dürfte es wohl deshalb nicht gelungen sein, dessen Beförderung zum Staats- und Konferenzrat während des Kongresses durchzusetzen, was er, nach Angabe der Polizeiberichte, versucht haben soll. Gentzens Verhalten in Geldsachen wurde damals vielfach in der Gesellschaft, besonders von seiten der Gräfin Fuchs, abfällig beurteilt, die er eben noch kurz zuvor einen „reinen Engel" genannt hatte und mit der er viele Jahre lang rege korrespondierte.

[3]) Porträts a. d. Nachlaß P. Meyendorffs. Baltische Monatsschrift, 1910, S. 299.

folge mit einem geringeren Einsatz zu erringen, als ihn die andern gewagt hatten"[1]). Der neue blutige Ernst der Dinge, der mit Napoleons Wiederkehr nach Frankreich den Männern des Kongresses vor Augen gerückt worden war, hat dann, wie auf Alexander I., so auch auf Metternich seinen Eindruck nicht verfehlt, und es will scheinen, daß er durch ihn über so manche Mängel und Fehler hinausgehoben wurde, die ihm eben noch angehaftet hatten, und geeigneter gemacht, seine große Rolle in der Politik Europas zu spielen.

Gesellschaftliche Zirkel.

Der Kongreß war aus einem geplanten Besuch zweier fremder Souveräne entstanden, des Kaisers Alexander und des Königs von Preußen, die ihn dem Kaiser Franz gleich nach der Schlacht bei Leipzig in Aussicht gestellt hatten. Da hatte man denn bereits mehrere Monate vor Beginn der politischen Verhandlungen bei den kaiserlichen Hofämtern große Vorbereitungen getroffen und ein Programm der Feste und geselligen Darbietungen aufgestellt, mit denen man die hohen Gäste zu unterhalten gedachte. Dieses Programm war sehr reichhaltig, aber doch nur für einige Wochen berechnet, und wurde dann auch im Oktober und November — immer in der allgemein feststehenden Meinung, der hohe Besuch werde Wien bald wieder verlassen — in rascher Folge durchgeführt. Es war, wie man weiß, eine fast ununterbrochene Kette von Hofkonzerten, Theatervorstellungen, Redouten, Hofjagden, militärischen Schaustellungen, Hofbällen, Kammerbällen, Karussels, Spazierfahrten, kurz, was das Obersthofmeisteramt an derlei Zerstreuungen für königliche Gäste nur immer auf seinem traditionellen Register hatte. So kam es, daß gleich in der ersten Zeit eine Überfülle von Festlichkeiten die politischen Besprechungen begleitete, zuweilen wohl auch hinderte, und später, als die Souveräne Wien immer nicht verließen, weil eben die wichtigsten Geschäfte stockten, nicht mehr leicht eingeschränkt werden konnte[2]). Um nun dem Hof, der seine Gäste — und es waren ihrer nun sehr viel mehr geworden, die man gar nicht geladen und auf die man

---

[1]) Correspondance diplomatique (éd. Blanc), II. 40.

[2]) Am 9. Oktober schrieb Talleyrand an Ludwig XVIII.: „Zwei Tage gingen ohne Konferenzen vorüber: an dem einen Tag war ein Fest, an dem andern eine Jagd." Erst in der letzten Märzwoche 1815 hat ein Handbillet des Kaisers Franz an den Oberthofmeister die Einstellung weiterer Hoffeste angeordnet. (Zum Vortrag vom 27. März 1815.)

ursprünglich nicht gerechnet hatte — ohnehin beherbergte und verpflegte, wenigstens die Sorge für ihr Vergnügen einigermaßen zu erleichtern, begann weiterhin auch die Wiener Gesellschaft, die erste und die zweite, wie die Abstufung zwischen dem hohen und dem niederen Adel mit seinen bürgerlichen Freunden damals lautete, sich gastfreundlich zu erweisen. Bei einzelnen Großwürdenträgern, wie beim Oberhofmeister Fürsten Trauttmansdorff und bei Metternich, war von allem Anfang an allwöchentlich Empfang gewesen Dazu gesellten sich dann — ziemlich spät — auch die fremden Minister und Diplomaten, die, die empfangenen Einladungen erwidernd, gleichfalls ihre Salons öffneten. So wurden Vergnügen und Genuß allgemein und in Fülle geboten. Zu Beginn hatten fast nur die Fürstin Bagration und die Herzogin von Sagan, die auch ehedem offenes Haus hielten, Gäste von verschiedener politischer Schattierung bei sich gesehen. Dann erst erschlossen sich die Häuser der österreichischen Aristokratie: die von Johann und Karl Liechtenstein, die der Fürstenberg, Zichy, Eszterházy, Fuchs, Goëß, Colloredo, Hatzfeld, Westfalen u. a., zu Ende des Jahres auch das des Fürsten Schwarzenberg. Sie bewirteten Fremde und Einheimische, wurden aber nicht selten von den Bankiers, die jetzt allerdings reichen Profit machten, während der heimische Adel nur Opfer brachte: den Arnstein, Eskeles, Geymüller u. a., an Pracht der Feste in den Schatten gestellt. Insbesondere das herrliche Palais des Grafen Fries (jetzt Pallavicini), der ebenfalls einem Bankhaus vorstand, zog viel politische Welt an sich, so daß es hieß, man wisse dort am besten, was vorgehe[1]). Auch der alte Fürst von Ligne sah in den bescheidenen Räumen seiner Stadtwohnung manches illustre Haupt bei sich und hatte regelmäßig abends Gäste. Einige führte er während des schönen Herbstes in sein Haus auf dem Kahlenberg, von dem man auf die Stadt herab und hinüber sah nach dem Schloß der Grafen Cobenzl, das nunmehr einem Baron Pfaffenhofen gehörte und auch viel fröhliche Geselligkeit beherbergte.

Bald sonderte sich das Ganze für den Alltag in bestimmte Koterien. Daß die Preußen sich mit Vorliebe bei Arnstein und Eskeles aufhielten, lag an den Hausfrauen, die selbst — zwei Itzigsche Töchter — aus Preußen stammten und mit Leidenschaft an ihrem Vaterland hingen. Das ehemalige Mitglied des Reichshofrates, Baron Puffendorf, einer der genauesten Kenner des alten deutschen Reichsrechts, sah seine früheren Kollegen und sonst alles bei sich, was sich für deutsche Rechtsfragen alten Stils interessierte oder daran Anteil hatte, und das waren in

---

[1]) Zum Vortrag vom 11. Oktober 1814.

erster Linie die im Jahre 1806 mediatisierten Fürsten und ihre Anwälte[1]). Hofrat Gentz wandte viel Geld für seine feine Tafel auf und gewann für sie eine erlesene Klientel von Diplomaten und Aristokraten, in deren Mitte er seit Jahren ausschließlich verkehrte. Natürlich hatten die Engländer ihr Hauptquartier bei Castlereagh, die Franzosen bei Talleyrand, doch hielt der Brite auch für die internationalen Kreise sein Haus offen; im Karneval wurde an jedem Dienstag dort getanzt. Hans von Gagern, der Vertreter des Hauses Nassau-Oranien auf dem Kongreß, versammelte zu somptuosen Mahlzeiten die Delegierten der deutschen Kleinstaaten bei sich, die Fürstin Fürstenberg die Mediatisierten, während die Alldeutschen preußischer Färbung, die „Tugendbundisten", wie sie die Polizei nannte, unter Führung Karl Müllers, des Lützowers, eine kleine, aber ausdauernde Tafelrunde, sei es beim Kameel in der Bognergasse, sei es bei den zwei Löwen in der Kärntnerstraße oder in der kleinen Landskrone, gründeten. Sie hatten den Glauben, der damals noch keine Wissenschaft war, Deutschland könne nur unter Preußen geeinigt werden. Die hohen Herren der Politik trafen sich, wenn sie sich dem offiziellen Zwang entziehen wollten, im Gasthof zur Kaiserin von Österreich, dem vornehmsten der Stadt, oder im Restaurant im Augarten — die Leopoldstadt war damals ein fashionabler Stadtteil — wo man gute Küche fand, die Gesandten der kleineren Fürsten bei Widmann in der Singerstraße, die preußischen Räte bei der Kohlkreuze auf der Wieden[2]).

---

[1]) Zum Vortrag vom 29. Oktober 1814: „Bei Pufendorf ist der Zentralpunkt von allen Plänen und Bearbeitungen der mediatisierten Reichsglieder und minderen Mitglieder des vormaligen Deutschen Reichs entgegen und wider die Könige und Souveräne des aufgelösten Rheinbundes und gegen die preußischen Pläne. Diese Faktion ist sehr zahlreich und sehr tätig; sie hat ihre Spione bei allen Höfen, in allen Häusern" (**). Zum Vortrag vom 18. Oktober 1814: „Bei Pufendorf, wo durch Graf Solms, somit indirekt durch Fürst Hardenberg und Baron Stein man alles weiß, was in den Kongreßkonferenzen vorgeht (derselbe)". Das war wohl kaum richtig. In dieser Zeit leidlicher Eintracht unter den vier Großmächten herrschte noch tiefe Verschwiegenheit über den Hergang in den vertraulichen Konferenzen. Ein anderer Vertrauter bemerkt ausdrücklich, man erfahre gar nichts von den Verhandlungen. „Le fait est que l'on n'en sait rien. Au moins, on peut dire que, si l'on négocie, le secret est assez bien gardé, car à chaque heure les avis se métamorphosent, ce qui prouve qu'aucun n'est basé sur des notions sûres". (Zum Vortrag vom 24. Oktober 1814.)

[2]) Kreunze = Tragkorb. Die Kohlkreunze stand im März, April und Mai unter ständiger Polizeiaufsicht, insbesondere nachdem sich die Gesellschaft in der Landskrone Mitte März aufgelöst hatte und einzelne ihrer Teilnehmer auf die Wieden

Entsprechend dem politischen Gewicht ihres Herrschers entfalteten insbesondere die Russen eine reiche Gastlichkeit. Graf Rasumowsky sah in seinem prächtigen Palast auf der Landstraße die ganze große Gesellschaft, selbstverständlich voraus die russische. Er soll sogar, wird berichtet, sein Haus dem Zaren zum Geschenk gemacht haben, der dorthin die Souveräne und außer ihnen nur noch einige hohe Militärs (Schwarzenberg und Wrede) einlud. Leider brannte das Palais schon in der Sylvesternacht zum großen Teil mit vielen Kunstschätzen nieder. Zum Ersatz mußte der russische Gesandte Graf Stackelberg, der schon im Oktober wiederholt Bälle gegeben hatte, seine Gastfreundschaft erhöhen. Übrigens gab es auch bei Fürst Repnin, bei Baron Bühler, dem preußenfreundlichsten der russischen Diplomaten, bei Staatsrat von Ott und anderen Geselligkeit für ihre Landsleute und sonstige Gäste. Die Polen fanden sich bei Graf Skarbek in Nußdorf, bei Stadnicki, Lanckoronski, Sieminski, der Fürstin Sapicha und bei der alten Fürstin Lubomirska, der Tante Czartoryskis, ein. Dieser selbst war für seine nationalen Freunde wenig sichtbar; Prinz Heinrich Lubomirski vermittelte meist den Verkehr zwischen ihm und ihnen. Diejenigen, die diese vornehmen Häuser nicht besuchten, hatten heimliche Konventikel, die sie bei Stryczewski bei verschlossenen Türen hielten. Auch eine Gräfin Zielinska, eine der zahlreichen Exfavoritinnen des Fürsten Nikolaus Eszterházy, sah Polen bei sich, aber auch Engländer, da sie den britischen Reisenden Griffith zum Verehrer hatte, der ihr seine Landsleute ins Haus brachte, die hier für die polnische Sache gewonnen werden sollten[1]). Die Italiener fanden sich in Kaffeehäusern — die Venezianer bei der „Krone" — oder in der Wolfahrtschen Konditorei am Michaelerplatz zusammen. Die Portugiesen machten sich durch leichtfertige Diners bekannt, bei denen auch Talleyrand erschien, um seiner Leidenschaft für hohes Spiel zu frönen.

Von den heimischen Salons pflegten insbesondere die der Fürsten Schönborn, Colloredo, Starhemberg, ganz besonders aber die Koterie der verwitweten Gräfinnen Pergen, Cobenzl und Hatzfeld, den politischen und nichtpolitischen Klatsch, wobei namentlich Metternich schlecht wegkam[2]). Aber auch andere wurden in diesen Altweiberkränzchen unter die Hechel genommen. Auffallend geringer Sympathie erfreute sich da Marie Louise, und bei der Hatzfeld hieß es

---

wanderten. (Zu den Vorträgen vom 23., 24., 26. März 1815 und sonst.) Am 10. Mai konstatierte ein Rapport, daß sich auch diese Tischgesellschaft aufgelöst habe.
[1]) Zum Vortrag vom 6. Oktober 1814.
[2]) Zum Vortrag vom 8. November 1814 u. a.

gelegentlich: „Nichts wäre so unschicklich, als wenn beim Fest in Schönbrunn die Kaiserin Marie Louise erschiene. Sie wird gewiß erscheinen wollen. Unser Kaiser sollte doch ja seine väterliche Gewalt eintreten lassen, es verbieten und diesen Skandal verhüten." Nun fiel es der Exkaiserin gar nicht ein, sich an irgend einem Fest beteiligen zu wollen. Sie lebte zurückgezogen in ihrem Schönbrunner Schloßflügel, umgeben von den letzten Resten ihres früheren Hofstaates, zu denen sich ihr neuer Oberststallmeister, Graf Neipperg, gesellte, der fast täglich aus der Stadt hinauskam. Wenn auch die fremden Souveräne der „Herzogin von Parma", wie sie nunmehr hieß — sie war es noch nicht — wiederholt Besuche machten und sie selbst den Damen ihre Visiten erwiderte, so wurde doch niemand dem kleinen Abendzirkel zugezogen, den namentlich Neipperg mit seinen geselligen Talenten belebte. Er machte sich dadurch, und durch manchen nützlichen Dienst, bald so beliebt bei der Herrin dieses Kreises, daß die Fama schon jetzt von zärtlichen Beziehungen sprach[1]).

Das Volk von Wien, das anfangs den Kongreß und die fremden Gäste mit Freuden begrüßt hatte, klagte bald — die Wirte, Theaterdirektoren, Kunsthändler und Wohnungsvermieter allenfalls ausgenommen — über den endlosen Aufenthalt der auswärtigen Souveräne, die erst im Mai die Stadt verließen. Große Kosten waren dem heimischen Hofe aufgelaufen und höhere Besteuerung war eine notwendige Folge davon. Man hatte ein neues Anlehen aufnehmen müssen, zu dessen Verzinsung u. a. die Erwerbsteuer um fünfzig vom Hundert gesteigert wurde. Als dann im Januar die bekannte prächtige Schlittenfahrt der Fürstlichkeiten an den Augen der Wiener vorüberzog, riefen ein paar Vorlaute unter ihnen: „Da fahren s' dahin mit unsere fufzig Prozet"n[2]). Es drang allmählich durch, daß der Kaiser

---

[1]) Die neuestens von Gachot in seinem Werk „Marie Louise intime, vol. II." mitgeteilten Briefe der Kaiserin an ihre Freundin, die Marschallin Lannes, enthalten das Geständnis ihrer Neigung für den Grafen, die sich aber noch lange nicht intim gestaltet hat. Am 30. Januar liest man da: „C'est une idée consolante que celle d'avoir une conscience qui ne se reproche rien" (II. p. 175). Vgl. auch den von mir mitgeteilten Briefwechsel in meinen „Historischen Studien und Skizzen", II. 279 ff.

[2]) Zum Vortrag vom 25. Januar 1815. Dabei blieb es aber nicht. Als am 26. Januar in der Kärntnerstraße von einigen Polizeileuten eine Steuerexekution vorgenommen wurde, kam es zu einem förmlichen „Auftritt", und man hörte: „Auf diese Art müssen wir alles bezahlen und beim Kongreß wird nichts gemacht. Bleiben diese Fremden noch drei Monate, so ist der Kurs auf 500. Sie kaufen unser Gold, fressen uns auf und spotten unser. Man sollte sie zum Teufel jagen."

von Rußland mit seinem Widerstand gegen die Einschränkung Polens hauptsächlich Schuld an der langen Dauer des Kongresses trug[1]). Das waren aber doch nur wenige einigermaßen Unterrichtete, die davon wußten. Die Masse der Fernstehenden im Publikum machte, als die politischen Geschäfte für lange Wochen zum Stillstand kamen, während die Vergnügungen in raschem Wechsel fortdauerten, diese für jenen verantwortlich und meinte, die viele Lustbarkeit hemme das Werk der Politik und verhindere seinen Abschluß. Das war nicht richtig. Man „amüsor" sich allerdings, wie Rahel Varnhagen, die auch mit ihrem Manne da war, es nannte, im reichsten Maß, aber die Ansicht, die heute noch hier und dort in Geltung steht, man sei vor lauter Spaß nicht zum Ernst gekommen, ist nicht haltbar und muß verabschiedet werden. Es wurde inmitten des bunten Treibens doch so reichlich gearbeitet, daß Europa jahrzehntelang im Frieden leben konnte.

[1]) Zum Vortrag vom 28. Februar 1815. „Die Behauptung Polens, die als die Ursache der Verzögerung aller Kongreßverhandlungen angegeben wird, wurde ihm zur hohen Schuld angerechnet" (Stimmungsbericht). Aber schon Anfang Dezember hieß es in einer französischen Depesche: „Das Publikum ist allgemein unzufrieden mit der Lage der Dinge; man gibt hauptsächlich dem Kaiser von Rußland die Schuld, und jeden Tag verliert dieser Fürst mehr in der öffentlichen Meinung." Pallain-Bailleu, S. 128.

II. DOKUMENTE

Vor dem Kongreß[1]).

Graf Goltz an Piquot in Wien.

Berlin, le 28 may 1814[2]).

Les suppositions qu'on a à Vienne sur les divers pays dont le sort va être réglé à la paix prochaine s'accordent en partie avec d'autres avis qui paraissent venir d'assez bonne source. Il y a apparence, ainsi qu'on le croit effectivement, à la conservation d'un Royaume de Pologne, plus ou moins limité, dont l'Empereur de Russie, ou l'un de ses frères, serait déclaré souverain. Mais il n'est point à croire qu'il puisse être question de cessions de quelque importance à faire à ce royaume par l'Autriche ou la Prusse, dont la dernière, en particulier, semblerait au contraire devoir s'attendre au recouvrement du moins de la partie de territoire polonais qui lie le Royaume de la Prusse à la Silésie. Notre acquisition de Mayence, Cologne et Trèves, ainsi que de Juliers, de Bergue et celle d'une partie de la Lusace paraît vraisemblable. Quant au reste de la Saxe il paraît bien qu'il retombera pour le présent à la maison royale, sauf peut-être quelque modification des limites. Pourtant, il faut en général surseoir encore pour pouvoir juger avec certitude des changements territoriaux qui se trament... [Besorgnis vor der Rückkehr der zumeist für Napoleon gestimmten französischen Truppen nach Frankreich.] Il n'y a pas de nouvelles récentes de Norvège, mais on continue à se flatter que depuis les déclarations positives de l'Angleterre et l'arrivée des commissaires des souverains alliés en général la nation

---

[1]) Aus den Monaten vor dem Zusammentritt des Kongresses ist eine Sammlung von politischen Interzepten erhalten, die den Kongreßakten der Polizeihofstelle beiliegt. Daraus und aus Interzepten der Staatskanzlei wird hier eine Anzahl mitgeteilt, deren Gegenstände später die Diplomaten beschäftigen sollten. Jene sind mit M. J., diese mit St. A. bezeichnet. Briefe Hagers u. a., die zwischendurch eingereiht wurden und auf den polizeilichen Apparat Bezug haben, sind, ebenso wie die Denkschrift Freddi's, den Allgemeinen Polizeiakten entnommen. In der Folge wurden die Dokumente nach Monaten, und innerhalb dieses Zeitraumes in Rapporte und Interzepte, eingeteilt. Bei den Rapporten sind nur dort, wo es sicher stand oder eine Vermutung begründet war, die Namen oder Chiffren der Berichterstatter beigefügt. Exzerpte wurden in eckigen Klammern mitgeteilt.

[2]) Interzept, M. J. Minister Graf Goltz führte in Abwesenheit Hardenbergs in Berlin die Geschäfte, der preußische Legationsrat v. Piquot vertrat Humboldt in Wien.

céderat¹)... Un avis, dont on ne saurait cependant garantir l'authenticité, porte qu'après l'évacuation entière de Hambourg le corps d'armée du Général Bennigsen resterait provisoirement dans les Duchés²).

Rosencranz an Bernstorff.

Copenhague, le 18 juin 1814³).

Je crois de mon devoir de rassurer V. E. à l'égard de notre situation qui, toute critique qu'elle est, nous offre encore la possibilité de sortir d'affaire. J'ai lieu d'être convaincu que les cabinets de Vienne et de Londres ne demandent pas mieux que de nous voir sortir d'embarras de la meilleure manière possible, pourvu qu'ils puissent sortir eux-mêmes des leurs. Je puis dire à V. E. que le langage de M. le Gén. Steigentesch⁴) me donne la même conviction; si je juge de quelques propos de celui-ci, sa cour et celle de Londres inclinent à former un système auquel le Danemarc appartiendrait. Ces deux puissances voudraient par conséquent relever la monarchie danoise le plutôt possible. Je me serais trompé fort, ou la Russie regarde aussi la conservation de la monarchie comme essentielle à son système. Je ne m'attends cependant pas à ce que de ces combinaisons d'intérêts il résultât pour le Roi une extension du territoire, à quoi trop d'intérêts, et surtout celui de la Prusse, s'opposent. Mais comme il nous importe par dessus tout, à ce qu'il me semble, de reprendre notre considération parmi les puissances de l'Europe avant que de nouvelles secousses viennent à faire éprouver à l'Europe de nouveaux désastres, tous nos efforts devront tendre vers ce but...

Hegardt an das Ministerium in Stockholm.

Vienne, le 25 juin 1814⁵).

... Il doit être décidé que la Pologne formera un royaume uni à l'Empire russe, projet dont les Russes semblent être fort peu contents. Ils ne con-

---

¹) Über die Auflehnung der Norweger unter Prinz Christian von Dänemark gegen den Anfall an Schweden vgl. Nielsen „Die Konvention von Moss und die schwed.-norweg. Union". Die vier verbündeten Mächte sandten Kommissäre nach Kopenhagen, um die bereits stipulierte Abtretung Norwegens durchzusetzen, wogegen Friedrich VI. und seine Regierung keinen Widerstand leisteten.

²) In Holstein, wo ein russisches Korps unter Bennigsen weiterhin stationierte. S. unten.

³) Interzept, M. J. Rosencranz war dänischer Minister des Äußern, Graf Bernstorff Gesandter in Wien.

⁴) General Freiherr von Steigentesch, der bekannte Schriftsteller, war als österreichischer Bevollmächtigter für die Verhandlungen in der Sache Norwegens entsendet worden.

⁵) Interzept, M. J. Legationssekretär v. Hegardt war schwedischer Geschäftsträger in Wien. Die Originale seiner Berichte befinden sich nicht in Stockholm, wo nur die Konzepte des Gesandtschaftsarchivs vorhanden sind, die mitunter in (belanglosen) Einzelheiten von den nach den Originalen gefertigten Interzepten abweichen. (Gütige Mitteilung des Herrn Reichsarchivars Hildebrand.)

çoivent pas pourquoi leur empereur, par ce simulacre d'un Royaume de Pologne, voudrait rappeler aux Polonais qu'ils avaient une patrie indépendante, et ils pensent que, le nom existant, la chose pourra venir avec le temps et à l'occasion. J'ai vu que les seigneurs russes appréhendent que l'empereur ne nourisse le dessein d'abolir la servitude de leurs paysans, et d'établir une constitution plus libre en Russie. L'empereur[1]), malgré la reconnaissance que les Allemands lui doivent, et lui portent encore, a cependant perdu dans leur opinion depuis la grande catastrophe en France. En Autriche, au moins, on est assez mécontent de ce qu'il n'a pas voulu agir en dictateur à Paris, qu'il permît aux Français une constitution libérale, et, en général, qu'il n'ait pas exigé à la paix des conditions plus dures, surtout des contributions à payer à ses alliés. Au reste on aperçoit déjà en Allemagne moins d'enthousiasme pour les Cosaques et des symptomes de la peur de l'influence des Russes; leur conduite en Saxe, leur projet supposé d'en détrôner le souverain légitime et de démembrer le pays, excite des murmures et des plaintes parmi les Allemands et particulièrement les Saxons.

Hager an Oberpolizeidirektor Siber.

Wien, 1. Juli 1814[2]).

Die bevorstehende Ankunft der fremden Souveräne[3]) erheischt vervielfachte Aufsichtsanstalten, wodurch man täglich zur Kenntnis alles dessen, was ihre a. h. Personen und ihre nächsten Umgebungen betrifft, aller jener Individuen, die sich ihnen zu nähern suchen, und der Pläne und Unternehmungen, die an diese hohe Gegenwart sich reihen dürften, auf eine möglichst umfassende Weise gelangen könnte. In dieser Absicht muß ich Ew. W. schon jetzt auffordern, nicht nur die besseren Vertrauten, welche Ihnen schon zu Gebote stehen, dazu vorzubereiten, sondern auch für diese besondere Gelegenheit um neue Vertraute, oder solche Personen aus dem Handelsstande, aus den Honoratioren, auch aus dem Adel und Militär sich zu bemühen, welche geeignet und geneigt wären, Ew. W. oder mir alles, was sie in obiger Beziehung erfahren, schriftlich oder mündlich, ohne allen Verzug zu eröffnen...

Derselbe an Regierungsrat La Roze.

Wien, 1. Juli 1814[4]).

[Derselbe Eingang wie im vorstehenden Schreiben an Siber.] In dieser Absicht nehme ich eigens Ihren ausgedehnten Einfluß auf die hiesigen an-

---
[1]) Alexander.
[2]) Konzept, M. J.; n. 3613 ex 1814.
[3]) Hager wußte noch nichts von der Verschiebung des Kongresses.
[4]) La Roze war Regierungsrat bei der Polizeidirektion und zugleich Rat beim sogenannten „Judenamt", das unter Siber's Direktion stand. Eine schriftliche Rückäußerung La Roze's liegt nicht vor.

gesehenen jüdischen Häuser in Anspruch. Die Chefs oder die durch bessere Bildung sich auszeichnenden Söhne derselben sind besonders geeignet, solche Notizen aufzufassen und zu sammeln, welche die Staatspolizei im vorliegenden Fall interessieren. [La Roze möge entsprechende Namen nennen.]

Der Vertraute 1∞ an Hager.

Wien, den 6. Juli 1814[1]).

Infolge Ew. Exz. soeben erhaltenen hohen Auftrags vom 1. d. M. soll es an meinen Bemühungen, insoweit meine Kräfte und Verbindungen zulangen, nicht fehlen.... Eine sehr ergiebige, für die Zukunft viel versprechende Quelle ist durch die Abreise eines Individuums der russischen Gesandtschaft vor kurzem versiegt, und der mit vieler Mühe eingeleitete Plan, einen vertrauten Mann als Kammerdiener in das (russische) Gesandten-Haus zu bringen, ist soeben, wahrscheinlich durch dessen unkluge Antworten — er wurde dreimal von zwei Herren mit unzähligen Fragen in die Kreuz und Quer bestürmt — gescheitert. [Schlägt einen sprachkundigen ehemaligen Reichsagenten Matt vor.] Wenn ich übrigens bei meinen übrigen überhäuften Geschäften und bei der Häcklichkeit des Gegenstandes bereits wiederholt die Bitte an Ew. Exz. zu stellen gehorsamst wagte, mich von der Beobachtung des diplomatischen Korps gnädig zu dispensieren, und ich mich dennoch den hohen Aufforderungen füge, so kann ich mich diesen in so mancher Hinsicht für einen Staatsbeamten bedenklichen Geschäfte nur mit der vollen Beruhigung widmen, daß Ew. Exz. die hohe Gnade haben werden, die Verbergung meines Karakters und meiner Denkungsart gegen jeden Verdacht, der aus dem Umgange mit Individuen auswärtiger Gesandtschaften gegen mich entstehen könnte, gnädig zu übernehmen und mein Bestreben, keine Anstrengung zu scheuen, um mich des mir allergnädigst zugesicherten Merkmals der a. h. Zufriedenheit noch würdiger zu machen, bei sich darbietender Gelegenheit zu S. k. k. Majestät a. h. Kenntnis huldvoll zu bringen[2]).

Bernstorff an Rosencranz.

Vienne, le 7 juillet 1814[3]).

L'on ne se cache pas ici que c'est à l'espoir d'obtenir un arrondissement au dépens de la Saxe qu'il faut attribuer la facilité extrême que la Prusse

---

[1]) Auch an diesen Vertrauten (v. Neustädter) hatte sich Hager, wie an andere, gewandt, damit er ihm geeignete Berichterstatter nenne, die für den geheimen Dienst zu werben wären. S. unten S. 100 und 126 Anm.

[2]) Es war ihm kurz vorher für ein dem Kaiser erstattetes Memoire über Ungarn eine Auszeichnung in Aussicht gestellt worden. Die Denkschrift liegt auf der kais. Fideikommißbibliothek in Wien.

[3]) Interzept, M. J. Die Bernstorff'schen Berichte fehlen sämtlich im Kopenhagener Archiv, auch die Konzepte von 1814. (Gütige Mitteilung des Herrn Reichsarchivars Dr. Secher.)

a montré à abandonner la Pologne entièrement à la merci de la Russie. L'importance et la difficulté des discussions relatives à la Pologne sont senties ici si vivement que déjà l'on entend partout agiter la question de savoir si les chances même d'une guerre, quelque peu avantageuses qu'elles se présenteront dans ce moment à la cour d'ici, ne sont pas préférables à la nécessité d'acquiescer à des arrangements qui assureront à la Russie une prépondérance si menaçante, et des moyens d'attaquer et de chicaner si redoutables que l'Autriche ne saurait tarder à en devenir la victime. Il paraît que la Cour de Vienne travaille de s'assurer, dans des liaisons intimes avec le cabinet anglais, le seul appui sur lequel elle puisse compter.

Graf Harrach an Graf Marcolini in Prag.

Vienne, le 7 juillet 1814[1]).

Le congrès a été remis jusqu'au 10 septembre. Les deux monarques[2]) ne viennent pas à Vienne, et retournent directement dans leurs états. On se flatte cependant de revoir Alexandre vers la fin de septembre. Je supprime toutes mes idées sur ce changement imprévu. Après plusieurs informations prises, je prie V. Exc. de vous préparer peu à peu à tout. On parle même d'un apanage tant pour le roi que pour toute la famille royale[3]). Dieu fasse que cela ne se réalise; mais il y a tout à craindre, et en cas que ce malheur devrait survenir, il n'y a alors que de négocier pour que, du moins, le decorum, le nécessaire, et le besoin de la vie soient garantis. Pardonnez si je vous cause des chagrins en vous faisant voir un tableau aussi lugubre, mais il s'agit du bien et du salut d'un souverain si digne et si respectable, et c'est alors le devoir d'un honnête homme de parler franc et ouvert...

Hegardt an den König von Schweden.

Wien, 9. Juli 1814[4]).

[Überraschender Eindruck der Nachricht in der Wiener Zeitung vom 7. von der Verschiebung des Kongresses bis zum 1. Oktober.]

Le Cte Stackelberg a l'air guindé, et paraît indiquer que les conférences de Londres n'ont pas produit le résultat attendu. L'on prétend que l'Autriche et la Russie ne sont pas d'accord sur les bases des arrangements à prendre pour le congrès futur, qu'il y a une froideur entre ces deux puissances, et que ce soit la véritable cause pourquoi l'Empereur a changé sa résolution et va directement à Pétersbourg, sans passer par Vienne.

---

[1]) Interzept, M. J. Hager fragt in einer Bleistiftnotiz: „Wer ist der Harrach, der an Marcolini schreibt und der ein Sachse wäre." Marcolini, ehedem sächsischer Kabinettsminister, befand sich seit 1813 in Prag, wo er am 10. Juli 1814 starb.
[2]) Von Rußland und Preußen.
[3]) Von Sachsen.
[4]) Interzept, M. J.

Quelqu'un m'a dit savoir de bonne source que le cabinet de Vienne soupçonne d'avoir été joué par celui de S. Pétersbourg dans la négociation avec le Roi de Saxe l'année dernière, que l'Empereur d'Autriche, embrassant la cause de ce monarque, ne voudrait point qu'il soit dépouillé de ses états, et a rejeté la proposition qu'on lui aura fait de partager la Saxe. Il y a aussi des contestations par rapport à la Pologne, quoique l'Autriche soit disposée à renoncer à la réacquisition de la Galicie occidentale, se reservant toute fois les salines de Wieliczka et un dédommagement d'un autre côté. Le voyage du P^{ce} Metternich de Londres à Paris en ce moment fixe l'attention, et l'on suppose que ce ministre est chargé de former des liens plus intimes entre l'Autriche et la France afin de contrebalancer ceux qui paraissent subsister entre la Russie et la Prusse, et qui vont être consolidés, à ce quon dit, par le mariage du Roi de Prusse avec la Grande-duchesse Catherine[1]). Le retour accéléré de l'Empereur de Russie dans sa capitale est, en partie, attribué à des avis qu'il a dû recevoir de troubles qui menaçaient d'éclater en Russie. Quelle qu'en soit la raison, beaucoup de personnes ont été désagréablement attrappées par la remise de sa visite à Vienne, qui vraisemblablement n'aura pas non plus lieu en septembre. L'Empereur d'Autriche aurait pu s'épargner de grands frais pour la réception des souverains attendus, s'il avait cru qu'ils lui feraient faux bond.

Bernstorff an Rosencranz.

Vienne, le 13 juillet 1814[2]).

Les informations les plus exactes que j'ai été à même de recueillir servent à confirmer la partie la plus essentielle des notions que j'ai eu l'honneur de soumettre à V. Exc. dans mon rapport précédent. Il est très vrai que le P^{ce} de Metternich s'est trouvé dans les plus grands embarras, pour ne pas avoir obtenu de la part du L. Castlereagh tout l'appui sur lequel il a compté. Il se plaignt de ce que ce ministre anglais, aux dispositions duquel il rend du reste toujours la même justice, n'a que faiblement appuyé ses démarches et réclamations, et il attribue la nécessité où il s'est trouvé, de proposer l'ajournement du congrès, à la difficulté inattendue que L. Castlereagh a fait de quitter l'Angleterre assez promptement pour pouvoir être rendu à Vienne au terme fixé pour l'ouverture des négociations. Il paraît du reste, d'après les dernières nouvelles de Londres, qu'avant le départ

---

[1]) Die Vermutung, Metternich betreffend, war nicht ganz unzutreffend. Er tat damals in Paris wirklich einen präventiven Schritt. Die Heirat zwischen der Schwester Alexanders I. und dem König von Preußen war müßiges Gerede.

[2]) Interzept, M. J. Der Bericht beruht offenbar auf guten Informationen, da er zum Teil im wesentlichen durch die österreichische Korrespondenz aus London bestätigt wird.

des souverains les esprits se sont de toute part un peu radoucis. L'on a fini par convenir, à ce qu'on m'assure, que les plénipotentiaires des souverains alliés se trouveraient réunis à Vienne au plus tard le 10 septembre, et l'Empereur de Russie a promis d'y être rendu entre le 20 et le 30 du même mois; l'on doute cependant toujours que cette promesse se réalisera, à moins qu'on ne trouve jusque là moyen d'écarter les principaux points de vexation. L'on continue à regarder la question de la frontière de la Pologne du côté de la Galicie comme la plus difficile à résoudre. Quelle que soit cependant l'importance que la cour d'ici attache à l'acquisition de Cracovie, les personnes les plus à portée d'apprécier ses dispositions, et d'approfondir ses vues, semblent s'accorder dans l'opinion qu'elle cédera sur ce point plutôt que de braver les dernières extrémités, et elle finira par abandonner toutes les prétentions qu'elle ne réussira à faire valoir au moyen de l'intervention de l'Angleterre. L'humeur pacifique de l'empereur, le caractère de son ministre auquel on connaît plus de souplesse que de vigueur, la désorganisation de l'armée, et la pénurie des finances, tout semble concourir à donner du poids à cette opinion. En attendant, le cabinet de Vienne met tous ses soins à dérober ses embarras et ses alarmes à la connaissance du public, et à pailler l'affront qu'il vient d'essuyer. C'est à cette fin que l'on continue à faire entendre qu'il se manifeste en Russie même une opinion très prononcée contre l'idée d'un rétablissement du Royaume de Pologne, que des représentations très fortes là-dessus étaient adressées à l'Empereur Alexandre, et qu'en effet ce souverain a été vivement pressé par les premières autorités de son empire d'accélérer son retour en Russie, où la prolongation de son absence a fait naître et multiplier de plus en plus les inconvénients les plus graves.

Prinzessin Therese von Sachsen an Baronin Speth geb. v. Sickingen in Untermarstall bei Ulm.

Baden, le 16 juillet 1814[1]).

Nous arrivâmes le 4 à Schönbrunn... Le lendemain nous allâmes à Baden, où l'empereur nous reçut au bas de l'escalier. L'accueil fut gracieux et touchant. Lorsque nous le remerciâmes pour toutes ses bontés, il nous dit: „Je suis heureux si je puis faire quelque chose pour vous, et comptez sur moi en toute occasion." Il s'exprima de même bien gracieusement et avec beaucoup d'intérêt au sujet du roi et de toute la famille. Il est impossible qu'un père fasse plus pour ses enfants qu'il ne fait pour nous. Hors une guerre, qu'il n'est pas en état de faire, il ne peut faire davantage qu'il

---

[1]) Interzept St. A. Prinzessin Therese war die Schwester des Kaisers Franz, Gemahlin Prinz Antons von Sachsen, die Baronin wohl die Witwe des österr. Feldmarschalleutnants Frh. v. Speth, eines Württembergers. Ein Baron Speth befand sich in Schönbrunn in der Nähe der Prinzessin.

n'a fait, fait et fera encore pour la famille de Saxe. Jusqu'à présent rien n'est encore décidé...

Hegardt nach Stockholm.

Vienne, le 16 juillet 1814[1]).

L'empereur a tenu cette semaine un conseil auquel le P^{ce} Schwarzenberg assista. Il y fut résolu qu'en attendant toute l'armée resterait sur pied de guerre, que les recrues et les vélites ne seront pas licenciés, et que 30.000 h. marcheront en Galicie pour renforcer les troupes qui y sont rassemblées et dont le nombre, selon quelque avis, va être augmenté jusqu'à 100.000 h. L'empereur s'est aussi exprimé aux députés hongrois que le temps de désarmer n'était pas encore venu. De leur côté les Russes concentrent de nombreuses forces dans le Duché de Varsovie et ont déjà une armée considérable à Cracovie... La brouillerie entre les deux empereurs a éclaté, d'après ce que l'on dit, à la suite d'une note détaillée[2]) et conçue en des termes énergiques, que le P^{ce} de Metternich a présentée à Londres sur les affaires générales de l'Europe, et particulièrement au sujet de la Saxe[3]). Je crois[4]) que l'Empereur d'Autriche s'intéresse vivement pour le Roi de Saxe, surtout depuis que le Duc Antoine de Saxe est venu à Baden avec son épouse, sœur de l'empereur, implorer la protection de S. M. J., se plaignant qu'il manquait de pain. J'ai ouï dire que la cour de Vienne a fait entrevoir que, s'il était nécessaire, pour contenter tous les partis, de partager la Saxe, et que s'il s'agissait de rétablir un Royaume de Pologne, il serait juste de le donner en dédommagement au Roi de Saxe, ce qui satisferait le mieux les Polonais. J'ai lieu de croire qu'il répugne à la Cour de Vienne que le Duché de Varsovie soit érigé en royaume (soit) en faveur de la Saxe[5]), soit du Grand-duc Constantin, soit de l'Empereur de Russie lui-même; elle craint que la perte de la Galicie méridionale[6]) n'en résulte peut-être[7])... Les officiers russes ne dissimulent pas que, dans peu, ils attendent d'avoir à faire aux Autrichiens; ils leur en veulent au moins et témoignent beaucoup d'assurance de les battre. Ils vantent au contraire les Prussiens et comptent sur eux comme des alliés éternels[8]). La Prusse paraît convoiter la meilleure partie de la Saxe, et elle est en dispute avec l'Autriche sur la possession définitive de Mayence...

---

[1]) Interzept, M. J.
[2]) Im Konzept stand „péremptoire".
[3]) Soll wohl heißen: Pologne. Die angedeutete Note ist bisher ebensowenig bekannt geworden wie die Verhandlungen in London überhaupt.
[4]) Im Konzept: „Il est certain".
[5]) Im Konzept ist „de la Saxe" nicht enthalten.
[6]) Im Konzept: „orientale".
[7]) Im Konzept: „tôt ou tard".
[8]) Im Konzept: „inséparables".

Bernstorff an Rosencranz.

Vienne, le 16 juillet 1814[1]).

Je tiens les notions suivantes de M. de Hudelist[2]). L'Empereur de Russie a effectivement donné sa parole de se rendre à Vienne avant la fin de septembre. Les conférences préparatoires entre les plénipotentiaires des grandes puissances commenceront dès le 10 du même mois. Il n'y a rien d'arrêté sur la forme des négociations principales du congrès. Il paraît qu'il ne sera pas question de séances formelles ou générales, et que l'on voudra même éviter les réunions plus nombreuses que ne l'exigera l'intérêt plus ou moins direct que telle ou telle puissance sera censée avoir aux différents objets de discussion. Les bases de la constitution future de l'Allemagne vont être préalablement discutées entre l'Autriche, la Prusse, la Bavière et le Hanovre. Au nombre des projets, qui étaient formés relativement aux moyens de suppléer au défaut de l'autorité impériale, celui d'établir une espèce de directoire, que ces quatre états exerceront alternativement, passe pour avoir des partisans. M. de H. ne me cache pas que l'Autriche songe à baser son système politique future sur des liaisons étroites avec les princes de l'Empire. Le P^{ce} Metternich a, durant son séjour à Londres, mis ses premiers soins à reserrer les liens qui unissent les deux Empires[3]), et il se flatte de n'y pas avoir perdu ses peines. Selon ce que l'on m'en dit ici, sa tâche lui a été singulièrement facilitée par la conduite de l'Empereur Alexandre. Ce souverain s'est montré bien plus disposé de gagner et de flatter l'opposition que de se rendre agréable au cabinet. Il a blessé celui-ci par l'accueil qu'il a fait aux plénipotentiaires américains, ainsi que par la prédilection qu'il a témoignée en faveur de leur cause[4]). Il ne s'est mêlé des querelles entre le Prince-Régent et son épouse que pour prendre ouvertement parti contre le premier, et on l'accuse, je ne sais sur quel fondement, d'avoir appuyé les intrigues que sa sœur a faites pour rompre les engagements de la P^{cesse} Royale d'Angleterre[5]), avec la vue de former une union entre le P^{ce} héréditaire d'Orange et la Grande-duchesse Anne[6]).

M. de Hudelist dans cette même conversation m'a fait entendre que le cabinet suédois se montre disposé à accéder au nouveau lien que l'Autriche et la Grande Bretagne pourraient vouloir former, et qu'il est allé jusqu'à déclarer qu'on le trouverait prêt à agir dans le sens et pour le but d'une

---

[1]) Interzept, M. J.
[2]) Staatsrat im Auswärtigen Amt und Leiter der Geschäfte in Metternichs Abwesenheit.
[3]) Österreich und England.
[4]) England stand noch im Kriege mit den Vereinigten Staaten, der erst im Dezember 1814 zu Ende ging.
[5]) Mit dem Kronprinzen von Holland.
[6]) Großfürstin Katharina von Oldenburg intriguierte in London mit Glück, und ihre Schwester Anna heiratete 1816 in der Tat den Kronprinzen Wilhelm von Holland. Sie war ehedem als Braut Napoleons genannt worden, der sich aber für Marie Louise von Österreich entschied.

pareille alliance. C'est à ces dispositions, en apparence si peu analogues à la situation actuelle de la Suède, que je crois devoir rapporter un propos qui, dans une conversation antérieure, est échappé à M. de Hudelist. En me parlant de la possibilité d'une rupture avec la Russie il me dit: „Nous ne serions pas de notre côté sans alliés; il n'y a que jusqu'au P^{ce} Royal de Suède sur lequel nous ne pourrions compter"[1]). M. Steigentesch n'est sûrement pas sorti du sens de sa cour, en faisant entendre à V. E. que l'Autriche et l'Angleterre continueront à attacher le Danemarc au système qu'elles s'occupent à former; mais je crois m'appercevoir que l'on compte peu sur nous parce qu'on s'imagine que nos anciennes liaisons avec la Russie ne tarderaient pas à reprendre le dessus, et que cette dernière puissance sentira trop bien elle-même le besoin qu'elle a de nous, pour ne pas mettre tous les soins à nous regagner.

M. de H., en m'entretenant des premiers objets dont les plénipotentiaires des grandes puissances auront à s'occuper, me parla de la possibilité de la conservation de la Saxe de manière à me faire voir clairement qu'il ne croyait pas lui-même à cette possibilité. Je crois ne pas me tromper en supposant que la cour d'ici regrette amèrement de ne pas avoir plus vigoureusement combattu ce projet d'agrandissement dès sa naissance, que le trop de facilité qu'elle s'est laissée trouver à cet égard tenait en grande partie à l'espoir de gagner la Prusse en faveur d'un système dont le premier objet avait été de mettre l'Allemagne à l'abri de toute influence étrangère; il ne lui restera d'autre ressource que de partager une injustice qui lui répugne et dont sa rivale tirera les principaux avantages... L'on assure qu'elle réclame éventuellement l'acquisition du Erzgebirg, et qu'il subsiste dès à présent des vexations sur la possession de la ville de Dresde, dont l'importance sous le rapport militaire a été évidemment démontrée par la dernière guerre.

** an Hager.

Wien, den 18. Juli 1814[2]).

Ich denke mich oft in den Kongreß und beschäftige mich damit im vorhinein, nachdem Ew. Exc. unterm 1. d. M. mich dazu aufgefordert haben. Arnstein und Eskeles[3]) — beide Häuser sagen es selbst — geben durch die Zeit des Kongresses alltäglich mittag und abends Tafel für alle Berliner und Preußen als Landsleute. In der ganzen Politik, was bei den Engländern und Russen vorgeht, wird niemand so gut daran sein wie Herr v. Hammer[4]),

---

[1]) In einem früheren Bericht Bernstorffs vom 2. Juli hieß es über eine Unterredung mit Hudelist: „M. H. m'assure qu'on a ici les preuves les moins équivoques que le Chargé d'affaires de Suède à Constantinople travaille à exciter les Turcs contre la Russie et qu'il est allé jusqu'à faire entrevoir à la Porte la possibilité de trouver en cas de rupture un appui et un allié dans la Suède."

[2]) Auch an diesen Vertrauten hatte sich Hager gewandt.

[3]) Die ersten Wiener Bankhäuser.

[4]) Der bekannte Orientalist und Dolmetsch des auswärtigen Amtes.

der mit den Engländern und Russen lebt und leben wird. Was in bezug auf Deutschland vorgeht, wird der vormalige Reichsagent v. Borsch am genauesten wissen — als vormaliger Agent und Vertreter der württembergischen Landschaft wider den Herzog von Württemberg. Ich habe die Ehre zu wiederholen nach reiferem Nachdenken: Herr von Hammer und Herr von Borsch (NB. jeder für seinen Beobachtungskreis) werden, wie sie es wollen, wenn sie es sich selbst zur Pflicht machen, jeden Abend wissen, was jeden Tag bei jeder Kongreß-Mission vorgeht. Übrigens wird das Kongreß-Personale, wenn dasselbe einmal beisammen sein wird, Beobachtungs- und Wahrnehmungsquellen darbieten, die gegenwärtig sich noch gar nicht angeben lassen. Durch meine 22jährige Vertraulichkeit mit den Bourbons, somit durch die neue Gesandtschaft Louis' XVIII., durch die württembergische und bayrische Gesandtschaften beim Kongreß und in Wien, durch meinige alte Bekannte aus dem Reich und aus Italien, die zum Congreß kommen werden, hoffe ich sehr wohl in der Lage mich zu finden, alltäglich Ew. Exc. einen nicht uninteressanten Bericht liefern zu können. Vieles dürfte aber allerdings darauf ankommen, wie Fürst Metternich leben wird, ob er täglich Leute sehen wird, ob täglich Assembléen und Rassemblements sein werden. Ohne dieselben, wenn man alle Notizen einzeln in den Coterien aufklauben muß, fällt es unendlich schwer, alle betr. Notizen so recht prompt zusammen bringen zu können . . .

Piquot an Goltz.

Vienne, le 20 juillet 1814[1]).

Je reviens du P^{ce} Metternich qui a reçu, l'un après l'autre, les ministres et les chargés d'affaires[2]). Il m'a donné l'assurance de l'intimité et de la confiance illimitée qui régnait entre les cours de Berlin et de Vienne, et m'a répété que jamais il n'y avait eu d'alliance plus durable et mieux fondée sur les vrais intérêts des états respectifs que celle, qui existe entre la Prusse et l'Autriche... [Metternich versicherte auch, jeder Verbündete habe im gleichen Maße an der Befreiung Europas mitgewirkt.]

Bernstorff an Rosencranz.

Vienne, le 20 juillet 1814[3]).

Il paraît être certain que le P^{ce} Metternich a réussi à arracher à l'Empereur de Russie la promesse positive de suspendre toute résolution et toute mesure par rapport à la Pologne, jusqu'à ce que la question en ait été soumise aux discussions du congrès. Quoique cela ne décide rien sur le fond de la

---

[1]) Interzept, M. J.
[2]) Metternich war am 18. Juli in Wien angekommen.
[3]) Interzept, M. J.

chose, l'on met ici un grand prix à cet engagement provisoire, qui fait gagner du temps, et qui écarte la crainte des éclats que des mesures fermes et précipitées auraient immanquablement amenés. La nouvelle assurance avec laquelle on fait entendre derechef que l'on ferait la guerre plutôt que de souffrir le rétablissement d'un Royaume de Pologne me porte aussi à croire que pour le moment, au moins, on regarde l'orage comme conjuré. En attendant on fait filer successivement beaucoup de troupes en Galicie où, à ce qu'on m'assure, l'on compte réunir une armée d'environ 120,000 h. [Der russische Diplomat Anstett ist bereits angekommen; Humboldt wird für den Anfang August erwartet.]

L'on commence à parler d'une union projetée entre l'Archiduc Charles et la P^{cesse} d'Oldenbourg. On dit que, pour faire un établissement à l'archiduc, l'empereur va rétablir en sa faveur le gouvernement de la Lombardie... [Metternich versichert ihn, das loyale Verhalten des dänischen Hofes in der norwegischen Frage habe jede Voreingenommenheit zerstört.]

Prinzessin Therese an die Prinzessin Amalie von Sachsen in Prag.

Schönbrunn, le 24 juillet 1814[1]).

[Der König beweine den Tod Marcolinis, schreibt die Königin.] Watzdorf[2]) a écrit, comme Krautfeld[3]) a dit, que tout espoir n'était pas perdu, mais sans cela bien tristement, et qu'il était fâché de devoir le faire ainsi. Il vient chez moi à midi, et Schulenbourg[4]) aussi. La reine écrit bien noir et se recommande bien à nos Majestés d'ici. Cela n'est pas nécessaire. Ils sentent et partagent tout si bien; et s'il n'y avait que l'Empereur d'Autriche je serais d'une tranquillité parfaite...

Piquot an Goltz.

Vienne, le 27 juillet 1814[5]).

[Ein österreichischer Kurier wurde nach Berlin gesandt.] Il doit avoir été expédié par rapport aux affaires de Saxe et contenir des propositions

---

[1]) Interzept, St. A.
[2]) v. Watzdorf, sächsischer General, der im Auftrage des Königs in London gewesen war. S. unten S. 365.
[3]) Hier vielleicht Pseudonym für Schönfeld, den ehemaligen sächsischen Gesandten in Wien. Späterhin ist „champ des choux" für Metternich gebraucht. S. unten.
[4]) Graf Friedrich Albert v. Schulenburg sollte Sachsen auf dem Kongreß vertreten.
[5]) Interzept, M. J.

à faire à ce sujet au roi. On m'assure que la cour de Vienne désirerait maintenant voir le Roi de Saxe trouver une indemnisation de son royaume dans la possession des légations de Ferrare et de Bologne . . . [1])

Bernstorff an Rosencranz.

Vienne, le 30 juillet 1814[2]).

J'ai trouvé moyen d'avérer qu'en effet la cour de Vienne vient de faire offrir au Roi de Saxe les trois légations pour prix de son abdication qu'on lui demande et que jusqu'ici il continue à refuser. Je ne crois pas, du reste, qu'il existe là-dessus aucun arrangement avec le pape, et je doute que, s'il était question de négocier son aveu, on le trouvât plus coulant que, dans des cas semblables, ce respectable prélat ne s'est montré vis-à-vis de l'Empereur Napoléon. Il est arrivé ici, il y a quelques jours, un courrier de Londres. L'on se montre très-content des dépêches qu'il a apportées, et il paraît que la cour de Vienne compte plus que jamais sur l'appui du gouvernement britannique. Je me suis aperçu en général que la confiance avec laquelle le cabinet autrichien compte porter à un dénouement satisfesant la nouvelle crise qui se prépare va sensiblement en augmentant. Les espérances du P[ce] Metternich à cet égard paraissent se fonder en grande partie sur la disposition d'esprit où il a trouvé l'Empereur de Russie à Bruchsal. L'on assure que ce souverain s'y est montré très fâché (et) décontenancé, et que tous les indices se sont accordés à faire voir qu'après avoir quitté l'Angleterre, où il a laissé le P[ce] Régent et le ministère fort indisposés contre lui, il n'a pu s'empêcher de reconnaître jusqu'à un certain point la légèreté et l'inconséquence de sa conduite. L'on se flatte ici que l'impression qui lui en restera étendra ses effets plus loin, et on se promet, peut-être trop légèrement, d'en tirer bon parti pour les négociations importantes qui restent à terminer. On va jusqu'à me faire entendre que ce changement survenu, ou supposé, dans les idées de l'Empereur Alexandre ne saura manquer de produire bientôt un effet avantageux à nos intérêts, et que l'on peut dès à présent se promettre pour l'Europe entière une tendance générale vers le maintien ou le rétablissement des autorités anciennes et légitimes.

---

[1]) Eine Depesche Metternichs an Zichy, den österreichischen Gesandten in Berlin, ist erst vom 1. August datiert. Darin heißt es: „Quelles que soient les considérations qui, dans d'autres circonstances, nous auraient fait redouter l'extension de la monarchie prussienne sur nos frontières septentrionales, quels que soient les regrets que nous laisse la destruction d'une antique monarchie souvent utiles à nos intérêts et à la balance des pouvoirs en Allemagne, les acquisitions de la Prusse en Saxe ne trouveront aucun obstacle de notre côté". Gedruckt in meinen „Hist. Studien und Skizzen", II. 314 ff. Von einer Entschädigung des Königs von Sachsen durch die päpstlichen Legationen Bologna, Romagna und Ferrera war für dieses Stadium der Frage bisher nichts bekannt. S. unten S. 115.

[2]) Interzept, M. J.

Legationssekretär v. Steinlein an den König von Bayern.

Vienne, le 30 juillet 1814[1]).

... Quant à la Saxe on est dans les plus vives inquiétudes. Quoique l'empereur[2]) ait promis de nouveau au P[ce] Antoine qu'il fera tout son possible pour conserver la Saxe, on prétend cependant savoir que les négociations ne gagnent pas une tournure avantageuse. On parle déjà des indemnités pour la famille royale, et on indique à cet effet entre autre les trois légations en Italie. En attendant, le pape ne se prêtera pas facilement aux cessions. Le choix des ministres, le C. Consalvi et Genga[3]), prouve qu'il se prépare à parler avec la fermeté qui lui a fait cette grande réputation dans le dernier temps. Le Nonce[4]) m'a dit: „Il faut revenir à l'ancien état des choses. Nous sommes très pauvres, mais nous ferons cependant notre possible pour la religion et pour l'éducation."

Elisa Bacciochi an Aldini in Wien.

Gratz, le 2 août 1814[5]).

J'ai reçu votre lettre du 29 juillet. Je vous remercie de la grâce que vous mettez à vous charger d'affaires aussi désagréables. Croyez que ma reconnaissance sera éternelle. Votre lettre m'a forcée de vous dicter une note que vous trouverez ci-jointe et que vous voudrez bien rédiger dans le style diplomatique. Jamais je ne consentirai à m'abaisser à me laisser juger par mes propres sujets. Ce serait commencer par déclarer que mon mari n'était pas leur prince légitime, et certes jamais il n'y en eut qui ait plus de droit à conserver sa principauté que lui. Il veut bien céder ses droits à l'Autriche, délier ses sujets du serment de fidélité, quand on aura assuré à perpétuité une juste indemnité au prince. Dans le cas contraire les con-

---

[1]) Interzept, M. J. Am Schlusse des Konvoluts Bleistiftnotiz Hagers: „Ich glaube weder, daß die Prinzessin v. Sachsen in Leipzig war, noch, daß Sachsen die drei Legationen erhalten soll. Ich wundere mich auch, daß keine Zeile von Reintegrierung des Königs von Sizilien spricht."
[2]) Kaiser Franz.
[3]) Consalvi war Minister des Äußern und zur Vertretung der päpstlichen Interessen auf dem Kongreß bestimmt, Genga repräsentierte die Kurie in Paris.
[4]) Kardinal Severoli war Nuntius in Wien.
[5]) Interzept, St. A. Aldini war ehedem Staatssekretär des napoleonischen Königreichs Italien gewesen. Er trat später in österreichische Dienste. Elisa Bacciochi, die älteste Schwester Napoleons, ehedem Fürstin von Lucca und Titular-Großherzogin von Toskana, war nach dem Sturze Napoleons aus Lucca verdrängt, nach Bologna gegangen, von wo sie im Juli 1814 nach Wien eilte, um eine Entschädigung für ihr Fürstentum zu erbitten. Sie gelangte jedoch nur bis Wiener-Neustadt, wo sie mit Metternich am 27. eine Unterredung hatte, die sie zur Umkehr nach Bologna bestimmte. Der Brief Aldinis, der ihre Interessen in Wien vertreten sollte, vom 29. Juli ist nicht erhalten.

férences sont inutiles: le prince gardera ses droits et réclamera hautement auprès des puissances alliées sur l'injustice que l'Autriche lui fera. De quel droit doit-on contrôler les actes d'administration de mon mari? Demande-t-on au Roi Joseph compte de sa gestion en Espagne? au Roi Louis de celle de Hollande? au Roi de Westphalie de celle de son royaume? Pourquoi suis-je la seule qu'on veut juger avec une telle infamie jusqu'à faire décider par mes propres sujets si j'avais, ou non, droit de faire tel ou tel acte? Les Lucquois ont réclamé. Qui ne réclame pas? Le chef de ma famille ayant abdiqué, les petits peuples ont cru faire une belle chose de suivre l'exemple d'une grande nation. Un général voleur et fou leur a persuadé la république; alors ils ont oublié que, pendant 10 ans, ils ont été gouvernés avec sagesse, et des gens obscurs, ignorant et les règles de l'administration et ce que c'est qu'un état monarchique, se sont persuadés qu'on juge un prince souverain comme un chef d'une république. Mais que je sois assez imbécile pour consentir à un semblable avilissement, c'est ce qui ne sera jamais. Le Prince de Lucques était souverain et avait le droit de faire tout ce qu'il a fait. N'aurait-il pas eu ce droit? Ni l'Empereur d'Autriche, ni aucun souverain n'a aujourd'hui le droit d'être son juge. Expliquez-vous fortement avec le P^{ce} de Metternich sur ce sujet. Je préfère renoncer à une indemnité, continuer à être abreuvée de dégoûts, comme je le suis depuis quatre mois, que de me déshonorer. Ce que j'avais proposé était raisonnable et ne m'avilissait pas: qu'un commissaire autrichien fût désigné par le P^{ce} de Metternich, et vous par moi, et que vous fassiez voir que j'avais gouverné avec sagesse pendant neuf ans, et ensuite fixer d'une manière invariable une indemnité pour le prince, car je le répète: pour moi, je n'ai aucun droit à la Principauté de Lucques. J'avais consenti de bon cœur à conserver l'estime de l'Empereur d'Autriche en lui faisant donner des éclaircissements; mais par votre lettre ce n'est plus cela. On ne veut que des Lucquois, des Toscans. Les premiers, je les rejette, car ce sont mes sujets; les seconds n'ont rien à y voir, je les ai gouvernés pendant cinq ans sans aucun pouvoir, je n'ai pas fait un acte d'administration, je n'étais enfin en Toscane que pour la correspondance avec l'empereur et faire éxécuter ses ordres. D'ailleurs je ne veux et ne dois rendre compte à personne de mes actes. Veut-on me donner une indemnité, alors je céderai mes droits, si l'indemnité me convient; ne le veut-on pas, la discussion devient inutile. On a pris mes principautés par ruse, par la plus affreuse trahison et sous le masque de l'amitié et de la confiance. J'ai été trompée parce que j'étais loyale. Je ne veux plus l'être; je suis la plus faible, on me le fait bien sentir depuis quatre mois, mais je ne consentirai jamais à me déshonorer, et je dirai comme François I: „Tout est perdu hors l'honneur!"

Voici une très longue lettre. Ne sortez pas de ces bases; ne traitez qu'avec un commissaire autrichien, ou Neri Corsini seul[1]), pour l'indemnité, si la principauté doit être réunie à la Toscane. Discutez mes droits, tâchez

---

[1]) Fürst Neri Corsini vertrat Toscana in Wien.

de faire au Prince de Lucques un beau sort, vous avez toutes latitudes sur ces objets. Il n'y a que pour les Lucquois et leur jugement auquel je ne consentirai jamais, plutôt la misère.

Je suis au moment d'accoucher. Je n'ai pas encore eu de passeport. Je n'ai ici ni mon accoucheur, ni mes femmes, ni rien de ce qui m'est nécessaire. Encore quelques jours de retard, et il me sera impossible de partir. Le P^{ce} de Metternich m'avait promis de m'expédier un courrier avec des passeports qui serait à Gratz en même temps que moi. Il y a six jours que je suis retournée de Neustadt, et je n'ai encore rien reçu. Je vous prie de me les faire expédier de suite et directement. Le gouverneur de Gratz est à Vienne; je crains qu'il n'y ait un mal entendu, et il ne doit retourner que dans huit jours.[1])

Quant à la Toscane, elle n'a rien à réclamer de moi. Le Grand-duc n'a qu'à me rendre mon argenterie, mon vermeil, qui est tout sequestré, et qu'on me garde contre tous les droits. C'est ma propriété particulière. Le reste des effets était à Lucques; on les y a pris et transportés en Toscane. Que veut-on de plus? Tout le monde me dépouille, et on veut encore me soumettre à rendre compte de ma conduite à mes sujets.

Beilage:

Note à rédiger pour le P^{ce} de Metternich par le Cte Aldini.

La P^{cesse} Elisa, au nom du P^{ce} de Lucques son mari, ayant appris que l'intention de l'Empereur d'Autriche était de nommer des Lucquois et Toscans pour les conférences qui auront lieu pour discuter ses intérêts, me charge de faire à V. E. les observations suivantes.

Le P^{ce} de Lucques n'a point eu la Principauté de Lucques ni par un décret, ni par un sénatus-consulte de l'Empereur Napoléon, mais il a été appelé par le choix de la nation d'un consentement unanime. Il n'a donc détrôné aucun prince. Ses droits sont incontestables. Ses sujets n'ont pris aucune part à la guerre contre les Alliés. Il n'y a point eu de conscription. Et c'est donc de toute injustice de le priver de cet état sans indemnité.

Les Etats de Massa Carrara et Garfagnana, qui ont été réunis à la Principauté de Lucques par un sénatus-consulte, sont déjà retournés à leurs anciens possesseurs, et le P^{ce} de Lucques ne fait sur ces états aucune réclamation. La P^{cesse} Elisa ne demande rien pour elle; elle déclare, comme elle l'a déjà déclaré, qu'elle n'a aucun droit sur la Principauté de Lucques qui est en toute souveraineté au prince son mari et à ses enfants mâles. Elle n'est venu à Vienne que pour défendre les droits de son mari qui ne les abandonnera pas sans une juste indemnité.

---

[1]) Elisa genas kurz nachher auf der Fahrt von Graz nach Bologna, in Codroipo, eines Knaben.

C'est ce qu'avait demandé la princesse au P^ce de Metternich, et le choix d'un commissaire autrichien d'un côté, et du Cte Aldini de l'autre, n'avait pour but que de fixer cette indemnité. Dans ce cas le P^ce de Lucques aurait cédé ses droits et délié ses sujets du serment de fidélité. Mais croire que jamais il consentira à se laisser juger par ses propres sujets, quand aucun souverain n'a le droit de lui demander compte de son administration, c'est bien mal juger le P^ce de Lucques. Ses actes ne peuvent être revisés; il avait le droit de les faire, et personne ne peut en exiger de compte. S. A. me charge de mettre sous les yeux de V. A. sa détermination, qui est invariable, et je ne puis consentir à aucun arrangement, ni à aucune conférence qui pourrait tendre à ne pas reconnaître tous les actes, qui constituent la souveraineté légitime du P^ce de Lucques.

Graf Hardenberg an Münster in London.

Vienne, le 3 août 1814[1]).

[Er hat von Dover, Calais und Paris vier Briefe an Münster geschrieben, ist am 19. Juli von Paris abgereist und über Frankfurt am 28. Juli nach Wien gelangt.] Les deux jours que j'ai passés à Francfort n'ont pas été absolument perdus, puisque j'y ai fait ma paix complétement avec Stein, et après tout j'aime mieux être bien que mal avec lui. Mais aussi il n'a guère été question du passé entre nous, mais uniquement de l'Allemagne. Il avait vu l'Empereur Alexandre à Bruchsal et lui avait remis une lettre sur cet objet qu'il ma communiquée et qu'il ma dit avoir été fort bien reçue[2]). En général il donne beaucoup d'espoir de ce côté-là. J'aurais beaucoup désiré trouver Solms[3]) à Francfort, mais il était à Laubach, et je ne le verrai qu'ici, où il se rendra en même temps que Stein. Celui-ci y viendra dans la première moitié de septembre et s'est beaucoup enquis du temps où vous y viendrez. Il prêche beaucoup de fermeté dans les affaires de l'Allemagne et compte se faire escorter par une phalange entière d'élèves pour que l'on y crie contre les abus actuels. Annoncez, je vous prie, le grand événement de la pacification entre Stein et moi à sa protectrice Mme Orloff, en me mettant à ses pieds[4]).

Comme preuve que les petits souverains allemands ne seront pas trop appuyés par l'Empereur de Russie, M. Stein m'a confié que l'Impératrice douairière de Russie s'était plaint à lui que l'Empereur s'en tenait toujours aux promesses faites sans jamais articuler du positif. Le P^ce Metternich

---

[1]) Interzept, St. A. Graf Hardenberg war hannoverscher Gesandter in Wien, Graf Münster Minister für Hannover in London, später in Wien.
[2]) S. über die Vorstellungen Steins an Alexander bezüglich Deutschlands Lehmann, Stein, III. 384. Über Stein und Münster ebenda, III. 306.
[3]) Graf Solms-Laubach, ehemals Reichsstand und Mitglied des Reichshofrates, in jüngster Zeit Steins Mitarbeiter in der Zentralverwaltung der eroberten Länder.
[4]) Über das Freundschaftsverhältnis Steins zur Gräfin Orloff vgl. Arndt, „Meine Wanderungen und Wandlungen mit dem Frh. v. Stein", S. 72 ff.

est tellement absorbé par tout ce qu'il a sur les bras depuis son retour qu'il est impossible de le fixer longtemps. Aussi je me propose principalement de travailler Gentz, qui aura de l'influence dans les affaires d'Allemagne et sera vraisemblablement chargé de les traiter au congrès[1]). Je ne puis assez réitérer combien cet homme pourra être utile à l'avenir, surtout comme Binder probablement ne restera pas à la chancellerie d'Etat[2]). Je vous prie de prendre cela à mûre considération.

Derselbe an denselben.

Vienne, le 3 Août 1814.

[Metternich hat nach seiner Rückkehr die Gesandtschaften von der Lage der Dinge im allgemeinen unterrichtet, ohne einen besonderen Gegenstand zu behandeln. Wessenberg hat über die Verhältnisse in Italien einen zufriedenstellenden Bericht erstattet, der Kaiser den Deputationen, die von dorther kamen, seine Reise dahin in Aussicht gestellt. Schwarzenberg ist an Stelle Bellegardes, der nach Italien bestimmt ist, unter allgemeinem Beifall Präsident des Hofkriegsrates geworden und hat anstatt Radetzkys dem General Langenau die Leitung des Generalstabes anvertraut. In Italien herrscht viel Unzufriedenheit in politischem Sinne, die durch Agitation genährt wird. Man gibt zwar reichlich Geld dort aus, aber reiche Italiener unterhalten mit größeren Opfern den Zustand des Mißvergnügens, um daraus für sich Vorteil zu ziehen.] La nomination future de l'Archiduc Charles au gouvernement général d'Italie autrichienne, dont le point central et le siège serait Milan, est vivement désirée ici, comme le seul moyen de mettre un ensemble dans l'administration de ce pays et de le soustraire au gouvernement direct et (un) peu brusque des autres provinces de la monarchie. Il est probable aussi que cette nomination se fera, surtout si le mariage de ce prince avec la Grande-duchesse Catherine a lieu. La Grande-duchesse le désire toujours vivement, et cette alliance ne trouvera aucune entrave ici[3]). Mais l'Empereur Alexandre diffère encore son assentiment sous prétexte de devoir préalablement consulter l'Impératrice mère. La véritable raison, pourquoi l'empereur ne s'explique pas, pourrait bien être qu'il voulait attendre les résultats du congrès de Vienne. Pour cultiver, au moins autant que possible, ses rapports avec ce souverain, la cour de Vienne, qui dans ce moment n'a pas de ministre accrédité à Pétersbourg, va y envoyer le général Koller, particulièrement bien vu de la Grande-duchesse Catherine et fort goûté aussi par l'empereur

---

[1]) Die deutschen Dinge wurden auf dem Kongreß nicht Gentz, sondern Wessenberg anvertraut.

[2]) Baron Binder, österreichischer Gesandter in Stuttgart, war nach Wien einberufen worden, um in Kongreßgeschäften Metternich zur Seite zu stehen, dem er persönlich sehr ergeben war, gegen dessen etwas leichtfertige Art der Geschäftsführung er aber manches einzuwenden hatte. S. unten S. 112.

[3]) Die Großfürstin hatte sich bereits von dem Erzherzog ab- und dem Kronprinzen von Württemberg zugewendet. S. unten S. 112.

lui-même. On compte envoyer ce général sous prétexte de devoir prendre à Pétersbourg des arrangements nécessaires pour le voyage de S. M. l'Empereur à Vienne[1]).

Bernstorff an Rosencranz.

Vienne, le 3 août 1814[2]).

Une conversation confidentielle, que je viens d'avoir avec le P^ce de Metternich, m'a fourni de nouvelles preuves que la cour de Vienne est dans ce moment un peu plus contente de la Prusse, qu'elle met tous ses soins à se rapprocher de cette puissance, et qu'en effet elle a jugé devoir mettre la suspension des négociations et l'éloignement de l'Empereur Alexandre à profit pour combattre, en attendant, à Berlin l'ascendant trop prépondérant que ce dernier souverain s'est arrogé sur les résolutions et la marche de la cour de Prusse... J'ai de nouveau lieu de croire que l'idée de dédommager le Roi de Saxe par les trois légations ne sera mis en avant qu'après que tous les moyens de détourner la Prusse le l'agrandissement projeté auront été épuisés. Les amis de la Saxe se promettent, peut-être trop légèrement, des effets avantageux d'un entretien que la princesse Elisabeth de Saxe a su se ménager à Leipzig avec l'Empereur de Russie[3]). Le Duc de Weimar a fermement refusé de partager les dépouilles de la Saxe, ou de renoncer, à quel prix que ce fût, à ses droits éventuels.

Steinlein an den König von Bayern.

Vienne, le 6 août 1814[4]).

[Metternich sagte, die Anwesenheit der Souveräne werde die Verhandlungen derart erleichtern, daß der Kongreß mit Monat November zu Ende sein könne.] Sur l'affaire de Brisgau le P^ce Metternich n'a pas voulu s'expliquer, mais il a été enchanté de la nouvelle que l'arrivée des députés de Fribourg, dont on avait souvent parlé ici, n'a pas eu lieu... Le Roi de Naples a envoyé ici le Duc de Rocca Romana pour complimenter l'empereur sur le retour dans son pays; on suppose qu'il fait tout cela pour gagner cette cour qui paraît être son seul appui. En outre le cabinet de Vienne n'a rien changé jusqu'ici dans sa décision; mais on observe bien qu'il se

---

[1]) Über die Sendung Kollers s. meinen Aufsatz „Zur Vorgeschichte des Wiener Kongresses" in „Hist. Studien u. Skizzen", II. S. 309 ff., 323 ff."
[2]) Interzept, M. J.
[3]) Prinzessin Elisabeth war die Tante des Königs von Sachsen. Vgl. Flathe, Gesch. v. Sachsen III. 263. Hegardt wollte wissen, die Prinzessin habe Alexander gar nicht zu Gesicht bekommen. So schreibt er am 30. Juli nach Stockholm.
[4]) Interzept, M. J.

forme une ligue forte et puissante contre cette nouvelle dynastie. Quant à la Saxe, le roi doit avoir refusé les indemnisations, et on dit que la cour de Vienne se trouve dans une situation pénible, ou de sacrifier ses intérêts les plus chers pour gagner la Prusse, ou de courir le risque d'une nouvelle lutte. L'empereur a déclaré qu'il ne fera pas la guerre pour la conservation de la Saxe...

Humboldt an Fürst Hardenberg.

Vienne, le 13 août 1814[1]).

Je n'attends que les instructions, dont V. A. a voulu me munir pour l'affaire de la constitution allemande, pour entrer en discussion avec le P^{ce} de Metternich sur cet objet. [Schwierigkeit ihn zu sprechen.] Ce que je puis vous dire aujourd'hui, mon prince, c'est que le Cte Stadion ne prendra, à ce qu'il paraît, aucune part à ces négociations. Il a dû être plénipotentiaire; mais il l'a décliné dans une lettre à l'Empereur. Il n'a, à la vérité, pas eu de réponse, mais il n'en demandait pas non plus. Votre Altesse aura déjà pu observer à Paris qu'il étoit mécontent du rôle subalterne qu'il y jouait, et qu'il n'était guères de la même opinion que le P^{ce} Metternich sur la pluralité des points qui doivent être réglés à présent[2]). Son mécontentement pourrait avoir encore augmenté depuis. Je ne saurais dissimuler que je crois qu'en général les affaires perdent beaucoup si, comme il faut presque le supposer, le Cte de Stadion y reste étranger. Ses sentimens bien connus, sa franchise, sa véracité, sa conduite sans tache, et le sérieux qu'il met à tout ce dont il s'occupe, sont des qualités qui le feront toujours regretter. Mais, du reste, il faut avouer aussi qu'il s'est imbibé des anciens principes autrichiens, et qu'il favorise, par cette raison, très peu tous les plans de la Prusse, tandis que je me suis déjà à présent convaincu que le P^{ce} Metternich est dans un système beaucoup plus raisonnable, qu'il a une confiance entière dans Votre Altesse, et que ce n'est que par lui que nous pouvons attendre d'être appuyés dans toutes nos demandes[3])....

---

[1]) Interzept, M. J. Bemerkung Hagers: „Dieser Brief hat hohes Interesse." Original in Berlin.

[2]) Stadion hatte bereits in einem Schreiben an Metternich vom 8. Juni 1814 geltend gemacht, daß er weder in Paris noch in London den Konferenzen Metternichs mit Hardenberg, Nesselrode und Castlereagh über die sächsische und polnische Frage zugezogen worden sei, auch die Abmachungen mit Bayern nicht kenne und deshalb als Bevollmächtigter Österreichs auf dem Kongreß nur die Rolle einer Art „ersten Kommis" neben Metternich, „travailleur de détail, chargé d'éconduire la foule des solliciteurs" spielen würde, wozu er sich nicht für geeignet halte. Überdies scheine er „l'opinion de mon maître" verloren zu haben. (Metternichsches Archiv in Plass.)

[3]) Vgl. über Stadions Haltung gegen Preußen im Jahre 1809 meinen „Napoleon I." II. S. 283.

Rosencranz an Bernstorff.

Copenhague, le 16 août 1814)[1].

Vous aurez vu par ma dernière que les liens entre les cours d'Angleterre et de Vienne se resserrent de plus en plus. La première se croit appelée à décider des intérêts des puissances continentales, dont les forces trop épuisées leur défendent de se soustraire à son arbitrage quand elle agira de concert avec celle de Vienne et celle de Berlin. Elle paraît même être enclin à fournir à cette dernière les moyens de mettre une armée en campagne. Cette union ne pouvant avoir que le but de consolider la tranquillité publique, elle n'est nullement faite pour donner ombrage aux états, qui ont un besoin urgent de fermer les playes que les dernières révolutions leur ont frappées. Je voudrais pouvoir me flatter qu'un changement essentiel se soit opéré dans la façon de juger de l'Empereur Alexandre de sa propre situation et de celle des autres, mais rien ne me le prouve encore...

La Prusse s'est montré irritée de ce que la Russie veut s'attribuer, et la ville de Thorn, et celle de Cracovie comme deux bastions que formera la frontière de Pologne, mais, pourvu qu'elle puisse acquérir les villes de Dresde et de Mayence, elle passera par ce que la Russie voudra.

Bernstorff an Rosencranz.

Vienne, le 17 août 1814[2]).

.... Mes conversations avec le Bon Humboldt m'ont valu la conviction que la cour de Berlin sent tout aussi vivement que celle d'ici ce que les vues de la Russie relativement à la Pologne ont de menaçant pour la tranquillité de ses voisins et de l'Europe entière, mais qu'elle est tout aussi peu disposée à y faire une opposition propre à l'entraîner dans une brouillerie ouverte avec cette puissance. Je n'ai pu deviner si ce ministre m'a expliqué l'opinion de son gouvernement, ou la sienne à lui, lorsqu'il m'a dit qu'il était convaincu que les puissances intéressées à combattre les projets de l'Empereur de Russie ne l'en feront revenir, ni par des bouderies, qui ne serviraient qu'à l'irriter, ni par des menaces, auxquelles il ne croirait pas, mais qu'elles lui en imposeraient d'autant plus sûrement par un langage ferme, uniforme, et tendant à lui faire sentir que l'attitude menaçante, qu'il prétendait se donner, les forcerait toutes à chercher la garantie de leur sûreté future dans les plus étroites unions de leurs vues et de leurs principes... [Österreichische Militärs versichern, Rußland verfüge in Polen nur über 30:000, im ganzen über 200.000 M.]

Plus les embarras de la situation présente se font sentir, plus les ennemis du P^{ce} Metternich insistent sur le reproche qu'ils font à ce ministre d'avoir

---
[1]) Interzept, M. J.
[2]) Interzept, M. J. Bemerkung Hagers: „Ich möchte doch wissen, ob Metternich Bernstorffs Interzepte auch wirklich liest."

trop longtemps laissé en suspens des questions que, dans les circonstances actuelles, il aura à traiter avec le désavantage le plus décidé. C'est surtout de la part du Cte de Stadion que le Prince a à essuyer la censure la plus amère et la moins ménagée. Ce ministre est revenu de France singulièrement animé contre lui, et tellement dégoûté qu'il a refusé d'avoir aucune part aux travaux du congrès... [Veränderungen in der Staatskanzlei: Graf Mercy, bisher bei der Hofkammer, wird Hofrat, Baron Binder, bisher in Stuttgart, hat einen Platz in Wien abgelehnt „parce qu'il s'est laissé rebuter par la manière décousue dont le Prince M. fait les affaires"; Hudelist wird nur noch für die innere Korrespondenz gebraucht.]

L'Archiduc Charles vient de partir pour Egra, où il trouvera la Grande-duchesse Catherine. L'on s'attend toujours à ce que son union avec cette princesse finira par s'arranger. Il ira ensuite au-devant du roi de Prusse...

Die Kaiserin-Mutter Maria Feodorowna an den König von Württemberg.

Pawlowskoy, le 15/27 août 1814[1]).

... J'ai lu dans votre lettre[2]) avec surprise et avec une vive émotion que la P^{cesse} Royale[3]) s'était réunie au désir du P^{ce} votre fils de voir annuler leur union, qu'elle vous en avait parlé avec confiance comme du seul moyen d'assurer son bonheur futur, que vous avez dû céder à leurs demandes, et que l'annulation du mariage allait être prononcée. Je partage de cœur et d'âme tous les regrets que vous donne la perte de la P^{ce} R., qui emporte à si juste titre et votre estime et votre tendresse, et je ne puis vous cacher que cet événement me peine et m'afflige. Vous me dites que la P^{cesse} R. voit dans cette démarche le seul moyen de bonheur futur pour elle; ainsi donc elle a voulu librement et volontairement le divorce, et elle n'y est pas portée par contrainte. Voilà une assurance qui soulève un peu le poids qui opprime mon cœur. Mais cela ne suffit pas encore à la gloire du nom de ma fille. Il faut, pour qu'elle reste pure, que la pensée ne puisse se joindre à celle du divorce; ainsi je m'explique vis-à-vis de vous, de sœur à frère, et vous prie de renfermer dans votre cœur la pensée (qui ne peut que vous flatter) de vos vues sur ma fille jusqu'au printemps prochain; alors, si le Roi de Wurttemberg s'adresse à l'empereur et à sa mère pour obtenir la main de la sœur et de la fille pour le Prince Royal, et que la Grande-duchesse y consent, nous y acquiescerons. Mais jusque là veuillez écarter cette pensée, et veuillez de même donner vos soins à ce qu'elle reste inconnue au public.

[1]) Interzept, M. J. Die Mutter Alexanders I. von Rußland schreibt an ihren Bruder. Das Original des Briefes ist im Stuttgarter Archiv nicht vorhanden. (Gütige Mitteilung der Archivdirektion.)
[2]) Den General Wintzingerode überbracht hatte.
[3]) Karolina Augusta von Bayern, vermählt mit dem Kronprinzen von Württemberg.

En attendant la Grande-duchesse, soit quelle se trouve à Vienne, ou non, viendra ou avant ou après ce voyage passer ce temps au sein de sa famille, pour s'éloigner de l'Allemagne et pour ôter toute raison plausible de soupçonner l'alliance future[1]). J'ose encore vous demander au nom de ma sollicitude maternelle, qu'en cas que ma fille aille à Vienne le P^ce R. ne s'y trouve pas, et je vous conjure, de même que le P^ce R., de ne plus se rencontrer avec ma fille jusqu'au moment où le consentement formel aura été demandé et donné, ainsi en May ou Juin. Ce n'est qu'en observant de rigueur cet éloignement que le rapprochement du divorce avec le mariage frappera moins l'opinion publique et que le nom de ma fille ne souffrira pas. Puissent ces lignes, et le sentiment qui les dicte, vous prouver, cher frère, de plus en plus mon amitié.

P. S. L'empereur, qui a lu ces lignes, me charge de ses tendres amitiés pour vous. Sa façon de voir est la même.

Hager an Siber.

29. August 1814[2]).

Nachdem bereits mehrere Deputierte zum Kongreß hier eingetroffen sind und die übrigen nach und nach sich einfinden werden, so ist mir nicht nur die Ankunft eines jeden mit seinem Aufenthaltsorte anzuzeigen, sondern ich ersuche E. W. angelegentlichst, alles aufzubieten, um selbe, deren Umgebung und Berührung, durch geheime Beobachtungs-Anstalten in möglichster Evidenz zu halten. Ich wünsche, daß alle für das höhere Fach geeigneten Polizeibeamten und Vertrauten nun zweckmäßig verwendet und doppelt angestrengt werden, und ich ermächtige sogar E. W., für die Dauer des Kongresses neue gewandte Vertraute[3]) aufzunehmen, um es ja nicht an der genauesten Pflichterfüllung gebrechen zu lassen, welche das auswärtige Ministerium und Seine Majestät mit vollem Fug und Recht von der Polizei in dieser so wichtigen Periode verlangen müssen. Darum sehe ich auch öfteren Berichten über die gemachten Wahrnehmungen entgegen.

Erzherzog Carl an die Großfürstin Katharina.

Vienne, le 31 août 1814[4]).

Je ne suis arrivé que hier, puisque en passant près de la terre du Comte Grünne[5]), je me suis arrêté chez lui. Je me suis acquitté ce matin de toutes

---

[1]) Katharina kam nach Wien und blieb da bis zum Frühling.
[2]) M. J., a. a. O. Konzept.
[3]) Niederer Kategorie.
[4]) Interzept, M. J.
[5]) General Graf Grünne war Erzherzog Karls Oberstholmeister und Vertrauensmann.

vos commissions. L'empereur, qui venait aussi d'arriver hier, vous fait mille compliments. Il ignore absolument le jour de l'arrivée de votre frère, de même que la route qu'il prendra. Dès qu'il en sera instruit, je l'apprendrai et vous le ferai savoir. Ce que je lui ai dit de vous lui a fait plaisir; il désire que la chose réussisse. Il m'a chargé de vous demander la liste des personnes qui vous accompagneront ici. Il vous sera obligé si en même temps vous pouvez m'envoyer celle de ceux qui viendront avec votre sœur, la Duchesse de Weimar. Mon vieux papa[1]) ne peut pas me donner assez de commissions pour vous; il est si heureux de votre ressemblance à feu ma tante[2]).

J'ai entamé ma négociation pour être dispensé d'aller à la rencontre du Roi de Prusse. L'empereur m'a dit, qu'à moins qu'on n'en ait déjà fait une communication officielle à ce dernier, chose dont il s'informerait, il m'en dispenserait. Rasoumofsky vient demain me voir. Il m'avait envoyé à Franzensbrunn[3]) une lettre pour vous et une pour la P^{cesse} Wolkonsky qui n'y seront arrivées qu'après votre départ. Pendant tout mon voyage je n'ai pas perdu de vue vos conseils; je les ai bien médités; ils me sont si chers puisqu'ils viennent de vous et que je les trouve si justes et vrais. J'emploierai les trois semaines de repos, qui nous sont encore accordées, à me les rendre propres de manière à ne plus les oublier, et à les suivre même, quand au milieu du plus grand bruit j'aurai moins de temps de réfléchir sur mes actions et sur mes paroles, et que mon cher mentor ne sera pas à même de me corriger et de me les rappeler. J'attends le 22 avec de l'impatience melée de joie et de sentiments qui m'étaient inconnus avant que je vous vis[4]). L'idée que je pourrais vous rendre heureuse est au-dessus de tout, et rien ne me coûtera pour obtenir ce but. Je vous envoye cette lettre par estaffette pour qu'elle vous parvienne encore à Dresde[5]).

Chevalier Freddi an Hager.

Septembre 1814.[6])

[Der Nuntius Severoli wird in Wien zunächst durch drei Individuen: Cellini, Sartori und Kapitän Ferrari insgeheim unterrichtet. Über die wichtigeren Angelegenheiten informiert ihn ein Protestant, dessen Frau

---

[1]) Herzog Albert von Sachsen-Teschen hatte den Erzherzog adoptiert.

[2]) Der Erzherzogin Christine, der Gemahlin Alberts.

[3]) Heute Franzensbad, französisch: Egra.

[4]) Die Großfürstin kam erst am 25. September in Wien an.

[5]) Man vgl. mit diesem Schreiben oben S. 112 das vorhergehende der Kaiserin-Mutter, Maria Feodorowna, vom 27. August an den König von Württemberg, aus dem sich ergibt, daß Katharina mit dem Kronprinzen von Württemberg bereits einverstanden war, als sie den Erzherzog noch immer auf ihre Hand hoffen ließ.

[6]) Original. Der Bericht ist nur im Wesentlichen mitgeteilt.

kürzlich katholisch wurde[1]). In seiner Korrespondenz mit Kardinal Pacca in Rom hat er zunächst die Versicherung Stackelbergs, Humboldts und S. Marsans mitgeteilt, sie hätten Auftrag, die gerechten Ansprüche des Papstes zu unterstützen, dann von seinen Konferenzen mit Metternich gesprochen, dessen Vater, obgleich Freimaurer, ihm seine Vermittlung in Aussicht gestellt habe, damit der Kirchenstaat wieder in den Stand von 1797, vor dem Tolentiner Frieden, zurückkehre. Auch der Sohn habe ihn seines Eifers im Interesse des hl. Stuhles versichert, und daß er alles tun werde, um den Papst in den vollen Besitz seiner Staaten zurückzuversetzen.]
Quel ne fut pas l'étonnement du Nonce Apost. ensuite, quand il apprit de M. de S. Marsan qu'ayant là-dessus eu une explication avec le P^{ce} Metternich, celui-ci lui avait annoncé d'un ton ferme que les trois légations[2]) devaient entrer dans la balance des indemnisations à donner à des princes, qui ont mérité les suffrages des puissances alliées. Quand M. le Nonce Ap. informa sa cour de cette communication secrète de M. de S. Marsan, il ne put contraindre sa bile contre le P^{ce} Metternich, l'appelant au sens d'un journal appelé „L'Ambigu" le „Comte de la balance". Le N. A. fonde beaucoup d'espoir sur la France, annonçant à sa cour qu'il avait eu de longues entrevues avec le ministre M. Latour du Pin qui, au nom de son Roi, l'assurait que on (!) ne voulait pas laisser aggrandir l'Autriche aux dépens des autres et que, malgré les changements arrivés, les intérêts des peuples, l'indépendance de l'Europe, commandaient à la France de brider cette orgueilleuse maison d'Autriche... Après une longue énumération des causes et des faits après le vœu manifesté par la cour de Rome, il (Severoli) convint que la chute du P^{ce} de Metternich serait l'unique remède aux malheurs dont l'Eglise est menacée par la toute-puissance de ce nouveau Stilicone (ce sont ses propres mots) et par la dangereuse influence qu'il a dans les conseils de l'empereur. Il se nourrit du doux espoir d'y réussir comme il en écrit dernièrement au Card. Pacca[3]).

... Le Card. Pacca avait déclaré au Nonce Apost., au nom du St. Père, que S. S. dorénavant il (!) voulait parlar chiaro à l'empereur et que le temps de l'indulgence est passé... La récente résolution de S. M. qui soumet aux évêques la censure des livres ecclésiastiques et ascétiques est un acheminement à détruire la machine impie construite par Joseph II.....

---

[1]) Es stellte sich später heraus, daß damit Friedrich Schlegel gemeint war.
[2]) Die Legationen Bologna, Ferrara und Romagna waren dem päpstlichen Stuhl noch nicht zurückgegeben worden. Seit 1800 hatte sich Österreich auf ihre Erwerbung Hoffnungen gemacht.
[3]) An einer früheren Stelle des Memoires hieß es: „Le Nonce Ap., rendant compte de sa conférence (mit Metternich) au Card. Pacca, il y démêle la défiance qu'il a de la sincérité du Prince dont il fait un tableau effrayant relativement à ses principes politiques et religieux. Il le désigne d'abord sous le nom de Luwàton (Leviathan?), élevé par son père dans les mystères de la maçonnerie, approfondi dans l'école de Machiavelli et très attaché aux doctrines des philosophes de Ferney, de Genève et de Sanssouci... et de tous les fameux écrivains antichrétiens qui ont préparé par leurs écrits les malheurs du genre humain."

Humboldt an Hardenberg.

Vienne, le 3 septembre 1814[1]).

Je reviens dans ce moment de Baden[2]), où j'ai été pour voir le P^ce Metternich. Il désire que Castlereagh vienne d'abord à Baden, et que vous fassiez la même chose, ainsi que Nesselrode. Il pense que de cette manière les conférences préalables feront moins d'ombrage aux autres ministres. On a déjà pris une maison pour Castlereagh à Baden, et le P^ce Metternich m'a engagé à faire la même chose pour vous. Comme j'ai cru pouvoir me flatter que vous l'agréeriez, j'ai donné sur le champ commission d'en louer une, et j'espère de pouvoir vous dire en peu de jours que j'ai réussi à en trouver[3]).

Wintzingerode an den König von Württemberg.

Pétersbourg, le 5 septembre 1814[4]).

V. M. ne doutera pas de la profonde indignation dont le contenu de son rescrit allemand m'a rempli, mais je n'ose disconvenir qu'à ce sentiment s'est encore mêlé celui de quelque inquiétude pour le repos de ma patrie, en voyant l'audace avec laquelle le Bon de Stein commence déjà à jeter le voile et à appuyer l'esprit dangereux qui règne en Allemagne, surtout sur les bords du Rhin, en Saxe et en Prusse. Il est impossible que les grandes puissances puissent ignorer ni l'esprit, ni les principes du Bon Stein, mais il est bien difficile de s'expliquer la tranquillité avec laquelle elles lui permettent de se servir de leurs noms pour entraîner dans l'abîme l'Allemagne et eux-mêmes. V. M. aura sans doute déjà été informé qu'il y a eu à Cottbus des scènes très sanglantes entre la Landwehr prussienne et les troupes polonaises qui reviennent de France sous les ordres du général Krasicki, et que ce dernier a même été grièvement blessé. Il y a beaucoup de désertions dans les troupes russes qui doivent rentrer dans leur patrie; il paraît qu'elle a moins d'attrait pour eux que la nôtre.

Graf Hardenberg an Münster in London.

Vienne, ce 7 septembre 1814[5]).

D'après le premier projet de la constitution[6]) connu à V. E. le directoire de la confédération germanique devait alterner entre les directeurs des

---

[1]) Interzept, M. J.
[2]) Kurort bei Wien, wo der Kaiser mit Vorliebe im Sommer residierte und auch Metternich Wohnung genommen hatte.
[3]) Die Versammlungen der vier Minister in Baden unterblieben, da Castlereagh auf Konferenzen in Wien drang.
[4]) Interzept, M. J. Dieser Bericht fehlt im Stuttgarter Archiv. (Gütige Mitteilung der Direktion.)
[5]) Interzept, M. J.
[6]) Des deutschen Bundes.

cercles siégeants dans l'assemblée fédérative, tandisque dans le nouveau plan il est dit que l'assemblée fédérative (Bundestag) est composée 1⁰ du directoire, 2⁰ du conseil des directeurs des cercles et 3⁰ du conseil des princes. Le directoire doit être exercé par l'Autriche et par la Prusse conjointement (ainsi: exclusivement), et l'Autriche aura la présidence. Ces deux cours exerceront également le directoire dans le conseil des princes et y auront voix. Exclusivement des directeurs des cercles les deux conseils délibéreront séparément et décideront à la pluralité des voix. Si les deux conseils diffèrent d'opinion, le directoire s'employera à les mettre d'accord, faute de quoi le directoire décidera de la question. Il est également projeté dans le nouveau plan de détacher absolument du lien de la fédération, ainsi réellement de l'Allemagne, toutes les provinces autrichiennes, à l'exception du Tyrol, du Salzbourg, du Vorarlberg, et de ce qu'elle acquérera sur le Haut-Rhin, ce qui réduit le territoire par lequel elle tiendrait à l'Allemagne, au dessous de la proportion de celui de la Bavière. La Prusse, au contraire, détachant à la vérité de l'Allemagne, d'après le nouveau plan, ses provinces situées sur la droite de l'Elbe, mais tenant à l'avenir à la fédération par tout ce qu'elle possède et compte acquérir entre l'Elbe, le Rhin, et au delà de cette rivière, elle aurait une prépondérance d'opinion et de fait en Allemagne, dont les suites sont difficiles à calculer. J'apprends, à mon grand étonnement, que ce plan a été discuté et arrangé à Francfort avec le Bon de Stein. Le conseiller de Martens[1]), s'étant occupé depuis son arrivée ici à élaborer une espèce d'esquisse ou de canevas systématique sur tout ce qui devrait faire l'objet des délibérations futures sur l'organisation de l'Allemagne fédérée, je me suis prêté, nonobstant la différence du nouveau plan du chancelier prussien d'avec les idées du premier projet, à la proposition du Bon Humboldt de le discuter, ainsi que l'esquisse de M. de Martens, entre eux deux, le Cte de Solms et moi, pour au moins préparer les observations que nous pourrions soumettre ensuite à la discussion des cabinets...

P. S. Ce 8 septembre.

[Veränderungen in der österreichischen Verwaltung.] D'après des lettres particulières reçues ici, en dernier lieu il paraîtrait comme s'il était survenu quelque mésintelligence entre la Grande-duchesse d'Oldenbourg et de l'Archiduc Charles, et comme si le mariage projeté entre eux n'était plus autant désiré par eux-mêmes qu'il paraissait l'avoir été jusqu'ici. Il court un bruit sourd du divorce formel qui a eu lieu entre le P^{ce} Royal de Wurttemberg et son épouse, et que ce prince va épouser la Grande-duchesse d'Oldenbourg, mais il le contredit ouvertement lui-même.

---

[1]) Georg Friedrich v. Martens, der Diplomat und berühmte Völkerrechtslehrer, war kurz vorher vom König von England zum hannöverschen Geheimen Kabinettsrat ernannt worden.

Humboldt an König Friedrich Wilhelm III.

Vienne, ce 14 septembre 1814[1]).

[Audienz bei Kaiser Franz.] S. M. m'a parlé ensuite de la manière la plus expressive des rapports qui existent[2]) entre la Prusse et l'Autriche, de la nécessité de cette union étroite et de son vif désir de faire tout son possible pour resserrer ces liens toujours davantage. Les Archiducs Charles et Jean, tout en m'exprimant les sentimens qui les animent envers V. M., n'ont cessé de faire les plus grands éloges de la part glorieuse que les troupes de V. M. ont pris au succès de la dernière guerre.

Le Cardinal Consalvi et le Cte Saint-Marsan avaient ce même jour leurs audiences auprès de l'empereur... Le cardinal a principalement recommandé à l'empereur la cession des trois légations de Bologne, Ferrare et de Ravenne au pape. S. M. ne s'est pas expliqué à ce sujet, mais elle a dit de la manière la plus positive qu'elle ne prétendait en aucune manière de garder ces provinces pour elle[3]). Je me suis aperçu dans l'entretien, que j'ai eu sur ce sujet avec le Cardinal Consalvi, qu'il a entendu parler du projet de donner ces trois légations au roi de Saxe, mais que cela lui paraît un simple bruit duquel il ne prend pas ombrage jusqu'à présent. Je me suis naturellement gardé d'éveiller son attention là-dessus.

J'ignore si le ministère de V. M. a été informé que déjà lorsque nous étions à Paris le Roi Joachim de Naples a offert au pape d'évacuer d'abord l'Etat Romain, de prendre l'investiture future du pape, ainsi que cela se faisait ci-devant, si en outre ce dernier voulait le reconnaître comme Roi de Naples. Le pape lui a fait répondre que cela était impossible avant que le congrès de Vienne ne fût terminé et que les autres puissances de l'Europe ne l'eussent reconnu[4]). Le pape a cru mieux faire de souffrir encore pendant quelque temps l'occupation d'une partie de ses états que d'en acheter la récupération à ce prix...

Brignole an den Senat von Genua.

Vienne, 17 septembre 1814[5]).

[Er hat mit Metternich gesprochen, der ihn sehr liebenswürdig empfing] e mi ha trattenuto a lungo dell'oggetto delle nostre domande, che la cosa dipende ancora dalle discussioni del congresso... che é nei piani

---

[1]) Interzept, M. J.

[2]) Das Original im Berliner Archiv hat an dieser Stelle noch „si heureusement". (Gütige Mitteilung des Herrn Geheimrates Bailleu.)

[3]) „Io non le prenderò", sagte er zu Consalvi. S. R i n i e r i, Corrispondenza inedita de Consalvi e Pacca, p. 13.

[4]) Diese Antwort erfolgte im Juni, nachdem Murat bereits im April erfolglos eine Verständigung mit Pius VII. nachgesucht hatte. S. W e i l, Murat. Dernière année. I. 109. 168.

[5]) Interzept, M. J.

del Principe Metternich di compensare la perdita della nostra independenza con dei privilegi di cui non concipisco ancora bene la natura, ma di cui sento tutta l'illusione. Io non lascierò di combattere questa chimera. [Metternich habe ihm auch eine Bemerkung über die Haltung der Unzufriedenen in Genua gemacht, die ein „Königreich Italien" wollen.] Io credo che questo sia un artifizio giocato dal Gabinetto di Torino... Io non lascierò di travagliare a sventare quest' intrigo e giustificare il nostro governo, ma frattanto sarà bene che le Sgrie Loro prendano le misure necessarie per invigilare sopra queste opinioni e tagliare così ogni pretesto di malcontento alla corte di Vienna.

Wintzingerode an den König von Württemberg.

Pétersbourg, le 7/19 sept. 1814[1]).

Hier on faisait circuler le bruit que tous les généraux et officiers employés à l'armée avaient reçu ordre de se rendre à leur poste. Cette nouvelle est entièrement fausse et ne paraît avoir eu aucun autre fondement qu'un voyage de peu de jours que le Général Wittgenstein se propose de faire à Mitau. Si les dispositions pacifiques de l'Empereur Alexandre avaient besoin de preuves, on en trouverait des nouvelles dans l'engagement pris envers ses peuples de ne point lever des recrues cette année, et dans l'ordre donné à tous les Cosaques de rentrer dans leur patrie, où ils sont déjà en grande partie arrivés. On m'assure qu'ils ont beaucoup perdu et qu'ils ne pourront d'assez longtemps renouveler les efforts qu'ils viennent de faire. Leurs peuplades sont moins nombreuses qu'on ne le croit, et les derniers renforts qu'ils envoyèrent aux armées pendant la dernière guerre n'étaient composés que des pères de ceux qui s'y trouvaient déjà.

---

[1]) Interzept, M. J. Fehlt im Stuttgarter Archiv.

September 1814.

A. Rapporte.

Zum Vortrag vom 23.

22. sept.

Le vieux Duc de Weimar nomme l'Empereur de Russie „la poupée du sénat". C'est ainsi qu'il s'est exprimé chez le P^{ce} de Ligne. Dans une société, où ces deux princes se trouvaient, on parlait de tous ces faiseurs de constitution qui sont arrivés à Vienne. Le Duc de Weimar disait: „La meilleure constitution pour l'Allemagne est de lui donner un chef; les embarras disparaîtront."

Il paraît qu'en général le public s'occupe peu du ministre de la cour de Rome[1]). On dit que le gouvernement autrichien a prié le Saint-Père de ne pas se donner la peine de faire le voyage de Vienne. Son ministre n'a, dit-on dans le grand monde, pas beaucoup d'influence ici, et il s'en aperçoit. J'observe encore que l'esprit public est mal disposé contre les jésuites. Les notions que je me suis efforcé de recueillir concernant le nommé Gordini[2]), qui est attaché à ce ministre, me dépeignent cet homme comme très insignifiant. On le dit recommandé par les jésuites de la Russie. Le plus grand objet dont le ministre du pape paraît s'occuper est de faire éloigner Murat du trône de Naples. On dit que son existence est contraire à la parole donnée par les souverains de ne treiter avec aucun individu de la famille de Bonaparte ... Des gens de la bourse disent que le ministre d'Anglettere s'est ouvert un crédit d'un million Sterling chez M. Geymüller[3]), dont la valeur est réalisée par la caisse impériale. La livre sterl. est négociée à 8 f. 30 kr. tout au plus, ce qui occasionne de nouveau une perte de 30 kr. argent de convention, que les banquiers doivent gagner, puisque les derniers taux étaient à 9 f. On croit que le cours restera entre 230 et 240 pendant tout le congrès; l'or est très recherché et augmentera de prix[4]).

Zum Vortrag vom 27.

18. Sept. (Freddi).

...La secrétairerie du Nonce Apostolique travaille jour et nuit et accable d'une telle manière les trois commis Caselli, Gordini, le prisonnier de guerre,

---

¹) Kardinal Consalvi.
²) Sekretär der Nuntiatur.
³) Einer der hervorragenden Wiener Bankiers.
⁴) Der Kurs des österreichischen Papiergeldes stieg während des Kongresses weit höher. S. unten.

et Erst, interprête et commentateur des journaux allemands, que les deux premiers hier s'en plaignaient à moi amèrement... J'en ai fait moi-même une triste expérience dans les deux mois que j'ai eu l'honneur de servir dans le sous-secrétariat. Il en donne lui-même l'exemple, travaillant jour et nuit, et il ne se relâche qu'exclamant: „Oh, quel maudit emploi est celui d'un ambassadeur, d'autant plus détestable dans les temps présents."

Il y a deux jours que je n'ai pas (eu) l'honneur de voir ce ministre; hier il était avec le Card. Consalvi en conférence avec M. Aldini[1]) sur lequel on compte beaucoup. Je crois pourtant que ces deux rusés diplomates romains n'auront pas oublié que M. Aldini fut constamment l'ennemi de la cour papale et que sa conduite, et comme avocat en Bologne, et comme représentant dans le conseil de la République Transpadane et Cisalpine, et enfin comme ministre-secrétaire d'état de Napoléon, a consigné dans les annales la certitude de ses principes politiques et antipapales (!). Mais Consalvi et Severoli se flattent de l'avoir gagné par les promesses d'une généreuse récompense, „otium cum dignitate". Connaissant Aldini, on ne se trompera pas, si on le compare au caméléon qui saura selon, les circonstances, changer d'opinion et jouer au gré du parti le plus puissant la comédie...

Hier à 10 h du matin arriva Don Pedro Labrador, ambassadeur extraordinaire et plénipotentiaire de S. M. Catholique[2]). Je me suis rendu le soir chez le chevalier Perez de Castro, chargé d'affaires de la cour d'Espagne, et c'est là où j'ai eu l'honneur de féliciter pour son arrivée le nouvel ambassadeur. Il a répondu à mes expressions par l'assurance très flatteuse de son amitié. Il est accompagné par M. Machado, secrétaire d'ambassade, et par un autre gentilhomme espagnol très jeune. Le premier est connu à la cour pour avoir été pendant la dernière guerre au quartier général des souverains alliés chargé d'une commission de la Régence d'Espagne, qui gouvernait alors ce pays au nom de Ferdinand VII.

M. Labrador entra avec moi en conversation sur l'état actuel des choses. Malgré sa finesse extrême et son langage mystérieux, qui est le propre d'un diplomate, il m'a paru (facile) de débrouiller l'objet de ses recherches et de ses inquiétudes. J'ai tâché de satisfaire les unes et de calmer les autres. Après avoir passé la revue des membres autant nationaux qu'étrangers du corps diplomatique, il s'arrêta principalement sur le P^{ce} de Metternich et le Cte de Stadion. Il me parut fort intéressé de connaître l'opinion publique sur ces deux ministres, et lorsque je lui appris que le second venait, selon le bruit publique, d'être nommé ministre des finances, il marqua un grand étonnement et me dit ensuite: „Est-ce qu'on éloigne M. de Stadion d'avoir part aux négociations du congrès[3])? Ce serait, à mon avis, une mauvaise

---

[1]) Aldini (s. oben) war mit anderen Delegierten aus den Legationen in Wien erschienen, um hier gegen deren Rückanfall an den Kirchenstaat zu operieren. S. R i n i e r i, Il congresso di Vienna e la Santa Sede, p. XLVI s.

[2]) Über den eitlen und wenig geschickten Diplomaten vgl. B a u m g a r t e n, Geschichte Spaniens, II. 107 ff.

[3]) Graf Philipp Stadion hatte in der Tat das Finanzportefeuille erhalten.

besogne pour l'Autriche d'éloigner, dans une circonstance si importante, le seul homme qui a obtenu, par ses talents et ses manières franches et loyales, la confiance des ministres des premières puissances." Je le rassurai là-dessus que cette nouvelle n'empêcherait pas M. de Stadion d'agir pour le congrès, parce que, comme ministre d'état et de conférence, il entrait dans le conseil de S. M. Il reprit ensuite: „À la veille de mon départ de Paris m'étant entretenu longtemps avec le P^{ce} de Benevent, nous nous disions ensemble que tout irait bien à Vienne, comptant sur M. Stadion. S'il arrivait le contraire, M. de Talleyrand en serait un tant-soit peu déconcerté".... „J'espère", ajouta-t-il, „que les ambassadeurs de France et d'Espagne ne viendront pas ici à jouer le rôle de marionettes comme quelqu'un[1]) s'imagine."

19. Sept. (Nota).

Je dirai avant tout que Bartholdi[2]) est très-lié avec le Cardinal Consalvi, qui avec la société est de la plus grande réserve et ne va dans aucune maison, excepté chez la C^{esse} Anguissola, et voit fort peu de monde chez lui[3]). Ce Bartholdi m'a confié qu'ayant avant-hier dîné chez S. E., elle s'était épanchée avec lui et lui avait confié qu'il était au désespoir de n'être pas à Rome, parce qu'on y faisait des choses mal à propos et qui gâtaient le tout, comme d'avoir rétabli les orologes à l'italienne, d'avoir gêné les juifs, d'avoir ôté les reverbères et l'illumination de la ville et choses semblables, que les juifs riches quittaient Rome, et que par là la disette d'argent et de ressources augmentait, qu'on avait réduit mal à propos les impositions de 40 (sous les Français) à 2, que par cette mesure sans raison et sans borne le pape n'avait pas le sou et ne pouvait plus suffir aux besoins de l'état; qu'on avait adopté le principe insoutenable et inexécutable de ramener le tout à l'ancien ordre des choses. Il accuse de toutes ces bévues le Card. Pacca qu'il dit être l'ami de cœur du pape et qui se laisse mener par trois frères et abbés nommés Sala, qui sont trois bonnes bêtes et très pieusement exaltés au-delà de toute raison. Il dit que le pape est unique pour sa constance, sa fermeté vis-à-vis d'un oppresseur puissant, mais qu'il est faible et sent l'âge et les infirmités vis-à-vis des personnes qui lui sont attachées et auxquelles il accorde sa confiance, et qu'il ne sait rien refuser à celles-ci. [Streitfragen zwischen dem Wiener Hof und der Kurie, Udine und das Patriarchat von Venedig betreffend.]

21. Sept. (* *)

... „Le Panorama de l'Europe" heißen sie die gegenwärtige Epoche von Wien, welche zu ewigen Zeiten über die Regierung des Kaisers Franz

---

[1]) Metternich.

[2]) Preußischer Diplomat und Rat bei Hardenberg, verwandt mit den Frauen Arnstein und Eskeles, tritt in Wien zum Katholizismus über.

[3]) Das hat sich später geändert, wo Consalvi überall zu finden war.

und über das Ministerium des Fürsten Metternich den herrlichsten Glanz verbreiten wird.

Die Fürstin Paul Esterhazy hat eine famose Liebschaft mit Fürsten Karl Liechtenstein, dem Uhlanen-Officier. Paul Esterhazy, der Mann, ist höchst eifersüchtig und untröstlich; die Mutter, die Fürstin Taxis, soutenirt ihre Tochter; es ist, wie man zu sagen pflegt, der Teufel los in der Familie. — Man hat bemerkt, die Congreßgesandschaften von Baden, von Nassau und von Darmstadt halten besonders zusammen, conferiren täglich mitsammen. Eine jede Congreßgesandschaft ist beschäftigt, ihre quocumque titulo aufzustellende Ansprüche zusammen zu fassen, um solche dem Congresse vorzulegen; so las ich gestern bei Baron Türkheim[1]) das eben unter der Feder befindliche Elaborat: „Ansprüche des Hauses Hessen auf das Fürstenthum Querfurt."

Baron Pfaffenhofen auf dem Cobenzlberg gibt nun oft Diners und hat vielen Verkehr mit den Congreßgesandschaften. Baron Felz, der für seine Wohnung halbjährig 600 f. W. W. bezahlt, hat dieselbe Wohnung an Lady Sinclair bis 1. April um 500 St. Ducaten verlassen. Baron Felz passiert nun den Winter in Italien.

Bei Graf Rechberg, der seit gestern Abends in Wien zurück ist, wurde über Preußen geschimpft, das gar zu gefräßig ist.

Ich danke für den überschickten Nachtrag der Congreßgesandschaften und Fremden und bitte um das weitere Verzeichnis, das mir allerdings ein Bedürfnis ist[2]).

25. Sept. (Bartsch?)[3]

Seit Paris sah ich den russischen Geheimen Rat Baron Anstett erst nach seiner Ankunft am 20. d. M. Nach vorangegangenen Gesprächen über Familienangelegenheiten ergoß er sich neuerdings, wie schon früher in Frankfurt und Paris, in Unzufriedenheit, daß ihm österreichischer Seits noch gar keine Auszeichnung geworden sei. Er motivierte es damit, daß unserem Hof nicht unbekannt sein kann, welche Gesinnungen er jederzeit für das österreichische Interesse hegte, welche Mühe er sich 1809 gab, seinen Hof zur Ergreifung unserer Partei, oder wenigstens zu einer bestimmten Neutralität zu bewegen...

---

[1]) Johann Baron Türckheim, großherzogl. hessischer Geheimrat und Staatsminister, Vertreter auf dem Kongreß.

[2]) Hager hatte dem Vertrauten schon am 9. September ein Verzeichnis „der hierzu kommenden diplomatischen Agenten mit den Wohnungen derselben" übersandt, am 16. einen von ihm gewünschten Nachtrag.

[3]) In einem Vortrag vom 23. September 1814 heißt es, Anstett sei am 19. aus Warschau angekommen, wohne Weihburggasse 983 in der Wohnung des Redakteurs der „Wiener Zeitung", ehemaligen Hofkonzipisten Konrad Bartsch, „welcher mit ihm auf dem freundschaftlichsten Fuße steht, mit selbem öfter zusammenkommt und ihm die Tagesneuigkeiten auf der Stelle mitteilt."

Anstett wähnt sich dem Grafen Nesselrode, und respectiv dem K. Alexander, unentbehrlich und lebt deshalb mit Ersterem in ewiger Spannung. Ich war in Töplitz und Paris selbst Augenzeuge, daß Graf Nesselrode den Anstett weit zuvorkommender behandelte als umgekehrt. Ob dieses Benehmen aber mich nicht blos in dem, was er früher von seinen Verhältnissen mit Graf Nesselrode gesagt hatte, bestärken sollte, ist mir unbekannt. Auch in unmittelbarer Beziehung auf seinen Kaiser ist A. dermalen mit seinen Dienstverhältnissen sehr unzufrieden. Zur Rechtfertigung gegen den Vorwurf, auf seiner Rückreise aus Frankreich seine in Straßburg wohnende 75 Jahre alte Mutter, die er seit 26 Jahren nicht sah, nicht besucht und ihr auf dem Wege nach Bruchsal nicht einen Umweg von einigen Stunden geschenkt zu haben, sagte er mir, daß er in der Zwischenzeit zwei wichtige geheime Sendungen hatte. Zu einer derselben erhielt er auf der Rückkehr aus Frankreich den Befehl und mußte in Bruchsal die Instruktion übernehmen. Eben aus Anlaß dieser Mission nach Warschau, um die Stimmung zu erforschen und seinem Herrn über die Aussichten, unter denen jenes Land in Besitz genommen werden könnte, einen ausführlichen geheimen Bericht zu erstatten, habe er sich die allerhöchste Ungnade zugezogen, denn er habe die Lieblingsidee seines Herrn geradezu angegriffen, und ihm in seinem Bericht erschöpfend dargetan, daß dieses Volk unwürdig sei, seinem Herrn anzugehören, und er (Alexander) nur undankbare und ewig feindselige Untertanen an ihnen haben würde. Launig setzte A. hinzu, daß ihm diese Ungnade zu einem dreimonatlichen Aufenthalt auf seinen Besitzungen bei seiner kranken Frau verholfen habe. Er habe nun geglaubt, in der Untätigkeit zu verbleiben, wie es vor dem letzten Krieg der Fall gewesen sei, unvermutet aber habe er am 22. August (4. September) den Befehl erhalten, bei der Ankunft seines Kaisers in Wien anwesend zu sein. Zu Ende äußerte er, daß es sich wohl fügen würde, daß er nach dem gegenwärtigen Geschäft sich mit seinem Ruhegehalt von 1200 Dukaten jährlich auf eines seiner Dörfer würde zurückziehen können. Sonst war er gegen mich, hinsichtlich seiner Dienstverhältnisse immer äußerst verschlossen; diesmal war er gesprächiger, weil meine Anträge zu einer besseren Unterstützung für seine einzig von ihm lebende Mutter ihn dazu verleiteten. Nur durch gereizten Mißmut, Widerspruch und nach gewohntem Weingenuß kann ich hoffen, mehr von ihm herauszubringen.

26. Sept.

[Der dem sicilianischen Hof dienende Diplomat und Staatsrat Ludwig von Medici erzählt dem Vertrauten, bei Rasumowsky habe der hessendarmstädtische Gesandte den neben ihm sitzenden Herzog von Serra-Capriola, zweiten Vertreter Ferdinands IV. auf dem Kongreß, gefragt, warum man in Wien zwei Minister für Neapel vorfinde, und der Herzog ihm geantwortet, es gebe nur einen König von Neapel, das sei Ferdinand, und der Kommandeur Ruffo sein Minister, in Neapel gebe es noch einen Dieb, das sei Murat und sein Minister sei der Fürst Cariati. — Der spanische

Diplomat Machado will von einem geheimen Artikel zwischen Spanien und Frankreich wissen, um vor allem gemeinsam in Neapel die Wiederherstellung der Bourbons anzustreben. — Der in sicilianischen Diensten stehende Fürst von Hessen-Philippsthal hat in Pyrmont dem Kaiser von Rußland und dem König von Preußen geklagt, daß man durch die Verbindung mit Murat König Ferdinand beseitigt habe, und von beiden zur Antwort erhalten: „que cela avait été un moyen nécessaire dans le temps, mais qu'on réparerait tout, et son roi recouvrerait ses états." Medici will den Brief an die Königin Karoline hierüber selbst gesehen haben.]

Vortrag Hagers vom 23. September 1814.

[Die Berichte über die Souveräne in der Burg sind mangelhaft, „weil die Hofdienerschaft für diese Aufsicht keinen Sinn äußert." Hager habe sich deshalb an den Obersthofmeister Fürsten Trauttmansdorff[1]) gewandt. — Austett könnte durch einen eigenen Vertrauten „für die Ansichten der österreichischen Politik bearbeitet werden".]

27. Sept. (Siber).

[Von K. Alexander erfährt man, daß er sich jeden Morgen Gesicht und Körper mit einem Stück Eis wasche. — Da die englische Suite, wahrscheinlich aus Vorsicht, selbst zwei Stubenmädchen aufgenommen habe, so müsse er, Siber, „wenn ja aus den zerrissenen Kanzlei-Aktenstücken etwas zu erfahren wäre, erst die nötigen Maßregeln ergreifen, inwieferne diese mit ins Vertrauen gezogen werden können." — Castlereagh ist mit seiner Wohnung von vierzehn Zimmern im „Auge Gottes" unzufrieden und zieht auf den Minoritenplatz Nr. 50, wo er im ersten Stock zweiundzwanzig Zimmer bewohnen wird. — Talleyrands Sekretär Rouen schreibt in des Ministers Zimmer und speist mit ihm. — Hofsekretär Friedrich Schlegel verkehrt

---

[1]) Hager an Trauttmansdorff, 27. September 1814: „Da der Polizei kein dienstliches Einschreiten in den k. k. Hofgebäuden zusteht, und der Ein- und Ausgänge zu viele sind, als daß eine Polizei-Surveillance von der Gasse aus denkbar wäre, so darf ich meinen pflichtmäßigen Zweck nur dann zu erreichen hoffen, wenn auch die den fremden a. h. Herrschaften zugeteilte Hofdienerschaft und Stallpartheyen dazu in Anspruch genommen werden." Es sei dies durch einen Kammerfourier versucht worden; die Kammerdiener und Türhüter usw. hätten aber die Nase gerümpft, und sieben Lohnbediente, die die Polizei dem Kammerfourier gestellt habe, wurden von der Hofdienerschaft vorgeschoben, um die Hofkavaliere und Adjutanten der Souveräne zu begleiten, und so ihrer eigentlichen Bestimmung entzogen. Hager bittet, die Hofdienerschaft anzuweisen, daß sie „über die Orte, wohin die Souveräne gehen, und die Personen, die sie außer ihrer Suite empfangen", täglich berichte. K. Alexander habe sich die Dienstleistung der Kavaliere und Adjutanten schon verboten. „Inwieweit sie noch bei den Souveräns erscheinen und ich in freundschaftlichen Verhältnissen zu Ihnen stehe, werde ich sie ohnehin zu benützen trachten; auch den FML. Grafen Hardegg, der dem K. Alexander zugeteilt ist."

viel beim Nuntius und bei Stein, der im Aichelburgschen Haus 1196 wohnt. — Campochiaro und Cariati, Vertreter Murats, sind unter die Aufsicht eines italienischen Vertrauten gestellt worden. — Bei der preußischen Gesandtschaft meint man, der Tod der Königin Karoline von Sizilien[1]) werde die Rückkehr ihres beliebten Gemahls Ferdinands IV. sehr erleichtern. — Die Spanier Labrador und de Castro sind keine Freunde, da der Erste gegen, der Zweite für die Konstitution gestimmt ist.]

Hager an v. Leurs.

28. Sept.[2]).

Der gegenwärtige Moment des Kongresses ist für die Staatspolizei von der höchsten Wichtigkeit. Auch haben S. Majestät mich mit allen den mir zu Gebote stehenden Mitteln eigens in Anspruch zu nehmen geruht. Um S. Majestät a. h. Gesinnung zu entsprechen, muß ich Ew. ... ersuchen, sich alle die Quellen thunlichst eröffnen zu wollen, wodurch Sie in den Stand gesetzt werden können, mir, wo nicht täglich, doch sicher jeden zweiten Tag einen inhaltreichen Bericht über die Kongreß-Angelegenheiten, dann über die Verhältnisse dieser oder jener der hier befindlichen fremden Souveräne zu erstatten. Insbesondere empfehle ich Ew. ... die Bearbeitung Bellio's[3]), der gewiß selbst mancherlei Wahrnehmung in seinem Wege machen wird und Ihnen welche auch mitteilen dürfte[4]).

Zum Vortrag vom 29.

Bordereau der materiellen Berichte: 1. Souverains in der k. Burg, 2. Castlereagh, 3. Russisches Gesandtschaftshaus, 4. Anstett, 5. Witt, 6. Jomini, 7. und 8. Französisches Haus, 9. Benevent, 10. Salmour, 11. Nuntius, 12. Schlegel, 13. Rocca Romana[5]), 14. Campochiaro, 15. Preußisches Haus, 16. und 17. Württembergisches Haus, 18. Spanisches Haus.

---

[1]) Sie starb am 8. September 1814 im kaiserlichen Lustschloß zu Hetzendorf bei Wien.

[2]) Konzept, M. J. Allg. Polizeiakten, 3613 von 1814.

[3]) Des diplomatischen Agenten des Fürsten der Walachei. S. oben S. 17.

[4]) Schon am 1. Juli hatte Hager an Leurs geschrieben: „Ich fordere nicht nur Ew... selbst auf, sich ein eigenes Geschäft daraus zu machen, durch Benützung aller Ihrer Kanäle und Verbindungen mir täglich eine Ausbeute zu liefern, wobei ich größere lohnende Auslagen mit Vergnügen ersetzen werde, sondern ersuche Sie auch, mir einige Individuen namhaft zu machen, welche Sie zu einer solchen Verwendung für die gegenwärtige Gelegenheit und für die Dauer des Kongresses für geeignet halten und welche, nach Ihrer Meinung, sich auch herbeilassen dürften, sich deshalb mit mir selbst einzuvernehmen." Eine Antwort auf diesen Brief ist nicht erhalten.

[5]) Herzog v. R., Oberststallmeister Murats.

s. d. (* *)

Über Brignole. Der genuesische Geschäftsmann soll zwei Millionen eigens zu diesem Geschäfte, und zwar vorzüglich, um den Fürsten Metternich zu bestechen, erhalten und die Wechsel sollen in einigen Tagen zur Disposition des Brignole hier eintreffen. Fürst Metternich hat sich vor der Hand gegen Brignole nicht günstig erklärt und ihm gesagt, daß es schon eine ausgemachte Sache sei, daß der König von Sardinien das genuesische Gebiet erhalten solle[1]). Lord Castlereagh soll ihm keine kathegorische Antwort ertheilt haben. Von einem andern englischen Geschäftsmann (ni fallor: Lamb) hoffet Brignole günstige Verwendung[2]). Spanien soll ganz an Frankreich hängen und die alten Verträge zwischen diesen zwei Mächten dürften wieder aufleben[3]).

In Berlin ist ein Plan über das künftige Schicksal von Teutschland geschmiedet worden, den Hardenberg dem Fürsten Metternich übergeben hat, der aber von diesem nicht goutirt worden sein soll. Man erzählt sich dabei den Umstand, daß Fürst Metternich diesen etwas weitläufigen Plan seinen Räten in der Staatskanzlei mit dem vorgelegt haben solle, daß sie ihm binnen 24 Stunden ihre Meinung darüber abgeben sollen.

Man bedauert sehr, daß kein Leykam, kein Lehrbach und kein Deiser in diesem wichtigen Augenblicke sich vorfinden[4]), weil, wenn auch mehrere der deutschen Reichsverfassung kundige Männer sich darbieten, doch keiner da ist, der das Interesse des Hauses Österreich gegen das Deutsche Reich genau kenne und nach dem meist so weise adoptirten System zu arbeiten im Stande sei.

Der Senator Dalberg, Neveu des infamen Coadjutors, ist mit dem Talleyrand hier eingetroffen. Dieser junge Dalberg war im ganzen gut österreichisch gesinnt und musste seinem Oncle als Handlanger dienen, um alles Mögliche in Erfahrung zu bringen.... Dalberg, theils durch sich selbst, theils durch seinen noch lebenden Oncle, dürfte demnach der einzige fremde Geschäftsmann sein, der ziemlich genau das geheime politische System des Österr. Hofes zu dem Deutschen Reiche kennt, was in diesem Betrachte es erwünschlich machen dürfte, ihn zu gewinnen. Er ist ein Mann von Talent und Kenntnissen; er war zwar ein leichtsinniger, aber kein böser Mensch und längere Zeit hindurch gar nicht mit dem System seines Oncles einverstanden. Seine Frau soll, entweder eine Tochter, oder eine Nièce des Brignole, genuesischen Geschäftsmannes sein, und es ist sonach sehr wahrscheinlich, daß Brignole den Dalberg zur Erreichung seines Zieles verwenden dürfte[5]).

[1]) Nach dem zweiten Geheimartikel des Pariser Friedens. S. oben S. 119.
[2]) Über den Botschaftssekretär Lamb s. G e n t z, Tagebücher I.
[3]) In einem Vertrag vom 20. Juli 1814 versprach Frankreich, dem bourbonischen Hause zu seinen italienischen Ländern verhelfen zu wollen.
[4]) Ehemals Räte der Staatskanzlei.
[5]) Dalberg war der Schwiegersohn der Frau von Brignole, die als Ehrendame der Kaiserin M. Louise mit ihr in Schönbrunn wohnte und dort auch starb. Der Vertreter Genuas war Dalbergs Schwager.

27. Sept. (**).

[Dalberg zum Vertrauten: Er und sein Onkel (der Primas) wurden verläumdet; niemals habe es Jemand ehrlicher mit Deutschland gemeint. Berlin habe Wien verraten und dieses durch die Zession von Mainz und des linken Rheinufers gegen Venedig Deutschland geopfert.] „Wir haben noch ein Originalschreiben bei uns vom F. Metternich an Caulaincourt vom halben März, wo Metternich ihn beschwört, ja alles zu tun, um Napoleon auf dem Thron zu erhalten. Wir werden nun in Wien Gebrauch machen von diesem Schreiben und die Pension für den Primas durchsetzen. Bayern hat es versprochen."¹)

Der Duc Dalberg, dessen Vater der Bruder ist der Gräfin Leyen, Mutter der Gräfin Schönborn-Leyen zu Wien, hat durch Schönborn-Leyen in Wien, durch Schönborn-Stadion in Wien, deren Enkelin Frau von Tascher zu Paris ist, geborene Leyen, durch das vormals reichsunmittelbare Dalbergische Familiengut Herrensheim unweit Worms, durch die Gr. Leyensche Herrschaft Bliescastel unweit Trier am linken Rheinufer, durch die Creature des Primas (Oncle des Duc de Dalberg), die in der vormaligen Reichskanzlei und den vormaligen reichsunmittelbaren Erz- und Hochstiftern stecken, durch die Gelehrten und Skribbler, die an dem Fürst-Primas alle hängen, durch des Primas bedeutende Relationen am Berliner Hof, mit dem Herzog von Württemberg, mit Baron Stein und allen protestantischen Höfen, durch die Anverwandschaft der Familien Elz, Pergen und selbst Metternich, solche Verhältnisse, daß am Wiener Hof und beim Congress so ziemlich ad libitum expisciren und influenziren zu können derselbe sich schmeicheln darf. In Ansehung Italiens scheint Duc de Dalberg durch das Haus Brignole und durch Genua gleich schickliche Verhältnisse zu haben zum expisciren. Dalberg ist der erste Spion des Talleyrand, dessen erster Agent. Deswegen hat Dalberg den Titel „Ambassadeur extraordinaire de France au Congrès de Vienne". Dalberg sagte mir selbst: „Talleyrand" (der den Titel Duc de Benevent abgelegt hat, der Prince de Talleyrand heißt²) und ich (Dalberg) wir sind zwar Kollegen, aber ich stehe gleichwohlen unter Talleyrand, in dessen Eigenschaft als Minister des affaires étrangères. In dieser letzteren Qualität kriege ich von Talleyrand schriftliche Weisungen und Erledigungen und erstatte ich an denselben meine Berichte."

Dieses sonderbare Verhältnis zwischen Talleyrand und Dalberg, als welche ostensibiliter erscheinen, welches Herr von Dalberg mir selbst detaillirt und explicirt hat, habe ich wohl geglaubt ausheben und auseinandersetzen zu müssen.

---

¹) Es ist der Brief Metternichs an Caulaincourt vom 18. März 1814 nach dem Abbruch der Kongreßverhandlungen in Châtillon, worin Metternich u. a. sagte: „Die Wünsche Österreichs gelten noch immer einer Dynastie, mit der es eng verbunden ist. Noch hängt der Friede von Ihrem Herrn ab". (F o u r n i e r, Kongreß von Châtillon, S. 226.) Der frühere Primas und Großherzog von Frankfurt erhielt vom Kongreß eine Pension von 100.000 Gulden ausgesetzt. S. unten.

²) Am 12. September 1814 hatte Ludwig XVIII. den Herzog von Benevent zum Fürsten von Talleyrand ernannt.

September 1814: Rapporte.

Endlich sagte Duc de Dalberg: „Mit Sehnsucht erwarten wir den Montgelas[1]); wir mögen den Humboldt nicht, den Metternich nicht. Mit der Kaiserin Marie Louise geht alles gut beim Congress, man hat es blos dem Lord Castlereagh zu verdanken, der ein kalter überlegter, ganz vortrefflicher Mann ist." C'est ainsi que parle Mr. le Duc de Dalberg.

Graf Max Degenfeld, vormaliger Reichs-Hof-Rath in Wien, dessen Gemalin eine Teleki ist, der der Schwager ist vom Grafen Solms[2]), dessen Gemahlin eine Degenfeld ist, der vorgestern aus Siebenbürgen in Wien angekommen ist, ist Vormittags und des Abends bei Pufendorf, wo wirklich der Zentralpunkt ist von allen Plänen und Bearbeitungen der mediatisirten Reichsglieder, der minderen Mitglieder des vormaligen Deutschen Reichs, entgegen und wider die Könige und Souveraine des aufgelösten Rheinbundes und gegen die preußischen Pläne. Max Degenfeld ist des Grafen Solms erster Handlanger. Diese Faktion ist sehr zahlreich und sehr tätig; sie hat ihre Spione bei allen Höfen, in allen Häusern. Bei Pufendorf wurde darüber sich sehr ausgebreitet, daß Talleyrand die Tendenz bezeiget, zum ersten Zweck zu haben, Rußland, Österreich und Preußen unter sich uneinig machen zu wollen. Graf Sickingen[3]) kömmt sehr fleißig referiren zu Baron Thugut, allwo gestern gesagt wurde: a) „Es herrscht eine äußerste Spannung und Gährung 1. der verbündeten Monarchen unter sich, 2. der Mediatisirten gegen Preußen und gegen die Souveraine des Rheinbundes"; b) „Man weiß nicht bestimmt, welches ist der Zweck des Kongresses? wer sind die Kongressvotanten und Stimmhaber? welcher ist der Modus deliberandi et concludendi? Alles das ist dunkel und unbestimmt"...

27. Sept.

Anstett. Sehr oft haben wir vertraulich über politische Angelegenheiten gesprochen. In vorigen Zeiten hatte ich in A. einen entschiedenen Feind Napoleons gefunden, und in gleichem Maaße war er dem Hause Österreich von ganzem Herzen ergeben. Oft ließ er mich seine ganz in diesem Geiste geschriebenen Berichte lesen, und als Rußland seine Gesinnungen zu ändern schien und die Zusammenkunft in Erfurt stattfand, war er sichtbar in Kummer versunken.... Seitdem er im J. 1809 bei Annäherung der Franzosen sich von Wien entfernte, sah ich ihn nicht eher wieder als im Juli dieses Jahres, da er aus England hieherkam und mich einige Male besuchte. Nun aber bemerkte ich bald, daß er ganz anders gesinnt und gestimmt war. Er sagte mir, er gehe nach Kock,[4]) seine Gemahlin zu besuchen, und mit Aufträgen seines Kaisers nach Warschau. Er sprach von der Herstellung Polens unter russischer Hoheit als von einer Sache, woran gar

---

[1]) Der dirigierende Minister Bayerns, Graf Montgelas, kam nicht zum Kongreß.
[2]) Solms-Laubach.
[3]) Der Kammerherr und langjährige Freund des Kaisers Franz.
[4]) Das russische Gut Anstetts.

nicht zu zweifeln ist. „Das", sagte er, „wird unsere erste Proposition auf dem Kongresse sein. Wenn man sich von eurer Seite weigert, dieselbe anzunehmen, so packen wir zusammen und der Kongreß ist geendigt." Seitdem er nun wieder nach Wien gekommen ist, sehe ich ihn täglich mehrmal. Er zeigt mir viel Vertraulichkeit und spricht gerne von seinen Geschäftsangelegenheiten. In Rücksicht auf Polen, gab er mir zu verstehen, sei sein Kaiser ganz bei den vorigen Gesinnungen. Daß er nicht nach Warschau gegangen, sei nur geschehen, um unseren Hof einzuschläfern und irre zu führen. Dafür wäre er in Pulawy[1]) gewesen, wovon er (Anstett) schon bei seiner Ankunft allhier gewußt, aber nicht gesprochen habe, um unsern Hof nicht vor der Zeit zu beunruhigen. Er gab mir zu erkennen, sein Kaiser habe eine unselige Kriegslust, derselbe wäre gleich bereit, wieder loszubrechen; man habe Mühe, ihn zu friedlichen Gesinnungen zu stimmen. Noch gestern sagte ich ihm, es wäre doch ein unglücklicher Gedanke, wenn Alexander die Herstellung Polens unter russischer Hoheit verlangte. Es wäre unmöglich, daß unser Hof bei einer so gefährlichen Nachbarschaft jemals ruhig sein könnte. „Was wollt ihr," sagte er, „wir sind euch ja so schon auf dem Genicke durch den Besitz des Tarnopoler Kreises." „Eben darum", erwiderte ich, „müsste Rußland diese Strecke, die uns Napoleon gewaltsam entrissen hat, uns wieder zurückstellen, das liegt in der Natur unserer Verhältnisse". „In keinem Falle," sprach er, „es mag da geschehen was wolle, bekommt er davon auch nur das geringste Dorf zurück; diese Besitzung ist zu wichtig für uns. Von dort aus können wir in 18 Stunden in Lemberg sein." Wir sprachen dann weiter über die Möglichkeit einer russischen Invasion und er versicherte meiner Gattin, die zugegen war, wir würden hier mit den russischen Truppen weit besser zufrieden sein, als wir es mit den Franzosen waren. Immer führt er in der engsten Vertraulichkeit diese feindselige Sprache.

Was ihn selbst betrifft, ist er Rußland und dem russischen Volke sehr abgeneigt. Um keinen Preis in der Welt, sagt er, möchte er in Rußland leben. Er verhehlt nicht, daß er zwar, solange der Krieg währte, und Anfangs sein Kaiser gewissermaßen im Gedränge war, bei demselben in außerordentlicher Gunst gestanden, nun aber, seitdem die Sachen gut gehen, dessen Liebe viel abgenommen habe; jedoch erhalte er fortwährend unmittelbare Aufträge vom Kaiser und Beweise von dessen Zuneigung. Es hat ihm doch wohl auch sehr geschmeichelt, daß Alexander, als er vorigen Sonntag in seine Vorzimmer kam, ihn — Anstett — gleich angeredet, ihm, daß er in Kock sich mehrere Stunden verweilt und dessen Gattin, die ihrer Gesundheit wegen sich in Therespol befindet, rufen lassen, aber nicht abwarten gekonnt, erzählt, mit ihm gescherzt und ihm auf den Bauch geklopft habe. Er erzählte mir auch mit Wohlgefallen, daß Tags darauf ihm der Kaiser habe sagen lassen, er hoffe ihn bei sich zu sehen, wenn er seinen

---

[1]) Das Gut Czartoryskis, wo Alexander den Polen seine Versprechungen erneuerte.

Hofstaat vorstellen wird, denn er rechne ihn zu den Personen seines Hofstaates. Heut jedoch, als er Mittags nach Hause kam, sagte er mir, er sei mit seinem Kaiser gespannt, er sei es, der schmolle, um den Kaiser fühlen zu lassen, daß Anstett kein Mensch sei, dem man auf den Füßen herumtreten könne; aber diese Wolke werde bald vorüber ziehen; das ändere sich von einem Tage zum anderen.

Gleich bei seiner Ankunft bezeugte er mir, daß er über Nesselrodes Ernennung zum Kongresse sehr erbittert ist; er spricht von demselben mit der höchsten Geringschätzung als einem Manne ohne alle Ressourcen des Geistes, aber von durchtriebenster List, der durch Ränke alles zu vergleichen und durchzuführen weiß. Er sagte mir, er wolle nun auf dem Kongresse gar nichts thun; er wolle jenen armseligen Menschen sich selbst überlassen, wenn derselbe aber am Ende sich nicht mehr werde aushelfen können, dann wolle er mit einem ganz neuen Plane vortreten, von dem er sich schmeichle, daß er alle Interessen versöhnen und am meisten unserem Hofe angenehm sein werde. Seither sagte er mir aber, daß er, seines Vorsatzes ungeachtet, sich doch schon in die Kongreßarbeiten eingelassen habe, da schon vieles vorbereitet sei. Sein Schmollen mit dem Kaiser ist höchst wahrscheinlich nur eine Wirkung der Eifersucht wegen Nesselrode.

In Rücksicht auf unseren Hof hat er mir wiederholt gesagt, er wisse, daß unser Kaiser ihn hasse und daß Fürst Metternich ihn scheue. Er hat mir erzählt, der Fürst habe ihn offenbar in Versuchung geführt, da er ihn bei seinem vorigen Hiersein im Juli das Commandeur-Kreuz des Leopold-Ordens antrug. „Hätte ich es", sagte er, „in dieser Zeit angenommen, so hätte ich auf immer das Vertrauen meines Kaisers verloren, er hätte mich in Verdacht gehabt, ich sei an Österreich verkauft; und das war gerade eures Hofes Absicht, um so mich von dem Geschäfte zu entfernen, mich um allen Einfluß zu bringen. Ich merkte diese List, und verbat mir die empfohlene Ehre, die ich früher in Paris gerne angenommen hätte und noch nach geendigtem Kongresse zu schätzen wissen würde". Er klagte, daß er, außer einer Tabatière von einigen 100 Dukaten im Wert nach der Tarnopoler Demarcation nie ein Geschenk von unserem Hofe erhalten hätte, daß unser Kaiser ihn nie eines Wortes, kaum eines Blickes würdige. Doch hätte er bei jener Demarcation unserem Hofe besser als dem seinigen gedient, habe zu unseren Gunsten 57000 Unterthanen weniger als er sollte, genommen, sei darüber bei seinem Hofe angegeben worden und habe viele Mühe gehabt sich zu rechtfertigen[1]). Ich muß glauben, daß dieser Umstand vieles zu der Sinnesänderung beigetragen habe, die ich an Anstett seither wahrgenommen habe. Ich halte es nicht für unmöglich, diesem Manne beizukommen; nicht mit Geld, nicht durch irgend eine charakterisirte Bestechung, denn obwohl er mit dem Besitze von Kock in große Geldverlegenheiten gerathen ist, so ist er doch zu delikat, zu stolz, zu philosophisch, als daß er sich erkaufen

---

[1]) Die Abgrenzung Galiziens im Jahre 1810 ist gemeint. Der Vertrag wurde am 19. März 1810 geschlossen. Martens, III. 37 ff. S. unten S. 145.

ließe. Seine schwächste Seite ist wohl seine Eitelkeit; er will gepriesen, er will geschmeichelt sein; einige freundliche Worte unseres Kaisers, einige besondere Aufmerksamkeiten des Ministers würden ihren Zweck nicht verfehlen. Er liebt weder Rußland, noch den Krieg, noch den Staatsdienst, er sehnt sich nur nach Ruhe und Lebensgenuß. Nach dem erhaltenen Auftrage sehe ich es als meine unvermeidliche Bürgerpflicht an, ihn in dem Gange seiner Gesinnungen und Geschäfte genau zu beobachten und darüber meine Berichte zu geben, aber bei einem Menschen von seiner Feinheit muß ich dabei sehr auf der Hut sein, darf durchaus keine zudringliche Neugierde blicken lassen. Es ist nicht leicht ihn auszuholen. Er selbst aber macht gerne Herzensergießungen. Leichter würde es mir sein, ihm Ansichten beizubringen, ihm irgend einen Auftrag zu geben.

28. Sept. (Goehausen[1]).

Über die Kongreßgeschäfte hört man, daß der Hauptpunkt der Vereinigung in Deutschland noch nicht entschieden ist. Von Seite der größeren Mächte, vorzüglich aber Preußens, soll der Antrag gemacht worden sein, Deutschland in sechs Kreise[2]) zu theilen und sechs Kreisdirektoren[3]) zu bestellen, wodurch die minder mächtigen Fürstenhäuser ganz verschwinden würden. Diese sind daher einem solchen Plane ganz entgegen und es versammeln sich bei dem Geh. Legationsrath von Mecklenburg-Schwerin Grafen v. Dietrich zu Erbmannszahl, vormaligem Reichshofraths-Agenten, mehrere Deputierte, bei zwölf an der Zahl, vorzüglich solche Männer, die in der ehemaligen Reichsverfassung bewandert sind und blos in dem Gedanken leben, daß nur unter einem einzigen mächtigen Oberhaupte, und zwar dem österreichischen Kaiserhause, Deutschland mächtig und groß werden könne, daß aber in keine Zerstückelung einzuwilligen sei, die von einem System ausgehe, wodurch die mindermächtigen alten Fürstenhäuser bald eine gewisse Beute der Mächtigen werden müssten.

Unter jenen Deputirten sind: Hofrath von Martens aus Hannover, Sindikus Gries von Hamburg, Senator Schmidt von Bremen, Lepel von Kurhessen, Schmid von Phiseldeck aus Braunschweig, Mutzenbecher von Oldenburg, von Plessen von Mecklenburg-Schwerin, Fischler von Treuberg von Sachsen-Coburg, von Schmitz von Leiningen, Hofrath Sartorius von Sachsen-Weimar. Es scheint, daß sich auf ähnliche Art noch ein anderer Zusammentritt bilden werde, wo sich die Deputirten höheren Ranges versammeln, die von dem nemlichen Gesichtspunkte ausgehen, und sich nur an das höchste Kaiserhaus anschließen wollen. Man wünscht sogar, daß Se. Durchlaucht des Herrn Fürsten von Metternich Vater den Vorsitz einer

---

[1]) Die Polizeiräte Goehausen und Schmidt nahmen mündliche Rapporte entgegen und referierten darüber schriftlich an Hager.
[2]) Es waren sieben.
[3]) Sieben Kreisoberste.

solchen Gesellschaft wählen möchte, um auch durch sein Ansehen, seinen Namen einzuwirken. In einem ähnlichen Sinne hat auch der Graf von Westphalen, als ehemaliger Burggraf von Friedberg, im Namen von 60 anderen altadlichen Familien, die zu dem Burgmännischen Adel gehörten, eine Darstellung zur Restituirung dieser kaiserl. Burggrafschaft am Rhein, die nun unter den Großherzog von Hessen geworfen ist, eingereicht.¹)

s. d.

Der preuß. Geh. Leg. Rath Jordan hat sich gegen den Bewußten dahin geäußert, daß Österreich und Preußen sich auf das innigste aneinander anschließen müßten und die Hingebung des Fürsten Hardenberg gegen den Fürsten Metternich gränzenlos wäre, daher letzterer auf die gänzliche Beschließung eines jeden von österreichischer Seite herkommenden Vorschlages von Seite Preußens rechnen könne, vorzüglich was Deutschland beträfe. Der König von Preußen selbst ist äußerst zufrieden mit dem Empfang, welchen ihm der Kaiser gemacht, und außerordentlich geschmeichelt durch die Versicherung, welche man geschickt genug war, ihm zu geben, daß sein Anblick mehr als jener des Kaisers Alexander vortheilhaft auf das hiesige Publikum gewirkt habe. Der König von Württemberg scheint nicht sehr mit seinem Aufenthalt zufrieden zu sein, woran wohl zum Theil die Gesinnungen seiner Umgebung, vorzüglich seines Günstlings und Gen. Adjutanten Frh. von Dillen, Ursache sein mögen; daher die Äußerungen dieses Letzteren vorzüglich beobachtet werden dürften. Des Kronprinzen gute Denkungsart gegen unseren Hof ist hinlänglich bekannt.

Frh. von Stein fehlt mehr in den Formen als in dem Wesen. Gewohnt, revolutionäre Grundsätze zu bekämpfen, ist derselbe von einem Extrem in das andere verfallen und gewöhnt sich nur nach und nach, gelindere Mittel anzuwenden und von seiner Unbiegsamkeit zurückzukommen. Gut in seinen Absichten und Zwecken, hart in den Mitteln, dahin zu gelangen, hat er den Verdacht des Jakobinismus auf sich geladen, während er doch nur eigentlich in den Formen gefehlt hat. Nicht so in Ansehung seiner Umgebungen. Letztere sollen eine wahre Tendenz zum Bösen haben und oft die Lebhaftigkeit und Reizbarkeit ihres Chefs mißbrauchen... Herr v. Anstett ist und bleibt der Alte. Den König von Dänemark scheint der Fürst Metternich ganz gewonnen zu haben, und er wird künftig unter allen Verhältnissen auf ihn rechnen können, da wohl wenige Prinzen (!) in Europa so viel Charakter haben, wie der König von Dänemark.

28. Sept.

[Bartholdi erzählt dem Vertrauten:] Alexandre a renoncé à la resurrection du Royaume de Pologne, mais il veut la réunir toute entière avec

---

¹) Die Denkschrift für die Burg Friedberg bei Klüber, Akten, IV. 40.

son empire. Si cela est accordé, alors la Prusse ne démordera pas de ses prétentions sur la Saxe. Si la Russie renonce à la Pologne, la Prusse sera à peu près contente du retour à elle de sa Pologne. Mais il (Bartholdi) prétend que la Russie s'entêtera et que le diable ne la chassera pas d'un pays qu'elle occupe avec 10.000 hommes et derrière lesquels elle en a (à ce que dit Serra Capriola[1]) 300.000 hommes.

Zum Vortrag vom 30.

29. Sept.

[Der Vertraute ist befreundet mit Serra Capriola[1]), der eine gute Quelle für russische Dinge ist. Über Alexanders polnische Absichten sagt er: Alexander gebe Danzig auf und wolle in Polen nur eine militärische Barrière behalten. Der Grund für diese Einschränkung seiner Wünsche liege in dem absoluten Mangel an Geld, das Warschau nicht aufzubringen vermöge, und im Widerstand der Petersburger Russen. Großfürst Konstantin habe in Paris den Auftrag erhalten, am 1. September in Warschau die neuen Truppen zu inspizieren, jedoch auf dem Wege dahin Kontreordre erhalten. — Die militärische Umgebung des Königs von Preußen und des Prinzen Wilhelm trägt Neigung für Österreich zur Schau und Abneigung gegen Rußland wegen der Arroganz der russischen Suite. Doch alle sagen, der König bleibe bei seinem „Je ferai comme l'Empereur Alexandre".]

s. d. (**)

[Der bayrische Legationsrat v. Koch ist dem Marschall Wrede als dessen „faiseur et souffleur" beigegeben.]

... Die Mediatisirten in allen Ländern hängen sich an Österreich, wollen unter österreichischem Schutz das Band mit den neuen Souveränen lösen oder wenigstens lüften. Die neuen Souveräns, die seit 1805 oder 1809 ihr Gouvernement organisirt haben, welche Friedensschlüsse und Allianzverträge für sich haben, wollen weder etwas sich nehmen, noch sich vorschreiben lassen anders als de gré à gré. Daher die luttes, die froissements a) der grandes puissances unter sich, b) der puissances du 2è me et du 3è me ordre 1. gegen die puissances prépondérantes, 2. unter sich, c) der mediatisirten und der ganz niederen Gouvernements gegen die puissances de 2èm) et 3ème ordre. Nach diesen Ansichten, welche die Missionen unter vier Augen selbst zugestehen, die nachfolgenden Specialia: Baiern und Württemberg hassen sich einander aufrichtig, die Könige, die Ministerien etc. Bayern und Preußen ebenso. Bon Linden (Württemberg) ist persönlich ziemlich gut mit Bon Humboldt, der demselben manches communiziert. Baden,

---

[1]) Herzog von Serra Capriola, sizilianischer Vertreter in Petersburg. S. oben S. 124, und unten.

Darmstadt und Nassau halten zusammen. Bon Hacke (Baden) ist am besten informiert a) durch Rußland, b) durch Stadion-Schönborn, Kerpen, Kinski, und andere Verwandte, die Bon Hacke in Wien hat. Er ist intim mit Graf Rechberg, dem er alles gerne mittheilt. — Die preußischen Gesandtschaften haben sehr eindringende und ausgebreitete Kanäle in Wien. Die preußischen und russischen Missionen scheinen sich gut miteinander zu verstehen. — Talleyrand scheint den Duc de Dalberg nur als Spion und Secretär bei sich zu haben und mit Lord Castlereagh alles ausmachen zu wollen. Graf Salmour[1]) ist der inséparable von dem sardinischen Gesandten S. Marsan. Der König von Württemberg war gestern Nachmittag ausgefahren zur Zeit der Ankunft des Königs von Bayern.

29. Sept.

... Am 26. war Prinz Anton von Sachsen mit seiner Gemalin bei dem russischen Kaiser, der ihm Folgendes sagte: Er habe, um Polen — er sagte nicht Warschau — zu behalten, dem Könige von Preußen Sachsen als Entschädigung überlassen. Könne man indeß einen anderen Weg auffinden, um diesen Monarchen zu entschädigen, so wäre er es recht wohl zufrieden. Mit diesen Worten machte er eine Verbeugung und entließ den Prinzen ohne weiter etwas zu sagen oder anzuhören[2]). Der Prinz gieng nun zum König v. Preußen, der ihn mit solchem Ungestüm empfieng und ihn mit solchen Vorwürfen überhäufte, daß der sanfte Prinz darüber selbst in Zorn geriet und sich unverrichteter Sache entfernte.

[Im Ganzen neige sich in Preußen Volk wie Armee zu Österreich.] Es ist ein Lieblingswunsch der meisten Preußen und Reichsländer, Deutschland zu einem Ganzen, wenigstens in militärischer Rücksicht, vereinigt zu sehen, um nicht wieder einem Unglück, wie das vergangene, ausgefolgt zu sein... Indeß gestanden alle, daß der König persönlich dem russischen Kaiser sehr ergeben wäre und daher ohne dessen Einwilligung einen solchen Schritt nicht leicht thun würde.

29. Sept. (Hebenstreit).

[Graf Karl Rechberg ist gestern mit dem bayrischen Hofe angekommen und wohnt auf dem alten Fleischmarkt.] Er steht mit mir in den engsten litterarischen Verbindungen, die ihrer Natur nach auf Staatenstatistik Bezug haben, und ist der Bruder des bayrischen Gesandten und Verfasser des wichtigen Werkes „Über die Völker des russischen Reichs", dessen 2. Band mir zur Bearbeitung vorliegt. Vor Ausbruch des jetzt beendeten Krieges war er sehr für die allgemeine Sache Deutschlands gestimmt, und

---
[1]) Sächsischer Diplomat.
[2]) Ein Brief des Prinzen Anton an den König aus Wien, den 1. Oktober 1814 datiert, erzählt nur von der Verbeugung („Il ne répondit que par une révérence"), nichts von Worten Alexanders (Dresdener Staatsarchiv). S. oben S. 43.

diese Gesinnungen theilte er mit dem Kronprinzen von Bayern, dessen vorzügliches Vertrauen er besitzt. Ich verspreche mir von seinem Hiersein die besten Resultate.

Der bekannte Buchhändler Cotta aus Tübingen wird während dem Kongreß den Versuch machen, auf die Abstellung des Nachdruckes in den k. k. österreichischen Staaten hinzuwirken. Er ist reich und seine Verbindungen sind sowohl ausgebreitet als wichtig. Sie begreifen das Ensemble des württembergischen und bayrischen Hofes und können mir von großem Nutzen der besonderen Fälle wegen sein, wenn ich kein Bedenken tragen darf, die mir von ihm angebotene Korrespondenz für die „Allg. Zeitung" anzunehmen. Ich bitte darüber beschieden zu werden.... Da H. Cotta sechs Monate hier zu bleiben gedenkt, so werde ich ihn als den Centralpunkt von Württemberg sorgfältig zu beobachten Gelegenheit haben.

B. Interzepte.

Minciaky an Stackelberg.

Patras, ce 23 septembre 1814.[1])

... Les habitants de Céphalonie sont tous, sans exception, attachés et dévoués à la Russie. L'isle de Zante offre parmi les bourgeois quelques malintentionnés ou imbéciles attachés encore au régime de Bonaparte, mais plus en haine pour la haute noblesse que par prédilection. A l'exception de peu de négociants, et de quelques employés qui voudraient les Anglais, le reste des habitans de la ville de Zante, et tous les paysans en général, sont pour la Russie. A Cerigo, à Ithaca, à St. Maure, à Paxos, le gros de la population montre le plus grand désir d'être replacé sous l'égide de l'Empereur Alexandre. A Corfou les paysans sont, et ont toujours été, véritablement attachés à la Russie. En ville les bourgeois, les artisans sont divisés d'opinion suivant les rapports et les intérêts d'un chacun. Peu de nobles voudraient être Anglais, la majorité et la plus saine partie sont pour la Russie. Tel est présentement l'esprit et le génie des peuples dans les Isles Ioniennes. [Strenges Regiment des englischen Gouverneurs, General Campbell.]

Engeström an Löwenhjelm.

Stockholm, ce 27 septembre 1814[2]).

Depuis ma dernière dépêche du 22 on a eu des nouvelles de la Prusse qui paraissent nous donner la certitude que le gouvernement prussien vou-

---

[1]) Interzept, M. J. Minciaky (Minčaki) war diplomatischer Agent Rußlands und wurde später, als Staatsrat, zu Missionen in Konstantinopel gebraucht.

[2]) Interzept, M. J. Engeström war schwedischer Minister, Graf Löwenhjelm vertrat Schweden auf dem Kongreß.

drait s'arranger avec la Suède au sujet de la Poméranie, et il paraît que cette affaire sera l'objet d'une négociation particulière. Ainsi, M. le Comte, vous vous bornerez à déclarer au P^ce de Hardenberg, lorsque l'occasion se présente, que le Roi n'entrera dans aucun arrangement par rapport à cette province qu'avec S. M. Prussienne. Au cas qu'on voulut mettre l'affaire de la Poméranie sur le tapis du congrès, vous vous refuserez absolument à toute discussion sur un objet qui n'a aucun rapport avec les affaires du reste de l'Europe. La paix de Kiel donne la Poméranie au Roi de Danemarc au cas que ce souverain remplisse de son côté les engagements qu'il a contractés vis-à-vis de la Suède. Comme rien n'a été exécuté de tout ce qu'il a promis, il n'a rien à prétendre. Il est intéressant d'apprendre le véritable but du voyage du Gal Bennigsen.

Le mécontentement en Danemarc monte à un point incroyable, mais le Roi[1]) pense trop noblement pour vouloir en profiter. Il voudrait obtenir la Norvège, et comme c'est par les armes qu'il fait valoir ses droits, il ne voudrait pas récompenser celui qui n'a rien fait pour lui. Voilà, M. le Comte, les instructions du Roi que vous trouverez justes.

Gagern an den Prinzen von Oranien.

Vienne, le 28 sept. 1814[2]).

... Spaen et moi nous avons eu une première conférence avec L. Castlereagh. Les différentes questions ont été discutées pour et contre. Je ne citerai que celles: 1. s'il convenait au grand système politique que la Prusse touche à la France? 2. si Luxembourg se trouvait bien entre les mains de Votre Altesse Royale? Mes arguments pour nier l'un et affirmer l'autre paraissaient faire impression, et suivant mes notions ces deux points sont gagnés. Sur le 1er article j'objectais à L. Castlereagh, ou à des observations qui n'étaient peut-être pas les siennes: a) que la Prusse s'affaiblirait par trop d'étendue; b) qu'il fallait lui supposer le même zèle de défendre la gauche du Rhin pourvu qu'elle y possède; car j'avoue à V. A. R. que je ne me suis jamais cru assez fort pour l'en détourner entièrement dès qu'elle-même ne partagerait pas cette persuasion; enfin c) qu'elle serait mieux en seconde ligne. Quant à la seconde, nous avons appuyé 1. sur le danger pour les Pays-Bas, si une autre grande puissance possédait cette forteresse et les enveloppait pour ainsi dire; 2. sur la confiance en eux-mêmes qu'il fallait inspirer aux Belges parce qu'il s'agissait 3. de la principale défense de l'état, au dire de tous les gens instruits dans l'art de la guerre. Si je dis que ces deux points sont gagnés, c'est que j'ai cru entrevoir dans

---

[1]) Von Schweden.

[2]) Interzept, M. J. Baron Gerhard Spaen v. Voorstonden war erster Bevollmächtigter für Holland, Baron Hans v. Gagern vertrat das Haus Nassau-Oranien.

mes conversations avec Lord Clancarty[1]) que les Prussiens ne s'opposent plus à l'extension des états de V. A. R. jusqu'à Zelle sur la Moselle, c. a. d. que la Prusse veut empêcher la jonction des Pays-Bas avec les états de Nassau, et qu'elle veut être maître de tout le cours du Rhin. Il faut espérer que les Anglais et les autres puissances alliées tiendront bon.

[Gespräch mit Talleyrand über allgemeine Fragen, der u. a. sagt:] que la France ne demandait rien, absolument rien, excepté ce qui était exprimé dans le prologue de la paix: „une juste répartition des forces entre les puissances." J'ai entrevu qu'il appuyait sur ces paroles et qu'il comptait bien tirer de ces expressions un peu vagues le parti qui lui convenait.

Rosencranz an Blome in Petersburg.

Vienne, ce 28 septembre 1814[2]).

Sa Majesté envoya, après l'entrée de l'Empereur Alexandre, demander à lui faire la première visite, à quoi S. M. I. fit répondre qu'elle passerait chez le Roi. Cette entrevue ne fut que d'un moment. Après dîner le Roi rendit la visite et aborda à cette occasion l'empereur franchement, faisant voir qu'il ne ferait point mention du passé, mais que S. M. reclamait l'amitié de l'empereur pour l'avenir. Elle insista sur la ratification du traité, comme le premier pas qui reste à faire, et sur la retraite des troupes (russes) du Holstein[3]). Elle crut comprendre à la suite de quelques explications que l'empereur accorderait incessamment l'une et l'autre[4]); mais à moins que je ne voye bientôt cette espérance remplie, je désespérerai encore de notre salut. Rien ne m'indique au moins que les „augures" que vous tirez du passé et de la chute de celui qui avait inspiré la terreur à tous sans exception dans votre lettre du 14/26 du passé, qui est la plus récente dont je suis en possession, seront de sitôt réalisés. La même influence contre nous existe toujours dans toute sa force. On ne se contente pas de nous avoir coupé

---

[1]) Richard le Poër Trench, Graf v. Clancarty, war neben Castlereagh, dessen Bruder Lord Stewart und Wilhelm Shaw Vicomte von Cathcart Bevollmächtigter für Großbritannien in Wien, sonst Gesandter in Petersburg.

[2]) Interzept, M. J. Minister Rosencranz war mit König Friedrich von Dänemark zum Kongreß gekommen. Blome war dänischer Gesandter am russischen Hof.

[3]) Daß Alexander seinen Frieden mit Dänemark nicht ratifizierte und seine zur Unterstützung des Kronprinzen von Schweden in Holstein detachierten Truppen immer nicht zurückzog, lag daran, daß Bernadotte diese Unterstützung auch nach seinem Vertrag mit Norwegen am 14. August zu Moss noch weiterhin erbeten hatte. S. seinen Brief an Alexander vom 5. Oktober 1814 in Nielsen, Diplomatiske Aktstykker fra 1814 in Historiske Samlinger, 1909, p. 199.

[4]) Am Tage vorher hatte der König an die Königin geschrieben, K. Alexander habe versprochen, zu ratifizieren und seine Truppen wegzunehmen. Nur komme es auf den Zeitpunkt an, wann dies geschehen solle. Metternich nehme sich der Sache mit Wärme an, Castlereagh sei ebenfalls dafür und gehe ihm (dem König) an die Hand; auch Hardenberg sei für ihn. (Interzept, M. J.).

une jambe ou un bras, on veut que le monstre suce jusqu'à la moëlle de nos os. Nous restons exposés dans l'arène comme les victimes livrées aux bêtes féroces.

Graf Schulenburg an Graf Einsiedel in Berlin.

Wien, den 28. September 1814[1]).

Die französische Botschaft zu dem Wiener Congreß ist am 24. hier angekommen. In mehreren Unterredungen, welche ich mit derselben gehabt, habe ich mich von folgenden bei derselben bestehenden Ansichten überzeugt: Frankreich, mit seinen Grenzverhältnissen zu allen seinen Nachbarn zufrieden, begehrt keine Vergrößerung seines Territoriums und glaubt, daß eine Macht von 28 Millionen thätigen Einwohnern in concentrirter Bevölkerung hinreichend sei, um das Glück seines eigenen Staates zu sichern und die politische Ruhe und Sicherheit anderer Staaten zu befördern. An dieser allgemeinen Ruhe und Sicherheit nimmt es als eine der größten Mächte Europas einen wesentlichen Antheil, und nach Maßgabe des Traktats vom 30. May[2]) stimmt es für Festsetzung reiner Grundsätze, ohne welche alle Anordnungen eines politischen Gleichgewichtes in Europa nie die Hoffnung auf Dauer gewähren können. Aus diesen Grundsätzen folgt, daß keine politische Transaction ohne die freiwillige Verzichtleistung derjenigen Mächte gültig sein kann, welche diese Veränderungen betreffen, und so muß das französische Kabinet z. B. alle Verfügungen, welche bisher mit dem Königreich Neapel, ohne Einwilligung Ferdinands IV., geschehen sind, sowie alles was ohne des Königs von Sachsen Einwilligung in Rücksicht des Herzogthums Warschau und des Königreichs Sachsen noch geschehen könnte, als ungültig ansehen. Ew. Exc. werden selbst aus diesen Grundsätzen beurtheilen, daß darin die bestimmteste Theilnahme an der Erhaltung der Selbständigkeit Sachsens unter der jetzigen Dynastie liege, wenn auch der Fürst von Benevent, sowie der Herzog von Dalberg, mir nicht noch ausdrücklich zugesichert hätten, daß der König von Frankreich sie angewiesen habe, die Restitution des Königs von Sachsen nachdrücklichst zu unterstützen. Auch der spanische Gesandte, Herr von Labrador, ist beauftragt, in diesem Sinne zu verhandeln. Ich habe Ursache zu glauben, daß die französische Botschaft die obigen Äußerungen unverholen allen Staatsmännern gemacht habe, mit welchen sie sich bis jetzt in Verbindung gesetzt hat[3]).

[1]) Interzept, M. J. Graf Schulenburg's Schwager, der Staatsminister Graf Einsiedel, befand sich beim König in Berlin. Das Schreiben wird von Weber im Archiv f. sächsische Gesch. I. („Detlev Graf Einsiedel") nicht erwähnt.
[2]) Pariser Friede.
[3]) Das war in der Tat der Fall. Die Erhaltung Sachsens bildete einen wesentlichen Punkt in der Instruktion Talleyrands. S. Angeberg, Congrès de Vienne, I. 233.

Oktober 1814.

A. Rapporte.

Zum Vortrag vom 1.

30. Sept. (**)

.... Es scheinen die württembergischen, badenschen und bayrischen Congreßgesandtschaften darüber sehr betroffen, daß Österreich am Ober-Rhein Besitzungen erhalten, daß Österreich Kreis-Obrist und Director des Oberrhein-Kreises werden soll[1]). Sie sagen: „Kommt dieser Plan zur Wirklichkeit, woher Stoff nehmen zum Ersatz der Kriegskosten? zum Ersatz für das durch den Pariser Frieden an Frankreich cedierte Mömpelgard u. dgl.?" Sie sagen: „Durch die Besitzungen am Ober-Rhein als Kreis-Obrist, als Director des Oberrhein-Kreises, influenzirt Österreich die Schweiz, Schwaben und Bayern."

Ludwig Graf Schönfeld[2]) sagte mir gestern: „Es ist keine Hoffnung, die alte Dynastie in Sachsen zu behaupten. Bon Stein hat es mehreren Personen gesagt: „Sachsen bekommt eine neue Landesherrschaft; auch ist der preußische Plan, Deutschland in sieben Kreise zu teilen, dahin entworfen, daß die sächsische Dynastie aufhört. Rußland kann für die Kriegskosten nicht befriedigt werden ohne Preußisch-Polen, Preußen kann für Pr.-Polen nicht entschädigt werden ohne Sachsen; über Sachsen ist der Stab gebrochen."... Bon Thugut sagt: „C'est le premier partage de l'Allemagne, le second suivra après deux ans, et il n'en sera que mieux."...

Sie sagen: „Österreich bekommt seine neuen Acquisitionen am Oberrhein: das vormalige Hochstift Basel, Konstanz, Stockach, Breisgau etc. als Entschädigung für die vormaligen päpstlichen Legationen, welche Österreich hergiebt, um den König von Etrurien zu entschädigen." Bon Pufendorf, der Centralpunkt der Mediatisirten, und Graf Moritz Degenfeld äußern sich sehr einverständlich mit jenem preußischen Plane. Alle Protestanten haben eine herzliche Freude darüber, daß die Oberherrschaft des teutschen Bundes zwischen Preußen und Österreich geteilt wird, daß das preußische Übergewicht in Norddeutschland durch Hannover gemäßigt wird, wie in Süddeutschland das österreichische Übergewicht. Württemberg, Baden, Hessen-Kassel sind aber mit jenem Plane gar nicht einverstanden, weil sie glauben, sie erhalten nichts bei der Länderverteilung, wie sie sich geschmeichelt hatten.

---

[1]) Vgl. Artikel 2, 13 und 21 des Hardenberg'schen Entwurfes einer Bundes-Verfassung der deutschen Staaten bei W. A. S c h m i d t, Geschichte der deutschen Verfassungsfrage auf dem Wiener Kongreß, S. 176—179.

[2]) Ehedem sächsischer Gesandter in Wien.

1. Okt.

Mr. Flassan, historiographe du cabinet du Louvre, est arrivé ici pour écrire l'histoire du congrès.... Il a écrit à Paris et imprimé une brochure en faveur des sacrés droits sur Naples du Roi Ferdinand et l'y a fait imprimer et distribuer. S'étant depuis déterminé à venir à Vienne, Talleyrand lui conseilla de ne pas s'en faire ici le colporteur, par la très louable raison qu'il ne convenait pas à la légation de France à Vienne de distribuer des pamphlets ici pour favoriser avec de tels moyens les droits des Bourbons en pays étrangers, et surtout ici, où l'affaire devait se traiter avec toute la dignité et la régularité possible au congrès, et que, la maison d'Autriche étant la seule qui avait fait un traité avec cet intrus[1]), il n'était pas délicat de prendre ici l'initiative sur la décision du congrès, en distribuant dans le public de tels écrits.... Cependant il y en a 3 ou 4 autres exemplaires [außer dem ihm von Flassan mit einer Widmung gegebenen] qui courent la ville...... Bartholdy lui-même en a apporté un.

Deux Prussiens, dont l'un demeure au Graben vis-à-vis de la pyramide et doit être le conseiller Zerboni[2]), et l'autre est de ma connaissance et très attaché à son pays et à sa cour, ont eu une conférence très confidentielle et très importante sur les affaires du temps tout récemment, et par un hazard curieux j'ai pu en connaître les détails que voici. Je déclare d'avance que l'un des deux Prussiens interlocuteurs n'est pas Bartholdy; c'est une femme à qui l'autre a ouvert son cœur. Ce monsieur — soit ou non Zerboni, je sais qu'il est des peux(!) qui ont le secret de leur cour — a donc dit que la Prusse, en apparence si liée avec la Russie, en était très mécontente, parce que celle-ci déployait à présent des idées de domination effrayantes que, si elle parvenait à s'approprier toute la Pologne, elle était dans le cœur des états prussiens quelle enfoncerait dès qu'elle le voudrait, et serait à Berlin avant que la Prusse ait pu ramasser ses forces dispersées en Prusse orientale et sur la gauche du Rhin; que c'était pour ce danger que la Prusse éxigeait la frontière de l'Elbe et une partie de la Saxe, pour avoir une position militaire qui diminue au moins son danger et celui en même temps de toute l'Allemagne, que le P^{ce} Hardenberg, et tout le cabinet, voyaient clair tout cela et étaient tous d'accord qu'il fallait tout faire pour empêcher cet événement, qu'à la vérité le roi s'était trop engagé avec l'Empereur Alexandre, auquel il était attaché même par des sentiments de cœur, mais que, cependant, lui-même était persuadé que sa position était difficile et bien fâcheuse, qu'Alexandre n'était pas méchant, mais qu'il était un bon fou qui se laissait mener (par) des têtes chaudes qui l'entouraient, et surtout par La Harpe, qui était dans le fond un jacobin capable de renverser le monde; que, par conséquent, les ministres prussiens ne désiraient autre chose pour le salut de

---
[1]) Murat.
[2]) Zerboni di Sposetti, preußischer geheimer Rat, in Südpreußen begütert, wohnte während des Kongresses in der Spiegelgasse 1163, im sogen. Casino. Am Graben wohnten von preußischen Räten nur Jordan und Heim (bei Hardenberg), dann Knesebeck und einige Offiziere.

la Prusse et la sûreté de l'Allemagne que de s'allier étroitement et cordialement à l'Autriche et empêcher par là l'agrandissement de la Russie, ou au moins le danger commun, si l'on ne pouvait pas réussir d'empêcher le premier; que là-dessus ils étaient très-peinés de remarquer dans la nation autrichienne, et dans notre ministère même, une espèce d'apathie qui leur faisait craindre qu'on ne vit pas le danger dans toute sa force et qu'eux ne pouvaient pas non plus sonner le tocsin là-dessus à cause du caractère du roi et de leurs engagements avec Alexandre; que cependant, en tout cas, s'il en venait une guerre des Russes avec nous, le cabinet et la nation forceraient le roi à prendre son parti en Allemagne, et qu'il ne se joindrait donc jamais à la Russie dans un cas pareil, mais il ferait plutôt cause commune avec nous. „Nous sommes si au fait des vues ambitieuses de la Russie, et il y a eu là-dessus déjà des explications si sérieuses, que, si nous étions en mesure et soutenus par les autres, la guerre aurait lieu dans bien peu de temps, comme il est sûr que, si la Russie la obtient Pologne, nous l'aurons dans trois ans, pas plus tard, cette guerre, que l'on voulait éloigner pour toujours."

Ici finit la conversation, et j'ai deux grandes raisons pour croire que c'est cela le véritable esprit du cabinet de Prusse. La 1ère est que, si ce n'est pas Zerboni qui a parlé comme ça, c'est certainement un des conseillers ou des secrétaires intimes du P^{ce} Hardenberg, parceque je sais qu'il y en a plusieurs qui sont très liés avec cette dame, qui n'est pas la bonne enthousiaste et bavarde Mme d'Arnstein. La seconde est que Bartholdy, qui m'est prouvé n'être pas dans le secret de sa cour, ni dans la confidence véritable de son chef, tient tout un autre langage, en se laissant guider par les apparences Celui-ci dit que la Prusse est et sera toujours la très humble servante de la Russie, et que le roi tient à son Alexandre de manière à n'entendre raison là-dessus[1]).

Les Russes parlent partout d'un ton si insolent qu'ils ne pourraient pas parler autrement, s'ils étaient autant de Napoléons en bonheur et déjà maîtres de l'Univers. Ils enflamment de nouveau les Grecs en leur faisant espérer leur résurrection, comme ils ont fait aux Polonais. Les Grecs se laissent derechef aller à ces idées, lèvent la tête, et je sais par une personne qui en connaît plusieurs des plus marquants, qu'ils parlent de la délivrance de l'Epire et de la Morée et d'une patrie grecque que la Russie fera renaître. J'ai chargé cette personne de suivre ces élans et de m'instruire, et elle le fera[2]).

1. Okt. (Nota)

Le général Schœler, Ministre de Prusse à la cour de Russie, est arrivé de Pétersbourg il y a trois jours[3]). Cet officier est placé près de l'empereur

---

[1]) Bartholdy war hier wohl der besser Unterrichtete.
[2]) Doch ist über die nationale Bewegung unter den Griechen in Wien nichts weiter berichtet.
[3]) Schœler kam am 28. September in Wien an.

depuis la guerre de 1806 en qualité d'aide de camp du roi; il était chargé des communications directes, lesquelles ne passaient par aucun des deux ministres. Pendant la guerre de 1812 il resta en Russie comme particulier; ses relations se tinrent sous main; en 1813 et 1814 il fut de nouveau placé près de l'empereur comme militaire, et à la paix comme ministre. Il a un jugement froid et des notions très justes sur la situation des affaires et la manière de penser de l'empereur. Après lui avoir laissé le temps de se mettre au courant, j'ai été le voir hier. Voici à peu près le résumé de notre conversation:

„Le roi", dit-il, „quoiqu'il ne soit point un homme de beaucoup d'esprit, a un sens droit, il n'est rien moins que l'admirateur constant de tout ce que fait l'Empereur Alexandre, il n'y a pas même longtemps que son opinion sur sa conduite ne lui était nullement favorable; mais le roi se croit lié par la reconnaisance, il croit avoir la conviction qu'il doit le rang qu'il a repris entre les souverains uniquement à l'empereur, et sans calculer que, s'il ne s'était point joint à lui, le théatre de la guerre de 1813 eût été le Duché de Varsovie et la position de la Russie bien précaire, il ne laisse passer aucune occasion de dire et de prononcer à son ami la reconnaissance qu'il croit lui devoir, et l'empereur ne profite que trop bien d'une amitié qui, de sa part, n'est point désinteressée. Quant à l'esprit public de la nation, il est, comme celui de toute l'Allemagne, contre la Russie; il règne même en Prusse une haine fortement prononcée et très motivée, malgré tous les cordons dont il nous a décorés; la conduite du gouvernement a été telle que l'aurait pu être celle de Napoléon. Qui ne sait pas que la Prusse avait mis la plus grande partie de ses capitaux dans sa part de la Pologne? Aucun des avantages que la dernière alliance avait promis, aucune des prétentions si justes n'ont été reconnus; la Prusse en est sur cet article au même point qu'en 1810. Pas même la caisse des veuves des officiers, objet qui serait sacré pour tout autre gouvernement, que le Roi de Saxe par ses sentiments avait cherché à arranger à Paris, et que Napoléon avait refusé par haine contre le militaire prussien, n'a fait une exception; aucune réclamation, ni du gouvernement, ni des particuliers n'a reçu la moindre réponse, et cela dans le temps même où l'armée prussienne se méritait l'estime de l'Europe, où toute la nation rivalisait d'enthousiasme et de sacrifices. Le retour des troupes russes a été un nouveau fléau; ils ont épuisé jusqu'au dernier suc les provinces où ils sont passé, les prétentions les plus exorbitantes, la plus grande arrogance les a (!) accompagnés partout; ils ont traité la Prusse orientale comme un pays conquis qu'ils étaient assez généreux de ne point garder."

„Quant à l'Empereur Alexandre, je le regarde encore comme plus dangereux qu'on ne le pense. Depuis cinq ans, à une époque où l'opinion de sa faiblesse existait encore généralement, il ne s'est entouré que des gens dont la médiocrité est reconnue et lui laissait une marche entièrement libre. Ses projets actuels sur la Pologne ne sont point une suite des circonstances, c'est une idée nourrie par lui, un but vers lequel toutes ses démarches tendent depuis deux ans. La première proclamation lors de l'alliance avec la Prusse contient les expressions de rendre à la monarchie prussienne tout le lustre et la puissance dont elle jouissait sous Frédéric II. Pendant le temps de la guerre toutes les questions sur cet objet ont été écartées par la déclaration que tout s'arrangerait à l'amiable[1]). A Paris, sous prétexte de laisser jouir la France des bienfaits de la paix et d'un gouvernement légitime, les armées russes quittent ce pays à marche forcée et vont se placer sur les frontières de la Pologne, dans le temps que toute l'armée prussienne reste pour occuper les pays conquis au delà du Rhin, et que l'Autriche est forcée d'occuper l'Italie avec des forces considérables."

„La résolution de rétablir la Pologne comme royaume n'est qu'un bâton qu'il nous jette entre les jambes pour obtenir avec moins de difficulté le part qu'il en veut; il connaît et craint trop les suites que cela aurait en Russie pour y penser sérieusement." „Mais je suis persuadé," ajouta-t-il, „que s'il trouve une résistance trop forte contre ses desseins, si on lui montre la volonté de s'y opposer de force, il cherchera à vous prévenir, et il y est tout préparé. L'armée russe est placée en échelons depuis Cracovie, qu'occupe le général Yermeloff avec l'avant-garde, jusqu'à Kowno, où se trouve le corps du Cte Wittgenstein. Les Russes parlent de 700.000 h. sous les armes, mais ils en ont sûrement 300.000 h. La garde est à Pétersbourg, et ses bataillons sont de 1000 h. Les milices n'ont point été licenciées, ce qui a causé du mécontentement et prouve assez que les hommes manquent. Du reste la nation est humiliée d'avoir vu les armées russes sous des chefs autrichiens et voudrait avec plaisir effacer cette humiliation. La formation de l'armée polonaise avance lentement; outre la pénurie d'argent le tiers-état et le peuple n'y prennent aucun intérêt; les nobles, qui espèrent beaucoup d'un nouvel ordre de choses, recrutent et ont placé leurs bannières, mais personne ne veut s'enrôler; dans la partie que l'on nous rendra probablement — je suppose jusqu'à la Wartha — ce qui avait été rassemblé s'est de nouveau débandé."

Lui ayant demandé quelle impression faisait sur l'empereur, qui était, il y a un an, l'idole de toute l'Europe, l'opposition et le mécontentement général qu'il trouvait contre ses projets, il m'assura que le mal était que l'encens et l'admiration qu'on lui avait prodigués l'avait tellement fasciné qu'il ne voyait pas encore ce mécontentement, que tout ce qui l'entourait le retenait dans son illusion, les Polonais par l'espoir de voir réussir leur régénération, Mr. Stein, La Harpe par des motifs personnels.

Le Cte Orurk, lieutenant-général russe, est ici avec l'empereur[2]). Il n'a jamais été employé auparavant près de sa personne; il commandait une division de cavalerie en Pologne, lorsque l'empereur à son passage

---

[1]) Gemeint ist hier der Teplitzer Vertrag vom 9. September 1813.

[2]) Der russische Generalleutnant Orurk kam erst nach dem Kaiser, am 28. September, in Wien an,

lui ordonna de le suivre. Cet officier a joué un grand rôle dans les relations de la Russie avec la Servie; il serait possible que son séjour ici ne soit point sans motif sous ce rapport.

La tenue de la garnison a fait une très bonne impression sur les étrangers, surtout sur les Russes[1]). Ils ont été aussi très étonnés de l'accueil si distingué qu'a fait l'empereur (de Russie) au P^ce Schwarzenberg, mais n'ont d'abord, selon leur manière, trouvé aucune raison. Ils assurent que la mésintelligence s'est mise entre le P^ce Schwarzenberg et le P^ce Metternich et que l'empereur, pour l'entretenir, traite l'un avec tant de distinction et est très froid avec l'autre.

1. Okt. (Sch. ?)

Parmi les personnes animées d'un esprit tout à fait contraire aux vues de l'Autriche, on doit compter principalement M. d'Anstett, conseiller d'état et agent diplomatique de la Russie. Cet homme que le Cte der Wurmser a su gagner en 1810 pour les intérêts de notre cour et qui effectivement a rendu des services très essentiels à l'Autriche lorsqu'il s'agit de céder à la Russie, en vertu du dernier traité de Vienne, une partie de la Galicie renfermant 400.000 âmes, est dans ce moment très aigri et animé de sentiments tout à fait opposés[2]). C'est, d'après ce que m'a confié M. de Kudriawsky[3]), ami intime de M. d'Anstett, l'effet de son ressentiment d'avoir été frustré dans son attente de recevoir de notre souverain la croix de commandeur de l'ordre de S. Étienne. On m'a dit que S. M. a voulu lui donner dans la dernière campagne la petite croix de S. Léopold, mais qu'il l'avait refusé. J'ai l'honneur d'assurer V. Exc. que M. d'Anstett est un personnage très intéressant et de beaucoup d'influence chez l'Empereur Alexandre et, en même temps, très considéré de tous les ministres russes. Il s'était flatté d'avoir par ses services rendus le droit de s'attendre à une distinction aussi signalée et crut se voir jeté dans la foule de tant d'étrangers sans beaucoup de mérite qui furent décorés de la petite croix de S. Léopold. Peut-

---

[1]) Eine Ausnahme machte ein russischer Oberst Pankratief, der sich einem der Vertrauten gegenüber sehr wenig günstig über die österreichische Heeresorganisation äußerte: „Unsere Generale", sagte er, „heißen freilich wenig, aber die Truppe ist braver als die Eurige, unsere Artillerie die beste in Europa. Euer ganzes Material ist schlecht. Nur ein Paar eurer Generale halten das Ganze zusammen. Man hat ja dies bei euren miserablen Manövern — (gemeint war ein Artilleriemanöver bei Bruck an der Leitha) — gesehen ... Der Duca ist ja ein Artilleriegeneral. Warum hat er denn nicht beim Manöver kommandiert? Wir wissen gut, daß der Kaiser den Schwarzenberg nicht mag; er muß dem Duca Platz machen, und der Fürst will nicht kommandieren, solange Duca in seiner Eigenschaft bleibt." Rapport vom 5. Oktober, zum Vortrag vom 6. Über Duca s. auch weiter unten.

[2]) Der Abgrenzungsvertrag vom 19. März 1810 wurde zwischen den österreichischen Generalen Grafen Wurmser und Bellegarde und dem Staatsrat Anstett vereinbart.

[3]) Der russische Kollegienrat Emil v. Kudriaffsky wird in einem andern Bericht als Verfasser politischer Memoires genannt.

être est-il encore temps de se réconcilier cet homme qui par son influence et ses profondes connaissances de nos intérêts peut dans ce moment devenir aussi utile que nuisible.

J'ai eu occasion de voir quelques personnes de la suite de S. M. le Roi de Prusse. Si ce monarque est animé du même esprit que ceux qui l'entourent, nous ne pouvons que nous féliciter. Un général prussien, je crois qu'il s'appelle Knesebeck, s'est énoncé: „Wenn nur sieben Österreicher marschieren, es sei gegen wen es wolle, so ist mein König der achte." Le comte Klebelsberg en fut aussi témoin.

Aus dem Vortrag vom 3. Oktober.

Eure Majestät! Indem ich Ew. Majestät in den Anlagen die gestrigen materiellen Beobachtungs-Resultate und andere Notizen aus Anlaß des Congresses untertänigst überreiche, bemerke ich zu dem 3. Rapporte wegen des Baron Otterstedt[1]), daß ich Gelegenheit fand, selben gegenwärtig für den höheren geheimen Dienst zu benützen, darum solchen auch um so mehr hier belasse, als seine Duldung allein, ohne alle Benützung, den Grundsätzen des Fürsten Metternich zusagend wäre . . .

Zum Vortrag vom 3.

1. Okt. (Schmidt).

[Kaiser Alexander gedenkt nach Ofen, von dort wieder nach Wien, dann aber mit seiner Gemahlin nach Italien zu reisen, weil er glaubt, daß dann die größte Arbeit des Kongresses getan sein werde. Er soll in Wien seine Neigung „einer Schönen" geschenkt haben, die auf der Wieden wohnt und für die Graf Fries, der Banquier des Zaren, monatlich 5000 Gulden bezahlt[2]).] Einiges Aufsehen macht, daß der russische Kaiser den Fürsten von Schwarzenberg besucht hat. Der Fürst hat nach seiner Ankunft den Kaiser

---

[1]) Der Rapport 3 stammt aus der Feder des Polizeirates Goehausen, der den Diplomaten J. Friedr. v. Otterstedt genau kannte und ihm erzählte, daß er, ehedem preußischer Offizier, nunmehr der Kanzlei des Baron Stein zugeteilt sei. Dieser habe ihn zum Polizeidirektor von Frankfurt bestellen wollen, dann aber zum Generalgouvernements-Kommissär im Departement Donnersberg ernannt, in welcher Stellung er sich jedoch nicht erhielt, da er sich mit Justus Gruner nicht vertragen konnte. Otterstedt sei mit einer Tochter des württembergischen Ministers Grafen Zeppelin verheiratet, die als Hofdame am westfälischen Hof Aufsehen machte. Über Otterstedt vgl. man auch Hedwig von Olfers 1. Band passim.

[2]) Nachforschungen wiesen auf Madame Rosalie Morel, geboren zu Ofen als die Tochter eines Székler-Rittmeisters, in Frankreich verheiratet und nach Lyon zuständig, 22 Jahre alt. Sie galt als die schönste und umworbenste Kurtisane Wiens in der Zeit des Kongresses, nur daß ihr nicht der Zar, sondern der Großherzog von Baden seine Neigung erwies.

Oktober 1814: Rapporte. 147

um eine Stunde zur Aufwartung bitten lassen. Es ward ihm 2 Uhr bestimmt; allein der Kaiser machte ihm früher schon um 10 Uhr einen Besuch. Da der Kaiser meistens in den fremden Landen, besonders in England, sich an die Oppositions-Partei hielt, so schließet man daraus, daß er auch sich nun an den Fürsten von Schwarzenberg halte, der eben nicht sehr zufrieden sein und von der Partei des FZM. v. Duca[1]) viele Hindernisse im Wege finden soll.

Die verborgene Treppe aus den Gemächern des Kaisers (von Rußland) führt nicht in den Hof, sondern in die drei Zimmer im ersten Stock, die an die Haupttreppe führen und in welchen einer der Adjutanten des Kaisers wohnen soll. Es ist nun möglich, daß die vertrauten Polen zu dem Adjutanten kommen und von da aus zu dem Kaiser gebracht werden[2]).

1. Okt.

[Baron Spaen, der Vertreter Hollands, der dem Berichterstatter den ersten Besuch machte, verriet die Absicht seiner Regierung, Holland bis an die Mosel auszudehnen, „afin que Luxembourg, comme clef de la Belgique, soit dans les mains de celui-ci qui aura la maison," und daß Lord Castlereagh, „dans les mains duquel il me dit franchement que le timon de la négociation hollandaise était placé avec une sorte d'abandon de leur part, donnait depuis peu des espérances que ce point serait obtenu." Es sei sogar von Belgiern und Holländern erörtert und von dem Erbprinzen gewünscht worden, daß das Staatsgebiet bis an den Mittelrhein erstreckt werde, „mais que, par délicatesse pour les intérêts de la Prusse, il n'osait pas pousser L. Castlereagh à insister sur ce point sans lequel ils ne se regarderaient jamais comme forts assez pour résister à une invasion subit de la France"...]

2. Okt. (Goehausen).

Die preußische Mission ist hier die zahlreichste und nach allem, was die Beobachtung über Fürst Hardenberg betrifft, wohl auch die tätigste. Während nur Bon Frank, Hofrat Radermacher und Regierungsrat Bon Spiegel[3])

---

[1]) Feldzeugmeister Peter von Duca war schon während des letzten Feldzugs im Hauptquartier ein Gegner Schwarzenbergs und Radeckys gewesen und stand beim Kaiser Franz hoch in Gunst. S. meinen „Kongreß v. Châtillon", S. 16 ff. und oben S. 145.

[2]) In einem früheren Rapport vom 29. September (zum Vortrag vom 30.) war gemeldet worden, es sei ein großer Zustrom von Polen nach Wien, auch Strzechocki sei gekommen, der mit Alexander in Pulawy gewesen wäre, und die Polen sprächen viel von einer geheimen Treppe in den Appartements des Kaisers von Rußland in der Hofburg. Nähere Beobachtungen ergaben das oben Dargestellte. In den drei Zimmern des ersten Stockwerks — der Kaiser wohnte im zweiten auf den äußeren Burghof heraus — war Alexanders Kabinettschef, der Generaladjutant Fürst Wolkonsky, mit der Kanzlei untergebracht.

[3]) Räte der Staatskanzlei. Die Liste ist keineswegs vollständig. Gentz z. B., dem Metternich sehr wichtige Arbeiten übertrug, fehlt.

und nur gutächtlich für Fürst Metternich arbeiten, verwendet Preußen alle seinen geistigen Kräfte, um den ersten Einfluß zu erlangen... Dazu ist das preußische Gefolge, so wie überall, auch hier in hohem Grade beschäftigt, sich und ihre (!) Anordnungen, ihren König und ihre Regierung über alles zu erheben und Vergleiche mit Anderen anzustellen, um sich den Vorrang in Weisheit, Tapferkeit und Ordnung zusprechen zu lassen. Sie sprechen nur von ihrem König, rühmen an ihm die besondere Klugheit, seine Minister zu wählen, welche im Stande waren, nach einem so kurzen Zeitraume des Friedens seinen so hart mitgenommenen Staaten aufzuhelfen. Sie bemerken, daß die Pensionisten und Beamten, die auf die Hälfte gesetzt worden waren, ihre vorigen Besoldungen wieder erhalten, welcher Umstand auch bei mehreren Zahlungen des Staates der Fall sei. Solche Bemerkungen, die an öffentlichen Orten bei dem höheren wie gemeineren Publikum angebracht werden, hört man auch von dem Letzteren wiederholen. Man wundert sich, wie es möglich gewesen, daß das preußische Papiergeld, welches einen schlechteren Kredit als das österreichische hatte, nun schon wieder so emporgekommen, daß es bald dem Konvenzions-Geld gleich sei. Dagegen sei man hier, wo doch der Staat zehnmal mächtiger als der preußische sei, viel übler dran; das Geld habe keinen Wert, und ein wucherischer Geist, von dem man in Preußen gar nichts wisse, greife täglich mehr um sich.

2. Okt. (* *)

Der baden'sche geheime Rat v. Klüber,[1]) der seit mehreren Jahren als ein großer Anhänger von Napoleon und als ein großer Anti-Austriacus bekannt gewesen, verdient vielleicht eine besondere Beobachtung. Klüber ist in Karlsruhe ein Faiseur. — Graf Metternich[2]) sagt: „Des Königs v. Dänemark angenehmste Ergötzung ist, nach eingetretener Nacht incognito und schlecht gekleidet in Wien in den Gässen zu Fuß spazieren zu gehen; ich muß immer mitlaufen." — Der König von Würtemberg hat sich mit seinem (Bruder) Ferdinand in Wien ganz ausgesöhnt und an demselben alle Appanagen bezahlen lassen. Man glaubt, dessen Heirath mit Gräfin Pauline Metternich werde nun wirklich zu Stande kommen[3]). ....

Vom Appartement[4]) von vorgestern nachstehendes: a) die Damen Julie Zichy und Maria Zichy sind es, die bei K. Alexander und allgemein den Vorzug der Schönheit behauptet haben; überhaupt haben die Fremden Bewunderung gezeigt über die Schönheit und Magnificenz der Wiener Damen. b) wurde bemerkt, daß Prinz Eugen (Beauharnais) ganz verlassen dagestanden, c) hatte Kammerherr Graf Nostiz einen Wortwechsel mit

---

[1]) Rechtslehrer und Verfasser des bekannten Aktenwerkes über den Kongreß.
[2]) Ehrenkavalier beim König von Dänemark.
[3]) Pauline, Tochter des Fürsten Franz Georg von Metternich, heiratete im Februar 1817 den Herzog Ferdinand von Württemberg.
[4]) D. i. Empfang in der Hofburg.

Ceremonienmeister Graf Wurmbrand, d) ein italienischer Lakai hatte sich verkleidet in seines Herrn Kleidung eingeschlichen und wurde hinausgeführt.

2. Okt. (Nota)

Congrès. On se dit à l'oreille qu'avant hier il y eut une conférence des quatre ministres de la coalition, où l'on montra a Labrador et à Talleyrand ce qu'on avait établi pour la manière de traiter les affaires du congrès. Les quatre coalisés se réuniraient et admettraient les ministres d'Espagne et de France comme ministres des puissances du premier rang. Là-dessus Labrador demanda ce que l'on entendit par les quatre coalisés, contre qui et à quel but cette coalition existait et avait existée. Si c'était contre Napoléon et pour la délivrance de l'Europe, l'Espagne était la première de cette coalition et (ne) pouvait être admise par grâce aux séances des autres ministres des coalisés, mais de droit. On prétend que l'on dut, en conséquence des remontrances de cet Espagnol, (renoncer) au plan présenté et se décider à en imaginer un autre. On dit aussi que Talleyrand a déclaré qu'il ne pouvait rien approuver de ce qu'on avait fait en Italie depuis le 1er juin de cette année, que lui n'aurait traité que sur l'Italie telle qu'elle était à cette époque.

Dans la ville il court le bruit qu'Alexandre fait le fier, qu'il veut la Pologne toute entière, qu'il dit qu'il a pris ses concerts avec la Prusse là-dessus, et qu'il n'a plus rien à négocier sur ce point. On sent par conséquent que l'harmonie la plus parfaite est bien loin d'exister parmi les coalisés.

L'arrivée de Beauharnais ne plait pas non plus aux Viennois. On se demande: „Qu'a-t-il à prétendre ce polisson, qui a imprimé tant de sottises contre notre cour, qui a volé tant d'argent à Milan, qui a fabriqué de faux „Einlösungsscheine" et qui, par la chute de Napoléon, n'est plus qu'un simple particulier[1])". On craint derechef que l'autre du Nord n'arrive ici se fourrer dans ce cercle auguste de souverains et de princes légitimes[2]). Tels sont les discours dans les sociétés.

Visite d'Alexandre à la P^{esse} Bagration vendredi au soir[3]). Tout le monde ne parle que de ça. Il est sûr qu'Alexandre avoit fait dire à la Princesse qu'il viendrait chez elle avant le cercle à 6^{hs}. Il lui envoya le général Ouvorof[4]), qu'il n'avait pas pu se débarrasser et qu'il y viendrait après le cercle, qu'elle lui fit trouver du thé et personne. En effet à 9½

---

[1]) Die falschen Einlösungsscheine waren in Paris hergestellt und dem Vizekönig zur Verausgabung nach Mailand zugesandt worden. Vgl. den Brief Napoleons an ihn vom 26. November 1813: „Vous recevrez un paquet contenant un million de papier de Vienne; faites-en l'usage convenable." (Lecestre, Lettres inédites de Napoléon I. II. n. 1009.) Nach Napoleons Sturz fanden sich in Paris die Platten zu dieser Falschmünzerei vor und wurden an Österreich ausgeliefert.

[2]) Gemeint ist Bernadotte, der Kronprinz von Schweden. Er kam nicht. Vgl. übrigens unten, Interzepte S. 220.

[3]) D. i. den 30. September.

[4]) Einer der Generaladjutanten des Zaren.

il y vint. Il passa dans le cabinet et resta tout seul avec elle près de trois heures. Le matin à 10^h M^r· Fontbrune[1]) fut au lit de la P^{esse} pour savoir tout le sujet de la conférence, mais la P^{esse} avait été prévenue de ne pas se fier à Fontbrune, et il eut beau cajoler, il n'en tira rien. Elle garde le secret avec tout le monde, mais il paraît cependant qu'elle n'a pas bonne idée de l'accord qu'on supposait parfait entre Alexandre et notre cour. J'en saurai peut-être davantage sous peu, mais pour le moment je sais qu'elle est dans la joie de son cœur pour le triomphe qu'elle a remportée sur la souveraine de Ratiborsitz[2]) et sa rivale heureuse vis-à-vis du P^{ce} ministre, ayant reçu la première une telle distinction par l'Empereur Alexandre. Ces deux bruyantes étrangères, rivales de goût et d'ambition, se trouvent par un curieux et fatal hazard logées dans le même hôtel qui, à la honte de notre grande noblesse, est le seul ouvert aux illustres étrangers qui sont à présent à Vienne. Il me paraît très vraisemblable que, vu la préférence du moment que le P^{ce} Metternich a donné à la Sagan, et les fréquentes visites qu'y fait Talleyrand, on établira le parti autrichien chez celle-ci, et le parti russe chez la Bagration, de manière qu'à la droite siégera le côté ministériel et à la gauche l'opposition. Ce n'est pas la première fois que les intrigues des femmes ont influé dans la politique des états, et des plus grands états....Les ennemis du P^{ce} Metternich en sont aux anges de cet événement. Ils sont tous à présent pour l'Andromède russe et contre la Cléopatre de Courlande, dont l'ascendant a plus de morgue et moins d'abandon et de prodigalité que celle de l'autre. Ils espèrent qu'Alexandre ira souvent chez la leur et peut-être point du tout chez l'autre. Nous verrons. Les paris sont ouverts, les armées en présence, et le feu a déjà commencé.

Zum Vortrag vom 4.

2. Okt. (Freddi)

[Der Berichtleger hatte ein Gespräch mit dem spanischen Diplomaten Perez de Castro, der ihm versichert] que les Espagnols s'enorgueillissent d'avoir dompté la cabale séditieuse et honteuse qu'on avait formée d'exclure les plénipotentiaires français et espagnols du Grand Sanhedrin, où on prépare la matière qui doit être soumise à la discussion du congrès, et où en in on décide du destin de l'Univers. „M. de Labrador et M. de Talleyrand ont coupé le nœud gordien. Le P^{ce} de Metternich a voulu jouer le rôle d'un Mazarin et Richelieu. Nous l'avons détrompé, et certes M. de Labrador, sans rien ôter au P^{ce} de Talleyrand, a la principale gloire dans ce triomphe[3])".

---

[1]) Ein bevorzugter Anbeter der Fürstin, der englischen Mission beigesellt.
[2]) Wilhelmine von Sagan, der das böhmische Gut Ratiboŕitz gehörte.
[3]) Da Labrador, und nicht Talleyrand, wie dieser seinem König berichtete, in der Konferenz die Frage an die Minister der vier Mächte stellte, gegen wen sie noch immer „alliiert" seien. S. oben und Pallain-Bailleu, Talleyrands Briefwechsel mit Ludwig XVIII., S. 11.

3. Okt. (Nota)

Visite d'Alexandre à la Bagration. La Princesse n'a pas pu s'empêcher à moins de confier ce qui suit à une personne, qui jouit de toute sa confiance. Reste à savoir si tout est vrai ce qu'elle lui a dit; mais comme différentes choses sont assez dans le caractère d'Alexandre, et connues d'ailleurs pour telles qu'elle les a dites, j'ai grande disposition à croire qu'elle ne les a pas forgées à son confident de qui je les tiens.

Parlant du P^{ce} Metternich Alexandre a voulu connaître l'histoire de sa liaison avec la princesse, et comment la chose s'était refroidie et à présent il avait l'air d'être tout dévoué à la Sagan. Là-dessus Alexandre a dit à la princesse: „Metternich ne vous a aimées, ni vous, ni la Sagan; c'est un homme froid, croyez-le; il n'aime ni l'une ni l'autre; c'est un être à sang-froid: ne voyez-vous pas cette figure de plâtre? Il n'aime personne." — Parlant de la Sagan, il a dit qu'on avait fait tout le possible pour la lui faire agréer. „On me l'a même placée en tête-à-tête dans la même voiture, (NB. Ce fait est vrai et connu) mais ils n'ont pas pu réussir. J'aime les sens, mais il me faut aussi l'esprit." Puis il a passé en revue différents généraux des nôtres. Il a dit du P^{ce} Schwarzenberg qu'il l'aimait beaucoup, que d'abord c'était un bon militaire, et qu'il avait une qualité unique, c'est que dans une affaire il ne pense qu'à la chose et s'oublie lui-même tout à fait, et il fait cela toujours. Il a loué après lui Bianchi[1]), disant que celui-ci avait du génie et c'était un militaire bien distingué. Après il a loué Jérôme Colloredo[2]) pour sa bravoure et sa franchise; et Louis Liechtenstein[3]) aussi. Celui auquel, après Schwarzenberg, il a montré plus d'estime est Stadion. „Mon bon Stadion, je l'ai revu avec bien du plaisir; je l'aime tant; il est si bon, si franc, si loyal." En parlant politique il a dit: „La Pologne est à nous. Elle doit nous rester, je n'y renoncerai jamais; je l'occupe avec 200,000 h.; nous verrons qui m'en chassera."

On a remarqué au bal d'hier chez la princesse qu'il a distingué la Bagration plus que tout autre, et après elle la Sophie Zichy paraît avoir plu davantage.(!) Il a dansé la seconde danse avec la Sagan, qu'il a puis(!) négligée toute la soirée. Du reste il a été en plein très poli avec tout le monde et d'un air fort gai et fort content. Il a eu une conférence d'un quart d'heure avec Humboldt, et comme il faut crier avec lui, il s'est retiré pour parler à son aise dans la chambre à coucher de la princesse. On a remarqué qu'il n'a pas même fait attention au P^{ce} Adam Czartoryski et très peu à Metternich.

Beauharnais. Il a eu l'audace de faire visite à l'Archiduchesse Bea-

---

[1]) Den Feldmarschalleutnant Friedrich v. Bianchi kannte Alexander von Dresden, Kulm und Leipzig her, wo jener sich als Divisionär ausgezeichnet hatte.

[2]) Hieronymus Graf Colloredo-Mannsfeld war Feldzeugmeister und wiederholt mit russischen Orden ausgezeichnet worden, kein Freund Metternichs.

[3]) Aloys Fürst v. u. zu Liechtenstein war Feldmarschalleutnant und, gleich den früher genannten, Kommandeur des M. Theresienordens.

trix qui l'a reçu avant-hier au soir[1]). Il eut même l'arrogance de lui parler à trois reprises de Milan, mais S. A. R. en réponse lui parla toujours du Roi de Bavière, et jamais le mot sur Milan. Au cercle il aborda le P^{ce} Khevenhüller en lui disant: „Comment vous va, Prince"? L'autre lui répondit: „Et comment se porte Votre Excellence?" Ce dialogue n'alla pas plus loin. Les Viennois souffrent de revoir ici ce drôle que les militaires estiment comme militaire mais tout le monde méprise et déteste pour son hypocrisie, sa morale, ses mœurs et surtout sa fourberie. Il faut entendre là-dessus les Italiens et l'exsénateur Guicciardi et l'expodestà de Venise Renier et tous ceux qui ont eu à faire à lui. En général les Italiens préféraient Napoléon à Eugène, parce qu'ils disaient: „Napoléon est fier, cruel, vendicatif, mais il ne se cache pas, et l'autre est faux, traitre, fourbe et n'a jamais fait la fortune de personne".

Souverains étrangers, opinion publique sur eux et leur séjour à Vienne. Tous les Autrichiens sont enchantés du role dignitœux et magnifique que joue notre cour à cette occasion à jamais mémorable et sans exemple. On est surpris et charmé de sa magnificence vraiment impériale et qui a un air si solide. On dit ouvertement que notre cour n'est plus à reconnaître. L'élégance des équipages, le bon gout, le bon ton de ses gens etc. tout a une physiognomie si différente de l'ancienne qu'on serait tenté de crier au miracle, car tout ceci s'est fait tout d'un coup. Mais ce qui flatte davantage l'amour propre national, c'est de voir comment les souverains étrangers se conduisent tous envers notre empereur, qu'ils ont tous l'air de regarder comme le premier d'entre'eux et qui, de son côté, montre tant de bonhomie et de véritable grandeur, sans orgueil, et avec ce ton paternel qui lui gagne tous les cœurs, même des étrangers, desquels j'ai entendu moi-même ses éloges, surtout des Italiens et des Allemands. Celui qui plait d'avantage décisivement parmi les princes étrangers c'est le Roi de Prusse. Son maintien sage et modeste avec dignité, son air militaire et jusqu'à son corps et sa figure, ont obtenu la préférence, même auprès des dames à ce roi sur Alexandre. On trouve à celui-ci tour à tour un ton affecté mêlé de russe et de français, et personne ne se fie à ses extrêmes politesses de commande. Il passe pour Grec, léger, inconstant, et en même temps boutonné, altier, mais surtout plus loin de nous que n'était un Prussien du temps de Frédéric le Grand; bref il ne plait pas, et on ne s'y fie pas. On dit aussi du bien du Roi de Danemarc, et l'on est enchanté de voir ici le Roi de Bavière qui plait par ses manières ouvertes. Tout le monde préfère l'Impératrice de Russie, qui a un air si aimable et bon, aux deux Grandes-duchesses dont celle d'Oldenbourg passe pour une intrigante de première espèce et fausse au dernier point dans le temps qu'on lui reconnaît beaucoup d'esprit et d'érudition politique, et grande envie de plaire et faire effet. Le discours du mariage de celle-ci avec l'Archiduc Charles commence à se

---

[1]) Maria Beatrix war die Erbtochter von Modena, Witwe Herzog Ferdinands und Mutter Franz' IV.

refroidir. Les Italiens en étaient enchantés, je veux dire les Milanais, dans l'espoir que l'Archiduc serait Gouverneur du Royaume de Lombardie et tiendrait avec elle une cour brillante à Milan, ce de quoi ce grand et beau pays ne peut pas se passer. Du Roi de Würtemberg personne n'en parle; il y a une forte cabale contre lui en Allemagne; les savants, les philosophes, les constitutionnistes jettent les hauts cris sur son despotisme et sa fierté. Cette aversion s'est propagée jusqu'à Vienne. Le Prince héréditaire, qu'on dit chef du parti contre le gouvernement actuel de son père, plait généralement à tout le monde, de même que celui de Bavière qui passe pour autrichien dans l'âme. On parle peu ou rien des autres princes des maisons souveraines. Les grandes têtes couronnées absorbent toute la curiosité et l'attention du public.

Congrès. Voici ce qu'on débite (et qui ne fait pas un bon effet): on est bien loin de s'entendre, encore moins de s'être entendu, sur les grandes questions à résoudre. La Russie commence à bouder. Elle veut la Pologne. L'Europe ne peut pas la lui accorder. La France voit mal volontiers les Pays-Bas réunis à la Hollande, Talleyrand travaille pour revenir sur ses pas pour cette cession. Le Danemarc demande une indemnisation. La Prusse veut la Saxe. Castlereagh a présenté une note, dans laquelle il fait entendre que l'Angleterre ne peut pas permettre que la Pologne entière devienne au reste russe. Le Pape ne cédera jamais les légations. L'Espagne ne démord pas de son Royaume d'Etrurie, ou d'un équivalent et du retour à sa famille de celui de Naples. Campochiaro fait courir une note pour prouver que Murat est Roi de Naples aussi légitime que tous les autres souverains qui l'ont reconnu, et qu'il est de l'intérêt de tous de le conserver. Beauharnais, quoique Français, prétend un état en Allemagne; cela fait frémir tous les Allemands qui céderaient toute l'Italie plutôt qu'un pouce de terrain à ce Français napoléoniste en terre allemande. Les affaires sont embrouillées, n'avancent pas, et malgré tout ce qu'on a fait, dit, et promis, la guerre est bien loin d'être impossible, comme on croyait avant l'ouverture du congrès, qui selon les uns n'a pas encore commencé, et selon les autres ne peut pas avancer, vue la contradiction et l'opposition des idées, des prétentions et des intérêts de tant de puissances. Je crois que tout est vrai pour les principes, et peut-être tout est faux ce qu'on dit des faits; mais voilà ce qui court la ville et les maisons....

Nouvelles d'Italie. Beaucoup de troupes autrichiennes marchent de la Lombardie vers Bologne... Le Pape a permis à une société anglaise de faire fondre en bronze deux chevaux comme ceux de Monte Cavallo. La commission en est donnée à Canova. Cette opération coûtera 60,000 Livres Sterling, et le monument sera transferé à Londres et placé en honneur de Wellington dans cette capitale.

Johnson, agent anglais, est arrivé de Londres ici le 29 septembre. Cet homme, si connu à Vienne et partout, dans une semaine part pour Pise pour soigner sa santé, ce qui est très vraisemblable parce qu'il est attaqué à la poitrine, mais dans le choix de ce séjour je crois que des raisons politiques entrent aussi. On sait que c'est lui qui a fait le projet l'an 1813 à l'Angleterre de faire soulever l'Italie par le charme de la liberté et de l'indépendance nationale et a proposé à Lord Bentinck de retirer ses troupes de l'Espagne et les employer plutôt à une diversion en Italie ce qui a été fait, mais plus tard qu'on aurait dû. Hors m'ayant dit lui-même hier au soir que Bentinck avec son épouse retourne derechef et bientôt en Italie, qu'il a derechef le commandement en chef de toutes les troupes anglaises dans la méditerranée, et qu'il passera certainement l'hiver à Pise, je dois croire que Johnson s'établit dans cette ville pour être à la portée de servir son chef et travailler avec lui.... Lors de l'éxécution du projet ci-dessus cité on a formé 3 bataillons de volontaires italiens, et on leur donna en effet des drapeaux „per la libertà d'Italia"; dall'Ost fut nommé chef d'un de ces bataillons qui étaient levés et payés par l'Angleterre. Ces bataillons n'ont pas encore été dissous et sont encore dans le Genovesat... En parlant de cette indépendance italienne Johnson m'a dit qu'il y eut un temps, où il fallait chauffer cette idée en Italie, mais qu'à présent il faut travailler à l'étouffer, car on n'a plus besoin en Europe que du repos.

3. Okt. (Siber)

Kaiser Alexander fuhr Nachts halb zehn in einem Stadtlohnwagen, allein von seinem russischen Leiblakai begleitet aus und kam nach Mitternacht zurück, was öfter geschieht. Der Kaiser fährt Nr. 54 in das fürstl. Palm'sche Haus in der Schenkenstraße, in welchem die Herzogin von Sagan und die Fürstin Bagration, und zwar beide im ersten Stock, wohnen. Eine Gräfin Cl. und mehrere hübsche Personen bemühen sich um K. Alexander, werden aber von Wolkonsky fortgeschickt. Der Kaiser ist sehr zufrieden mit Wien. Er sagt, er habe sich auf allen seinen Reisen nirgend so vergnügt befunden als in Wien. Seine Russen sei er gewohnt. In jenen Staaten, welche er während des Feldzugs durchreiste, habe er viel Elend und viel mißvergnügte Menschen gefunden. In England sei der Schwall von Menschen zu groß. Österreich allein besitze das Wahre, was Vergnügen verschafft, da es das Mittelding von allen Nazionen in sich enthält, und man in allen Handlungen weder zu extrem noch zu eingeschränkt sei.

3. Okt. (Goehausen)

[Am ersten Oktober war bei der Bagration Ball; K. Alexander kam um halb elf und tanzte bis vier Uhr. — Baron Stein hat seit ein paar Tagen einen vertrauten Lohndiener, und man hofft, in die Kenntnis seiner Privatkorrespondenz zu gelangen. — Das Publikum äußert sein Wohlgefallen, daß der Franzose nicht überall bei den Konferenzen dabei ist. — Baron v. Böhnen[1]), ehemals intim mit Herzog Karl von Württemberg, jetzt in

---

[1]) Der königl. bayr. Rat Baron von Böhnen wird im Gefolge des Königs von Bayern genannt.

bayrischen Diensten, vermittelt die unangenehme Korrespondenz des Kronprinzen von Württemberg mit seinem bayrischen Schwiegervater...]

3. Okt. (Schmidt)

[Fürst Adam Czartoryski ist angekommen. Er will hier einen Menschen aufnehmen; man wird beflissen sein, ihm einen verläßlichen Mann zuzubringen, um durch ihn näheres zu erfahren. Czartoryski ist stets von der Kaiserin (von Rußland) gern gesehen. Nesselrode und Stackelberg befürchten seinen Einfluß auf den Zar, den er, seit Rumanzoff fort ist, leicht gewinnen kann, „weil er bekanntermaßen die Franzosen hasset". Fürst Wolkonsky sieht den Einfluß der Großfürstin Katharina nicht gern. Einige Polen hoffen, Erzherzog Karl werde, wenn er die Großfürstin heirate, das Königreich erhalten, andere, Alexander werde es Czartoryski geben, wie es ehedem Poniatowski bekam.]

Zum Vortrag vom 5.

4. Okt. (Goehausen)

... Aus den Umgebungen der sächsischen Häuser hat man über Bon Stein noch folgende Bemerkung gehört: Er arbeitet allerdings an der Wiederherstellung der deutschen Krone für unsern Kaiser, da er nur in einer klug gewählten Größe Österreichs die mögliche Behauptung der deutschen Freiheit sieht[1]). Er besteht daher auch auf der Erneuerung der Verfassung der Reichsstädte und der Reichsritterschaft und sucht aus letzeren einen Mittelstand zu bilden, der, fest vereint, jedem Eingriff mächtiger deutscher Fürsten die Wage halten und eine Stütze des deutschen Kaisers sein soll[2]). Obgleich er dermal in russischen Diensten ist[3]), so behauptet man doch, daß er zwar dem Kaiser ergeben, aber kein Freund dieser Nazion sei, und daß er, sobald seine Pläne realisiert sein werden, den russischen Dienst verlassen wolle..

Man weiß von Bon Stein bestimmt, daß er den Königen von Bayern und von Württemberg sehr abgeneigt ist, daß er aber dagegen den beiderseitigen Kronprinzen, und besonders dem von Würtemberg, ergeben ist, welch Letzterer auch die Gabe hat, der Eitelkeit und dem Ehrgeiz dieses Mannes zu schmeicheln.

---

[1]) Wir wissen, daß Stein auf dem Kongreß, Mitte Februar 1815, mit der Kaiseridee hervorgetreten ist. S. unten.

[2]) Über die Zuziehung der Reichsritterschaft siehe Steins Noten zu Hardenbergs Verfassungsentwurf bei Schmidt, a. a. O. S. 180.

[3]) Das war die allgemeine Annahme. Auch Hardenberg nennt ihn in einer seiner Noten einen russischen Minister im Sinne von Bevollmächtigten. Angeberg, Congrès de Vienne 1. 486: „les deux ministres russes".

Zum Vortrag vom 6.

4. Okt. (**)

...Graf Spaur[1]), der dem russischen Kaiser bekanntlich entgegengeschickt worden war, sagt: „K. Alexander ist ein wilder Mensch, man kann sich von dessen Wildheit gar keinen Begriff machen." Die in Wien gegenwärtig anwesenden auswärtigen Könige und derselben Suiten können ihre Eifersucht nicht bergen, daß alle honneurs so evident für den russischen Kaiser, der persönlich doch nichts ist als ein Wildfang, vorzugsweise sind. Die Wiener Damen beschweren sich auch über die Unarten der Engländer im Appartement bei Hof, die keiner Dame Platz gemacht, die im Appartement ihre Damen Arm in Arm geführt haben durch den ganzen Zeremoniensaal vom Eingang durch alle Personen bis zum Dais.... Unser Fürst Metternich hat gar zahlreiche fremde und einheimische Feinde, die mit dem Kongreß den Fürsten sprengen möchten: H. v. Hammer und andere Beamte aus der Staatskanzlei, die ganz furios sind, daß lauter Extranei, als z. B. Graf Mercy und Herr von Handel, (als welcher eine schöne Gemalin hat, eine geb. Gräfin Bergheim aus München) dort Hofräte wurden.... [Der König von Bayern klagt über die an die Etiquette verschwendete Zeit. Der König von Dänemark will durchaus ein Nonnenkloster sehen. Bon Linden (Württemberg) beschwert sich, von Metternich weder Sonntag zum Diner, noch Montag zum Souper geladen worden zu sein.]

5. Okt. (Schmidt)

Der Vertraute H(ebenstreit?) berichtet: „Nach vielfachen fruchtlosen Versuchen, dem Czartorisky näher zu kommen, habe ich ihn endlich durch Vermittlung des Grafen Rechberg zu sprechen Gelegenheit gehabt. Meine Erkundigungen betrafen die polnischen Familien Zboinski, Suminski, Osnialowski, Mioduski etc., denen ich bei einer Reise durch Polen persönlich bekannt wurde und die mehr oder minder an der Insurrection im J. 1806/7 theilgenommen haben. Ich gieng sodann unmittelbar auf die jetzige und ehemalige Verfassung Polens über und fand auch hier die Bemerkung bestätigt, daß die Wiederherstellung Polens, gleichviel unter welchem Scepter, der sehnliche Wunsch aller Magnaten sei.... Um das Verhältniß des russischen Hofes im Betracht auf Polen und in Rücksicht auf Preußen auszumitteln, ist es mir endlich durch den großherzoglichen Kammerkompositeur Meyerbeer (im Rothen Igel) gelungen, soeben die Versicherung zu erhalten, mit dem preußischen Hofrat Zerboni bekannt zu werden. Mein Interesse bei dieser Bekanntschaft mußte ich ebenfalls durch Erkundigungen nach verschiedenen Familien beschönigen..... Der bayrische Kämmerer Graf Carl v. Rechberg versprach mir gestern, meinen Copisten, Namens Ezler, in der Kanzlei seines Bruders, des Gesandten, zu verwenden. Der Mensch ist mir ergeben und sodann gut zu benützen..."

---

[1]) Friedrich oder Franz; beide waren Kämmerer des Kaisers.

Die allgemeine Stimmung ist gegen den König von Württemberg. Das Publicum kann es nicht vergessen, daß er mit bedecktem Haupte in unserer Residenz eingefahren ist. Der König von Preußen und Dänemark haben den größten Beifall.... Die größte Behutsamkeit herrscht bei der englischen und französischen Gesandtschaft.

5. Okt.

L'attachement des Suisses (qui ont ici un si grand nombre de députés) aux Russes et aux affidés de l'Empereur Alexandre, ainsi qu'à Talleyrand et ses amis, saute aux yeux de tous les étrangers qui en parlent même publiquement. Les Suisses veulent faire entendre à la France qu'ils sont les seuls sur lesquels la France peut compter en cas de besoin; ils attendent de cette puissance un grand appui pour leur conservation et disent que Napoléon a même jugé nécessaire de les conserver. Ils seraient même prêts aux sacrifices les plus bas envers la France pour en être protégés. Ils croyent que l'Empereur de Russie est totalement de cet avis et ne cessent de le tourmenter à cet égard par M. de la Harpe et Jomini[1]). Je demandai au P^{ce} de Ligne si M. de la Harpe est réellement porté pour les Suisses, ayant entendu le contraire en bien des endroits. Il me dit: „Si La Harpe n'est pas disposé pour les Suisses ils en sont seuls la cause, et leur dernière conduite peut bien avoir détourné également les sentimens de l'Empereur Alexandre en leur faveur. Entre nous: j'aime la Suisse, mais pas les habitants."

5. Okt.

... L'on parle beaucoup d'une note très forte que doit avoir remise M. de Talleyrand au sujet de la Saxe et du Royaume de Naples, et l'on accuse notre gouvernement d'être le seul soutien de ce reste de la révolution que l'on affecte de regarder comme très dangereux. Il n'y a que les Russes qui ne prennent aucune part à tout ceci et semblent croire que leur affaire n'est et ne peut être aucun sujet de discussions, que tout ce qu'ils ne conserveront pas des provinces qu'ils occupent n'est qu'une suite de la condescendance de l'empereur pour le roi. La ligne qu'ils conserveraient serait de Cracovie à Thorn, ce qui me fait croire que ceci est un projet arrêté et que les personnes qui entourent l'impératrice et ont toujours été les censeurs de l'empereur, parlent le même langage; ils regardent tous leur droit sur le Duché comme incontestable et sont très mécontents que Danzic ne leur reste point...

---

[1]) Auch der Schweizer Jomini, der berühmte Stratege, der in Rußland Generaladjutant geworden war, am Feldzug in Frankreich aber nicht teilgenommen hatte, fand sich in Wien ein und arbeitete an Denkschriften für den Kriegsfall. Was die Schweiz betraf, so gingen damals allerdings Gerüchte um von einem „grand revirement qui aboutirait au partage de la Suisse", wie ein Berichtleger am 1. Oktober aus einer Unterredung mit dem holländischen Bevollmächtigten Spaen mitbrachte.

5. Okt.

.... J'ai recommencé à fréquenter la maison de Mme Zielinska ci-devant favorite du P^ce Eszterházy. Un anglais nommé Griffith[1]), qui dans ce moment est l'ami avoué de cette dame et demeure même chez elle, y attire plusieurs Anglais de l'ambassade. À les entendre parler, on croit s'appercevoir que le rétablissement de la Pologne entre dans les desseins de leur gouvernement.....

Zum Vortrag vom 7.

5. Okt.[2])

[Unterredung mit D'Arnay, ehedem Cabinetssecretär und General-postdirector des Königreichs Italien, in der Wohnung Beauharnais' im „Kaiserhaus". D'Arnay erzählt u. A.)] que, au moment de la retraite de l'armée d'Italie, il avait conseillé au Prince (Beauharnais) de se renforcer dans Venise et de tenir cette place-là jusqu'à la paix, vu qu'il n'aurait pas pu en être chassé et vu qu'il croyait inévitable l'occupation de la France par les alliés; — que le prince avait adopté son conseil, et même l'avait chargé de lui amener à Venise la Princesse son épouse et toute la famille, ainsi que les effets les plus importants, mais que ses aides de camp lui ont fait changer d'avis; — qu'il avait donné ce conseil appuyé aussi à la circonstance que les habitants de Venise étaient plus soumis que les Lombards et ils avaient du respect pour le prince, tandis qu'il n'était point du tout aimé à Milan, comme on a pu connaître par les événements arrivés dans la suite; — que Napoléon n'avait pas donné depuis longtemps des instructions au prince, que lui D'Arnay le sollicitait de traiter avec les puissances alliées, mais que le prince n'a pas voulu s'y résoudre faute d'instructions, parce qu'il lui semblait de manquer à ses devoirs et à son honneur s'il l'eut fait sans autorisation; — qu'à présent le prince était très occupé pour rendre des visites à tous ceux qui peuvent avoir de l'influence au congrès; — qu'il tenait pour sûr d'obtenir un établissement, comme on le lui avait promis, que cela aurait pu être en Italie, qu'il croyait cependant très difficile d'avoir Venise, considérant que l'Autriche avait fait tous ses efforts pour la garder; — qu'il aurait pu arriver qu'on accordât au prince les trois légations....

6. Okt (Nota)

La P^osse Bagration a été extrêmement fâchée hier de ne pas avoir été invitée au bal qu'a donné S. M. l'Impératrice à la cour. Elle espérait l'être pour le rang qu'elle occupe à la cour de Russie, et plus encore par la faveur

---

[1]) Englischer Schriftsteller und diplomatischer Funktionär auf Elba, seit längerer Zeit in Wien und in offenkundiger Beziehung zur Gräfin Zielinska.

[2]) Unterschrift weggeschnitten. Der Berichterstatter scheint in Italien eine Stellung gehabt zu haben.

marquante dont l'honore l'Empereur Alexandre. Je suis à présent convaincu que mon idée, que le parti de l'opposition serait établi chez cette dame, est un fait réel. Le ton de plusieurs employés russes du cabinet que j'y ai trouvé hier, et l'aveu même de la princesse, me l'ont confirmé. C'est Anstett qui est à la tête. On a mal fait de laisser cette maison à découvert. On y regarde le côté opposé, le côté droit, je veux dire la maison de la Sagan, comme le pays ennemi, et il me paraît très vraisemblable qu'Alexandre n'y mettra pas le pied, ce qui blesse furieusement la duchesse et enfle sa rivale triomphante. Encore avant-hier Alexandre arriva tout seul à la porte de la maison pour visiter la Bagration; mais ayant vu beaucoup de voitures dans la cour il crut qu'elle avait du monde et rebroussa chemin. La pauvre princesse l'attendait toute seule et l'attend encore.

Voilà ce qu'on dit dans le haut public: Il y a trois jours que Talleyrand a eu une longue conférence avec Alexandre sur la Pologne[1]), que celui-ci veut garder en dépit du danger visible que courrait l'Europe. Alexandre a prononcé le mot de „guerre" s'il le faillait pour conserver cette occupation qui écrase l'équilibre et la paix future, et Talleyrand a eu le courage de lui faire remarquer que dans ce cas il faudrait lui retirer le beau titre qu'on lui avait accordé de „libérateur de l'Europe" et lui en donner un autre. On dit que plus tard Alexandre, vers le soir, devint plus traitable et que la chose a pris une autre couleur et plus favorable. Je sais qu'avant-hier l'Empereur Alexandre a travaillé dans son cabinet avec ses ministres plusieurs heures et les secrétaires n'ont pu dîner qu'au soir, car ils devaient achever dans le jour un mémoire assez long et le remettre à leur souverain. Woronzoff et Bulgakoff étaient du nombre[2]).

Zum Vortrag vom 8.

6. Oktober (Goehausen)

In Erledigung des hohen Auftrags vom 15. des vorigen Monats hat man rücksichtlich des in der Anlage behandelten Zacharias Werner[3]) gehorsamst zu berichten: Derselbe ist bloß Titularhofrath von Hessen-Darmstadt; er ist zugleich Weltpriester und hat sich als solcher seit einigen Jahren in Aschaffenburg aufgehalten. Er ist ein stiller gutmüthiger Mensch, der aber von jeher eine schwärmerische Einbildungskraft hatte. Schon in seinen „Söhnen des Thals" neigte er zum Mystizismus hin. Später schrieb er „Die Weihe der Kraft" und, nach seinem Übertritt zur katholischen

---

[1]) Da der Bericht vom 6. datiert ist, hätte die Unterredung am 3. oder 2. stattgefunden. Nach Talleyrands Bericht an den König Ludwig fand sie am 1. statt; doch ist diese Zeitbestimmung nicht ganz klar. (Pallain-Bailleu, S. 15.) Steins Tagebuch weist auf den 2. Oktober..

[2]) Woronzoff, der nicht im offiziellen „Guide des étrangers" erscheint, dürfte dem russischen Gesandtschaftspersonal als jüngere Hilfskraft angehört haben.

[3]) Des Romantikers, der, nunmehr katholischer Priester, in Wien durch seine Predigten Aufsehen erregte.

Religion, „Die Weihe der Unkraft". Sein Benehmen ist ziemlich gemein geworden, denn er hat einige Zeit als Einsiedler gelebt und in Italien den Namen „il santo" geführt. Allem Anschein nach hat ihn bloße Neugierde während des Congresses nach Wien geführt, indem er hier gar keine Verbindungen hat und vorläufig nur von dem Professor Dannecker, dann von dem Buchhändler Cotta aus Stuttgart, wohnhaft in der Stadt 655, besucht wird, und überhaupt den hiesigen Gelehrten bekannt ist, die aber wenig Notiz von ihm nehmen[1]). Seine Reiseroute ist, nach Inhalt des Passes, vorerst nach Berlin bestimmt. Sein Absehen ist aber, mit der päpstlichen Nuntiatur von hier nach Rom zu gehen und auf immer dort zu verbleiben. Im Kloster der Serviten bekömmt er keine Besuche. Man findet bei ihm weder Schriften noch weltliche Bücher. Was er schreibt hat eine mystische Tendenz, und er bereitet sich zum Prediger-Amte vor. Zu seiner Lebensgeschichte gehört auch, daß er auf der Universität zu Königsberg in Preußen, wo er gebürtig ist, die Kameral-Wissenschaften und die Rechte studierte, dann als Kammersecretär in Warschau eine Anstellung bekam, durch die Insurrekzion in Polen aber dienstlos wurde. Er besucht hier, jedoch selten, den päpstlichen Deputirten Cardinal Consalvi und gibt übrigens zu keiner besonderen Bemerkung Anlaß.

7. Oktober (Schmidt)

Von dem Vertrauten H(ebenstreit) ist folgender Rapport eingegeben worden: „Ich habe die sichere Überzeugung erhalten, daß der Buchhändler Cotta aus Stuttgart als Bevollmächtigter der Buchhändler Deutschlands in den weiteren Verhandlungen des Congresses den Antrag auf „allgemeine Preßfreiheit" formiren wird. Dieser Antrag hängt mit jenem auf die „Abschaffung des Nachdrucks" enge zusammen und ist gleichsam das Fundament desselben. Wird Letztere von unserem Staate bewilligt und Erstere nicht gestattet, so geht der Buchhandel hieselbst zu Grunde, indem außer unbedeutenden Kleinigkeiten hier nichts weiter gedruckt werden kann, da Cotta, der ansehnlich honoriert, die Schriftsteller Wiens unbedenklich bestimmen wird, für ihn allein zu arbeiten. Der Meinung Einiger, daß er durch seine hiesige Anwesenheit einem Vermögens-Bankerott vorbeugen wolle, kann ich bestimmt widersprechen, weil er, allen Erkundigungen zufolge, seine Geschäfte sehr solide betreibt und, wie er mir selbst eröffnet hat, seine literarischen Institute beträchtlich auszudehnen beabsichtigt. Der mit ihm und in seinem Hause befindliche Professor Dannecker aus Stuttgart ist als ein geschickter Bildhauer bekannt und seine Anwesenheit hat wohl keinen anderen Zweck als die Befriedigung der Neugierde und das Projekt, ein Monument wegen der Schlacht bei Leipzig auszuführen, weshalb er sich schon früher an Seine Durchlaucht den Fürsten Metternich verwendet hat."

---

[1]) Cotta war mit dem Bildhauer Dannecker nach Wien gekommen.

Der bayrische Hof schmeichelt sich mit dem Besitze von Salzburg, bedauert aber tief die Abtretung des Innviertels. Die Umgebungen desselben sehen solche als Folge der Nothwendigkeit und Erhaltung der allgemeinen Ruhe an. Sie schimpfen im eigentlichen Sinne des Wortes auf den König von Württemberg und nennen ihn „das württembergische Monstrum". Sie erzählen als eine Anekdote, die bei Hofe zur Sprache gekommen ist, daß die Engländer ihn als eine sehr dicke unförmliche Carricatur mit einem großen Hosenknopfe, worauf das Königreich Württemberg gezeichnet worden, vorgestellt und ihn mit erhobenen Händen haben ausrufen lassen: „O, wie unglücklich bin ich, daß ich mein Land nicht übersehen kann".... Der Kronprinz von Württemberg gefällt überaus den Damen. Die Damen in Österreich haben aber weder politische Tendenz noch politischen Einfluß. Sie sind nur als ein Dépôt der Meinungen zu betrachten.

Viele Abgeordnete der kleinen Höfe und sonstigen Korporationen und Städte fangen schon an über Theuerung zu klagen, weil sie größtentheils schon ihre Baarschaft aufgezehrt haben.[1]) Es wäre sehr vortheilhaft, wenn von ihnen 1) ein förmliches Gagen-Etat angefertiget und 2) sie noch eine Zeitlang hingehalten werden könnten. Sie müssen sodann unbedenklich in die Lage kommen, Nebenwege zu suchen, und dann wird es überaus leicht, sie durch Höflichkeiten und ein Souper zur Offenbarung der gesamten Heimlichkeiten zu bestimmen.... Der schwierigste in dieser Hinsicht ist bis jetzt immer noch der Freiherr von Stein, und mir noch kein andres Mittel bekannt als durch Zerboni (Spiegelgasse, Casino), den Bevollmächtigten des preußischen Hofes zu Warschau, Vorkehrungen zu treffen, seine Staatsverhältnisse kennen zu lernen.

7. Okt. (Nota)

... Le Cte de Münster est sans fièvre et sous peu de jours il peut vaquer aux affaires[2]). Alexandre a envoyé demander de ses nouvelles hier, „ce qui

---

[1]) Die Teuerung in Wien hatte bereits Anfang Juni 1814, insbesondere dadurch begonnen, daß die Fleischer ohne zureichenden Grund mit den Preisen aufschlugen. Graf Beroldingen, der württembergische Gesandte, schrieb am 18. Juni nach Hause, Kalbfleisch koste nunmehr 30 bis 33 Kreuzer Wiener Währung, eine Klafter gutes Holz 50 Gulden ohne Fuhrlohn, Hacken und Schneiden, eine kleine Wohnung in der (inneren) Stadt, bestehend aus Zimmer, Kammer und Küche im dritten oder vierten Stockwerk wenigstens 300 Gulden jährlich. Baron Müller (Schweiz) nennt in einem Bericht an den Landammann vom 8. Juni die Teuerung eine erkünstelte. Ein Beamter bei der Obersten Justizstelle, Forstner, bestätigt dies in einem Schreiben an seinen Bruder vom 3. Juni, worin er auf den „äußerst luxuriösen Lebenswandel der in Üppigkeit schwelgenden Gewerbsklasse der Fleischhauer" verweist, die mutwillig die Preise erhöhten und die er als „Blutegel" bezeichnet. (Interzepte M. J.)

[2]) Graf Herbert Münster, Bevollmächtigter für Hannover, hatte bald nach Beginn der Verhandlungen durch das Umschlagen seines Wagens einen ernsten Unfall erlitten.

a fait sourire un peu le malade". Je le sais de la personne qui était présente.
— Talleyrand a fait sa visite avant-hier le soir à la P^esse Bagration. Celle-ci,
comme de raison, l'a trouvé peu intéressant dans la conversation et très peu
causant, bref, presque insipide. — Le Prince Léopold de Sicile[1]) a été avant-
hier voir le Roi de Bavière. On est venu dans le discours sur Murat. Le roi
a dit au prince les paroles suivantes qu'il a écrit à son père: „Sans doute
qu'il faut chasser ce coquin. Ce n'est pas assez, il faudrait le pendre. Qui
a mérité la potence plus que lui? Moi, moi je sais toutes ses fredaines. C'est
à moi qu'il faut demander? C'est un scélérat qui n'a jamais eu de semblable." Le duc d'Acerenza[2]) s'est démis du service de Russie et va partir
un de ces jours pour Sicile. Il cherche une place diplomatique de cette cour
dans l'étranger. Le Général de Witt me dit qu'il n'y a pas à douter que l'Empereur Alexandre, ayant solennellement engagé sa parole de rétablir le
Royaume de Pologne, ne persiste invariablement à remplir sa promesse malgré
l'opposition de l'Autriche et de la Prusse, qui, d'après le traité d'alliance, sont
convenues de rétablir l'ordre des choses où elles étaient avant l'année 1792.
M. de Witt prétend que l'Empereur de Russie fera dans 15 jours un voyage
en Hongrie, et que ce sera la marche du congrès qui décidera si l'empereur
revienne à Vienne où bien s'il retourne tout droit en Russie, prenant la route
de Kaschau. M. de Witt ajouta que ce voyage de l'empereur peut bien
prouver son estime pour la nation hongroise et son affection particulière
pour S. A. I. le Palatin son beau-frère[3]). Par le discours de M. de Witt
j'ai pu m'appercevoir que le Général La Harpe influe beaucoup sur l'esprit
de l'Empereur Alexandre, et comme ce général est en même temps lié avec
le P^ce Adam Czartoryski, on s'explique la raison qui le fait tant rechercher
par les Polonais. D'ailleurs il est étonnant de voir de quelle grossièreté
et insolence se conduisent tous les Russes qui se trouvent dans la suite de
l'empereur. Quel contraste avec la politesse des Prussiens et des autres
étrangers. Même les personnes de l'ancienne ambassade (russe) s'en plaignent.

7. Okt (* *)

... Die französische und spanische Congreßgesandtschaften interpretiren
den 32. Artikel des Traité de Paris vom 30. May in sensu latissimo, Inhalt
dessen alle von einer und der andern Seite im gegenwärtigen Krieg begriffene
Potenzen berufen und befugt sind, Bevollmächtigte nach Wien zu schicken
zum Congreß, um den Pariser Traktat zu verifizieren, § 3 des Friedens wegen
des Rheinthalwegs, § 5 wegen der Rheinschiffahrt, endlich die zu unbestimmt abgefaßte Verfügung § 5 auf dem Congreß zu untersuchen, zu be-

---

[1]) Leopold, der jüngste Sohn Ferdinands IV., war zum Kongreß gekommen, um die Interessen seiner Dynastie in Neapel wahrzunehmen.

[2]) Der Herzog v. Acerenza war mit einer der galanten Schwestern von Kurland, Johanna, verheiratet.

[3]) Der Palatin von Ungarn, Erzherzog Joseph, war mit Alexanders ältester Schwester Alexandra verheiratet gewesen, die 1801 starb.

stimmen, wie auf allen und jeden Flüssen überhaupt die Erleichterung der Communication zwischen den Völkern, die betreffende Schiffahrt reguliert werden möchte, § 6, Inhalt dessen die deutschen Staaten unabhängig, aber durch ein Federativ-Band untereinander verknüpft bleiben. Die §§ 18, 19, 20, 21, 22, 23, 24 bis 31, die allgemeinen Dispositionen betreffend wegen der Schulden, Contributionsgelder, Auslieferung der Papiere etc., endlich alles, was Italien und NB. was das Haus Bourbon in Italien betrifft, interessirt Frankreich und Spanien, sagt mir H. Duc de Dalberg, den ich oft und vertraulich sehe. „Il n'y a plus de puissances alliées depuis le traité de Paris; la France doit intervenir au congrès comme l'Angleterre, comme l'Autriche, comme la Russie, comme la Prusse." Weiters sagte er mir gestern Vormittag: „C'est scandaleux, comment se traîne ce congrès; Talleyrand y a été une fois, je n'y ai pas été invité; il n'y a assisté à cette conférence que les ministres, secrétaires d'Etat seuls, sans les ministres adjoints. On n'a fait que mystifier Talleyrand; on lui a dit qu'on était convenu de beaucoup de choses, et quand Talleyrand demandait savoir de quoi, on lui a répondu que c'était un secret que l'on était convenu de ne dire qu'à une certaine époque". Dalberg fährt fort: „Wir wissen wohl, was es ist: c'est le Duché de Varsovie, c'est la couronne de la Pologne qui est cédée à la Russie, c'est la Saxe qui est cédée à la Prusse — ils savent bien que Talleyrand, Labrador et moi, nous prenons la poste et que nous retournons à Paris au moment que l'on nous mettra dans la confidence de ce secret. Nous ne comprenons rien à la politique de M. de Metternich; s'il donne la couronne de la Pologne à la Russie, en moins de 15 ans la Russie aura chassé les Turcs hors l'Europe, la Russie sera plus dangereuse pour la liberté de l'Europe que jamais ne l'a été Napoléon. La Prusse s'abandonne à la Russie, peut-être la position géographique de cette puissance l'exige-t-il. Mais l'Autriche, au lieu de concourir de travailler à la prépondérance de la Russie, pourquoi aujourd'hui ne se tient-elle pas bien sincèrement à la France pour, de concert, s'opposer à ce colosse qui va écraser l'Autriche et toutes les autres puissances[1]".

Der badensche Gesandte Baron Hacke steckt sehr viel bei Talleyrand. Baron Hacke ist des Herrn von Talleyrand getreuer Spion und Zuträger von allem, was in Wien in den Häusern bei Metternich, bei S. M. dem Kaiser, bei den in Wien anwesenden fremden Souveränen vorgeht; er ist auf der andern Seite zugleich der Agent und Zuträger des Grafen Rechberg und des bairischen Hofes; Bon Hacke ist nicht der Freund unseres Hofes, nicht des F. Metternich.

H. v. Dalberg sprach mir von M. Aldini. Er sagte: „H. Aldini ist ein Mann von außerordentlichen Talenten, der ganz Italien im innersten kennt. Aber er ist einer von jenen exzentrischen Italienern, die ganz Italien wirklich zu einer und derselben Monarchie bilden und erheben wollen, deren Sitz Rom

---

[1] Auch Talleyrand hatte ursprünglich von Metternich die Auffassung, daß er den Plänen Alexanders nicht entgegen sei.

sein soll, und nach deren Plan Venedig, Mailand, Turin, Florenz und Neapel Statthalterschaften sein sollen. H. Aldini colludirt mit König Murat, der noch heute diesen Plan hat. Der Vizekönig hatte nie das Talent, um diesen Plan mit Italien, den er einen Augenblick hatte, durchzusetzen." H. v. Talleyrand passirt alle seine Abende bei Madame de Sagan, wo er das Geheimniß des F. Metternich auszukundschaften sich schmeichelt[1]).

Zum Vortrag vom 9.

8. Okt.

Il cosidetto principe Beauharnais ha guadagnato il ministro di Prussia con cento milla Zecchini (il tutto derubato all'Italia, ben s'intende, e facente parte de' 24 millioni seco condotti quando partì per la Baviera), e questo é il soggetto del discorso tenuto giovedì dal ministro sardo a me, ed il suo segretario aggiunse a tal proposito separatamente che cento milla zecchini fruttavan di consueto al cinque per cento cinque milla zecchini, onde era un buon impiego lo spendere 100 milla per aver un reddito forse di ducento milla e piu[2]).

8. Oktober (Nota.)

L'avocat Vera est arrivé de Rome comme Envoyé du P^{ce} de Piombino pour réclamer au congrès ses états d'Elba et Piombino. Ce monsieur est le

---

[1]) Wilhelmine v. Sagan war seit 1809 die Schwägerin Edmund v. Talleyrands, des Neffen des Ministers, der Dorothea v. Kurland, ihre jüngste Schwester, geheiratet hatte. Nichts natürlicher als daß Talleyrand sie häufig besuchte.

[2]) Vienna, li 8 settembre (!) 1814. Dazu heißt es im Vortrag des Ministers Hager: „Wegen des in l. bemerkten preußischen Ministers, der vom Prinzen Eugène bestochen worden sein soll, werde ich den Namen, zu dessen Erforschung ich den rapportirenden, schon 8 bis 10 Tage verwendeten Vertrauten Goelli — (Advokat Gioelli) — auffordere, nachtragen". Am 27. Oktober berichtet Hager dem Kaiser: „In lit. l. wird Graf (!) Hardenberg als derjenige genannt, welcher laut des E. Maj. am 9. d. M. gehorsamst unterlegten Rapportes lit. f. vom Prinzen Eugène mit 100.000 Duk. gewonnen worden sein soll. Auf gleiche Weise kömmt sub. n^o g. zu bemerken, daß Fürst Radziwill einen Geldsack, welcher ihm vom Hofjuden des Kaisers Alexander zugebracht worden ist, zum Fürsten Hardenberg getragen habe". Aus dem Bericht Gioellis (lit. l.): „E il Conte Hardenberg che ha preso di certo i 100 milla zecchini dal Principe Boernais ne parlai tutt' oggi col segretario di St Marzan, e tutti riconvengono, quindi riguardo questo come cosa d'evangelio." Aus dem materiellen Bericht vom 25. Oktober über Radziwill: „Den 24. d. brachte Fürst Radziwill den Morgen zu Hause zu und empfing von Jaroschewsky (Gen.-Adj. Osharowski?) schon um 8 Uhr einen Besuch. Endlich kamen die zwei Hofjuden des Kaisers Alexander, welche ihm einen Sack mit Geld überbrachten. Es kam noch der Sekretär des Fürsten Czartorinski (!), der Staatsrat v. Ott und Fürst Rohan zu ihm. Wie dieser wegging, gab er Befehl, daß man Niemanden mehr vorlassen möchte, und er arbeitete dann bis 4 Uhr. Um 4$^1/_2$ fuhr er zum Fürsten Hartenberg (!) zum speisen, nahm aber den von den Juden erhaltenen Geldsack mit und ließ es dort. Um 8 Uhr ging er zu Hause und um 10 Uhr zu dem F. v. Metternich, von wo er um 2 Uhr in seine Wohnung zurückkehrte."

mari d'une célèbre cantatrice saxonne Melle Esler, qui a fait beaucoup de bruit en Italie ces dernières années, Elle a quitté à présent le théatre.

Le Duc d'Oldenbourg a aussi envoyé ici un ministre[1]). On a demandé à celui-ci qu'est-ce que son maître prétendait, dès qu'il n'avait rien perdu de ses anciens états qu'on lui avait rendus. Il a répondu: „Les frais de la guerre"....

La légation Muratienne, composée de six individus, fit tant que Talleyrand se trouva forcé de la recevoir. Campo-Chiaro[2]), qui prit la parole, lui dit: qu'on était venu à S. A. pour la prier que la France protégeât leur roi, vû que c'étaient eux, les Napolitains, qui plus que tout autres avaient contribué à remettre les Bourbons sur le trône. Car si Murat avait réuni au vice-roi ses 100.000 h., ils auraient forcé les coalisés à repasser le Rhin et n'auraient pu arriver à Paris; qu'ils espéraient que par là les Napolitains et leur roi avaient beaucoup mérité des Bourbons. Talleyrand lui répondit: „Sans doute, vous avez mérité, mais pas assez. Vous dites avoir rétabli les Bourbons sur le trône, mais vous ne les avez pas rétablis tous. Achevez votre ouvrage, et votre mérite sera parfait." Il ajouta à cela que, bien loin de protéger l'usurpation de Murat, il leur avouait qu'il avait des ordres précis d'exiger qu'on rendît ce royaume à son maître légitime.... Les Muratistes disent alors qu'on ferait donc la guerre et qu'ils se défendraient à outrance. „Combien de monde avez-vous?" dit Talleyrand. „80,000 h." répondit Campo-Chiaro. Et l'autre: „80,000? Ce n'est pas assez." Là-dessus ils furent congédiés. Cette conversation a été racontée par un des six Muratistes qui en écumait de rage. Je sais qu'un de ces messieurs a dit hier: „Nous sommes tranquillisés sur notre affaire. Car, ou la maison d'Autriche tient parole et est avec nous, et nous n'avons rien à craindre, ou elle nous quitte, et alors nous lui enlevons l'Italie dans bien peu de temps. Les Italiens sont pour nous"....

Zum Vortrag vom 10.

8. Oct. (St.[3])

Samstag den 8. d. arbeitete der Minister Bon Stein mit dem Staatsrat Friese Vormittags auf eine Stunde lang, dann ging er zum Gr. Nesselrode, wo er sich bei zwei Stunden aufhielt, von da kam Er nach Hause, wo Er vom Prinzen Sachsen Koburg und vom la Harpe Visiten erhielt. Mittags speisete der Minister beym Gr. Nesselrode, während welcher Zeit ein erst angekommener sächsischer Kurier, welcher in der ungarischen Krone ein-

---

[1]) Baron Albert von Maltzahn.

[2]) Die Herzoge von Campo-Chiaro und von Cariati fungierten auf dem Kongreß als die Bevollmächtigten Murats. Unter den übrigen befanden sich der Herzog von Rocca Romana und General Filangieri, der Ende September nach Wien gegangen war, um dort Talleyrand zu beschwichtigen oder zu gewinnen und auf der Reise die österreichischen Streitkräfte auszukundschaften.

[3]) Materieller Rapport.

logiert ist, da war. Als der Minister nach Hause kam, ließ Er selben zu sich ruffen, mit dem Er lange Zeit sprach; der Minister kam dann diesen Tag nicht mehr von Hause weg. Sonntag d. 9. schrieb der Minister früh einen Brief an die Fürstin von Fürstenberg, welchen man zur Einsicht erhalten hätte, wenn nicht der Sekretär mitgegangen wäre.

8. Okt.

J'ai cherché à apprendre par le Général Schoeler, quelles étaient les instructions de son gouvernement sur la question de la Pologne. Il m'a assuré que l'on lui avait demandé son avis sur cet objet et que, considérant l'impossibilité absolue où son gouvernement se trouvait de soutenir ses opérations par la force, il avait cru que temporiser pour le moment était ce qu'il y avait de plus convenable. Voici les raisons par lesquelles il appuye son opinion: „La Russie est préparée, elle peut agir de suite, elle a l'inappréciable avantage de la possession, les Polonais sont gagnés dans ce moment et feraient les plus grands sacrifices pour une cause qu'ils regarderaient comme la leur. De l'autre côté l'Autriche a une partie considérable de ses forces militaires en Italie, la guerre entraînerait des troubles dans sa Galicie; nous autres nous ne sommes nullement préparés, notre armée est sur le Rhin, Danzig, que nous occupons avec 1000 Russes conjointement, n'est point ravitaillée, enfin, plus que tout cela, la répugnance qu'aurait le roi même, malgré sa conviction, pour toute démarche contre l'empereur! En temporisant on gagne le temps nécessaire pour donner à l'Allemagne une forme stable et conforme au bien général et à sa sûrete; vous organiserez vos provinces italiennes; les Polonais, dont l'Empereur Alexandre n'aura garde de rétablir le royaume, seront foulés par les employés-russes, mécontents de leur situation et prêts à se jeter dans les bras de celui qui voudra être leur libérateur".... „Il est fâcheux, à la vérité", ajouta-t-il, „que cette situation force le roi à paraître vouloir s'aggrandir en gardant la Saxe, mais pourquoi ne nous rend-on point Anspach et Bareuth?" Lui ayant parlé de la part que M. de Stein, tout dévoué à la Russie, prend à l'organisation de l'Allemagne, il (Schoeler) m'a assuré que Stein avait éprouvé récemment des désagrémens qui pourraient bien avoir changé ses affections[1]).

8. Okt. (**)

Bei Fürst Starhemberg[2]) höre ich viel sprechen von der Espionage de cour à cour, de mission à mission und Espionage de société. Sie sagen: „Die Höfe und die Missionen sind sehr beschäftigt, einander auszuspionieren;

---

[1]) Das Tagebuch Steins enthält nichts über solche Verstimmungen.

[2]) Fürst Ludwig Starhemberg war lange Jahre österreichischer Gesandter am englischen Hofe gewesen, dort aber, nach der Annäherung Österreichs an Napoleon, unmöglich geworden. Auch 1813 wählte Metternich Wessenberg zu einer Mission nach London, was ihm Starhemberg nicht verzieh.

das ist natürlich und begreiflich; die in Wien anwesenden Souveräne kennen bei ihrer Abreise gewiß unsern Hof sehr genau. Aber die Espionage de société unter uns Wienern, unter der société selbst, wird unleidlich. Ferdinand Pálffy ist bei der geheimen Polizey, Gräfin Eszterházy-Roisin und Melle Chapuis sind Spione von der alten Fürstin Metternich, die ihnen influenzirt; F. Kaunitz, Franz Pálffy, Fritz Fürstenberg, Ferdinand Pálffy hatten sich angeboten zur Dienstleistung bei den in Wien anwesenden auswärtigen Souveräns, man hat sie zurückgewiesen".... „Nie ist in Wien dergleichen Espionage gewesen. F. Metternich hat mich auch schon zur Rede gestellt und gesagt, man weiß alle propos, die ich halte; ich sage, F. Metternich soll mich obligiren, soll mich placiren, ich werde sein Lobredner seyn. Wegen meiner Lotterie obligirt mich F. Metternich wirklich; von der Seite habe ich ihm Obligation; aber seine Binder, Paul Eszterházy und Consorten, mit denen er sich verschanzet, die passire ich ihm nicht." Dixit F. Starhemberg....

Baron Späth sagte gestern: „Prinz Anton von Sachsen und die Erzherzogin, seine Gemahlin, haben mir es selbst gesagt in Schönbrunn: „Sachsen ist verloren für uns, wir kommen nicht mehr zurück nach Sachsen."

Cte Latour du Pin hat mich gestern bei Talleyrand aufgeführt. Dieses Haus ist für den Beobachter vielleicht das interessanteste, est ist gleichsam refugium peccatorum; dort machen zwei Prinzen von Coburg, Card. Consalvi und Severoli dem F. Talleyrand, der sie wenig anschaut, in größter Ehrfurcht die Cour. Graf Schulenburg, Graf. St. Marsan, Castelalfier, Salmour, Graf Marschall[1]), (Kommandeur) Ruffo, Gesandter von Sizilien, Graf Ruffo, Domherr v. St. Stefan, Baron Vrints, alle Emigrés von weit und breit referiren an das französische Haus alles, was sie wissen und ausspioniren können... Aus den Äußerungen des H. La Tour du Pin, der nur so ruminirt, was er vom F. Talleyrand hört, hebe ich nachstehendes aus: a) eine Residenz ist kein Ort für einen Congreß; b) il n'y a jamais eu de congrès sans médiateur depuis Munster et Osnabruck jusqu'à Teschen; c) aujourd'hui un médiateur serait plus nécessaire que jamais; d) il n'y a que la France qui fut à même d'être médiateur, c'est la seule puissance qui ne demande rien; e) le présent congrès n'aura aucun résultat, il paraît qu'on ne pourra convenir sur rien....

8. Okt. (St.[2])

Samstag d. 8. d. arbeitete der F. Hartenberg (!) von früh 9 Uhr bis gegen 2 Mittags, während welcher Zeit der Gen. Knesebeck, F. Witgenstein, F. Hohenzoller (!) und der Gen. Schoeller (!) zugegen waren, aber Niemand vorgelassen wurde; nur der Hofrath Gens (!) wurde eingelassen,

---

[1]) Graf Castelalfier war sardischer, Graf Marschall Dalbergscher Diplomat.
[2]) Materieller Rapport.

welcher gegen 12 Uhr Mittags kam. Um 2 Uhr begab sich der Fürst zum Minister F. Metternich, wo große Konferenz war und wobey sich Nesselrode, Castlereagh und Humboldt befanden. Diese Konferenz dauerte bis nach 4 Uhr, dann fuhr der Fürst zum Speisen nach Hause, wo folgende Gäste geladen waren: als der F. Ratzewille (!), St. Marsan, Bon Martens, der Minister Jacobi-Kleist (!), Bon Arnstein, Bon Humbolt und sein Sekretär, der Domdechant von Münster und der Graf Hartenberg. Nach dem Speisen kamen folgende Visitten: Graf Steph. Zichy, F. Hohenzoller, Bon Binder, F. Czartorinski, welcher mit dem F. Ratziwille nach Ende aller Visitten mit dem Fürsten gegen eine Stunde allein sprach. Nachdem alle Visiten weg waren, verbrannte der geh. Rath Jordan mehrere Papiere. Um $^1/_2$9 Uhr Abends begab sich der Fürst zum Minister Metternich, wo ebenfalls bis 11 Uhr Konferenz war und wo sich der schwedische und spanische Minister, H. von Benevent, L. Castlereagh, Graf Nesselrode und Bon Humbolt einfanden.

10. Oktober (**)

... Bei F. Starhemberg heißt es: „Fürst Metternich hat zwei Versehen gemacht: a) daß 1813 beim Abrücken aus Rußland wir nicht unser altes Westgalizien und Krakau besetzt haben. Hätten wir unser Westgalizien einmal wieder besetzt gehabt, es hätte Niemand es uns wieder abgenommen; b) daß im Dezember 1813 beim Einrücken in Frankfurt unser Kaiser nicht als römischer deutscher Kaiser proclamirt worden. Damals war der Augenblick; damals wär es gegangen. Jetzt ist es vorbey mit der deutschen Kaiser-Kron. Die Fürstenberg, Chotek, Wallis, Hatzfeld, Stadion, Schönborn, Colloredo, Starhemberg haben immer an F. Metternich zu kritisiren. Das Publicum wünschet sehr, der Kongreß möge bald ausgehen, damit die Armee reduziert werden, damit die Antizipationsscheine[1]) und die Theuerung bald aufhören mögen.

Frau von Arnstein tut sich viel zugut darauf, daß der Erbprinz von Mecklenburg-Strelitz dort Visit gemacht hat. Die russische Kaiserin findet fast mehr Beifall im Publicum als derselben Gemal; wenigstens alle Damen und Kavaliere sagen, in dem cercle, den sie gibt, ist sie bei weiten viel artiger, aimabler als der Kaiser. Das ist, sagen sie, K. Alexander ist fast taub; K. Alexander hört gar hart. Der König von Preußen speist, passirt Soiréen bei Taxis[2]), hat Logen im Theater mit der Fürstin Taxis, die bekanntlich seine Schwägerin ist.

Der Herzog von Weimar beschwert sich über das Wiener Klima und daß die Vorstädte nicht gepflastert sind. Dalberg will von seiner Schwieger-

---

[1]) Österreichisches Papiergeld seit der Entwertung der Bankozettel im Jahre 1811.
[2]) Fürstin Therese Mathilde von Thurn-Taxis war eine geborene Prinzessin von Mecklenburg, Schwester der verstorbenen Königin Louise von Preußen.

mutter Brignole Neues erfahren. Die Fremden loben insbesondere die
Feste in Laxenburg und die Manöver in Bruck. Die gestrige Redoute parée
(hat) reussirt; der König von Preußen war in ungarischer Kleidung. Dalberg
sagte: „Ihr moquiert Euch, daß ich Frankreichs Ambassadeur in Wien bin.
Ihr habt einen Franzosen, einen émigré, den Baron Bombelles, als österreichischen Gesandten in Paris[1]).

Zum Vortrag vom 11.

s. d. (**)

... Der kurhessische Staatsminister Graf Keller[2]), derselbe, der vor
zwölf Jahren in Wien als preußischer Gesandter gewesen, hebt aus den
Äußerungen des H. Talleyrand die nachstehenden Sätze aus: a) Alles was
seit 1803 in Teutschland geschehen, ist Usurpation, ist nicht legal; b) alle
Unterthans-Pflichten von Ländern, deren Regenten nicht formaliter abdicirt, die ihre Länder nicht ausdrücklich der Unterthans-Pflichten entlassen haben, reviviscieren; c) Kurhessen hatte nie abdicirt, seine Länder
nie der Unterthanspflichten entlassen, Hanau war faktisch dem Hause
Hessen abgenommen worden, Kurhessen war nie im Rheinbund, Kurhessen
ist in Hanau, in allen seinen alten Staaten und Besitzungen nach erfolgter
Militär-Occupation durch die Alliirten in seinen alten Länder-Besitz zurückgekehrt; d) der König von Sachsen wird nie abdiciren, wird nie das Land
seiner Unterthanspflichten entlassen; e) der Primas[3]) hat zwar an den König
von Bayern den bekannten dummen Brief geschrieben, sub clausula in fa-
vorem des P. Eugen Beauharnais seinem Großherzogthum entsagt, aber
pure hat der Großherzog (von Frankfurt) nie abdicirt, nie hat der Großherzog seine Unterthanen ihrer Pflichten entlassen. Ohne daß der alte
Regent per patentes seine Länder ihrer Pflichten entläßt, gilt kein neuer Besitz,
gilt keine neue Huldigung. Die durch Baron Hügel geschehene Immission
des Königs von Bayern in das Großherzogtum Aschaffenburg ist null und
nichtig, sie ist nullo jure justificabilis[4]); f) die österreichische Allianztraktate
mit Würtemberg, Baden etc.[5]) sind zwar äußerst unvorsichtig abgefaßt,
aber selbst in dieser fehlerhaften Fassung (videantur tractatus concernentes)
liegen Klauseln und Deutungen von Bundes-Pflichten, welche den Kongreß
in die Möglichkeit setzen, eine neue interpretatio authentica der durch die

---

[1]) Worauf man ihm gelegentlich antwortete, Marquis Bombelles habe nie
Napoleon gedient, sei seit mehreren Jahren in österreichischen Diensten, und werde
als Emigrant bei Ludwig XVIII. Österreich bessere Dienste leisten als ein Anderer.
(Zum Vortrag vom 21. Oktober.)

[2]) Erster Vertreter Kurhessens auf dem Kongreß.

[3]) Dalberg der Ältere.

[4]) Aschaffenburg war nach Dalbergs Verzicht zugunsten seines Neffen an
Österreich gekommen, jedoch an Bayern für Tirol usw. abgetreten worden. Baron
Hügel war Österreichs Gesandter in Regensburg und später in Frankfurt.

[5]) Von 1813.

Akte des Rheinbundes 1806 verliehen gewesten Souverainetät eintreten zu lassen, in den neuen bevorstehenden Teutschen Bund Einheit und Kraft hinein zu bringen, den einzelnen teutschen (Ländern) eine Landesverfassung zu geben, cohaerent im Einklange mit der allgemeinen teutschen Bundes-Verfassung; g) Talleyrand prediget alles dieß sehr laut, und er erlaubt Jedermann, ihn zu zitiren und es wieder zu sagen.

... Lord Castlereagh hat vorgestern mit H. Floret[1]), der bei Fries wohnt, bei Grafen Fries zu Mittag gespeist. Duc de Dalberg, Graf Solms, Baron Stein, alle bedeutende Fremde soupiren fast täglich bei Graf Fries. Sie sagen, Graf Fries sei gegenwärtig das Haus, wo man am besten weiß, was in der Politik vorgeht. Gräfin Callenberg sagte gestern bei Pufendorf: „Unser Kaiser ist seines besten Humors. Doch wird es S. M. zu viel mit dem ewigen Repraesentiren. Der Kaiser sagt — diese Plaisanterie legen sie S. M. in den Mund als einen Beweis des guten Humors S. M. — „Wenn das so fortgeht, lasse ich mich jubiliren[2]); ich halte das Leben in die Länge nicht aus"... Bei Bon Pufendorf wurde gestern ohne Affectation und recht aufrichtig große Eloge gemacht von dem Charakter und der Entschlossenheit, welche F. Metternich zeigt gegen Talleyrand, mehr — so sagen sie wenigstens — weit mehr als man erwartet hätte.... Der russische Kaiser bezeichnete die Gräfin Eszterházy-Roisin und Sophie Zichy als die schönsten Damen in Wien....

[Wortwechsel zwischen den beiden Kronprinzen von Württemberg und Bayern.] Bei Gräfin Hatzfeld halten die Damen Alt-Fürstenberg, Alt-Pergen, Cobenzl Fraubasen-Gesellschaften und medisiren über den Fürsten Metternich. Bei Arnstein und bei Hatzfeld wurde gesagt: „Der König von Württemberg hat gleich Freytag in Schönbrunn der K. Marie Louise seinen Besuch abgestattet. Nichts wäre so unschicklich als wenn Dienstag bei dem Fest zu Schönbrunn die K. M. Louise erschiene. Sie wird gewiß erscheinen wollen. Unser Kaiser soll doch ja seine väterliche Gewalt eintreten lassen, es verbieten und diesen Skandal verhüten." — NB. Die K. M. Louise hat beim Publicum alle Liebe und Achtung verloren. Die Wiener mögen sie gar nicht mehr.[3])

Zum Vortrag vom 12.

11. Okt. H(ebenstreit?)

Am 9. dieß predigte Werner in der Kirche zu den vierzehn Nothhelfern in der Rossau. Es waren mehrere Bekannte von ihm und auch Fremde anwesend. Die Erklärung des hochzeitlichen Kleides war der Gegenstand seiner Abhandlung. Die Form des Vortrages verriet nichts Mystisches,

---

[1]) Der österreichische Diplomat v. Floret war ehedem Legationsrat in Frankreich, später Adlatus Stadions beim Kongreß in Châtillon gewesen.
[2]) In den Ruhestand versetzen.
[3]) Sie hatte sich, als sie im Sommer aus Frankreich nach Wien kam, allzusehr französisch gegeben.

sondern hatte die gewöhnliche religiöse Tendenz: die Ablegung der Laster des Stolzes, der Hoffahrt und der Wollust etc. Die gemeinen Zuhörer schienen sehr erbaut. Soweit ich ihn kenne, haben ihn weder Nebenabsichten, noch weniger Gewinnsucht zur Religionsveränderung bestimmt. Sie ist vielmehr Folge seiner individuellen Überzeugung gewesen. Von politischen Ansichten äußert er durchaus nichts; auch lebt er ziemlich eingezogen.

Der projektirte Antrag des Buchhändlers Cotta wegen Abschaffung des Nachdruckes und Bewilligung allgemeiner Preßfreiheit wird von den Gesandten der fremden Höfe wenig unterstützt werden, weil derselbe ihrer Meinung nach in das Privatinteresse von Österreich eingreift, worüber dieser Staat allein zu verhandeln hat.

11. Okt (Bartsch?)

Meine letzte Unterredung mit Anstett hat mich nicht viel erfahren lassen. Immer leuchtet seine persönliche Abneigung gegen den Fürsten Metternich hervor, und es ist außer allen Zweifeln, daß solche von der Meinung herrühre, F. Metternich habe bisher die Ertheilung des großen Leopold-Ordens hintertrieben. So erwähnte er eines jüngst beim Fürsten statt gehabten Diners, wo unter anderen von Finanzen die Rede war und wo er (A.) die ungegründeten Ansichten des Fürsten ganz derb widerlegte. Er freute sich noch gegen mich dieser kleinlichen Rache. Nach mehreren auf eigene Superiorität sich beziehenden Äußerungen der Art, wies er mir eine Brochüre vor und sagte: „Die Herren behaupteten in den Tag hinein, daß diese Akten de 1622 in Bezug auf Valtelin und noch ein Ländchen nicht existierten; ich wußte, daß sie vorhanden sind, und fand sie vor[1].''

Ich suchte auf den Kongreß zu kommen und drang unter dem Vorwand in ihn, daß ich Hoffnung habe, zur Einrichtungscommission in ein zu acquirirendes Land zu kommen und deswegen hinsichtlich der häuslichen Voranstalten vom günstigen Resultat zum Voraus etwas wissen möchte. Er sagte, es habe zwar der Kongreß noch nicht angefangen, weil man sich noch immer um die Formen zanke, inzwischen sei abzusehen, daß man gut auseinander kommen würde. Ich: „Ja, nicht wahr, wenn Sie bekommen, was Sie wünschen? Im widrigen Falle würden Sie uns nach altbekannter Art von Außen und im Innern Feinde zu erregen suchen, die im Verhältniß zwischen dem Hofe und Hungarn liegende Opposition benutzen und uns in vergrößertem Maßstab wie der Pforte mit Serbien mitspielen.'' Er: „Ihr dürft nur gescheidt sein und meinen Kaiser ein wenig auf seinem Steckenpferd sich herumtummeln lassen. Er sucht keinen reelen Gewinn, sondern er will — wenn auch nur zum Theil — seine Lieblingsidee durchsetzen. Er ist zu gutmüthig und würde sich fürchten, in der Geschichte gebrandmarkt zu werden, wenn er zu hinterrückigen Mitteln greifen sollte. Zu dem gilt bei uns „graeca fides etc.'' nicht mehr, denn wir im Kabinete sind teutsche

---

[1] Die Veltliner Frage bildete einen Gegenstand der Verhandlungen des Schweizer Komitees in den Dezembersitzungen.

Männer und studiren darauf, von den alten griechischen Faiseurs abzustechen. Wir werden eure griechischen Unterthanen und die Ungarn nie locken, nur macht Ihr eurer Seits, daß sie mit Euch zufrieden bleiben." Ich: „Das wäre etwas. Aber Sie rechnen wahrscheinlich für beständig auf Preußen." Er: „Nicht mehr als auf euch. Preußen kann itzt wieder sein, was es 1757 war. Andere sind freilich auch im Verhältniß angewachsen. Es ist gleichgültig, welche persönliche Neigung der König auch habe. Die heutige Politik ist mehr als alle Neigungen. Übrigens können wir uns dermalen der Neigung des Königs nicht besonders beloben." Ich: „Nun, Ihr Kaiser geht am 20. nach Ofen?" Er: „Ja, und der Ihrige auch, was dem meinigen nicht lieb ist. Denn es war darauf abgesehen, dort gleichsam im abgesonderten Zirkel ein Familienfest abzuhalten."

4 Uhr Nachm. (Derselbe).

Ich war eben wieder mit Anstett, den ich auf der Gasse traf, nach Hause gegangen. Ich: „Nu? Nichts weiteres neues vom Kongreß?" Er: „Nichts weiter als daß Talleyrand nun hinsichtlich der Formen nachgegeben habe. Itzt aber handelt es sich um die Fragen, die mir für diese Nacht keine geringe Arbeit machen. Der Kaiser hat mir aufgetragen, solche zusammenzustellen; es werden deren viel und wichtige sein. In der heutigen Particular-Konferenz habe ich schon $2^{1}/_{2}$ Stunden darüber gesprochen. Nun heißt es erst redigiren. Zudem habe ich noch eine andere schwere und dringende Arbeit, die, wenn ich reüssire, euch nicht ungünstig sein wird. Sie betrifft abermalen das liebe Polen. Wenn ich sie auch morgen noch nicht liefern kann, so tröste ich mich, daß der Kaiser nun mit der Hussaren-Uniform sehr beschäftigt ist, denn (aber Vetter, beileibe Niemandem etwas davon gesagt!) ich fand ihn heute unter 8—9 Paar Hussaren-Hosen, untröstlich, daß sie ihm alle zu klein waren und der König von Preußen auf der Redoute parée schon in Hussaren-Uniform erschienen sei etc. Es wurde ein Curier nach Petersburg geschickt, um die Hussaren-Uniform des Adjutanten Grafen Czarofsky zu holen. Dieser kommt jedenfalls zu spät; diese Bemerkung wurde gemacht; aber er mußte fort. Da sehet Ihr, Vetter, wie jung unser Kaiser ist. Aber ich bitte nochmahlen, Niemand, auch nicht eurer Frau, etwas davon zu sagen." Er setzte sich zur Arbeit und ich empfahl mich.... Anstett gedenkt noch sechs Wochen hier zu bleiben.

11. Okt.

... Russes. Ceux-ci parlent déjà en maître du monde. Je connais la personne à qui un de leurs ministres a dit que leur but était à présent un seul: celui de „conserver la prépondérance" qu'ils avaient acquise par tant de sacrifices et d'efforts et de succès en Europe. ... Czartoryski doit être celui qui a confié à un Polonais, de qui je tiens l'anecdote, mais qui n'a voulu me nommer la source, qu'Alexandre, en partant de Pétersbourg pour Vienne, avait dit: „J'irai puisqu'on le veut, mais je n'y ferai ni plus ni moins de ce que je veux." Ce propos est sûr.

Sickingen. Ce courtisan a été hier au matin chez le Roi de Danemarc, et entr'autres choses il lui a dit que la veille il avait couché l'empereur et qu'il était resté auprès du lit du monarque jusqu'à ce qu'il fut endormi; qu'en parlant politique l'empereur lui avait dit: qu'il y aurait une Pologne et qu'il ne pouvait pas l'empêcher... Le même Cte Sickingen a fait dire en ami au Commandeur Ruffo dernièrement que notre empereur lui avait confié, „qu'il n'a pas le courage de rompre le traité qu'il avait fait avec Murat et de manquer de parole, mais qu'il ne ferait rien pour le soutenir sur le trône usurpé, que les ministres de son beau-père[1]) devaient faire en sorte, d'engager la France, l'Espagne et la Russie, et surtout l'Angleterre, à le culbuter, que c'est de ce côté-là qu'il fallait agir et engager les puissances à parler fortement et se prononcer d'une manière imposante." Le porteur a fait la commission.

... Brouillerie des deux princes héréditaires de Bavière et de Wurtemberg. Ces deux jeunes princes ont une dent l'un contre l'autre. La répudiation qu'a fait l'un de la sœur de l'autre en est la cause. Dernièrement, chez la P^{esse} de Thurn-Taxis, en jouant au colin-maillard, celui de Bavière, qui était l'aveugle, attrapa la belle Julie Zichy. Il chantait son bonheur. L'autre lui dit qu'il l'avait attrapée parce qu'il l'avait vue, n'étant pas bien bandé, et qu'alors il n'y avait pas de quoi se vanter. Celui de Bavière lui répondit: „Vous avez toujours à me dire des choses désagréables; j'espère que vous rétracterez ce que vous venez de me dire." L'autre ne répondit rien, et celui de Bavière lui fit savoir qu'il l'attendait le lendemain au matin au Prater avec ses pistolets. Le P^{ce} de Wirtemberg y alla, et au lieu de son rival il reçut un billet de Wrede dont on ne sait pas le contenu; mais on sait qu'après l'avoir lu S. A. R. rentra en ville, et le duel n'eut pas lieu.

11. Okt. (O)

L'attente des patriotes polonais a éprouvé ces jours-ci une grande altération. Il y a huit jours qu'ils ne parlaient que des apparences d'une entière régénération de leur patrie, de l'arrivée prochaine d'un des plus célèbres négociateurs de la part du Duché de Varsovie, et de l'inébranlable résolution de l'Empereur de Russie de rétablir le Royaume de Pologne. Aujourd'hui tout est changé, et l'on ne pense plus qu'à se soumettre à la rigueur d'un malheureux et inévitable sort; et ceux-là même qui, avant quelques jours, prétendaient fièrement que nulle puissance humaine ne saurait subjuguer la nation polonaise, prouvent aujourd'hui par l'histoire qu'aucune nation tombée sous la domination de plusieurs puissances, et dont le pays fut morcelé, ne s'est jamais plus relevée. Ce changement subit s'est

---

[1]) Franz hatte in zweiter Ehe Maria Theresia, die Tochter des Königs Ferdinand von Neapel und Sizilien, geheiratet.

opéré à la suite de la dernière audience que plusieurs Polonais eurent chez le P^ce Ad. Czartoryski. Pendant quelques jours il y eut un tel mouvement parmi les Polonais, qu'on voyait clairement qu'ils s'attendaient à quelque grand événement. J'ai redoublé d'attention et les ai continuellement observés. Ils se cherchaient les uns les autres et se parlaient mystérieusement. Il était difficile de les trouver chez eux, et plus difficile encore de les faire parler. Ils étaient d'une anxiété frappante et, de crainte de se compromettre par un seul mot, ils évitaient de parler des affaires de la Pologne, et coupaient court si le discours parut les y entraîner. Cependant j'appris qu'il s'agissait d'une audience chez le P^ce Adam et que parmi les députés choisis devaient se trouver Mrs. Lubienski, Strzechocki et Baworowski. Mr Szuyski, quoiqu'un des affidés, ne fut pas du nombre. Mais c'est lui qui, dimanche passé, me dit que cette audience devait avoir lieu ce jour-même avant le bal, lorsque tout le monde serait occupé de sa toilette. Je suis toujours dans sa confidence, surtout depuis que je l'ai introduit dans la maison de Madame Grochowska, dont il aime éperdument la fille. Lundi matin, j'ai trouvé Mr Szuyski très-déconcerté, mais je n'en pus tirer mot. J'ai vu plusieurs autres Polonais qui, non moins altérés, gardaient le même silence. Enfin hier il y eut un dîner des Polonais chez le Comte Skarbek à Nussdorf auquel j'assistais aussi, et lorsque le vin eut échauffé les têtes patriotes, ils commencèrent à s'épancher. Skarbek, à qui l'exaltation de patriotisme n'a jamais coûté un quart d'heure de sommeil, se plut à se moquer de ses compatriotes, et à leur prouver qu'il y fallait une espèce de folie et un manque total de combinaison pour croire sérieusement un seul instant que la Russie, qui tôt ou tard aurait le plus à craindre d'un Royaume de Pologne, prêtât les mains pour son rétablissement. Baworowski, qui fut aussi du dîner, accusa la cour de Russie de fausseté et de manque de foi, et prétendit que l'empereur n'avait prodigué de belles paroles aux Polonais que pour mieux les endormir et les paralyser, afin d'effectuer d'autant plus facilement l'asservissement de la Pologne, et s'en approprier la meilleure partie de ce malheureux pays. M. Broniewski qui, malgré son patriotisme, est toujours un des plus raisonnables, peut-être par la raison qu'il doit sa grande fortune à la trop grande équité de notre cour, qui pour une petite terre de salines lui a donné en échange dix fois autant en biens fonds et en outre une somme de 285,000 f., qui seule surmonte la valeur de sa terre, M. Broniewski se félicita de n'être point du nombre des Polonais que le sort jettera sous la domination russe. Les autres convives plaignaient le sort de leur patrie. Jusqu'alors je ne savais pas encore le mot de l'énigme, mais enfin, en retournant, j'appris de ces messieurs, et le soir Szuyski me dit, que le P^ce Adam avait déclaré aux Polonais tout nettement que l'Empereur Alexandre, ne pouvant résister aux intentions fermes et réunies des cours de Vienne et de Berlin, s'est déterminé à vouloir acquiescer au partage de la Pologne, de manière que la Prusse aura sa part avec les villes de Thorn et Posen, l'Autriche la ville de Cracovie avec un territoire jusqu'à la Pilica, le reste du Duché avec la ville de Varsovie tombera en partage à la Russie, en conservant le nom de „Duché de Varsovie" avec sa constitution confirmée par la dernière diète. Le P^{ce} Adam ajouta encore que l'empereur fera tous les efforts pour conserver au Duché autant de terrain qu'il pourra, et que ce ne sera qu'au pis aller que S. M. cédera à l'Autriche et à la Prusse les parties susdites, mais qu'au reste il ne saurait plus être question d'un „Royaume de Pologne". [Bestürzung der Polen).]

Zum Vortrag vom 14.

s. d. (wahrscheinlich 12. Okt. Nota)

Cte Capo d'Istria[1]. J'ai passé 2 heures avec lui. D'abord il me dit: „Causons politique, oubliez en moi le ministre, parlons en hommes, et ici sans témoins; ailleurs et en affaires c'est le ministre qui parle, et je dois suivre l'impulsion qu'on me donne; je ne vous confierai pas des secrets de ma cour, mais je parlerai en cosmopolite sur ce que j'ai vu et je vois. Ainsi notre discours ne doit pas porter en conséquence." Alors entrant en matière il me demanda si j'étais content de l'état des choses. Je dis: „Oui, pour le passé, mais pas assez pour le présent." „Eh bien, ni moi non plus. On a laissé passer trop de temps. On s'arrangera d'une manière quelconque, mais ni belle ni solide." Sa raison première en est que la chose demanderait un grand homme d'état, et il n'existe aucune part, et s'il existe, il n'est pas à la tête. „Je suis jeune dans le métier, mais j'ai assez d'acquit pour m'appercevoir de cette grande et malheureuse vérité. De cela en est venu qu'on n'a pas d'abord fixé, quand tout était si facile, les bases de la systémation générale de l'Europe, et à présent, si même on le fait, l'ouvrage se ressentira de passions auxquelles on a donné le temps de se réveiller, et de prétentions oubliées qu'on fera à présent renaître. La France en a, l'Espagne en a, toutes les cours en ont. On a oublié que cette guerre n'a pas été faite par les souverains, mais par les nations. Dès que Napoléon a été culbuté, on a oublié l'intérêt des nations, et on ne s'est occupé que de l'intérêt des princes, comme dans les guerres de jadis, et alors tout est revenu à la confusion, au croisement des intérêts, et à l'impossibilité de contenter tous les pays." Je lui répondis que la seule manière d'en sortir louablement ce serait d'établir une espèce d'équilibre entre les grandes puissances. „Oui," me dit-il, „mais comment faire cela, quand une seule puissance est maîtresse de toutes les mers? Y a-t-il une puissance maritime (autre) que l'Angleterre? Peut-elle se former? Non, adieu donc l'équilibre! On veut de grandes puissances; celles-ci doivent se toucher et (auront) toujours des sujets de querelles. Il faudrait de petits états intermédiaires." Je n'ai pas voulu

---

[1] Kapodistrias, ein Korfiote und Mitglied der Regierung der ionischen Inseln, war 1809 ins russische Ministerium des Äußern eingetreten, dann 1813 als Gesandter in die Schweiz gegangen, um 1814 nach Wien berufen zu werden, wo er als russischer Staatssekretär an den Verhandlungen teilnahm und Einfluß gewann.

toucher la corde de la Pologne, parce que, implicitement, il m'avait dit que toutes les puissances ne songent à présent qu'à s'aggrandir après que la peur leur avait passé d'être détruites. ,,Si l'on avait au moins pris pour base la justice, les peuples auraient été édifiés, gagnés, tranquillisés par ce beau charme; mais justice d'un côté, injustice de l'autre, les peuples voient, raisonnent et se détachent de leurs maîtres."

Il me fit le récit de tout ce qui est arrivé en Suisse et qu'il est inutile de répéter. Il me fit beaucoup d'éloges de Lebzeltern[1]). Ce qu'il me dit de plus remarquable fut qu'on avait beau faire, les Suisses devenus forts et puissants seraient neutres faibles, ils sont et seront toujours pour les Français, parce que c'est de la France qu'ils tirent les pensions et l'argent duquel ils ne peuvent pas se passer. Il s'est plaint de ce que les Anglais voulaient aussi se mêler des affaires de ce pays, auquel la France et l'Autriche seules avaient le droit, par leur position, de prendre part. La Russie s'en était mêlée par la force des circonstances, mais en effet elle devait en sortir, car cela ne la regardait pas du tout. Il se plaignit de ce qu'on ne tenait pas parole aux Suisses, auxquels, comme aussi aux Génevois, on avait assigné des pays qu'on ne leur donne pas, soit du côté de la Savoie, soit du côté de la France. Genève, à une demi lieue de chemin, se trouve entourée de frontières étrangères. Nous avons parlé de la Valteline. Il me dit que les Suisses n'auraient difficulté de la céder au Milanois, mais en gardant Bormio et Chiavenna, qui sont les deux postes du pays des Grisons. Il convint avec moi que le canton de Tessin était aussi Italie, et que la religion, la position, la langue, la nature réclamaient pour l'Italie ce pays conquis par les Suisses, auxquels il n'était d'aucune utilité, ni pour les revenus, ni pour la défense de la Suisse, vu qu'on ne peut pas le défendre lui-même et que, de là, on ne peut pas envahir le véritable pays suisse entouré de hautes montagnes si faciles à garder.

Nous parlâmes aussi des Sept Îles et surtout de Corfou. Il prétend que les Anglais voudront les garder comme clef du Levant et de l'Adriatique, mais que nous y perdrons beaucoup par la gêne de notre commerce. Il n'est pas partisan de cette nation avare et de ce gouvernement despote[2]). Il se plaignit que le commandant actuel de Corfou, Général Campbell, y règne d'une manière tirannique, il y casse les sentences des tribunaux civils et décide lui-même des procès parmi les habitans, chose inouie et presque comique encore plus que barbare. Par rapport à l'Ordre de Malte, il ne serait pas mécontent qu'on lui donnât Corfou, pourvu qu'on s'entendît entre l'ordre et les habitans; la religion est un grand obstacle, le souverain serait catholique, et presque toute la population est schismatique; cependant, si les habitans avaient une langue dans l'ordre et une part dans le gouvernement, la chose pourrait s'arranger, et il me paraît que lui, Capo d'Istria, le préférerait

---

[1]) Freiherr v. Lebzeltern war österreichischer Gesandter in der Schweiz, wo Kapodistrias mit ihm zusammen traf.

[2]) D. i. England. Siehe oben.

à la domination anglaise[1]). M. Naranzi[2]) était entier à cette conversation, mais il parlait très peu; cependant il m'a paru que, ni lui, ni son ami(ne) fussent si échauffés qu'ils l'étaient jadis pour la résurrection de la Grèce. Capo d'Istria me dit même: „Dès qu'il n'y a pas pour nous lieu à penser à autre chose, à la fin de fin, pourvu qu'on ne nous donne pas au Roi de Naples ou à celui de Sicile, nous ne serons pas si mal entre les mains des Anglais ou de l'Ordre, parcequ'on ne taxera pas nos productions, ni on ne nous empêchera, comme faisaient les Vénitiens du temps de la République et feraient Murat et Ferdinand, de vendre nos denrées à qui nous voulons." Le reste de la conversation, regardant la campagne et les personnes, ne serait d'aucune utilité, ainsi je n'allongerai pas en vain cet article. Je dirai seulement qu'il a fait un tel éloge de Ruffo que jamais je n'ai entendu le pareil. Il m'a dit que par sa logique, sa science diplomatique, son coup d'œil fin, sa justesse de voir en grand, il en faisait le premier homme d'état parmi tous ceux qu'il avait vus, et que c'étoit une perte pour l'Europe qu'il servit une petite puissance persécutée, maltraitée d'une manière si injuste et si cruelle par ses ennemis de même que par ses amis et ses parents. „Ruffo à la tête d'un grand état aurait mené l'Europe", voilà ses paroles.

Rasumowski et Alexandre. On sait que Rasumowski a fait présent de sa maison au faubourg à l'Empereur Alexandre, mais peut-être on ignore le dialogue qui a eu lieu entr'eux à cette occasion. En voici l'extrait: Le lendemain du jour qu'Alexandre avait dîné là, Rasumowski vint à Alexandre, un papier à la main, et lui dit qu'après que S. M. I. avait daigné diner chez elle dans sa maison au Faubourg de Hongrie[3]), il la priait de lui permettre de mettre à ses pieds le papier qu'il avait en main. Alexandre reprit: ..J'ai dîné chez vous". „Non, Sire, c'est chez vous que vous avez dîné, la maison et le jardin sont à vous, si vous daignez les accepter, en voici la donation. Je n'aurai pas retiré un million de roubles de Russie pour mon propre caprice. J'ai pensé que votre ambassade n'avait pas ici une résidence digne d'elle, j'ai bâti pour elle." „Mais vos héritiers? Je ne veux pas les en priver." „Mes héritiers seront assez riches sans cela, moi et mes frères nous avons encore de quoi les laisser bien pourvus sans ceci, nous y avons pensé." Là-dessus Alexandre lui dit: „Dans ce cas je l'accepte, vous remercie, et vous donnerai dans peu de jours une preuve de ma reconnaissance." On dit que Rasumowski a été cette fois-ci l'écolier de Malin. Les Russes, qui sont tous jaloux et ennemis de Rasumowski, frémissent de toute cette histoire et voient derechef le comte ambassadeur à Vienne, seule chose que le comte désire.....

---

[1]) Über Malta hatte bereits der Friede von Paris zu Gunsten Englands verfügt. Über die sieben ionischen Inseln kam man in Wien zu keinem Schluß. Erst im November 1815 wurde in Paris ein nachträglicher Vertrag zwischen den vier alliierten Mächten geschlossen, der die Inseln als Freistaat „unter britischem Schutz" erklärte.

[2]) Spiridion Naranzi, russischer Oberst.

[3]) Vorstadt „Landstraße" im Süden, so benannt, weil die Landstraße nach Ungarn hindurch führte.

Zum Vortrag vom 15.

12. Okt. (Gœhausen)

Der sächsische Obrist v. Miltitz[1]) ist, wie man aus verläßlicher Quelle erhoben, von dem Fürsten Repnin mit Depeschen für das russische Kabinet und den Minister Bon Stein, die Verwaltung des Landes und andere Polizeigegenstände betreffend, anher gesendet worden. Zur Führung der Korrespondenz ist ihm der Finanzrat Stechfuss beigegeben worden. Der (sächsische) Leutnant v. Kleist aber ist blos zu seinem Vergnügen hier, macht indessen seinen Attaché. Miltitz hat seine meiste Jugend in England zugebracht. Seine Frau ist eine Engländerin. Er war deshalb dem französischen Minister in Dresden verdächtig und zog sich auf sein Gut Siebeneichen bei Meissen zurück. v. Miltitz gehört zur weimarischen Partei, v. Kleist zur preußischen. Dieser ist im Preußischen begütert. Noch ist das Schicksal Sachsens nicht entschieden. Man glaubt jedoch, daß auch K. Alexander sein Wort halten werde, welches er nach der Schlacht bei Leipzig gegeben haben soll, daß Sachsen selbständig bleiben solle. Alle drei Obenbenannten sind Mitglieder des Tugendvereines. Man hat ihre fernere Beobachtung eingeleitet[2]).

Zum Vortrag vom 16.

14. Okt.

Hollande et France. Les Hollandais ont aussi des prétentions au congrès; ils ne sont pas contents des Pays-Bas, ils veulent y avoir une autre frontière vers la France que celle qu'on leur a assignée par le traité de Paris. Ils disent, et c'est d'eux-mêmes que je le tiens: „Les Français nous dominent par là, ils sont les maîtres de nous envahir quand ils le voudront, et d'arriver à Bruxelles avant que nous ayons pu réunir nos troupes. Nous n'avons pas de places de leur côté, et pas même de position ou des endroits pour nous fortifier. L. Castlereagh dit n'avoir pas le temps de se charger lui-même de notre affaire, mais nous travaillons avec Lord Cathcart[3]) qui entend fort bien la chose, et nous la pousserons vivement." C'est M. Persons[4]) qui m'a confié tout cela.

---

[1]) v. Miltitz, sächsischer Offizier, war nach der Schlacht bei Leipzig mit der Leitung der allgemeinen Polizei in Sachsen unter dem Gouverneur des Landes, dem russischen Fürsten Repnin, betraut worden. Er gehörte zu den unbedingten Anhängern der Annexion durch Preußen, in dessen Dienste er auch später eintrat. Über seine Mission zu König Friedrich August s. unten.

[2]) In einem späteren Rapport vom 15. Oktober heißt es: „Nach näherer Erhebung im Hause des sächsischen Grafen Schulenburg ist v. Miltitz in das preußische Interesse gezogen worden. Er arbeitet für selbes, und Schulenburg will ihn deshalb nicht sehen."

[3]) Britischer Gesandter am russischen Hofe, war zum Kongreß beordert worden.

[4]) Chevalier Persoon wird im offiziellen Verzeichnis der fremden Diplomaten unter den Niederländern angeführt.

Naples. La brochure „Des Bourbons de Naples" court la ville. Ce sont les Muratistes qui la répandent sous cape. Elle est écrite avec beaucoup d'esprit; son auteur est Benjamin Constant (!).... Il est de mon devoir de faire faire une observation indirecte sur cet écrit qui décèle le bout d'oreille du tigre, enveloppé de la peau du mouton en plusieurs endroits[1]). Ces passages sont la plus grande preuve de ce que j'ai tant de fois répété d'après mes lettres et mes informations verbales, c'est à dire que les Napolitains de Murat entretenaient en Italie le „Polonisme" qui l'agite par ci par là d'un bout à l'autre maintenant. J'entends par „Polonisme" l'idée d'un seul état indépendant à établir en Italie. C'est Murat qui a imaginé ce charme pour gagner les Italiens, et ce sont les Anglais qui, il y a trois ans, pour détacher les Italiens de Napoléon et des Français, l'ont favorisé. A présent que Napoléon est tombé, les Anglais — je veux dire le ministère anglais — n'y mettent plus aucune importance, mais les philanthropes d'Angleterre n'en démordent pas, et Murat fait sonner toujours cette cloche pour augmenter ses forces et son parti et finir, à la fin, par réaliser en sa personne la chose. Les Napoléonistes, les ambitieux, ne jurent à présent en Italie que par Murat.... Tout cela est connu. Mais jamais les ministres de Murat (ne) l'ont annoncé, ni avoué. Ce n'est que dans la force du danger et de la rage que leur secret a éclaté. Qu'on lise la brochure en question, et parmi les phrases insolentes, que l'on lance à l'Autriche et aux autres puissances de l'Europe, on sera surpris d'y trouver à plusieurs reprises annoncé que „les Italiens veulent être indépendants et que, si on touche à Murat et si on le force à combattre, la chose est faite." On ne peut pas (s'abstenir), au moins ici, de se demander, si Murat est si sûr de devenir le maître de l'Italie et de réunir cette Italie en une seule puissance dès qu'on le force à tirer l'épée, comment peut-on supposer, croire, espérer qu'il ne le devienne pas dans deux ans, lorsqu'on lui laissera par la paix les moyens de renforcer son parti, qui à présent chancelle encore autour d'un trône lui-même chancelant? C'est alors que la société érigée à Ancone par Murat lui-même, des „Indépendentistes", agira librement, et il faudra bien autres que les efforts de notre police pour la contenir...

Oberstlieutenant Freiherr v. Welden an das Oberst-hofmeisteramt.

Wien, den 14. Oktober 1814[2]).

Der Großfürst Constantin, dem Gefertigter zur Dienstleistung beigegeben ist, ist durch die Zeit seiner Anwesenheit noch sehr wenig ausgekommen und gibt sich sehr viel mit dem oesterreichischen Militär ab, wovon beinahe alle Tage gemeine Soldaten zu ihm bestellt sind. Er hat weder die

---

[1]) Die Broschüre liegt nicht bei. Daß B. Constant, der damals im bourbonischen Lager stand, der Verfasser war, ist nicht anzunehmen.

[2]) Wurde vom Hofamt an Hager übersendet.

fremden Monarchen, noch Erzherzoge und Prinzen empfangen wollen und frägt mich immer um die Stunde, wann selbe nicht zu Hause sind, um seine Gegenbesuche zu machen. Da hierin allein mit dem Prinzen Eugène, ehem. Vicekönig v. Italien, eine Ausnahme geschehen, so glaube ich mich verpflichtet, selbes anzuzeigen. Ich habe vom Großfürsten den Befehl erhalten, wenn er schläft oder eingesperrt ist, den Prinzen Eugène immer zu melden. Auch war er beinahe täglich stundenweise bei dem Großfürsten, auch Letzterer bei ihm, jedoch ohne den diensttuenden Kammerherrn mitzunehmen. Auch hat er gegen mich eine große Verehrung des Vicekönigs ausgesprochen und geäußert, daß man ihm eine Armee geben müsse, indem er sie gewiß gut kommandieren würde.

Freyh. v. Welden, Obrstlt.

15. Okt. (H.)

Der Buchhändler Dr. Cotta aus Stuttgard und Kammerrath Bertuch aus Weimar als Bevollmächtigte der deutschen Buchhändler haben bei S. D. dem F. Metternich Audienz gehabt und die Zusicherung erhalten, daß zur Beförderung und Ausführung ihres Gesuches wegen Abschaffung des Nachdrucks und Bewilligung allgemeiner Preßfreiheit gerade jetzt der günstigste Zeitpunkt vorhanden sei[1]). Sie stellen diese Angelegenheit gar nicht als im Interesse des Buchhandels, sondern der Litteratur überhaupt dar und bedienen sich folgender Argumente: Die Litteratur und deren Beschaffenheit, von den Höfen unmittelbar nicht begünstigt, findet nur einen Stützpunkt im Buchhandel und in dem Honorar, welches der Buchhändler im Vertrauen auf den Absatz eines Werkes zu geben im Stande ist. Bei einer geringen Auflage kann auch das Honorar nur gering sein, wogegen es im entgegengesetzten Falle offenbar einen höheren Anspruch gewinnt. Der Nachdruck beschränkt nun aber den Absatz der Original-Auflage in quanto und macht sie entweder theurer oder die Belohnung geringer. Die Abschaffung des Nachdrucks ist daher eine bloße Wegräumung eines Hindernisses, mithin das negative Gute, woraus die Belebung der Litteratur als etwas Positives ihren Ursprung nimmt. Die allgemeine Preßfreiheit ist aber eine notwendige Folge der ersteren, wodurch die Ideen eigentlich in Umlauf gebracht und eine allgemeine Concurrenz erzeugt werden kann. Ohne diese wird man nur Gesang- und Gebetbücher drucken. Diese Argumente fangen an allmählig Eingang zu finden; die Gesandtschaften der deutschen Höfe scheinen sich dafür zu interessieren, und man rechnet auf die Mitwirkung Österreichs insoferne, als man annimmt, daß dessen politische Verbindung

---

[1]) Die Denkschrift der Buchhändler gegen den Nachdruck bei Klüber, Akten, IV. 1 ff. Ein Vorschlag wegen Preßfreiheit ebenda VIII. 26 f. vom 1. November 1814. Neben Cotta und Bertuch waren noch vier andere Buchhändler als Vertreter delegiert worden, jedoch nicht erschienen. Unter den Auftraggebern nennen sich auch Firmen aus Österreich: Tempsky und Widtmann in Prag, Gerold, Schaumburg und Camesina in Wien.

mit dem deutschen Reiche, sei es als föderativer Staatenverein oder in der Eigenschaft als Schutz- und Schirmherr, wieder hergestellt werden wird.

Bertuch ist weit offener als Cotta; es schmeichelt ihm, Vertreter einer wahrscheinlich bedeutenden Sache zu sein. Nebenbei betreibt er hier als Besitzer der Kunsthandlung in Rudolstadt seine Handelsgeschäfte. Er ist vielseitig gebildet, aber etwas kleinstädtisch. In Verbindung steht er u. a. mit dem Fürsten Wrede und der Frau Herzogin v. Oldenburg. Um das Schicksal Sachsens ist er bekümmert, indeß weiß er auch nichts Gewisses darüber, vielmehr tritt er der allgemeinen Meinung einer möglichen Teilung desselben bei....

15. Okt. (* *)

.... So sehr Jedermann und selbst Jene, welche für des Fürsten Metternich Freunde zu halten ich meine Gründe habe, sagen: „Der Fürst ist kein böser Mensch, er ist ein sehr guter Mensch, er thut Jedermann Gutes, selbst Jenen, von denen er weiß, sie sind seine Feinde und reden im Rücken ihm Böses nach" — so glaube ich doch bemerkt zu haben: a) Fürst Starhemberg, der Stadionsche Anhang, die Schönborn-Leyen, Dalberg, Schönborn-Stadion, Hatzfeld hätten ihre Freude daran, es würde in unserem auswärtigen Ministerium eine Veränderung. Um diese zu erreichen, muß der Congreß gesprengt werden. Um den Congreß zu sprengen, wird intriguiert und colportiert bei Rasumowski, Castlereagh, Humboldt, Rechberg, Stein etc. Fürst Starhemberg sagt: „Ich war zwar nie gut mit Castlereagh; meine Liaison in England ist mit der Familie Grenville; ich cultivire aber sehr in Wien das Haus Castlereagh um zu expiciren und zu influenciren. Ich invitire oft bei mich (!) den Baron Jacobi[1]) und den Grafen Keller, meine alten Freunde, um zu expiciren etc." b) In der Staatskanzlei selbst sind unzufrieden alle Jene, welche durch die Benennung des Grafen Mercy sich prätirirt glauben und welche vorsehen, daß sie durch die Benennung des H. v. Handel prätirirt werden dürften. Alle diese Leute intriguiren gegen Fürst Metternich; sie verweben vielleicht die fremden Höfe in ihre Intriguen. Die Staatskanzlei ist wirklich nicht geschlossen. Ich weiß nicht, weiß es unser Fürst Metternich, wie schlecht das Personale der Staatskanzlei das Dienstgeheimnis beobachtet, wie wenig sie dessen Person attachirt sind? B. v. Limpens erzählt uns aus der Staatskanzlei, was wir verlangen[2])."

Bei Lady Castlereagh war ich nun zwei Abende; ich finde es äußerst unbequem, man kann nicht eher hingehen als des Nachts nach 10 Uhr. Ich fand dort, außer allen Engländern und Engländerinnen, die Fürstin Taxis,

---

[1]) Freih. v. Jacobi-Kloest, preußischer Staatsminister, ehedem Gesandter in England.

[2]) Herr von Limpens hatte ehedem im österreichischen Belgien ein hohes Finanzamt bekleidet, war später, während der mehrjährigen Liquidationsgeschäfte, dem Wiener Ministerium des Äußern zugeteilt gewesen, bis er 1806 pensioniert wurde, ohne aber gewisse Beziehungen mit früheren Amtskollegen zu verlieren.

die Fürstin Fürstenberg, geb. Taxis, Graf und Gräfin Stackelberg, Eszterházy und Gemalin, Fürst Reuss, FM. Wrede, Consalvi, Julie Zichy, Castelalfier, St. Marsan etc.....

Sie erzählen vom Großfürsten Constantin nichts als Bubenstücke: „Er schreit von einem versteckten Ort am Burgplatz „Wacht heraus!" die Wachen kommen heraus, stellen sich in das Gewehr, es ist nichts; der Großfürst will sich halbtodt lachen."....

15. Okt. (Siber)

[Aus der Burg werde berichtet, der Großfürst Constantin speise um 2 Uhr zu Mittag, schlafe danach, mache um 5 Uhr Besuche, schlafe wieder von 7 Uhr bis 10 und gehe dann zur Sagan oder Bagration bis halb 2 Uhr.]

Die Beobachtungsrapporte aus der Burg gehen überhaupt dahin, daß die höchsten Herrschaften allda sehr bescheiden leben, außer den Ministern und Kavalieren ihrer eigenen Höfe und jener vom kaiserlichen Hofe keine Besuche empfangen und überhaupt in der k. k. Burg sich selten etwas Merkwürdiges ereigne. Die fremden Regenten — mit Ausnahme des Königs von Württemberg — lieben sehr das Incognito, besonders auf ihren Spaziergängen und Besuchen. Diesem Beispiel folgen auch die allda wohnhaften fremden Prinzen.

15. Okt. (Gœhausen)

... Die Höfe von Bayern und Württemberg sind der Ehescheidung wegen in hohem Grade gegeneinander gespannt, und man will bestimmt wissen, daß die angebliche Unpäßlichkeit der Königin von Bayern nur ein Vorwand sei, um Anlaß zu haben, die Besuche des Königs und des Kronprinzen von Württemberg abzulehnen, da sie keinen von beiden sprechen oder sehen will. Die kirchliche Zeremonie der Ehetrennung zwischen dem Kronprinzen und seiner Gemalin, die seitdem in München lebt, ist gleich nach der Rückkehr des Kronprinzen aus England in Stuttgard vor sich gegangen. So viele Menschen es übrigens giebt, die dem Kronprinzen seine Abneigung gegen diese zwar in den äußerlichen Reizen von der Natur etwas versäumte, jedoch in den geistigen Eigenschaften desto vortrefflichere Prinzessin übel deuten, so giebt es doch Andere, die dessen Rechtfertigung übernehmen. Die Heirat war eine Folge des Charakters des Prinzen, der die Vorgänge des damals allmächtigen Napoleon niemals billigte und insbesondere nicht nach dem Beispiel des jetzigen Großherzogs von Baden eine Frau sich wollte aufdringen lassen. Er erklärte daher, nur eine deutsche Fürstin heirathen zu wollen, und soll sich die Freiheit genommen haben, in jener Zeit selbst in Paris zu sagen: „Je ne veux pas une femme de votre „pagerie". Das Wort deutete auf den Umstand, daß eben damals der Fürst von der Leyen eine Tascher de la Pagerie heirathen mußte und dafür, wie bekannt, ungeachtet seiner kleinen Besitzungen von einigen Dörfern, die Souveränität gleich anderen großen Fürsten erhielt, während mehrere

alte Fürstenhäuser mit bedeutenden Länderstrichen sich die Mediatisierung
gefallen lassen mußten[1]). Das Opfer dieses Eigensinns wurde die bayrische
Prinzessin, die noch dazu das Unglück hatte, in den ersten Zusammenkünften durch zu große Bemühung, zu gefallen, das Gegentheil hervorzubringen.....Hiezu kömmt noch, daß der Kronprinz schon seit mehreren
Jahren eine Liebschaft mit einem Frauenzimmer in Stuttgart unterhält,
die ihn sehr zu fesseln weiß. Sie ist eine königliche Beamtenstochter, und er
hat bereits zwei Kinder mit ihr erzeugt...

Zum Vortrag vom 17.

15. Okt. (Goehausen)

Die am 12. d. im Augarten versammelte Mittags-Gesellschaft von ungefähr zwölf Personen bestand aus den Abgeordneten der vier freien Städte:
Hamburg, Lübeck, Bremen und Frankfurt, dann ferner aus den Delegierten
von Oldenburg, Baron Maltzahn und Hofrat Mutzenbecher, dem braunschwei-
gischen Geheimen Rath von Schmidt, dem Mecklenburgischen von Plessen,
dem Leiningenschen von Schmitz und einigen Anderen. Sie waren bloß
zur freundschaftlichen Unterhaltung zusammengekommen und sind eben
die nämlichen, die auch im Gasthof zum Erzherzog Karl sich eine eigene
table d'hôte gewählt haben. Sie sind aber auch eben jene, die in Hinsicht des
Kongresses nur von einer Idee, u. zw. derjenigen beseelt sind, daß sie sich
vereinigt halten und für die erbliche Kaiserwürde in dem Hause Österreich
sich aussprechen wollen. Nach einer heute dem Unterzeichneten[2]) im Vertrauen geschehenen verläßlichen Versicherung haben sich den Obgenannten
auch noch die herzogl. Sächsischen Häuser, Hessen-Kassel, die Häuser von
Nassau und endlich auch Darmstadt beigesellt, um den Plänen und dem
mächtigeren Einfluß von Bayern und Preußen, die noch nicht mit ihnen
gleichen Sinnes sind, sich erforderlichenfalls entgegenstellen zu können.
Sie sind gesonnen, in dieser Absicht eine Petition zu entwerfen, worin sie
unsern Kaiser um die Annahme der deutschen Kaiserkrone bitten und
welche bei Eröffnung des Kongresses sogleich zur Sprache kommen soll.
Die Sache ist neu. Sie wird allerdings von ihnen geheim gehalten und erst
heute in Gang gesetzt werden. Da sie die Mehrzahl ausmachen und gewiß
sind, daß die noch übrigen kleineren Fürsten sich ihnen ohne weiters anschließen, so glauben sie auch dadurch in der Hauptsache den Ausschlag zu
geben. Die Veranlassung eines solchen Schrittes ist, wie unter ihnen verlautet, daß Preußen und Bayern nichts als den Plan eigener Vergrößerung
verfolgen und außer den schon Mediatisierten noch andere Fürstenhäuser
sich unterwerfen wollen, Württemberg und Baden aber sich noch gar nicht

---

[1]) Ein Graf Ludwig Tascher de la Pagerie heiratete am 25. Juli 1810 Amalie,
die Tochter des Rheinbundfürsten v. d. Leyen, der 1806 seine Souveränität behalten
hatte, weil er ein Neffe Dalbergs war und dessen Protektion genoß.

[2]) Goehausen.

herausgelassen haben sollen und sogar noch auf fremde Hilfe Rechnung machen dürften, endlich von England nichts gewisser zu hoffen sei, als daß es der Stimme der Mehrheit und dem Plane der Herstellung der alten Ordnung der Dinge, soweit diese möglich ist, beitreten werde[1]).

15. Okt. (E.)

Gestern, den 14., waren bey Bon Gagern die Kongreß-Gesandten von Kur-Hessen, Hessen-Darmstadt, Braunschweig-Lüneburg, der Sächsischen und Anhaltischen Häuser, der Hanse-Städte und noch einiger kleinerer Kommittenten auf ausdrückliche Einladung versammelt. Ein Teil speiste da, ein Teil kam erst nach Tische. Gagern legte eine der hiesigen Staatskanzlei zu überreichende Note zum Unterschreiben vor. Allein sie war in so heftigen und beissenden Ausdrücken verfaßt, daß man sie einstimmig verwarf. Es sollte darin den vier Ministern der Hauptmächte gesagt werden, daß sie kein Recht hätten, die Geschäfte so allein und mit Ausschluß der anderen Deutschen zu behandeln, daß man vor allem einen Kaiser, u. zw. den österreichischen, für Deutschland verlange[2]). Gagern hielt sodann während 1½ Stunden eine Rede, worin er zu beweisen suchte, daß Deutschland dringend einen Kaiser bedürfe, daß Kaiser Franz dieser sein müsse und daß jeder fremde Einfluß bei Behandlung der deutschen Angelegenheiten zu entfernen sei. Man war über diese Punkte seiner Meinung, beschloß jedoch, daß Graf Keller vorher bei Herrn Fürsten v. Metternich die Bestätigung seiner Äußerung holen sollte, welche von Plessen (Mecklenburg) von diesem erhalten zu haben behauptete, und nach welcher S. D. versicherten, man werde in Rücksicht Deutschlands nicht eigenmächtig zu Werke gehen. Mehrere Mitglieder bemerkten, daß man bei einem solchen Schritt sehr vorsichtig zu Werke gehen müsse, um nicht Preußen zu indisponiren und Rußland und Österreich in Spannung zu setzen, und daß man vorher die Einwilligung des hiesigen Hofes in der Stille sondiren solle. Man verschob die Sache bis zum Rapport des Grafen Keller und ging um 9 Uhr Abends auseinander[3]). Von Seiten Badens war Niemand anwesend.

16. Okt. (Goehausen).

Die mittels Berichtes vom 15. d. zur hohen Kenntniß gebrachte Vereinigung mehrerer Kongreßdeputirten hat nach einer weiteren verläßlichen Nachricht den glücklichen Erfolg gehabt, daß selbe durch eine Auswahl von Personen sich bei dem Herrn Fürsten v. Metternich präsentirt und eine ganz

---

[1]) Vgl. unten den Rapport vom 16. zum Vortrag vom 17. Oktober und den Bericht über die Versammlung bei Gagern.

[2]) Gagern in „Mein Antheil an der Politik", II. 204, wo er von der Zusammenkunft am 14. Oktober spricht, faßt sich sehr kurz und übergeht die Ablehnung seiner Note.

[3]) Siehe die Rapporte des Grafen Keller unten zum Vortrag vom 30.

ihren Wünschen angemessene Aufnahme gefunden haben. Ihre Freude ist darüber unbeschreiblich. Graf Keller von Hessen-Kassel, Baron Gagern von den nassauischen Häusern, Schmidt v. Phiseldeck von Braunschweig waren die Redner. Bei ihnen befanden sich aber noch Baron Marschall (Nassau), Baron Türckheim (Hessen-Darmstadt), Maltzahn und Mutzenbecher (Oldenburg), Schmitz (Leiningen), die Deputirten der Städte und Andere. Auch von Sachsen war Baron Gersdorff (Weimar) dabei, und es ist die Berechnung gemacht, daß außer Preußen, Bayern, Wirtemberg und Baden alle übrigen ehemaligen deutschen Reichsfürsten zu dieser Vereinigung gehören, die, mit jenem Plan vollkommen verstanden, eine Hauptzahl von 9 Mill. Menschen ausmachen wird. Auch Baden soll schon Schritte machen, um sich diesem großen Werke anzuschließen. Baron Gagern ist hiebei vorzüglich in Bewegung. Am 14. waren bei zwanzig Personen bei ihm versammelt, und es wurden dann an mehrere hier nicht anwesende Fürsten, u. A. auch an die Fürsten von Lippe-Detmold und Bückeburg, theils mit der Post, theils durch Kuriere, Briefe über diesen Gegenstand ausgeschickt. Heute d. 16. wird wieder bei v. Gagern Konferenz gehalten werden. Der Geh. Rath v. Gaertner war zwar nicht bei der Versammlung, doch arbeitet er in dem nämlichen Geist, und nach dem hier beiliegenden Beobachtungsrapport trieb er sich auch am 14. bei seinen Komittenten: Fürsten Hohenlohe, Löwenstein, Neuwied und Fürstin Fürstenberg herum, bei welch Letzteren eine Konferenz von drei Stunden gehalten wurde[1]).

16. Okt. (* *)

... Gestern wollte man glauben, Österreich bekömmt Westgalizien zurück, Preußen bekömmt einen Teil von seinem alten Polen, Rußland gibt nach auf Intervention von L. Castlereagh. Dadurch entsteht die Möglichkeit, den König von Sachsen, wiewohl sehr beschnitten, bestehen zu lassen und solchergestalten das Odiosum, die sächsische Dynastie aus dem Buche der Lebendigen auszulöschen, zu ersparen....[2])

Über die Kongreß-Konferenz von vorgestern, Freitag, den 14.[3]), höre ich folgendes: Die Konferenz dauerte von 1 bis 4 Uhr. Objectum war die innere Organisirung des Foederativ-Systems der deutschen Gouvernements. Es war die Rede von einem Simulacre eines deutschen Erbkaisers oder Bundesoberhauptes. Der Plan ist allerseits ad referendum genommen worden.

Über diesen Plan höre ich die nachstehenden Bemerkungen: Vor 1792, durch die ganze Zeit des französischen Revolutionskrieges, 1805 und 1806,

---

[1]) Der erwähnte materielle Rapport nennt als Teilnehmer an dieser Konferenz: Gaertner, Fürst Hohenlohe, Fürst Neuwied, Graf Görtz, Graf Quadt, Regierungsrat Geyer, Kammerdirektor Stephany, Fürst Schönburg, und Graf Truchsess. Zum Schluß heißt es: „Von Schriften war es bisher unmöglich etwas zu bekommen, weil er selbe Pörsöhnlich (!) an verschiedene Örter abgiebt."
[2]) Man vgl. oben den Bericht über die Polen.
[3]) Des „deutschen" Komitees erste Sitzung. Das offizielle Protokoll (Angeberg, I. 289 f.) erwähnt nichts von einer Diskussion der Kaiserfrage.

war die römisch-deutsche Kaiserkrone eine Last für Österreich. Zu welchem Profit soll denn a° 1814 das Simulacre der deutschen Erb-Kaiserkrone die österreichische Monarchie führen und das erbliche Protektorat der Foederation der deutschen Gouvernements, welche einzelne deutsche Staaten ihrer natürlichen Tendenz nach rivalisiren a) unter sich selbst b) gegen Österreich c) gegen das Bundesoberhaupt, welches gar nicht die Mittel haben kann, oder die Befugniß, zu gebieten und die Gebote in Vollziehung zu setzen? Welchen Nutzen sollen die Mindermächtigen von einem Schutzherrn haben, der keine ernstliche Media haben kann, Amt zu handeln? Welche Folgsamkeit kann das Bundes-Oberhaupt erwarten von seinen potenteren Bundesgenossen, welche die angeerbte Monarchie des Bundes-Oberhauptes mit gleicher Leidenschaft ansinnen (!)? Für Österreich ist diese Würde eine Eitelkeit, ein Hochmut, eine dépense, ein ewiger Embarras etc. Mit dem Dasein des deutschen Erbkaisers verträgt sich gar nicht der Begriff eines deutschen Bundes. Der Stadion-Anhang scheint eifersüchtig, wenn Fürst Metternich die deutsche Kaiserwürde erblich an das Haus Österreich bringet, welche Würde Graf Stadion so leichtsinnig von unserem Hof abgebracht hat. Jene Personen, welche noch am 13. über Fürst Metternich geschimpft haben, daß S. fürstliche Gnaden nichts thue für das deutsche Reich, für Herstellung der deutschen Kaiser-Krone, für das Haus Österreich, dieselben Personen, die nun Kenntniß haben von der Kongreß-Conferenz vom 14., sehen etwas Nachtheiliges darin, daß ein Bundes-Oberhaupt werden, daß Österreich deutscher Erbkaiser werden soll....

Zum Vortrag vom 18.

14. Okt.[1])

Die Preußen, und vorzüglich die Gesellschaft Humboldts bey dem Diner am 14., vorzüglich Gr. Schulenburg, der vormahlige sächsische Gesandte, der auch an der Tafel bey Herzog Albert[2]) sehr oft in diesem Sinne spricht, ziehen unser Ministerium sehr in das Lächerliche. Sie sagen: „Metternich weiß vor Liebe und beleidigter Eitelkeit sich nicht zu fassen; er verliert jeden Vormittag, indem er nie vor 10 Uhr früh das Bett verläßt, und, kaum angezogen, zur Sagan seufzen gehet, 5—6 Stunden, behält kaum so viele Zeit, um unter 40 Menschen, die jeden Tag ihn zu sprechen haben, kaum 3—4 vorzulassen, so zwar, daß oft Hudelist, Gentz, Kruft, Stunden lang warten müssen. Dennoch ist er voll Uiberzeugung, die Welt zu regiren, so wie er vor 4 Jahren in Paris den ewigen Frieden zu machen den Irrwahn hatte." Stadion verstünde von Finanzen an sich nicht viel, nehme sich aber vor Liebe zur Bigotterie und zur Coquetterie mit Weibern nicht einmal die Zeit, ernstlich an ein Geschäft zu gehen; Schwarzenberg sey zu indolent;

---

[1]) Nach einer Bleistiftnotiz Hagers wurde dieses Stück dem Kaiser in einem besonderen Vortrag „mit Hindeutung auf den Verfasser" vorgelegt.

[2]) Von Sachsen-Teschen.

eine Jagd sey ihm mehr am Herzen als alles übrige; Ugarte[1]) sei ganz unfähig und blos mit H.... beschäftigt. Unter diesen Umständen wäre es Preußen leicht, alle Pläne duchzusetzen; es gäbe in Österreich gar keine Kraft zum Widerstande; sie müssen daher in Deutschland die erste Rolle spielen, und alle übrigen Mächte müssen es mit befördern, weil von Österreich gar nichts Energisches zu erwarten möglich wäre.

Die Fürstin Bagration, um sich der Vernachlässigung wegen an Metternich zu rächen, erzählt alles, was sie weiß und nur je gehört hat, und was gegen Österreich ist, theils dem K. Alexander selbst, theils an La Harpe, Oscherovsky, ihrem Schwager, Anstetten, Nesselrode; sie scheut sich nicht, unausgesetzt vor allen Österreichern alle Horreurs über Wien zu erzählen.

F. Metternich sucht sich jetzt über die von der Herzogin v. Sagan ihm zugefügten Mißhandlungen zu zerstreuen, ist gestern abends gar nicht mehr bey ihr gewesen, und macht anhaltend der Julie Zichy den Hof; jedermann, dem das Wohl der Monarchie am Herzen liegt, freut sich darüber, weil niemand so intriguant als die Herzogin ist, und ihn so viele Zeit verlieren gemacht hat; er war wirklich das Gelächter aller jungen Leute, wovon er doch jeden unendlich übersieht. Julie Zichy ist überdieß zu religiös und wahrhaft tugendhaft, als daß irgend etwas Nachtheiliges daraus entstehen könnte.

Wenzel Lichtenstein, Gr. Schulenburg, der Flügeladjutant des F. Schwarzenberg, und P^ce Louis de Rohan sind unter andern drei Individuen, deren sich Metternich zu geheimen Zwecken bedient...

Die Liebschaft des Franz Pálffy mit der Bigottini[2]) geht so ziemlich ihrem Ende zu, wenigstens ist sie für jetzt sehr erkaltet. Er erklärte sich, ihr 6000 Franken lebenslänglich geben zu wollen; sie verlangte dagegen entweder das Capital auf einmal, oder die Versicherung der Rente für ihre Tochter bis zur Verheurathung, da ihre ganze Sorge in der Welt nur auf ihr Kind gerichtet sey; der Bruder[3]) wollte die Rente für den Franz vorziehen, weil er es für ein Glück hielte, wenn Franz Pálffy mit einem einzigen Frauenzimmer, die übrigens ihrem erklärten Liebhaber immer treu geblieben sey, ordentlich und ruhig hier leben wollte, als immer vom Fortreisen zu träumen, und so sein ganzes Vermögen durchzubringen. Es kam aber nicht zu Stande, und nun sind alle Theile einander überdrüssig.

16. Okt. (Derselbe.)[4])

Die Fürstin Bagration, die in Baden, unbeschadet ihrer Eifersucht gegen die Herzogin v. Sagan, wegen rasender Eitelkeitsliebe zu Metternich sowohl

---

[1]) Graf Alois Ugarte war Staats- und Konferenzminister und Oberster Kanzler (d. i. Minister des Innern).
[2]) Tänzerin der französischen Oper, die in Wien zu Ehren der Gäste gastierte.
[3]) Graf Ferdinand Pálffy.
[4]) Derselbe Berichtleger, der am 14. rapportiert hatte.

mit dem jungen Grafen Schönfeld als dem jungen Grafen Schulenburg[1]) vorübergehende Liebschaften angefangen hat, machte nun die letzten Tage auf den Prinzen Karl von Bayern Jagd, welches auch so gut von Statten ging, daß er nun viele Stunden des Tages bey ihr zubringet, und daß auf dem Ball bei der Fürstin Eszterházy selbst die beiden Großfürstinnen[2]) mit dem Großfürsten Konstantin darüber gelacht haben. K. Alexander war wegen der Einteilung der Abendunterhaltungen noch sehr in Verlegenheit, weil er selbst sagte, er wisse nicht, wann er nach Ofen reisen würde. Diese Ungewißheit teilte der Erzherzog-Palatin mit ihm, ob es dann noch bei dem 21. bleibe oder bis zu dem 24. oder 25. verschoben werden würde[3]). Nun wird ausgemacht: nebst dem Ball bei F. Metternich am Donnerstag Ball bei Gr. Stackelberg, am Samstag bey Gr. Carl Zichy, am Montag den 24ten aber bey Gr. Rasumowsky. Die Fürstin Bagration will auch noch einen Ball geben, und mich quälen alle, von den Damen dazu aufgemuntert, eben auch darum; K. Alexander sprach mir auch schon davon.

K. Alexander ist noch immer am meisten beschäftigt von der Eszterházy-Roisin, der Sophie Zichy, der Fürstin Gabriele Auersperg, und speist und tanzt auch ziemlich lang und oft mit der Moritz Lichtenstein und der jungen Széchényi. Die ersten beyden Frauen sehen dieses für einen wahren Triumph an und glauben ihn ernstlich in sich verliebt; alle Uibrigen bemerken aber gar zu sehr, daß es dem K. Alexander nur — so wie in Frankfurt und an allen Orten — um Koketterie zu tun ist....

17. Okt. (Nota)

Indépendentistes. [Der Berichtleger beruft sich auf einen Brief seines Bruders über die italienischen Independentisten.] Ce sont tous des maçons, ceux qui tâchent à présent de former la nouvelle société des Indépendentistes. Les Napolitains l'ont créée à Ancone; elle se propage, elle a répandu le livre duquel je vous ai parlé dernièrement imprimé à Novara[4]). Dans le fond cette société ressemble beaucoup à celle des „amis de la vertu" qu'on avait formée en Prusse pour délivrer l'Allemagne des Français. On veut à présent s'en servir pour délivrer l'Italie des Autrichiens et de toute autre influence étrangère.

Opinion publique sur l'affaire de Murat. On parle beaucoup d'après les gazettes de cette nouvelle mission d'un personnage si marquant que le Pce Eszterházy (d'aller), après avoir complimenté le Pape à Rome, à Naples pour assurer de nouveau Murat de la fidélité et (de l') attachement de l'Autriche à ses intérêts etc[5]). Et je n'ai entendu, ni Autrichien, ni Russe,

---

[1]) Der Erste war Gesandtschaftskavalier bei der Botschaft in Berlin.
[2]) Katharina und Maria Paulowna, die Schwestern Alexanders.
[3]) Über die Reise nach Ofen s. unten.
[4]) S. oben die Benj. Constant zugeschriebene Broschüre.
[5]) Über diese Mission des Generals Fürsten Eszterházy nach Neapel vgl. Weil, Murat. La dernière année. I. 386 f.

ni Prussien, ni Allemand qui n'ait blamé cet excès de faveur qu'on montre à ce souverain de toute nouvelle origine et création. Les partisans des Bourbons en frémissent et disent que, si l'on avait pris pour but d'établir une haine éternelle entre la maison d'Autriche et celle des Bourbons, et par là un fonds sûr pour perpétuer les guerres en Europe, on n'aurait pu mieux faire que de dire par le fait à toute la terre: „Nous voulons plutôt conserver un célèbre roturier, coquin, ambitieux et scélérat sur le trône de Naples que permettre que son souverain légitime le reprenne selon les lois de la justice et le désir de toute l'Europe." — Je sais que depuis quelques jours M. de Talleyrand n'a dans ces matières que le refrain suivant dans sa bouche et s'en sert continuellement avec les diplomates et ses partisans (Je le sais de ceux qui lui l'ont entendu répéter): „Soyez tranquilles; à la fin de fin tout finira bien. Ils sont de bonnes gens; ils veulent la paix du monde, et nous l'aurons." J'ai demandé si le fin merle n'y mettait pas un peu d'ironie en disant cela? On m'a répondu que c'était de tout son sérieux et qu'en effet il était persuadé qu'on était de bonnes gens qui voulaient le bien.

Alexandre, Metternich, Bagration. On s'occupe de remarques suivantes: Alexandre, qui avait l'air de ne pas trop distinguer en public le P^{ce} Metternich, avant-hier au bal de la P^{esse} Eszterházy l'a beaucoup distingué. Il lui a parlé très longtemps et à plusieurs reprises et d'un air très content et très confidentiel. Cela a fait beaucoup de sensation. On sait que Metternich depuis quinze jours n'a pas mis le pied chez la P^{esse} Bagration; on en ignore la raison, mais tout le monde la devine...

Elbe, P^{ce} de Piombino, Duc de Sora. L'avocat Vera, envoyé de ce prince, quoique très habile homme, n'a pas cru devoir faire lui-même son mémoire au congrès pour réclamer l'Elbe et ses revenus arriérés que Napoléon lui a pris[1]). C'est Bartholdi qui l'a rédigé, et on me dit qu'il est très bien fait. Dans le fond il faut avouer que personne n'a plus de raison que ce Prince, à qui on a pris ses états sans lui dire un mot, ni avant, ni après.

17. Okt.

Alles, was bisher über die Verhältnisse des preußischen Hofes gegen das ehemalige Herzogtum Warschau mittelbar durch den Herrn Zerboni di Sposetti auszumitteln gewesen ist, besteht in Folgendem: Das preußische Kabinet hat eigentlich gegen die formelle Wiederherstellung Polens nichts einzuwenden; indeß dehnen sich dessen geheime Wünsche auf ein besseres Arondissement als bisher durch den Frieden von Tilsit bestanden, aus. Durch Letztern wurde nämlich ein Theil von Westpreußen, insbesondere vom sogenannten Netzedistrikt durch die Gränzlinie des Herzogtums Warschau abgeschnitten, und die Verbindung der alten preußischen Pro-

---

[1]) Die Denkschrift des Fürsten Buoncompagni von Piombino und Elba bei Klüber, Akten, I. 80 ff.

vinzen mit der Mark Brandenburg bestand nur aus einem schmalen Wege zwischen Danzig und Bromberg, oder durch die polnisch organisirten Städte Thorn und Posen nach Frankfurt a. d. O. Außerdem war ein Distrikt vom Culmer Kreise nach dem Flüßchen Drewentz hin dergestalt von Preußen abgeschnitten, daß sich die Gränzen einigemal durchkreuzten. Darüber, daß diese letztern Hindernisse weggeräumt werden und jene Partikeln, welche im J. 1772/73 an Preußen gekommen, wieder mit demselben vereinigt werden, sei gar kein Zweifel vorhanden. Allein Preußen wünsche auch einen Theil des sogenannten Neu-Ost-Preußens jenseits der Weichsel, so daß die Städte Thorn und Posen in der Mitte den Punkt der Umgebungen von beiden Seiten nach Polen und Westpreußen bildeten. Außer dem dadurch beabsichtigten Arondissement in politischer Hinsicht werden diese Wünsche oder Ansprüche noch durch die commerziellen und finanziellen Verhältnisse geleitet. Die Provinz Neu-Ost-Preußen, wozu auch die Departements von Warschau und Bialystok gehören, kostete dem König jährlich 2 Millionen Thaler Zuschuß und Meliorations-Kosten; Süd-Preußen dagegen stand in der Balance der Ausgaben und Einnahmen gleich. Das gleich nach der Occupation eingeführte Hypotheken-Deposital-Feuerversicherungs- und Güterabschätzungs-System gewährte den Grundbesitzern große pecuniäre Vorteile, um so mehr, als der preußische Staat aus seinen öffentlichen Kassen der oben genannten Systeme und Behörden viele Millionen den Einwohnern vorgeschossen hat, welche zum Teil durch den Bayonner Vertrag an das Herzogthum Warschau oder Frankreich abgetreten oder auch vom Letzteren in Beschlag genommen sind[1]). Diese Gegenstände haben zahlreiche Differenzen zwischen den beiderseitigen Höfen veranlaßt, die nie ganz ausgeglichen werden konnten, weil angeblich Preußen in der Insurrection 1806/7 bedeutende Summen aus den Landeskassen Polens mitgenommen haben sollte. Die Wiederbesetzung jener Provinzen würde nun die Sache am ersten in Ordnung bringen, jedoch scheint man preußischer Seits damit vor der Hand noch sehr behutsam zu Werke gehen zu wollen. Durch den Besitz von Danzig aber erhält Preußen ein Debouché des polnischen und russischen Handels, wodurch, und in Verbindung mit Elbing und Königsberg, es denselben beherrschen kann, da aus den Warschauer und Bialystoker Departements — welche es unbedenklich an Rußland abtritt — die Waren nach jenen Stapelplätzen entweder auf die Weichsel und deren Arm Nogat nach Danzig und Elbing, oder vom Niemen durch den Friedrichs-Kanal auf dem Pregel nach Königsberg gebracht werden müssen. Die Einwohner in den genannten Districten, hauptsächlich im Posen'schen, sollen zu den reichsten des Landes gehören und immer noch ihre Selbständigkeit zurück-

---

[1]) Napoleon schloß mit Sachsen am 10. Mai 1808 zu Bayonne einen Vertrag, der die im ehemaligen preußischen Polen investirten Kapitalien preußischer Kreditinstitute und sonstige preußische Stiftungen dem Herzogtum Warschau überwies. Der Vertrag wurde auf dem Wiener Kongreß durch eine Übereinkunft zwischen Preußen und Rußland vom 30. März 1815 als aufgehoben erklärt. (K l ü b e r, Akten, VIII. 204 f.)

wünschen. Man zweifelt jedoch nicht, sie im Falle der projektirten Abtretung umzustimmen, und rechnet auf die Mitwirkung Österreichs, dessen Interesse es ist, der weiteren Ausdehnung des russischen Reiches nach Westen möglichst entgegen zu arbeiten. Preußen hat daher mit seinem Privat-Interesse einen sonderbaren Standpunkt zwischen Österreich und Rußland.

Die weiteren Specialia wird man zu verfolgen suchen. Zerboni besucht u. A. auch das Arnsteinische Haus.

Zum Vortrag vom 19.

17. Okt. (Schmidt)

Wie schwer es hält, über F. Talleyrand eine eingreifende Beobachtung zu führen, wird Jedem einleuchten, der dessen Charakter berücksichtigt, und noch besonders die physische Beschaffenheit seines Wohnhauses[1]) in Erwägung zieht. Es ist wie ein verschlossenes Castell anzusehen, in welchem er mit seinen vertrauten Umgebungen allein hauset. Indessen war man durch angestrengte Bemühungen doch dahin gekommen, daß man schon einige Schriften intercipirte, die aus seinem Hause kommen. Man hat auch endlich einen alten Diener, der schon bei drei französischen Botschaftern dienet und einen Aufseher oder Diener der Kanzelleyen macht, zu gewinnen gewußt, welchem man indessen einige zerrissene Papiere verdanket, die in Talleyrands Schreibstube gefunden wurden. Von den Besuchen oder von den Tafelgästen, die bei ihm sich einfinden, ist wohl für die Polizei wenig zu schöpfen. Es sind entweder fremde Diplomatiker, die ihr eigenes Interesse bearbeiten, oder hiesige, welche ohnehin schon von anderen höheren Seiten gewonnen sind. Indessen hat Talleyrand seit zwei Tagen Besuche vom Capitän Mohrenheim, Baron Gagern, welcher sich lange bei ihm aufhielt, Fürsten Hohenlohe-Bartenstein, C. Labrador, Machado, Grafen Benzel, Grafen Pappenheim[2]), Fürst Czerniczeff, Pozzo di Borgo, Castelalfer[3]), Salmour, Ruffo, Zerleder, Wieland, Reinhard, Montenach[4]), Graf Clary, Schulenburg, Hofrath Genz, Graf Bethusy[5]), Lord Stewart, Graf Trauttmansdorff, Fürst Wenzel Liechtenstein, Ivernois aus Genf....

Alle die Schwierigkeiten, die bei Talleyrands Beobachtung eintreten, greifen auch bei dem Fürsten (!) Dalberg Platz. Er wohnt mit jenem in einem Hause und hat noch das für sich, daß er ein Deutscher ist, der den hiesigen Platz aus den vorigen Zeiten gut kennt.

---

[1]) Talleyrand bewohnte das Palais in der Johannesgasse Nr. 1029.
[2]) Bayrischer Generalleutnant und Adjutant.
[3]) Sardischer Diplomat.
[4]) Zerleder, Montenach, Reinhard und Wieland waren Schweizer Bevollmächtigte.
[5]) S. oben Einleitung S. 22.

Zum Vortrag vom 20.

19. Okt. (O.)

[Ein Pole, Karski, ist mit Briefen aus Paris und einer Empfehlung an die Pariser Botschaft angekommen.] Les Polonais qui avant peu de temps encore idolâtraient le P^{ce} Eugène Beauharnais sont dans ce moment un peu irrités contre lui, parce qu'il a refusé une audience à plusieurs Polonais qui avaient servi sous ses ordres. Le P^{ce} Adam Czartoryski continue d'être le soutien de leurs espérances, mais il est peu visible pour ses compatriotes; ceux-ci communiquent avec lui par moyen du P^{ce} Henry (Lubomirski) qui les voit, et paraît être très actif. Un officier russe de la suite de l'Empereur a fait la remarque que deux perruquiers, dont l'un sur la place de S. Etienne vis-à-vis de l'église, et l'autre dans la Schwertgasse pour aller de Hohenbrück à Maria-Stiegen, ont les bustes de l'Empereur Alexandre devant leurs boutiques pour servir de Perrückenstöcke. Il observe que c'est très indécent.....

Zum Vortrag vom 21.

20. Okt.

Le Grand-duc Constantin a reçu le 17 un courrier de Varsovie, et en avait expédié un la veille. L'on n'a point remarqué qu'ils ayent donné lieu à quelque démarche particulière. L'Ukase par lequel les généraux russes ne peuvent plus être chefs de régiment a fait une très grande impression et cause un grand mécontentement en Russie. La plupart des généraux se trouvent par là hors d'état de vivre convenablement. Le quartier général de l'armée russe est toujours à Varsovie. Le général Diebitsch, qui était en semestre à Pétersbourg, a reçu l'ordre de rejoindre le quartier-général à Varsovie et y est déjà arrivé....

Les Russes et les Prussiens regardent l'affaire de la Pologne et de la Saxe comme terminées sur le principal. Il n'y a plus que la ligne frontière, près de Cracovie, et l'établissement à donner au Roi de Saxe, qui soit, selon eux, un objet encore à régler.

Le Grand-duc causait dernièrement sur l'esprit révolutionnaire qui caractérise particulièrement le temps actuel, et sur les progrès qu'il avait fait et faisait encore dans le Nord de l'Allemagne. „Les Polonais" me dit il, „surtout les militaires, qui ont été beaucoup en France, sont tellement revenus des principes philanthropiques qu'ils m'ont dit souvent: „Vous verrez, ce sera à nous Polonais à mettre le holà dans le Nord de l'Allemagne dans quelques années d'ici." Je crois ceci intéressant en ce que cette manière de parler de la Pologne comme corps politique montre à quel degré sont encore leurs espérances, et que le Grand-duc ne semble point avoir été chargé de les désabuser. Quant à ce qu'il espère personnellement, dernièrement, à propos du pas avec les princes royaux de Bavière et de Wirtemberg, on a cherché à démêler ce qu'il pense. On prétendait qu'il devait sous tous les rapports prendre le pas sur eux puisqu'il était, quoique pas déclaré, mais par la situation, héritier présomptif tant que l'empereur n'avait point d'enfants. Il a dit: „Non seulement je ne désire point régner, mais je suis sûr de ne jamais monter sur le trône. J'ai passé ma vie à m'occuper du militaire et ne connais que cela. Mais si même l'empereur n'avait point d'enfants, quoique l'Empereur Paul ait établi le droit de succession pour la descendance mâle, nous avons dû, au couronnement de l'empereur mon frère, faire le serment de reconnaître comme successeur celui de la famille qu'il désignerait." M. de la Harpe est venu beaucoup chez lui depuis quelques jours; on a cherché à découvrir pour quel motif, et on a appris du Grand-duc qu'il lui avait cherché un gouverneur pour son fils naturel qu'il a d'une femme d'une classe peu distinguée de la société et qu'il élève chez lui. La mère a beaucoup d'influence sur son esprit et le mène quelquefois assez rudement. M. de la Harpe lui a présenté hier un jeune Suisse dont on n'a pas encore pu apprendre le nom....

20. Okt.

...Von guter Hand wird versichert, daß die Preußen, und namentlich der Minister Hardenberg, sehr unzufrieden über die russischen Anmaßungen seien. Auf preußischer Seite glaubt niemand, daß es zu einem Kriege unter den Alliirten kommen könne. Von den Anhängern des Königs von Sachsen scheint ein großer Teil die Vereinigung dieses Landes mit Preußen als gewiß anzusehen; nur einige wenige zweifeln noch und hegen immerfort Hoffnungen.

20. Okt. (Bartsch?)

Ich beeile mich über mein heutiges Gespräch mit dem russischen Geh. Rath von Anstett Bericht zu erstatten.

Auf meine Frage, wie es mit den Kongreßangelegenheiten stehe, und nach meinem Bedauern, daß — wie er erwidert hatte — kein gutes Ende abzusehen und Frankreich der diabolus rotae sei, sagte er Folgendes: „Frankreich wird ebenso von Österreich wie von allen übrigen aufgestiftet und vorgeschoben, wegen Polen im Widerspruch zu bleiben. F. Metternich hat hierin am wenigsten ein reines Gewissen. Als Weltbürger kann ich dem deutschen Minister hierin nicht Unrecht geben. Selbst als russischer Staatsmann kann ich den Ideen des K. Alexander nicht ganz beistimmen. Ich habe es in meinen Elaboraten bewiesen, obschon ich mir nicht bergen kann, daß ich dadurch die persönliche Gunst des Kaisers verloren habe. Ich sehe es nicht als ein Unglück an, denn meine Parthie war schon früher ergriffen, nach dieser letzten Scene nach Hause zu gehen. Inzwischen fällt es mir auf, daß mein Kaiser seit jenen Elaboraten, worin ich mit so vielen und guten Gründen von den Polen abgerathen habe, mich gar nicht mehr ansieht und weder im Kabinete noch öffentlich je ein Wort mit mir spricht. Im Grunde lache ich dazu, denn ich habe ein reines Gewissen und das beruhigende Bewußtsein, meine Pflicht gethan zu haben. Er wird es schon einsehen, daß ich ihm auch diesmal wahr gesagt habe, wie schon früher ich ihm in Freiburg vorhergesagt habe comme le Prince de Metternich le jouerait sous jambe relativement à la Suisse, eine Sache, die mir in Ansehung des guten Fortgangs des Feldzugs wirklich nicht unangenehm war und mich nur deshalb verdroß, weil der österreichische Minister, und nicht einer von uns, sich diesen gelungenen Kunstgriff zuschreiben konnte. Itzt ist der Kaiser ganz für die Polen, mais lorsqu'ils lui montreront les moustaches, il pensera Anstett a encore eu raison.

Ich bin noch im Kabinet beschäftigt, aber mit Sachen, die dem Kongreß ziemlich fremd sind. Graf Nesselrode, an den alten Gang der Sachen gewöhnt, schickte mir jüngst drei Gegenstände, um mein Gutachten zu erstatten. Ich schrieb a tergo, daß, da ich mit meinen Ansichten über Polen jenen des Kaisers anstössig wurde, ich nur mit ausdrücklicher Bewilligung des Kaisers hierin ferner arbeiten könne. Ich erhielt nichts zurück, sondern erfuhr — das überzeugte mich in der Folge — daß die Sachen dem größten Widersacher meiner Meinung, dem F. Czartoryski, zur Bearbeitung übergeben worden seien. Ich habe nun um so mehr Ruhe, was aber auch wirklich zur Gleichgültigkeit bei mir geworden ist. Deshalb ist Nesselrode ganz irre an mir. Denn der Gewohnheit nach schickt er mir immer noch allerlei Aufsätze zur Revision. Ehemals änderte ich sehr vieles ab; nun kömmt meiner Gleichgültigkeit alles schön und recht gut vor; dies begreift er nun auf einmal nicht. Ich wollte wetten, der Fürst Schwarzenberg beurteilt mich in Ansehung meiner Denkungsart noch am besten von allen. Ich war sein erster Unterhändler bei Warschau.[1]). Er gewann mich da lieb und mag in nicht weniger Verlegenheit sein, daß ich den Leopolds-Orden, auf den er gleich damals antrug, noch nicht erhalten habe. Ich weiß, daß er sich in Paris neuerdings ansetzte; da war auch F. Metternich einverstanden; nun wollte es aber von oben herab nicht gehen. In Gottes Namen! Statt des Ordens bin ich ganz jüngst durch ein Kompliment von Eurer Seite in Verlegenheit gesetzt worden. Ein Österreicher, einer der Emissärs des F. Metternich, sagte mir, daß ich mich in Ansehung Polens so heldenmütig der Meinung meines Kaisers entgegen gesetzt habe; ich möge fortfahren, denn man „verkenne nicht den Dank, den man mir dafür schuldig sei." Hier gerieth der Berichterstatter in große Verlegenheit, weil Anstett ihm in einem vertraulichen Gespräche von dieser Opposition und dem daraus erfolgten Mißvergnügen des Kaisers erwähnt hatte, und dieser es in einem seiner Berichte angeführt hatte. Ich sagte ihm, ich wisse nicht, warum man dies österreichischer Seits wisse und warum man ihm danken wolle, da er hier nicht im Sinne von Österreich, sondern fürs Ganze, und hauptsächlich zum Nutzen seines Herrn gehandelt habe.

---

[1]) Mit Anstett schloß Schwarzenberg jenen Waffenstillstand vom 30. Januar 1813 ab, der Österreich militärisch von Napoleon entfernte. M a r t e n s, Recueil des traités conclus par la Russie III. 91.

Zum Vortrag vom 22.

21. Okt. (**)

... Dalberg sagt: „Es ist mir recht leid, wenn Österreich in Schwaben und am Ober-Rhein wieder Besitzungen erhält an Land und Leuten. Kommen Österreich und Frankreich wieder in unmittelbaren Kontakt, es giebt gleich Collisionen, und die bonne foi, die Dauer der österr.-französischen Allianz, welche mir so sehr am Herzen liegen, werden zweifelhaft".

Bei Bon Thugut will man sich sehr lustig machen, daß unser Kaiser in russischen Diensten ein Regiment angenommen hat, etc. Ebenso wird gelacht über alle österreichische Regimenter, welche an auswärtige Souverains verliehen werden, über alle auswärtige Militär-, Civil- und Hof-Orden, welche S. M. der Kaiser Franz, unsere Minister etc. von auswärtigen Souverains annehmen. Es wurde gesagt, M. Theresia und K. Josef II. hätten dergleichen Kinderspiel weit unter der Würde des Hauses Österreich gehalten. Louis XVIII. lenket schon ein, dergleichen Reste der napoleonischen Mode-Sitten zu abrogiren.

Bei Thugut und in mehreren Häusern höre ich: „Der handgreiflichste Effekt der Anwesenheit der fremden Souveräns in Wien ist die Emission von 500 Millionen Gulden neue Anticipations-Scheine". Bei Stefan Zichy, bei Hatzfeld, bei Schönborn sagen sie: „So sehr, so extrem Kaiser Alexander den Fürsten Schwarzenberg distinguirt, so kalt behandelt er den Fürsten Metternich". Zu Pufendorf kömmt jetzt öfters der bekannte M. d'Yvernois, der Schriftsteller[1]). Er erzählte dieser Tage: „Ich speiste neulich bei Talleyrand mit Sidney Smith[2]). Talleyrand sprach forthin vom „monstre", von der „chute du monstre". Alles das ist ein Traum, ist wirklich äußerst amüsant."

Gestern war kleiner Ball bei Stackelberg, wo K. Alexander, die russische Kaiserin, die Großfürstinnen, unsere Erzherzoge, alle teutsche Hoheiten und erstere Kongreßgesandtschaften anwesend gewesen. Bis 26. ist bei Stackelberg ein zweiter Ball, übermorgen bei Graf Schönborn ein ähnlicher Ball. Bis 30. ist bei Fürst Metternich ein Bal masqué, wozu Kaiser Alexander aus Ungarn retour sein soll. Bei Graf Stackelberg.... glaubte man, der Congreß dürfte sich sehr in die Länge ziehen. Man sprach von des Bon Gagern „Apologie", die derselbe drucken lassen und austheilet, worin mehrere Personen von Bedeutung genannt und compromittirt sind[3]). Graf

---

[1]) Ivernois war als Vertreter von Genf nach Wien gekommen.
[2]) Der britische Admiral, der Bonaparte bei Akka wirksam widerstanden hatte, war auf den Kongreß gekommen, um hier einen europäischen Beschluß gegen das Seeräubertum und den Sklavenhandel herbeizuführen. Seine beiden Töchter, insbesondere die jüngere, galten als hohe Schönheiten.
[3]) War es eine Schrift aus Gagerns Feder? oder vielleicht die „Apologie de Frédéric Auguste, Roi de Saxe par un sujet dévoué à S. Maj., au mois de Septembre 1814", von Griesinger, die von Gagern verteilt und deshalb für sein Werk gehalten wurde? In „Mein Antheil an der Politik", II. 71 heißt es nur in einem Bericht vom Schluß des Oktober: „Il circule en très petit nombre des mémoires

Münster relevirte sehr, daß Bon Gagern bei ihm sich einzunisten gar zu sehr
beflissen ist. Man hat bemerkt, daß Bon Stein seit mehrerer Zeit nirgends
erscheinet und forthin zu Hause arbeitet. Die Malteser Congreß-Gesandtschaft
betreibt ihre Solicitatur wegen Entschädigung und Restitution für Malta
und in allen Ordens-Zungen wie am 1. Jänner 1792 sehr lebhaft und findet
bei dem Wiener Adel großen Beistand.

Zum Vortrag vom 23.

22. Okt. (Gœhausen)

[Die Vertreter der deutschen Kleinstaaten waren bei Gagern, wo
Röntgen (Nassau) das Wort führte.] Die Zusammentretungen dieser Herren
bei dem Mecklenburg-Schwerinischen Legations-Rath v. Ditrich haben
noch immer statt und beziehen sich lediglich auf den an Tag
gegebenen Plan, wodurch die meisten Fürsten Deutschlands den Kaiser
von Österreich als deutschen Kaiser proclamirt haben wollen. Nach
einer verläßlichen Nachricht (arbeitet) Preußen auf alle mögliche Art
diesem Plane entgegen, und seit einigen Tagen auch dadurch, daß
es überall will glauben machen, Österreich werde sich in dieser
Art der Sache Deutschlands nicht annehmen, Österreich habe auch
Sachsen fallen lassen und begünstige jene Absichten der Fürsten nicht.
So sei sich nur an Preußen zu halten. Allein diese Versuche zur Bewirkung
einer Trennung sind bisher ohne allem Erfolg geblieben, und man versichert,
daß sie es auch bleiben werden, da das Mißtrauen gegen alles, was von Preußen
ausgehet, zu groß ist, als daß solche Schleichwege gerathen könnten.

N. S. Heute Abend ist Ball bei Baron Gagern. Gestern Vormittag war
bei ihm die zweite Konferenz[1]). Er fuhr gleich nach selber in die Staatskanzlei, wo ihm auf der Stiege ein unbekannter Herr sagte: „Mich freut es,
Sie zu sehen. Sie haben einen Knoten gemacht, den Niemand im Stand
ist aufzulösen." Am 20. bewirtete er in Laxenburg und Baden mehrere
der hier anwesenden englischen Minister. Die Tafel war in Baden. Einige
der Engländer waren so betrunken, daß sie nicht zum Wagen gehen konnten.
Alle waren höchst vergnügt.

22. Okt.

Die Wahrnehmungen seit der Zeit als ich erst anfange, mich bestimmt
zu orientiren, sind folgende:

Der russische Adel wünscht nicht die Herstellung des Königreichs
Polen. Die anwesenden Russen geben dafür folgende Gründe an: 1) be-
fürchtet der russische Adel die höhere Intelligenz der Polen und folglich

---

assez bien faits en faveur du Roi de Saxe: „Apologie du Roi de Saxe" et „Sachsen
und Preußen. Suum cuique." (Der zweite Titel war der einer bayrischen Broschüre.)

[1]) Siehe unten die Rapporte zu den Vorträgen vom 24. und vom 30. Oktober.

die Zurücksetzung der eigenen Nazion. 2) fürchtet er, daß, wenn auch dieses Königreich unter einem russischen Prinzen independent würde, derselbe trotz aller Verwandtschaft mit dem Kaiser den eigenen Vortheil jenem des großen Reiches vorziehen und die übrigen Länder des sogenannten Neu-Rußlands zu vereinigen trachten wird. 3) fürchtet er, daß, im Falle Polen ein secundaires Königreich würde, wie z. B. Ungarn von Österreich ist, so könnte leicht die Vorliebe des K. Alexander für dieses neue Reich so weit gehen, daß Neu-Rußland aus eigenem Antriebe dem Königreich Polen einverleibt würde, welches dann zur Folge hätte, daß dieser neue Koloß mit der Zeit, wegen der Verschiedenheit an Religion und Sitten, sich von Rußland demungeachtet losreißen könnte. Die russischen Generallieutenants Graf Orurk und Zwieliniew, die beide in der Armee sehr geachtet und von ihrem Kaiser ausgezeichnet sind und die einen sehr wahrscheinlichen Einfluß auf die Stimmung der Armee und des Adels haben, erhitzten sich über diesen Gegenstand so laut und heftig, daß sie erklärten, das Letztere dürfe ihr Kaiser gar nicht wagen, da zufolge ihrer Reichsverfassung jede einmal dem Reiche einverleibte Provinz vom Mutterlande nicht mehr losgerissen werden dürfe. Übrigens meinen diese Herren, daß der neuacquirirte Theil des Herzogtums Warschau viel zu klein wäre, um daraus ein Königreich zu bilden. Die Polen würden damit ohne dem preußischen Antheil und dem österreichischen Ostgalizien nie zufrieden sein. Graf Orurk bemerkte hiebei u. A.: „Rußlands Interesse wäre es daher, Österreich und Preußen in Polen zu befriedigen und ihnen viel lieber die zwei neuen Kreise Ostgaliziens am Dniester zurückzustellen und an keine Landesvergrößerung von dieser Seite zu denken. Vernünftiger wäre es, für die griechische Kirche zu denken und mit Österreichs Einverständniß die Völker der Moldau, Walachei und Bulgariens bis an den Balkan zu vereinigen und dann allen insgesamt einen russischen Prinzen zum König zu geben."....

Zum Vortrag vom 24.

22. Okt.

In der unter Gagernscher Fahne zusammengelockten Fürsten-Ligue befinden sich Koburg und Baden nicht, obgleich man auf Letzteres bestimmt rechnete, denn man wußte nicht, daß Hacke, dessen Vertraulichkeit mit Gagern zu diesem faux-calcul autorisirte, von dem Großherzog keinen Auftrag hiezu erhalten hatte. Von Seiten der Ligue war man an Staatsrat Sensburg — so erzählte dieser vertraulich — gekommen, um ihn und folglich den Großherzog dafür zu gewinnen. Allein er erwiderte, da die Souveräne nicht um Fürstenbünde zu schließen nach Wien gekommen wären und bisher keine Ursache gehabt hätten, in den guten Willen der höchsten Alliirten einiges Mißtrauen zu setzen, so müßte vor Allem das Resultat der Konferenzen der Minister der vier Hauptmächte abgewartet werden; folglich werde er dem Großherzoge raten, jener Ligue nicht beizutreten. Diesem Beispiele folgte auch Koburg.

La Harpe hat den Deputirten der Mediatisirten schöne Aussichten eröffnet, namentlich dem v. Gaertner. Auch behaupten sie, K. Alexander habe ihnen große Versprechungen gemacht.

Gestern (d. 21.) war von 11—3 Uhr wieder Versammlung bei Gagern; man war zu einem Frühstück geladen; Gagern führte eine sehr heftige Sprache in terminis: Dieser Stand der Unordnung in Deutschlands eroberten Provinzen, und der Ungewissheit, worin man die hiesigen Deputirten lasse, könne und dürfe nicht länger dauern, ansonst man andere Schritte thun müsse. Diesen Principien, welche doch hauptsächlich gegen Preußen, dem man gerne exclusivam geben möchte, gerichtet zu sein scheinen, schlossen sich einige Deputirte, namentlich jene von Nassau-Weilburg und von Hessen-Darmstadt, unter äußerst heftigen und leidenschaftlichen Äußerungen an. Allein der ganze übrige Theil der Gesellschaft, welche ungefähr 20 Köpfe stark war, mißbilligte solches Benehmen, riet zur Mäßigung und Geduld und glaubte, daß man durch ruhiges Abwarten sein Zutrauen in die Rechtlichkeit der hohen Mächte an den Tag legen müsse. Daher geschah es denn, daß keine jener Noten, welche die Enragés schon vorbereitet hatten, weder unterschrieben, ja nicht einmal abgelesen wurde, und nur die Minderzahl stimmte für Absendung des Grafen Keller an Herrn Fürsten Metternich. Die Mehrzahl aber sagte sich leise einer dem andern ins Ohr, daß S. Durchlaucht diese abermalige Sendung wahrscheinlich übel nehmen würden, indem solche Voreiligkeit indisponiren müsse. Unter den ganz Moderaten, die eigentlich nur ad audiendum und nicht ad agendum dort erschienen waren, zeichneten sich vorzüglich die Deputirten der Anhaltischen, der beiden Schwarzburgischen und Reussischen Häuser aus. Der Koburg'sche Deputirte war zwar gegenwärtig, protestirte aber gegen Alles.

Der Herzog von Braunschweig sagte gestern mit vieler Heftigkeit zu B[on] v. Wolframsdorf, dem anhaltischen Deputirten, er werde sich von seinem Lande und seinen Rechten nicht das Geringste entziehen lassen und im Falle der Not sich lieber bis auf den letzten Mann und letzten Blutstropfen gegen Jeden vertheidigen.

Zum Vortrag vom 26.

24. Okt. (Schmidt)

Über den Musiker Sigmund Neukomm, welcher sich im Gefolge des französischen Ministers Talleyrand befindet, hat man weitere Nachforschung angestellt[1]). Es hat ihn, wie schon gemeldet, Talleyrand in seinen Schutz genommen, weil er an dessen Talenten Geschmack fand und dessen stilles und gutmütiges Betragen allgemein einen guten Eindruck erweckt. Talleyrand forderte ihn zuerst auf, auch eine Messe zur Feier der Ankunft des

---

[1]) Über Neukomm (geb. 1778, gest. in Paris 1858) hieß es in einem früheren Bericht zum Vortrag vom 23. Oktober, er sei aus Salzburg gebürtig, ein Schüler Haydns und zu Cherubini und Spontini nach Paris gegangen, wo ihn Talleyrand kennen gelernt habe.

neuen Königs zu schreiben. Obschon die ersten Meister um eben die Ehre stritten, so ward durch Talleyrands Protektion doch Neukomm die Ehre, daß seine Composition angenommen und ihm nachher der Lilienorden zu Theil wurde. Neukomm, der überhaupt als ein herzlicher Mensch geschildert wird, hat den Minister Talleyrand demnach ersucht, ihn mit nach Wien zu nehmen und ihm vorgestellt, daß er hier seine alten Freunde wieder zu sehen wünsche, daß er seine Schwester, die noch in Salzburg ist und auch singen gelernt hat, nach Wien auf die Theater zu bringen trachten werde, damit sie in Wien, wo der Sitz der Musik sei, ganz ausgebildet werde. Nebenbei habe er die Absicht, daß ein Singspiel, welches er in Paris verfertigte, hier, wo er seine erste Bildung in der Musik erhielt, auf die Bühne gebracht und ein Part von seiner Jugendgespielin, der Mme Milder, vorgestellt werde. Vorzüglich war ihm zu thun, seine alte Mutter, die blind noch in Salzburg lebt, wieder persönlich zu verehren und seiner Schwester ein besseres Unterkommen zu gründen, da die beiden Personen größten Theils von seiner Unterstützung ihren Unterhalt gewinnen. Neukomm hat zwar einige Hoffnung, daß seine Theatermusik hier zu seiner Zeit auf die Bühne gebracht werde, allein er hat seine Idee ganz aufgegeben, seine Schwester hier unterzubringen, weil er die Oper in Verfall findet und selbe, wie er sagt, nicht unter der Direction des Juden Joël[1]) hier wissen will. Aus dieser Ursache wird er mit Talleyrand wieder nach Frankreich gehen und sich bestreben, seine Schwester im Pariser Conservatorium unterzubringen. In seinen vertraulichen Äußerungen zeiget er gar keine Neigung zu Frankreich und widerrät jedem Musiker, nach Paris zu gehen. Er schildert Talleyrands Karakter etwas sonderbarlich. Er soll oft in seinem Zimmer zu zwei Tagen, wenn er mit seinen Umgebungen beisammen ist, kein Wort sprechen. Neukomm wird öfters, wenn er allein arbeitet, von ihm aufgefordert auf dem Clavier zu spielen. Er versichert, daß er öfters zu zwei Stunden fortspielt und Talleyrand mit gesenktem Haupte dasitzt, oder schreibt, ohne daß er weiß, ob er ihn höre...

Zum Vortrag vom 27.

23. u. 24. Okt. (**)

... Bei Dalberg begegne ich vormittags oft dem Prinzen von Koburg und dem Prinzen Victor Rohan. Prinz Koburg[2]) scheint wirklich ein französischer Zuträger zu sein. Victor Rohan hat einen wichtigen Proceß in Paris, weshalb er bei der französischen Botschaft sollicitirt.

In der société heißt es: K. Alexander, wenn von Dingen die Rede ist, welche auf Politik Bezug haben, sagt: „Ich verstehe nichts von der Politik, ich bin nichts als Soldat."... Sie wollen bemerkt haben, Talleyrand thut nichts als Uneinigkeit stiften, bald zwischen Engländern und Russen, gegen-

---

[1]) Joël war ein reicher Advokat und Mäcen, zur Zeit der Direktion des Grafen Pálffy (von 1814 ab) auch finanziell bei den Hoftheatern beteiligt. Direktor war er nicht; doch mochte Neukomm hier seinen großen Einfluß angedeutet haben.

[2]) Leopold, der spätere König der Belgier.

wärtig zwischen Österreich und Preußen. Sie erzählen von des H. Talleyrand bekannter Audienz bei Kaiser Alexander nachträglich nachstehende Anekdote: Kaiser Alexander hatte mit großer Heftigkeit gegen die Treulosigkeit des Königs von Sachsen gesprochen. Talleyrand antwortete sehr kaltblütig: „C'est des reproches à faire à toutes les puissances, il n'y a qu'à rappeler les dates[1])." Sie sagen: Der König von Preußen ist sehr übler Laune, er möchte gern zu Hause, es geht ihm zu lange her bis der Sache ein Ende wird.

Weil die Preußen so bestimmt sprechen, daß alle neufürstliche Häuser mediatisirt werden, so benützen Fürst Starhemberg und Consorten diesen Umstand, um gegen Fürst Metternich loszuziehen und alle Hohenzollern, Lobkowitz, Salm, Dietrichstein, Nassau, Auersperg, Fürstenberg, Schwarzenberg, Liechtenstein, Taxis, welche sämmtlich zu den neuen Fürsten gehören, in Bewegung zu setzen, um „crucifige" zu schreien. Sie scheinen wirklich zu glauben, das Heil des Hauses Österreich hänge an Erhaltung der Mediatisirten und es hätte F. Metternich unsern guten Kaiser in dieses Wespennest stecken sollen....

Bei Graf Rechberg erscheint nun öfters ein Bon Mülinen von der württembergischen Congreßgesandtschaft, ein sehr feiner und gereister Weltmann; der König zahlt ihm Equipage, Kostgeld beim Restaurateur. M. muß in allen Häusern sich herumtreiben und expisciren; er ist ein Agent der Stuttgarter geheimen Polizei....

24. Okt.

.. Wrede, der Samstags erst um 5 Uhr aus der deutschen Kongreß-Conferenz in der Staatskanzlei zum Diner bei Fürst Benzenheim kam, sagte dort: „In unserer Konferenz rücket es gar nicht voran. Es wird gar nichts entschieden; über nichts kann man sich einverstehen. Wer wird auch im eigenen Lande sich etwas vorschreiben lassen? Die Sitzungen werden auch viel zu selten. Die ewigen Feste, die wir Alle zum Ekel haben, absorbiren alle Zeit. Vor Ende November kommen die Souveräns nicht fort von Wien, vor dem neuen Jahre kommen wir Andern nicht hinweg, und dann gibt es vielleicht noch ein P. S. nach Frankfurt. Consalvi peinigt uns mit seinem „Concordat germanique". Bayern und Württemberg lassen sich nichts vorschreiben. Sie werden schon ein Jeder selbst sein selbsteigenes Concordat mit päpstlicher Heiligkeit abschließen.

Gräfin Colloredo-Crenneville sagte gestern: „Die Kaiserin M. Louise ist gegenwärtig weit vernünftiger als vor der Reise nach Aix. Es ist sehr lange, daß sie von Napoléon keine Briefe hat. Sie macht sich nichts daraus. Sie spricht nicht davon, sie spricht nicht von Napoléon; sie resignirt sich in ihr Schicksal; ihr Herz geht gänzlich zurück an ihren Herrn Vater und zu ihren Geschwistern. Ich war Samstag in Schönbrunn bei K. M. Louise,

---

[1]) An seinen König schrieb Talleyrand darüber, er habe dem Kaiser gesagt: „Sire, das ist eine Frage des Datums." Pallain-Bailleu, S. 20.

ich, meine Tochter Crenneville[1]) und General Neipperg. Wir waren alle ganz heimlich zusammen. Die Auswahl des Generals zum Begleiter der Kaiserin war ganz glücklich."

Gräfin Rechberg sagte gestern: „Wir haben Nachrichten aus dem Reich. Die Declaration vom 8. Oktober[2]) hat daselbst ein große, sehr widrige Sensation gemacht."

25. Okt. (Bartsch.)

Es scheint mit der Ungnade, in welcher Herr v. Anstett bei seinem Kaiser stehet, nicht sehr ernstlich gemeint zu sein. Am 21. erhielt derselbe ein von seinem Kaiser ganz eigenhändig mit Bleistift geschriebenes Billet, das ich zum Theil selbst las, und worin ihm in Rücksicht auf seine beredte Feder viel Schmeichelhaftes gesagt und er für den folgenden Tag zum Kaiser beschieden wurde. „Ich weiß wohl," sagte er mir, „um was es sich handeln wird. Der Kaiser hat ganz andere Ansichten als ich. Damit komme ich wieder in den unangenehmen Fall, meinem Herrn widersprechen und mich ihm mißfällig machen zu müssen. Ich werde doch meine Denkungsart nicht verleugnen. Aber am Ende werde ich thun, was mein Kaiser will, so schwer es mir auch wird, gegen meine Überzeugung zu arbeiten." Am 22. Nachmittags war Konferenz bei dem Kaiser. Nach einigen Stunden kam Herr v. Anstett zurück, und seit dieser Zeit bis heute Nachmittags hat er ununterbrochen geschrieben. Sein Elaborat betrug mehr als 30 Bogen und ist diesen Nachmittag durch einen Feldjäger dem K. Alexander nach Ofen geschickt worden[3]). Obschon ... Herr v. Anstett in der Zwischenzeit alle Besuche abwies, so hatte ich doch Gelegenheit, in seinen Ruhestunden mich mit ihm zu unterhalten. Voll von seiner Arbeit gab er mir deutlich zu erkennen, daß er an Rußlands Definitiv-Erklärung zum Kongresse schreibe, daß darin unverzüglich über Polen gehandelt werde, daß der Kaiser durchaus dieses Land zu seiner Disposition fordere, daß die Weichsel ganz frei sein müsse; daß der Kaiser weder auf Thorn noch auf Krakau Verzicht leisten könne; daß der Kaiser nun diese Propositionen übergeben lassen werde, und daß es darüber unmittelbar zu einem gütlichen Einverständnisse oder zu einem Bruch kommen würde...

Die preußischen Kabinets-Personen: Stägemann, Heim, Grosse und Krug sehe ich stets bei Arnstein und bei Eskeles. Man sehnet sich nach der von der Wiener Zensur unterdrückten Flugschrift über den Wiener Congreß vom Professor Lips zu Erlangen, die jedoch ein oder andere Personen wollen gelesen haben[4]). Graf Schenk von Castell und Consorten beschweren sich, daß den Mediatisirten nicht gestattet wird, in ihrer, der Mediatisirten, Tendenz

---

[1]) Die Freundin Maria Louisens, mit der sie Zeit Lebens im Briefwechsel stand.
[2]) Daß die Eröffnung des Kongresses auf den 2. November verschoben sei.
[3]) Wohin Alexander I. und Friedrich Wilhelm III. am 24. gereist waren.
[4]) „Der Wiener Kongreß oder was muß geschehen, um Deutschland vor seinem Untergang zu retten." Erlangen, 1814.

gegen ihre Souverains verfaßte Flugschriften in Wien durchzusetzen. Sie sagen: „Kaum wird uns gestattet, unser auswärtiges impressum in Wien zu distribuiren. Dann lesen weder die Congreß-Gesandtschaften noch das Publicum unsere impressa oder geschriebene Denkschriften. In Wien sind zu viel Zerstreuungen, zu viel Feste, und die Geschäfte sind gleichsam Nebensache. In mancher Hinsicht wäre es weit besser gewesen, der Congreß wäre in Prag, in Frankfurt, kurz an einem dritten Orte gehalten worden."...

Bon Linden sagte gestern: „Heute war die 5. (deutsche) Congreß-Sitzung. Der Punkt der Bundesverfassung ist beendigt. Jede Congreß-Gesandtschaft hatte ihren selbsteigenen Legations-Rat in der Sitzung, der für sich protokollirte. Gegenwärtig wird der Punkt der Satisfaction verhandelt. Specifice, wo Jedem sein Theil an Land und Leuten angewiesen wird, kann vor der Hand man nicht bestimmt wissen. In Frankfurt wird vermuthlich für die Vollziehung der Details, den teutschen Bund betreffend, ein teutscher Executions-Congreß im Jänner gehalten; bis halben November ist in Wien Alles aus."

Der Herzog v. Weimar sagte gestern: „Im Mineralogischen haben sie in Wien ganz unvergleichliche Sachen und wirklich vortreffliche Männer, von Graf Wrbna[1]) anzufangen. Auf der k. k. Hofbibliothek haben sie auch vortreffliche Sachen, aber das Bibliotheks-Personale ist, bei Gott, scelerat; da denkt kein Einziger."

In einzelnen Coterien, z. B. bei Gräfin Schönburg, begegne ich einem beau-parleur, einem gewissen Abenteurer Salins (ni fallor), der acht Monate zu Vincennes von Napoleon im Kerker eingesperrt gewesen, weil er, wie er selbst sagte, den N. umbringen wollte[2]).

Bon Thugut und mehrere Bekannte abonnieren sich neuerlich auf auswärtige Zeitungen, der einzige Weg, vom Erfolg des Congresses etwas zu erfahren; die Wiener Zeitung könne und dürfe davon nichts sagen.

26. Okt. (Gœhausen)

Oberlieutenant Klaus, bei dem Geheimrat Gaertner wohnt, ist auch ein Bekannter des russischen Geheimrats de la Harpe und hat sich angetragen, über dessen fernere hiesige Schritte nach Möglichkeit Auskunft zu geben. Er lernte La Harpe auf der Reise nach Paris kennen und hat selbst von ihm den Antrag erhalten, in russische Dienste zu treten, was aber Klaus ausschlug. Einstweilen macht er über La Harpe folgende Bemerkungen: Er ist ein Mann von vielem Scharfsinn und ein entschiedener Feind der Familie Bonaparte, dessen Sturz er längst als notwendig ansah und bereits im Februar d. J. beim Vorrücken der Armeen in Langres als ein sicheres Er-

---

[1]) Oberstkämmerer.
[2]) Es war v. d. Sahla, der im Februar 1810 ein Attentat auf Napoleon geplant hatte und in der Tat in Vincennes gefangen gehalten wurde. S. über ihn D e s m a r e s t, Témoignages historiques, p. 276 ff.

eignis vorhersagte[1]). Er scheint aber auch kein Freund der jetzigen französischen Regierung, noch weniger ihrer Minister zu sein. Den Fürsten Benevent haßt er und sagt u. A., daß er sich von einem Kamäleon nur dadurch unterscheide, daß er nicht mehr rot werden könne. In Rücksicht der Schweiz gehört La Harpe bekanntlich zu der neueren Partei, für welche er auch als Abgeordneter in Wien arbeitet und seinen Einfluß bei dem russischen Kaiser verwendet. Sein Hauptargument gegen das System der alten Regierung in der Schweiz ist, daß dieses dem Geiste der Zeit nicht mehr anpassend sei, indem der Adel und die gebildeten Stände sich unmöglich fernerhin unter die Botmäßigkeit der Handwerkszünfte begeben können. Montenach und Consorten machen ihm daher vielen Verdruß, und nach seiner Äußerung würde die Schweiz, weil sie sich in einem Zustand der inneren Gährung und in einer Art militärischer Haltung befindet, einen hartnäckigen Widerstand leisten, wenn man ihr eine Konstituzion aufdringen wollte[2]).

Von unserem Monarchen und dessen durchl. Familie spricht Herr de la Harpe immer mit einer unverkennbaren Verehrung. Er ließ (sich) noch kürzlich darüber heraus, als er eine Unterredung mit S. k. k. Hoheit Erzherzog Johann gehabt hatte, und versicherte, daß ihn der herzliche Ton, mit welchem S. k. H. von den Gebirgsbewohnern Steyermarks spricht, innigst gerührt habe.

---

[1]) La Harpes damaliger Einfluß auf Alexander I. ist erwiesen. Vgl. meinen „Kongreß von Châtillon", S. 12 u. a.

[2]) Über La Harpe findet sich unter den Allgemeinen Polizeiakten (n. 3608 aus 1814) vom Anfang Oktober ein umfänglicher Bericht aus der Feder eines ungenannten Diplomaten, der mit ihm in Tübingen studiert hatte und ihm später in Rußland begegnet war. Er erzählt, La Harpe habe bei seinen Studien vortreffliche Kenntnisse in der Mathematik und den Klassikern gezeigt, in Tübingen die Universität besucht, sei Advokat in Lausanne und, nach einem verlorenen Prozesse gegen eine Excellenz in Bern, Cicerone zweier Prinzen Lenskoy auf einer italienischen Reise geworden, mit denen er dann nach Petersburg ging. Dort sei er zum Lehrer der Großfürsten Alexander und Konstantin bestellt und von der Kaiserin Katharina sehr begünstigt worden. „A l'explosion de la révolution française c'est lui qui a rédigé à Pétersbourg toutes les proclamations pour soulever le pays de Vaud contre les Bernois, et il y a bien réussi. A l'arrivée de la nouvelle de l'arrestation de Louis XVI à Varennes toute la cour et une quantité de monde se trouvait aux fêtes du couronnement à Péterhof. J'y fus aussi. Alors il répondit en pleine table, en présence du Grand-duc Paul et d'une quantité de personnes de la cour, sur la question que lui fit le jeune Grand-duc Alexandre (l'Empereur actuel) si l'arrestation du roi était un bien ou un mal: „Il vaut mieux un roi arrêté qu'une nation malheureuse et une guerre civile". Je pourrais vous citer encore tout plein d'autres traits, mais je crains de devenir trop long. Il suffit de vous dire qu'il conserva, malgré tout cela et bien des intrigues tramées contre lui, les bonnes grâces de l'Imperatrice Catherine II, fut au mariage des Grands-ducs Alexandre et Constantin largement pensionné, joua ensuite pendant fort peu de temps le rôle de directeur avec Ochs en Suisse, se retira finalement à Paris, ou il vécut en trés grande intimité avec le fameux général Kosciuszko. Pendant le règne de l'Empereur Paul il fut quelque temps en disgrâce, mais l'Empereur Alexandre n'a jamais cessé de lui être bien attaché. Maintenant je crois qu'outre le Canton de Vaud, dont il soigne les intérêts au congrès, il travaillera encore sous main auprès d'Alexandre pour l'indépendance de la Pologne, sachant très bien que, si même la Pologne obtient un prince

Dokumente.

Aus dem Vortrag vom 28.

... Am Schluß, in lit. n., geruhen Ew. Majestät ein Intercept des französischen Kriegsministers Dupont an Fürst Talleyrand zu finden[1]).... Durch dieses Stück wird der schon aus früheren bei Dalberg hier gefundenen Chiffons eines chemisch operirten Schreibens von Mariotti[2]) aus Livorno ersichtlich gewesene Plan des französischen Kabinets, Napoleon auf der Insel Elba in geheim aufzuheben, bestättiget. Die von diesem chemisch operirten Briefe noch abgängig gewesenen Chiffons hat der Vertraute auf meine besondere Aufforderung zu Stande gebracht, und sie befinden sich im ersten Paquet der lit. o.[3]) In demselben Pacquet dürften Ew. Mayestät die weitere Relation des Talleyrand und Dalberg über den Gang der Congreßangelegenheiten in der besonderen Beziehung auf Sachsen allerhöchst dero Aufmerksamkeit zu würdigen geruhen[4]).

Zum Vortrag vom 28.

26. Okt.

Il m'est revenu de chez le P^{ce} de Ligne que le ministre Talleyrand s'est ménagé un entretien avec S. M. l'Empereur Alexandre que M. de Nesselrode n'a pas tenu secret[5]). Talleyrand, que l'on dit d'être d'accord avec S. A. le P^{ce} de Metternich pour ce qui a trait à la Saxe, a développé avec énergie combien l'aggrandissement de la Prusse, en possédant le Royaume de Saxe, serait nuisible à l'Autriche; il a prouvé que l'influence de la Prusse en Allemagne serait plus grande que celle de S. M. J. notre auguste monarque, ce qui ne pouvait être regardé avec indifférence par la Bavière et par le Roi de Württemberg. S. M. l'Empereur de Russie aurait répondu que le Roi de Saxe avait prouvé, par une conduite contraire aux sentiments généreux et à l'opinion de l'Allemagne entière, combien il fut cause de plusieurs malheurs, en soutenant le parti de Napoléon, ce qui dans l'état

russe pour roi, pourvu qu'elle obtienne en même temps une constitution dans son goût, elle n'en sera pas moins dans la suite tout à fait indépendante. Si cela arrive, les Russes que de la Harpe, comme je le connais, avec ses idées cosmopolitiques et constitutionnelles n'aime pas du tout, y seront bien attrappés, et voilà pourquoi moi dans mon Krähwinkel politique je ne m'y opposerais qu'en apparence, pour obtenir d'autant plus sûrement contre la Galicie des indemnités dans les provinces turques, des embouchures du Danube, et pour éloigner par là en même temps les Russes tout-à-fait de ce côté-là, et qu'entre la Porte et la Russie en Europe il n'y eût d'autre intermédiaire que nous."

[1]) S. unten die Interzepte S. 226.
[2]) Ms.: Manotti. Mariotti war französischer Konsul in Livorno. S. unten S. 219.
[3]) Fehlen.
[4]) S. unten die Chiffons S. 228.
[5]) Talleyrand berichtet über diese Audienz vom 23. am 25. Oktober seinem König (Pallain - Bailleu, S. 63). In dieser Depesche an Ludwig XVIII. hat er seine Äußerung über den vergrößerten, Österreich nachteiligen Einfluß Preußens in Deutschland übergangen.

actuel des choses ne pouvait lui être pardonné. Le P^{ce} de Ligne fait à ce sujet l'observation suivante: „Combien," dit-il, „le discours de S. M. l'Empereur Alexandre ne vous donne-t-il pas de matière à réfléchir? On se reproduit l'époque de l'entrevue si fameuse d'Erfurt, on se rappelle les discours tenus à Baden en 1809 par M. le conseiller Ott et tant d'autres Russes, qui croyaient déjà la seconde capitale de leur Empire placée au cœur de l'Allemagne. Ne prenons pas le change dans les manœuvres de ce qui nous environne, et ne nous laissons pas entraîner par des politesses dont nous deviendrons les dupes." Le P^{ce} de Ligne eut une conversation intéressante avec S. M. le Roi de Danemarc. Ce monarque fit l'ouverture au prince de sa sollicitude pour ses états. Il lui dit: „J'ai été invité à me rendre à l'assemblée des personnages les plus justes, et je me trouve encore au milieu d'un labyrinthe. Je n'entrevois ni mon sort futur, ni la justice rendue à mes sentiments, à ma conduite, et aux cruels embarras dont je fus tourmenté. Je suis vraiment comme l'oiseau sur la branche."

16. Okt.

Programm der Festlichkeiten in Ofen. 1) den 21. d. M.:[1]) Kaiser Franz trifft incognito ein und wohnt in der Burg. 2) den 22: Kaiser Alexander mit der Herzogin von Oldenburg und der König von Preußen kommen von Babolna her am Nachmittag. Abends Vorstellung im großen Theater zu Pest, Beleuchtung der beiden Städte. 3) den 23.: Große Kirchenparade in Pest auf dem Neuen Markt, Cercle im Schloß, Abends maskierter Ball in den Ofner ständischen Sälen. 4) den 24.: Früh Militär-Manöver bei Pest, dann Weinlese auf der Margarethen-Insel und Diner, Abends Bal paré im königl. Schloß. 5) den 25.: Besichtigung der beiden Städte, großes Konzert, Ball bei Graf Sándor. 6) den 26.: Andacht in Üröm am Grabe der Erzherzogin Alexandra Paulowna, Diner in Csaba, Abends Konzert. 7) den 27.: Rückreise nach Schloßhof zur Jagd[2]).

---

[1]) Die Durchführung des Programms mußte um ein paar Tage verschoben werden. Die Monarchen reisten erst am 24. nach Ungarn und kehrten am 29. zurück.

[2]) Dieses Programm und Berichte des Grafen Majláth, die nachträglich aus Ofen einliefen, sind den Vorträgen vom 28. und 30. Oktober von Hager beigelegt worden. Darin heißt es u. A.: Große Freude darüber, daß die Souveräne in ungarischen Kostümen erschienen. „Alles vor Freuden betrunken." Die Griechen antworteten auf die Frage, warum sie zu Ehren ihres Kaisers (des russischen) nicht mehr Aufwand machten: der russische Kaiser sei nicht ihr Kaiser, sonst müßte der König von Preußen auch der König der Protestanten sein. — Der König Friedrich Wilhelm fand bei den Manövern die Kommandowörter zu lang. — Der Ofner griechische Bischof erzählte von seiner Audienz bei K. Alexander, dieser sei sehr gnädig gewesen, habe sich nach der Stärke der illyrischen Nation erkundigt, ihm die Hand geküßt und sich seiner Andacht empfohlen. — Die Verehrung des Publikums sei für den Zar noch gestiegen, als er mit einer Bürgerstochter auf der Redoute tanzte. (Die Tatsache war, daß er den Ball bei Sándor sofort verließ, um mit einer Pester Apothekerstochter fast bis an den Morgen zu tanzen. S. unten.) — „Wie weit übrigens Alexander mit der Gräfin Orczy vorgerückt ist, möchten die folgenden

27. Okt. (* *)

Der königlich-preußische Geheim-Rath Jordan, als welcher bei Fürst Hardenberg den entscheidendsten Einfluß hat, äußerte sich: a) Die Tendenz der großen Politik, das Bestreben unseres europäischen Congreß-Comités ist, große bedeutende Massen, jehin schlagfertige, statistische und politische Unitäten aufzustellen; die Tendenz unseres deutschen Congreß-Comités ist, in diesem Geiste ad literam des § 6 des Pariser Friedens das deutsche Band zu bilden, die Atome zu coaguliren, aus unzähligen unbedeutenden Körperchen bedeutende Massen zu bilden, diese simplificirten Unitäten in Einklang zu setzen und das solchergestalt neugebildete Corps germanique, als welches zu gleicher Zeit Mittel und Zweck ist der großen europäischen Politik, in die seiner hohen Bestimmung angemessene Lage und Organisierung zu versetzen. b) Die Mediatisierten wollen schlechterdings Atome bleiben. Sie widerstreben aller Coagulirung, Uniformirung, allem Einheitssystem. Frankreich unterstützt dieses Bestreben, muß je und allzeit dieses Bestreben befördern und unterstützen. c) Bayern und Württemberg widerstreben in gleichem Maß, mit gleicher Beharrlichkeit, der Unität des neuen Corps germanique. Frankreich unterstützet sie, wird sie ewig unterstützen. d) Es ist aus dem jus civile etwas in die Politik gekommen; man heißt es: „actum jurisdictionis ausüben", auf deutsch sollte es heißen: die Befugniß, Sottisen zu begehen, z. B. isolirt stehen zu bleiben, wie der Vogel auf dem Dach, sich willkürlich zu exponieren, willkürlich sich nicht zu associiren, willkürlich eine Allianz auszuschlagen, um keine Bundes-Pflichten auf sich zu nehmen, allein stehen zu bleiben, um desto sicherer geopfert zu werden. Die Rechtsgelehrten, vorzüglich die deutschen Staatsrechtsgelehrten, taugen auf keine Weise in die Politik. e) Der Wiener Hof wird noch lange an dem Bodensatze zu verdauen zu haben, welchen die Reichskanzlei und der Reichshofrat in den Eingeweiden der österreichischen Monarchie zurückgelassen haben. f) Die Tendenz der europäischen Politik ist, die Erneuerung irgend eines système continental zu verhindern. Dieses zu verhindern, haben die Continental-Potenzen ein ebenso nahes, ebenso lebhaftes Interesse, wie England; denn das Continental-System kann nicht eher von irgend einer Continental-Potenz zur Hand genommen werden, als wenn vordersamst alles Gleichgewicht unter den puissances zerstört ist, wenn nur eine puissance vorhanden ist, die, wie Napoleon de facto getan,

---

Worte, die er ihr zuflüsterte und die ich im Vorbeigehen hörte, beweisen: „Je suis fâché qu'il n'y a pas d'occasion d'emporter un remord de conscience, mais j'espère de vous revoir bientôt à Vienne." — In einem späteren Bericht zum Vortrag vom 3. November hieß es, der Adel Ungarns sei über des Zaren wenig rücksichtsvolle Haltung ihm gegenüber ungehalten gewesen. „Überhaupt scheint gegenwärtig in dem Benehmen und in den Äußerungen des russischen Kaisers ein Charakter der Zuversichtlichkeit und des Selbstvertrauens zu liegen, der vormals nicht darin zu finden war". Damit vgl. man M i c h a i l o w s k y - D a n i l e w s k y „Erinnerungen von 1814 u. 1815", S. 84: „Die seit der Zeit des vaterländischen Krieges in seinem Charakter vorgegangene Änderung war augenscheinlich. Nachdem er sein früheres Mißtrauen zu sich abgelegt hatte, war er fest und unternehmend geworden."

alle dominiret, alle unterjochet hat. Frankreich und Rußland sind die Potenzen, welche den Continent mit einem solchen Oppressions- oder Continental-System zu bedrohen scheinen, Frankreich eher als Rußland. In Belgien, an der deutschen Gränze, in der Schweiz, in Italien, in Spanien, muß die Defensionslinie gegen Frankreich tüchtig gedeckt sein und gewahrt werden. Vorzüglich dürfen in Belgien, am linken Rheinufer, in der Schweiz, in Italien, an Frankreich keine Prisen gegeben werden. In Ansehung Rußlands ist eine große Vorsicht der Sicherheit dadurch erreicht, daß Seeland englisch wird, daß der Sund und die Ostsee der englischen Influenz-Executive untergeben werden durch den Tausch von Hannover und Dänemark[1]). Die Erhaltung des Gleichgewichts gewinnt unendlich von dieser Seite durch diesen Tausch. Der unruhige Geist der polnischen Nation, den Österreich und Preußen geflissentlich anfachen[2]) müssen, muß des weiteren benützt werden, um Rußland in Schranken zu halten und von dieser Seite das Gleichgewicht von Europa zu decken und zu behaupten. Das Gleichgewicht von Europa ruhe auf dem Einverständniß zwischen Österreich und Preußen.

Bei Eskeles sagte Domdechant Spiegel, der ein Attaché ist von F. Hardenberg, u. A.: „Man will es abwenden, daß K. Alexander über München nach Berlin reist. Sie glauben K. Alexander könnte in München in mehrerer Hinsicht gegen Österreich und Preußen herumgebracht, von H. Montgelas und seinen französisch gesinnten Collegen von seinen Wiener Verabredungen abwendig gemacht werden. Sie wollen, der Kaiser soll von Wien über Berlin recte nach Hause gehen."

27. Okt. (Goehausen)

Über die Judendeputazion aus Frankfurt hat H. v. Weyland in der Anlage weiteren Bericht erstattet, und es geht aus selbem deutlich hervor, daß selbe nur hier sind, um geheime Kaballen zu machen. Der darin benannte v. Idzstein, gewesener Primatischer Polizeidirector, nachheriger Justiz-Präses, ist als ein schmutziger Juden-Protektor bekannt und hat das Loos zu erwarten, daß die freie Stadt Frankfurt, sobald ihre Behörden reguliert sind, sich seiner ganz entledigt. Man soll es dem höheren Ermessen unterlegen, ob diese Deputazion, die aus dem Gumbrecht und Baruch besteht, nicht vorschriftmäßig zu behandeln und von hier abzuschaffen sei[3]), dem man noch beifügen soll, daß nach sicherer Nachricht der Gumbrecht bei dem städtischen Abgeordneten Syndikus Danz sich bisher nicht blicken ließ und dieser auch über eine solche Mission nicht die mindeste Kenntniß hat.

---

[1]) Vgl. oben S. 62.
[2]) Im Ms.: „anfangen."
[3]) Nach Verfügungen aus früheren Jahren konnte jeder Fremde, der seine Zwecke nicht hinreichend zu begründen vermochte, von der Wiener Polizei abgeschafft werden. S. z. B. oben den Vortrag zum 3. Oktober u. a.

Beilage: Wien, 27. Oktober 1814.

Die Judenschaft zu Frankfurt erhielt durch den Fürsten Primas ihre eigene vorgesetzte Behörde u. d. T. „Vorstand der israelitischen Religions-Gemeinde", deren Präsident der Ober-Polizeidirector von Izstein war. Die übrigen Vorstandsmitglieder waren aber von den angesehensten Juden. Der sich gegenw. hier befindende J. J. Gumprecht gehört zu den Vorstandsgliedern. Er, in Gemeinschaft mit dem verstorbenen jüdischen Banquier Mayer Amschel Rotschild und ihrem Präsidenten von Izstein, beredeten den Fürst-Primas, der sämtlichen Judenschaft das Bürgerrecht zu ertheilen, wofür der F. P. 33.000 Carolins erhielt[1]). Bei jeder Gelegenheit, wo die Juden etwas suchten oder durchsetzen wollten, war Gumprecht der Abgeordnete und Sprecher derselben. Er ist ein Preuße von Geburt, war mehrere Jahre auf den Universitäten Jena und Göttingen, ist zu Frankfurt seit 8 Jahren verheirathet, wo er nie Handel trieb, sondern beständig der Verfechter der Judengemeinde gewesen und mir wohl bekannt ist. Unwahr ist sein Vorgeben, in Handelsgeschäften hier zu sein. Sein eigener Glaubensgenosse Baruch[2]) aus Frankfurt hat gegen den Kaufmann Scharff erst vor wenig Tagen deponirt, wie er, Baruch, mit Gumprecht von der Judenschaft zu Frankfurt bevollmächtigt seien, in Verbindung mit Berliner und russischen Juden zu treten, um daß sie durch Concessionen und Geld trachten sollten, sich neue Privilegien und Gerechtsame zu verschaffen, und seien die Sachen auch bereits dahin gediehen, daß es ihnen nicht fehlen könne. Dem Magistrat, so wie dem General-Gouvernement zu Frankfurt, ist von dieser Sendung nichts bekannt, noch viel weniger ist solche mit dessen Bewilligung geschehen. Gumprecht war immer eines der eifrigsten Glieder der Juden-Loge zu Frankfurt[3]), ist Ehrenmitglied der Loge Royal York zu Berlin. Er wird daher durch diese Wege suchen, zu seinem Zwecke zu gelangen. Doch werde ich ihn stets im Auge behalten.

Weyland.

Zum Vortrag vom 30.

28. Okt. (* *)

Die sämtlichen in Wien anwesenden Könige und Souverains und derselben Kabinete und Minister haben diese Opinion vom K. Alexander: „Wäre er doch zu Haus geblieben, was hätte er für einen Namen behauptet!

---

[1]) Es ist der Vertrag vom 28. Dezember 1811, worin Großherzog Dalberg den Juden, die sich zur einmaligen Zahlung von 440,000 Gulden, statt der alljährlichen 22,000, verstanden, „gleiche Rechte und Befugnisse mit den christlichen Bürgern" einräumte. Nach dem Sturz Dalbergs erklärte eine vom Freiherrn vom Stein niedergesetzte Kommission am 28. Mai 1814, daß jener Vertrag für die Stadt Frankfurt keine Verpflichtung habe. Schwemer, Frankfurt, I. 262 ff.

[2]) Der Vater Börne's.

[3]) Im Jahre 1807 hatten die Frankfurter Juden die Freimaurerloge „Zur aufgehenden Morgenröte" gegründet, die von der Pariser Großloge abhing. Schwemer, I. 263.

Seine persönliche Consideration kann dieser Wildfang, dieser Himmelstürmer nie wieder herstellen", höre ich sagen. Desgleichen höre ich von Kennern sagen: „Das in Wien anwesende russische Ministerium und die russische Congreß-Ambassade sind gottlob äußerst mittelmäßig besetzt. Anstett ist der Einzige, der Talent und Kenntniße hat. Der Schwächste unter Allen ist Graf Nesselrode. Selbst die Preußen — unter vier Augen — machen sich gerne lustig über die äußerste Schwachheit des in Wien anwesenden russischen Kabinets und die russische Congreß-Gesandschaft." Die in Wien anwesende russische Geheim-Polizei, wohin ich den Duc d'Acerenza-Pignatelli und das Bon Bühler'sche Haus zähle, scheint mehr bei K. Alexander zu intriguiren unter sich und für ihren resp. Privat-Vortheil, (als) daß sie den Dienst und das Interesse ihres Souveräns wirklich zum Zweck ihrer Forschung und Bearbeitungen zu haben scheinen sollte.

Seit vorgestern höre ich bei Graf Rechberg, bei Alt-Pergen, bei Bon Pufendorf etc. sehr viel sprechen von zwei Scenen, welche Fürst Metternich a) mit dem russischen Kaiser, b) mit unserem Kaiser vor der Abreise nach Ungarn hatte. Sie sagen: „Der russische Kaiser will den Metternich abgesetzt haben; er wird die ungarische Reise, wo er den K. Franz allein hat, benützen, um dieses durchzusetzen". Solchergestalten triumphiren nun die Feinde des Fürsten Metternich ziemlich laut, und ist dieser Umstand ein redender Beweis des wechselseitigen Einflusses der österreichisch-russischen Hofintriguen und der Congreß-Intriguen. Sie spotten, sie höhnen darüber, daß der Kongreß in der Haupt- und Residenzstadt Wien gehalten worden. Die Sachsen, die Polen, die Mediatisirten machen Chorus über die Geschäftsleitung des Fürsten Metternich, „crucifige" schreiend. „Rußland hat sein Polen, Preußen hat Sachsen, nun werden die Souverains von Wien abreisen, der Kongreß von Wien wird aufgehoben und Österreich (hat) Krieg mit Rußland." Das ist die Sprache der Starhembergischen und Stadion'schen Coterien...

29. Okt. (* *)

In der Pufendorfer Coterie lassen sie es sich gar nicht ausreden: „Es giebt eine Veränderung im Ministerium oder es giebt Krieg mit Rußland." Dagegen repliciren die Freunde des F. Metternich: „Es gibt keine mehr glorreiche Veranlassung aus dem Ministerium zu treten als den Umstand a) weil man nicht unterschreiben will, daß das ganze Herzogtum Warschau an Rußland kömmt und daß Rußland unsere Galizier dadurch exaltiert, daß der russische Kaiser sich König von Polen schreibt, b) weil man Österreich nicht mit Bayern verfieren will wegen der schönen Augen der Mediatisirten, um zu hindern, daß in Deutschland nicht große jehin schlagfertige Massen sich bilden, damit Deutschland wieder, wie vor der französischen Revolution, unter französische Influenz gesetzt und organisirt werde"[1]).

---

[1]) Am nächsten Tage berichtete * * aus dem Puffendorfschen Kreise: „Österreich kann den König von Sachsen nicht erhalten, wie soll es die Mediatisierten schützen?"

Sie heißen den König von Preußen den linken Schächer, den Schatten, den Pater socius des russischen Kaisers.

Bei Graf Rechberg wollte man wissen, das preußische und das russische Ministerium sind etwas brouillirt. Gräfin Rechberg sagte: „So lange ich den König von Preußen als den getreuen Begleiter des K. Alexander sehe, kann ich nicht glauben an diese brouillerie."...

Gestern früh 12 Uhr, eben da ich da gewesen, kam Graf Stackelberg zu Graf Schönfeld[1]) geschlichen. Er ist gänzlich im sächsischen Interesse und rapportirte an Graf Schönfeld alles getreulich, was im russischen Kabinet wegen Sachsen vorgehet. Graf Schönfeld lamentirte sehr über die äußerst kritische Lage von Österreich und von F. Metternich; er schloß gleichwohl dahin: „K. Franz kann und wird den F. Metternich nicht fallen lassen. L. Castlereagh wird dem K. Alexander imponiren, denselben zwingen zu irgend einer Nachgiebigkeit und den F. Metternich souteniren. In deutschen Angelegenheiten ist ohnehin nichts anderes zu thun als an Preußen sich anzuschließen. Wäre der Fall denkbar, Graf Stadion kriegt wieder das auswärtige Departement, so geht es noch schlimmer; Graf Stadion opfert das österreichische Interesse seinen Mediatisirten und brouillirt sich gleich mit Württemberg und Bayern. Kaiser Franz sollte heimlich consultiren, was Raths, wie nun der Karren verschoben ist, sofort aber den F. Metternich nicht entfernen, sondern ihn verhalten, nach dem Gutachten und Einrathen des Bon Thugut sich zu benehmen. Außer Bon Binder und Graf Mercy kann (Metternich) in der Staatskanzlei selbst auf Niemand zählen, am wenigsten auf Hudelist, nicht auf Hoppe, Bretfeld etc.[2])."

Alle Ausländer wie alle Einheimische lamentiren, daß der Feste und des Kongresses kein Ende ist; Ausländer und Inländer haben die Feste und den Kongreß satt bis zum Ekel.

Zum Vortrag vom 31.

28. Okt. (Bartsch)

[Anstett nennt im Gespräch mit dem Berichtleger das Gerücht, daß man über Polen einig sei, falsch. Er sagt:] „Mein Herr ist starrsinniger als je und sucht sich selbst gegen mich, der ich meiner alten Meinung treu bleibe, mit immer neuen Scheingründen zu verschanzen. Das Lächerlichste dabei ist, daß, wenn die Andern ihm allzu sehr zusetzen, er zu mir seine Zuflucht nimmt. Meine letzte Unterredung mit ihm hatte Sonntags (23.) statt. Er schien sich mit mir versöhnen, mich aber zugleich bekehren zu wollen. Er wurde bitter und sagte mir u. A.: „Wenn man Talent hat wie Sie, so arbeitet man guten Willens auf den Zweck seines Herrn hin, oder man nimmt seine Dimission und schützt Gewissen und Pflicht vor, dem Herrn zu raten, was ihm wahrhaft nützlich ist." Hierauf überhäufte er mich neuerdings mit politischen Arbeiten, und ich mußte ihm seit seiner

---

[1]) Ehedem sächsischer Gesandter in Wien.
[2]) Räte in der Staatskanzlei.

Abwesenheit (in Ungarn) schon den zweiten Kurier schicken." Ich: „Sie hatten mir doch gesagt, er habe Ihnen alle auf Polen sich beziehenden Geschäfte entzogen und solche dem Fürsten Czartoryski übertragen. Das wundert mich." Er: „Von solch einem wankelmütigen Kopf muß Ihnen nichts wundern, besonders wenn er in die Enge getrieben wird. Er will dem Czartoryski in Bezug auf die Arbeiten nicht viel trauen. Mich kennt er und sagte mir bei der letzten Audienz, er meine, ich müsse doch alles besser wissen als die Anderen. Da seht Ihr, wie die großen Herren sind." Ich: „Dieser Umstand läßt also hoffen, daß man doch noch einig werden kann. Ich insbesondere glaube, daß Er (Anstett) unter diesen Verhältnissen recht viel dazu beitragen kann, seinen Herrn umzustimmen." Er: „Über das nämliche Thema bearbeite ich soeben, wie Ihr seht, einen neuen Bericht an ihn. Er wäre schon abgegangen, wenn nicht gerade aller T.... von Arbeit auf mich käme. So wollte er eine Übersicht aller französischen Besitzungen vor der Revolution in aller Eile haben. Nicht einmal diese allbekannte Sache konnte Nesselrode mit seinem Anhang liefern. Hier habe ich nun in aller Geschwindigkeit einen Tableau verfaßt (er zeigte ihn mir). Wenn die anderen Mächte festhalten, so weiß ich nicht, was am Ende geschehen wird. Aber es wird auch viel Disputierens und Zeit kosten. Da werdet Ihr den Kongreß noch lange haben." Hier wurden wir durch Chevalier Vernègues[1]) unterbrochen. V. ist ein königlich-französischer Agent, führte bisher den Titel eines russischen Staatsrates, wurde 1804 in Frankreich arretiert und beinahe zwei Jahre lang von Napoleon im Temple gefangen gehalten. Er hat häufige Rücksprachen mit Anstett, jüngstens eine Unterredung von 3 Stunden. Morgen, den 29., kommt Anstett wieder in meine Wohnung auf den Kaffee. Zu ihm kann ich wöchentlich ein-, höchstens zweimal gehen.

30. Okt. (E—)

Ew. Excellenz. Anliegend ist die Abschrift des vom Grafen Keller an den Fürsten-Verein erstatteten Berichts über seine zweimalige Sendung an des Herrn Fürsten v. Metternich Durchlaucht. Der Großherzog von Baden wird ausschließlich durch Sensburg[2]) in allen Geschäften regiert; nur dieser hat das Recht, ihm etwas vorzutragen; alle Stellen und Minister müssen ihre Berichte an diesen abgeben. Ich war so glücklich, ihn ganz für Österreich zu gewinnen und ließ ihn von Weitem die Hofnung erblicken, einen österreichischen Orden am Ende des Kongresses zu erhalten. Bei dieser Gelegenheit gestand er mir, daß der Großherzog das Großkreuz des Stephansordens sehnlichst wünsche, aber es doch nicht begehren zu können glaube. Sensburg ist nicht im Tugendbunde, wohl aber Ende[3]), welcher zwar nur die parties fines für den Großherzog zu besorgen hat, aber dennoch

---
[1]) Französischer Emigrant in russischen Diensten.
[2]) S. oben S. 63.
[3]) Baron v. Ende, den die „Wiener Zeitung" als „großherzoglichen Oberschenk" registriert.

unlängst sich in die Politik mischen wollte, indem er dem Großherzog zu verstehen gab, er müsse sich nun, da er weder in das Comité der Fünf aufgenommen, noch von den altfürstlichen Häusern als Caput ausgewählt worden sei, lediglich an Frankreich halten, sonst bliebe ihm nichts als die Zwergbank übrig. Allein der Großherzog gab ihm keine Antwort darauf...

Beilage:

Berichte des Grafen Keller über seine Unterredungen mit F. Metternich.

I.

Wien, den 16. Oktober 1814[1]).

Um mich des erteilten ehrenvollen Auftrags zu entledigen, habe ich gestern, sogleich nach Erhaltung desselben, dem F. Metternich den Wunsch bezeugt, ihn am folgenden Tage, womöglich in den Vormittagstunden, über das Resultat der gehaltenen Versammlung zu sprechen, mit welcher Anfrage ich übrigens keine Anzeige des Gegenstandes unseres gestrigen Gesprächs verband. Heute früh erhielt ich die Einladung, mich um 12 Uhr auf die Staatskanzlei zu begeben, wo von beiden Seiten folgendes eröffnet und erklärt wurde:

Ich fing damit an, mich auf das natürliche Recht aller deutschen Staaten zu berufen, an der Beratung über die künftige Verfassung Theil zu nehmen, es möge das vor 1806 gültig gewesene deutsche Staatsrecht zum Grunde gelegt oder auch, ohne Rücksicht auf dasselbe, blos diejenige Selbständigkeit in Erwägung gezogen werden, welche durch die in Frankfurt und späterhin mit den hohen Verbündeten geschlossenen Traktate der deutschen Staaten bestätiget wurde. Ferner äußerte ich, daß, sobald man von einem sogenannten Ausschusse deutscher Mächte und Höfe, fünf an der Zahl, zu Bestimmung künftiger Verfassung gehört habe, der Wunsch einer Zuziehung mehrerer Glieder des deutschen Vereins nicht nur sogleich entstehen mußte, sondern in voriger Woche zur Sprache gekommen sein würde, wenn man nicht geglaubt hätte, die bereits angekündigte und einige Tage später in Druck erschienene Erklärung vom 8. d. M. abwarten zu müssen. Diese Erklärung erwähnt zwar der deutschen Angelegenheiten gar nicht, deren Wichtigkeit sowohl für Deutschland überhaupt und die europäischen Mächte insbesondere, als auch für ganz Europa, in dessen Mitte wir liegen, keinen Zweifel lasse, daß nicht diese Angelegenheiten ein Hauptgegenstand der Congreß-Arbeiten sein würden, wie ich dann auch erfahren habe, daß bereits am gestrigen Tage des sogenannten deutschen Ausschusses erste förmliche Sitzung gehalten wurde. Hierauf eröffnete ich dem F. Metternich, daß unsere gestrige Versammlung Willens gewesen sei, den Wunsch schriftlich bezeugen und überreichen zu lassen, daß nicht nur eine Zuziehung einiger

---

[1]) S. oben S. 184 den Bericht über die Versammlung bei Gagern am 14. Oktober.

großen und kleineren Glieder des deutschen Vereins zu dem Ausschusse Statt finde, sondern auch, daß der deutsche Körper, den man sich nicht wohl ohne Haupt denken könne, ein solches bekomme. Auf Veranlassung der Mitteilung, welche Herr B^{on} v. Plessen von seiner gestern mit dem Herrn Fürsten gehabten Unterredung gemacht, sei, auf den gegebenen Rat wegen nötiger Beschleunigung vor Einleitung zu dem vorhabenden Geschäft, von dem Verlangen einer förmlichen Zuziehung mehrerer Reichsglieder zu den ersten Comité-Arbeiten, sowie überhaupt noch von jedem andern feierlichen und förmlichen Schritt, vor der Hand abzustehen und zu solchem eine vertraute Anzeige abzuwarten, dergestalt Rücksicht genommen worden, daß man, mit Vorbehalt des unstreitigen Rechts seiner Theilnahme an der Beratung über die künftige Verfassung, die erste Einleitung nicht durch das Verlangen der Zuziehung mehrerer Glieder zum sogenannten Ausschuß aufhalten wolle, dagegen aber von der Notwendigkeit eines Hauptes so überzeugt sei, daß man die mündliche Bezeugung dieses Wunsches unmöglich zurückhalten könne und mir also aufgetragen habe, denselben dem Herrn Fürsten nicht nur zu melden, sondern auch einen andern hinzuzufügen, daß nämlich Österreich dieses Haupt des deutschen Vereins sein möchte.

Hierauf erwiderte F. Metternich: Das Österreich geschenkte Vertrauen sei ungemein schätzbar, und die geschehene Eröffnung werde auf die eigene Ansicht der Angelegenheit Einfluß haben. Zum Voraus könne er zuversichtlich die lebhafte Dankbarkeit des Kaisers versichern, der zwar in Deutschland Freund der Mächtigen, zugleich aber auch ebenso sehr der minder Mächtigen Freund und Vertreter, wie auch, wo nötig, Beschützer ihrer Freiheit und gleicher Rechte sein und bleiben wolle. Der Fürst bat inständig, in dem jetzt bezeugten Vertrauen fortzufahren und zum Beweise desselben, in Erwartung baldiger Eröffnungen, vielleicht binnen wenigen Tagen, sich zu beruhigen und einstweilen förmlicherer Schritte sich zu enthalten. Es sollten äußerst einfache staatsrechtliche Grundsätze aufgestellt werden, um darauf die künftige Verfassung heilsam und zweckmäßig zu bauen. Die erste Absicht in und für Deutschland müsse Einheit und wahre Deutschheit sein, nur ein solches Deutschland müsse bestehen. Wie es gegen das Ausland oder unter den europäischen Staaten auftreten solle, gehe jene Staaten mit an, keinesweges aber die innere Verfassung, deren Bestimmung durchaus von jeder fremden Einmischung, sie möge Namen haben wie sie wolle, gänzlich fernbleiben müsse, da diese künftige Verfassung bei innerer Kraft und Haltbarkeit jede fremde Gewährleistung entbehren könne. Bei Erklärung der deutschen Einheit versicherte F. Metternich, es sei gewiß gar keine Absicht einer Teilung Deutschlands und seiner Kräfte, ebenso wenig auch irgend ein bestimmter Constitutionsplan schon vorhanden. Die unpräjudicierliche Deliberation über die künftige Verfassung sei auf die fünf größeren deutschen Staaten blos darum beschränkt worden, damit etwaigen Reclamationen fremder Einmischung desto gewisser vorgebeugt werde. Bei der gestrigen Versammlung ihrer Minister sei schon ein Hauptgegenstand die vollkommenste baldige Beruhigung aller andern deutschen Staaten gewesen. Das Österreich insbesondere geschenkte Vertrauen könne auf die übrigen vier Höfe ohne alle Ausnahme ausgedehnt werden, wobei namentlich die billigen Gesinnungen Preußens mehrmals versichert und Hannovers vorzüglicher ächter deutscher Patriotismus gerühmt wurden.

Dieses gab mir Gelegenheit, anzufragen, ob, wie schon in unseren Versammlungen vorgeschlagen worden, Preußen ebenfalls den Österreich von mir in Gemäßheit erhaltenen Auftrags bezeugten Wunsch zu eröffnen ratsam sei? Worauf geantwortet wurde: es könne zwar jetzt noch überflüssig scheinen, würde jedoch keineswegs abgeraten, und ließe sich allenfalls gesprächsweise mitteilen. Bei meiner Äußerung, daß die von uns als unumgänglich notwendig gehaltene Ernennung eines Hauptes das Ausland nicht angehe, indem man sich gegen dasselbe lediglich an den 6. Artikel des Pariser Friedens halten könne (der „indépendance des états de l'Allemagne sous un lien fédératif") schien F. Metternich nicht ganz meiner Meinung, sondern hielt dafür, wegen der künftigen Verhältnisse Deutschlands zum Auslande dürften Mitteilungen, ein künftiges Haupt des deutschen Bundes unter einer noch zu bestimmenden Benennung oder Titel betreffend, doch wohl Statt finden.

Endlich muß ich bemerken, daß ich am nämlichen Tage bei einem Gesandten der acht über die europäischen Angelegenheiten prädeliberirenden Höfe die Überzeugung gewahr wurde, es sei schon ausgemacht, daß der deutsche Bund kein Haupt bekommen solle.

II.

Wien, Sonnabends den 22. Oktober 1814.

Nach unserer gestrigen Versammlung bezeugte ich abermals dem F. Metternich schriftlich den Wunsch, ihn am folgenden Tage in den Vormittagsstunden zu sprechen. Ich wurde zwar eingeladen, mich um 12 Uhr auf der Staatskanzlei einzufinden, weil aber der Fürst bis dahin verhindert worden, sich anzukleiden, ließ er mir sagen, er fürchte, mich jetzt zu lange warten zu lassen und bitte, um 3 Uhr wieder einzutreffen, welches ich auch tat, aber durch die Fortsetzung der eben versammelten Comité-Conferenz eine ganze Stunde und also viel länger aufgehalten wurde als die vorhergegangene Toilette des Fürsten hätte dauern können. Ich lasse es dahingestellt sein, ob es bloßer Zufall gewesen war, oder ob der H. Fürst seinem Gespräch mit mir noch jene Sitzung habe vorausgehen lassen wollen, wodurch aber in der Tat seiner Unterredung mit mir engere Grenzen gesetzt wurden[1]).

Den Anfang glaubte ich damit machen zu müssen, die Überzeugung zu suchen, daß ich eines Teils mich nämlich des gehabten Auftrags bestimmt und deutlich entledigt und auf der andern Seite die darauf erhaltene Antwort

---

[1]) Das Protokoll über die Sitzung des deutschen Verfassungs-Komitees vom 22. Oktober bei Klüber, Akten, II. 103 ff, und Angeberg, I. 320 ff.

richtig gefaßt hätte, worauf ich also, unter Bitte um allenfallsige Berichtigung, das Wesentlichste aus meinem unserer Versammlung erstatteten Berichte vorlas, u. zw. mit der Stelle anfieng, wo die aus dem Gespräch des Herrn B[on] v. Plessen genommene Veranlassung erwähnt wurde, vor der Hand von dem bestimmten Verlangen alsbaldiger Zuziehung mehrerer Glieder zum sogenannten Comité abzugehen, sich aber das Recht freier Teilnahme an den Beratungen vorzubehalten und einstweilen nur mündlich den Wunsch, daß Deutschland ein Haupt bekommen und Österreich solches sein möchte, zu bezeugen. Ich las ferner die Antwort des H. Fürsten bis auf die Stelle, wo von einer Ausdehnung des Österreich insbesondere bezeugten Vertrauens auf die anderen vier Höfe die Rede ist.

Fürst Metternich versicherte, der Sinn seiner Erklärung sei vollkommen gefaßt worden, und er bestättigte solchen durchgehends. Bei meiner nachherigen buchstäblichen Ausrichtung des mir gestern ertheilten Auftrags[1]), setzte ich hinzu: man habe in Gemäßheit der ersten Äußerungen des Herrn Fürsten eine offizielle Mitteilung einiger der aufzustellenden allgemeinen staatsrechtlichen Grundsätze und zugleich eine bestimmte Antwort über die von uns für wesentlich höchst wichtig angesehene Vorfrage der Notwendigkeit eines Hauptes erwartet. Hierauf erwiderte der F. Metternich nun Folgendes: Zuerst berief er sich auf früher geäußerte Bedenklichkeiten über die schwierige Ausführbarkeit dieses letzteren wichtigen Punktes, wobei ich aber hier beteuern muß, daß wenigstens gegen mich in der ersteren Unterredung davon durchaus keine Erwähnung stattfand. Die Schwierigkeit selbst erklärte der Fürst so: daß nicht abzusehen sei, wie die wirksame Ausübung der zweckmäßigen Attributionen der Gewalt dieses Hauptes bestimmt und gesichert werden könne, weshalb Vorschläge von unserer Seite wünschenswert wären. Zugleich eröffnete er mir, daß er von unserem ersten Antrage den übrigen Teilhabern des sogenannten Ausschusses Nachricht gegeben habe. Er wiederholte die in unserer ersten Unterredung mir gegebene Versicherung, daß in den ersten Comité-Deliberationen die baldige Beruhigung der übrigen Mitstände der Hauptgegenstand gewesen, bereits eine Declaration präsentirt und deren Redaction dem Hofrath Martens aufgetragen worden wäre, bei welcher sich aber schon große Schwierigkeiten vorgefunden hätten. Diese wären auch noch durch einstweilige gegenseitige zwei Schritte vermehrt worden, nämlich: 1. durch den von Baden an Österreich und Preußen schriftlich gebrachten Wunsch der Zulassung zum Comité, worauf man ablehnend habe antworten müssen 2. durch unsern eigenen am 15. Oktober gemachten Antrag. Dieserhalb also sei die Declaration unterblieben, welche demnach, wenn wir solche zu unserer Beruhigung für unumgänglich nöthig hielten und ausdrücklich forderten, erfolgen solle. Als einen Beweggrund zum ferneren Vertrauen auf den hiesigen Hof führte der Fürst ein noch am heutigen Tage von ihm ad protocollum dictirtes Votum an, nach welchem Österreich die allgemeine Gleichheit

---
[1]) S. oben zum Vortrag vom 24. Oktober.

des Rechts auch der kleinsten Reichsglieder erkenne und ihre Befugnisse ebenso wohl als die seinigen gesichert wissen wolle, worauf von Preußen eine ganz ähnliche Erklärung abgegeben worden sei[1]). In Ansehung der wichtigen Frage eines deutschen Oberhauptes trug übrigens F. Metternich kein Bedenken, zu erklären, es sei gar nicht zu läugnen, daß zu Beförderung der Einheit ein Haupt das Beste, Österreich aber nach aller geschichtlichen Erfahrung sowohl als wegen seiner Lage und jetzigen beruhigenden Verhältnisse vorzüglich dazu geeignet sei, unterdessen auch bereits bei dem jetzigen Geschäfte die Initiative führe[2]).

Hierauf erwiderte ich: „Wenn man solchergestalt über den großen Nutzen eines Oberhauptes und Österreichs vorzüglicher Qualifikation dazu einverstanden sei, so habe man auch diesen heilsamen Zweck zu fördern und die Anwendung der dahin führenden Mittel zu wollen, ohne sich von Schwierigkeiten schrecken zu lassen, die man keineswegs für unübersteiglich halten, sondern durch gemeinschaftliches Bestreben wegräumen müsse. Alles Andere an dessen Stelle zu setzende würde nicht nur weniger gut, sondern positiv schädlich sein. Am allerschlimmsten, was, ganz gegen die bezweckte Einheit und Deutschheit, zur verhaßtesten aller Regierungsformen, der Oligarchie, und aus dieser zur Trennung und Teilung oder völligen Anarchie und allem daraus entspringenden, unzuberechnenden Unheil führen müsse. Verfassungen ganz neu zu entwerfen habe bis jetzt noch nie glücklichen Erfolg gehabt, und gewiß sei es weit ratsamer, auf dem Grund der alten, nach den veränderten Umständen zu verbessernden Verfassung das neue Gebäude aufzuführen. Der Zeitpunkt sei viel wichtiger als der des westphälischen Friedens, die Sache selbst aber gewiß eben wegen der schon erfolgten Veränderungen leichter. Dennoch hätten die Wohltaten dieses Friedens mehr als anderthalb Jahrhunderte bestanden. Da ich am Ende des Gesprächs noch der Besorgnisse wegen eines Militärcomités der fünf Höfe erwähnte, antwortete der Fürst, dieses Comité sei seiner Vollendung noch nicht so nahe, als ich glaube, und man müsse dabei nur den vorhabenden Plan des deutschen Defensionswesens und die künftige Ausführung unterscheiden. Bei letzterer sollten die landesfürstlichen Rechte innerhalb der resp. Landesgrenzen bewahrt werden.

---

[1]) In einem Zitat aus einem Briefe Plessens über diesen zweiten Bericht Kellers (bei Hirschfeld, Von einem deutschen Fürstenhofe, S. 74) heißt es, daß außer Preußen auch Hannover dem österreichischen Antrag beigetreten sei. Aus dem Protokoll ist dies nicht deutlich zu ersehen.

[2]) Auch bezüglich der Kaiserfrage ist der Bericht Plessens dem Kellers nicht völlig entsprechend. (Ebenda.)

B. Interzepte.

Bellio an den Fürsten der Walachei.

Vienne, ce 3 octobre 1814.[1])

[Conferenz der Vertreter von Preußen, England, Österreich und Rußland mit Talleyrand.] Le Duc de Benevent a déclaré verbalement: qu'il ne reconnaissait point de congrès à moins que toutes les puissances de l'Europe n'y soient admises, et qu'il s'abstiendrait d'y prendre part; que la France ne pouvait pas empêcher les conférences particulières, mais qu'elle ne reconnaîtrait et ne consentirait à aucune autre innovation en Pologne; que la Pologne devait être remise dans l'état dans lequel elle était l'an 1805 ou qu'elle devait être restituée sur le pied de 1772 avec toute son indépendance; que la France ne consentirait pas également, sous aucun point de vue, à un démembrement de la Saxe, encore moins à son anéantissement. Le Duc de Benevent promit pour le 2 (octobre) une déclaration et sa réponse sur les points qui lui avaient été communiqués. Hier les ministres plénipotentiaires de l'Autriche, de l'Angleterre, de la Russie, et de la Prusse se sont derechef assemblés et sont convenus de ne rien changer à leur première détermination et à la marche qu'ils s'étaient tracée.

Cette démarche de la France a suspendu pour le moment les opérations politiques et a retardé l'ouverture du congrès. Il est impossible de prédire quelle en sera l'issue. On peut, tout au plus, conjecturer que les puissances secondaires, qui devaient être exclues des conférences préliminaires, seront travaillées par la France, qu'elle leur peindra la conduite des quatre grandes puissances comme annonçant une dictature qui devait les priver de toute influence et menacer leur indépendance. Elles pourraient bien de nouveau se ranger du côté de la France et en adopter les sentiments relativement à la marche à tenir dans les discussions du congrès. — Alexandre n'a pas apporté de Pétersbourg des sentiments plus modérés et des vues moins étendues relativement à la Pologne. Il s'en cache si peu qu'il dit ouvertement ne plus se dessaisir de cette partie de la Pologne dont il est maintenant en possession. Le Roi de Prusse se manifeste dans les mêmes vues sur la prise de possession de la Saxe. Ce souverain pousse son exaspération vis-à-vis du Roi de Saxe à un tel point qu'il s'est laissé aller dans la conversation à des accusations si fortes que le P^{ce} de Saxe, qui était présent, s'est vu forcé de devoir prier le Roi de Prusse de bien vouloir se resouvenir qu'il était le frère du Roi de Saxe.

---

[1]) Interzept M. J. Bellio, der diplomatische Agent des Fürsten Karadja von der Walachei, wurde von Gentz inspiriert, teilweise auch von Pilat, dem Sekretär Metternichs. Baron Hager bemerkt zu dem Interzept am Schluß: „Ob das von Metternich oder Gentz ausgeht?" Vgl. „Gentz und Bellio" in „Deutsche Revue", September 1912.

Bernstorff an Blome in Petersburg.

Vienne, ce 4 octobre 1814[1]).

... Jusqu'à ce jour on n'est pas plus avancé en rien, et peut-être moins que l'on le fut lorsque la résolution fut prise de réunir les députés pour le 1er octobre. Depuis deux jours les plénipotentiaires français et espagnols se sont formellement abouchés avec ceux des puissances qui à Paris signèrent la paix avec la France, sans que l'on soit encore convenu de rien, pas mêmes des formes à observer.

Le P^{ce} Talleyrand et l'Espagnol[2]) proposent de faire revivre le Royaume de Pologne entièrement indépendant, ou de s'en tenir aux partages avec telle ou telle modification dont on tombera d'accord. Ils demandent également que le plénipotentiaire du Roi de Saxe soit admis et que celui du Roi Joachim soit exclu. L'admission de ces conditions comme principes décideront, disent-ils, de la prolongation de leur séjour ici. Ils accordent, en revanche, que la Hollande soit rendue formidable contre la France afin de rassurer l'Europe, et particulièrement la Grande-Bretagne, contre toute entreprise contre la Hollande et le Nord de l'Allemagne. On ne doute point qu'il ne règne une grande intimité entre la France et l'Angleterre; mais jusqu'ici Lord Castlereagh ne s'expliqua pas aussi ouvertement que le P^{ce} Talleyrand.

La même incertitude dure encore si l'on est bien d'accord à l'égard de ceux qui doivent former le noyeau. Il s'élève un autre embarras: comment et à qui communiquer qu'il y a des puissances dont les plénipotentiaires se chargent de l'initiative? En prononçant dans le temps le mot de congrès on s'est mis dans un bourbier d'où il sera difficile de sortir. Je n'en vois pas le moyen, parce que je répugne à la violence.

S. Martin d'Ayle an S. Marsan in Wien.

Londres, ce 4 octobre 1814[3]).

Dès le mois de juin je reçus ordre du Roi de représenter à ce gouvernement de la manière la plus forte combien S. M. était affligée du démembrement, qui venait d'être fait de la Savoie, et de tâcher de pénétrer s'il y avait quelque possibilité de revenir sur ce qui avait été établi par le traité de Paris à cet égard[4]). Je m'acquittai de ces ordres auprès de L. Castlereagh, qui me parla sur ce sujet avec la plus grande franchise. Il me témoigna d'abord que le ministère anglais regrettait sincèrement que S. M. fut obligée à faire ce sacrifice, d'autant plus voyant qu'il était beaucoup plus considérable

---

[1]) Interzept, M. J. Blome war dänischer Gesandter am russischen Hof.
[2]) Labrador.
[3]) Interzept, M. J. S. Martin war sardischer Diplomat in England.
[4]) Im Separatartikel II des Pariser Friedens hieß es, der König von Sardinien werde den Besitz seiner alten Territorien zurückerlangen, mit Ausnahme des Teiles von Savoyen, der im Hauptvertrag Frankreich zuerkannt wurde. S. unten.

par ses conséquences qu'on ne l'avait cru d'abord. Il me dit que le Roi de France avait témoigné de la répugnance à consentir à cet article du traité, mais qu'à la fin il avait été obligé d'y donner son consentement; que les vues des alliés, en accordant un aggrandissement à la France, avaient été de concilier au roi une popularité dans l'armée, dont l'orgueil aurait été blessé, si S. M. n'avait pu garder aucune portion des conquêtes que la France avait faites. Il me dit aussi que, comme il avait été impossible d'ajouter quelque chose aux aggrandissements accordés à la France du côté des Pays-Bas, on avait été obligé de prendre sur la Savoie l'extension de territoire qu'on voulait lui accorder. J'eus lieu de m'apercevoir par tout le discours de L. Castlereagh que le ministère anglais aurait été bien aise que S. M. pût, par le moyen d'une négociation directe avec la France, parvenir à recouvrir la portion de la Savoie démembrée par le traité de Paris, mais qu'il n'était nullement disposé à entamer cette affaire. Le Cte Münster, qui était alors ici, et qui fut employé à Paris dans la „commission des limites", me confirma ce que Castlereagh m'avait dit de la répugnance du Roi de France pour le démembrement de la Savoie, mais il m'ajouta que, lorsque S. M. Très Chrétienne y eut enfin consenti, les commissaires français demandèrent le Chablois et le Faussigny, ce qui ne leur fut pas accordé. [Zur selben Zeit kam d'Ivernois, als Bevollmächtigter der Genfer Republik, nach London mit einem Plane, die beiden genannten Territorien, Chablois und Faussigny, mit der Republik zu vereinigen. Der russische Botschafter war dafür.]

Je me bornerai à faire une seule observation à ce sujet. Si le cabinet de Versailles est vraiment bien intentionné en faveur du Roi, et s'il est vrai qu'il regarde dans l'acquisition qu'il a faite en Savoye plutôt le point d'honneur que l'extension de territoire, il me semble qu'il serait possible de l'engager à se désister de cette acquisition, en lui cédant les districts du Comté de Nice qui se trouvent situés sur la droite du Var. Ces districts sont très-peu de chose à la vérité, mais le gouvernement français pourrait en faire valoir l'importance aux yeux de sa nation sous le point de vue d'arrondissement, de convenance, de limites naturelles etc.

Mariotti an Dalberg.

Livourne, ce 5 octobre 1814[1]).

Monsieur le Duc. J'ai adressé le 28 à Paris et le 30 à Vienne un projet pour enlever le voisin. Ce projet est, à mon avis, le seul qui puisse réussir

---

[1]) Chiffon, M. J., zum Vortrag vom 25. Oktober. Mariotti war als französischer Konsul in Livorno insbesondere mit der Beobachtung Elbas betraut. Über den Plan, Napoleon dort aufzuheben und fortzubringen, vgl. meinen „Napoleon I." III., S. 307, Houssaye, „1815", I. 172, Pellet, „Napoleon à l'Ile d'Elbe,". 62 u. A. Der Brief ist mit sympathetischer Tinte zwischen die Zeilen eines ostensiblen Billets geschrieben, das von einer Kommission in Wein spricht: „Je n'ai pas oublié la commission des vins d'Espagne, et aussitôt qu'il en arrivera des très vieux je m'en procurerai quelques pipes, et je vous les ferai parvenir en double fusaille à Paris par la voie de Marseille". Unterzeichnet: „De

dans ce moment. Si le capitaine du brick entre dans nos intérêts, le coup est fait. J'ai proposé les moyens à prendre pour le sonder et séduire. Quant à moi, je fais à présent partir quelqu'un de Gênes avec des comestibles, et de Florence par Piombino une femme avec des modes. Tout ce qui part d'ici est tellement suspect qu'on ne permet de rester que trois jours. Je fais tout pour réussir, mais je suis écrasé de frais et je n'ai pas encore reçu un obole. Quand on veut attraper quelqu'un, il faut lui inspirer de la confiance, et nous avons fait le contraire, parce qu'il ne paraît pas même encore que la France reconnaisse le Prince de l'Elbe, mais elle a redoublé les obstacles en rendant très difficiles mes relations avec l'isle. J'ai des agents sur toutes les côtes, et de ce côté-là je suis tranquille. Le gouvernement toscan n'a pas de repos. Les prisons sont pleines d'individus suspects. Je désire savoir si cet essai réussit à votre gré, et si je dois continuer à m'en servir...

General Oyen an den Großherzog von Hessen.

Vienne, ce 5 octobre 1814[1]).

Le P^ce Metternich a dit dans la conversation au Grand-duc héréditaire de Hesse, lorsque celui-ci lui parla de la nécessité d'un chef de l'Empire et que dans ce cas ce serait l'Empereur François: „que la maison d'Autriche n'avait eu depuis 200 ans que des embarras, des pertes et des peines de cette dignité, mais que, si par la nouvelle constitution on l'établit de nouveau, elle ne pourrait appartenir qu'à l'Empereur d'Autriche, et que sur cela on était d'accord avec la Prusse." Il dit aussi qu'il n'est pas question du partage du Nord et du Midi de l'Allemagne, mais que tout l'Empire sera uni par les mêmes liens.

Hegardt an Engeström.

Vienne, ce 5 octobre 1814[2]).

S. M. l'Empereur[3]) ayant eu je ne sais quelles raisons de croire que S. A. le Prince Royal[4]) était en route pour Vienne, dépêcha, il y a 10 jours, un lieutenant-colonel pour aller au devant de S. A. R. et l'accompagner ici en qualité d'aide de camp. Cet officier se rendit à Iglau et y resta quelques jours. Il est actuellement de retour et attend des ordres....

V. E. le tréshumble et trésobéissant serviteur Le chevalier Mariotti." Dalberg selbst entzifferte das Schreiben und warf es zerrissen in den Papierkorb, aus dem die Bruchstücke durch den Vertrauten hervorgeholt und in der üblichen Weise zusammengesetzt wurden.

[1]) Interzept, M. J. Generalleutnant Baron Oyen, hessischer Obersthofmeister, befand sich als Begleiter des Erbgroßherzogs Ludwig seit dem 21. September in Wien. Die Formlosigkeit im Stil des Interzepts ist wohl auf Zeitersparnis im geheimen Dienst zurückzuführen.

[2]) Interzept, M. J. Die Depesche war chiffriert. Das Original befindet sich in Stockholm.

[3]) Kaiser Franz.

[4]) Bernadotte.

K. Friedrich von Württemberg an Mandelsloh in Stuttgart.
Wien, 7. October 1814[1]).

Da ich Ursache habe zu vermuthen, daß die deutschen Angelegenheiten nun bald zur Sprache kommen werden, so erachte ich es für notwendig in Folge dessen, was ich Ihnen schon vor meiner Abreise eröffnet habe, den Leg.-Rath Feuerbach hieher zu berufen; er soll sich daher so bald als möglich hieher verfügen. Das weitere werde ich Ihnen durch den zunächst abgehenden Kurier mittheilen.

> Es sammle sich der Wolken Dicke,
> Doch wird die Sonne sie zerstreun,
> und dann der blaue Himmel wird
> Dem Auge sichtbar sein.

Löwenhjelm an Engeström.
Vienne, ce 8 octobre 1814[2]).

Le P^{ce} de Talleyrand a consenti à regarder la note officielle qu'il avait donnée en date du 1er comme une simple communication confidentielle[3]). Depuis ce temps les quatre anciennes puissances alliées, savoir la Russie, l'Angleterre, l'Autriche, et la Prusse, ont présenté un nouveau projet de proclamation à faire pour constituer le congrès, auquel le P^{ce} de Talleyrand a répondu par un contreprojet qui n'a pas non plus été agréé dans sa totalité par les alliés; ces derniers ont en conséquence une conférence entre eux aujourd'hui à 2^h, et ce soir à 6^h il y aura une conférence avec le P^{ce} de Talleyrand, où l'on cherchera à s'accorder sur les points litigieux. Jusqu'à présent ces conférences ne sont considérées que comme des communications confidentielles et préparatoires entre les ministres d'état qui se trouvent à Vienne, et c'est sous ce rapport que jusqu'à présent on n'a pas admis le plénipotentiaire portugais, malgré sa réclamation formelle, non plus que celui de Suède. Quant à moi, je me suis borné à donner une note aux différents ministres d'état de l'Autriche, de la Prusse, de l'Angleterre, de la Russie, de l'Espagne, et de la France, pour m'annoncer formellement comme plénipotentiaire de S. M. au congrès de Vienne. Cette formalité m'a paru nécessaire pour prévenir tout prétexte d'ignorance...

V. Exc. aura sans doute remarqué que la principale différence dans les projets de proclamation des deux côtés roule sur la manière de préciser, dans la proclamation même, quelles seront les puissances à admettre au congrès. Cette question de la manière dont elle est proposée par la France et l'Espagne, impliquant en même temps une décision prématurée sur ce qui doit faire l'objet des négociations futures, est opposée encore par les alliés, et surtout par l'Autriche.

---

[1]) Interzept, M. J. Das Original fehlt im Stuttgarter Archiv. Das Konzept enthält die Verse nicht. Der König scheint sie, so wie den vorhergehenden Satz „Das weitere etc." im Mundum eigenhändig hinzugefügt zu haben.
[2]) Interzept, M. J. Das Original in Stockholm.
[3]) Angeberg, Congrès de Vienne, I. 264, mit unrichtigem Datum.

Dalberg an Jaucourt in Paris
Vienne, le 8 octobre 1814[1]).

M. le Comte. Dans notre dépêche du 4 nous avons eu l'honneur de vous dire que la logique que nous opposons aux quatre puissances, qui se présentent toujours comme liées entre-elles par des arrangemens secrets, les embarrasse beaucoup. Il est en effet naturel que ces puissances, qui tendent à entraîner la France à sanctionner le renversement de tout principe, qui fonde le droit public, et à la faire consentir au dépouillement de la Saxe, sont singulièrement gênées lorsqu'elles trouvent la France ne voulant marcher qu'en accord avec la justice et la raison. Quelque difficile que ce rôle soit à jouer avec un monde qui doute de notre sincérité, tout ce qui nous revient nous confirme qu'il ne faut pas quitter d'une ligne la route que nous tenons. Nous sentons qu'elle est la seule qui puisse former une digue à ce débordement de forces qui menace l'Europe, si on n'y porte la plus grande attention. Nous avons l'honneur de vous rendre compte de ce qui depuis notre dernière dépêche a été fait.

L. Castelreagh (!) dressa un projet de déclaration que M. le P^{ce} de Metternich remit le 3 au soir à M. le P^{ce} de Talleyrand[2]). Elle ne fut communiquée que sous la forme d'un projet, mais sa lecture confirme d'abord l'opinion, que nous avons conçue, que les quatre puissances alliées veulent, conformément à leurs arrangemens, continuer à suivre le système de convenances arrêté pour le cas que Bonaparte fût resté sur le trône de France, et qu'elles ne comptent pour rien que le rétablissement de la maison de Bourbon change tout l'état de l'Europe, et qu'avec elle tout doit rentrer dans l'ordre.

Au premier coup d'œil on voit qu'un grand danger résulte de ce système, qu'un équilibre réel et durable devient impossible et que, vu la faiblesse du cabinet de Vienne, la France seule ne serait plus maîtresse des événements que présente l'avenir. Le P^{ce} de Talleyrand répondit par une lettre particulière à L. Castelreagh[3]). Il ne sortit point de l'idée que le congrès devait être formé, et que les puissances ne pouvaient que préparer et proposer, mais non décider seules des matières d'un intérêt général. Quoique cette lettre fut plutôt dans la forme d'un billet, elle est cependant rédigée de manière qu'elle pourrait un jour, si cela devenait nécessaire, servir à éclairer l'Europe sur la marche que la France a suivi dans les affaires du congrès. .... On a senti qu'il fallait instruire les différentes puissances des motifs qui retardaient l'ouverture du congrès.

Le P^{ce} Talleyrand combattit le projet de L. Castelreagh comme contraire au principe qui constituait le congrès, et que l'art. 32 du traité de Paris énonçait formellement. On s'accorda à rédiger de nouveaux projets, et le P^{ce} de Talleyrand envoya le lendemain à M. le P^{ce} de Metternich celui qui pouvait

---

[1]) Chiffon, M. J. Zum Vortrag vom 25. Oktober. Stark verstümmeltes Konzept. Graf Jaucourt, der in Paris Talleyrand vertrat, erwähnt den Empfang in einem Schreiben vom 18. Correspondance du Cte de Jaucourt, p. 42.
[2]) Angeberg, Congrès de Vienne I. 254 f.
[3]) Vom 5. Oktober. Angeberg, I. 270 ff.

servir à cet usage. Ce projet, M. le Comte, comme vous le jugerez à la première lecture, énonce à la fois: le principe qui fait réunir le congrès, les motifs du retard, les égards qu'on porte au droit de toutes les puissances, et le principe d'après lequel chaque plénipotentiaire se voit appellé...

Il plaît souvent à M. le P^{ce} de Metternich de plaider la cause de Murat et de menacer de la difficulté qu'il présenteroit à la tête de 80,000 h. si, à la nouvelle de son exclusion, il marchait sur l'intérieur de l'Italie. Nous faisons sentir que cette inquiétude est une folie, et qu'il ne faudrait qu'un débarquement de troupes espagnoles et françaises en Sicile pour finir à jamais cette comédie royale, à laquelle personne ne peut se rallier et qui est plus dangereuse à l'Autriche qu'à la France même. Mais nous le sentons à chaque pas que nous faisons que la difficulté principale, qui s'oppose à nos succès, est celle qui ressort du caractère de timidité du ministre autrichien et de l'apathie singulière de cette nation, que la Russie et la Prusse, restant dans leurs calculs, insisteront sur leurs injustes prétentions, et qu'il ne nous restera peut-être qu'à déclarer que, protestant contre de telles violences, la France n'y prend aucun part. Nous répétons souvent qu'il est singulier que ce soit l'ambassadeur de France au congrès qui se charge de faire la besogne du ministère autrichien.

Lord Castelreagh manque également de force et de dignité dans cette circonstance, et nous demandons souvent comment il justifiera un jour devant sa nation l'insouciance qu'il porte aux grands principes que constituent les nations entre elles[1]?

Joseph de Maistre an S. Marsan.
Pétersbourg, le 8 octobre 1814[2]).

Il n'y a rien de plus consolant dans notre carrière que de se trouver d'accord à des distances immenses. C'est ce qui nous est arrivé à l'égard

---

[1]) In einem zweiten, demselben Vortrag beigelegten, noch mehr verstümmelten Chiffon hat man den Entwurf eines von Pallain-Bailleu, S. 45, Anm., erwähnten Schreibens vom 20. Oktober zu erblicken. Darin heißt es: „Le système anglais surtout se présente ici avec évidence. Allarmé encore de l'effet qu'a produit sur l'Angleterre le système continental, il veut que dans le nord et sur la Baltique il y ait des puissances assez fortes, pour que la France ne puisse jamais entraver le commerce anglais avec l'intérieur du continent; elle se prête par conséquent à tout ce que la Prusse exige, et soutient les prétentions de cette puissance par tous les efforts. C'est de cette combinaison que naît la réunion de la Hollande avec les Pays-Bas, l'agrandissement de la [Russie et de la] Prusse... Le Roi de Bavière à un bal demanda à Labrador s'il voit quelquefois le P^{ce} de Talleyrand; celui-ci l'affirma. „Je le voudrais voir aussi", lui dit le roi, „mais je n'ose pas. Je vous fais au reste ma profession de foi: je suis dévoué à la famille des Bourbons." Eine andere (durchstrichene) Stelle lautete: „Nous ne serions pas étonné que la concession qu'il ferait du rétablissement d'un Royaume de Pologne fut racheté par l'occupation du Grand Duché (!) de Warsovie, et que l'Autriche y consentît. Si à ce prix le Royaume de Saxe doit être renversé, nous nous demandons, s'il ne serait point utile que le rétablissement d'une Pologne s'exécute par la Russie, et qu'on laisse alors au milieu des trois puissances un germe de discorde."

[2]) Interzept, M. J. Graf Joseph de Maistre war seit 1803 Vertreter Sardiniens in Petersburg.

de Gênes. J'ai fait ici, sans avoir reçu votre lettre du 17 Août, les mêmes démarches qui ont été faites à Londres et à Vienne. J'ai beaucoup insisté dans ma note sur une idée que vous ne pouviez guère toucher à la place où vous êtes: c'est la liberté politique du Roi qui me paraît absolument nulle dans l'état actuel. Supposant de nouvelles brouilleries, S. M. serait à la merci du premier qui se présenterait, et celui-ci serait maître de le brouiller avec son grand protecteur, l'Empereur de Russie. A cette bizarre époque tout est possible, et il faut être prêt à tout. Ce roi une fois appuyé à Gênes pourrait dire: „Je ferai ce que je voudrai," ce qui vaut beaucoup mieux que: „Je ferai ce que vous voudrez." Il est bien difficile de savoir ce qui arrivera. Beaucoup de gens se flattent d'une paix durable. Je ne suis pas du nombre[1]). L'on est mieux pourvu au bonheur universel en se prévalant moins des circonstances à l'égard de la France. Son roi se conduit admirablement. Étouffer subitement l'esprit révolutionnaire, comme on éteint une bougie, c'était l'entreprise d'un fou; mais s'emparer de cet esprit et le tourner à soi, c'est la solution sage du problème. Je crois que la France est, ou sera, incessamment en état de faire valoir ses prétentions assez naturelles. Les autres nations se partagent l'Europe à volonté, c'est bien en vain qu'on voudra condamner la France à ne pas manger son morceau du „gâteau des rois." Il n'y a point de paix, à moins que les grandes nations ne déployent au congrès beaucoup plus de modération et de sagesse que nous n'avons le droit d'en attendre.

Je vous remercie des détails intéressants que vous me donnez de la Savoye ou de ce qu'on appelle ainsi. Car dans le fond ce malheureux pays n'est qu'un cadavre écartelé. L'état actuel des choses paraît absolument contre nature. Ou la France engloutira toute la Savoye, ou toute la Savoye sera de nouveau réunie sous le sceptre de son ancien maître.

Gaertner an den Fürsten Löwenstein.

Wien, den 8. Oktober 1814[2]).

Es sollte über ein Mémoire deliberiert werden, dessen Gegenstand wäre, die Notwendigkeit zu zeigen, daß die Grundzüge der (deutschen) Constitution bis zur Vollendung gleich für executiv erklärt werden möchten. Nach reiflicher Überlegung hat man aber ratsam gefunden, dieses Memoire so lange nicht auszugeben, bis man erst die befragten Grundzüge der Constitution genauer, offizieller und als Gesamtbeschluß kennen werde. Dieser mit den anwesenden mediatisierten Herren und ihren Dienern gefaßte

---

[1]) In einem Briefe Wintzingerodes an den König von Württemberg aus Petersburg vom 7. Oktober 1814 (unter Kuvert an Baron Linden) heißt es u. a.: „Nous sommes sans nouvelles ici. Le départ de 6000 h. de notre garnison confirme l'opinion de ceux qui croient à la guerre. L'ordre en a été donné par l'empereur depuis Pulawy." Vgl. damit oben S. 119 den Brief Wintzingerodes.

[2]) Interzept, M. J. Dr. v. Gaertner war Bevollmächtigter zahlreicher Mediatisierter auf dem Kongreß, u. a. auch der beiden Fürsten Löwenstein.

Beschluß beruht einesteils auf der einleuchtenden Ansicht, daß man um Vollziehung einer Verfassung, über welche noch kein Gesamtbeschluß stattfand, und welche man nicht genau kennt, nicht bitten kann, und andernteils darauf, daß Bayern und Württemberg dem Vernehmen nach an eigenen Constitutionen arbeiten, welche sie hiernächst den großen Mächten zur Prüfung und Garantie vorlegen wollen....

Ompteda an Münster in Wien.
Berlin, den 11. Oktober 1814[1]).

...Der Wunsch der Bewohner des linken Rheinufers soll ziemlich allgemein dahingehen, blos mit Ausschluß des Departements der Roer, welches an Preußen überlassen werden könne, bis an die Nahe mit Belgien vereinigt zu werden... In diesem Sinne werden, wie man versichert, die Bewohner des linken Rheinufers unter der Hand bearbeitet, und jene Ideen finden bei ihnen um so leichter Eingang, da sie sich von der Vereinigung mit Belgien und Holland große Handelsvortheile versprechen.

Bellio an den Fürsten der Walachei.
Vienne, le 16 octobre 1814[2]).

... La Russie continuant à témoigner la ferme volonté de ne pas se dessaisir de la Pologne, L. Castlereagh écrivit avant-hier une lettre à S. M. l'Empereur des Russies, pour offrir la médiation de l'Angleterre dans les négociations qui doivent terminer cette lutte entre l'Autriche et la Russie, et amener une issue qui puisse convenir aux deux parties et qui soit un effet d'un accommodement aimable[3]). L'Empereur se rendit en personne chez L. Castlereagh et témoigna dans une réponse verbale la résolution de ne rien restituer et de rester en possession définitive du Duché de Varsovie. On espère cependant encore pouvoir à la fin effectuer quelque chose, et voir abandonner une partie du plan d'agrandissement que la Russie s'était fait.

Pour détacher la Prusse de la Russie, et la lier à la cause de la modération, l'Autriche s'est décidée à consentir à ce que la Prusse ait une partie de la Saxe, et cela en tout cas. Le plénipotentiaire français ne s'est pas encore déclaré cathégoriquement sur cette cession d'une partie de la Saxe, mais, à en juger de ses discours, il y donnera son assentiment. Si la Russie persistait dans la résolution d'acquérir le Duché de Varsovie en entier, sans laisser quelque partie à la Prusse et à l'Autriche, il est fixé d'abandonner en entier la Saxe à la Prusse et de s'opposer de tous les moyens à la Russie, ce qui pourrait amener des scènes sanglantes. Si la Russie rentrait dans les limites de l'équité et de la modération, le tout se terminerait de suite à l'amiable, posé même que la France s'y oppose.

---
[1]) Interzept, M. J. Frh. v. Ompteda war hannoverscher Diplomat, später Minister.
[2]) Interzept, M. J.
[3]) Der Brief Castlereaghs an Alexander I., vom 12. Oktober, bei Angeberg, I. 280 ff.

On a choisi, de la part de l'Autriche, entre deux maux le moindre, et on a préféré de voir une partie de la Saxe entre les mains de la Prusse, que de consentir à l'envahissement de toute la Pologne de la part de Russie. Cette complaisance a pour objet de détacher la Prusse de la Russie. Dieu veuille que l'on ne se trompe pas, et que la Prusse ne tienne pas toujours en secret plus à la Russie, qui lui offrait de gré toute la Saxe, qu'à l'Autriche qui ne consent qu'à regret et au pis aller à ce sacrifice.

En réponse à la lettre du 24 septembre, par rapport aux vues de la Russie sur la Moldavie et la Valachie, j'ai l'honneur d'assurer V. A. que la Russie n'a pas manifesté le désir d'avoir ces provinces, et qu'ici, comme ailleurs et en tout temps, elle sera contrebalancée dans ses projets par l'Autriche qui soutiendra toujours la Porte Ottomane. Il n'est cependant pas douteux que la Russie convoite avec ardeur ces pays, et qu'à la première occasion elle ne manquera pas de suivre son plan pour s'en rendre maître, ce que toute l'acquisition en Pologne ne peut que faciliter. Ces différends politiques ne troublent cependant nullement l'accord personnel qui règne entre les souverains rassemblés ici.

Le départ des souverains est toujours fixé au cinq novembre. Si on est convenu sur les articles qui concernent la Pologne et la Saxe avant ce terme, les autres affaires se termineront avec rapidité et sans difficulté...

Kriegsminister Dupont an Talleyrand.

Paris, le 15 octobre 1814, 6^{h}[1]).

Dupont berichtet, daß die Organisation in Militärsachen den besten Erfolg hat, ebenso die Kriegsadministration betreffend. Alle Nachrichten, die er von Porto-Ferrajo empfangen, stimmen darin überein, daß es sehr schwer falle, Napoleon von seiner Insel wegzunehmen, indem er außerordentlich gute Vorkehrungen trifft, vorzüglich gegen Jene, die aus Frankreich oder Livorno kommen. Er wechselt immer seine Wohnung und rechnet auf sein Militär und auf eine glückliche Wendung nach dem Kongresse. Mariotti verzweifelt aber doch nicht, daß ihm die Aufhebung Napoleons gelingen könnte. Dieser fährt öfters auf seiner Brik auf die Insel Pianosa. Da er dort keine Wohnung hat, so schläft er an Bord. Taillade[2]) kommandirt daselbst. Er blieb in Napoleons Dienst. Er ist arm; Napoleon hat seinen Gehalt noch obendrein eingezogen, folglich unzufrieden. Diesen könnte man leicht gewinnen. Nur muß man jetzt trachten, Jemand ausfindig zu machen, der ihm diesen Antrag macht[3]).

---

[1]) Chiffon, M. J., zum Vortrag vom 28. Oktober. Die Akten enthalten nur den hier mitgeteilten Auszug des Briefes, den im französischen Wortlaut abzuschreiben im geheimen Kabinett offenbar die Zeit gefehlt haben dürfte.

[2]) Der Kapitän der Brigg.

[3]) Im Vortrage vom 28. Oktober heißt es darüber: „Durch dieses Stück wird der schon aus früheren bei Dalberg hier gefundenen Chiffons eines Mariotti aus Livorno ersichtliche geheime Plan des französischen Kabinets, Napoleon auf

Löwenhjelm an seinen Bruder in Stockholm.

Vienne, ce 18 octobre 1814[1]).

...Tu auras vu peut-être une déclaration dans toutes les gazettes de l'Europe qui proroge le congrès jusqu'au 1er novembre. Cette déclaration, dont je suis coupable pour un 8^{éme} [2]), est un modèle d'incohérence et de fausse logique, mais c'est ainsi qu'il le fallait pour éviter de toucher à d'autres questions délicates dans une simple déclaration préalable. On ne l'a pas signée pour éviter toute question de rang et de préférence jusqu'au moment terrible où il faudra les vider. Dieu veuille que les membres du congrès ne fussent pas alors comme les pères du concile de Nicée (325), qui décidèrent la question de la Trinité à grands coups de poing. Pour moi j'ai déjà avisé quel est l'adversaire que je choisis; c'est le faible et débile Humboldt, aussi faible de corps que fort d'esprit. En attendant le 1er novembre on négocie confidentiellement, et en dépit des différences des vues et des principes on finira par se rapprocher; ce qui y contribue beaucoup, c'est que la puissance, dont les prétentions sont les plus fortes, a donné à ses plénipotentiaires 400.000 hommes prêts à les aider...

[Bildt[3]) war beim König von Dänemark.] Il rappella au roi qu'il y avait 16 ans qu'ils ne s'étaient vus, ajoutant avec un soupir tendre: „Il s'est passé bien des événements depuis," à quoi le roi lui répliqua très sèchement: „Il se passe des événements tous les jours." Etiam S. M. habet raison. Bildt a été tout aussi malheureux auprès de S. M. le Roi de Bavière, qui lui demanda comment l'union de la Norvège à la Suède allait s'effectuer. Il lui répondit spirituellement (et sans aucun fondement): „Ils auront une espèce de constitution à eux, et cela sera à peu près comme le Tyrol et la Bavière."...

Bresson an die französischen Marschälle.

Vienne, le 19 octobre 1814[4]).

[Talleyrand, an den er sich zunächst gewandt hat, habe ihm erwidert:] „Le principe des dotations a été abandonné; nous ne pouvons plus obtenir

---

der Insel Elba insgeheim aufzuheben, bestätigt." Ein früherer Brief Duponts an Talleyrand vom 8. Oktober in derselben Sache ist bei Pallain-Bailleu, S. 37 und 41 zitiert.

[1]) Interzept, M. J.

[2]) Schweden war im Komitee der „Acht" durch Graf Löwenhjelm vertreten. Die Deklaration vom 8. Oktober, auf die man sich schließlich einigte, s. bei Angeberg, I. 272.

[3]) Baron Bildt war schwedischer Diplomat, Gesandter in Wien und dem Grafen Löwenhjelm beigegeben.

[4]) Chiffon, M. J. zum Vortrag vom 20. November. Bresson v. Valensole war der Bevollmächtigte der französischen Marschälle, die ihre ihnen von Napoleon verliehenen Renten in außerfranzösischen Ländern zu retten versuchten. Er hatte Briefe an Nesselrode, Metternich und Hardenberg gerichtet, die aber kein günstiges Resultat ergaben. Auch Talleyrands Bereitwilligkeit, seine Sache zu fördern, war kaum sehr ernst gemeint.

que des exceptions particulières. J'ai l'ordre du roi, et je travaille de cœur pour Messieurs les Maréchaux. Je suis fort aise que vous veniez pour le P^ce de la Moskwa (Ney) et autres, ce n'est pas inutile; agissez, je vous appuyerai de tout mon pouvoir; nous marcherons ensemble; vous pouvez compter sur moi." J'ai dit au Prince que j'aie une lettre pour M. de Metternich en sujet du Monte Napoleone[1]). „C'est du mieux," m'a-t-il dit, „insistez, insistez sur ce Monte Napoleone; je lui en ai parlé, mais attaquez-le vivement là-dessus." [Er hat Metternich nicht antreffen können. Alexander empfieng ihn am 19. Oktober.] Sa Majesté me dit qu'elle fera ce qui est juste en autorisant M. Nesselrode[2]).

Mavrojeni an seinen Bruder in Jassy.

Vienne, ce 22 octobre 1814[3]).

Les ministres des puissances alliées (Autriche, Russie, Angleterre et Prusse) ont des conférences fréquentes entre eux, sans que ceux de France, d'Espagne, de Portugal et de Suède y prennent part. Les derniers n'en cachent pas leur mécontentement, et ils ne manqueront pas de protester à la première occasion contre des arrangements qui seraient en opposition à leurs vues, et que les plénipotentiaires des quatre puissances alliées auraient pu concerter entre eux.

Le Roi de Wurtemberg demande que le nouveau Roi d'Hanovre ait le rang après lui. Cette contestation n'est pas encore terminée, mais on croit qu'elle le sera en faveur du Roi d'Hanovre....

On est toujours d'avis que le congrès n'aura pas de guerre à sa suite, que chacune des parties intéressées rabatterait de ses prétentions, et que la Russie finira par se contenter d'une portion du Duché de Varsovie, et la Prusse de quelques districts de la Saxe....

Dalberg an Jaucourt (?[4]).

s. d.[4])

Nous ne pouvons point, M. le Comte, vous annoncer que les affaires générales aient pris une meilleure direction. Tout encore est intrigue, mystère

---

[1]) Marschall Ney allein erhob Ansprüche auf 214.000 Franken Renten in Westfalen, 193.533 in Hannover, über 100.000 im Kirchenstaat, 76.000 auf den Rheinzoll, 100.000 auf den Monte Napoleone (eine Rentenbank in Mailand) und 28.000 auf das Fürstentum Sielnec in Polen.

[2]) In einem zweiten Schreiben vom 29. Oktober an die Marschälle referiert Bresson über die Unterredung mit Nesselrode. Dieser habe ihm gesagt: „On a renoncé aux dotations, je ne sache pas que l'on doive faire des exceptions. D'ailleurs comment les établir? Une préférence pour l'un est une injustice pour les autres. Je prendrai les ordres de S. M." Natürlich wurde nichts aus der Sache.

[3]) Interzept, M. J. Mavrojeni war Geschäftsträger der Pforte in Wien.

[4]) Chiffon, M. J. zum Vortrag vom 28. Oktober. Konzept eines Schreibens wohl an Jaucourt, nicht datiert, aber zweifellos zwischen dem 23. und 26. Oktober entworfen.

et incohérence dans la marche et le système général. L'Empereur de Russie insiste sur le Grand-Duché(!) de Warsovie, sauf quelques parcelles qu'il consent à céder à la Prusse. Il veut y régénérer la Pologne. La Prusse persiste à s'indemniser de cette perte en s'appropriant la Saxe. L'Empereur de Russie dit qu'il y a consenti, que c'est un engagement personnellement pris avec le Roi de Prusse et qu'il n'y a rien à y changer. L'Autriche, à laquelle la Prusse avait exprimé cette velléité, ne s'y oppose que faiblement; elle cherche à louvoyer, à s'aider par l'effet du temps, à se fortifier de l'impression que cet acte d'injustice provoque dans les esprits, à nous faire entendre qu'elle nous prendra comme second lorsqu'elle sera trop pressée par ses adversaires.

L'Angleterre poursuit son système et cherche dans la Prusse, le Hanovre et la Hollande une barrière impénétrable contre les agressions futures de la France.

Le 1er novembre approche, et on ne sera d'accord sur rien. Aucune conférence n'a eu lieu[1]). Le P^{ce} Metternich a donné, à ce qu'on nous dit, une réponse écrite aux ministres prussiens sur la demande que ceux-ci ont fait d'occuper la Saxe[2]). Il ne nous en a point parlé, et ne nous a pas consulté. La réponse est plutôt une discussion élevée sur la question même. Elle ne décide rien et ne consent à rien. Elle expose cependant que la réunion de la Saxe à la Prusse ne peut se traiter qu'après les limites des territoires des trois puissances en Pologne seront réglées, et lie ainsi une question à l'autre[3]). Dans cet état des choses l'occupation provisoire de la Saxe par les armées prussiennes va avoir lieu, et cette condescendance de la part de la Cour de Vienne est déjà un événement très fâcheux et qui laisse la Russie maîtresse de soutenir l'affaire du Grand-Duché de Warsovie comme elle le voudra[4]).

Löwenhjelm an Engeström.

Vienne, ce 26 octobre 1814[5]).

[Am Stand der politischen Dinge dürfte sich während der Abwesenheit der Souveräne in Ungarn nichts ändern.] Indépendamment des grandes questions politiques, il s'en présente une foule d'autres qui sont toutes préalables et nécessaires pour régler l'ordre et la marche des travaux du congrès, fixer le rang des puissances entre elles, considérer les objets qui doivent être soumis à la décision etc.[6]) Toutes ces questions ne sont pas encore entamées, et le conseil préparatoire des huit puissances signataires du traité

---

[1]) Des Komitees der „Acht".
[2]) Es ist das Schreiben vom 22. Oktober 1814 bei Angeberg, I. 316 ff.
[3]) In dem vorzitierten Schreiben steht nichts dergleichen. Die Franzosen kannten offenbar den Wortlaut noch nicht.
[4]) Statt der Schlußworte „comme elle le voudra" stand früher: „et de s'y laisser attaquer si on veut l'en faire sortir."
[5]) Interzept, M. J.
[6]) Das Original in Stockholm hat „à la discussion' .

de Paris, qui doit en décider, ne peut se rassembler que lorsque les bases des grands intérêts politiques seront fixées[1]).

L'occupation militaire de la Saxe par les troupes prussiennes, qui relèvent le corps du P^ce Repnin, est sans doute déjà portée à la connaissance de V. E. par le ministre du Roi à Berlin. Cette occupation n'est, selon les explications que j'ai demandées au Cte Nesselrode et au P^ce Hardenberg, que provisoire et un pur mouvement militaire, comme celle de la Belgique par l'armée anglo-hollandaise, sans que cela préjuge en rien le sort futur de la Saxe. La nature des questions mises en avant par la Russie, et le besoin d'indemniser la Prusse de ce qu'elle perd en Pologne, laisse néanmoins peu de doute à cet égard. On dit ici que S. M. prussienne a fait cadeau au P^ce Repnin de 100 000 écus de Saxe et de son ordre de l'aigle noir, en témoignage de sa satisfaction de son administration en Saxe. Cette récompense généreuse, si elle est effectivement donnée, décèle sans doute le souverain futur de la Saxe. Le P^ce de Talleyrand ne manque aucune occasion de prêcher, au nom de son souverain, la modération et une juste balance en Europe. Il a dit l'autre jour: qu'à juger des prétentions de la Russie, il paraissait que c'était plutôt aux succès de Buonaparte qu'à ses principes qu'on avait fait la guerre; qu'il ne fallait pas abattre un colosse pour en rétablir un autre ...

Gräfin Rechberg an ihren Vater.

Vienne, ce 26 octobre 1814[2]).

Le 17 les Russes ont remis au P^ce Metternich une note relativement à la Saxe[3]). Les uns assurent qu'il n'y a pas de réponse donnée, les autres veulent savoir qu'une réponse s'est faite et qu'on ne se refuse pas que la prise de possession militaire se fasse provisoirement, espérant par là le désir de la bonne intelligence entre les deux puissances. Cependant je crois à la première version. Le Maréchal Wrede a remis hier une liste (!) en faveur de ce malheureux pays. Talleyrand a eu un entretien avec le Roi de Prusse. Les Princes Saxons ont voulu se réunir pour transmettre dans une note leurs vœux pour la conservation du roi. Le Duc de Weimar, qui s'était toujours si fortement prononcé, n'a pas voulu s'y joindre....

Elisa Bacciocchi an Aldini.

Bologne, le 30 octobre 1814[4]).

M. le Comte Aldini, je reçois votre lettre du 21. Vous devez sentir combien je désire que l'on me rende mes effets et mes propriétés particulières

---

[1]) Das Komitee der acht Mächte hatte seine erste Sitzung am 30. Oktober. Angeberg, I. 358.

[2]) Interzept, M. J. Die Gräfin war eine Tochter des Grafen Gœrtz, der in Regensburg lebte.

[3]) Eine solche Note ist bisher nicht bekannt geworden, auch keine Antwort darauf.

[4]) Interzept, M. J. Vgl. oben S. 104 das Schreiben der Prinzessin an Aldini. Über diesen auch S. 104.

avant l'hiver. Je n'attends que cette décision pour acheter une maison et m'établir définitivement à Bologne. Le Prince a eu autrefois des relations d'amitié avec le Comte Pozzo di Borgo. Je joins ici une lettre pour lui dans le cas où vous jugeriez qu'elle serait utile à la réussite de mes demandes. Remettez-la lui. Lorsque l'Empereur de Russie était à Paris il m'avait fait assurer qu'il s'intéressait à ce qu'on me rétablît dans ma principauté de Lucques. Tous les droits sont pour nous; tâchez qu'il prenne ma défense. L'Empereur Napoléon ne pouvait pas renoncer pour mon mari, pour qui il n'a rien stipulé dans le traité de Fontainebleau. Quant à la Principauté de Piombino, je l'abandonne, et je vous autorise à le dire au congrès. Cette principauté m'ayant été donnée par un senatus-consulte de l'Empereur Napoléon, je me regarde indemnisée par les 300,000 fr. que m'accorde le traité[1]). Faites valoir mes droits avec toute la chaleur dont vous êtes capable, et si vous ne parvenez pas à obtenir ce que je regarde comme un droit, je n'en conserverai pas moins une éternelle reconnaissance de tous vos soins et de la grâce que vous avez mise à défendre ma cause dans un moment où la moindre pitié pour ma famille peut être dangereuse.

Beilage:

Dieselbe an Pozzo di Borgo[2]).

Ayant appris que Votre Excellence était arrivée à Vienne, je charge M. le Cte Aldini de Lui remettre cettre lettre. Il a bien voulu se charger de défendre les droits du Prince mon époux à la Principauté de Lucques. Ce pays s'est donné à Lui volontairement, et pour sortir de l'anarchie, où il vivait depuis si long-tems. Lucques a été pendant dix ans exempte de conscription; elle n'a donné ni un seul homme ni un sou contre la coalition. Lord Bentinck nous a chassés dans le moment, où nous avions la plus grande confiance dans les puissances alliées. Je me suis adressée, il y a six mois, à S. M. l'Empereur de toutes les Russies. Tous les jours j'entends citer des traits de générosité, de grandeur d'âme de cet illustre monarque. Je mets sous sa protection les droits du Prince de Lucques et de mon fils. Je sais combien V. Exc. est appréciée de l'Empereur Alexandre. Elle peut, en plaidant ma cause et en intéressant son souverain en ma faveur, rendre à la tranquillité et au bonheur une personne qui sera toujours reconnaissante des bienfaits qu'Elle aura répandus sur sa famille.

---

[1]) Art. VI. des Vertrags von Fontainebleau v. 11. April 1814, b. Angeberg, I. 149.

[2]) Pozzo di Borgo, ehedem der geschworene Feind Napoleons und aller Bonaparte, war nun russischer Gesandter in Paris.

November 1814.

A. Rapporte.

Zum Vortrag vom 1.

31. Okt. (**)

Bon Türckheim sagt u. A.: „H. Talleyrand ladet uns oft ein, vorzüglich uns, die wir in der Presse sind, die Sachsen, die Badener und uns Darmstädter. Wir gehen nicht gerne dahin; es macht Aufsehen bei Österreich, Preußen und Rußland. Die von Preußen angetragenen fünf Regenten von Deutschland gefallen weder dem H. Talleyrand noch mir. H. Talleyrand gibt uns kleinen deutschen Gouvernements den ernstlichen Rath, die angetragene Constitution, wenn beim Congreß dieselbe an uns gebracht wird, nicht zu acceptiren. Das wird auch geschehen. Die angetragene Konstitution wird nicht acceptirt werden. Wir wollen einen Kaiser haben, nicht fünf; wir wollen Österreich zum Kaiser haben....."

„Also den 1. November, bei Eröffnung des wiener Congresses, occupiert Rußland militariter ganz Polen und bedrohet unser Galizien; Preußen occupirt ganz Sachsen und bedrohet unser Böhmen, in Süddeutschland wollen wir Bayern und Schwaben eine Constitution aufdringen, welche beide Gouvernements nicht wollen und ausdrücklich zurückstoßen, in Italien müssen wir eine zahlreiche Armee klingend bezahlen und dadurch in Wien unsern Börsen-Curs verschlimmern, weil wir in Wien auf dem Platze Gold und Silber kaufen müssen, um es nach Italien zu schicken; in Italien heißt es allgemein und einhellig in den sämmtlichen von uns occupirten Ländern: „Unter Napoleon waren wir besser daran als gegenwärtig unter Österreich.", So sprechen die in Wien anwesenden Italiener, so lauten die aus Italien in Wien anlangenden Briefe, so lese ich sogar in einem Artikel des „Moniteur", auf welchen Artikel Bon Thugut gerne aufmerksam macht, so gesteht selbst Baron Wessenberg ein unter vier Augen. Diese Lage der Dinge ist es, die Emission von etwa 500 Mill. neuer Anticipations-Scheine, welche die Anwesenheit der fremden Souveräns dem Hof kostet, die Opinion, daß Graf Stadion ein Anhänger von des Grafen Karl Zichy Papiermacher-Systems ist[1]), die Opinion, daß dieses Papiermachersystem doch einmal ein Ende erreichen muß, daß der Zeitpunkt kommen muß, wo ein zweites Finanz-Patent (nach dem ersten von 1811) erfolgen muß, daß der Zustand der Dinge in Süddeutschland, in Sachsen, in Polen, selbst in Italien, ehe zwei Jahre vergehen, zu einem neuen Krieg führen muß, daß nach dem Kongreß Österreich nicht desarmiren kann, daß Österreich in Italien, in Galizien, in Böhmen

---

[1]) Graf Karl Zichy, Staats- und Konferenzminister, ehedem von 1802—1808 Hofkammerpräsident, behielt in Finanzsachen eine gewichtige Stimme. Sein System hatte in der Vermehrung der Bankozettel bestanden.

und am Inn auf seiner Hut sein muß, daß diese Armee unsere Finanzen, unsern Kredit vollends zu Grunde richten muß etc. etc.: alles das sieht Jedermann, hat Jedermann vor Augen, läßt Niemand sich ausreden, ist das offene Geheimniß... Der W. Congreß ist nichts als ein Ruhepunkt in der großen Tragödie unserer gegenwärtigen Weltgeschichte, unseres bellum omnium contra omnes, indessen haben die auswärtigen Kabinetter Gelegenheit gehabt, in Wien selbst unser Ministerium, unsere Finanzen, unsere Staatsverwaltung zu studieren, und wir haben 500 Millionen Gulden neues Papiergeld ohne Nutzen emittirt". Das sind die Jeremiaden, welche hodie, am Vorabend des Tags der Eröffnung des Congresses, hörbar sind....[1]).

31. Okt.[2])

Von der Redoute am 30. wird erzählt, es seien überwiegend Herren und wenig Damen dagewesen, die meisten leichten Schlages; die Tänzerin Bigottini (Rosa Maske) habe dem Kaiser von Rußland sehr zugesetzt, der dann lange Zeit mit einer anderen Maske sich in russischer Sprache und auch mit Beauharnais unterhalten habe. Der König von Preußen ging großenteils allein umher. Prinz August von Preußen war anfänglich maskiert und bot ein possierliches Äußere. Die schöne Madame Morel demaskierte sich um ein Uhr, wo ihr der Großherzog von Baden Gesellschaft leistete[3]).

Zum Vortrag vom 2.

1. Nov.

Die Erbitterung gegen den F. Metternich wird nur allein von den Preußen widerstritten, weniger von den Russen, welche diesen Minister in Rücksicht seiner Weibereien (und seines weibischen Wesens) wohl (lächerlich finden) tadeln[4]), aber von der Art seiner Geschäftsbetreibung wenig sich äußern...

Von den Weibergeschichten des F. Metternich weiß ich Folgendes: Die Fürstin (!) Sagan hat den größten Teil ihres Vermögens in Rußland. Alexander, aus eifersüchtigem Groll gegen Metternich, hatte diesen Geldangelegenheiten ein Menge Hindernisse in den Weg gelegt. Die Fürstin suchte daher eine Audienz beim Kaiser an, konnte aber nie dazu gelangen. Da nun ihre Sachen immer schlimmer zu stehen kamen, so ließ ihr Alexander durch die dritte Hand sagen, daß nur ein förmlicher Bruch mit Metternich ihren Angelegenheiten bei Alexander eine günstige Wendung geben könne.

---
[1]) Hieran schließen sich anekdotische Notizen, wie z. B.: „Lord Stewart, der englische Botschafter, hat die Fräulein Kohary auf dem Balle in den H.... gekneipt. L. Stewart setzt sich durch dergleichen in der bonne compagnie ganz unbekannte Konduite, dann durch die bekannte Geschichte auf der Straße mit dem Kutscher und mit der Polizei, ganz herab... Er apprehendiert es sehr, daß er Samstag nicht bei Karl Zichy, heute nicht bei Rasumowski eingeladen ist."
[2]) Im Auszug.
[3]) Über dessen weitere Beziehungen zu der Kurtisane vgl. unten S. 244.
[4]) Die eingeklammerten Stellen wurden von Hager durchstrichen und durch andere ersetzt.

Die Fürstin Sagan befolgte nun diesen Rat und behandelte Alexander bei jeder Gelegenheit vorzugsweise und würdigte Metternich kaum eines Blickes. Nun verlangte nach einiger Zeit die Fürstin in Gegenwart des Metternich eine Audienz bei Alexander, worauf dieser erwiderte: „Il ne peut pas être question d'une audience, je viendrai chez vous demain." Nun war Metternich furios und gieng zur Fürstin Sagan, ihr Vorwürfe über ihr Betragen zu machen, wurde aber abgewiesen. Erst jetzo scheint er beruhigt zu sein, weil man ihm sagte, die Fürstin begünstige heimlich auch einen Engländer. Metternich hat nun förmlich gebrochen und Alexander hat seine Freude darüber. — Eine zweite Geschichte ist mit der Julie Zichy vorgegangen, der Alexander sagte, er wisse von Metternich selbst, daß sie ihn begünstigt habe. Die Gräfin zerfloß nun in Thränen und nimmt von Metternich keine Entschuldigung an, sondern will nichts weiter von ihm hören. Alle diese Geschichten sind so ziemlich bei den Fremden bekannt, denn der junge Graf Hochberg, ein badischer Prinz, hat dem Grafen Schenk (Württemberg) mit Freuden erzählt: „Nun wird Metternich Muth bekommen und aus Haß gegen Rußlands Monarchen sich seinen verderblichen Absichten entgegensetzen."...

Graf Senfft-Pilsach[1]) sagte vorgestern zu Bon Ried: „J'espère qu'on ouvrira les yeux enfin et qu'on sera persuadé que Metternich n'a jamais su tirer avantage des moments favorables pour l'intérêt de la maison d'Autriche, qu'il les a laissé passer plutôt mal-adroitement, et qu'il n'a pas imposé assez aux autres ministres. On reviendra à Stadion. Au moins celui-ci est honnête homme!"...

In demselben Hause, und noch anderwärts, sagte Talleyrand: „Cet homme-là (Metternich) ne me paraît pas être premier ministre de la maison d'Autriche, parce qu'il détrône tous les membres de la famille impériale l'un après l'autre. Il finira avec son maître même." Ein andermal sagte er: „Metternich donnera encore la main à dépouiller la sœur de son maître de son héritage légitime[2])....

Die Preußen erzählen seit gestern hie und da, daß Metternich das Portefeuille übergeben wolle, welches das größte Unglück für Deutschland und Österreich wäre.

1. Nov. (Nota)

.. L'affaire de la Saxe blesse tout le monde. Celle de Murat, qu'on croit que notre cour veut conserver, ne déplaît pas moins. On dit ouvertement qu'Alexandre ne peut pas souffrir Metternich, que Talleyrand est le seul qui parle raison à présent, et que l'Evangile, s'il était prêché par le diable, ne cesserait pas d'être Evangile, et c'est le cas: „Ce Talleyrand ne demande

---

[1]) Ehedem sächsischer Diplomat und Minister. Vgl. oben S. 83.
[1]) Gemeint ist Therese, Schwester Franz I., Gemahlin des präsumptiven Thronfolgers in Sachsen. Es war die Zeit, in der Prinz Anton Sachsen verloren gab. Siehe mein „Österreich und Preußen im 19. Jahrhundert", S. 17 und oben S. 97.

rien pour la France, il ne veut que justice, équilibre, modération, tranquillité sur les saintes bases du droit et de la raison." En général le public, et celui de Vienne par excellence, a un certain bon sens qui le porte à bien juger les choses et à écarter toute passion dans ses jugements. Cela fait que les Français gagnent à présent dans les sociétés et dans la classe du milieu ce que les Russes et les Prussiens, et notre ministère lui-même, perdent en opinion publique. On est fatigué de tant d'amusements et peiné de tant de dépenses...

Pour Alexandre on peut dire qu'on l'a bien connu à présent à Vienne; on le croit un fourbe qui fait le philantrope avec les honnêtes gens, mais qui veut s'attacher aussi la canaille pour avoir tout le monde pour lui; on le croit faux, sans morale pratique, tout en parlant religion comme un saint, et en conservant avec affectation toutes les apparences. Ce monarque non seulement n'est pas aimé ici, mais méprisé et détesté. Les Prussiens n'ont pas de lui une autre idée que les habitants de Vienne, mais ils cachent leurs sentiments en public et parlent très clair dans les petites coteries. Vendredi passé l'ambassadeur d'Angleterre[1]) était chez Mme de Sagan le soir. Tout d'un coup cet original s'adresse à madame et lui dit: „Que pensez-vous d'Alexandre? Pour moi, je le crois un fou, ambitieux, imposteur, voilà mon opinion; et vous comment le trouvez-vous? qu'en dites-vous?" La Duchesse frappée de ce propos tenu devant dix personnes, et très embarrassée, commença par en sourire et puis elle lui dit: „Je trouve, Milord, que vous prenez le mors aux dents comme le cheval que vous avez donné ce matin à ma sœur Dorothée, qui a manqué de se casser le cou au Prater." Après quoi elle se leva et alla parler à un autre. Je tiens cette anecdote de quelqu'un qui était présent....

Les Prussiens de leur côté tâchent de sauver leur roi, et disent partout à l'oreille que le roi est très fâché de devoir prendre la Saxe, que cela lui coûte infiniment de peine, qu'il aimerait mieux reprendre sa Pologne quoiqu'il n'ait pas raison d'aimer les Polonais...

Zum Vortrag vom 4.

1. 2. u. 3. Nov. (* *)

[Die Sagan schrieb einen vier Seiten langen Absagebrief an Metternich.] Bei Fürst Starhemberg sagt man: „In Polen und Sachsen ist das österreichische Interesse gänzlich versehen, in Teutschland kompromittiert sich Österreich mit den Mediatisierten... Die Mediatisierten werden eine Unordnung im Ministerium hervorbringen; sie werden den Grafen Stadion an das Ruder bringen. Graf Stadion ist den Mediatisierten und den Russen angenehm und wird dem Fürsten Metternich die Schuhe austreten. Baron

---

[1]) Lord Stewart. S. oben S. 233 die Anmerkung.

Wessenberg, so sehr Fürst Metternich ihm traut, hält auch zu Stadion[1]). F. Metternich muß und wird seinen Platz verlieren. Die Rolle, die Österreich auf dem Kongreß spielt, der Zustand der Dinge in Polen, in Sachsen, in Bayern und Italien, die Verhältnisse mit Frankreich und mit den Mediatisierten, alles dies muß S. Majestät die Augen öffnen. S. Majestät muß es einsehen, die Lage der Monarchie war 1809 nicht so prekär wie heute ... Die Fürsten von Isenburg-Birstein, von Neuwied will man erhalten, indessen man den König von Sachsen nicht erhalten kann..." Die meisten der in Wien befindlichen Schweizer Abgeordneten äußern darüber sich unzufrieden, daß in der Regulierung der Schweizer Bundes-Angelegenheiten der russische Kaiser die Oberhand hat, als welcher, von Baron Stein und von La Harpe geleitet, die demokratische Partei zu begünstigen scheint... Bei Pufendorf wird gesagt: 1) Kaiser Franz war neulich bei der Oldenburg, um sie zu Rat zu ziehen, 2) konsultiert heimlich Stadion (?). Stadion portiert die Mediatisierten. Metternich hat allen Erzherzogen seine famose Szene mit K. Alexander umständlich erzählt[2]).

Metternich hat die Note Talleyrands über die Deklaration (der Mächte) vom 8. Oktober im „Moniteur" vom 22. sehr mißfallen.[3]) Er hat sich in Paris beschwert, K. Ludwig XVIII. sich aber nicht getraut, Talleyrand, der das ganze Departement des Äußern mit seinen Kreaturen besetzt hat, Vorstellungen zu machen.... Baron Linden, nur von Humboldt geleitet, sagt: „Le congrès est une mauvaise pièce dont l'auteur est sifflé". Wenn Fürst Metternich seinen Platz verliere, wie es scheine, habe er es verdient. Nehme aber K. Franz Stadion statt Metternich, so werde die Konfusion noch größer; Stadion habe nichts im Kopf als seine Mediatisierten[4]).

Talleyrand sagte in der Kongreß-Konferenz, nachdem er vergeblich zu Gunsten des Königreichs Sachsen gesprochen: „Je vois bien que c'est aux succés, non aux maximes de Napoléon qu'on a fait la guerre." Als man ihn fragte, was er in der Zeit zwischen dem Rheinübergang der Verbündeten und der Abdikation Napoleons getan habe, antwortete er: „J'ai boité."... Man sagt: „Reussiert der Stadionsche Anhang, bringen sie den Grafen

---

[1]) Auch der Nuntius Severoli arbeitete für Stadion. „C'est une chose bien étonnante," wollte man von ihm gehört haben, „de voir comblé Metternich d'honneurs et de dons, tandis que Stadion, qui a été le premier instrument de l'heureuse issue de la guerre, n'a rien obtenu. L'empereur aurait au moins dû racheter les biens que le Comte de Stadion possédait dans le Royaume de Würtemberg, et qui lui furent confisqués par ordre du tyran, et par ce trait de générosité recompenser tant d'éminents et avantageux services que le Comte de Stadion avait prétés au bien de la monarchie autrichienne, et même de l'Europe entière." (Zum Vortrag vom 18. November 1814.)

[2]) Vom 24. Oktober. Vgl. K r o n e s, Aus dem Tagebuch Erzherzog Johanns, S. 181: „Er (Alexander) warf Metternich vor, er sei der Einzige, der sich ihm widersetze, worauf dieser antwortete, dies mache ihn stolz, da die Nazion ihm Nachgiebigkeit und Schwäche vorwerfe."

[3]) A n g e b e r g, I. 312.

[4]) Im Ms.: „Emigrierten."

Stadion wieder ans Ruder, Stadion extemporiert, improvisiert ohne alle
Vorbereitung, wie 1809 geschehen, einen Krieg. Aus der Deklaration vom
1. November[1]) schaut Talleyrand heraus, der nur Zeit gewinnen wollte."...

3. Nov.

Alexandre, P^{esse} Bagration, Murat, Beauharnais. Avanthier cet empereur est allé seul chez la P^{esse} Bagration à $10^1/_2$ et y est resté jusqu'à 2^h après minuit. Voici ce qu'elle m'en a dit, en se déguisant: Primo elle ne l'aime pas, elle l'adore ah! ah! ah! ce sont des exlamations d'asmatique (!) quand elle le nomme; bon! Puis elle m'a raconté à bâtons rompus tous les différents sujets de conversation qu'on a parcouru. Je les répéterai ici avec le même désordre. On a parlé de la Harpe. „Je lui dois," dit Alexandre, „d'être devenu homme. Un prince n'est ordinairement qu'un prince; il a fait de moi un homme, et je lui serai reconnaissant toute ma vie." Cet homme se moque des rois de Bavière et de Würtemberg qui ont l'air de vouloir être autant que lui et qui ont envers lui des prétentions d'égalité. Il déteste Metternich, il le connaît et ne le craint point du tout. Il obtiendra de lui tout ce qu'il voudra. Il estime notre empereur et l'aime. On a beaucoup parlé politique, à ce qu'elle dit, et elle a eu le courage de disputer avec lui sur la Saxe et la Pologne, soutenant une toute autre opinion que celle d'Alexandre. „Mais," dit-elle, „c'est inutile, il n'entend pas raison là-dessus. Il dit que son honneur est compromis, qu'il a donné sa parole aux Polonais, qu'il doit la tenir, que le monde tomberait sur lui, il n'en démorderait pas; qu'il irait à Munich, puis à Berlin, puis à Varsovie se faire proclamer Roi de Pologne; qu'il était en mesure, si on voulait s'y opposer. Elle m'ajouta que Pozzo lui avait dit la veille que la Pologne convenait à la Russie, qu'elle l'aurait bon gré mal gré, car personne n'était en force pour se mesurer à présent avec la Russie. En revenant à Alexandre, elle m'ajouta qu'il ne voulait là-dessus céder en rien pas un pouce de terrain autour de Cracovie, qu'il voulait tout le Grand-Duché (!) tel qu'il était quand il l'avait conquis sur les Français. La princesse dit que l'usurpation de la Saxe est une horreur, mais qu'on le doit à ce coquin de Stein qu'elle ne peut pas souffrir et qui souffle là-dedans et veut se venger du pauvre Roi de Saxe. Alexandre ne peut pas souffrir non plus Talleyrand, mais, en revanche, il aime beaucoup Beauharnais. Elle prétend qu'il lui a dit: „Le P^{ce} Eugène n'est pas seulement un excellent militaire, mais un parfait honnête homme. S'il voulait entrer à mon service, je le prendrais bien volontiers; il s'est conduit à merveille."

Ce vice-roi avait dîné le jour même chez la princesse et lui avait confié qu'il avait refusé deux couronnes et, qui plus est, qu'il n'avait jamais songé à devenir Roi d'Italie, que l'affaire de Milan et du sénat, qui avait voulu

---

[1]) Es war die „Kundmachung" der Vertreter der acht Mächte: sie hätten sich geeinigt, einander wechselseitig ihre Vollmachten mitzuteilen, und forderten alle Beteiligten auf, die ihrigen bei einem bestellten Komitee zur Verifikation einzureichen. Nach Beendigung dieses Geschäftes würden sie zweckmäßige Maßregeln für den ferneren Geschäftsgang des Kongresses vorschlagen. (Angeberg, I. 376.)

le demander pour roi aux coalisés, avait été menée sans son consentement. Sur ceci je dois ajouter que le sénateur Guicciardi[1]), à qui j'en ai parlé, m'a dit hier au soir que depuis longtemps le vice-roi débite cela, et qu'à Mantoue il eut le courage de le dire à lui-même qui lui répondit: „Après votre proclamation et les discours de Méjan[2]) et de Melzi vous ne réussirez pas à persuader les Milanais de cette assertion!" Et le même Guicciardi, en m'assurant que Beauharnais est un fourbe, m'a de nouveau confirmé tout à fait le contraire de ce que ce drôle voudrait faire accroire, c'est-à-dire, il m'a confirmé que toute cette conspiration pour être souverain de Milan était menée par lui-même et poussée par les belles paroles de Metternich et de Bellegarde, qui alors avaient cru de lui faire espérer cet appât pour l'engager à nous livrer Venise.

Pour en revenir à la princesse et à Alexandre, elle m'a dit que sur l'article de son départ de Vienne l'empereur s'était exprimé ainsi: „Le plus tôt et le plus tard dépendra des affaires, mais je crois qu'ils se dépêchent, car la dépense que nous leurs causons commence à les gêner?" Je ne répéterai pas les propos qu'elle dit qu'il a tenus sur la Sagan, parce que je sais qu'en cela on ne peut pas la croire. Ici finit la conversation avec Alexandre.

Ladite princesse m'a dit que Beauharnais lui avait parlé de Murat, et qu'il l'avait assurée qu'il avait en main de quoi prouver à notre cour que ce coquin la trompe, qu'il a des lettres de lui sur cela, mais qu'il ne veut pas les montrer parce qu'il ne lui sied pas de pousser sa vengeance à ce point. „Tout le monde sait que nous ne sommes pas bien ensemble, et c'est plus noble de ne pas me mêler de cette question que de lui faire une guerre ouverte et qui le perdrait à coup sûr."

Tout le monde a remarqué qu'au bal de Rasumowski il n'y avait pas un seul de la légation française d'invité. Cela, et la déclaration d'hier sur le congrès rapportée par les gazettes, ne mettent pas le public de bonne humeur.

3. Nov. (Bartsch)

[Unterredung mit Anstett.] Dieser sagte: „Ihr dürft nun auf kein gutes Ende des Congresses mehr rechnen. Mein Herr ist starrsinniger als je. Ich kann ihm auch ferner in der Sache nichts weiter sagen; ich habe mich mit Gründen erschöpft, ich habe meine eigene Existenz für die Sache hingegeben, denn ich gebe euch mein Ehrenwort, lieber Vetter, vor zwei Tagen habe ich dem Kaiser meine Resignation schriftlich übergeben. Er macht sich nichts daraus, thut nichts dergleichen und überhäuft mich mit Arbeiten mehr als je...

---

[1]) Guicciardi gehörte zu jenen Mitgliedern des Mailänder Senats, die aus Vorliebe für ein österreichisches Regiment gegen die Proklamation Eugens zum König von Italien stimmten.

[2]) Graf Méjan war Privatsekretär Beauharnais' und stand seit dem September 1814 bei der Wiener Polizei im Verdacht, mit andern zugunsten des Vizekönigs komplottiert zu haben. Vgl. W e i l, Murat I. 367 und unten die Rapporte vom Mai.

Ich machte verschiedene Versuche, ihn über die Gesinnungen Preußens auszuholen, er wich aber mit sichtbarer Zurückhaltung aus und sagte nur: „Das sind wieder Herren anderer Art.... Wenn mich nur der Fürst Metternich in Ruhe ließe. Gestern sagte mir wieder einer seiner Vertrauten, daß er es wisse und schätze, wie sehr ich mich um die gute Sache annehme, er sei mir sehr dankbar. Ich war ganz entrüstet und sagte, ich handle nur nach meiner Überzeugung und nicht nach dem Sinne des F. Metternich, der mir so oft das Maul machte, mir so oft den Leopoldsorden versprach und nie daran dachte, ihn mir zu verschaffen."....

Zum Vortrag vom 5.

4. Nov.

Prince héréditaire de Wurtemberg. Pozzo. Anstetten (!). Bon Binder. Hier ces messieurs ont dîné chez la P^esse Bagration. Deux choses ont surpris à ce dîner: l'une est la manière franche, loyale et sage avec laquelle a parlé Pozzo, secondé par Anstetten. Ces deux ministres de Russie ont émerveillé par les opinions qu'ils ont émises sans y être forcés. Pozzo a dit que la ruine des Empires est la rage de trop s'étendre, que la fable des géants l'explique. Ils ont voulu être si grands qu'ils ont touché au ciel, et Jupiter les a rendus fous, et ils ont été écrasés. L'autre a soutenu qu'il faut la justice en tout, et rien que la justice, et rendre à un chacun ce qui lui est dû. Ces deux vérités dans la bouche des ministres de celui qui veut la Pologne en entier pour lui et ôter au Roi de Saxe son royaume, pour le donner à un autre, avaient raison de me surprendre...

Le P^ce de Wurtemberg a de l'esprit. Il doit être et sera un bon guerrier. Mais il est critiqueur, malin, envieux et, pour le cœur, il doit en avoir un à peu près semblable à celui du roi son père.

Zum Vortrag vom 7.

6. Nov. (**)

Der russische Kaiser versammelt nun öfters seine in Wien anwesende Minister und hält Rath mit denselben; ebenso der König von Dänemark, am fleißigsten aber der König von Württemberg... Vorgestern auf der Jagd bei Graf Almássy war der russische Kaiser besonders lustig und vergnügt. Sämmtliche Damen Almássy und Zichy wohnten bei. Der russische Kaiser hielt sich meist bei den Damen im Zimmer auf. Die Damen sangen, der russische Kaiser accompagnirte sie pfeifend. Sie sagen, er hat ein besonderes Talent im Pfeifen... Bei Bon Pufendorf wurde gesagt, man hat wegen der Reise des russischen Kaisers nach Ungarn einige Apprehension gehabt, weil meist die Griechen, die in Ungarn so zahlreich sind, an dem russischen Kaiser hängen. Aber er hat in Ungarn sich auf eine Art benommen, daß wahrlich nichts Bedenkliches daraus entstehen kann. K. Alexander hat nur mit den hübschen Frauenzimmern sich abgegeben; die Männer, vorzüglich die alten, hat er gar nicht angeschaut; diese sind gar nicht gut zu sprechen auf S. russ. Majestät und schimpfen auf sie.

Graf Rechberg — weil Cardinal Consalvi dort Besuch abgestattet — sagte: „Der künftige Papst ist bei mir gewesen, denn Consalvi wird doch Papst bei der nächsten Erledigung des h. Stuhles zu Rom." Acerenza-Pignatelli sagte bei Bon Bühler: „Meine Erzherzogin (Beatrix) hat auch eine schlechte Idee von dem Ministerial-Talente des F. Metternich"... Bei Eskeles wurde gestern gesagt: „Vom preußischen Bureau erscheint Niemand bei Metternich auf dem bal masqué. Überhaupt werden die meisten abgehalten, von den Einladungen Gebrauch zu machen, wegen der großen Dépense, womit der weiße Domino und die Maskeraden verbunden sind. Bei Gräfin Stephan Zichy wurde gesagt: „Auf dem letzten Kammerfest hat doch der russische Kaiser lange und, so viel es geschienen, gnädig mit unserem F. Metternich gesprochen. Gegenüber den vielen Stimmen, die F. Metternich auszischen oder aushöhnen, stehen einige Häuser, z. B. Eszterházy, Karl Liechtenstein u. A., die ihn hautement vertheidigen. Sie sagen: „Er thut nichts weiters als seine Schuldigkeit, wenn er nicht zugibt, daß der russische Kaiser zugleich König in Polen wird. Hätte die Polizei die Bagration und die saubere Kurländerin bereits im August abgeschafft, die ganze Brouillerie wäre nicht entstanden. Das wäre wirklich gar zu auffällig, wenn zweien ausländischen fürstlichen H.... es gelingen sollte, durch ihre Intriguen in Wien, im österreichischen Ministerium, eine Veränderung hervorzubringen."

Zum Vortrag vom 8.

7. Nov.

Herr von Raab von der Hofkammer sagt: „Herr v. Stadion[1]) und Graf Wallis sprechen ganz öffentlich und äußerst schimpflich von Fürst Metternich. Sie heißen den Fürsten geradezu einen Buben". Selbst bei Karl Zichy und bei Personen, die den F. Metternich gar nicht mögen, ist nun die ganz laute Sprache, die Bagration und die Kurländerin-Prinzessin hätten es längst verdient, consilium abeundi von der Polizei zu erhalten. Die Freunde des F. Metternich sagen: „F. Clemens hat dem Grafen Stadion auf alle Weise geholfen, vorzüglich in pekuniärer Hinsicht; nun ist es der Stadion'sche Anhang, der gegen Metternich am meisten medisirt und intriguirt." Da nun die Note des Grafen Münster in den Zeitungen erscheint, betreffend die von Hannover angenommene Königswürde, so geben alle kleine und mediatisirte vormalige deutsche Reichsstände die Hoffnung auf wegen Herstellung des deutschen Kaisers und des Corps germanique[2])... Bei der alten Wittib Pergen-Groschlag versammeln sich die Abende die Damen Schönborn-

---

[1]) Philipp Graf Stadion war als Finanzminister Hofkammerpräsident und der genannte Beamte immerhin ganz wohl in der Lage, seine Gespräche zu vernehmen.

[2]) Es war die Note circulaire vom 12. Oktober 1814, abgedruckt bei Angeberg, I. 279.

Colloredo, Landgräfin Fürstenberg, Groschlag, Chotek, Hoyos, Cobenzl, Callenberg, Fürstin Batthiányi; Männer kommen wenige, außer Graf Callenberg, Künigl, Graf Gambeck, Marschall, Graf Bentheim, Herr von Spaen (der holländ. Gesandte). Jene alten Damen pflegen besonders alle Anekdoten von den auswärtigen Souveränen und derselben Suiten zusammenzutragen und über F. Metternich zu medisiren und zu kritisieren. — Bei Arnstein äußern sich nun die Herren vom preußischen Bureau folgendermaßen: „Unser König denkt so rechtlich, daß er hart daran geht, Sachsen zu nehmen. Der König wünscht und hofft, der russische Kaiser, der den Ruf von Rechtlichkeit und Seelengroßheit ambitionirt, solle sich bewegen lassen, zu Gunsten der Dynastie Sachsen irgend ein Königreich Polen herzustellen; das wäre auch zugleich das Mittel, das in Paris der polnischen Deputation gegebene Wort zu lösen. In solchem Falle nimmt unser König gerne Sachsen, aber ungerne auf eine andere Weise, das Odiosum wäre zu arg... Hannover muß ganz hinaus aus Deutschland, Dänemark muß dafür nach Deutschland hereingenommen werden... Die preußischen Truppen haben Sachsen besetzt, die Russen Sachsen geräumt; der preußische Einmarsch ist nichts weiters, als daß die Russen abgelöst sind. Der Präjudicialpunkt beim Congreß ist und bleibt Polen. Reussirt dieses Hausmittel, gibt K. Alexander nach wegen Polen, kömmt die sächsische Dynastie nach Polen, kriegt Preußen für sein Polen Sachsen, kömmt das Haus Dänemark nach Hannover, so wird bald sich alles geben, alle streitigen Punkte werden bald ausgeglichen sein zur allseitigen Zufriedenheit; es wird in Europa ein Zustand organisirt werden, wo doch auf 10 oder 15 Jahre Friede zu hoffen ist." So gestehen die Preußen.

7. Nov.

Gestern war Hochzeitsfeier im Bühlerschen Hause. Fürst Kozlowski[1]) sprach viel von der Neigung K. Alexanders, die griechische mit der lateinischen Kirche vereinigt zu sehen; hingegen leugnet dieser Fürst nicht, daß hieran weitaussehende Projekte vorzüglich Schuld seien und daß Alexander besonders in diesem Augenblick durch die Jesuiten die Polen zu gewinnen suche. Die Russen scheinen nicht sehr gewünscht zu haben, daß Schwarzenberg und Stadion zu den Congreßversammlungen zugezogen werden[2]). Wrede soll gesagt haben: „Die Preußen dürfen Sachsen nicht erhalten; mein König wird dies nicht zugeben, wenn auch Österreich gleichgültig bleibt."

---

[1]) Russischer Diplomat, Gesandter in Turin.

[2]) Auf einen Befehl des Kaisers Franz, den Metternich erbeten hatte, waren Fürst Schwarzenberg als Präsident des Hofkriegsrats, Graf Philipp Stadion als Staats- und Konferenzminister, und Feldzeugmeister Duca mit Metternich am 28. Oktober zu einer Konferenz in der polnischen Frage zusammengetreten, deren Ergebnis (Forderung der Weichselgrenze) der Minister dem preußischen Kanzler am 2. November 1814 (Angeberg, I. 381) mitteilte.

Zum Vortrag vom 9.

8. Nov. (O....)

[Malachowski[1]) und Mathias Wielohorski kamen aus Warschau und erzählten, die Russen „font l'impossible pour relever le courage abattu de leurs compatriotes[2])". Andere, wie Broniewski, Moszczynski, Horodyski allarmieren die Geister in Galizien für ein Königreich Polen. Eine dritte Kategorie, die Polen in Wien, würden durch jedes Gerücht beunruhigt: Graf Skarbek, seitdem er in der revolutionären Komödie von 1809 viel eingebüßt habe, sei nun gut österreichisch, Graf Stadnicki zwar enragiert, aber auf seine Revenüen zu sehr bedacht; dann Graf Siemiński. Viele Polen kämen unter deutschen Namen nach Wien].

Zum Vortrag vom 10.

9. Nov. (Gœhausen)

Der Vertraute D—o meldet: Die Russen, welche in der k. Burg einquartiert sind, betragen sich äußerst unanständig; außerdem, daß sie sehr schmutzig sind, haben sie beständig M..... bei sich.

Der Englische und der Russische Hof sollen unserm Kaiser eine Entschädigung wegen denen gegenwärtigen großen Ausgaben angeboten haben, er habe aber dieses Anerbieten nicht angenommen.

Der Vertraute C. K—s berichtet: Als K. Alexander zu Ebergassing bei dem Grafen Almássy mit der Jagd sich vergnügen sollte, blieb er geflissentlich davon zurück und gab als Ursache die schlechte Witterung an. Inzwischen suchte er die Zeit durch witzige, launige Gespräche angenehm hinzubringen. Vorzüglich gesellte er sich zur Gräfin Zichy, geb. Festetics, mit der er verschiedene Gegenstände abhandelte. So sagte er u. A.: „Ich liebe, ich ver-

---

[1]) Neffe des Patrioten von 1795 und Sohn des von Napoleon ernannten Regierungspräsidenten des Herzogtums Warschau, früher Adjutant des Generals Kozniecki.

[2]) Ein anderer Bericht vom 14. November nennt noch: Stryszewski, Godakowski, Bawarowski, Drohojewski, die sämtlich aus Warschau Briefe über russische Kriegsvorbereitungen geschrieben haben. Bei Tomaszow stehe ein Park von 200 Kanonen. Ein früherer Rapport, vom 5., hatte, ebenfalls nach Briefen von Warschau, berichtet, der polnischen Truppen seien nicht mehr als 7000 Mann und die russische Kavallerie müsse mit Pferden aushelfen. Als Curiosum erzählte man sich, Fürst Sulkowski habe die ihm von Alexander angebotene Stelle eines Generaladjutanten abgelehnt, da er zwar bereit sei, der Republik Polen zu dienen, nicht aber, dem Zaren attachiert zu sein. (Zum Vortrag vom 6. November.) Die Niedergeschlagenheit der Polen hatte einen bestimmten Grund. In einem Polizeirapport vom 31. Oktober steht: „Les Polonais disent que, si le district de Cracovie restera encore quelques mois sous la domination des Russes, ils seront tous réduits à la mendicité." In demselben Bericht hieß es: „qu'Alexandre était assez porté pour céder à la fin le cercle de Zamosc, qui a été incorporé en 1809 au Duché de Varsovie, mais que le P^{ce} Adam Czartoryski l'en avait détourné pour ne pas exposer le Comte Zamoyski, beau-frère du prince, au ressentiment de l'Autriche pour sa conduite en 1809." Tatsächlich soll es sich Zamoyski 1814 ein großes Stück Geld haben kosten lassen, um den Heimfall dieses Gebietes an Österreich zu hindern. S. unten.

ehre Ihren Kaiser als den vortrefflichsten Mann der Welt, aber sein Ministerium kann ich nicht leiden, es taugt nichts."

Mit Konstantin ist man gar nicht zufrieden. So erzählt man, daß er kürzlich in einer Gesellschaft bei Graf Stackelberg einen Grafen Eszterházy, Obristhofmeister (!) der Erzherzogin Klementine[1]), wegen seines Anzuges und des Zopfes, den er noch trägt, zum Gegenstand des Spottes gemacht habe, der ihm aber laut erklärt hätte, es sei zu bedauern, daß man an ihm die Erziehung eines Prinzen so ganz vermisse. — Vor nicht langer Zeit hat derselbe auch im Schloßgarten zu Schönbrunn an einem sehr nassen regnerischen Tag einen Spazierritt vorgenommen und die bescheidenen Vorstellungen der Gärtner und der Wachen, die schönen Gänge durch die tiefen Fußtritte nicht muthwilligerweise zu verderben, mit einem verdrießlichen widernatürlichen Brummen beantwortet, seinen Ritt aber durch den ganzen Garten fortgesetzt.

10. Nov. (Freddi)

[Bei dem vorgestrigen Diner bei Bon Müller, dem schweizer Gesandten, waren u. A. La Harpe und Miranda[2]) anwesend.] La Harpe, selon les assertions de M. de Miranda, fit des observations très judicieuses sur l'état actuel des choses et sur le besoin impérieux de réformer et constituer sur d'autres bases le système politique de l'Europe, et après avoir, avec une saine logique, appuyé ses raisonnements et avoir dit que „la politique a des yeux et point d'entrailles", il assura que le sort de la Pologne et de la Saxe était irrévocablement fixé, bon gré ou malgré les autres puissances du parti de l'opposition. La Harpe jugea aussi la conduite et les talens de M. de Metternich qui, selon lui, n'était pas en mesure avec les Hardenberg, Talleyrand, Stein etc. et qu'il croyait, attendu les bruits dont la ville était pleine, qu'il touchait à la fin de son ministère. „Les qualités brillantes du P^{ce} de Metternich et ses dehors gracieux, son penchant à la plaisanterie, le rendent plus propre à la place d'ambassadeur que de premier ministre de cette grande puissance. On l'enverra probablement à Paris, où il a des liaisons assez distinguées. C'est absurde en politique, et c'est en outre dangereux à la cause de l'Autriche, que d'avoir un ministre qui est méprisé par les nationaux et haï par les étrangers. C'est bien une chose étonnante que d'entendre l'opinion publique aussi prononcée contre ce ministre". M. de Miranda m'a répété mot par mot cette conversation de M. de La Harpe. M. de Miranda m'a aussi parlé hier au soir d'avoir entendu confusément qu'un courrier français, avant-hier au soir venant de Paris, fut arrêté aux lignes par cause de contrebande et traduit à la douane pour les inspections prescrites par les lois, ce qui avait donné lieu à des plaintes par M. de Talleyrand. Il me demandait des nouvelles sur cette affaire, sur quoi je lui répondis que j'ignorais entièrement le fait.

---

[1]) Erzherzogin Maria Clementine, Tochter des Kaisers, hatte, wie alle Erzherzoginnen, eine Obersthofmeisterin, Baronin v. Erberg.

[2]) Chevalier Miranda war portugiesischer Geschäftsträger am Wiener Hofe.

M. le Cte de Zichy, ministre à Berlin, actuellement ici, ayant été faire sa cour au Roi de Prusse avant-hier, le roi lui dit qu'avant le 15 décembre il ne pouvait pas partir, et dans le même temps lui annonça qu'il s'arrêterait en route à Dresde, pour régler les affaires de ses nouveaux états.

9. Nov. (* *)

... Die Mediatisirten scheinen etwas in sich gehen zu wollen. Einige sagen wirklich: „Wir sehen es ein, wir können nicht restituirt werden, es ist nicht thunlich, nicht räthlich, die alte Reichsconstitution wieder einzuführen, die alte politische und statistische deutsche Landeszerstückelung zu reproducieren etc." So Graf Degenfeld. — Die zahlreiche und ausgebreitete Familie Zichy ist eine von jenen, welche gegen F. Metternich am leichtesten sich prononciren. Graf Wallis dagegen sagt: „Das ist der Augenblick, um den F. Metternich zu souteniren. F. Metternich wird und muß ausmachen, was er angefangen hat; das ist wahrlich gar nicht der Augenblick, unser auswärtiges Ministerium zu verändern[1])"...

Aus den gestrigen Äußerungen des Grafen Schönfeld: K. Franz hat dem Herzog Anton von Sachsen gesagt, es gehe nun besser wegen Sachsen, b) Der König von Sachsen se tire d'affaires en cédant la Lusace et Wittemberg à la Prusse... c) Castlereagh und Noailles haben Beide sehr prononcirte Mémoires en faveur von Sachsen übergeben. d) Die Sagan verläßt Wien am 14. d. M., sie gehet nach Böhmen auf ihre Güter, e) ebenso die junge Fürstin Auersperg. f) der Großherzog von Baden hat eine Maitresse, die er extra gut bezahlt, die eine Ungarin ist und gegenwärtig in Wien sich befindet, Mme Morel....

Auf dem gestrigen bal masqué bei Fürst Metternich wurde gesagt: a) Gräfin Stadion, die Ministerin, siehet alle Abende Leute zum Thee. Praesentes gewöhnlich: Löwenstein, Isenburg, Erbach, Solms, Minister Linden, alle Schönborn, alle Stadion, alle Mediatisirte, General Steigentesch etc. Mittwoch, also heute, ist Ball bei Eszterházy für den russischen Kaiser. Der russische Kaiser, die Kaiserin, der König von Preußen und der Großherzog von Baden waren auf dem Balle, die Suiten aber vergessen worden einzuladen. Kaiser und Kaiserin fuhren nach Hause, welches lange nicht geschehen war und worüber sich lustig gemacht wird...Preußen hat beim Congreß sehr protestirt gegen die Zulassung der Vollmacht des Königs von Sachsen für Graf Schulenburg. Preußen und Rußland haben wegen Polen und Sachsen eine geheime Convention, wo der Congreß scheitern dürfte[2])...

Vom Botschafter L. Stewart werden nichts als unglaubliche Unbesonnenheiten erzählt. Z. B. sagte der Lord zum Vicekönig Beauharnais: „J'ai du

---

[1]) Vgl. oben S. 240.
[2]) Gemeint ist vielleicht die Konvention vom 28. September 1814 (bei Martens, Recueil des Traités conclus par la Russie, VII. 158 f), wonach Rußland seine Truppen aus Sachsen herauszieht, um dieses Land „leichter unter die preußische Herrschaft gelangen zu lassen". Oder das Abkommen von Kalisch?

plaisir à faire votre connaissance personelle après avoir été vis-à-vis de vous et vous avoir battu en Espagne." B. antwortete: „Peut-être vous avez battu en Espagne, moi, Beauharnais, jamais je n'ai été en Espagne; je me flatte, si j'avais eu l'honneur d'être vis-à-vis de vous, Milord, j'aurais eu l'honneur de vous battre." So ist L. Stewart in fortwährendem Nebel, daß er nicht einmal weiß, ob er in Spanien gegen ihn commandirt hat. Ebenso wird gelacht über Lord und Lady Castlereagh, daß in den Häusern, in den Zimmern, auf den Straßen, in den Boutiquen sie Arm in Arm gehen, daß in den Boutiquen sie alle Waren sich zeigen lassen und nichts kaufen. Man heißt sie die englischen Kleinstädter und sagt, so schmutzige Engländer als diese waren nie in Wien.

Fürst Johann Liechtenstein wird von K. Alexander als derjenige, der zu den Friedensschlüssen von 1805 und 1809 geraten, so schlecht behandelt, daß jener es nicht wagt, ihm ein Fest anzubieten[1]).

Burgermeister, Präsidialhofsekretär bei Graf Stadion[2]), sagt: „Ich wollte den Grafen Stadion sondiren und fing nur von weitem an wegen des Congresses; Graf Stadion replicirte in verbis: „Ich bin wirklich äußerst beschäftigt, dem Congreß ein Ende zu machen." Diese äußerst animose, äußerst avantageuse Äußerung des Grafen Stadion zirkulirt in mehreren Häusern, und alle Schönborn und Stadion tun, als wären sie der Veränderung unseres auswärtigen Ministeriums zu Gunsten des Grafen Stadion gleich bei Beendigung des Congresses gewiß.

Auf jenem bal masqué, welcher allgemein Beifall gefunden hat, erlaubte man sich über die Lady Castlereagh etwas zu lachen, weil sie den Hosenbandorden auf ihrem Kopfputz getragen.

8. Nov.

Die Frage, ob man dem K. Alexander zugetan sei, wird im Allgemeinen verneint. Viele setzten noch die Bemerkung bei, daß man ihn, bevor man ihn sah, mehr liebte als nun, und daß er überhaupt bei näherer Beschauung verliere. Ein Theil der Männer werfe ihm vor, man habe hier noch nicht gehört, daß er sich um öffentliche Anstalten erkundige, Kunstwerke besehe oder hiesige Erzeugnisse kaufe. Da von ihm kein Zug einer Originalität oder einer freigebigen Handlung bekannt wurde, so wird er im Ganzen sehr gleichgiltig angesehen. Die Weiber, welche immer den größten Antheil an der Stimmung und dem Urtheile über Männer haben, sind mit ihm gar nicht zufrieden. Sie haben sich den Mann anders vorgestellt, dessen Schönheit und Benehmen ganz anders geschildert wurde, als sie ihn fanden... S. M. der König von Preußen wird zwar in Vergleich mit dem Kaiser von Rußland lieber gesehen;

---

[1]) Der Held von Aspern und der Unterhändler des Friedens von Schönbrunn hatte 1805 — durchaus mit Zustimmung des damals arg verstörten Zaren — bei Napoleon die Zusammenkunft mit Kaiser Franz nachgesucht, woraus ihm Alexander später einen Vorwurf machte.

[2]) Franz von Burgermeister war schon seit längerer Zeit Präsidialist der Allgemeinen Hofkammer.

allein, da man hier die Preußen überhaupt für falsch und herrschsüchtig hält, welche die Österreicher verächtlich ansehen, so wird vom großen Haufen ihr König auch nicht besser beurtheilt. Nur S. M. der König von Dänemark haben in den Augen des Publicums gewonnen. Man bedauert ihn als einen unglücklichen Fürsten und ist ihm zugethan, weil er, wie man sagt, gerne in Wien und S. M. unserem Herrn zugethan sei.

Bei der Vorstellung des Adels in Ungarn, unter welchem sich verdiente alte Prälaten und Reichswürdenträger befanden, hat Alexander diese ganz vernachlässigt, wie sie sagen, sie kaum oder gar nicht angesprochen und seine Worte meistens an junge Militärs gewendet. Auf dem Ball bei der Gräfin Sándor soll er die Frau vom Hause gar nicht gesprochen und das Haus schnell verlassen haben, um auf die Redoute sich zu begeben, wo er mit einer Apothekerstochter den Rest der Nacht durchtanzte. Vollends die Thränen, der Zorn über einen anders gefundenen Gesang als in der Kirche zu S. Petersbourg an dem Grabe seiner seligen Schwester zu Üröm, und dann der darauf sogleich gekochte Eierkuchen[1]) haben alle guten Erwartungen verdunkelt und die besseren vorgefaßten Ideen verscheucht.

Zum Vortrag vom 11.

9. Nov. (Schmidt nach Hebenstreit)

Berichterstatter H. rapportirt: Der Graf (!) v. Zerboni hält gegen Jedermann mit allen politischen Neuigkeiten sehr zurück und nimmt dabei in der Regel eine vornehme Miene an, als verstünde er die Sache doch besser, welches indeß wohl nicht immer der Fall sein möchte. Was ich mittelbar und unmittelbar von ihm habe erfahren können, besteht darin, daß Preußens Verhältnisse mit Sachsen noch gar nicht im Reinen wären, vielmehr Preußen seine Ansprüche auf Polen erneuert habe. Von einer kategorischen Entscheidung will er so wenig als alle übrigen diplomatischen Personen des preußischen Hofes etwas wissen, vielmehr soll die zwischen dem Könige und dem Fürsten von Hardenberg am Sonnabend und Sonntag stattgehabte Unterredung nur den Gang der Angelegenheiten überhaupt zum Gegenstande gehabt haben[2]). Dies behaupten wenigstens die Staatsräte von Klewitz und Stägemann. Überhaupt ist es von diesen und Mehreren als Grundsatz angenommen, daß am Ende doch nur entweder das Haus Habsburg oder Hohenzollern die Herrschaft über Deutschland erringen müsse, gegenwärtig aber die Umstände weit vorteilhafter für das Erstere sprächen...

---

[1]) In Üröm, am Grabe seiner Schwester Alexandra Paulowna, die 1801 in Ungarn gestorben war, hatte dem Zaren der Gesang des Priesters German mißfallen. „Er schrie dazwischen, da es nicht dieselbe Liturgie war, und schickte German nach Wien, diese zu erlernen. Auf der Rückfahrt empfand er Hunger und kochte sich selbst, gut gelaunt, einen Eierkuchen." (Zum Vortrag vom 5. November 1814.)

[2]) Danach hätte Hardenberg am 5. und 6. Unterredungen mit seinem Könige gehabt.

November 1814: Rapporte. 247

Zum Vortrag vom 12.

10. Nov. (**)

Bei Gräfin d'Orsay, verwitw. Gräfin Franz Zichy, geb. Lodron, führen Fürst Hohenlohe, Bartenstein und andere Mediatisirte die nachstehende tolle Sprache: „Wird nicht das Haus Württemberg in die Schweiz übersetzt, wird nicht das württembergische Land dahin verwendet, um in Schwaben die Mediatisirten in statum pristinum zu restituiren, um an Bayern, Baden, Hessen, Nassau die Äquivalente abzugeben für den durch die betreffende Restitution der betreffenden Mediatisirten respective sich ergebenden Verlust an dem betreffenden Besitzstand an Land und Leuten bei der Unterzeichnung des österreichischen Allianzvertrags, so wird den Mediatisirten nicht geholfen; wird aber nicht den Mediatisirten geholfen, so giebt es Revolte in Schwaben, Franken und am Rhein, einen allgemeinen Aufstand; Frankreich, Belgien etc. mischen sich darein; es giebt wieder einen allgemeinen neuen Krieg u. s. w."

.. Der Buchhändler Hurter aus Freiburg, der vor acht Tagen aus Schwaben (ankam), beschreibt aber die dortige Landesstimmung ganz anders als ich dieselbe in Wien von den Mediatisirten beschreiben höre. H. Hurter sagt: „Das Land war und ist bis heute ganz untröstlich über die österr.-württembergische und die österr.-badensische Allianz. Das Land will seine Mediatisirten keineswegs zurück erhalten, vielmehr die Häuser Württemberg und Baden anbei hinweg haben und will Österreich unmittelbar unterthan sein; so spricht ganz Schwaben." Wie H. Hurter spricht, so höre ich alle Kleinen aus Schwaben sprechen. Sie sagen: „Die Mediatisirten in Wien lassen das Schwabenland so sprechen, wie in ihren Kram es eben taugt."

Viele Schwaben, die nicht zur Kaste der Mediatisierten gehören, sagen nun: „Das Graf Stadion'sche sogenannte Système révolutionnaire vom J. 1809 war gescheiter als was jetzt geschieht. Nach jenem System wären Württemberg und Baden selbst mediatisiert, ganz Schwaben unmittelbar rein österreichisch geworden."

Bei der alten Fürstin Lubomirska hieß es: „Polen wird wieder ein Königreich, incorporirt mit Rußland, bekömmt aber seine eigene Constitution. Der russische Kaiser wird Erbkönig in Polen. Zwischen Rußland und Polen wird dasselbe Verhältnis wie zwischen Österreich und Ungarn."

11. Nov.

Heute fand ich den russischen Geheimen Rat Anstett in der nämlichen Stimmung wie bei der letzten Unterredung. Er war seit 3 Tagen krank gewesen und betheuerte mir, daß es nur von der Galle herkomme, die er über die allgemeinen Angelegenheiten schlucken müsse. Auf meine hingeworfenen Fragen über den Zustand der Sachen, wobei ich berührte, daß man, der öffentlichen Sage nach, ja einig sei, und Polen mit Ausnahme von Krakau und einiger anderer Punkte seinem Herrn angehören solle, äußerte er sich folgendermassen: „Über nichts ist man übereingekommen. Man ist vielmehr weiter als jemals entfernt. Ob ihr und alle eure Helfershelfer nun nachgeben werdet oder nicht, ist gleichgültig. Man geht bei uns von dem Grundsatz aus, zu behalten und zu behaupten, was man hat. So gehts mit Polen. Wir behalten es, und selbst mit Inbegriff von Krakau und der übrigen Punkte, denn was wäre das Ganze ohne diese? Euch können sie in militärischer Hinsicht kein Dorn im Auge sein, denn Ihr seid Meister des gegenüberliegenden Weichsel-Ufers, und wie können wir sie also befestigen, daß Ihr sie nicht beim ersten Anlaß zusammenschießt?"

Ich: „Der Besitznahme halber ist also der Großfürst Konstantin so schnell von hier nach Polen abgereist?"

Er: „Seine Abreise hat nicht so sehr Bezug auf die Besitznahme als auf andere militärische Angelegenheiten; indessen ist seine Sendung eine gewohnte Übereilung, und ich habe es dem Kaiser vorausgesagt, daß selbe sehr üblen Eindruck machen und hier Besorgnisse erregen muß. Andere, die den Kaiser darin bestärkten, daß man die Polen cajoliren müsse, haben mehr Eingang gefunden. Die Zeit wird lehren, wie viel diese Cajolirung genützt haben wird."

Ich: „Bei diesen Umständen sehe ich für meine Person einen nahen Krieg als unvermeidlich an."

Er: „Ach nein! Euer Herr hat ja dem meinigen das kais. Wort gegeben, daß er, solange er lebe, nie einen Krieg gegen Rußland führen werde. Ich weiß nicht, in wie weit er nach mehreren Jahren sein Wort halten wird. Für itzt aber thut er sehr wohl daran, wenn er es nicht bricht. Ihr habt den wahren Zeitpunkt verstreichen lassen. In Paris hätte Euer Fürst Metternich ernstlich reden sollen; da hätte er imponiren können; nur hätte er da auch gleich dem anmaßenden Talleyrand das Wort vom Munde abschneiden sollen. Ihr könnt jetzt keinen Krieg gegen uns führen. Eure Leute sind nicht beisammen; dagegen haben wir 500,000 h in erster Linie, in kleinen Entfernungen von euren Gränzen stehen; unsere Cavalerie ist beisammen und weit besser beritten als die eurige. Unsere zahlreiche Artillerie gilt zweimal die eurige, und nehmt nur, wie weit besser und geschwinder der russische Soldat marschiert. Die überlegene Geschicklichkeit euerer Generäle kann alles dieses nicht ersetzen. Ja, wenn Ihr in Italien ganz freie Hand hättet; wenn Ihr sagen könntet 200^m Franzosen haben zu unserer Hilfe Teutschland durchschritten und werden in 14 Tagen an unserer nördlichen Grenze stehen, wenn Ihr auch auf Teutschland euch verlassen könntet — was aber jetzt nicht ist und wo die Meinungen noch für uns sind, woran wir wohlweislich arbeiten lassen — dann könntet Ihr mit der Drohung eines Krieges viel ausrichten. Dermalen habt Ihr zu viele schwache Seiten. Bevor nur eure Armee beisammen ist (ohne der allenfalsigen Hülfstruppen zu erwähnen) haben wir euch überschwemmt. Beim Worte „Krieg" ist euer Galizien verloren, denn die Inwohner desselben würden eine solche Gelegenheit mit Wuth ergreifen; wir würden auch in Siebenbürgen einfallen, in Italien, wo noch so viele strittige Punkte und noch viel Brennstoff ist, Händel anzetteln und selbst Hungarn bearbeiten."

Hier rief ich dem A. ins Gedächtnis zurück, daß er mir ohnlängst gesagt habe, Rußland würde sich im Fall eines Kriegs mit Aufwiegelung von Hungarn nie abgeben, die teutschen Männer im Kabinet seien von diesem griechischen Gebrauche abgegangen etc.

... „Ein Mann, wie mein Kaiser," sagte er, „schont kein Verhältniß, wenn er contrariirt wird. Das Kabinett wird verändert, und ich gehöre ihm nun nicht mehr zu (denn ich bestehe auf meiner Entlassung), und dann wird zu Hilfe genommen, was helfen kann... Auch in Hungarn würde man die längstgehegte Idee auszuführen suchen, ein selbständiges Königreich daraus zu machen. Nach der Meinung meines Herrn müßte es Österreich noch als ein Kompliment ansehen, wenn man dem Palatinus die Krone übertragen möchte. Sehet, allem diesem wäret Ihr in diesem Falle ausgesetzt, und ich wiederhole es, in Italien würden wir Euch einen unersetzlichen Schaden zufügen. Aber angenommen, daß unser Kaiser nun das Königreich Polen proklamiren lasse, so sollt Ihr keine Einwendung mehr machen, indem sie zu nichts führt. Ihr wißt, mein Lieber, und viele wissen es, mein Kaiser aber am besten, wie sehr ich immer dagegen gearbeitet habe, zum Frommen meines Herrn. Nun bin ich wie ein todter Mann, da ich auf meine Entlassung beharre, und was ich Euch nun sagen werde, müßt Ihr als eine Prophezeiung eines Mannes aus der andern Welt ansehen. Österreich, Frankreich und ganz Teutschland sind dagegen, daß Rußland Polen besitze. Es erwirbt selbes demnach unter sehr ungünstigen Aussichten von Außen. Die stolzen und neuerungssüchtigen Polen sind dermalen sehr dafür, aber ich betheure euch auf meine Ehre, daß alle Russen dagegen sind, und, sowie ich die Umstände kenne, muß ich besorgen, daß es nach der Zeit dem Kaiser das Leben koste. Schon nach einem Jahre wird man die Bewegungen der wankelmüthigen Polen bemerken. Würde jetzt ein Krieg darum entstehen, so würde Rußland, über den wahren Zweck des Kriegs getäuscht, dem Kaiser mit allen seinen Kräften und Mitteln, in Verfolg des eben beendigten Krieges, zu Gebote stehen, und ihr würdet wenig oder gar keine Helfer finden. Richtet Ihr es aber ein, daß der Besitz von Polen auf keinem Traktat beruhe und fangt Ihr in der Folge ausdrücklich wegen dem Besitz Polens ernstlich etwas an und spiegelt den Polen vor, daß Ihr sie vom russischen Joch befreien und selbständiger machen wollt, so habt Ihr sie für Euch, oder es gibt wenigstens Discussionen, und Ihr könnt versichert sein, daß der Kaiser dann von den Russen selbst sitzen gelassen wird."

Aus diesen und den nachher hingeworfenen Äußerungen erkannte ich an A. wieder den ehrgeizigen Egoisten, der auf den Graf Nesselrode und die beiden anderen russischen Bevollmächtigten[1] eifert... Ich habe die Verbindlichkeit, das, was er mir sagt, getreu zu berichten und muß es dem hohen Ermessen anheimstellen, in wie weit solche Äußerungen mit der dermaligen Lage im Zusammenhange sein mögen, oder ob A. mit dem Verdacht, daß ich von seinen Äußerungen Gebrauch mache, diese Maske gegen mich an-

---

[1] Rasumowsky und Stackelberg.

nehmen und mich etwa gar zum Werkzeuge falscher Vorspiegelungen machen wolle[1]).

Zum Vortrag vom 13.

11. Nov. (**)

... Was in Wien beim König von Bayern vorgeht, davon ist der Banquier Elkam vorzüglich gut unterrichtet. Der bairische Rath von Ringel, der seit 6 Tagen hier sich befindet und in der Reichskanzlei[2]) neben dem König wohnt, ist um deswillen ganz vorzüglich zu bemerken, weil derselbe des Grafen Montgelas wahrer Faiseur und Factotum ist....

Über den russischen Kaiser, der nie am Schreibtisch sitzt, der den Vormittag jeden Tag mit Truppen-Exercieren, Ausreiten, Ausfahren, Jagen, Besuchen zubringt, der geradezu jeden Abend bis nach Mitternacht mit Tanzen zubringen will, höre ich sehr viel reden. Sie heben insbesondere aus, daß der Kaiser drei Mal bei P^{ce} Eugen im Garten en visite gewesen, daß der Kaiser dem unverschämtesten Lobe nicht widersteht, daß Eugen den Kaiser durch dergl. Kunstgriffe gewonnen hat. Ausländer und Inländer sagen: „K. Alexander hat sich in Paris lächerlich gemacht, er hat aus Frankreich eine schlechte Reputation mitgenommen, macht sich in Wien mehr als lächerlich, vielleicht verächtlich, er muß aus Österreich eine sehr schlechte Reputation mitnehmen, ein gar schlechtes Andenken in Österreich zurücklassen. Von einer neuen Jagd, verbunden mit einem Dejeuner, bei Graf Almássy, spricht er wie von einer bedeutenden Staatssache."

Weil gestern die vom Hofe in der Stadt aufgenommenen Quartiere nicht prolongiert wurden, wollen Einige daraus schließen, daß Kaiser Alexander bis 10. December endlich fortgehe.

12. Nov. (**)

Der Banquier Elkam erwähnte gestern beim russischen Staatsrath Ott in der gewöhnlichen Freitag-Soirée, daß bis jetzt nicht viel über eine Million Gulden durch jene außerordentliche doppelte Quelle (Souveräne und Congreß) eingegangen sei, die Engländer mit inbegriffen. Herr Elkam sagte: der russische Kaiser hat nicht mehr bezogen als 100,000 f. Scheine, 6000

---

[1]) Den letzteren Eindruck gewinnt wohl auch der Historiker. Über Anstett wurde aber unterm 12. November noch von anderer Seite referiert: Er erkläre, er sei mit K. Alexander entzweit, sein Reisewagen stehe bereit. Er sei durch Zurücksetzung (dadurch, daß er nicht Kongreßbevollmächtigter geworden war) gekränkt und müsse, trotz der Verschiedenheit seiner Meinung in der polnischen Frage, die russischen Forderungen begründen. Nun sollten, die davon Namen und Ehre hätten, die Sache gegen Angriffe vertreten. Er mißbillige besonders Polen als ein eigenes Reich, weil Rußland, das so große Anstrengungen machte als die Polen für Napoleon kämpften, dadurch gekränkt werde und viele Russen in Polen ihre Ämter verlieren. Der Kaiser, meine er, wünsche als Feldherr aufzutreten mit seiner zahlreichen Armee. Am 3. November hatte man der Polizei über Anstett berichtet, er habe Nesselrode vorgeworfen, nichts für den Mann (ihn) getan zu haben, der ihn durch seine Feder emporgehoben habe. Nesselrode solle darüber geweint haben.

[2]) Ein Teil der Hofburg.

Stück Dukaten in Gold, Bayern 60,000 f. Scheine, Württemberg hat seine caisse numeraire bei sich, NB. macht selbst Geldspekulations-Geschäfte. „Es ist begreiflich," sagt M. Elkam, „daß jene scheinbare Quelle bis jetzt in Wien nicht mehr Klingendes hat einbringen können. Die auswärtigen Souveräne und die auswärtigen Secretärs d'État nebst Suiten werden auf Kosten Seiner Majestät verköstigt; die Congreßgesandtschaften: Talleyrand, Hardenberg, Labrador, Castlereagh, Löwenhjelm etc. machen kein Haus, geben keine Fêtes. In Paris hat der Aufenthalt der auswärtigen Souveraine, welche sämtlich für ihr eigenes gutes Geld zehrten, der Stadt 20 Millionen Livres getragen." Im Nebenzimmer sagte man sich ins Ohr: „Die Sachen wegen Polen und Sachsen fangen an, eine bessere Wendung zu nehmen; K. Alexander fängt an, etwas Nachgiebigkeit zu bezeugen. Ehe und bevor nicht, wegen Polen und Sachsen, die Sache im Reinen ist, werden von den acht Puissancen, die den Pariser Frieden unterzeichnet haben, keine Sitzungen gehalten[1].... Viel wird von der vorgestrigen Wildschweinjagd gesprochen. Der König von Würtemberg habe allein 32 Wildschweine erlegt. Baron Linden sagte: „Diese unglückliche Jagdpassion ist es, die meinen König so verhaßt macht. Bis nicht mein König wieder zu Hause ist und seine Wildschweine selbst zusammenschießt, müssen täglich 20,000 (!) Bauern frontweise ohne einen Kreuzer zu erhalten, Tag und Nacht gehen"....

Sie sagen: „Gottlob, daß der Advent kömmt, daß man nicht tanzen darf, daß die Zeit kömmt, wo der russische Kaiser zu Hause sein muß; vielleicht wird nun endlich gearbeitet."

Zum Vortrag vom 14.

13. Nov. (**)

.. Bei Arnstein gestern und in anderen Häusern motivirte man den letzten Artikel in der gestrigen „Wiener Zeitung" wegen des Curses und wegen der Scheine, da im Vorbeigehen der häufigen Hoffeste gedacht ward[2]). Herr Arnstein erklärte bei dieser Veranlassung das Schlechterwerden des Kurses unserer Papiere dadurch, daß er sagte: „Alle und jede dermalen in Wien anwesende und auswärtige Souveräne, Gesandtschaften und Fremde

---

[1]) Am 13. November fand eine dritte Sitzung der „Acht", am 9. Dezember eine vierte statt. Die beiden ersten hatte man am 30. und 31. Oktober abgehalten.

[2]) Der Artikel in der Wiener Zeitung vom 12. November stammte aus der „Hamburger Börsen-Liste". Es hieß darin: „Die große Masse von Einlösungsscheinen, welche durch den Aufwand und die Feste des Wiener Kaiserhofes sich über die Hauptstadt ergoß und sich darin eng zusammenhält, in dem sich ihnen nach keiner Gegend ein Abfluß bereitet, hat in Wien die fremden Kurse ungemein erhöht, und die allgemeine Folge davon war das Sinken jener Papierwährung auf allen Handelsplätzen. Mit der Verminderung des öffentlichen Glanzes in Wien möchte sich der des Papiergeldes etwas heben." Der Kurs, der bei Beginn des Kongresses 200 und darüber betragen hatte, stieg fortwährend, bis er Anfang Februar 320 Gulden Papier für 100 Gulden Silber stand — drei Jahre nach einem Staatsbankrott. Und das war noch lange nicht der höchste. S. unten Mai und Juni.

haben vor derselben Abreise nach Wien zu Hause alles österreichische Papiergeld aufgekauft. Außerhalb unserer Monarchie befinden sich hodie nicht 2 Millionen Gulden Scheine, als welches im Ganzen genommen nichts ist. Alle Einlösungs-, alle Anticipationsscheine sind auf einmal hereingedrungen. Unser Hof kauft numéraire, um in Italien seine Armee auf dem Kriegsfuß zu erhalten. Die in Wien befindliche auswärtige Souverains, Particuliers und Gesandte zehren noch von unserem eingeführten Papier. Sie haben noch kein Geld verkauft, noch keine Wechsel in's Ausland genommen. Das alles verschlimmert nothwendig unsern Kurs, unser Papier. Es gehört viel dazu, daß unser Kurs, unser Papier permanent stabil sich bessern könne. Ein Friede, als welcher einen dauerhaften Ruhestand verbürgt, allen Besorgnissen des Krieges keinen Spielraum übrig läßt, die Reduction der Armee, Einziehung der Anticipations-Scheine werden, ohne sonstige Finanzoperationen, den Kurs und unser Papier heben und die Wohlfeilheit zurückbringen."

Aus den gestrigen Äußerungen der Frau v. Eskeles: „Herr v. Humboldt hat gestern bei mir zu Mittag gespeist; er sagte, F. Metternich wanke in seinem Platze, er werde nie wieder fest werden; der Kongreß werde ausgehen, ohne bedeutendes Mißverständniß; Krieg sei auf keine Weise zu befürchten. Die Leute hätten sich in den Kopf gesetzt, der Kongreß müsse kurz dauern und gleich aus sein; gescheitere Leute aber hätten es vorausgesehen, daß der Kongreß lang dauern müsse; gut Ding wolle Weile haben. „Der König fordert Sachsen, nicht aus Eroberungssucht, sondern nur um deswillen, weil außer Sachsen es kein Äquivalent gibt für unser altes Preußisch-Polen. Der König verliert Ost-Friesland, bekommt Schwedisch-Pommern nicht, denn Bernadotte behält dieses, weil er Norwegen hat erobern müssen, und es nicht durch Cession sondern durch Krieg erhalten hat[1]). Der Kaiser von Rußland soutenirt in dieser neuen Forderung den Bernadotte, garantirt dem Dänen eine Entschädigung in Deutschland für Schwedisch-Pommern, das er nicht erhält. Preußen verliert mit Preußisch-Polen ein sehr ausgebreitetes Contiguum, wofür es keine andere Entschädigung als Sachsen gibt; aber notabene ganz Sachsen; mit der Lausitz ist nicht geholfen, das wird gar nicht angenommen. Der russische Kaiser ist falsch und eigensinnig; man kann mit dem russischen Kaiser sich nicht genug in Acht nehmen." So relazionirt Mme Eskeles vertraulich über die Seele ihres Bon Humboldt.

Bei Graf Rechberg heißt es: „Rußland hat freilich vorgestern in der Sitzung Crakau an Österreich, Thorn an Preußen nachgegeben, das hilft aber nichts[2]). Man kann deswegen nicht sagen, daß beim Kongreß die

---

[1]) Schwedisch-Pommern fiel doch schließlich Dänemark für Norwegen zu und wurde ihm von Preußen um das von Hannover eingetauschte Lauenburg und Geld abgehandelt.

[2]) Ist es die Konferenz, von der Stein in seinem Tagebuch sagt: „F. Metternich und Hardenberg hatten den 11. November eine Unterredung mit — —?" Pertz vermutete, daß Castlereagh gemeint sei. Es wäre aber auch möglich, daß es Nessel-

Sachen besser gehen". Die Kongreßgesandtschaften von Darmstadt, Nassau, Baden etc. sagen: „Bon Stein, welcher das Internum, die innere Organisation der einzelnen deutschen Staaten, zu bearbeiten hat, treibt es zu weit mit seinem Einfluß der betreffenden Landstände in der Regierung der betreffenden Föderativ-Souveräne"....

Zum Vortrag vom 15.

14. Nov. (**)

Auf heute war Ball bei Franz Pálffy angenommen, der russische Kaiser und dessen Kammerdiener, wie sie den König von Preußen heissen, hatten zugesagt. Franz Pálffy hatte festgesetzt, keinen Erzherzog einzuladen zu seinem Ball. Er hatte geträumt, an unserem Hof gleichsam Revanche nehmen zu wollen, weil S. M. ihn aus dem Verzeichniß der zum Dienst der auswärtigen Souveräne bestimmten Kammerherren ausgestrichen. Nun wurde von gestern auf heute das Kammerfest angesagt; der Ball bei Pálffy unterbleibt, und Pálffy wird ausgelacht. Weil der russische Kaiser ein so äußerst passionirter Tänzer ist, so sagen sie, Seine Majestät hat die Tanzsucht, „la dansomanie". Vom Prince de Ligne erzählen sie den nachstehenden Calembourg. „Comment avez-vous trouvé, Prince, tous ces bals?" „Commeça," antwortet Pr. de Ligne, „partout on se trouve dans une pluie de Sires (cires)". Graf Ossulinski[1]) erzählte gestern: „Bon Stein und M. La Harpe kommen öfters beide mitsammen auf die k. k. Hofbibliothek. Wir haben mitsammen viel über Polen gesprochen. Der russische Kaiser will in Polen schlechterdings den Bürger- und Bauernstand heben, oder vielmehr erschaffen."

Herr v. Hammer erzählt, der Gesandte Bon Binder sei einigermaßen brouillirt; es sei nun Herr Floret, der beim Kongreß das Protokoll führt[2]). Herr v. Hammer sagt: „Staatsrat Hudelist, Bon Kruft und Bon Hope, als welche Fürst Metternich mit Gnaden und Protectionen überhäuft hat, erlauben sich neuerlich über den Fürsten mehr zu raisonniren als ich mir es je erlaubt habe"....

In den Coterien beschäftigen sie sich sehr mit dem Carousell. Sie sagen, die geringste Schärpe, die eine Dame ihrem Ritter schenket, kostet 1000 Gulden W. W. Die Damen und Cavaliere klagen entsetzlich über die Dépensen, die der Aufenthalt der auswärtigen Souveräne und die gar häufigen Feste ihnen verursachen. Sie sagen: „Die Damen können diese

---

rode oder ein anderer russischer Vertrauensmann war, wozu die Notiz eher stimmen würde.

[1]) Graf Josef Tenczin-Ossolinsky, Geheimer Rat und Kämmerer, war Hofbibliothekspräfekt und als solcher ein Hofwürdenträger gleich dem Oberstjägermeister, Oberstküchenmeister u. A., Stellen, die sämtlich vom hohen Adel bekleidet wurden.

*) Im Komittee der „Acht" war die Führung des Protokolls bekanntlich Gentz anvertraut.

Dépensen nicht mit dem gewöhnlichen Nadelgeld bestreiten. Die Männer müssen zulegen"[1]).

Sie sagen: „Der Herzog v. Weimar intriguirt selbst durch die beiden Großfürstinnen für Preußen und gegen das königlich sächsische Haus; er erhält Erfurth nebst Gebiet." Die Hessisch-Nassauisch-Badensischen Congreßgesandtschaften und die Mediatisirten äußern sich forthin mit großer Bitterkeit über Preußen. Der Gesandte Bon Türckheim (Hessen-Darmstadt) spricht mit großem Lob von einer politischen Flugschrift NB. von Bon Gagern, welche erst dieser Tage herausgegeben werden soll... Sie sprechen sehr viel von dem neuen Buch: „Die Kunst zu unterhandeln, von einem Staatsmann in der Einsamkeit," welches Buch jedoch ich noch nicht habe zu Gesicht bekommen können.

14. Nov. (* *)

In politicis heißt es seit vorgestern a) Lord Cathcart hat dem russischen Kaiser ein sehr bedeutendes Schreiben vom Prinz-Regenten zugestellt wegen Polen und Sachsen, b) der russische Kaiser hat nachgegeben, Krakau an Österreich, Thorn und Posen an Preußen zu restituiren; c) Rußland wird am Ende mit dem linken Ufer der Weichsel sich begnügen, aber Preußen nimmt doch ganz Sachsen; d) Talleyrand hatte neuerlich wieder Audienz beim russischen Kaiser wegen Polen und Sachsen. Talleyrand sprach sehr heftig und vom „Truppen marschieren lassen". Der Kaiser echauffirte sich und sagte: „Vous aurez la guerre." „Vous perdrez", fiel H. Talleyrand ein. Der Kaiser rümpfte die Nase und warf einen Feuerblick. „Sire, il va de votre gloire de pacificateur du monde, gloire sur laquelle à Paris vous annonciez de vouloir prétendre," fuhr H. Talleyrand fort, und soll diese Audienz, von der in den Häusern gar viel gesprochen wird, auf den russischen Kaiser wirklich Eindruck gemacht haben[2])....

Zum Vortrag vom 16.

15. Nov. (v. Leurs)

Der geheime Staatsrath von Küster, Gesandter (Preußens) an den süddeutschen Höfen, ist, nach dem Bon Humboldt, die entscheidendste merkwürdigste Person unter den preußischen Staatsmännern[3]). Derselbe ist ein

---

[1]) Das Karussel ist am 23. November von vierundzwanzig als Ritter gekleideten Herren geritten worden, deren jeder seine Dame hatte. Die Probe war nicht zu des Kaisers Zufriedenheit ausgefallen.

[2]) Der Bericht Talleyrands vom 17. November über seine Audienz bei Alexander am 14. enthält nichts von derlei Äußerungen. (Pallain-Bailleu, S. 105 ff.) Ebensowenig war, nach dieser Quelle, in der zweiten Unterredung im Oktober derartiges gesprochen worden, (Ebenda S. 67) und diese mag wohl hier gemeint sein.

[3]) Küster war am 11. November nach Wien gekommen. Gagern schrieb über ihn an den Erbstatthalter von Holland, er sei von Hardenberg berufen worden, um Humboldts Irrtümer zu korrigieren (on lui supposait l'intention de rectifier les erreurs de M. de Humboldt). „Mein Anteil", II. 89. Diese Ansicht wird durch Leurs, der Küster von Prag her kennen wollte, keineswegs bestätigt.

Zögling der Dohm, Bischoffswerder, Lucchesini und Haugwitz. Er war unter obigen Männern ein untergeordnetes Werkzeug bei den durch Preußen bewirkten Revolutionen in Lüttich und den Niederlanden, diente da während mehrerer Jahre in geheimen Aufträgen und erhielt da seine diplomatische Geschäftsbildung. Er kam, die niederländische Revolution zu bereiten, mehremal nach Brüssel und hielt sich während der Revolution längere Zeit dort auf. Er heiratete eine Aachenerin, deren Oheim ein vermögender Bürger in Brüssel ist und, so viel ich erfahren konnte, Obermann heißt. Er gehört zu der Klasse jener Diener, welche durch Handlungen und Entwürfe gleich nützlich sind, d. h. mit Rath und That ihrer Regierung und ihrer Partei beistehen und daher als eine Hauptstütze derselben betrachtet werden müssen. Wenn die Preußen, welche in die Entwürfe und Maßregeln ihrer Parthei eingeweiht sind, von ihm sprachen, dann nannten sie denselben in der Fülle ihrer Gefühle „einen ungeheuren Brüsen." Er gehört zu den Gründern der geheimen preußischen Vereine im Ausland und hat, ohne das mindeste Aufsehen in der Welt zu machen, im Gegensatz mit Stein und Gruner, so viel wie Letztere zur Erweiterung dieser Vereine und ihrer Verpflanzung in's Ausland beigetragen. Derselbe hat, theils als Mitglied, theils als Geschäftsträger, im Königreich Westphalen die geheimen Verbindungen eingeführt, dadurch die geheimen Polizeianstalten in diesem Staate notwendig und, soweit dieselben auch getrieben worden, doch unzulänglich gemacht[1]). Die eingeweihten Preußen sehen denselben als die erste Ursache des Sturzes von Westphalen an. Er ward durch die preußische Regierung am Ende des Jahres 1811 oder zu Anfang 1812 durch Holland nach Brüssel geschickt unter dem Vorwand, seine angeheuratheten Verwandten und seinen Oheim zu besuchen, in der That aber um den öffentlichen Geist und den Zustand dieser Länder zu untersuchen und, wo möglich, den Verein auf diese Bewohner zu impfen. Er fand als Preuße üble Aufnahme, erreichte seinen Zweck in nichts und erstattete einen Bericht, welcher ungünstig für diese Länder war. Er erhielt 1813 das Liquidationsgeschäft in Böhmen, um diese Provinz zu untersuchen und Entwürfe seiner Regierung vorzulegen. Er ward nach Oberdeutschland resolvirt, um die Bestien da zur Intelligenz zu bringen und zu Deutschen zu machen.

Er gehört in seinen An- und Absichten zu der überspannten Parthei in Preußen. Derselbe ist ein Feind des Kanzlers und ein Anhänger des Bon Humboldt. Er schlug während seines Aufenthalts in Böhmen dem König vor, den Grafen v. d. Goltz von seinem Posten zu entfernen und denselben dem Bon Humboldt anzuvertrauen; Bon Humboldt sey für den Augenblick am geeignetsten, weil er den Kaiser von Rußland so einzunehmen gewußt, daß er eher als jeder Andere in diesem Posten fähig wäre, durch das persönliche Band des Vertrauens die Zwecke Preußens durchzusetzen und Preußen bei Rußland geltend und vorherrschend zu machen.

---

[1]) Über Küster in Westphalen s. G o e c k e, Das Königreich Westphalen, S. 117 ff.

Als die Nachricht nach Prag kam, daß v. Bülow Finanzminister geworden, bezeigte v. Küster den größten Unwillen und sagte seinen Untergeordneten: Der König wäre bei dieser Ernennung irregeführt worden; v. Bülow verdiene höchstens wieder Kammerpräsident in Magdeburg zu werden, wie er a^0 1806 war; v. Bülow wäre in westphälische Dienste getreten und hätte dieselben nur verlassen, als er gewußt, daß er ohnehin abgedankt würde. Der König von Westphalen habe auf seiner Civilliste merklich anticipirt gehabt und von dem Finanzminister Geld für sich begehren lassen in einem Augenblick, wo, außer etlich 100,000 Fr. in der Staatsgläubiger-Kasse zur Deckung verfallener Interessen, nicht das Mindeste, auch nicht in der Reservekasse, vorhanden gewesen. v. Bülow wäre zum König gegangen und hätte ihm vorgestellt, sein der Constitution geleisteter Eid erlaube ihm nicht, die einem Ausgabenzweig schon gewidmeten und bereits einkassirten Fonds einem andern zuzuweisen, es könne um so weniger geschehen, weil die Staatsgläubiger darbten und die öffentliche Ruhe von ihrer Befriedigung abhänge. Der König hätte ihn mit Hohn angehört und den Anwesenden gesagt: „C'est un fou" und habe ihn stehen lassen. v. Bülow hätte darauf seine Demission begehrt, welche ohnehin nie ausgeblieben sein würde[1]. Erst darauf wäre Bülow wieder Preuße geworden, habe Antheil an dem Verein genommen und nun ersprießliche Dienste geleistet. Allein diese hätten hinlänglich sein können, um seinen vorigen Abfall gut zu machen und wieder der Kammer in Magdeburg vorzustehen, nicht um mehr als früher zu werden. Diese Stelle wäre einem jener geheimen Staatsräthe zugekommen, welche nie abgefallen, sondern die Regeneration vorbereitet und herbeigeführt. Der Kanzler handle aber aus Nepotismus und aus Geldgier. Er müsse Jemand bei der Stelle haben, von dem er die Gefahr nicht laufe, daß seine Mäkeleien mit den Juden und Lieferanten dem König aufgedeckt würden[2]. Derselbe (Küster) erzählte, Obiges besser zu begründen, der Kanzler habe schon im ersten französischen Krieg, bei dem Rückzug über den Rhein, die Regierung um 130,000 Säcke Haber betrogen. Diese wären nie vorhanden gewesen, und er habe sie, mit falschen Attestaten, als vom Feind genommen und geplündert angegeben, und das Geld eingestrichen. Man habe ihn deswegen angeklagt gehabt und ihm viel Verdruß gemacht, allein die Lichtenau und die damaligen Machthaber, deren Günstling er gewesen, hätten ihm geholfen und dem König begreiflich gemacht, dieß gienge Preußen nichts an, es komme in englische Subsidienrechnungen; diese müßten ja zahlen, wobei Preußen nur gewinne.

Derselbe (Küster) schlug dem König vor, er möge unter dem Schein

---

[1] Über Bülows Entlassung handelt Goecke, Westphalen, S. 211 ff. ohne das hier mitgeteilte Detail.

[2] „Le chancelier ne goûtera pas la proposition de placer M. de Voss au ministère des Finances, parce qu'il veut diriger lui-même particulièrement cette partie et que, d'ailleurs, il n'a pas perdu l'idée d'y faire nommer M. de Bulow". St. Marsan an Maret, Berlin, 30. Januar 1812; Stern, Abhandlungen und Aktenstücke zur preuß. Reformzeit, S. 372.

der Erkenntlichkeit dem F. Metternich, Bon Stein und dem Hofrath Gentz ein namhaftes Geschenk in Geld machen; jenes des F. Metternich sollte $^1/_2$ Million Thaler betragen. Alle drei wären in Umständen, es mit Vergnügen anzunehmen. Dieselben würden so an Preußen gebunden und könnten sich schicklicherweise nicht den Absichten desselben widersetzen. Eine Million Thaler, so verschenkt, würde große Zinsen tragen und beim Frieden die Einkünfte des Staats jährlich um mehrere Millionen vermehren. Der Vorschlag ward gelobt, aber wegen dem Erschöpfungszustand des Schatzes nicht angenommen. v. Küster schlug vor, der König möge diese Summe aus seinem Privat-Tresor vorschießen, und erhielt keine Antwort, welches ihn sehr aufbrachte.

Er schlug vor, Preußen möge den Alliirten vorspiegeln, Schlesien sei erschöpft an Menschen und könne seine Regimenter in der Provinz nicht mehr ergänzen; wenn man also wolle, daß es, seinen Verpflichtungen getreu, die versprochene Anzahl Truppen stelle, so müsse man ihm erlauben, mindestens 4 Regimenter Infanterie zur Ergänzung auf Sachsen zu vertheilen, oder ihm doch die Lausitz dazu zu überlassen; das Übrige würde später leichter gehen, wenn man einmal im militärischen Besitz wäre.

Eine Äußerung desselben (Küsters) an seine Leute ist wichtiger, weil dieselbe das Eigenthümliche der Ansichten dieses Mannes genauer bezeichnet. Er bemerkte: Der Kaiser der Franzosen hätte sich in Österreich noch ungeschickter als in Preußen benommen. In Österreich wäre eine Schwäche unter den Umständen der letzten Jahre vorhanden, die nirgend in Europa anzutreffen und welche das Land jedem geschickten Eroberer Preis gebe. Die Mehrzahl der Beamten hungere und alle wären gepreßt und unter ihrer Würde gehalten; es wäre vortheilhafter, ein Schuster oder Schneider als ein Hauptmann oder ein Rat zu sein. Der Wille der Beamten vertheidige ein Land, nicht die Nation durch sich. Der Kaiser der Franzosen hätte also, beim Vorrücken, Besoldungen und Gagen in Conventionsgeld proclamiren und in den ersten Provinzen sollen zahlen lassen, dann wäre der Staat zerfallen und Alle hätten sich an den neuen Herrn gewendet.

v. Küster gehört zu jenen Reformatoren, welche Preußen Einheit geben und allen Provinzialismus aufheben wollen. Derselbe hatte Antheil an den Entwürfen, welche in diesem Sinne verfaßt worden und ausgeführt werden sollen. v. Küster macht Ausnahme unter den Preußen unter einem Gesichtspunkt: derselbe hat kalte Ruhe, Haltung, ist freundlich und höflich. Er spricht wenig und leise, aber er besitzt die staatsmännische Kunst, Fragen zu stellen, und ist, was die Franzosen „bon entendeur" nennen, welcher die Gründe und Gefühle aus den Äußerungen abnimmt. Aus folgendem Zug läßt sich klar abnehmen, was derselbe für Österreich fühlt und wie er sich in jedem Fall benehmen wird. Der Landrath v. Zastrow, ein biederer einfacher Pommer, war in Geschäften seiner Provinz nach Böhmen gekommen und fand sich am 2. Oct. 1813 neben mir an der Tafel[1]). Auf

---

[1]) In Prag.

meiner anderen Seite saß der (preußische) Staatsrath Scharnweber, welcher, weil ich blau gekleidet war und mit Zastrow, dessen Zimmer neben dem meinigen war, freundlich sprach, als er kam, mich für einen Preußen hielt. Nach einer herzlichen Bewillkommnung sprachen beide, welche sich länger nicht gesehen hatten, von den glücklichen Ereignissen. v. Zastrow sagte: „Es freut mich doppelt, daß Sie kommen, denn ich wünschte, es wären recht viel angesehene Beamte aus Berlin hier, um das Fest, welches ich eben vorschlagen will, zu verherrlichen und uns hier bei den Leuten als brave Kerls zu zeigen. Es ist übermorgen des guten Kaisers von Österreich sein Namenstag[1]); wir sind ihm unser Dasein und Alles schuldig, das müssen wir frei und laut bekennen. Wir müssen den Tag im Großcomthurhaus durch Beleuchtung und großes Mal feiern; ich spreche gleich mit Küster davon." v. Scharnweber bestritt den Vorschlag, fand, sie könnten das Ansehen des Kaisers von Österreich nicht vermehren ohne jenes ihres Herrn zu vermindern. Was die Erkenntlichkeit betreffe, so wären sie wohl quitt, denn Preußen hätte dafür Böhmen gerettet. v. Küster ging noch weiter, und ließ Allen sagen, im Theater nicht zu applaudiren, welches auch geschah. Er wiederholte diese Warnung am Geburtstag I. M. der Kaiserin[2])...

15. Nov. (Nota)

Hier Madame Waldstein, née Rzewuska, a assuré avoir parlé à bien des militaires polonais, et entre autres au général Weissenwolf, et que ces messieurs sont bien loin d'être du parti russe, qu'ils voudraient, au contraire, avoir un prince autrichien pour roi, et notamment l'Archiduc Ferdinand, frère de l'Impératrice, qui est bon et brave soldat, et qui s'est fait aimer de tout le monde quand il a été en Pologne[3]). Madame Waldstein a ajouté que, s'étant présentée à Alexandre comme sujette russe à cause que sa famille a presque toutes ses terres en Pologne russe, Alexandre lui avait dit: „Vous n'êtes pas ma sujette. Les Polonais sont mes compatriotes. Nous ne sommes qu'une nation, avons la même langue, les mêmes usages, les mêmes intérêts." Madame assure qu'il a tenu les mêmes propos à tous les Polonais qu'il a vu à Vienne, et ailleurs depuis six mois.

Le vice-roi[4]) va indispensablement tous les soirs chez Castlereagh qu'il cajole autant qu'il peut, et on m'assure qu'il est très bien reçu.

Alexandre perd tous les jours davantage dans l'esprit des Viennois. J'ose dire que si son entêtement ambitieux nous nous forçait à la guerre, elle serait pour nous, et pour presque toute l'Allemagne, une guerre nationale. Ses belles phrases n'attrappent plus personne. Tout comme sa philantropie, qui n'est qu'une ambition sans bornes et qui perd son masque à force de s'y enfoncer.

[1]) 4. Oktober 1813.
[2]) 13. Dezember.
[3]) Der politische Feldzug von 1809 gegen Polen hatte den Erzherzog nach Warschau und seine Truppen bis nach Thorn geführt.
[4]) Beauharnais.

November 1814: Rapporte.

15. Nov. (**)
„Je déteste les scribes, je suis militaire, je n'aime que le militaire," heißt es, sagt der russische Kaiser forthin bei allen Gelegenheiten, und wird S. M. diese Äußerung von Wienern, vorzüglich von Graf Karl Zichy und dessen so zahlreicher Familie, als eine wahre Injurie für alle Ministers, die nicht Militärs sind, sehr übel gedeutet. — Die Polen scheinen gar nicht enthusiasmirt, daß der russische Kaiser König von Polen werden will oder soll; sie scheinen den demokratischen Einfluß von M. La Harpe und von Bon Stein zu fürchten. Viele Personen, welche bisher gegen F. Metternich waren, loben ihn nun, daß er so viel Charakter zeigt gegen den russischen Kaiser: „Sagt F. Metternich zu Allem Ja!, was Preußen und Rußland dictiren und gebieten, der Kongreß ist gleich aus. Aber Rußland und Preußen die Zähne zeigen, Widerstand leisten, Modificationen ertrotzen, Charakter zeigen, das bezeichnet keinen gemeinen, das bezeichnet einen großen Minister." — Der König von Dänemark fängt nun auch an, in die Particular-Häuser zum Thee sich einzufinden, z. B. bei Fürstin Marie Eszterházy...

Seit 3 bis 4 Tagen scheint das Publicum über den Gang unseres Congresses mehr beruhigt; man fängt an es zu fühlen, es könne nicht geschwinder gehen, nichts übereilt, nichts abgebrochen werden, gut Ding müsse Weile haben. — Duc Dalberg sagte mir gestern ins Ohr: „Unsere Geschäfte gehen gut, aber langsam."

Zum Vortrag vom 17.

16. Nov. (**)
Personen, welche den russischen Kaiser genau studiren, und deren sind mehrere, sagen und beharren darauf, K. Alexander hat seinen Streich, wird endigen wie sein Vater, K. Paul; das Herumlumpen in Frankreich und in Österreich, in Paris, in London und in Wien hat ihn im weiten Ausland gebrandmarkt; die schlechte, die verächtliche Opinion, welche er in ganz Europa von seinen persönlichen Eigenschaften begründet hat, ist auch in Rußland gar wohl bekannt. Sie wollen behaupten, weder die Minister, noch der Senat in Petersburg, noch die russische Armee, noch das russische Volk haben Liebe oder Zutrauen oder persönliche Achtung für K. Alexander; sie tragen ihm forthin den Tilsiter Frieden, den Brand in Moskau und die dummen Streiche nach, die er in Paris mit seiner Constitution gemacht hat, welche er in Warschau zu wiederholen im Begriffe stehe. Sie wiederholen es alltäglich: „Die Facta von 1813 und 1814 bestättigen es, K. Alexander ist nicht Soldat und General, er ist ein brouillon, ein Mensch, der keinen Charakter hat, der ganz unversehens von einem extrême zum andern springt; er ist nicht zu fürchten als Feind, hat und verdient keine persönliche Consideration." Das ist die Opinion, welche über K. Alexander hörbar ist[1]). Sie

---
[1]) Die Herkunft dieses Urteils aus dem Lager einer ultrakonservativen Aristokratie liegt auf der Hand.

sagen: „Rußland ist gefährlicher für die Ruhe und die Freiheit des Continents als Frankreich. Der K. v. Bayern, der Großh. von Baden, der K. v. Würtemberg, alle in Wien anwesende deutsche Fürsten und Minister mögen den russischen Kaiser ganz und gar nicht; sie mögen weder die russische Nation, noch die Person des russischen Kaisers."

Der König von Preußen und dessen Ministerium haben auch nicht gewonnen an Zutrauen, an Consideration, an der Opinion seit der Anwesenheit der auswärtigen Souveräne und seit Anfang des Congresses in Wien. Der König hat sich verächtlich gemacht, herabgewürdigt, daß er gar zu sehr den Lakaien macht des russischen Kaisers. Daß der König so viele persönliche Freundschaft zeigt für die Fürstin Taxis, wird eher demselben gut genommen. Übrigens heißt es auch, der König hat keinen Charakter, dependirt von seinen Umgebungen und von seinem Ministerium. Der russische Minister Bon Stein, der mit La Harpe einverständlich arbeitet, der im Mai v. J. in Paris die verunglückte Constitution bewirkt hat, der in Polen ein repräsentatives Gouvernement zu bewirken beschäftiget ist, der in den deutschen Bundesstaaten die landständische Verfassung zu organisiren beschäftiget ist, hat vielleicht mehr Einfluß im preußischen Kabinet als Hardenberg, Jacobi, Humboldt, Stägemann, Jordan etc. In meiner Gegenwart hat Graf Solms sich mehrmalen darüber lustig gemacht, daß F. Hardenberg ein so beschränkter Kopf ist. Sie citiren von Bon Stein ältere gedruckte Proclamationen, wo er allen kleinen Fürsten das Leben abspricht, die verschiedenen deutschen Stämme und Völkerschaften in eine Nation, in eine deutsche Monarchie zusammenschmelzen will.

Aus des Duc de Dalberg gestrigen zweistündigen Conversation hebe ich seqq. aus: „Wir können den Russen und den Preußen auf keine Weise trauen. Der K. v. Preußen hänget sich persönlich weit mehr an den russischen Kaiser als das preußische Ministerium es will, als das preußische Interesse es erlaubt. Nach der Proclamation des Prince Repnin dd. Dresden, d. 31. Oktober, (welche Dalberg mir zu lesen gegeben) ist über Sachsen das Los geworfen[1]). Die Russen sagen: Wir haben Polen, wir wollen sehen, wer es uns nimmt. Die Preußen sagen: Wir haben Sachsen, wir wollen sehen, wer es uns nimmt. Die Bayern sagen: Wir unterschreiben keinen Buchstaben, die neue deutsche Bundesacte betreffend, bevor nicht der König von Sachsen restituirt ist. An Preußen soll doch wahrlich der neue deutsche Bund den Raub von Sachsen nicht garantiren. Die Geschichte von Polen und Sachsen hält auch die deutschen Angelegenheiten auf. Bayern hat gefehlt, in Paris im Mai nicht den Frieden mitzuunterschreiben; Bayern säß' mit im Congreß, vieles gienge anders. Es fehlt Ihrem Ministerium

---

[1]) Die Proklamation des russischen Generalgouverneurs in Sachsen bei Übergabe des Landes an die Preußen ist vom 27. Oktober a. S. (8. November) datiert, und u. a. bei K l ü b e r, Akten, I. 2. 6 f. gedruckt. Sie spricht von der „Verbindung Sachsens mit Preußen, die nächstens auf eine noch förmlichere und feierlichere Weise bekannt gemacht werden wird" und beruft sich auf die Zustimmung Österreichs und Englands.

an principes, an System, an Suite, an Application, an Charakter und Energie. Hält Metternich mit uns, Preußen muß sich mit $^1/_3$ begnügen und wir salviren dem König von Sachsen $^2/_3$ von Sachsen. In jedem Falle führet die Geschichte von Polen und Sachsen uns vielleicht schon den nächsten Sommer zum Krieg. Die Geschichte wegen Polen und Sachsen, wegen des Kriegs-Etat der französischen Armee, kostet uns bereits über 40 Millionen. Wir haben nun vier Sitzungen gehalten im großen Kongreß der Acht, wir haben Genua an Piemont gegeben, wir werden die Institution machen wegen Dotation der K. Marie Louise."

Nun muß ich die Ehre haben, annoch Nachstehendes zu bemerken. Seit Empfang E. Exc. vertraulichen Aviso ddo. 17. Okt., daß man mich insonderheit im französischen Hause durchsieht und irreführt, hatte ich geflissentlich mich zurück und äußerst entfernt gehalten. Dalberg suchte mich auf am 30. Okt. z. B. bei Stackelberg, bei Metternich im Garten, machte mir bedeutende Avancen. Ich war also gestern früh wieder dort; ich wurde zwei volle Stunden aufgehalten. Im Verlauf der langen Conversation warf Dalberg u. A. die nachstehenden Fragen auf: „Wie steht Graf Sickingen mit K. Franz? wie mit F. Metternich? Ist Graf Sickingen ein Agent der Wiener Geheim-Polizei? Hat die Wiener Geheim-Polizei, wie jene zu Paris, geheime Mitglieder und Agenten in der großen Welt, die in die Société gehen? Wer ist Chef der Wiener Geheim-Polizei? Was ist Bon Hager für ein Mann? Kann man in Wien mit Renten von jährlich 50.000 f. W. W. mit Familie leben"? Ich antwortete: „Graf Sickingen steht, so viel ich höre, gut und im Vertrauen beim K. Franz und bei F. Metternich; Graf Sickingen ist kein Agent der Wiener geh. Polizei, das habe ich nie sagen hören. Ich habe nie sagen hören, daß die Wiener Geheim-Polizei Agenten in der großen Welt habe. Wer eigentlich Chef ist der geheimen Polizei, ist nicht recht bekannt, das steht nicht im Staatskalender. Bon Hager ist der ostensible Chef der Polizei- und Censur-Hofstelle, steht so im Staatskalender. Ich kenne den Bon Hager eigentlich nur vom sehen, weil ich ihm in der großen Welt begegne und ihn dort sehe; er erscheint aber äußerst selten in der großen Welt. Er hat im Publicum einen sehr guten Namen, passirt allgemein als ein sehr loyaler und rechtlicher Mann, gar nicht als ein Mann, der die Espionage liebt und treibt u. s. w." „Ich begreife wohl," replicirte Dalberg, „daß Ihr in Wien diese Dinge nicht habt, wie wir in Paris. Ihr braucht sie nicht mit Euren gutmüthigen Österreichern. Ihr habt nicht, wie wir zu Paris, jede Stunde irgend eine Revolution zu befürchten." Wir schieden auf eine Weise, daß ich Ursache habe zu glauben, Dalberg hat kein weiteres Mißtrauen, keinen weiteren Verdacht gegen mich....

Gestern Abend war eine große und zahlreiche Versammlung bei B. Arnstein. Es waren dort: Graf Bernstorff, Bon Kaiserstein, Frau v. Bildt, Prinz v. Mecklenburg, Lord Stewart, General Sinclair, Graf Capo d'Istria, der alte F. Metternich, Russen und Preußen, der Gesandte Ruffo, der Graf Medici, Duc Accerenza - Pignatelli, Graf Solms, Graf Degenfeld, die Dietrichstein etc. Es wurde gesagt, Alexius Noailles sei ein Mann von seltener Frömmigkeit, ein großer Kirchengeher. Der Prinz Beauharnais hat der Bigottini einen Ring von Werth zu derselben Benefice geschenkt. Die Bigottini war in Paris des Beauharnais Maitresse, ehe er verehelicht gewesen.[1])

Zum Vortrag vom 19.

16. Nov.

Les Anglais persistent toujours à soutenir que la politique exige l'agrandissement de la Prusse dans la plus grande étendue possible. C'est la seule puissance, disent-ils, que nous pouvons énergiquement opposer à la Russie. Celle-ci, par son entêtement sur la Pologne, entre aveuglément dans toutes les concessions qu'on propose en faveur de la Prusse, et ne voit pas qu'il se forme ainsi un colosse formidable contre elle. Mais notre politique est plus prudente que la sienne, et si la Russie conserve la Pologne, nous trouverons d'autres moyens de la balancer.

17. Nov. (v. Leurs)

[Der preußische Major (!) Graf Reichenbach[2]), der 1813 ebenfalls in Prag gewesen war, äußerte sich zu dem Berichtleger am 16. und 17. November:] Der Kaiser von Rußland habe den gordischen Knoten gelöst. Er gebe an Österreich nichts, nicht einmal Krakau, zurück und sage, man möge ihm Polen zurücknehmen, er ließe es gewiß aufs äußerste kommen. Dieses habe S. M. den K. v. Österreich so erschüttert, daß er krank geworden. Deswegen unterbleibe die Reise nach Steiermark. Der Kaiser v. Rußland wäre schon zu Rath gegangen, ob er die Burg nicht verlassen und das Rasumowskische Palais beziehen solle. Ohne die russischen Frauen wäre letzteres schon geschehen.... Die Art, wie die „Berliner Zeitung" die preußische Besitzergreifung (Sachsens) angekündigt, habe dem König sehr mißfallen. Höchstderselbe habe gesagt: „Das ist dummes Zeug; ich habe ja Sachsen noch nicht; man muß dem Censor eine Nase geben, auf die Finger klopfen, damit er lerne nicht mehr voreilig sein." In Betreff des preußischen Ministeriums: Der Kanzler habe mehrere heftige Unterredungen mit dem König gehabt, in welchen der König auf den Rat des Generals v. d. Knesebeck nachgegeben. Dieser General habe dem König gesagt, der Kanzler wäre zwar österreichisch, allein der König könne ihn nicht entbehren, weil derselbe

---

[1]) Über die Bigottini vergl. unten S. 272.
[2]) Graf Leopold Reichenbach, seit Mai 1814 preuß. Oberstleutnant, soll von seinem Wohnort Schweidnitz u. a. mit der Absicht nach Wien gekommen sein, den im Vorjahr beim Liquidationsgeschäft in Prag erhaltenen Leopoldsorden dahin geltend zu machen, daß er seinen Sohn im Theresianum unterbrächte. Leurs, der ihn von dorther kannte, wußte ihn gelegentlich zu Mitteilungen aus dem preußischen Lager zu bewegen — wahren und unrichtigen — die er in der Kanzlei Hardenbergs auffing, in der er beschäftigt war. Vergl. über ihn die „Geschichte der Grafen Reichenbach" (1909) II. 248 f.

sich jetzt nicht ersetzen ließe. Die Nation halte und vertraue auf den Kanzler und nicht auf die obscuren Staatsräthe. Auch Humboldt wäre neu und erst seit dem Krieg bekannt. Derselbe hätte früher eine schlechte Figur an der Spitze der Studien gemacht und von denselben entfernt werden müssen[1].) Der König wäre mit denen Leuten entpopularisirt und würde bei einem Krieg, durch dieselben herbeigeführt, von der Nation verlassen werden. Der König könnte die Leute immer hören, um des Kanzlers Ansichten zu mäßigen. Der General habe durch diese Reibung gewonnen, weil nun der König mit demselben zu Rathe gehe, während höchstderselbe früher des Kanzlers Vorschläge ohne Untersuchung und Nachfrage unterschrieb.

Reichenbach fängt nun selbst an, für den Kanzler zu stimmen, weil er mit dem Generalen gut ist, mit dem er früher in Schlesien gestanden, und weil er jetzt vom Staatsrath Beguelin abhängt, welcher eine Schöpfung des Kanzlers ist und demselben blind und warm anhängt. Der Kanzler soll dem Staatsrath gesagt haben: „Man tritt mich; allein ich habe den König und die Nation gerettet, ich werde mich noch für dieselben treten lassen bis mein Werk vollbracht ist." Der Major Reichenbach erzählte auch, der König habe befohlen, das Werk „Sachsen und Preußen" zu beantworten[2]). Die Gegenschrift werde mit nächstem erscheinen...

Zum Vortrag vom 20.

19. Nov. (**)

[Bei der Fürstin Bagration war auch eine Tochter des Fürsten Starhemberg mit ihren Eltern beim Pfänderspiel anwesend. Sie geht während des Spiels mit einem Russen ins letzte Zimmer. Der Russe sperrt die Türe von innen ab, die der Fürst aufsprengt.] Die Leute sagen, bei der Bagration ist ein B......; dahin gehört keine Tochter mit ihrer Mutter. — Die Herzogin von Sagan sagte zu ihrer Freundin, der Gräfin Fuchs: „Je me ruine en maris." — Bei Arnstein sagte Hoffmann, der preußische Direktor der statistischen Sektion des Staatsrats, früher Adlatus des Fürsten Hardenberg: „Ich bewundere in Wien die Spektakelsucht. In Wien sind verhältnismäßig weit mehr Spektakel (i. e. Theater) als in Paris und London. In Berlin gibt es nur ein einziges Theater. Der Berliner, der Preuße, hat einen großen Schwung, den ich an dem Wiener, dem Österreicher sehr vermisse. Mich wundert, daß das österreichische Gouvernement nie verstanden hat, seinen betreffenden Nationen einen rechten Schwung zu geben. Ohne Schwung von seiten der Nation wird kein Gouvernement etwas Großes erringen können."

---

[1]) Siehe das historisch festgestellte Gegenteil und die Beweggründe des Rücktritts Humboldts von der Verwaltung der Kultussachen bei Gebhardt, W. v. Humboldt als Staatsmann, I. 363 ff. und in der Historischen Zeitschrift, Bd. 74. Hier spiegelt sich das damals (1810) entstandene Mißverhältnis zu Hardenberg wieder, der aus noch unbekannten Gründen sein Vertrauen Humboldt entzogen hatte.

[2]) Es war die von dem Bayer v. Aretin verfaßte Broschüre, die von preußischer Seite von dem Geheimrat Hoffmann mit der Schrift „Preußen und Sachsen" beantwortet wurde. Beide Streitschriften erschienen anonym.

19. Nov.

Gestern wurde beim russischen Oberkammerherrn Grafen Narischkin von der nahen Abreise Alexanders gesprochen; sie soll binnen 12 und 14 Tagen geschehen, worüber alle russischen Suiten und auch die Fürstin so betroffen sind, daß es scheint, sie haben dieses Ereigniß nicht so bald erwartet. Ferner erzählte Golowkin[1]), daß die Abreise Castlereaghs ganz bestimmt wäre...
Gestern besuchte der Kronprinz von Bayern das topographische Bureau des Generalstabes. Als die Rede von den topographischen Arbeiten à la vue war, sagte er: „Haben Sie auch Offiziere an den Grenzen, die so in Geheim die jenseitigen Länder aufnehmen? Schicken Sie nur bald recht viele an die russische Grenze. Dort, meine Herren, müßt Ihr euch bald recht umsehen." Als ihm die astronomischen Punkte vorgezeigt wurden und folglich auch Salzburg als der westlichste unserer Monarchie, so wendete er sich zu seinem Adjutanten und sagte: „I Teufel! der westlichste Punkt Ihrer Monarchie — sind ja noch Bayern da." Als nun dieses wieder kräftig replicirt wurde, so fragte er ganz unverhohlen: „Zu was, meine Herren, mag Ihnen wohl Salzburg nützlich sein?" Als ihm dieses mit der Verbindung mit Tyrol und der Verwahrung der westlichen Grenze gegen Frankreich, vorzüglich zu ehemaligen Zeiten, beantwortet wurde, sagte er: „Wenn die Franzosen wieder kommen wollen, sind wir auch bei der Hecke. Wir wollen ihnen den Weg nach Österreich schon sauer machen. A propos, was halten Sie davon, daß die Franzosen alle ihre Festungen gegen Deutschland verproviantiren und daselbst ungemein viel Truppen zusammenziehen[2])"?.

Zum Vortrag vom 21.

20. Nov. (* *)

„Le congrès ne marche pas, mais il danse", heißt es, sagte neulich P[ce] de Ligne. Der russische Kaiser, der dies bon mot vernommen hatte, setzte den P[ce] de Ligne zur Rede. Der Fürst, heißt es, replicirte: „Oui, Sire, je pourrais bien avoir dit telle plaisanterie. Il me paraît que c'est ainsi." — Sie sagen: Der zweite Prinz (Ferdinand) Coburg, der in unseren Diensten ist, heirathet die Fräulein Koháry, die bekanntlich eine sehr reiche Erbtochter ist[3]). Wegen der Tableaux, die während der heurigen Adventzeit bei Hof vorgestellt werden sollen, sagen sie, sie seien in der größten Verlegenheit: der russische Kaiser admittire keine heiligen Bilder, also keine Madonnen, keine Magdalenen, der König von Preußen kein Bild aus dem

---

[1]) Graf Golowkin war russischer Diplomat, Gesandter in Stuttgart, und zur Dienstleistung beim Kongreß berufen.
[2]) Ein Bericht vom 18. zum Vortrag vom 20. November hatte von Kronprinz Ludwig erzählt, er sei stark im Griechischen und setze in Wien seine Sprachstudien fort.
[3]) Einem späteren Bericht zufolge sollte die Braut (Maria Antonia Gräfin, später Prinzessin, Koháry) 80,000 Gulden jährlicher Rente erhalten. Die Heirat fand erst nach der Erhebung des Vaters der Braut in den Fürstenstand, Anfang 1816, statt.

neuen oder alten Testament. — Sie sprechen sehr viel von dem neu erschienenen Buch „Mémoires de la reine d'Etrurie, écrits par elle-même[1]". Graf Antonelli, den ich für einen geheimen Agenten des bayrischen Kabinets zu halten Ursache habe, sagte gestern: „Italien ist dem allgemeinen Aufstande weit näher als man weiß und als man glaubt"....

Zum Vortrag vom 22.

s. d.

Ich komme soeben von der Jagd in Eisenstadt zurück, deshalb bitte ich, mich entschuldigt zu halten, daß Sie drei Tage nichts von mir gehört haben. Es scheint, daß diese Zusammenkunft von diplomatischen Personen und hohen Herrschaften noch einen andern Zweck als den des Vergnügens gehabt habe, weil kein Preuße noch Russe dabei war, hingegen L. Castlereagh, Wrede, Herzog von Sachsen-Weimar etc.[2]). Heute begegnete ich in Laxenburg dem Hofrath Gaertner, dem dies auch auffiel und der mir sagte, die Sachen stünden sehr schlimm, Österreich rekrutire, Preußen habe einen Obersten als Courier nach Berlin geschickt, um ähnliche Befehle hinzubringen, Hardenberg sei auf Metternich etwas aufgebracht, weil er, ohngeachtet der Kanzler den König mit vieler Mühe dahin gebracht hatte, sich von Rußland zu entfernen und Österreich zu nähern[3]), eine geheime Conferenz mit Frankreich, England und Bayern gehalten habe. Preußen habe sich nun aufs engste an Rußland angeschlossen.

21. Nov. (Freddi)

... On ne révoque plus en doute que le pape ait frappé de nullité le mariage de Bonaparte avec l'archiduchesse Marie Louise. On donnait pour certain que la Cour de Vienne avait déjà pris des dispositions pour éluder les anathèmes du Vatican et qu'Elle venait de faire partir les deux généraux Koller et Neuperg (!) pour l'île d'Elbe et ensuite pour Rome[4])".

---

[1]) Maria Luise, Infantin von Spanien, von 1801 bis 1807 Königin von Etrurien, erhob auf dem Kongreß als Witwe Ferdinands von Parma Anspruch auf dieses Herzogtum. Ihre italienisch geschriebenen Memoiren erschienen 1814 in Paris als „Mémoires de la reine d'Etrurie" in französischer Übertragung.

[2]) Auch ein anderer Bericht vom 21. meldete, die Jagdgesellschaft beim Fürsten Eszterházy in Eisenstadt habe nur aus Engländern, Bayern, Franzosen, Sachsen und Österreichern bestanden, „plutôt un rendezvous qu'un amusement". Die Minister hätten Konferenzen abgehalten, und Wrede, als er mit Castlereagh das Kabinett verließ, zu ihm gesagt: „Oui, Mylord, nous avons terrassé le monstre, il faut bien prendre garde de ne lui en substituer un autre; il faut une digue à l'ambition de la Russie et de la Prusse."

[3]) Das wäre nur in dem Sinne denkbar, daß Preußens König seine Ansprüche auf ganz Sachsen eingeschränkt hätte. S. oben S. 74.

[4]) Das (unwahre) Gerücht verzeichnet am 24. November auch Polizeirat Goehausen: „Von der Reise Kollers erzählte man bestimmt, daß er nach Elba gehe, um Napoleon zur Ehescheidung zu bereden." (Zum Vortrag vom 24. November 1814.)

21. Nov. (* *)

... Sie erzählen von der Gräfin Széchényi-Guilford auf dem Ball bei Franz Pálffy, nachstehende Anekdote: Kaiser Alexander, der diese Dame sehr schön findet, sagte: „Votre mari est absent, il serait bien agréable d'occuper sa place provisoirement." „Est-ce que V. M. me prend pour une province?" antwortete die Dame. — In der Coterie von Bartenstein wird erzählt, den russischen Kaiser hat es forthin gegen Fürst Metternich gepackt. K. Alexander, vor seiner Unpäßlichkeit, sagte mehrmalen zu K. Franz: „Votre Metternich veut nous brouiller ensemble."... — Bei L. Castlereagh ist jetzt, die einzigen Montage ausgenommen, alle Abende 11 Uhr Souper, wo, wer bleiben will, soupirt. De fondation befinden sich daselbst alle eben in Wien anwesende Engländer und Engländerinnen, die Jablonowska, die Waldstein-Rzewuska, Lubomirska u. A. wenige... Duc Dalberg sagte gestern bei Trauttmansdorff u. A.: „Der russische Kaiser riskirt wahrlich keinen neuen Krieg, Österreich soll ja nur festhalten und seine Demonstrationen verdoppeln." In simili sprachen gestern Bon Linden, Bon Türckheim u. A.....

Zum Vortrag vom 23.

21. Nov. (Bartsch ?)

[Anstett zum Berichterstatter, wie bei den früheren Gelegenheiten Alexanders Kriegseifer und Rußlands Überlegenheit rühmend:] „Der Kaiser ist über meine Opposition wegen Polen böse geworden. Es würde jedoch keine weiteren schlimmen Folgen gehabt haben, wenn ich Knechtsinn genug gehabt hätte, meine Meinung zurückzunehmen. Ich konnte es aus Überzeugung nicht thun, und er strafte mich dafür dadurch, daß er mich von den Kongreßgeschäften und von allen weiteren Negoziationen öffentlich ausschloß. Wie kann ich diese Schande ertragen? Und muß nicht alle Welt schief von mir denken und glauben, daß ich gar nichts Versöhnliches an mir habe, da ich verdammt ward, auf dem Congreß zu Prag, wo es sich darum handelte, keinen Frieden zu Stande kommen zu lassen, als selbständiger und einziger Bevollmächtigter zu erscheinen?"

21. Nov.

[Talleyrand zu Ligne:] „En formant un royaume du Duché de Varsovie et de la Lithuanie, et leur donnant une constitution, les Russes ne pensent pas qu'ils auront en Lithuanie tous les nobles contre eux, parce que dans ce pays ils ont depuis longtems joui des privilèges de la noblesse russe envers leurs paysans; d'un autre côté la Saxe produira une révolution, et la révolution de la Saxe ne sera pas une petite explosion, elle aura bien des partisans et du soutien en Allemagne. Le cabinet anglais voit à présent sa faute. En criant qu'il fallait punir le Roi de Saxe, et en donnant la Saxe à la Prusse, l'Angleterre a agi contre ses intérêts. Il est vrai de dire que la Russie et la Prusse ont trompé les autres coalisés. L'astuce de leurs cabinets est à présent connue. La Russie et la Prusse ont placé des armées dans les pays que ces puissances voulaient conserver par la suite; les autres ont été aveuglés là-dessus... A présent qui réparera les choses? C'est trop tard. Il faut leur dire comme à Georges Dandin: Tu l'as voulu."

Zum Vortrag vom 24.

23. Nov. (Verschiedene)

[Friedrich Wilhelm III. war Montag den 21. wieder im Leopoldstädter Theater beim Kasperl. Bon Linden über seinen König (v. Württemberg): „Leidenschaft macht ihn blind, Niemand kann mit ihm etwas Gutes und Billiges richten." — Alle Dienstag ist Musik und Tänzchen bei Arnstein. — Talleyrand sagte zu Prinz Philipp Aremberg, der es einem österreichischen Kavalier wieder erzählte: „que la France voyait d'un regard inquiet un voisin se préparer des forces qui le mettraient un jour à même de dicter les lois aux Français, que les Pays-Bas étaient dans ce moment-ci la pomme de discorde, et que, si ces pays n'appartenaient plus à l'Autriche, ils ne pouvaient appartenir qu'à la France."]

Zum Vortrag vom 25.

24. Nov.

Sowie das politische Barometer sich ändert, ebenso geht es mit der Unterhaltung und den mehr wiederholten Besuchen zwischen mir und meinen Bekannten unter den Fremden. Seit drei Tagen kommen meine Herren Preußen wieder recht fleißig zu mir, jedoch ist Oberst Braun schon früher nach Neisse abgeschickt worden, um für den Fall eines Bruches die schlesischen Festungen vorzubereiten. Heute waren die Herren in der Ingenieur-Akademie. Bei dieser Gelegenheit war es auffallend, wie Major Hedemann[1]) jeden Anlaß zu irgend einem Zwiespalt hier auf dem Kongreße denen Russen beizulegen bemüht war. Kurz, die Preußen führen wieder denselben Ton, den sie zu Anfang ihrer Hieherkunft führten, und sagen: „Die dummen Machinationen der Russen machen unsere Existenz hier in Wien recht ärgerlich"; „die Dummköpfe von Russen werden uns noch alles verderben" etc. Was aber am auffallendsten ist, so scheinen seit ein paar Tagen die Herren geflissentlich zu Gehör zu reden, daß ihr König nichts sehnlicher wünsche, als daß unser Kaiser wieder teutscher Kaiser werde. Sie sagen: „Wir sehen nun gut, daß nur dann Ruhe in Teutschland zu hoffen ist und daß nur dann eine größere Annäherung zwischen uns und Österreich dauerhaft sein kann, indem wir dann pflichtmäßig der russischen Vormundschaft entkommen." Dies sind die eigenen Worte des Prinzen Wilhelm[2]), welcher übrigens leidenschaftlich

---

[1]) W. v. Humboldts präsumtiver Schwiegersohn.
[2]) Bruder Friedrich Wilhelms III., ein warmer Freund Erzherzog Johanns. S. unten S. 463.

in das Vicekönigthum von Sachsen verliebt ist und schon viel von alledem träumt, was er da zu beginnen denkt. Ich werde E. Exc. nächstens einiges von seinen Projekten zu wissen machen. Nunmehr ist er aber traurig, soviel kann ich E. Exc. ganz gewiß versichern.

Fürst Hardenberg äußerte sich letzten Dienstag bei Arnstein, daß der wiener Aufenthalt ihm äußerst unangenehm sei und täglich unangenehmer gemacht werde. Fürst Pignatelli erzählte diese Äußerung gestern in Gegenwart der Frau vom Hause und mehrerer distinguirter Personen, worunter auch Duca Serra Capriola war, welcher hinzufügte: „Humboldt hat mir dasselbe geklagt." Fanny Arnstein hingegen sagte: „Es thut mir sehr leid, daß Hardenberg und Humboldt sich hier nicht mehr gefallen; sie waren Anfangs gern hier. Aber es ist schändlich, wie man alles anwendet, den alten Groll zwischen Preußen und Österreich von Neuem anzufachen. Leider hat die fatale Broschüre „Sachsen und Preußen" keinen andern Zweck. Es ist viel Wahres darin, aber nichts Neues. Warum ins Gedächtniß zurückrufen, daß Preußen einstens vergessen hatte, teutsch zu sein. Sie haben ja dafür gebüßt, Reue gethan und ihre Fehler mit Wunderthaten und unverkennbarer Hingebung fürs Ganze, für Deutschlands Rettung getilgt. Es ist nicht zu läugnen, daß ihre Vergrößerungssucht verdächtig ist und uns mißtrauisch macht, allein, wenn man billig und mit kalter Vernunft ihre Lage betrachtet, so hellt deutlich die Nothwendigkeit ein, diesem zerstreuten, in die Länge ohne Breite gedehnten Staat mehr Consistenz geben zu müssen. Aber wir wollen hoffen, daß dieses durch den Besitz der beiden Lausitzen und Wittenberg hinlänglich geschehen sei und ein ehrwürdiger Regentenstamm deshalb nicht von der Liste gekrönter Häupter ausgestrichen würde...."

Jomini reiset in einigen Tagen von hier ab. Er scheint disgoustirt zu sein. Sein Adjutant hat mir bei Gelegenheit, als die Rede von den An- und Unannehmlichkeiten des russischen Garnisonslebens war, versichert, daß ihre ganze Hauptarmee nach Rußland bereits zurückkehre...

Noch etwas, was unsern Damen Ehre macht und E. Exc. vielleicht noch nicht wissen. Der König von Preußen sagte dieser Tage zur Gräfin Széchényi: „Ich höre Ihr Gemal reiset nach Italien und Sie bleiben als Strohwitwe hier." Die Gräfin: „Ich weiß wohl, denn wir haben kein so großes Vermögen, daß wir Beide zusammen solche Reisen bestreiten könnten." Der König: „Da wollte ich sehr gerne den Platz ihres Gemals vertreten." Die Gräfin: „Glauben E. M., daß ich eine verlassene Provinz bin, die man nur so schlechterdings besetzen könne?"[1])

Über das gestrige Carrousel sind die Fremden allgemein erstaunt, und zwar vorzüglich wegen des Reichthums an Schmuck bei den Damen. Die Preußen sagen mir: „Du mein Gott, da kann man ja damit drei Campagnen führen." Ein Banquier aus Florenz sagte, er wüßte sonst so ziemlich Schmuck

---

[1]) S. oben dieselbe Anekdote mit K. Alexander, mit dem hier wohl der König von Preußen verwechselt wurde.

zu taxiren, und habe in den größten Städten Europa's viel an Schmuck gesehen, aber diesen Prachtaufwand in Wien wisse er nicht zu schätzen[1]).

Zum Vortrag vom 27.

24. Nov. (Hebenstreit)

F. Hardenberg hat die Errichtung eines litterarischen Instituts zum Behufe der Versorgung der Veteranen genehmigt, ist aber mit dem Gange des Congresses und der Politik der jetzt verbündeten Staaten so wenig zufrieden, daß er im Begriffe war, seine Entlassung anzusuchen. Es ist mir aus einer bedeutenden und verläßlichen Quelle die Versicherung gemacht worden, daß an der jetzigen Spaltung hauptsächlich H. v. Humboldt Schuld sei, weil er den Kaiser von Rußland immerwährend zu bestimmen suche, auf Polen nicht Verzicht zu leisten, welches denn die natürliche Folge hat, daß Preußen die sächsischen Länder in Besitz erhalten will. Dagegen haben sich freilich Frankreich, Bayern und Österreich erklärt; allein es findet bis jetzt nur eine schwache Annäherung statt. Ich weiß es aus dem Munde des Grafen Carl von Rechberg, dem Vertrauten des Königs von Bayern, daß der König durchaus von keiner Unterhandlung etwas wissen, sondern sich strenge an jene Bedingungen halten will, unter denen er sich entschlossen hat, der allgemeinen deutschen Sache beizutreten, und diese beziehen sich auf die Garantie seiner ehemaligen Besitzungen. Fürst Wrede ist kein Diplomatiker und lediglich das Organ des Ministers Montgelas. Beide sehen in der Besitznahme Sachsens von Preußen den unvermeidlichen Untergang von Bayern, und der letztere Staat ist in Verbindung mit Frankreich auf diesen Fall fast zum Kriege entschlossen. Auch beabsichtigt der König noch vor Mitte Dezembers abzureisen und läßt die hier aufgekauften Gemälde und Kunstwerke bereits einpacken. Der Kronprinz von Bayern, den der Gf. Rechberg auf allen Reisen begleitet hat, hat von der Sache dieselbe Ansicht und gleichen Entschluß. Dennoch hofft man noch eine Ausgleichung, hauptsächlich von der festen Sprache unseres Hofes.

26. Nov. (Leurs[2])

Alles das, was nun von den Russen und Preußen hier in Anregung gebracht wird, beruhet, wie ich aus einer glaubwürdigen Quelle schöpfte, auf einem Vertrag, der zwischen Preußen und Rußland in Kalisz bei ihrer Vereinigung abgeschlossen wurde. Es wurde damals der geheime Artikel unter ihnen beschlossen, daß Preußen für die Zukunft auf seinen vorigen Antheil (Polens) zu Gunsten Rußlands Verzicht leiste, dagegen aber bei der Befreiung Teutschlands von den Franzosen durch Sachsen seinen Ersatz

---

[1]) Der Schmuck der Österreicherinnen war auch der Großfürstin Katharina aufgefallen, die zu einer Engländerin die Bemerkung machte, sie hätte in London nicht so viel Diamanten gesehen wie in Wien. Die Engländerin habe darauf erwidert: „Cela provient, Madame, de ce que notre richesse est prouvée par nos subsides." So erzählte Ligne.

[2]) Wahrscheinlich nach einem Gespräch mit Graf Reichenbach.

erhalten werde[1]). Bei dem Beitritt Österreichs zur allgemeinen Sache gegen Frankreich soll der angeführte Artikel nicht vollkommen bekannt gewesen sein, und wie er in der Folge, wo die Heere schon am Rhein standen, ganz enthüllt war, so soll der Fürst v. Metternich, aus weisen Gründen, nicht für gut gefunden haben, daß man sich öffentlich dem angeführten Vertrage widersetze, zumal zu besorgen gewesen war, daß Preußen zuerst nach Haus ziehen würde[2]). Es kam dann die Sache in Paris und London zur Sprache[3]). Es wurde sich zwar dagegen erklärt, aber in der Hauptsache noch hingehalten. Dennoch soll es zur Folge gehabt haben, daß der russische Kaiser beinahe entschlossen war, nicht nach Wien zu gehen, aber dennoch die Vorsicht gebrauchte, im Warschauer Gebiethe seine Truppen aufzustellen und von Paris seinen Bruder Constantin dahin zur Organisation des sogenannten „Polen" abzusenden. Dieses soll die Lage der Dinge bis zum Congreß in Wien gewesen zu sein. Wie es hier zur offenen Sprache kam, so sah wohl Hardenberg, daß mit der preußischen Idee nicht würde durchgegriffen werden können und fand an seinen eigenen Amtsgenossen, besonders in der Person des Ministers Humboldt, Stein und des Generalen Knesebeck, Jordan und anderer preussischer Räthe große Widersacher[4]). Der russische Kaiser, besonders auf den Vertrag mit Preußen versessen, wollte keiner Gegenvorstellung, die ihm von Österreich und Frankreich gemacht wurde, Gehör geben, und glaubte durch einen Machtstreich, daß er nämlich Sachsen definitive an Preußen übergebe, der Sache ein Ende zu machen. Da nun diese Entschließung zur Folge hatte, daß die übrigen Mächte bestimmt vom unvermeidlichen Kriege sprachen, so geriet die Gegenpartei noch um so mehr in Verlegenheit, als der Minister Hardenberg, der schon früher über diese Sache derbe Worte vom Kaiser von Rußland hören mußte, sich verlauten ließ, seinen König um die Entlassung seiner Ämter zu bitten.

Der König von Preußen ward schon früher von Hardenbergs Vorhaben unterrichtet und ging darüber mit seinen Vertrauten, besonders mit Knesebeck und Graf Reichenbach zu Rathe[5]). Vorzüglich Knesebeck gestand bei dieser Gelegenheit seine Verlegenheit und stellte dem König ganz gerade vor, daß die Rettung Preußens allein Hardenberg zu danken wäre, daß die ganze Nation an ihm hänge und wenn ein neuer Krieg entstände, die Herzen der Unterthanen nicht nur von dem König sich selbst abwenden, sondern daß man auch das neue Unheil eines Krieges auf die Rechnung des neuen Staatskanzlers schreiben würde. Obschon es klar wäre, daß Hardenberg

---

[1]) Sachsen war im Kalischer Vertrag nicht ausdrücklich genannt, gewiß aber gemeint.

[2]) Über Friedrich Wilhelms Abneigung nach Frankreich einzumarschieren, S. Pertz, Gneisenau, III. 558, Delbrück, Gneisenau, II. 7.

[3]) D. i. die Vergrößerung Rußlands durch das Herzogtum Warschau. Sachsen hat Metternich Hardenberg im Januar zugestanden.

[4]) Jordan wäre auszunehmen.

[5]) Ob auch Graf Reichenbach vom König zu Rate gezogen wurde, ist doch sehr fraglich.

ganz für das österreichische Ministerium gestimmt sei, so müßten sie doch S. M. bitten, Hardenberg beizubehalten. Dem Könige stände ohnehin frei, wenn er auch in Hardenbergs Gesinnungen kein Vertrauen setze, zu thun, was er für gut fände und mit anderen ihm treuen Personen zu Rathe zu gehen[1]).

Diese Vorstellungen fanden Eingang, und Hardenberg wurde ungeachtet seines Ansuchens nicht entlassen. Weil nun jene Partei, welche für die Herstellung Sachsens gestimmt ist, eine gegründete Hoffnung für sich erhalten hat, so sind jene Preußen und Russen, die ihrer Sache schon ganz gewiß zu sein glaubten, sehr übel gestimmt...[2])

26. Nov. (**)

... Über den raisonnirten Artikel vom „Beobachter" vom 24. d. M. höre ich von den Preußen, welchen dieser Artikel nicht recht zu sein scheint, die Bemerkung, der Artikel habe den vorzüglichen Zweck, den Mediatisirten zu insinuiren, daß demnächst auch sie, daß die Häuser Nassau, Darmstadt, Kassel, Anhalt, Reuß, Mecklenburg, Schwarzenberg etc. im Congresse sitzen werden. Diese Letzteren pflegen ohnehin den Satz aufzustellen: „Wir haben den verbündeten Monarchen unser Contingent gestellt, wir haben unsere Allianz-Convention wie Bayern, wie Württemberg, und Baden; wir müssen im Congreß sitzen und unsern Kriegskosten-Ersatz haben wie Bayern und Württemberg." Dieses Raisonnement höre ich nun vorzüglich in jenen Häusern, welche in dem aufgelösten Rheinbund das fürstliche Collegium gebildet hatten, sehr laut aussprechen[3])....

Die Franzosen prononciren sich forthin am lautesten gegen die Russen und gegen K. Alexander; sie enumeriren was Rußland durch den Tilsiter Frieden, über die Schweden, über die Türken neuerlich acquirirt hat; sie sagen: „Weit entfernt, gegenwärtig abermalen zu acquiriren, muß Rußland herausgeben, um sich gleich zu stellen mit den übrigen Puissancen[4]). Sie proponiren auf das interessante Werk von H. v. Klaproth „Rußlands Vergrößerungen unter Alexander I." und auf die beigedruckte Karte der russischen Eroberungen...[5])

---

[1]) S. oben S. 262.

[2]) Vergl. unten den Rapport vom 29.

[3]) Der in der Nummer vom 24. November des offiziösen „Österreichischen Beobachters" erschienene Artikel suchte Metternichs Auffassung vom Kongreß zu rechtfertigen und enthielt u. a. den Satz: „Die teutsche Bundesverfassung wird von den Bevollmächtigten von Österreich, Preußen, Baiern, Hannover und Würtemberg entworfen und soll, dem Vernehmen nach, nächstens mit den übrigen teutschen Höfen in Beratung genommen werden. Teutschland wird ... wieder ein eigener politischer Körper ... der Schlußstein eines politischen Gebäudes, welches den sämtlichen europäischen Staaten eine dauerhafte Garantie ihrer Sicherheit und Ruhe darbieten soll."

[4]) Ein Thema, das schon von Napoleon vielfach variiert wurde und von den französischen Bevollmächtigten auf dem Kongreß bereits zur Geltung gebracht worden war.

[5]) Das Buch von Klaproth, das 1814 in Berlin erschien, führte den Titel

Unter den in Wien anwesenden Congreß-Ministern bezeichnet die Opinion Talleyrand, Humboldt und Stein als sehr eminente, die H. Rasumowsky, Nesselrode und Stackelberg als sehr mittelmäßige Subjekte....

Am Katharinentag hatte sich bei Fürstin (Katharina) Bagration die elegante Welt eingefunden. Doch waren bei Castlereagh die Fürstin Jablonowska, der Kronprinz von Württemberg, Cardinal Consalvi, Fürst Wrede, Prinz Nassau, der junge Fürst Reuß, Commandeur Ruffo, mehrere Engländer. Am Katharinentag gab auch Fürst Rosenberg zu Ehren seiner Kathinka Buchwieser[1]) ein gewöhnliches Mittagmahl, wobei Mme Petit-Aimée mit Oberststallmeister Graf Trauttmansdorff und die Tänzerin aus München mit ihrem Grafen Rechberg sich eingefunden. Die Mutter Buchwieser sagt: „Meine Tochter hat einen dummen Streich gemacht, daß sie mit dem Fürsten Rosenberg sich eingelassen hat; sie hätte sollen bei dem Fürsten Ghika bleiben, der bezahlte besser."

27. Nov. (Leurs)

Graf Reichenbach fährt fort, gelassen, ruhig und anständig zu leben... Derselbe erzählte, der Congreß werde sich friedlich beendigen, Fürst Hardenberg habe das Meiste dazu beigetragen. Am Abend des Carrousel habe der K. v. Rußland denselben zu sich rufen lassen, um mit ihm zu conferiren[2]). Der Fürst habe die Ansichten des Kaisers in Betreff Polens berichtigt und die Gesinnungen desselben gemäßigt. Derselbe habe dem Kaiser das eröffnet, was sie, in Bezug des geheimen polnischen Bundes von a° 1794 wüßten. Ein Hauptpunkt desselben wäre, Rache an Rußland in ewigen Zeiten auszuüben, weil eigentlich Rußland Polen vernichtet habe. Dieser (Bund) bestünde noch und werde vor der völligen Herstellung und Unabhängigkeit Polens nie verlöschen, sondern sich, aller angewandten Mühe und Vorsicht ungeachtet, fortpflanzen. Alle etwas bedeutenden Polen wären Mitglieder dieses Vereines. Der Fürst Adam Czartoryski gehöre zu den ersten Stiftern dieses Bundes und werde demselben nie entsagen. Auch Fürst Radziwill habe Theil daran. Der Kaiser habe sich darauf ergeben und willige in eine Zurückstellung, welche Preußen und Österreich befriedigen könne. Die Hauptpunkte der preuß-poln. Gränze wären schon bestimmt; man arbeite nun an der Berichtigung des Laufes der Gränzen zwischen diesen Punkten. Auf der Straße von Warschau nach Glogau sei Kalisch der letzte Punkt Rußlands. Von da gehe die Linie rechts zur Warthe, die die Gränze mache; Posen, Gnesen fielen also an Preußen. Auch gehe dann die Gränze durch-

---

„Rußlands Vergrößerung im Süden durch den mit Persien abgeschlossenen Friedenstraktat. Mit einer Karte." Rußland hatte im Frieden vom 24. Oktober 1813 Persien den größten Teil seiner kaukasischen Territorien abgenommen.

[1]) Eine Wiener Ballettänzerin. Die Petit-Aimée und die Bigottini waren aus Paris gekommen.

[2]) Hardenbergs Tagebuch zum 23. November: „Mémoire pour l'Empereur Alexandre que je lui remis, et entretien avec lui." Schon am 21. aber hatte Gentz in sein Tagebuch notiert: „Bruits sur un changement dans les dispositions de l'Empereur de Russie."

gängig neben Bächen zur Netze und Weichsel, so daß Preußen Bromberg und Thorn blieben und daß sie nicht allein aus den Marken, sondern auch aus Schlesien mit Preußen communizieren könnten. Sie könnten damit zufrieden sein, weil sie nun jene Ausdehnung und Gränze da erhielten, welche Friedrich II. einst so sehnlich gewünscht. Was noch Gutes an der Sache wäre, daß der Kanzler den Stoff gegeben und Preußen nun eigentlich als Vermittler zwischen Rußland und Österreich stünde und jedem dieser Cabineter näher bliebe als dieselben unter sich wären, welches hinfüro wesentlich in der preußischen Politik sein müsse. Auch habe der Kaiser von Rußland eingewilligt, Krakau und einen Strich von der Weichsel bis zum Bug an Österreich zu ersetzen, welcher, wie Jordan ihnen gesagt, über 400,000 Seelen enthalte[1]). Der König sehe nun Alles dergestalt als beigelegt an, daß er gestern, den 26., seinen Adjutanten von Einpacken gesprochen und Befehl zum Einkauf mehrerer Kleinigkeiten gegeben[2]). Der König soll nach der letzten Redoute seinen Adjutanten gesagt haben, mehrere gebildete Personen hätten, als sie ihn wahrgenommen, sich laut gefragt, ob sie das Buch „Sachsen und Preußen" schon gelesen hätten. Der Kaiser von Rußland soll den größten Unwillen darüber bezeugt haben, daß man hier so geringschätzig von ihm spreche. Höchstderselbe soll zumal Erbitterung geäußert haben darüber, daß der Fürst de Ligne, mit Beziehung auf ihn, gespottet und gesagt habe: „Le congrès danse, mais ne marche pas."

Zum Vortrag vom 29.

26. Nov. (Schmidt)

Sagen über den Gemüthszustand K. Alexanders. Der Vertraute O... bemerkt: „Es wird so viel und Verschiedenes über den Charakter und die angeborenen Neigungen des K. Alexanders gesprochen und von vielen gefürchtet, daß er in den Zustand seines Vaters Paul verfallen würde. Die erste Bemerkung ward von Bon Anstett laut, der in Betreff Polens dem Grafen Broniewski sagte, daß der K. Alexander mit Hartnäckigkeit sich den Bemerkungen seines Rates widersetzte, welche ihm in Bezug auf die Wiederherstellung und Beibehaltung des alten Namens von Polen gemacht wurden! Der Minister Talleyrand soll nach seiner bekannten Unterredung mit dem K. Alexander gesagt haben, daß er einen zweiten Napoleon vor sich gesehen

---

[1]) Diese Territorien entsprechen ungefähr den ursprünglich, schon in Paris, von Hardenberg für Österreich in Aussicht genommenen warschauischen Landteilen: „Cracovie avec rayon (150.000 h.), district de Zamosc (savoir les cercles de Tomaszow, Tarnogrod et Zamosc, 164.000). Damals war auch noch der Rückerwerb des von Österreich 1809 eingebüßten galizischen Landes (400.000 Einwohner) in Aussicht genommen. Hardenbergs Plan zum Arrangement Europas, Paris, 29. April 1814. (Handschriftlich.)

[2]) Dazu vgl. unten den Rapport Goehausens vom 28. November über das Nachlassen der Spannung wegen Sachsens und Polens und die Äußerung des Prinzen August von Preußen vom 1. Dezember zu einigen österreichischen Generalen, er werde diesen Monat mit dem König abreisen. Doch hatte sich inzwischen die Situation wieder wesentlich verändert.

zu haben glaubte, nämlich in Bezug auf dessen Raschheit. Der schwedische Gesandte hat die nämlichen Bemerkungen gemacht. Die Widersprüche, welche der Kaiser von den Diplomatikern des Congresses hören müsse, enthüllten seinen Charakter und zeigten, wie er seinen Launen nachlebe. Gestern Freitags besuchte ich den Erzbischof Ignatius[1]), welcher mir im Gange des Gespräches sagte, daß er des Kaisers Alexander Charakter ganz geändert finde.

28. Nov. (Gochausen)

In dem „Rheinischen Mercur" Nr. 141, soll ein Aufsatz vorkommen, der äußerst beleidigend und herabsetzend für Bayern und Wirttemberg ist.[2]) Bekanntermaßen ist der Redacteur dieses Blattes der Professor Görres in Koblenz, ein Organ Preussens und ein Handlanger des Ministers Baron Stein. Ungeachtet der wider diesen Mann, wider seinen sittlichen und politischen Charakter streitenden Umstände, wurde derselbe, bloß durch die preußische Protektion, Inspector der Schulen[3]). Es ist daher nicht zu zweifeln, daß jener Aufsatz aus einer preußischen Feder geflossen sei. Nach einer weiteren vertrauten Meldung verbreitet sich das Gerücht, daß seit zwei Tagen die Spannungen wegen Sachsens und Polens gehoben seien und zwar durch die Festigkeit S. M. unseres Kaisers. Man glaubt auch, daß bis Mitte des künftigen Monats Dezember die h. Souveräne von hier abgehen werden. Indessen sollen die Verhandlungen nirgend anderst als hier bis zum gänzlichen Abschluß fortdauern.

Zum Vortrag vom 30.

29. Nov. (Hebenstreit).

Denen preußischen geheimen Hofräten Philippsborn und Schröer hat es gestern Abends noch gar nicht einleuchten wollen, daß Preußen im Begriff stehe, auf Sachsen zu verzichten. Sie waren vielmehr der Meinung, daß es bei seinen Ansprüchen verbleiben und solche geltend machen würde. Der Geh. Staatsrat Staegemann hat indeß heute dem Hauptmann Müller, welchen ich darüber Erkundigungen einzuziehen bestimmte, seine Zweifel über den letzteren Umstand und zugleich eröffnet, daß, bei dem bestehenden deutlichen Widerspruche mehrerer Mächte gegen die Besitznahme Sachsens von Preußen, man allerdings zur Nachgiebigkeit gestimmt sein werde, obgleich der König seinen Verdruß in dieser Richtung nicht verbergen könne. Ebenso hat der Hauptmann Danilewsky, Adjutant des Fürsten Wolkonsky,

---

[1]) Archimandrit von Jassy und russischer Pensionär. S. oben S. 22 und weiter unten.

[2]) Gemeint ist die Stelle: „Als Max von Bayern an jenem unseligen Tage (des Jahres 1805), wo er das bekannte Handbillet dem Kaiser Franz geschrieben und ihm darin seine Hilfe zugesichert, mit dem Heer gegen Würzburg zog, um sich mit den Franzosen zu vereinigen, da war Deutschland das Los geworfen".

[3]) Görres wurde 1814 von Justus Gruner, dem Verweser des rückeroberten Rheinlandes, zum Studiendirektor für den Koblenzer Sprengel ernannt.

dem Oberstlieutnant Borbstedt anvertraut, daß Rußland auf Polen verzichten und der ehemalige Besitzstand von 1806 eintreten würde, wobei jedoch einige Veränderungen wegen der Gränze stattfinden möchten. Memel mit einigen königl. Domänen-Ämtern würde nemlich mit Rußland vereinigt, hiernächst der Fluß Memel (Niemen) die Scheidungslinie beider Staaten bilden, welche über Ostromezko das jenseitige Weichselufer durchschneiden und sich so mit der österreichischen Gränze vereinigen sollte. Thorn und Posen, Gnesen und Kalisch etc. verbleiben dem preußischen Staate, dagegen behielte aber Rußland das Bialystoker Departement in Besitz, welches jetzt durch Warschau und den bemerkten Weichseldistrikt vergrößert werde. Rußland bleibe übrigens gegen Preußen sehr liberal gesinnt und werde, um sich selbst zu entschädigen, wahrscheinlich andere Ansprüche auf den Süden hervorsuchen, welches einen Kreuzzug gegen die Türken zur Folge haben müßte..."

B. Interzepte.

Küster an den König von Preussen.

Stuttgardt, le 1er novembre 1814[1]).

[Der König von Würtemberg schreibt aus Wien an seine Minister viel über die Congreßverhandlungen unter dem Siegel des Geheimnisses, manchmal mit dem Befehl, die Depeschen sofort zu verbrennen.] Je ne saurais passer ici sous silence que, dans le même esprit, le roi, en écrivant à ses ministres d'ici, s'attache souvent à relever tout ce qui pourrait marquer quelques discussions entre les grandes puissances; il l'a fait nommément lors de la prorogation du congrès jusqu'au 1er novembre, qu'il attribuait d'abord à des discussions survenues avec la Russie au sujet de la Pologne, et il ne demanderait peut-être pas mieux que de voir en général régner la discorde là où maintenant la plus belle harmonie réunit les augustes souverains alliés. Quant à la nouvelle dignité royale de l'Electorat d'Hannovre, le Roi de W. l'avait tout de suite annoncée par un billet de quatre lignes à la reine son épouse comme un événement fort agréable pour eux deux. Personne n'a pu douter de ceci, vu que par la nomination d'un nouveau roi dont les états allemands de plus se trouvent être inférieurs à ceux du Roi de W., celui-ci pourrait se flatter de n'avoir plus à jouer le dernier rôle parmi les têtes couronnées. Mais on a parlé tout récemment à la cour de la reine ici des discussions élevées entre les ministres du nouveau Royaume de Hannovre et ceux de Würtemberg sur le rang des deux rois, discussions qui doivent même avoir affecté le Roi de W. à un tel point qu'il en eût été quelque temps malade, mais qui s'applaniraient encore à sa satisfaction, comme on l'espérait ici.

---

[1]) Interzept, M. J. S. oben den Rapport von Leurs zum 15. November.

Un autre sujet de mécontentement lui vient des justes soins que prend le congrès de Vienne à donner aux états allemands une bonne constitution intérieure. Le Roi de W., soit sur une sommation quelconque faite de la part des souverains alliés, soit pour avoir l'air d'avoir prévenu leurs soins à l'égard de son propre royaume, a déjà enjoint, il y a quelques semaines, à son ministre d'état, Cte de Mandelslohe, de faire dresser un plan de constitution wurtembergoise, et ce ministre en a chargé le conseiller de justice Georgi, homme très versé dans les affaires de ce pays, et qui autrefois était dans le service des états de W. Cette constitution doit comprendre deux chambres d'états, la 1ère composée des nobles, et la 2de des villes et des propriétaires ruraux, et leur assigner une part décisive à la legislation et aux impositions publiques.

Mavrojeni an den Fürsten der Moldau.

Vienne, ce 1er novembre 1814[1]).

.. Les plénipotentiaires s'étaient proposé de profiter de l'absence des souverains[2]) pour avancer dans leur travail. Ce moment leur accordait plus de calme, et l'influence directe de leurs maîtres les gênait moins. Effectivement les séances n'ont pas discontinué; le 30 et le 31 octobre il y eut même des assemblées des ministres des huit puissances qui forment le comité de propositions[3]). Dans une audience que l'Empereur Alexandre accordait au P^{ce} Metternich S. M. ne doit avoir témoigné aucune disposition de renoncer à son projet de garder la majeure partie du Duché de Varsovie pour elle. L'empereur doit même s'être servi de la phrase cathégorique: „Je le veux! que l'on vienne m'en déposséder!" Dans une autre occasion S. M. répliqua au P^{ce} Talleyrand qui observa que le Roi de Saxe n'abdiquerait jamais: „Qu'est ce que cela fait? il ne serait pas le premier Roi de Pologne mort en Russie."

ce 2 novembre.

Ci-joint je vous envoye par estaffette la déclaration qui vient de paraître, et qui confirme que les grandes questions n'ont pu être portées jusqu'ici au point de maturité pour commencer le congrès[4]). La vérification des pleins pouvoirs n'est qu'une formalité qui aurait pu se faire il y a longtemps. Les plénipotentiaires qui en sont chargés ont été tirés au sort, et ce sont ceux d'Angleterre, de Russie et de Prusse. Ils constateront seulement l'authenticité des documents qui leur seront présentés par les ministres des différentes puissances, sans énoncer lesquels de ces ministres seront admissibles ou non. De cette manière l'ouverture du congrès est renvoyée à un terme peut-être même assez éloigné. L'obstacle principal de ce renvoi

---

[1]) Interzept, M. J.
[2]) In Ungarn.
[3]) Die beiden Protokolle bei Angeberg, I. 358 ff.
[4]) Angeberg, I. 361.

vient de la Russie, qui persiste à vouloir garder la presque totalité du Duché de Varsovie et à former un nouveau Royaume de Pologne. Cette idée est vivement combattue par l'Autriche et par l'Angleterre, et si toutes les tentatives qu'ont été faites pour se rapprocher sur ce point resteraient sans succès, le congrès pourrait bien ne commencer jamais, et il pourrait résulter un état provisoire de status quo de l'Europe très fâcheux pour les pays dont le sort est laissé indéterminé, nommément la Saxe, les provinces sur la rive gauche du Rhin, et en Italie, conquises sur la France... Les plénipotentiaires français s'opposent également à un agrandissement de la Russie, et l'ordre de mettre 100,000 hommes sur pied a été donné en France depuis peu. Cependant, la France est d'avis que c'est d'abord à l'Autriche de se prononcer contre les prétentions russes, cette puissance étant la plus intéressée à ce qu'elles ne se réalisent point. L'état actuel des choses est un état de crise qui peut tourner en bien ou en mal, et sur l'issue duquel il est impossible de ne rien déterminer en ce moment.

Rosencranz an Schimmelmann in Kopenhagen.

Vienne, ce 3 novembre 1814[1])

... Il est permis de se persuader que la crise du moment aura incessamment un résultat. Pour y parvenir plus sûrement, Lord Castlereagh a du avoir hier une audience de l'Empereur Alexandre, pour lui faire des représentations, au nom aussi de l'Autriche et de la Prusse, relativement à la Pologne, ou plutôt au Duché de Varsovie, que ce souverain prétend garder tout entier pour soi. Ce point décidé, les autres questions, à ce que l'on prétend, ne tarderont pas à être décidées sans beaucoup de difficulté. La crise actuelle dans les négociations est sans doute la seule cause qu'il n'a point encore été donné suite à la promesse que l'Empereur de Russie donna au roi avant de partir pour la Hongrie[2]).

Löwenhjelm an Engeström.

Vienne, ce 5 novembre 1814[3]).

Le P^{ce} de Metternich et L. Castlereagh ont manifesté leur opinion que le congrès n'est à considérer que comme une réunion de toutes les puissances de l'Europe en un même lieu, non pas pour multiplier les difficultés des combinaisons politiques, mais pour les faciliter, abréger les distances qui séparent les états et, par conséquent, rendre les communications promptes et décisives, ces deux ministres d'état ne voyant dans le congrès aucun autre but, ni rien qui constitue une assemblée qui, comme telle, aurait un droit délibératif sur aucune question particulière. Les plénipotentiaires

---

[1]) Interzept, M. J. Graf Ernst Heinrich Schimmelmann war bis 1813 dänischer Finanz- und Handelsminister gewesen.

[2]) Die russischen Truppen aus Holstein zurückzuziehen.

[3]) Interzept, M. J. Das Original in Stockholm zeigt nur ganz geringe textuelle Abweichungen.

français et celui d'Espagne ont demandé alors ce que c'était que ce congrès, puisqu'on n'y voyait aucun but dans son assemblée générale, et ont trouvé une contradiction manifeste entre l'appel fait dans le traité de Paris pour la formation du congrès et la déclaration antérieure du 8 octobre pour son ouverture le 1er de novembre. Il est, selon ce qu'il me paraît, impossible de sortir de ces difficultés avec les honneurs d'une logique ordinaire. Le mal vient de ce qu'on a imprudemment à Paris proclamé le congrès en lui donnant ce nom, sans réfléchir alors aux différentes suites que cela aurait. Je ne puis nier que les plénipotentiaires français ne paraissent avoir pour eux le principe des anciens congrès, et celui qui semble découler de la nature même d'une pareille réunion de plénipotentiaires; mais, d'un autre côté, les grandes puissances, savoir le Cte Nesselrode pour la Russie et le Bon de Humboldt pour la Prusse, ont déclaré dans notre dernière séance[1]) Qu'ils ne comptaient pas soumettre leurs arrangements au jugement d'aucune assemblée quelconque, ni celle du conseil préparatoire, ni celle du congrès en général. La seule démarche à laquelle les plénipotentiaires russes, prussiens, anglais, et autrichiens, se soumettent vis-à-vis du congrès est la connaissance qu'ils veulent donner à toute l'Europe de leurs arrangements respectifs, en demandant sa sanction, mais sans que cela oblige aucune des autres puissances à sanctionner implicitement ces mêmes arrangements. La différence des opinions, en résumé, roule sur ce que les plénipotentiaires français entendent le mot congrès dans son acception ordinaire, et que les ministres des autres grandes puissances ne veulent point s'en tenir à cette notion connue, mais le considérer simplement comme une réunion de toutes les puissances sur un même point pour faciliter leurs arrangements.

Les puissances signataires se fondent sur le traité de Paris qui exclue la France de toute voix délibérative dans les arrangements à faire par les alliés quant à la distribution des pays conquis, tandis que la France, qui ne peut y être indifférente, cherche à prendre toute la connaissance à laquelle elle croit avoir droit par sa place parmi les puissances de l'Europe. Voilà ce qui constitue le fond de la question que le P^{ce} de Talleyrand cherche à gagner, en faisant adopter des formes qui y ramènent toujours, en dépit du traité de Paris et en dépit des premières décisions du conseil préparatoire. On ne saurait se dissimuler l'embarras où l'on se trouve pour sortir de cette question. D'un côté l'Europe qu'on a appelée à un congrès, et à laquelle on a récemment annoncé son ouverture, a droit à le voir commencer, et l'Europe ne conçoit l'idée d'un congrès que comme une assemblée où tous les intérêts seront discutés et sanctionnés, d'autant plus qu'il n'en est aucun qui n'affecte le bien-être de toutes les autres puissances. C'est ce sentiment qui est vivement soutenu par la France. D'un autre côté la Russie surtout, et l'Angleterre, de même que la Prusse et l'Autriche, ne veulent pas soumettre leurs arrangements aux délibérations des autres puissances. Il faut donc chercher des faux-fuyants, en attendant que les puissances, étant

---

[1]) Der „Acht" am 31. Oktober.

d'accord sur leurs grands intérêts, puissent en donner à connaître le résultat et faire ainsi de la première séance du congrès la dernière. Dans la dernière séance du conseil préparatoire aucune décision n'a été prise[1]. Lord Castlereagh, pour calmer la discussion, a observé qu'il valait mieux rejeter à la fin du congrès tout ce qui tenait à le définir, et tâcher d'arriver au but qu'on s'était proposé par la réunion actuelle des plénipotentiaires, en mettant tout de suite en activité les différents comités, en les composant toujours des puissances intéressées. L. Castlereagh pensait qu'on n'avait besoin pour cela d'aucun examen théorétique sur les attributions du congrès général ou du conseil préparatoire. Il observa que, sans aucune discussion, il s'était déjà formé deux comités, celui des affaires de Pologne (!) et celui de la constitution de l'Allemagne[2]), et qu'il n'y avait donc qu'à former de même la commission pour la Suisse et celle pour l'Italie. Le P^{ce} de Metternich se déclara volontiers du même avis, mais observa que, quant à l'Italie, la multiplicité de ses différents intérêts exigerait peut-être plusieurs comités séparés. Comme aucun des autres plénipotentiaires des huit puissances n'était prêt à s'expliquer sur cette dernière considération, la séance fut levée sans qu'aucune décision formelle ne fut prise, ni aucun jour fixé pour la prochaine réunion du conseil préparatoire. En attendant, on s'occupe confidentiellement de la manière de former les commissions qui doivent traiter les affaires d'Italie, mais cet objet, tenant à une décision majeure relative au Royaume de Naples, ne sera probablement pas de sitôt réglé.

Hegardt an Engeström.

Vienne, ce 9 novembre 1814[3]).

Nous sommes toujours dans l'attente d'apprendre la décision de cette importante question de la Pologne et de la Saxe, qui forme le principal obstacle à l'ouverture du congrès général, et qui semble devenir plus épineuse et plus difficile à décider à mesure qu'elle est plus discutée et considérée sous plusieurs points de vue. Le bureau de vérification a reçu un grand nombre de pleins-pouvoirs dont la validité va être examinée. Le Duc de Campo Chiaro et le Prince Cariati en ont présenté comme plénipotentiaires du Roi de Naples. Les petits princes et dynasties de l'Allemagne, se cotisant par douzaine et vingtaine, ont aussi envoyé leurs fondés de pouvoirs pour le congrès. Il y a des gens qui se sont formé une idée du congrès de Vienne comme s'il était un tribunal de justice devant lequel toutes sortes de prétentions et de réclamations, quelque surannées qu'elles soient, pussent être portées. En attendant le dénouement de tant de discussions très sé-

---

[1]) Das Protokoll der Sitzung der „Acht" vom 31. Oktober bei Angeberg, I. 361.

[2]) Das „deutsche" Komitee war am 14. Oktober zusammengetreten. Ein Komitee für die polnische Frage gab es im November noch nicht. Das Komitee der „Acht" befaßte sich nicht damit.

[3]) Interzept, M. J. Original in Stockholm.

rieuses, les fêtes et les divertissements se succèdent sans interruption tous les jours. . . .

Le consul d'Autriche à Civita Vecchia a rapporté, l'on m'a dit, que le Dey d'Alger ne reconnaît point le pavillon de l'Isle d'Elbe et qu'il a même ordonné à ses corsaires de saisir la personne de l'Empereur Napoléon s'il y avait moyen et de l'emmener à Alger.

Gräfin Rechberg an ihren Vater.

Vienne, ce 9 novembre 1814[1]).

. . Castlereagh a remis une note très forte à l'Empereur Alexandre relativement à la Pologne. La France s'exprime avec l'énergie des temps de Napoléon. On tient ferme ici. Trois fois Alexandre a fait demander au P^{ce} Metternich de se rendre chez lui, et trois fois il a fait répondre que cet entretien ne pourrait porter des changements à ce qu'il avait eu l'honneur de lui exprimer antérieurement, qu'il avait remis à un conseil tous les différends de la Pologne et que, sans être traître à sa patrie, il ne pourrait céder sur aucun point[2]).

Hegardt an Engeström.

Vienne, ce 12 novembre 1814[3]).

. . . Je crois[4]) que le P^{ce} Metternich a manifesté avec beaucoup de franchise à l'Emp. Alexandre que la cour de Vienne ne pouvait prévoir[5]) les projets du cabinet de Pétersbourg relativement à la Pologne, comme étant incompatibles avec l'équilibre de l'Europe et la sûreté de l'Autriche, et qu'on croit[6]) par conséquent que la Russie s'en désisterait si elle voulait maintenir la bonne intelligence avec les autres puissances. L'Empereur Alexandre, irrité de ces représentations, répondit au P^{ce} Metternich en lui demandant, si l'on voulait lui dicter des lois et le frustrer[7]) de ce qu'il possédait, ajoutant que, si c'était pour cela qu'on l'avait invité à Vienne, on s'y tromperait fort, qu'on n'avait qu'à envoyer quelq'un en Pologne compter les forces russes, et qu'en suite on jugerait peut-être prudent de lui parler sur un autre ton. Celui qui m'a raconté cet entretien prétend que le P^{ce} de Metternich fut tellement déconcerté de la réponse brusque et énergique de l'Empereur de Russie qu'en

---

[1]) Interzept, M. J.
[2]) Über die hier berührte Konferenz, an der neben Metternich und Schwarzenberg Stadion, Duca und Wessenberg teilnahmen, s. oben.
[3]) Interzept, M. J. Das Original (in Stockholm) war in Chiffren geschrieben und die Entzifferung machte in Wien offenbar Schwierigkeiten, da sich vielfach Abweichungen im Wortlaut vorfinden.
[4]) Orig.: „Il est certain".
[5]) Orig.: „ne pouvait voir d'un œil indifférent".
[6]) Orig.: „et qu'il fallait".
[7]) Orig.: statt „dicter" und „frustrer" „préscrire" und „priver".

se retirant il a eu de la peine à trouver la porte[1]). On apprend qu'à la suite de cette scène il fut proposé de joindre le P^ce Schwarzenberg et le Cte Stadion au P^ce Metternich pour traiter avec la Russie, mais tous les deux s'en sont excusés en prétextant différens empêchements. L'on soupçonne maintenant que le départ du Grand-duc Constantin a été motivé par la crise actuelle, et que ce prince est chargé d'organiser une armée polonaise.

Le public de Vienne, si avide de spectacles et de divertissements, commence cependant à se lasser des fêtes continuelles, et celle du départ des augustes étrangers lui serait peut-être la plus agréable, d'autant plus qu'il attribue à leur séjour prolongé dans cette capitale la cherté excessive qui augmente journellement ici, et qu'il craint que la dépense extraordinaire que l'Empereur fait pour régaler ses hôtes ne soit reprise sur ses sujets moyennant des contributions qu'on appelle ironiquement ,,Burgeinquartierungs-Steuer". Il est à supposer[2]) que l'Empereur lui-même serait bien aise de voir partir tous ces souverains qui, avec leurs familles et des suites nombreuses, vivent ici à ses frais, et qui, au reste[3]), le gênent par le soin qu'il faut prendre de les amuser et en l'obligeant lui-même à mener un train de vie auquel il n'est point accoutumé et qui n'est pas de son goût...

Mavrojeni an den Fürsten der Moldau.

Vienne, ce 16 novembre 1814[4]).

Par une convention avec les cours alliées, qui jusqu'ici fut tenue en secret, l'acquisition du pays de Gênes a été assurée au roi de Sardaigne[5]). Cet arrangement va s'éxécuter, car il est parti il y a quelques jours d'ici des courriers pour Gênes et pour Turin, qui portent l'avis d'incorporer le pays de Gênes aux états de Piémont. Gênes aura son sénat et une constitution particulière. Comme de tout temps le Piémont a servi de boulevard pour l'Italie contre la France, il paraît qu'on a jugé nécessaire de donner plus de force au Piémont pour pouvoir soutenir ce rôle aussi à l'avenir.

Les tentatives de ramener la Russie de ses projets sur la Pologne sont restées, jusqu'ici, sans succès. Les Russes disent qu'ils ont fait une guerre juste en poursuivant un ennemi, qui est venu les attaquer chez eux, que leur pays a été dévasté, qu'ils ont conquis le Duché de Varsovie par la valeur de leurs armes et que c'est eux qui ont donné le signal à l'Europe de se réunir et courir sur Napoléon, l'ennemi commun, qu'en conséquence ils peuvent prétendre à être indemnisés de leurs pertes et recompensés de leurs services par une province à leur portée telle que le Duché de Varsovie. L'Angleterre qui est encore intéressée par son commerce que tout le cours de la Vistule

---

[1]) Es war die Audienz vom 24. Oktober.
[2]) Orig.: ,,présumer".
[3]) Orig.: ,,d'ailleurs".
[4]) Interzept, M. J.
[5]) Der Anfall Genuas an Sardinien war schon in einem geheimen Separatartikel des Pariser Friedens vereinbart worden. Angeberg, I. 171.

ne dépende pas de la Russie seule, n'applaudit pas à ces arguments, ainsi que la France. La Prusse, qui ne peut pas manquer d'en sentir la force, se borne à demander qu'elle soit restituée dans l'état où elle se trouvait en 1805, et elle regarde le Royaume de Saxe comme un équivalent très à sa convenance contre la perte de ses anciennes provinces polonaises. De part et d'autre on s'est presque épuisé en paroles et en raisonnements sans pouvoir se convaincre....

Le Duc de Cobourg a présenté un mémoire au L. Castlereagh dans lequel il prouve que la suppression de la Saxe serait contraire au droit et à l'intérêt général de l'Europe[1]).

Hegardt an Engeström.

Vienne, ce 19 novembre 1814[2]).

Les négociations préparatoires sont à peu près dans les mêmes termes. Hier on a cependant dit qu'il y avait quelque apparence d'un rapprochement et d'un aplanissement des différends au sujet de la Pologne, et même que la Russie paraissait disposée à borner ses prétentions au Duché de Varsovie à la partie qui en est située sur la rive droite de la Vistule. Comme la Prusse, moyennant cette modération de la Russie, recouvrerait une partie considérable de ces provinces polonaises, cédées par le traité de Tilsit, on croit qu'elle se contentera des deux Lusaces avec une population de 4 à 500,000 âmes, et que la Saxe proprement dite, à quelques cessions près pour faire une frontière plus convenable à la Prusse, pourrait être conservée à son roi à qui il resterait pourtant environ 1,500,000 sujets...

Löwenhjelm an Engeström.

Vienne, ce 19 novembre 1814[3]).

Dans la dernière séance le P^ce Metternich proposa au plénipotentiaire d'Espagne d'entrer avec lui en négociation relativement aux affaires de Toscane, à la possession de laquelle la reine d'Etrurie veut faire valoir ses droits. Le P^ce de Metternich et le Chevalier de Labrador ne se reconnaissant pas mutuellement comme plénipotentiaires de la Toscane, dont la possession est en litige, ils convinrent de traiter dans leurs qualités de ministres

---

[1]) Das Memoire bei Angeberg, I. 293.
[2]) Interzept, M. J.
[3]) Interzept, M. J. Von der hier berührten toskanischen Affaire ist im Protokoll der Sitzung der „Acht" vom 13. November 1814 (Angeberg, I. 425) keine Erwähnung getan. Erst im Protokoll der nächsten Sitzung vom 10. Dezember (Angeberg, I. 500 f.) ist davon die Rede. Inzwischen schrieb am 21. November der Vertrauensmann des Großherzogs von Toskana, Corsini, an diesen, Metternich habe ihm tags vorher erklärt, daß die Anerkennung des Souveräns von Toskana nicht dem Kongreß unterworfen sei, sondern auf alten Verträgen basiere; in diesem Sinne wolle er eine Note überreichen, nachdem er die von Labrador angekündigte erhalten haben werde. (Interzept, M. J.)

et de plénipotentiaires d'Autriche et d'Espagne, afin de n'être pas arrêtés par le refus de reconnaître leurs pleins pouvoirs respectifs. Le P^{ce} de Metternich ayant proposé de s'adjoindre des ministres des puissances dont ils réclamaient l'intervention officieuse, l'Autriche a appelé l'Angleterre de son côté et le Chev. Labrador les plénipotentiaires de la Russie. Il fut convenu également que M. de Labrador donnerait aujourdhui au P^{ce} de Metternich le mémoire dans lequel il établit les droits de la Reine d'Etrurie. Le P^{ce} de Metternich ayant déclaré au conseil préparatoire qu'il n'avait aucune autre proposition à lui faire, le conseil leva sa séance.

Stein an Hardenberg.

Vienne, le 22 novembre 1814[1]).

Je vous renvoie, mon Prince, les papiers sur l'affaire des conseillers saxons. Dans l'instant entre Miltitz chez moi, me donnant mille détails inquiétans. Veuillez me dire, je vous conjure, quand vous pouvez le voir chez vous.

Gräfin Rechberg an ihren Vater.

Vienne, le 23 novembre 1814[2]).

Le ciel politique s'obscurcit de plus en plus; les deux partis paraissent également fermes et inébranlables. L'Empereur Alexandre a répondu par un style poli à la note anglaise du 4 de ce mois, (mais) d'une manière à ne pas faire espérer qu'il céderait sur aucun point[3]). Les espérances du public se fondent sur une conversation que Hardenberg, généralement considéré et estimé ici, doit avoir eu avec l'Empereur Alexandre; les personnes les mieux instruites doutent cependant qu'elle réponde à leurs souhaits[4]).

König Friedrich Wilhelm III. an Marie Louise.

Vienne, ce 23 novembre 1814[5]).

Madame ma sœur! J'ai eu l'honneur de recevoir votre lettre du 21 de ce mois, et je suis extrêmement flatté de la confiance que Votre Majesté Impériale veut bien me témoigner[6]). Je vous prie de croire, Mme ma sœur,

---
[1]) Interzept, M. J.
[2]) Interzept, M. J.
[3]) Angeberg, I. 450 ff.
[4]) Die Unterredung Hardenbergs mit Alexander I. fand am 23. November statt. S. oben S. 272.
[5]) Interzept, M. J.
[6]) Marie Louise hatte auf den Rat Wessenbergs am 21. November an Alexander I. und an den König von Preußen Briefe geschrieben, in denen sie die Erfüllung des Vertrages von Fontainebleau, d. i. Parma und Piacenza für sich und ihren Sohn, erbat. Wessenberg war von Kaiser Franz zum Vertreter der Interessen M. Louisens auf dem Kongreß ernannt worden.

que je serai toujours très-pressé d'y répondre, et de concourir de tous mes moyens à ce qui pourra contribuer à votre satisfaction. Les liens d'alliance et de bonne amitié qui m'unissent à Votre auguste père seront pour moi un nouveau motif à soutenir les intérêts de Votre Majesté Impériale.

Mavrojeni an den Fürsten der Moldau.
Vienne, ce 26 novembre 1814[1]).

On croit ici que le P^ce Metternich lui-même est l'auteur de l'article que donnent nos feuilles publiques sur les négociations de Vienne et sur le mode du travail qui caractérise le congrès, et qu'il a voulu donner par là une espèce de compte rendu sur le travail du congrès[2]). Il semble qu'on a été dans l'erreur sur le but que l'audience du P^ce de Hardenberg auprès de l'Empereur de Russie devait avoir eu, au moins ne remarquait-on pas des changements saillans dans les dispositions. On prétend pourtant que l'Empereur Alexandre a témoigné que son amitié pour son allié l'Emp. d'Autriche pourrait l'engager à accorder des modifications sur plusieurs points. Il est encore positif que la Prusse elle-même ne vise plus à toute la Saxe, et qu'elle voudrait se contenter environ de la moitié de ce pays. L'Empereur de Russie doit avoir demandé que le cabinet d'Autriche articule jusqu'à quel point il désirerait que la Russie cedât; mais cette proposition doit avoir été déclinée. On voudrait aussi (décider) le roi de Saxe à accepter quelque équivalent pour ses pays héréditaires, mais après la protestation solennelle, faite à plusieurs reprises, qu'il ne donnerait pas son consentement à de pareilles offres, elles ne pourront pas avoir de succès[3]). Tous ces essais prouvent cependant qu'on commence à être moins dur dans les prétentions et que des vues modérées prennent faveur.

Gebhardt an Piquot in Wien.
Livourne, ce 28 novembre 1814[4]).

Notre voisin l'insulaire[5]) continue à attirer beaucoup de curieux. Un membre de parlement d'Angleterre du parti de l'opposition a eu dernièrement avec lui une conversation de 4 heures, dans le cours de laquelle il n'a jamais mentionné l'impératrice M. Louise, mais a fait beaucoup d'éloge de feu l'impératrice Joséphine. „Que pensez-vous," a dit Napoléon à l'Anglais, „de mon système de finances?" „Qu'il était très-mauvais." „Je ne m'en suis que trop aperçu," a repris Napoléon, „j'ai à cet égard été cruellement

---
[1]) Interzept, M. J.
[2]) Gemeint ist der Artikel im „Österr. Beobachter" vom 24. November. Auch Hegardt schreibt am 26. nach Stockholm, man vermute in Metternich, oder doch in einer Person der Staatskanzlei, den Verfasser.
[3]) Der Protest des Königs vom 4. November ist gedruckt bei Angeberg, I. 401.
[4]) Interzept, M. J. Gebhardt war preußischer Konsul in Livorno.
[5]) Napoleon auf Elba.

trompé par mes ministres." Il dit être résigné à son sort et que, comme soldat de fortune, il est revenu à peu près au point d'où il était parti. Ce qu'il dit l'avoir affligé le plus c'est ce qu'il appelle la défection et l'ingratitude du M^{al} Marmont. „J'avais," a-t-il dit enfin, „un grand but pour lequel j'aurais sacrifié 5 millions aussi bien que 5 hommes." Il n'a pas d'opinion des Bourbons et dit qu'il n'y en a aucun qui ait assez de talents pour régner sur les Français, de sorte qu'il croit qu'il y aura incessamment une nouvelle révolution. — Si le grand divorce[1]), dont quelques gazettes font mention, a lieu, je pense qu'il n'y aura plus de motifs à parler de cet homme malheureusement si célèbre.

Gräfin Rechberg an ihren Vater.

Vienne, ce 30 novembre 1814[2]).

Ce que je vous ai dit dans ma dernière (lettre) n'était pas sans fondement. On paraissait se rapprocher. Les propositions extrêmement modérées qu'on avait faites de la part d'ici faisaient espérer un arrangement. Il s'agissait de conserver, non un Royaume, mais un Duché de Saxe qui devait compter 5—600,000 hommes. La Prusse même avait paru vouloir céder. On en désespère de nouveau aujourd'hui. Le Roi croit s'être engagé vis-à-vis de la nation saxonne à soutenir son intégrité, et paraît ne pas vouloir souscrire à un partage. D'ailleurs il était bien douteux que le Roi de Saxe eut consenti à cet arrangement. On croit dans le public que la réunion des souverains touche à sa fin; on veut savoir qu'Alexandre a donné les ordres que ses équipages soient prêts le 15 décembre. Cependant la tournure des affaires, et quelques propos du Roi de Prusse, paraissent démentir cette croyance.

Legationsrat Piquot an ?

Vienne, le 30 novembre 1814[3]).

Les conférences qui regardent la Suisse continuent toujours, et la dernière a eu lieu le 24. Outre ce que j'ai eu l'honneur de mander sur les demandes faites par les ministres de la Confédération Helvétique au comité des puissances intervenantes pour l'établissement et la sanction de la constitution de cet état[4]), je dois encore ajouter que M. de Reinhard, ancien Landammann et chef de la députation suisse près du congrès, a témoigné qu'outre la reconnaissance que ses commettants ressentaient pour l'intérêt et la bienveillance des hautes puissances accordés à la Suisse, ils désireraient bien vivement que toutes celles, qui formaient le congrès actuel, reconnaissent également la neutralité et l'indépendance de sa patrie.

---

[1]) Scheidung M. Louisens von Napoleon.
[2]) Interzept, M. J.
[3]) Chiffon, M. J. zum Vortrag vom 8. Dezember.
[4]) Das Komitee für die Schweizer Angelegenheiten war am 14. November zusammengetreten.

D'un autre côté j'ai appris que le P^ce Talleyrand a sollicité, au nom de la France, l'admission au comité qui délibère sur les affaires suisses, et quoique d'après le traité de Paris cette puissance n'ait le droit d'y intervenir que lorsqu'on serait déjà définitivement tombé d'accord à cet égard, l'on a cependant d'abord pris la résolution de répondre affirmativement au P^ce de Talleyrand, en l'invitant de nommer un plénipotentiaire qui assisterait aux délibérations concernant les affaires de la Suisse[1]). Quant à celles de Pologne, l'on m'assure de bonne part qu'à la suite d'une longue conférence qui eut lieu ces jours derniers entre l'Empereur Alexandre et le P^ce Hardenberg il y avait quelque espoir que les choses s'arrangeraient bientôt entre les grandes puissances en vertu de l'intimité qui règne entre elles. Des personnes croyent même qu'il soit déjà question d'une restitution d'une partie de la Saxe au Roi Frédéric Auguste qui conserverait le cercle de Leipsic et quelques arrondissemens considérables[2])...

J'ai encore appris que le comité des plénipotentiaires des princes allemands qui ne se trouvent point admis au premier comité des cinq grandes puissances, et qui ont remis à ce dernier la note dont j'ai eu l'honneur de faire mention précédemment, en ont remis une pareille au ministre plénipotentiaire d'Hanovre, le Cte de Münster. On m'assure que ce ministre, en répondant à ce sujet, et principalement sur l'article qui énonce le vœu des princes que l'Allemagne ait de nouveau à sa tête un chef qui inspire du respect à sa constitution et la garantisse par sa prépondérance pour l'intérieur et pour l'extérieur, doit avoir dit qu'à Paris la cour de Vienne n'avait point paru désirer le rétablissement de l'ancienne constitution germanique, que cela avait déterminé toutes les puissances à se décider pour une constitution fédérative, mais que l'on pourrait revenir et s'entendre sur ce sujet et que le P^ce Régent d'Angleterre était d'ailleurs penché pour le rétablissement d'un chef de l'Empire[3]).

---

[1]) Dalberg kam in das Schweizer Komitee.
[2]) Soll wohl „Dresde" heißen. Das Eingeklammerte wurde übrigens durchgestrichen.
[3]) Münsters Antwort bei Klüber, I. 82 ff.

Dezember 1814.

A. Rapporte.

Zum Vortrag vom 1.

30. Nov.

Die Rückkehr des Königs von Sachsen[1]) wird ausser allen Zweifel gesetzt. Graf Schulenburg glaubt und wünscht auch, für immer hier zu bleiben. Zwischen ihm und Miltitz ist noch immer eine bedeutende Spannung, und selbst im herzoglich Albertischen Palais ist die Meinung wider ihn (Miltitz), daß er sich gegen seinen König zweideutig benommen und die Partei der Preußen ergriffen habe. Auch die Besuche beim Baron Humboldt sprechen nicht für ihn. Zwischen den englischen und sächsischen Ministern herrscht sehr gutes Vernehmen und sie sagen, Sachsen habe, neben Österreich, England sehr viel zu verdanken. Die Preußen ergreifen die Partei, sich ganz still und unschuldig zu betragen und blos von Entschädigung für Ansbach und Bayreuth und für die Besitzungen von Westphalen zu sprechen. Dagegen, heißt es, sei in Italien noch keine Ruhe. Der Separattraktat mit Neapel vertrage sich nicht mit den Grundlagen zum allgemeinen Frieden.... Die Zubereitungen des Königs (Murat) zu einer allgemeinen Bewaffnung seien höchst gefährlich und man vermuthe ein geheimes Verständniß mit Napoleon, weshalb auch dieser auf der Insel Elba nicht werde belassen, sondern durch die Engländer anderswohin transportirt werden...

30. Nov.

Nach der Meldung des Vertrauten v. O....[2]) sind die Anhänger der russischen Partei und die Diener des Kaisers in einer Art von Wut, daß der Vorschlag, das Herzogtum Warschau unter die russische Herrschaft zu bringen und Sachsen aufzulösen, nicht durchgesetzt worden sei. Alle seine Bekannten dieser Klasse, unter welche er den Erzbischof Ignatius, den Türken Mirza Mahmud Bey, Mavrojeni, Ghika, Radziwill besonders nennt, lassen darüber ihr Leidwesen laut werden und brechen in Lobeserhebungen über die Großmut und Erhabenheit der Seele des K. Alexander aus, dagegen aber sagen sie nur alles mögliche Üble vom F. Talleyrand, welchem sie allein die Schuld zumessen, daß der Vorschlag gescheitert sei, und der die übrigen Verbundenen, besonders Österreich, vermocht habe, sich mit Nachdruck zu widersetzen. Nach ihrer Ansicht habe das Kabinet von Wien Unrecht, von dieser Seite Rußlands Vergrößerung ungerne an-

---

[1]) i. e. in sein Land.
[2]) Otocki? Eine Bemerkung Hagers: „Otocki soll für die Polen sich verwenden." Näheres fehlt.

zusehen, weil Polen seine eigene Constitution und einen eigenen Vicekönig erhalten haben würde. Diese Bemerkung leitet v. O... von de la Harpe her, welcher sich schon als den Schöpfer einer Verfassung von Polen ansah und wahrscheinlich seine Ideen darüber an Mavrojeni mitgetheilt hat. — Bei diesen Umständen gehet das politische Raisonnement des Erzbischofs Ignatius und Mavrojenis dahin, daß von Seiten Rußlands gegen die ottomanische Pforte ein Krieg unvermeidlich sei, daß er aber Blut kosten dürfte, weil die Türken von den Engländern und Franzosen Unterstützung finden würden. Der Pole Bondinelli, welcher öfters zu den Fürsten Trubetzkoi[1]) und Wolkonsky kömmt, versichert nach O...'s Angabe, daß derselben Äußerungen die nämlichen seien wie Jener, welche er vorher nannte.

Der russische Kaiser soll von einem Italiener, welchen er im Vorgemach des Königs von Bayern traf, ein Gemälde um 10,000 Dukaten gekauft haben. Wahrscheinlich ist es jenes Gemälde von Rubens, welches seine Tochter vorstellt, das von Artaria aus Mannheim hierher gebracht wurde und eins der schönsten und selten zu erhaltenden Stücke von Rubens' Hand ist[2]).

30. Nov. (**)

Bei dem Lord Stewart halten die in Wien anwesenden zahlreichen Engländer ihren Gottesdienst. Sie sagen: „Die Engländer sind so religiös, daß am Sonntag sie keiner Musik beiwohnen. Um deßwillen ist die musikalische Akademie des H. v. Beethoven von Sonntag auf den Werktag verlegt worden"[3])....

Bon Linden sagt: „Mein König[4]) packt schon ein; er reist ab, sehr unzufrieden. Ich werde vermuthlich meinen Platz verlieren. Ein Anderer soll es besser machen. Meinem König ist weder zu raten noch zu helfen".

In der Conversation bei Bon Pufendorf wurde gesagt: „Die Würtembergischen Notæ im deutschen Congreß sind die dümmsten und die schlechtesten von allen"[5]). Graf Solms machte sich lustig über die äußerst negligirte und confuse Weise, wie Fürst Metternich das demselben überlassene Directorium ausübt und dessen sich entledigt. „Da war Bon Albini beim Congreß in Rastatt, bei der Reichsdeputation zu Regensburg, ein ganz anderer Mann. Fürst Metternich läßt zu keiner Sitzung etwas vorbereiten, nie verzeichnen, was in der angesagten Sitzung vorkommen soll. Kein ordentliches Raths- oder Sitzungsprotokoll." „Fürst Metternich dringet nicht ein in die Geschäfte, hat keine application, hält nicht an" — das höre ich forthin bei Pufendorf und bei Rechberg von Solms und Consorten.

---

[1]) Fürst Trubetzkoi war ein aus dem Zivil- in den Militärdienst übernommener Geheimrat, der in den Wiener Fremdenlisten als Generalleutnant erscheint. Er war Generaladjutant des Zaren.

[2]) Nachfragen bei Artaria in Wien und in Petersburg ergaben keine Aufklärung.

[3]) Es war die musikalische Akademie, wo Beethoven selbst den „Glorreichen Augenblick" und die „Schlacht bei Vittoria" dirigierte. Sie wurde von Sonntag den 27. auf Dienstag den 29. vertagt.

[4]) Von Württemberg.

[5]) S. Klüber, II. 92 ff.

Die gestrige musikalische Akademie hat den Enthusiasmus für das Compositur-Talent des H. Beethoven auf keine Weise vermehrt. Es bilden sich wirklich Factionen pro et contra Beethoven. Gegenüber von Rasumowsky, Apponyi, Kraft, welche Beethoven vergöttern, steht eine weit überzählende Majorität von Kennern, die von des Herrn Beethoven Composition gar keine Musik hören wollen.

Zum Vortrag vom 2.

30. Nov.

Bei den fürstlichen Deputirten kam der Antrag zur Sprache, durch eine dem wiener und berliner Hofe zu überreichende Note für die Restituirung des Königs von Sachsen sich zu verwenden. Allein Bon Humboldt ließ einen derselben gestern zu sich kommen und erklärte ihm: daß ein solcher Schritt von seinem Könige als directe gegen ihn gethan angesehen werden würde. Zugleich riet er dem Deputirten, diese preußische privative Warnung seinen Freunden unter den andern Deputirten zur Nachachtung mitzutheilen. Hierauf kam es von dem Antrage wieder ab. Auch ließ Humboldt merken, es habe sein König übel genommen, daß die Fürsten in ihrer ersten Note sich über die Nothwendigkeit eines deutschen Oberhauptes so viel herausgelassen hätten...

1. Dez. (Goehausen)

Von allen Umgebungen der fremden Gesandtschaften, wird wiederholt berichtet, raisonniren gegenwärtig die Bayern sehr vortheilhaft für Österreich. Dieses Reich macht nach ziemlich verläßlichen Briefen mit 50,000 Mann eine Demonstrazion gegen seine nordoestlichen Gränzen, und dieses mag wohl eine Mitursache des Stillschweigens der Preußen sein. Baron Stein hat neulich die Ansprüche Preußens auf Anspach und Bayreuth geltend zu machen gesucht, worauf ihm Fürst Wrede geantwortet haben soll: „Damit die Preußen niemals mehr in Versuchung gerathen, dergleichen Ansprüche zu erneuern, so werde Bayern alles Mögliche beitragen, daß Sachsen ein selbständiges Königreich bleibe, damit dadurch seine nördlichen Gränzen Sicherheit hätten." General Langenau[1]) ist oft und lange bei Wrede. Unserer Armee, heißt es, steht eine neue Organisation bevor, wobei Wrede zu Rate gezogen werden wird. Es herrscht überhaupt viel Harmonie zwischen ihnen[2]) und uns. Allein gegen den Fürsten von Schwarzenberg hegen sie noch immer einen entschiedenen Haß. Sie versichern einstimmig, daß der König im J. 1809 anderst gehandelt haben (würde), wenn Wessenberg oder Stadion zu ihm gekommen wären. Er

---

[1]) Ehedem in sächsischen, seit 1813 in österreichischen Diensten; nunmehr Chef des Generalstabes.
[2]) Den Bayern.

(Schwarzenberg) habe den König in der ersten Ansprache nicht eingenommen, wohl aber beleidigt[1]).

Allgemeiner wird die Sage von dem baldigen Abreisen der fremden Monarchen bis zum 12. d. M. und der Beendigung des Kongresses..... Übrigens erhält sich die Rede von einer förmlichen Scheidung der Kaiserin Louise und der Transferirung Napoleons auf eine anderweite Insel, sowie über die Veränderung des Königreiches Neapel und der Thronfolge in Schweden. Bernadotte soll abtreten und die Söhne Gustav Adolfs succediren. Talleyrand läßt verbreiten, Murat habe zwei Agenten an Ludwig XVIII geschickt, die Jaucourt den Vorschlag machten, ,,de servir la France en tout ce qu'elle voudrait et de chasser même les Autrichiens de l'Italie si la France voulait reconnaître Murat pour Roi de Neaples"[2]).

1. Dez. (Nota)

Prusse. J'ai dû m'appercevoir qu'il y a deux partis en Prusse bien prononcés, et ces partis existent même parmi les Prussiens qui sont ici. L'un est des Prussiens enragés qui, pour agrandir la Prusse, escaladeraient le ciel et n'épargneraient ni crimes ni vertus. Celui-ci veut la Saxe à toute force; et puis il voudrait tout le Nord de l'Allemagne, visant en même temps à conquérir le midi. L'autre est des Prussiens germains. Ceux-ci sont plutôt Allemands que Prussiens. Ils voudraient une Allemagne forte, inattaquable et regardée comme la patrie générale et véritable de tout ce qui parle allemand. Ils ne cessent pas pour cela d'être Prussiens, mais leur principe est d'être plutôt forts de l'influence prussienne en Allemagne que de la force intrinsèque à la Prusse. Ils détestent la réunion forcée, autant qu'injuste, de la Saxe à la Prusse et frémissent de cette idée qui dépopularise les Prussiens en Germanie et leur fait faire l'acquisition d'un million de rebelles au lieu de sujets en les affaiblissant par là plutôt que les renforcer. Ceux-ci sentent aussi que l'approche et l'augmentation des forces de la Russie les rend tôt ou tard les esclaves de cette puissance slave, qui menace toute l'Allemagne si on la laisse faire. Bartholdi est de ce nombre, et bien d'autres qui n'osent pas se prononcer, de peur de perdre leur charge auprès du roi, qui tient à Alexandre plus qu'il ne faudrait à ses intérêts véritables. Je sais qu'à Berlin ce parti remue et n'épargne pas pour cela le roi, qui risque beaucoup s'il s'entête à être plutôt russe qu'allemand.

---

[1]) Es handelt sich um 1805, als Max Joseph sich bereit erklärte, mit Schwarzenberg einen Vertrag zu schließen, nachdem er aber bereits mit dem Franzosen Otto vorher übereingekommen war. Vgl. Wertheimer, Gesch. Österreichs und Ungarns. 1801—1810, I. 290. Nun sollte es Schwarzenberg verschuldet haben. Vgl. oben S. 274.

[2]) Jaucourt hatte in der Tat am 16. November 1814 an Talleyrand geschrieben: ,,J'ai ici deux Napolitains qui, de sa part (Murat), me proposent de battre les Autrichiens et de mettre leurs drapeaux aux pieds du Roi. Cela ne ferait pas un vilain spectacle." Correspondance du Comte de Jaucourt avec Talleyrand, p. 86.

Prince Henri de Prusse[1]). Hier on a répandu parmi les diplomates que le P^ce Henri, nommé par le roi Gouverneur de la Saxe, avait écrit au roi „que, quoi qu'il n'entrât point dans la politique, cependant sa conscience et ses principes ne lui permettaient pas d'accepter la charge que S. M. avait daigné lui assigner en Saxe et qu'il priait S. M. de l'en dispenser".

1. Dez. (O.)

Les Polonais ne s'attendent plus à l'arrivée d'un agent diplomatique de la part du Duché de Varsovie. Ils croyent que le sort de leur patrie est bien décidé dans ce moment. Ils disent que le retour de la Saxe sous son roi légitime, décidé avant quelques jours par les souverains coalisés, avait décidé en même temps sur le sort de la Pologne, qui va être partagée entre les trois puissances limitrophes. Ils prétendent même qu'un courrier avait été dépêché par l'Empereur Alexandre au Roi de Saxe pour annoncer à ce dernier sa confirmation sur le trône de la Saxe....

Rien n'a été, peut-être, si désavantageux à l'Autriche que la révocation de la loi, par laquelle les seigneurs polonais étaient obligés de se déclarer dans un terme fixé sous quels des trois gouvernements ils voudraient vivre à l'avenir, et de se défaire des terres qu'ils possédaient dans les provinces tombées en partage aux autres puissances. Mais sous le titre de „sujet mixte" chacun parvint à se procurer facilement des passeports et peut courir librement tout le pays polonais; de là leur libre ralliement sur tous les points révolutionnaires et la facilité de se communiquer toutes les menées de l'intrigue. Le gouvernement même est paralysé dans sa vigilance et ne peut refuser souvent un passeport à la personne la plus suspecte.

Zum Vortrag vom 3.

2. Dez. (* *)

... Bei Rechberg wurde gesagt: „Die ganze politische Konstellation des Congresses hat sich seit drei Tagen geändert. Rußland sagt: „Ich habe dem Herzogthum Warschau das Wort gegeben, es soll beisammen bleiben, es soll nicht geteilt werden; ich und Preußen, wir haben dem Lande Sachsen desgleichen versprochen; also von dem letzten Antrag kömmt es ab." Der russische Kaiser will vom Herzogtum Warschau schlechterdings nichts abgeben, der König von Preußen will von Sachsen auf keine Weise etwas herausgeben....

Aus der gestrigen langen Conversation mit H. v. Dalberg: a) Der russische Kaiser wird actu regiert von Pr. Czartoryski, Bon Stein und von Graf Capo d'Istria. Die Russen sind furios über ihren Kaiser, der von drei Nichtrussen regiert wird. b) Merkwürdig ist, daß der russische Kaiser durch seine Gemalin den Großherzog von Baden, der es mit den Bundeskönigen

---

[1]) Bruder Friedrich Wilhelms III., Großmeister des preußischen Johanniterordens.

(hat) halten wollen und es refüsirt hatte, es mit den altfürstlichen Häusern zu halten, hat sagen und bedeuten lassen, (es) mit den altfürstlichen Häusern allerdings zu halten. c) In der gegenwärtigen Lage des Congresses ist keine andre Hilfe als eine alliance zwischen England, Österreich und Frankreich... d) Über die helvetische Angelegenheit herrscht beim Congreß die meiste Einigkeit... e) Im Tractat mit Sardinien ist ein Versehen geschehen. Man hätte Piemont sollen Stände geben unter Garantie von Frankreich. f) Frankreich protegirt in allen deutschen Staaten die ständische Verfassung. g) Die ständische Verfassung ist die erste Basis des neuen Glücks- und Ruhestandes der Völker. Weil Rußland despotisch wird, desto mehr muß gesorgt werden, daß von jener Seite kein zweiter Napoleon, kein Eroberer erscheinen könne. h) Dalberg fährt fort: „Mir ist etwas Sonderbares geschehen mit meinem alten Göttinger Universitäts-Cameraden H. Woida in Warschau. Die Russen haben unsere Briefe aufgefangen, meine an H. Woida, H. Woida's Briefe an mich. Unsere Correspondenz war von beiden Seiten einverständlich der Tendenz, Polen herzustellen als ein erbliches Königreich in den Gränzen nach der 1. Theilung, wo nicht, die letzte Theilung zu respectiren und jeder der 3 Puissancen ihren Theil zu restituiren. Pr. Czartoryski war neulich bei uns, producirte die aufgefangenen Briefe, machte einen großen Lärmen. Talleyrand und ich wir haben ihn spatzieren geschickt mit dem Bedeuten, er möge sich schämen, von aufgefangenen Briefen einen offiziellen diplomatischen Gebrauch machen zu wollen...

Bei Gräfin Colloredo-Crenneville höre ich sprechen von einer angeblich vortrefflichen Flugschrift über unsere österreichischen Staatsfinanzen in französischer Sprache, welche aber äußerst verboten ist und eingefordert wird.

Zum Vortrag vom 4.

2. Dez. (Goehausen)

Der Vertraute H...[1]) hat folgenden Bericht erstattet:

... Das preußische Kabinett wirkt unmittelbar auf Rußland, indem es zwar für seinen Theil zurück zu treten scheint, dessenungeachtet aber alles Mögliche aufbietet, damit Rußland dem Wunsche, Polen zu besitzen, nicht entsage. Bis zu diesem Augenblicke hat daher die Humboldt'sche Partei, zu welcher alle Cabinets- und Staatsräthe gehören, die Oberhand. Hardenberg ist ziemlich friedlich gesinnt[2]). Es kömmt indeß alles darauf an, daß Rußland von dem Gedanken, Polen zu besitzen, abgeleitet werde. Zeigt sich Österreich — so urtheilt jeder Diplomatiker — in dieser Lage der Dinge nachgiebig, so werden die Forderungen in der Folge kein Ende nehmen und nach wenigen Jahren es dennoch die Waffen zu ergreifen genöthigt sein.

---

[1]) Hebenstreit.
[2]) Die Angabe, daß alle preußischen Räte der Humboldtschen Richtung in der sächsischen Frage anhingen, ist unrichtig. Man vgl. z. B. weiter unten die Nachrichten über die Haltung Jacobis, Bartholdis u. a.

Rechberg versicherte dem Vertrauten, Frankreich organisire 100.000 M. neue Truppen, Bayern habe außer der alten Armee, bereits 16.000 M. unberittene Cavallerie in Bereitschaft, um ihren Widerspruch gegen Rußland und Preußen geltend zu machen.

Zum Vortrag vom 5.

2. Dez. (Weyland)

... Bei dem zu Anfang dieser Woche sich plötzlich verbreitet habenden Gerücht, daß die Angelegenheit wegen Polen unter den hohen Souverains eine ausgeglichene sei, Sachsen daher nicht an Preußen falle, sondern selbständig bleibe, waren die Preußen wieder die, welche am meisten zu vernehmen waren. Hier war nun Niemand von loyaleren und humaneren Gedanken und Grundsätzen für das allgemeine Wohl Deutschlands beseelt als Preußen. Preußen hatte da, nach ihrer Meinung, nie auf Vergrößerungen und Eroberungen gedacht und nie mehr begehrt als ihm bei Unterzeichnung des Pariser Friedens zugesichert worden, nämlich auf die Millionenzahl wie vor 1805 gebracht zu werden. Den menschenfreundlichen und wohlthätigen Gesinnungen Österreichs für das allgemeine Beste wurde mancher Weihrauch gestreut, allein man wußte in sehr zierlichen Redensarten beizubringen, daß Preußen hierin nicht nachstehe, und so einen großen Theil dieses Wohlgeruchs auf sich überzutragen. Überhaupt suchen die Preußen, welche nun wohl einsehen, daß sie in ganz Deutschland — da sie ihre Krallen zu früh zeigten — beinahe verabscheut werden, sehr einzulenken. Das Mediatisirenwollen mehrerer deutschen Fürstenhäuser, die ihre Länder arrondiren sollten, läugnen sie ganz, und die provisorische Besetzung Sachsens geht auf Rechnung des Kaisers Alexander, welcher dieses ausdrücklich befohlen haben soll und wozu man ihrerseits sehr ungerne geschritten ist...

2. Dez. (Paris?)

[Gestern bei Willié[1]) ließ die Conversation auf das Ende der Congreßgeschäfte schließen.] „Le projet de Pierre le Grand de s'agrandir du côté de l'Allemagne, projet vivement suivi par l'immortelle Catherine et qu semble devoir être mis en exécution par notre Empereur d'aujourd'hui ce projet n'est pas encore mûr, et l'attente d'autres circonstances est nécessaire pour y parvenir." C'est ainsi que s'exprima le P^ce Galitzin[2]).

Zum Vortrag vom 6.

5. Dez.

[In Sachsen wurden Pasquille auf die neue preußische Herrschaft gemacht. Darunter gab es Vorschläge zu Transparenten:] 1., S. M. der Kaiser

---

[1]) Dr. Jakob Wyllie war schottischer Baronet und Leibarzt des Kaisers Alexander, der ihn nach Petersburg berufen hatte, damit er das Sanitätswesen der russischen Armee reformire.

[2]) Fürst Alexander von Galitzin, Obersthofmeister der Kaiserin von Rußland.

aller Reussen reichen S. M. dem König von Preußen die Krone Sachsens; S. M. der Kaiser v. Österreich steht im Hintergrunde und streckt segnend die Hände über die Häupter der beiden Monarchen aus; Inschrift: S(axoniae) C(ives) H(onorem) A(lexandris) N(omini) D(icunt) E(ternum). (SCHANDE). — 2) Die drei hohen Alliirten stehen im brüderlichen Vereine beisammen und bestätigen die Abtretung Sachsens an Preußen einander mittelst Handschlag. Im Hintergrunde ein Opfer-Altar, auf welchem die beim Einmarsche der Verbündeten in Sachsen erlassenen Proclamationen lodern; Inschrift: „Solche Opfer gefallen Gott wohl."

5. Dez. (Paris?)

Le P^{ce} Galitzin dit hier soir chez lui à un officier de distinction, qui se trouvait entre autres chez lui, que l'Impératrice de Russie avait manifesté de l'humeur parce que son mari ne montrait pas toute la fermeté qu'elle eût désirée dans les opérations du congrès. Sur quoi l'autre observa au prince que, si l'empereur avait pour le moment cédé et fait mine d'abandonner son plan favori, il n'en est pas moins vrai qu'il le nourrit plus ardemment encore dans son cœur et qu'on en parlerait plus sérieusement au réveil du lion; que d'ailleurs le séjour du souverain de la Russie à Vienne ne serait probablement plus de longue durée et qu'à son départ on apprendrait à peu près les desseins du sénat dans cette grande affaire. Un autre de la société a dit que M. le Cte Rasumowsky avait hazardé une chose dont il aurait lieu de se répentir.

5. Dez. (N. N.)

In Briefen an Polen aus Warschau heißt es: Großfürst Constantin sagte bei der großen Audienz am 26. Nov. zu den polnischen Generalen: „que pour cette fois-ci S. M. l'Empereur ne peut empêcher que le Duché de Varsovie ne perde quelques parties de son territoire." Il leur dit que les districts de Posen, Kalisch et Bidgoszcz[1]) sont définitivement adjugé à la Prusse, laquelle, en conservant la constitution actuelle de ces provinces, a décidé de les incorporer à l'ancienne Prusse et n'en faire qu'un royaume qui sera administré par le P^{ce} Antoine Radziwil, beau-frère du roi. Le Grand duc a ajouté que l'Autriche a des vues sur le Palatinat de Cracovie, mais qu'on en est bien loin encore de l'accorder. Sur cette déclaration, faite d'une manière presqu' officielle, beaucoup de généraux polonais, le général Dombrowski à la tête, et plusieurs autres des grands seigneurs, se présentèrent le lendemain chez le Grand-duc et déclarèrent qu'ils sont fermement décidés de quitter pour toujours leur patrie et vendre leurs propriétés et d'aller vivre en Russie sous le gouvernement russe ou dans cette partie de la Pologne qui aura le sort de tomber sous le sceptre russe." Diese Declaration sei an K. Alexander geschickt worden. Die Polen hatten erwartet, der König werde proclamirt und die von Szaniawski, in Wien, einem Günst-

---

[1]) Bidgoszcz = Bromberg.

ling Czartoryski's, verfaßte Verfassung verkündet werden. Bei Szaniawski, der bei seiner intimen Freundin Fürstin Lubomirska (Schottenbastei) wohnte, kommen die beiden Minister Lubienski und Sokolewski mit Czartoryski zusammen. Die Polenbriefe gehen durch Campo Chiaro und dessen Cavalier de l'ambassade Malczewski.

Zum Vortrag vom 7.

6. Dez.

Fürst Hardenberg und Bon Humboldt waren dieser Tage bei Wrede und bemüht, diesen wegen der Besitznahme Sachsens nachgiebiger zu machen. Aber Wrede antwortete, daß weder sein König, noch viel weniger er, irgend jemals eine Zusage oder Unterschrift hierüber leisten würden. Hardenberg sagte darauf: „Also Sie wollen Krieg?" Wrede: „Wenn es einmal nicht anders ist, so lieber heute als morgen." Humboldt: „Aber wir haben Alliirte." Wrede: „Und wir noch außerdem Gott und die gerechte Sache." Humboldt: „Die Ruhe der Menschheit ist Ihnen also gleichgiltig? Sie rufen Gott an und mischen die Religion in eine Sache, wo der Mensch für sich allein entscheiden kann. Wir haben daher weiters nichts zu sprechen." Und somit verließen Beide das Zimmer. Humboldt gibt sich seit einiger Zeit alle erdenkliche Mühe, zu behaupten, daß er es nicht war, welcher das Projekt der Vereinigung Sachsens mit Preußen gemacht habe[1])....

Nun habe ich auch einen geheimen Agenten des Kronprinzen von Schweden angetroffen. Es ist Bon Bodenhausen, zwar ein Hannoveraner, allein er war schon im letzten Feldzuge aide de camp und capitaine und hatte beim Kronprinzen im Hauptquartier als derjenige, der am besten der teutschen Sprache kundig ist, geheime Wahrnehmungen zu berichten... General L.[2]) bekommt anonyme Briefe, in welchen ihm in exaltirtesten Ausdrücken für seine lebhafte und wirksame Theilnahme an dem Schicksal von Sachsen zu Gunsten des königl. sächsischen Hasues gedankt wird. Bon Miltitz ist hier und wollte beim regierenden Herzog von Coburg zu Gunsten der Vereinigung seines Vaterlandes[3]) mit Preußen sprechen, allein er wurde abgewiesen und ihm der fernere Zutritt verboten...

Zum Vortrag vom 8.

7. Dez. (Paris?)

Étant en tête-à-tête avec M. le conseiller d'état de Willié, j'ai tâché de pénétrer les raisons pour lesquelles il paraissait que l'Empereur de Russie

---

[1]) Nach Wredes Bericht über die Unterredung (an Montgelas, 4. Dezember 1814) hätte sie nur mit Hardenberg stattgefunden, der schließlich bewegt zu ihm (Wr.) gesagt habe: „Helfen Sie mir heraus." Es hatte sich darum gehandelt, den König von Sachsen in Westphalen zu entschädigen, was Wrede ablehnte, sich auf seine früheren Vorschläge berufend. (Münchener Reichsarchiv.)
[2]) Langenau.
[3]) Sachsen.

avait témoigné du mécontentement envers le Cte de Rasumowsky. Il me fit seulement entendre que ce cavalier avait pris trop sur lui dans les vives discussions relatives à la Pologne. Il (W.) me dit aussi qu'il craignait que la carte ne se brouillât bientôt, attendu qu'il était presque persuadé qu'il se formait dans ce moment des alliances secrètes des uns contre les autres, que l'Empereur d'Autriche, ferme dans ses principes qu'il a énoncés, ne s'en départirait jamais, et que le souverain de Russie, d'un autre côté, ne pouvait pas s'humilier au point de manquer partout de parole; qu'il se trouvait déjà en défaut vis-à-vis des Polonais et qu'il courait également risque de manquer aux Suisses, auxquels, par les suggestions de M. de la Harpe, qui tient extrêmement pour ses compatriotes, il promit soutien et protection.

Zum Vortrag vom 9.

6. Dez. (Goehausen n. Hebenstreit)

[Der Tugendbund sei der Auflösung nahe, dagegen seien die Freimaurerlogen an der Tagesordnung, die aber durch ihre Verwendung durch Napoleon in Deutschland an Kredit eingebüßt hätten.] Baron v. Spiegel, der bei Stein im großen Hauptquartier arbeitete, erzählt, Baron Stein habe einmal sich vertraulich geäußert, er wisse, daß man ihn im Verdacht habe, daß er sich für den Tugendbund so sehr interessiere, allein er müsse bekennen, daß er daran nie mehr Anteil genommen habe als er damals in der Eigenschaft eines dirigirenden Staatsministers habe nehmen müssen. Es seien nemlich die Statuten dieser Gesellschaft ihm vorgelegt worden und um die Genehmigung angesucht, welche dann auch, nach geschehener Untersuchung und mit dem nötigen Vorbehalt, erfolgt sei. Er sei selbst mehrmals um den Beitritt angesprochen worden, habe es aber jedesmal abgelehnt, nicht weil er etwas Schädliches darin gefunden, sondern weil er die Sache für eine unbedeutende Spielerei gehalten habe.[1])

---

[1]) Über Steins Stellung zum Tugendverein s. meine Abhandlung „Zur Geschichte des Tugendbundes", Histor. Studien und Skizzen, I. Über den Tugendbund, den man anfänglich in Wien für fortexistierend hielt, wurde Hager durch verschiedene Berichte aus dem November aufgeklärt. Ein (preußischer?) Graf W—r (sic!) berichtete ihm, daß der Tugendbund im Dezember 1809 behördlich — infolge einer Intrigue Bardelebens beim Minister Beyme — aufgelöst wurde, daß Stein ihm nie angehört, der Verein jedoch Listen von allen solchen Personen als zu ihm gehörend geführt habe, die man sonst unter dem Namen der Gutgesinnten verstand, und zwar ohne deren Zutun und Vorwissen. Ähnliches wurde von andern vertrauenswürdigen Seiten gemeldet, so daß Hager schon am 7. November 1814 an den Gouverneur von Böhmen, Grafen Kolowrat, schreiben konnte: „Ich habe es mir zur besonderen Angelegenheit gemacht, durch Vertraute und faux frères in die Geheimnisse und in die ferneren Zwecke der hiesigen preußischen Tugendbundisten einzudringen. Zu meinem nicht geringen Befremden führten alle bisherige Wahrnehmungen auf das Resultat, daß der Tugendverein, nachdem er seine Absicht, nemlich Abwerfung des fremden Joches, erreicht, aufgehört habe und nun wieder in die gewöhnliche Maurerei übergegangen wäre, die hiesigen Tugendbundisten daher auch bemüht sind, in Österreich bloß Maurer-Verbindungen wieder anzuknüpfen und die Herstellung der österreichischen Logen zu erwirken." (All-

7. Dez. (* *)

Gestern wurde in dem Cirkel bei Graf Westphalen (anwesend: Schönborn, Stadion, Schlick, Coudenhove, Mediatisierte etc.) gesagt: „Die wiener Damen dürfen sich wahrlich nichts einbilden auf den Weihrauch, den ihnen der russische Kaiser streuet, in Frankfurt — es ist jetzt ein Jahr — auf den Casinobällen, auf dem Ball, den Graf Uwarof gegeben, ist er den Schönheiten mit gleicher Sehnsucht, Zärtlichkeit und Publicität nachgelaufen, wie in Wien er den ersten Damen nachläuft." Es wird darüber gelacht, daß vorigen Samstag bei Karl Zichy er mit den drei Generationen der Gräfin Julie Zichy getanzt hat.

Gf. Schönborn — nicht der hiesige, der von Wiesentheid — plaisantirte sehr laut darüber, daß die Proben des „Pascha von Suresnes", des Theaterstücks, das vom Adel bei Hof im großen Redoutensaal gegeben wird, in der Staatskanzlei im Kongreßsaale abgehalten werden.[1) ...Sie sagten, daß sehr ernsthafte Congreßgesandtschaften in die Komödie-Proben hineingekommen. Solchergestalt, wurde gesagt, fahre unser Ministerium fort, sich verächtlich und lächerlich zu machen. Ein lächerlich und verächtlich gewordenes Ministerium sei schlechterdings außer Stande etwas Gutes zu leisten. Es habe F. Metternich ohnehin dabei, daß er eben in Wien den Congreß veranlaßte, zwei Endzwecke gehabt: 1) die Feste, 2) die Geschäfte. Der primäre Zweck, das Lumpen, das Schwelgen, sei vollkommen erreicht. Der secundäre Zweck aber, die Geschäfte, die Würde, wegen des Schwelgens ganz verfehlt und unterdrückt. Es sei in allen Häusern in Wien bekannt, daß F. Metternich, statt auf seinem Zimmer zu arbeiten, seine 4 oder 5 Stunden bei den Theater-, Sang- und Tanzproben verliere, daß er nun mit Gräfin Saurau seine Zeit vertändelt, wie vorhin mit der Bagration und mit der Sagan...

In dieser Coterie und in anderen Häusern wird seit einigen Tagen gesagt, Fürst Hardenberg, weil wegen Sachsen er anderer Meinung ist, habe seine Entlassung erbeten aber nicht erhalten. Bon Jacobi-Klöst ist aufgetreten (gegen) das Humboldt'sche Projekt, den König von Sachsen zu dethronisieren und Sachsen an Preußen zu geben; Klöst ist aufgestanden und hat gezeigt die Gefahren, die für die preußische Grenze und für die Existenz der preußischen Monarchie unzertrennlich sind, wenn Preußen nicht sein altes Polen wieder hat, wenn — ohne sein altes Polen zurück zu haben — Preußen Sachsen acquirirt, welches die preußische Grenze gegen Osten nicht deckt und welches zweideutige Unterthanen verleiht, auf welche weder im Krieg noch im Frieden zu zählen ist. Viele wollen sich schmeicheln, es dürften diese Beobachtungen Eingang finden beim König von Preußen, es dürfte selbst der König abgebracht werden von der räuberi-

---

gemeine Polizeiakten, n. 4019 von 1814.) Die österreichischen Freimaurerlogen waren 1794 verboten worden.

[1)] Es war das Stück, bei dem Metternich, um der Kaiserin angenehm zu sein, die Proben überwachte, und in dem seine Tochter Marie mitspielte.

schen Idee, die sächsische Dynastie abzusetzen und auszurauben; H. v. Humboldt möge seinen Einfluß verlieren, dann würde Alles sich gleich geben...

Sie sagen: „Die Wiener geben dem tanzsüchtigen Kaiser zu viele Feste, sie flattiren zu sehr den eingebildeten, aufgeblasenen Alexander. Das Publicum in London war gescheidter, es hat den russischen Kaiser ordentlich ausgezischt. Das Publicum in Wien soll ihm aufhören Weihrauch zu streuen, er wird gleich sein Benehmen ändern, um seine Popularität wieder zu gewinnen... Man sollte die Souveräne und die Minister in ein strenges Conclave sperren, es würde gleich vorangehen.

Mich fragten schon mehrere Male H. v. Ott, H. Jermoloff und mehrere vertraute Russen: „Ist es wahr, daß das Wiener Publicum über den Kaiser Alexander murret, daß er in Wien so gar lange verweilet, daß er die Geschäfte aufhält etc."? Ich antwortete ganz bestimmt, daß die Polizei efforts mache, dieses Murren zu unterdrücken, mit dem Beisatz: Das Wiener Publikum hat eben den russischen Kaiser zu allen Stunden des Tages und der Nacht gegenwärtig, höret nur vom Tanzen, Exerciren, Jagen des Kaisers etc.

8. Dez. (Otocki?)

... Les Polonais à Vienne prétendent que l'Empereur de Russie a déclaré ne point quitter Vienne avant que tout soit arrangé ce qui regarde le sort de la Pologne et de la Saxe. Ils ajoutent que les arrangemens, sur lesquels on était convenu avant dix jours, ont essuyé une grande altération. L'Empereur Alexandre doit avoir dit que, si même le Roi de Prusse se désiste de ses prétentions sur la Saxe, il ne se désistera jamais de ses droits de conquête sur le Duché de Varsovie, et que, tout au plus, il cédera la ville de Cracovie avec un rayon à l'Autriche (!). Ce changement de résolution doit être le résultat des conférences qui ont eu lieu entre les ministres prussiens et russes après l'arrivée du P^{ce} Repnin et de M. Szaniawski, qui, d'après toute apparence, paraît être muni des pleinpouvoirs du comité patriotique de Varsovie. Le Cte Skarbek m'a aussi assuré savoir de part sûre que l'état des choses touchant le sort futur de la Pologne a de beaucoup changé depuis 8 à 10 jours, et que les espérances des patriotes, qui étaient presque anéanties, se sont fortement relevées. Le P^{ce} Ad. Czartoryski continue de jouer un rôle important; il est le pivot des espérances des Polonais. Parmi les ministres prussiens ce sont M. de Humboldt et Stein en qui ils mettent leur confiance. En revanche ils disent que le P^{ce} de Hardenberg a perdu la faveur de son maître et qu'il est sur le point de donner sa démission.

6. Dez. (Bartsch?)

[Bei einem Gespräch mit Anstett am 5. December sagte dieser, nachdem er sich über die österreichischen Rüstungen ausgelassen hatte, zum Berichtleger:] „Nur keinen Krieg, nur jetzt keinen Krieg. Als Kosmopolit, und selbst zum Frommen Österreichs, muß ich sagen, es soll jetzt nichts anfangen, wenn es auch dabei bleibt, daß die verabredet gewesene Ausscheidung von Warschauischem Gebiet in der Art, daß Krakau und Zamosc an Österreich gefallen wären, andererseits die Warthe bis Posen und von da eine Linie bis Thorn, von dort aber die Weichsel die preußische Grenze ausgemacht hätten, nicht wieder zu Stande kommt[1]). Jede fernere Proposition eures Ministers über diesen und ähnliche Gegenstände würde als eine persönliche, aus der Sucht zu imponiren entspringende Anmassung angesehen und ihr nur neue Chicanen entgegengesetzt werden. Dies ist nun einmal von seinen Gegnern verabredet. Wenn Österreich in den Negoziationen nicht einen ganz andern Weg einschlägt, so ist für jetzt nichts zu thun, als abzuwarten. Die nächste Zeitgeschichte wird Österreich rächen und auf eine auffallende Art zeigen, wie sehr Rußland gegen sein eigenes Interesse gehandelt haben wird durch die Acquisition von Polen." A. endigte seinen Discurs wieder mit Erwähnung seiner persönlichen Angelegenheiten, daß ihm sein Kaiser bei der letzten Zusammenkunft sehr viel Hartes gesagt habe, daß er nächster Tage seine Demission erwarte, vielleicht dabei seinen Ruhegehalt von 1200 Dukaten jährlich in die Schanze schlagen müsse etc.[2]).

Zum Vortrag vom 11.

s. d. (Leurs)

Graf Reichenbach, welcher über vierzehn Tage nicht zu Äußerungen zu bewegen war, erzählte am 8. d., der König (von Preußen) wäre von einem rheumatischen Fieber befallen, welches heftiger geworden, weil er sich ärgere und im Zorn nicht mäßigen könne. A. h. derselbe werde nun der Ungewißheiten überdrüssig und habe nach Berlin schreiben lassen, er werde das Neujahrsfest dort feiern. Der König glaube einzusehen, die Sache werde mit dem Schwerte ausgemacht werden müssen. Auch sei FM. Blücher über die Schlagfertigkeit der Armee gefragt worden und habe die befriedigendste Antwort gegeben. Auch sei Befehl ertheilt, die Maßregeln vorzubereiten, um ihr neues Conscriptionssystem auszuführen. Der König hätte dieses Patent vor dem Congreß erlassen in der Hoffnung zu imponiren und den Krieg zu ersparen[3]). Diese Hoffnung könne aber getäuscht werden, welches den König verdrieße.

---

[1]) Diese Bemerkungen, im Zusammenhang mit den Nachrichten aus Polenkreisen, geben einen Anhaltspunkt für das Ausmaß der Zugeständnisse, zu denen Alexander im November allenfalls bereit gewesen wäre. Es sind beiläufig die Hardenberg'schen Vorschläge. S. oben S. 273.
[2]) Anstetts Absicht wird durch eine zwei Tage zuvor gemachte Äußerung klar, Metternich sei persona ingratissima bei den Souveränen, Kaiser Franz könne sich von seiner weiteren Verwendung keinen Erfolg versprechen, während die Sache in den Händen Stadions oder Schwarzenbergs rasch einen günstigen Ausgang nehmen würde. (Rapport vom 4. Dezember 1814.)
[3]) Das neue Wehrgesetz war in der ersten Septemberwoche vom König vollzogen worden. Nach der Meinung seiner Schöpfer, Boyen und Grolman, sollte es bei der Festsetzung der Kriegsverfassung Deutschlands die Richtung geben. S. Meinecke, Boyen, I. 418.

Gestern den 9. war Reichenbach wieder mäßig und gesprächig. Die Gelegenheit ergab sich, daß ich ihm bemerkte, er habe Unrecht, den Kaiser Alexander der Eitelkeit und der Herrschsucht anzuklagen. Die übertriebenen Huldigungen verführten diesen Regenten. Die kalten gleichgültigen Beobachter klagten den König von Preußen an, daß derselbe große Schuld mit trage und der Majestät seiner Person zu viel vergebe durch die Abstufung, in welcher derselbe sich in Gegenwart des Kaisers ängstlich beeifere zu erscheinen. Reichenbach erwiderte verlegen, der König wäre weiter gegangen als ihm geraten worden. Die Umgebungen hätten dieses wahrgenommen und den König gemäßigt, woher Allerhöchstderselbe jetzt zuückhaltender gegen den Kaiser geworden. Diese Hingebung des Königs habe einen Grund in dem Benehmen Österreichs. Der König habe gehofft, bei seinem Aufenthalt hier durch den Kaiser von Österreich so wie im Felde behandelt zu werden und vorzugsweise mit den beiden Kaisern, wie früher, zu sein, mit einem bezeichneten Abstand zu den übrigen Königen, weil sie drei als die Häupter der Continental-Coalition im Krieg in einem engern Verein gestanden, gleichsam in Familie gelebt und doch Kriegskameraden gewesen. Es hätte dem König tief ins Herz gegriffen, und Ahd. fühle es als eine Persönlichkeit, daß man hier von alter Etiquette gesprochen und dem König v. Dänemark den Schritt[1]) gegeben und die napoleonischen Könige hart an ihn gerührt. In der glänzenden neuen Weltepoche, welche der König mit herbeigeführt, dem weichen müssen, welcher sich derselben am längsten und am meisten widersetzt, wäre dem König ein Gräuel und etwas Unerträgliches. Deswegen habe der König sich an die Person des Kaisers von Rußland gehalten...

9. Dez.

[Berichtleger H. meldet, Castlereagh habe vor 36 Stunden Befehl erhalten, zu erklären, England sei gegen Sachsens Vereinigung mit Preußen sowie gegen Polens Annexion durch Rußland.]

10. Dez.

Bei der württembergischen Gesandtschaft hat man mir im engsten Vertrauen eröffnet, daß der württemb. erste Bevollmächtigte Bon Linden bei dem Könige ganz in Ungnade gefallen sei, daß der Minister Graf Wintzingerode nun all die Geschäfte über sich habe und Linden nur mitlaufen lasse, um hier kein Aufsehen zu erregen. Ferner eröffnete man mir, daß der Kaiser von Rußland vor ungefähr 14 Tagen zu dem König von Württemberg gekommen sei und ihm gesagt habe, daß er in einigen Tagen mit Österreich wegen Polen im Reinen sein werde und demnach auch hoffen könne, daß die deutschen Angelegenheiten desto mehr würden beschleunigt werden; mithin wäre es möglich, daß sie alle zusammen in Zeit von 10 bis 12 Tagen von hier abreisen könnten etc. Auf diese Eröffnung habe der König sogleich verschiedene Vorkehrungen zu seiner Abreise getroffen, auch schon Verschie-

---

[1]) D. i. den Vortritt vor ihm.

denes einpacken lassen, aber seit einigen Tagen wieder Alles contremandirt. Man eröffnete mir weiters, daß die preußischen Ministers, nämlich Hardenberg und Humboldt, in ihren Plänen und Meinungen sehr verschieden wären und daß Letzterer die Meinungen des Ersteren bei allen Gelegenheiten zu verdrängen suche. Auch spreche man, daß ohnlängst der preuß. Minister oder Staatsrath v. Küster mit neuen Plänen allhier angekommen sei...[1]).

10. Dez. (**)

... Die Mediatisirten sagen forthin unendlich viel Rühmliches von der Rechtlichkeit und Staatsklugheit des F. Hardenberg, dann von der neuen Politik des Bon Jacobi-Klöst, welche jener des Bon Humboldt entgegengesetzt ist und die preußische Occupation von Sachsen hautement desapprobirt.

Zum Vortrag vom 12.

10. Dez.

Die gute Meinung für S. M. den Kaiser von Rußland geht immer mehr verloren. Ohne dessen zu erwähnen, daß man ihm die Verzögerung der politischen Verhandlungen zuschreibt, hat er hier für seinen persönlichen Ruf einen noch weit gefährlicheren Feind gegen sich aufgereizt — die Weiber. Der hohe Ruf, welcher von seiner körperlichen Bildung, von seiner Artigkeit vor ihm herging, hat schon alle Augen auf ihn aufmerksam gemacht, und da sich das vorgestellte Urbild nicht bestätigt fand, so hat er von diesem schon vieles verloren. Es gehörte nur der im Mindesten verfehlte Takt dazu, um es mit dem ganzen weiblichen Geschlechte einer großen Stadt zu verderben und alle Mäuler in Bewegung zu setzen... Unter den Anekdoten, die nun über den Kaiser herumgetragen werden und zu Bekrittlungen Anlaß geben, will man nur wenige berühren: Vor einigen Tagen soll der Kaiser die Gräfin Saurau, geb. Hunyadi, zum Tanz aufgefordert haben. Die Gräfin, welche ein Geschwür am Finger hatte, sagte: „E. M. ich bitte mich nicht an der Hand zu drücken, weil ich ein schmerzhaftes Übel am Finger habe." Der Kaiser soll dann laut gesagt haben: „Die Gräfin bittet mich, ich möchte ihr heute nicht die Hand drücken." Bei der Fürstin Leopoldine Eszterházy soll er sich auf einen Abend haben zum Besuch ansagen lassen, als eben ihr Gemahl nach Eisenstadt gefahren war. Die Fürstin übersendete ihm ein Verzeichniß von den Damen, die er bei ihr finden würde, mit der Bitte, Jene wegzustreichen, die er nicht sehen, oder Jene beizusetzen, die er in seiner Gesellschaft haben wolle. Der Kaiser soll dann alle bis auf die Fürstin weggestrichen haben. In dieser Verlegenheit soll sie ihren Gemahl haben eiligst von Eisenstadt holen lassen, der auch noch zur rechten Zeit ankam, um in seinem Hause seinen erhabenen Gast zu empfangen, worüber aber S. M. sehr empfindlich wurden und nur kurze Zeit sich verweilten. Es mögen sich nun diese Auftritte ereignet haben oder nicht, sie beschäftigen nun einmal die Weiberzungen und geben zu manchfältigen Bemerkungen und Zusätzen Anlaß.

---

[1]) S. oben S. 254.

10. Dez. (Schmidt?)

Der griechische Erzbischof Ignatius von Jassy... hat sich mit O... über die Angelegenheiten Polens unterhalten und u. A. wiederholt geäußert, daß S. M. der Kaiser Alexander das Wohl von Polen sehr vor Augen und dessen Wiederherstellung dem polnischen Adel in Paris und zu Pulawy versprochen habe, daß ihm die Hindernisse, welche ihm von andern Seiten in den Weg gelegt werden, sehr zu Gemüthe giengen und er nicht davon abstehen würde.. So sehr er (Ignatius) hier auch gegen O... den Anhänger des russischen Hofes spielet, so scheint er doch gegen Personen, die er eines näheren Vertrauens werth hält, andere Gesinnungen zu äußern. Gegen den Bon Balsch[1]) ließ er sich verlauten, daß der russische Kaiser sich aller Orten, wo er noch war, compromittire, vieles verspreche und wenig erfülle. Er drückte sich so aus: „Er hat die Menschenliebe im Munde und die Falschheit im Herzen." Balsch erklärt sich die Sache also: Ignatius hat zwar eine russische Pension von 15,000 Rubel Papier, wünscht aber eine Anstellung zu haben, die ihn auch der Kaiser hoffen ließ. Da er sie bis nun nicht erhalten hat, so ist er sehr besorgt und um so unzufriedener, weil er in sein Vaterland auf keine Weise zurückkehren kann.

Zum Vortrag vom 14.

13. Dez. (Goehausen)

.. Die Bayern schimpfen sehr über Württemberg und Baden, weil beide sich für Rußlands Vorschläge erklärt haben sollen. Sie reden um so mehr zum Lobe unseres Monarchen und sagen: die Redlichkeit des Kaisers habe den König ganz an uns gefesselt. Sie erzählen: S. M. der Kaiser habe mit dem König in München sehr viel über die religiösen Einrichtungen in den bayr. Staaten sich unterhalten und am Ende sich geäußert: „Ich sehe wohl, daß ich hierin den Lehren meines weisen Onkels (Joseph II.) folgen muß. Die Zeiten dürfen nicht mehr kommen, wo eine päpstliche Bulle das Volk von dem Herzen seines Fürsten entfernt." Diese Äußerung hat dem F. Wrede damals so sehr gefallen, daß er noch immer unerschöpflich in dem Lobe unseres allergn. Monarchen ist.

Eine neuerliche Begebenheit erzählt man folgendermaßen. Bei einem Zirkel sei unser Monarch und K. Alexander beisammen gestanden, als eben der König von Bayern und der König von Preußen dazu kamen und die Rede von Sachsen war. Der König von Bayern habe plötzlich das Wort genommen und, indem er sich zum König Friedrich Wilhelm kehrte, gesagt: „Nun, wir haben ja Alle frühere und größere Sünden auf uns als mein lieber Schwager." Worauf der König von Preußen, sich stellend als höre er es nicht, sich mit finsterem Gesicht weggewendet.

---

[1]) Ehedem Kreishauptmann der Bukowina. Daneben wird ein Graf Balsch als russischer Diplomat erwähnt, der später eine Mission nach Brasilien erhielt.

Zum Vortrag vom 15.

13. Dez. (* *)

[Der Tod des Fürsten Ligne[1]) wird allenthalben tief beklagt.] Es wurde gesagt: in ganz Europa wird der Tod des P^ce de Ligne eine sehr tiefe Sensation machen; er war in ganz Europa persönlich bekannt, considerirt und geliebt. Er war foncièrement gut. War er nicht gut, so war es par plaisanterie, um eine plaisanterie zu machen par travers d'esprit.... Wien degenerirt für die gute société, wie für die Künste, wie für das Theater, für die Musik und für die Litteratur und Wissenschaften. Zu dergleichen Discursen und zu Vergleichungen gibt der Tod des seeligen P^ce de Ligne Anlaß, besonders zu Vergleichungen mit F. Metternich. Sie sagen: Der seel. P^ce de Ligne war auch seiner Zeit äußerst liederlich, aber er hatte mit allen seinen Travers eine gewisse persönliche Consideration und amabilité und dignité, die nie ein anderer haben wird[2])....

Gestern war, wie alle Dienstag, sehr schöne und zahlreiche Musik bei Arnstein. Fürstin Palm, die Dechantin Dietrichstein, Frau von Kaiserstein, Prinz Mecklenburg, Graf Keller, Graf Salmour (Sachsen), Graf Schlitz, Graf Nogarolla, Em. Khevenhüller, Domdechant Spiegel, Baron Linden, Baron Ulrich[3]) etc. gegen 150 Personen waren dort. Es wurde u. A. gesagt: Briefe aus Warschau sagen, Großfürst Constantin thut nichts als Truppen exerciren und conferiren über die künftige Constitution des Königreichs Polen. Weil der russische Kaiser vorgestern in der Soirée bei Metternich nicht erschienen und S. M. den F. Metternich ernstlich zu boudiren scheint, so wurde gesagt, das macht dem F. Metternich Ehre...

Zum Vortrag vom 17.

16. Dezember (Verschiedene).

[Alexander hat vorgestern zu seiner großen Tafel zwar Schwarzenberg und Wrede, aber nicht Metternich geladen. Heute soll er mit Kaiser Franz eine Besprechung haben. — Ligne's Leichenbegängnis sahen der Zar und der König von Preußen auf der Straße, die andern Souveräne aus Privathäusern. — Gestern Abend gab es trübe Aussichten, heute dagegen ist alles voll Hoffnung auf den Frieden. Die polnische Frage gilt als ausgeglichen. Österreich soll zwar Krakau nicht wieder, wohl aber den Tarnopoler Kreis erhalten. La Harpe soll Alexander bei den Polen festhalten, indem er ihm vorstelle, er müsse Standhaftigkeit zeigen, die einem großen Herrn zieme.]

---

[1]) Er starb am 13. Dezember 1814.
[2]) Ein Bericht Freddis vom 14. erzählt eine Bemerkung des Nuntius, die Wiener Freimaurer hätten mit Ligne ihren Protektor verloren. Ein anderer Berichterstatter (16. Dezember) wollte wissen, der Fürst habe sein Testament auf einem rosa Briefblatt niedergeschrieben und an den Grafen Moriz O'Donell adressiert.
[3]) Vertreter des deutschen Ordens.

16. Dez.

Une indisposition assez longue a interrompu le cours de mes rapports. Voici ce que j'ai appris depuis 2 ou 3 jours que je recommence à sortir: Depuis la note officielle par laquelle l'Autriche doit avoir offert à la Prusse la Basse Lusace avec Torgau et Wittenberg, proposition à laquelle le Roi de Prusse a formellement refusé d'adhérer, tous les Prussiens de ma connaissance, qui entourent le roi et le P^ce Guillaume, m'ont dit que, quelque extraordinaire qu'il leur paraissait à eux-mêmes de se penser dans cette situation, quelque peu porté que fût le roi par ses inclinations vers la guerre, ils ne pouvaient plus douter qu'elle aurait lieu. Les Prussiens se flattent que dans cette guerre leur alliance avec la Russie serait extrêmement intime, et basée solidement par l'intérêt réciproque, tandis que les nôtres n'auraient point cet avantage; que l'armée russe, renforcée de tous les moyens de la Pologne, agissant offensivement, nous serions obligés de leur opposer la plus grande partie de nos forces, et que sur la frontière de Bohême on se contenterait de s'observer mutuellement, tandis qu'ils auraient leur grande armée contre la France. Ils se flattent que cette circonstance leur gagnerait l'opinion de la plus grande partie de l'Allemagne. Le Hanovre serait d'abord occupé; ils comptent sur la Hesse et même sur l'alliance du Roi de Würtemberg qu'ils supposent être décidément dans leurs intérêts. Du reste, ils espèrent que les autres petits états de l'Allemagne, voyant que le congrès de Vienne n'a point eu de résultat, déjà extrêmement indisposés contre les gouvernements de leurs princes, (vu) que la guerre actuelle doit décider si la Prusse ou l'Autriche sera l'arbitre de l'Allemagne, se tourneront plus facilement vers la puissance dont la constitution est la plus libérale et répond le mieux à l'esprit du siècle. Le gouvernement prussien, qui travaille à cette constitution, veut la publier et l'introduire au moment de la guerre. Quant à l'esprit de la Saxe, ils avouent que le militaire et la noblesse sont contre eux, mais ils comptent sur le peuple et les progrès de la secte[1]). Ils voient dans la guerre, qui éclaterait, une lutte entre la démocratie et l'aristocratie et supposent que, par la nature des choses, la première doit être victorieuse. Les modérés disent donc que cette guerre déciderait du sort de l'Allemagne entre la Prusse et l'Autriche, les sectaires déterminés qu'il serait possible que par des causes que les événements feraient naître, et que l'on ne saurait calculer d'avance, tout fût bouleversé; leurs partisans en Bavière sont, à ce qu'ils assurent, très considérables....

Zum Vortrag vom 18.

17. Dez (* *)

... Bei Gf. Rechberg wurde gestern gesagt: a) die russisch-preußische Antwort, welche das Schicksal des Congresses entscheiden wird, war bis

---

[1]) Tugendbund. S. oben S. 296.

gestern Abend noch nicht erfolgt[1]); b) hätte F. Metternich im Oktober gesprochen und gehandelt, wie im Dezember, es wäre alles anders gegangen, gegenwärtig ist es zu spät. F. Metternich hat die entsetzlichste Verantwortung auf sich sitzen gegen seinen Herrn, gegen die Monarchie, gegen Deutschland, gegen ganz Europa. c) F. Metternich hat mit Bayern und mit Preußen Conventionen abgeschlossen, die nebeneinander auf keine Weise bestehen, er hat sich prostituirt und compromittirt, d) wurde von einer persönlichen Affaire zwischen Hardenberg und Metternich gesprochen, deren Détails ich nicht erfahren konnte, von welcher Affaire Graf Rechberg mir sagte: „Es ist eine Infamie von Hardenberg[2])....

Die alte Melle Murray, bekanntlich bel esprit, Freundin der seel. Gräfin Rombeck und des seel. P^{ce} de Ligne, sagte gestern: „Der seel. P^{ce} de Ligne äußerte unter vier Augen von dem russischen Kaiser nachstehendes Urtheil: „L'empereur n'est nullement ce que l'on croit, ni ce qu'il voudrait bien faire penser de lui. L'empereur aime plutôt à faire penser qu'il fait que de faire lui-même en effet. Ce n'est pas une tête, ce n'est que du fumo"...[3])

Zum Vortrag vom 19.

18. Dez. (**)

... Baron Wessenberg ist auch gar nicht zufrieden mit Fürst Metternich. Dieser hatte neulich um seine Entlassung gebeten. Kaiser Franz hat sie abgeschlagen, sagend: „So machen es alle meine Minister; wenn sie die Sache verderben, wenn sie sich nicht zu helfen wissen, dann nehmen sie ihre Entlassung[4])"... Über den englischen Botschafter („Lord Pumpernickel") höre ich lachen. L. Stewart hat vierzig Jagdhunde aus England auf der Reise nach Wien; die österreichischen Jagdhunde verstehen nichts, die englischen sollen Unterricht geben. — Bei Fürst Repnin spielt der russische Adel unter sich Comödie. Vorigen Mittwoch wurde „Cendrillon travestie" gegeben. Gräfin Potocka machte die Cendrillon[5]). Dem russ. Kaiser begegne ich nun öfters mit Pr. Beauharnais Arm in Arm spatzieren gehen. Die Marquise

---

[1]) Die vom 16. Dezember 1814 datierte Note Hardenbergs an den Zar wurde am 20. von Alexander dem Kaiser von Österreich, von Castlereagh Metternich übergeben.

[2]) Es war die Affaire mit dem Billet Metternichs an Hardenberg vom 7. November 1814 (mitgeteilt von H. Delbrück, in der Histor. Zeitschrift, N. F. Bd. XXVII. 259), worin Kaiser Alexander der Lüge geziehen wurde und das Hardenberg mit der übrigen Korrespondenz im Dezember dem Zaren mitteilte.

[3]) Caroline von Murray, die Übersetzerin Pope's, war Lignes Freundin aus seiner belgischen Zeit her. Ein Graf Albert Murray von Melgum erscheint unter den kaiserlichen Kämmerern.

[4]) Hiefür ist kein schriftlicher Beleg vorhanden, doch wird die Tatsache, daß Metternich damals seine Entlassung angeboten habe, vielfach — z. B. von Hardenberg in Briefen an Gneisenau — behauptet.

[5]) Wohl dieselbe, die in ihren Memoiren manches Interessante auch vom Kongreß erzählt.

Marie¹) sagte: „Ich habe oft Nachrichten aus Elba. Napoleon hat den Bau und das Ameublement seines Schlosses, die Anlegung seines großen Hofgartens gänzlich eingestellt...

Excellenz! Die Damen Arnstein und Eskeles treiben scandalöses Zeug, halten scandalöse Propos, um für Preußen die Opinion zu gewinnen und zu stimmen. Sie halten sich ganz vorlaut auf über die Zensur, die in der „Wr. Zeitung" und im „Österr. Beobachter" die englischen Artikel betreffs Sachsens und Polens aufnimmt²), die die Flugschrift „Sachsen und Preußen" öffentlich verkaufen läßt; kurz diese zwei Damen sind skandalös preußisch....

Herr Mavrojeni hält sich so stille, weil er rappellirt ist. Sie sagen: Herr von Hudelist, um den H. Mavrojeni zu favorisiren, will keinen andern Griechen als Chargé d'affaires der Pforte anerkennen. Man bestehet darauf, daß der Großherr nach Wien einen Botschafter senden möge³).

Zum Vortrag vom 21.

19. Dez.

Es wurde seit einiger Zeit in österreichischen vertrauten Kreisen behauptet, daß die verwittibte Frau Herzogin von Oldenburg für Österreich sehr gut gestimmt sei und daß nun S. k. H. der Erzherzog Palatin ihren Einfluß auf den Kaiser, ihren Herrn Bruder, benütze⁴). Man wollte auch wissen, daß dieser Verband günstige Aussichten zeige und vorläufig die Wirkung gebracht habe, daß selbst der russische Kaiser in seiner Neigung gegen Preußen zu wanken anfieng und auch unserm a. g. Herrn den Tarnopoler Kreis angeboten habe. Nun wird seit kurzem diese frohe Aussicht durch neuere Nachrichten getrübt. Man will wissen, daß der Kronprinz v. Württemberg von dem Minister v. Stein ganz beherrscht werde und der Prinz dessen Maximen ganz anhänge. Man besaget, daß der Minister v. Stein den Einfluß auf den Prinzen benützen werde, um auch die Frau Großfürstin zu bearbeiten, die eine gute Meinung von dem Geiste des Prinzen hat. Es ist zum mindesten gewiß, daß der Prinz mit dem Minister v. Stein

---

¹) Brignole?

²) Die „Wiener Zeitung" brachte am 11. und 15. Dezember nur kurze Berichte über die englischen Parlamentsverhandlungen und am letzteren Tage bloß die Äußerung des Schatzkanzlers, er glaube nicht, daß in der sächsischen und polnischen Frage der englische Minister im Sinne der ausgestreuten Gerüchte seine Zustimmung geben würde. Der „Österr. Beobachter" brachte auch diese nicht, wohl aber hatte er am 5. Dezember die Reden Landsdowns und Grenvilles gegen die Übertragung Sachsens an Preußen gebracht.

³) Das österreichische Staatshandbuch für 1816 weist Mavrojeni noch als Geschäftsträger der Türkei aus.

⁴) Die Großfürstin war, ehe sie sich in den Kronprinzen von Württemberg verliebte, sehr gut österreichisch gesinnt gewesen. Man findet Zeugnisse dafür in der „Correspondance de l'Emp. Alexandre avec la Grande-duchesse Catherine".

öfters Unterredungen hat, und daß selbst dessen Herr Vater vor einiger Zeit sich verlauten ließ, daß sein Sohn dem Hause Preußen anhänge, daß er aber selbst, so lange er lebe, seinen Gesinnungen gegen Österreich treu bleiben würde. In wie ferne diese Angabe gegründet ist und, wenn sie sich bewährt, wie dem Prinzen v. Württemberg eine andere Stimmung beigebracht, oder sein Einfluß gelähmt werden könne, gehört zum höchsten Wirkungskreise.

Zum Vortrag vom 23.

22. Dez. (**)

Bei Sidney Smith war gestern, wie alle Mittwoch, nach dem Theater Soirée, wo zweimal mehr Personen erscheinen als das Quartier, bestehend aus zwei Zimmern, faßt. Ein Theil der Gesellschaft, nach Londoner Sitte, hält sich im Bedientenzimmer oder auf der Stiege auf. Sie bedauerten unendlich die Abreise der Demoiselle Bigottini, die noch einen Proceß mit Joël wegen 1000 Dukaten für Schneider-Conto hat. Sie hielten sich darüber unendlich auf, daß sämtliche Theater in Wien gegenwärtig so äußerst schlecht bestellt sind. Sie sprechen davon, daß der Prinz-Regent, der Herzog v. York und der Prinz v. Oranien österreichische Feldmarschälle geworden sind, daß Oranien das Regiment Hohenlohe erhalten hat, daß der Prinz von Oranien unsere Erzherzogin Leopoldine heirathen wird[1]).

Der Oberst Graf Latour[2]) sagte gestern: „Ich weiß es bestimmt, Lord Castlereagh befindet sich in Wien in sehr großer Verlegenheit Er war in Wien mit der Instruktion angekommen, es geschehen zu lassen, daß Preußen sich Sachsen zueigne, dagegen Hannover vergrößere und arrondire. Dagegen, vermuthlich wegen der Opposition im Parlament, ist die diamétralement entgegengesetzte Instruction ihm vor einigen Wochen zugegangen, es auf keine Weise zuzugeben, daß Sachsen an Preußen komme. Nun hat L. Castlereagh vördersamst seine erste Einleitung beim Congreß selbst zerstören und ganz neue Principia, eine ganz neue Basis aufstellen müssen. Das ist es, was den Gang des Congresses aufhält.

Gestern wurde versichert: mit dem russischen Kaiser ist wegen Polen nun alles in Richtigkeit; wegen Sachsen wird man mit Preußen leicht sich einverstehen. — Die Gesandten Bildt (Schweden), Türkheim, Gagern, Plessen beschwerten sich gestern sehr bitter über die ganz unzulässige exaltirt ultramontanischen Grundsätze und Ansprüche, welche in Hinsicht des deutschen Concordats der Cardinal Consalvi aufstellt, welche das österreichische Ministerium zu unterstützen scheint, die aber der Art sind, daß daraus entstehen muß, daß in (kirchlichen) Sachen nichts zu Stande kommen kann.

---

[1]) Leopoldine, Tochter des Kaisers Franz, heiratete später den Kaiser D. Pedro von Brasilien, Prinz Wilhelm von Oranien die Großfürstin Anna, Schwester des Kaisers Alexander I.

[2]) Der dem Kronprinzen von Württemberg zugeteilte Obersthofmeister.

Alle die Gesandtschaften der altfürstlichen Häuser äußern sich äußert prononcirt gegen Preußen. Sie sagen: „Preußen hatte a⁰ 1813 die Fahne des deutschen Nationalgeistes aufgesteckt, um sich Anhang zu machen; 1814 scheint von allen Seiten die preußische Habsucht durch etc. Preußen hält es exclusive mit Rußland, hat mit Rußland eine geheime Convention abgeschlossen, die es nicht herausgibt; Preußen ist Verräter an der Sache von Europa[1]) (!) und an der Sache des Gleichgewichts von Europa; gegen Preußen, wie gegen Rußland, muß die Sturmglocke von Europa und von Teutschland geläutet werden"...

Fürst Clary[2]) weiß auch Vieles zu erzählen von der wahren Tollheit des russischen Kaisers, der keinen Civilisten vorläßt, aber jedem Fähnrich die doubles battants öffnet, der in Petersburg keinen Abend zu Hause soupirt, keinen Abend vor früh 4 Uhr zu Hause kömmt. Sie sagen: Die vie privée vom K. Alexander ist was ganz Unglaubliches.

22. Dec.

J'ai de nouveau passé la soirée du 20 de ce mois chez M. Willié. La société était nombreuse dans le principe, mais à la fin me trouvant seul avec M. Willié et le Pᶜᵉ Wolkonsky, je dis au premier que j'avais pris les informations sur ce qu'il m'avait demandées relativement à nos forces militaires. Je lui dis qu'un recrutement général allait être ordonné, que plusieurs conférences avaient déjà eu lieu à ce sujet, que l'ordre de contracter avec des livranciers tant en Illyrie qu'en Hongrie et en Pologne était déjà donné etc., enfin j'ai dit tout ce que mon zèle pouvait m'inspirer pour faire voir aux Russes que l'Autriche était sur un pied respectable. Le seul Pᶜᵉ Wolkonsky remarqua que ces préparatifs ne pouvaient avoir lieu que contre les Turcs, attendu que l'Empereur Alexandre se voyait tous les jours forcé de plus en plus de céder et qu'il devait cela à l'Angleterre, qui venait, on ne sait trop pourquoi, de rompre les liaisons commerciales avec la Russie.

Je trouvai le 21 au ballet de „Nina" le secrétaire d'ambassade française, La Martinière; je l'invitai à souper, et nous passâmes une partie de la nuit ensemble. Il me parla des affaires comme les Français sont habitués d'en parler, c. a. d. en attribuant à la France tout ce qui se fait de bien pour la félicité de la postérité; c'est le Duc de Bénévent qui a ouvert les yeux au congrès, c'est lui qui, aidé du parlement d'Angleterre, à déjoué les projets d'agrandissement du Duc Régent d'Angleterre relativement au Royaume de Hanovre que la Russie et la Prusse ont promis, lors de leur séjour dans la Gᵈᵉ Bretagne, de soutenir au congrès de tout leur crédit. Il m'ajouta même que l'Empereur de Russie et le Roi de Prusse se trouvaient tellement confus

---
¹) Soll wohl heißen: „Teutschland".
²) Fürst Karl Josef Clary war k. k. Kämmerer und ehedem mit Ehrenmissionen betraut worden. Er war ein Schwiegersohn Lignes.

Dezember 1814: Rapporte. 309

qu'ils n'osaient presque se mettre en route pour retourner dans leurs états respectifs.

Le secrétaire de l'Impératrice de Russie[1]) a payé hier à un vieil officier pensionné 50 ducats contre quittance. Il m'a offert de présenter une requête pour obtenir un secours. Je l'ai remercié en lui disant que cela repugnait à ma délicatesse, que d'ailleurs une telle démarche révolterait contre moi ma sœur, qui jouit de la plus grande considération à la cour de Pétersbourg.

22. Dez. (Bartsch)

H. v. Anstett[2]) hat mir gestern im Vertrauen gesagt, daß wegen Sachsen und Polen die Sachen noch immer nicht abgethan seien und darüber ein Bruch zu besorgen wäre. Doch habe sein Kaiser in Ansehung Polens sich herbeigelassen: 1) unserem Hofe den Besitz von Galizien auf immerwährende Zeiten zu verbürgen, 2) den Tarnopoler Kreis wieder zurückzugeben, 3) wegen der Salzwerke von Wieliczka allen Ansprüchen zu entsagen und 4) die Stadt Krakau von dem Warschauer Herzogthume zu trennen und für neutral zu erklären. In diesen Punkten, sagte er, bestehe das Ultimatum seines Kaisers, und wenn dieselben nicht angenommen werden, sehe er den Krieg als unvermeidlich an. Er hatte eine von ihm selbst zu der Zeit, als er den Tarnopoler Kreis übernahm, ausführlich verfaßte statistische Tabelle vor sich, die er eben aus seinen Papieren hervorgesucht hatte, um sie dem Grafen Nesselrode zu übersenden, und that sich viel darauf zu Gute, daß er es war, der seinen Kaiser zu dieser Nachgiebigkeit wegen des Tarnopoler Kreises und wegen Krakau bestimmt habe, und daß der Gedanke, diese Stadt für neutral zu erklären, ganz von ihm herrühre. Er glaubt damit dem Hause Österreich einen wesentlichen Dienst geleistet zu haben. Diese Stadt sei durchaus kein militärischer Punkt; sie könne, ihrer Lage wegen, auch nicht als eine Hauptstadt gelten, dafür habe man Lemberg; aber durch ihre Lage an der Weichsel sei sie als ein Handlungs- und Marktplatz für den Besitzer von Galizien ebenso sehr als für den Besitzer des Herzogthums Warschau unentbehrlich; durch die Neutralität gehöre sie dem einen Lande so gut als dem andern, ihre Verwaltung verursache keine Landes-Unkosten, und sie stehe auch hier als eine Scheidewand zwischen den beiderseitigen Grenzen. Diese müßten allerdings gegen den Schleichhandel und verdächtiges Volk gehütet werden, gleichviel ob die Linie hier oder dort gezogen wäre.

Alles, was er mir hierüber sagte, ließ ich gelten; aber die Garantie für Galizien, sagte ich, könnte ich für nichts ansehen; solche Garantien ertheile die Politik und hebe sie wieder auf, sobald es ihre Konvenienz ist. Er gestand

---

[1]) H. v. Longinold.
[2]) Im Vortrage Hagers an den Kaiser heißt es: „Die Rapporte lit. b, c, d enthalten nicht unwichtige Äußerungen des Anstett. Sie bestätigen die Duplizität dieses Menschen, welcher überhaupt den Verfasser der Rapporte durchzublicken scheint."

mir endlich, daß eine gute Festung mehr werth sei als eine Garantie, erklärte mir aber, wie mich dünkt sehr überzeugend, daß Österreich wegen des Besitzes von Siebenbürgen und der Bukowina, für Galizien nicht wohl etwas zu befürchten habe, weil jede in Galizien eindringende Armee immer durch die Bukowina und Siebenbürgen im Rücken genommen und abgeschnitten würde....

Ein Besuch, den ich heute bei Anstett machte, setzt mich in die Lage, E. Exc. gleich wieder zu behelligen und Dinge zu melden, die von dem Inhalt meines gestrigen Berichtes ziemlich abweichen.

Vorläufig muß ich melden, daß ich die Ursache der Änderung seiner Gesinnungen und Reden auf der Stelle ergründet habe, indem er mir mit halben Worten zu verstehen gab, daß zwischen seinem Kaiser und ihm eine Art von Versöhnung erfolgt sei. Er sagte mir: „Wie die Sachen heute stehen, und nach den neuen Entdeckungen, habt Ihr Euch die Hände selbst gebunden, und jetzt kann ich mir erklären, warum Euer Minister auch gegen Preußen nicht auftreten kann; er ist sich alter Sünden bewußt, und man hat unwiderlegliche Beweise in Händen, daß Euer Cabinet, selbst im Augenblick Eures Beitrittes im Juli (!) 1813 nicht offen gehandelt und geheime Ränke geschmiedet hat, um sich in unvorgesehenen Fällen auf Kosten der Alliirten aus der Schlinge und noch Nutzen aus seinen geheimen Stipulationen zu ziehen. Die Akten hierüber liegen in Bereitschaft und würden im Falle eines Bruches allgemein bekannt gemacht werden. Da würden Eure dermaligen Freunde die Augen gewaltig aufsperren. Unter diesen Umständen ist es besser, ihr laßt das Kriegserklären bleiben, laßt den Congreß aufheben, legt Protestationen ein und wartet eine günstige Zeit ab, wie ich dem Vaterl schon einmal gesagt habe. Welchen General wollt Ihr nehmen? Schwarzenberg? Das ist eine große Frage. Zudem kann er nicht überall sein. Ich wüßte wohl einen, der der Sache gewachsen wäre; aber der geht Euch nicht, nous le marierons celui-là: Erzherzog Karl. Andre habt Ihr keine, die sich mit einem Gneisenau, einem Grolman messen können." Ich sagte hier etwas empfindlich: „Sie sind sehr bescheiden, daß Sie nicht auch einige russische Generäle hier aufführen." Er: „Ah, le persiffleur; angenommen, daß unsere nicht viel taugen, es thut nichts; sie werden durch unsere Kosaken ersetzt....

22. Dez. (Leurs)

.. Graf Széchényi[1]), Rittmeister bei den Husaren, im vorigen Krieg Galopin bei S. D. dem F. Schwarzenberg, war im Anfang September 1813, erkrankt, zur Herstellung nach Prag gekommen und im „rothen Haus" eingekehrt. Er soupirte nach seiner Genesung im Gastzimmer und erzählte eines Tages in meiner Gegenwart den Tischgenossen, meistens Preußen,

---

[1]) Graf Stephan Széchényi, der später so berühmt gewordene ungarische Staatsmann und Reformator, war damals ein 22jähriger Offizier und als Ehrenkavalier dem König von Bayern zugeteilt.

Österreich schlage sich bloß um das Dasein des Tages, dasselbe würde mit allen Siegen und mit allen Fortschritten gegen das Ausland zu Grunde gehen indem es mit jedem Tag seiner Auflösung sich nähere und noch vor einem Jahrhundert auseinanderfallen müsse, denn die Bestandtheile Österreichs würden mit jeder Stunde ungleichartiger und entfernten sich mehr und mehr voneinander. Diese Äußerung, vermuthlich der Wiederhall der Familiengespräche des Grafen Franz Széchényi, Vaters des Rittmeisters, ward ohne Nachdenken und ohne bösen Willen, sondern mit der plumpen Unklugheit eines Kalbes hingeworfen, aber von den Preußen mit Bedeutendheit aufgenommen. Dieselbe wurde mit einem Commentar dem Könige vorgelegt. Graf Reichenbach äußerte mir nun hier, es wäre beschwerlich, ein Endurtheil über mehrere Gegenstände zu fällen, weil die Leute so verschieden in ihren Meinungen wären. Graf Széchényi, mit welchem er über den Zustand von Ungarn und die Ursachen der Unzufriedenheit dieser Nation gesprochen, hätte ihn in Verwirrung gesetzt, indem er ihm versicherte, Ungarn sei nicht mißvergnügt, alle die Phrasen, welche man im Ausland so hoch aufnehme, und so übel deute, wären leere Formen, die Stände begehrten nicht mehr Cultur, noch mehr Aus- oder Einfuhr als wirklich zugestanden ist. Das Land werde sich nie auflehnen, um diese Güter im größeren Maße zu erlangen, sondern sich eher dem widersetzen, welcher hier Fortschreiten bewirken wolle. Seine Familie sei reich und groß, weil ihre Unterthanen vom Neuen und Fremden nichts wüßten. Jede Änderung wäre ein Unglück für die Besitzer. Österreich handle aber ganz nach dem Wunsche der Besitzer, welche die Stände des Landes ausmachten.

22. Dez. (O.)

... Le Cte Skarbek me dit que les lettres nouvellement arrivées de Varsovie — et j'ai de bonnes raisons de croire que c'est lui-même qui les a reçues du père de sa femme — annoncent qu'au milieu d'une fluctuation de diverses opinions la grande pluralité est toujours soutenue par l'espoir de voir enfin couronnés les souhaits des patriotes. Cet espoir est soutenu tant par les procédés du Grand-duc, qui en tout ce qu'il fait agit dans l'esprit des patriotes, que par les différentes ordonnances du gouvernement provisoire et des réglements, qui s'accordent moins avec une possession momentanée qu'ils ne visent à un gouvernement stable et affermi. On y règle, pour l'avenir, la manière du recrutement et des livraisons; le ministère de toutes les branches est mis en nouvelle activité; on procède à la liquidation de la dette publique, et les places vaquantes des employés qui s'étaient absentés à l'entrée des troupes russes doivent être incessamment conférées.

Cependant cette attente des patriotes polonais ne s'accorde pas avec ce que j'ai appris par des individus de l'ambassade russe. Ceux-ci m'ont assuré que l'Empereur de Russie s'est définitivement décidé de ne plus soutenir les prétentions sur tout le Duché de Varsovie. S. M. Russe doit avoir dit à ses ministres: „Je pourrais bien, comme l'a fait Napoléon, décider l'affaire en faisant marcher 500,000 h. Mais comme je ne suis pas ici pour faire la guerre, mais pour consolider la tranquillité de l'Europe, j'abandonne mes prétentions et veux me contenter d'une indemnisation par une partie du Duché." Les Polonais, qui ont appris cette même nouvelle, ont peine d'y ajouter foi, et M. Skarbek, en parlant de cette circonstance, me dit que cela ne peut s'accorder avec ce qu'on écrit de Varsovie où l'on parle que l'Empereur Alexandre doit être proclamé et couronné Roi de Pologne dans le courant du mois de février....

M. Strzyczewski est depuis quinze jours sur son départ, mais il prolonge son séjour d'un jour à l'autre. Sa maison est le point de réunion de tous les patriotes intrigants, mais sa maison est close et inaccessible à tout profane. On me dit que tous ceux qui arrivent secrètement descendent chez lui. Malgré tous mes efforts je n'ai pu me frayer l'accès de sa maison. Il n'a qu'un seul domestique qui est tout en tout. La femme de chambre, qui sert madame, vient à 4^h de l'après midi pour l'habiller et est expédiée à 9^h du soir.

Zum Vortrag vom 24.

23. Dez. (Goehausen)

[In Fürst Hardenbergs Diensten steht ein gewisser Veith aus Anspach, der zwanzig Jahre lang Militär war und seit 1806 im geheimen Dienst gebraucht wird. Er ist Hardenbergs vertrauter Kanzleidiener und bezieht 1000 Thaler Gehalt.] Dieser äußerte kürzlich zu einem Vertrauten, der unter dem Namen eines ehemaligen preußischen Offiziers an ihn herangeschickt wurde: „Preußen wird es mit der Räumung Sachsens nicht aufs äußerste ankommen lassen. Einen zweiten Krieg können wir nicht aushalten, denn England gibt keine Subsidien. Daß wir viel fordern, ist uns nicht zu verargen, allein wir lassen mit uns handeln"[1]).

23. Dez. (* *)

... Bei Pufendorf wurde gestern noch gesagt: 1) Die mediatisirten Fürsten und Grafen haben von der mediatisirten unmittelbaren Reichs-

---

[1]) In einem Bericht vom 22. Dezember, der vielleicht von demselben Berichtleger stammte, hieß es, der preußische Staatsrat Jordan habe sich vernehmen lassen: „Wir werden von Rußland gezwungen, sehen ein, daß es ungerecht ist, aber es wird sich fügen. Die preußischen Völker sind nicht in der Stimmung einen neuen Krieg auszuhalten." Dagegen am 25. Dezember: „Die Preußen haben wieder die ihnen so ganz eigene arrogante Sprache angenommen. Wenn sie vor Kurzem noch sagten, daß sie nur durch Rußland gezwungen Sachsen besetzt hätten, so meinen sie nun, daß es ein schuldiger Tribut sei, wenn Sachsen ihnen zuteil werde..." Man erwidere ihnen, der Basler Friede beweise, daß sie für Deutschland nichts getan und, wie die Schlachten vor Österreichs Beitritt dartun, verloren waren ohne Österreich. Und am 27. Dezember: „Les Prussiens ont l'air menaçant... Voici comme ils raisonnent: „La Russie nous soutiendra. A présent, il est vrai, nous avons les trois quarts de l'Allemagne contre nous; mais dès que l'Autriche aura fait son alliance avec la France, sans laquelle elle ne peut pas faire la guerre, et attirera les Français en Allemagne, toute l'Allemagne sera pour nous contre l'Autriche."

ritterschaft neuerlich sich getrennt und arbeitet jeder Theil in separato für sich selbst. An der Spitze der Ersteren stehet Gf. Solms-Laubach, der Letzteren die Herren v. Zobel und v. Rüdt[1]). b) Reichsreferendarius Frank soll dem F. Metternich den Stuhl vor die Thüre gesetzt (haben und) ist aus dem deutschen Congreß-Comité auf eine gar zu eclatant grobe Weise ausgetreten. Seit diesem Schritt hat Frank mit Herrn v. Baldacci sich liirt. c) Das Buch „Preußen und Sachsen" ist in Wien verfaßt von H. Heun in der Kanzlei des F. Hardenberg[2])...

Aus des Herrn von Dalberg gestrigen Äußerungen habe ich Nachstehendes: a) Talleyrand hat mit den Russen eine neue Theilung des Herzogthums Warschau zwischen Rußland, Preussen und Österreich verabredet. Die Warthe wird die Gränze des preußischen Antheils. Diese Verabredung entscheidet wegen Polen und Sachsen. b) Die Antwort von Hardenberg an Metternich d. 21.(!) December wegen Sachsen verweiset den F. Metternich auf dessen eigene Note v. 22. Okt., wo Österreich zugesteht, daß Preußen das Königreich Sachsen besitzen soll, biethet aber für den K. v. Sachsen ein Etablissement am Rhein[3]). c) Metternich hat die Hardenberg'sche Antwort uns mitgetheilt. Wir haben an Castlereagh, an Wrede, an Graf Schulenburg, an Metternich, an Hardenberg ein résumé des status causae und Kenntniß gegeben von unserer Verabredung der neuen Theilung des Herzogthums Warschau zwischen Rußland, Preußen und Österreich, wodurch alle Frage wegen Sachsen gleichsam schon vorhinein beseitigt wird. Eine Congreß-Commission wird praejudicialiter mit Preußen liquidiren. Hat denn Preußen, nach Empfang seines in der neuen Theilung des Herzogtums Warschau ihm zugedachten Looses annoch einen weitern Anspruch auf Entschädigung?... d) In dem Augenblick, wo Metternich mit Hardenberg in der größten Spannung sich befunden, schreibt er an Hardenberg ein ganz unnöthiges, nicht offizielles Billet mit Anzüglichkeiten gegen den russischen Kaiser, die allerdings hätten gesparet werden können. Hardenberg, wie jeder Andre gleich vorgesehen haben würde, trägt das Billet auf der Stelle zum russischen Kaiser, welcher den Metternich gleich rufen lassen, es ihm vorgehalten und mit ihm eine Scene hatte, die ärger gewesen als alle vorhergegangenen[4]). Der Kaiser soll Bon Wessenberg das Departement übergeben, Bon W. weiß ohnehin besser als F. Metternich, was beim Congreß vorgeht und vor-

---

[1]) Baron Zobel vertrat die unmittelbare Ritterschaft des fränkischen Kreises, Baron Rüdt von Collenberg den ehemaligen Craichgau.

[2]) Nein, sondern vom geh. Staatsrat Hoffmann. Die Schrift wurde von Duncker und Humblot in Berlin verlegt.

[3]) Angeberg, I. 531 f. Die Note Hardenbergs war vom 16. datiert und wurde am 20. Metternich übergeben. Auch in Steins Tagebuch ist sie irrigerweise vom 21. datiert.

[4]) Dalberg wußte nicht, daß das Billet Metternichs bereits am 7. November geschrieben und erst im Dezember dem Zaren mitgeteilt worden war. S. oben. Von der Scene im Dezember zwischen Alexander und Metternich ist weiter nichts authentisches bekannt.

gegangen ist. Ganz Europa wird applaudiren, und die Geschäfte werden gehen. Von Bon Wessenberg machte Dalberg eine sehr ausführliche Eloge. Er sagte auch: „Der russische Kaiser hat einen Streich im Kopf, einen verschobenen Kopf, wie der verstorbene Kaiser Paul. Er wird endigen wie sein Vater. Das lange Herumlumpen in Wien, Paris, London, muß ganz Rußland, muß Petersburg aufmerksam machen..."

Zum Vortrag vom 25.

24. Dezember (* *)

... Graf Solms sagt: „Es ist das offene Geheimnis, Humboldt betreibt die Sache wegen Sachsen, um den Fürsten Hardenberg um seinen Platz zu prellen und das Portefeuille zu erhaschen"[1]). .. Dr. Franck[2]) erzählt forthin von der Kaiserin Marie Louise, wie General Neipperg ihr die Cour macht, ihr angenehm ist, daß der französische Hofstaat laut davon rede, auch vom jungen Napoleon, wie er ein so äußerst böses eigensinniges Kind ist... Herr von Dalberg sagte gestern bei Hof: „Es ist eine Schande, daß die Wiener dem Haydn noch kein Monument errichtet haben; in Paris würde das längst geschehen sein."

Zum Vortrag vom 26.

25. Dez. (A.)

... Aus einem Gespräch des Baron Bibra[3]) mit dem Prinzen von Nassau gestern bei Hof: Daß alle hier befindliche Deputirte aus Deutschland noch immer mit Sehnsucht und allen möglichen Intriguen den Kaiser von Österreich zu vermögen suchen, die deutsche Kaiserwürde annehmen zu wollen, daß zwar in diesem Augenblick in Deutschland Alles gegen Preußen gestimmt sei, aber, sobald das österreichische Kabinet fortfährt, blos egoistisch und nur auf Italien und seine Erbstaaten sich einzuschränken und mit einzelnen Reichsfürsten Separatverträge zu schließen, ohne die deutsche Nation durch ein constitutionelles Band zu verbinden, Alles zu befürchten wäre, daß die Lage der Dinge sich unglaublich ändern könne, daß die Tendenz des deutschen Nationalgeistes noch immer die Vereinigung unter einem Oberhaupte sei und am Ende gar leicht auf Preußen sich neigen dürfte, welches diese Oberherrschaft sehr ambitionire und durch Emissäre sehr angelegentlich das Versprechen einer milden Constitution verbreiten lasse.

Zum Vortrag vom 27.

26. Dez. (* *)

Bei Landgraf Fürstenberg, bei Fürst Johann Liechtenstein, bei Fürstin Marie Eszterházy, in gar vielen großen Häusern heißt es: Unsere Kaiserin pfleget zu sagen: „Der Congreß kostet mir 10 Jahre von meinem Leben."

---

[1]) Vgl. oben jene andere Äußerung von Solms über Hardenberg.
[2]) Dr. Peter Franck, berühmter Wiener Arzt.
[3]) Nassau-Weilburgscher Kämmerer, Ritter von Bibra.

Dezember 1814: Rapporte. 315

Bei Arnstein war vorgestern nach berliner Sitte ein sehr zahlreiches Weihbaum- oder Christbaumfest. Es waren dort Staatskanzler Hardenberg, die Staats-Räthe Jordan und Hoffmann (Verfasser der Flugschrift „Preußen und Sachsen"), Fürst Radziwill, Herr Bartholdi, alle getauften und beschnittenen Anverwandten des Hauses. Alle gebetenen, eingeladenen Personen (Herr v. Hammer war dabei) erhielten Geschenke oder Souvenirs vom Christbaum. Es wurden nach berliner Sitte komische Lieder gesungen; Frau von Münch sang Lieder vom Kasperle. Es wurde durch alle Zimmer ein Umgang gehalten mit den zugetheilten vom Weihnachtsbaum abgenommenen Gegenständen. Fürst Hardenberg amüsirte sich unendlich; Herr von Humboldt war nicht dabei. Herr Persoon, der holländische Sekretär, der dabei gewesen, erzählte es...

Bei Castlereagh waren gestern Abends ziemlich viel Leute. Ich verzeichne die vorzüglichen: Prinz Beauharnais — er ist mit Lady Castlereagh auf dem vertrautesten Fuße — der Kronprinz von Bayern mit seinem Bon Washington[1]). Der Kronprinz hat ein äußerst unangenehmes beschwerliches Sprachorgan; seitdem er in Wien ist, nimmt er Unterricht in der griechischen Sprache. Ich habe S. kön. Hoheit gestern englisch und italienisch sprechen hören, aber auch hinterrücks tüchtig auslachen sehen. Es sind meist die schönen Engländerinnen, die S. k. H. auslachen. Der Kronprinz scheint aus dem Prinzen Beauharnais sehr viel zu machen, den er jeden Augenblick „cher beaufrère" nennt. Der cher beaufrère hat unendlich viel Verstand, Kenntnisse, jugendliche Eigenschaften, die es gut aufklären, warum er auf alle Prinzen, Minister, Weiber, die nicht sich sehr in Acht zu nehmen wissen, am meisten aber auf den sinnlichen und jugendlichen Kaiser Alexander, nothwendig einen sehr entscheidenden Einfluß gewinnen und behaupten muß. Des weiteren waren gestern bei Castlereagh: der Cardinal Consalvi, beide Bernstorff, Lord Stewart, Herr Canning[2]), zwei Prinzen von Hechingen, Bon Gagern, M. Persoon, Graf Münster, Marchese Melzi und mehrere Italiener, der Gesandte B. Binder, H. Floret, H. v. Neumann, Fürstin Jablonowska, einige Portugiesen und Spanier. Die Holländer sagten, solange die Frage von Sachsen nicht entschieden ist, so lange zu vermuten stehet, daß Preußen für Preuß. Polen nicht in Sachsen entschädigt wird, daß der Saldo der preußischen Entschädigung durch Lüttich, Luxemburg und auf dem linken Rheinufer gesucht werden muß, insolange kann wegen Belgien keineswegs abgeschlossen werden.....

Zum Vortrag vom 28.

26. Dez. (Freddi)

Le Duc Serra Capriola et les députés de Bologne et de Ferrare, Fava, Ghisilieri et Squarcioni, ont dîné hier chez les prélats romains. Je me rendis

---
[1]) Bayrischer Hofmarschall.
[2]) Canning-Stratford, brit. Gesandter in der Schweiz, früher in der Türkei.

ensuite vers une heure à visiter Mme la C^esse de Bellegarde[1]). Il y avait du monde chez elle. Elle me salua d'abord de la part du maréchal qui avait eu la bonté de m'indiquer dans une de ses lettres en date du 5 du courant. La nouvelle des arrestations de Rasori, de Théodore Lecchi, de Gasparinetti suivies à Milan fournit une ample matière à la conversation[2]). Mme Bellegarde désapprouva hautement ces mesures d'une sévérité déplacée; elle assura que son mari était bien loin d'exercer l'empire de la force, de la violence et du despotisme, mais que les ordres souverains le forcent, malgré lui, à ces malheureuses démarches qui ont le sceau de la violence et de la persécution et qui éteignent le peu de partisans qui restent encore en Italie à l'Autriche. „On emploie ici," dit-elle, „tous les moyens possibles pour éteindre le feu sacré dont les cœurs italiens étaient allumés pour la cause de notre souverain chéri, et pour embraser l'Italie d'une horrible révolte qui ôtera enfin à l'empire autrichien ces belles et riches provinces. Mon mari me fait craindre toujours de ses jours. Mrs de Zichy, Baldacci et Lažansky, qui ne connaissent pas ce pays et qui ont même des préventions injustes, donnent à l'empereur de bien mauvais conseils[3]). Pauvre empereur! Écoutez, ma chère comtesse" — Mme de Bellegarde adressait la parole à Mme de Crenneville — „on choisissait ici des Allemands, et récemment des Hongrois, pour aller à (!) gouverner les Italiens. Peut-on se prendre plus maladroitement et plus impolitiquement que de confier à des gens inexperts, ignorants de la langue et des mœurs, le régime de provinces jadis si florissantes? Est-ce que Bonaparte avait envoyé des Français gouverner l'Italie? Il n'y avait que le Vice-roi Eugène et son secrétaire Méjan qui fussent Français. Tous les autres fonctionnaires étaient nationaux Italiens, et Bonaparte, malgré son sceptre de fer, malgré sa conscription, malgré la gravité de ses impôts, fut obéi et craint jusqu'au dernier moment. Il faut avouer le vrai: Il y a bien ici des têtes imbéciles qui ne se connaissent point du tout dans l'art de gouverner. Pourvu qu'ils se soutiennent dans leur place, nos ministres ne se soucient guère du bien et de la gloire de l'état. On se propose de donner une organisation à l'Italie. N'avait-elle pas une forme la plus admirable d'administration publique? Ôter la conscription, diminuer les impôts, employer les mêmes hommes à talent qui jouissent de l'opinion publique, voilà ce qui restait à faire. M. de Lažansky n'a pas compris ce que c'est de porter „des vases à Sicyon", mais il en s'est convaincu par les malédictions des Italiens qui attendent de lui inutilement le terme de leurs longues calamités. L'organisation, en attendant, est ébauchée

---

[1]) Die Gemahlin des in Mailand kommandierenden österreichischen Feldmarschalls Bellegarde.

[2]) Bei der im November 1814 auf eine Turiner Anzeige hin entdeckten Offiziersverschwörung waren in Mailand noch andere als die drei genannten kompromittiert und später verhaftet worden. S. darüber Lemmi, La Restaurazione austriaca a Milano nel 1814, 430 ff.

[3]) Es war im Jahre 1814 eine Organisierungs-Hofkommission zunächst unter Stadions, dann unter Graf Prokop Lažanskys Vorsitz für die eroberten oberitalischen Länder eingesetzt worden.

et communiquée aux députés italiens. Si on n'est pas en état de donner une bonne organisation à ce pays, comme j'en doute fort, je voudrais au moins qu'on ne sévisse pas contre de braves gens qui, ayant cessé pendant 16 ou 17 ans d'appartenir à l'Autriche, ont dû s'attacher par force au souverain que la force des armes leur avait donné. Les ministres de l'empereur, au lieu de lui conseiller ces mesures de rigueur, lui devraient rappeler la sentence du célèbre auteur de l'Esprit des lois: „C'est un grand ressort des gouvernements modérés que les lettres de grâce. Ce pouvoir que le prince a de pardonner, employé avec sagesse, peut avoir d'admirables effets. Le principe du despotisme qui ne pardonne pas, et à qui on ne pardonne jamais, le prive de ces avantages." — Tout le monde applaudit aux principes libéraux et à la doctrine et Mme la Maréchale de Bellegarde, qui déploya dans ce discours une éloquence ardente et fort animée.

27. Dez. (Nota)

Le Cte Capodistria et la Suisse. Hier ce ministre m'a dit que la nouvelle constitution de la Suisse était finie, qu'on allait la présenter au congrès pour y être sanctionnée, que son empereur lui ayant demandé comme il la trouvait, il lui avait répondu: „Excellente, car tous les partis en seront mécontens, et elle serait mauvaise si elle en avait contenté quelqu'un. Les autres ne la voudraient pas." Il me dit aussi que la Valteline était décidément réunis aux Grisons et qu'elle en faisait la 4ème ligne, que la cour de Vienne s'était conduite dans cette affaire avec beaucoup de noblesse, de modération et de désintéressement, que vraiment cela lui faisait honneur[1]).

Duc Dalberg. J'ai hier finalement fait la connaissance de ce ministre; j'ai diné avec lui et beaucoup causé politique... Il me raconta un propos tout récent de Louis XVIII à M. de Jaucourt, qui venait de lui faire le rapport des conférences qu'il avait eues avec les agents de la Prusse et de la Russie sur la Saxe. Le roi lui dit: „Ma résolution est prise, et je n'en démorderai pas. Il est de l'intérêt de la France rendue à sa dynastie que la légitimité des trônes soit rétablie partout. Les républiques ont fait la guerre pendant trente ans aux monarchies. Celles-ci ont gagné le procès. A présent ce sont les nouveaux souverains qui font la guerre aux anciens. Il faut que nous gagnions aussi ce dernier procés. La Saxe doit être rendue à son roi, et Murat doit descendre du trône de Naples. Alors l'Europe peut espérer d'être longtemps en paix."

27. Dez. (* *)

Bon Stein, der in der großen Welt äußerst selten erscheint, passirt die Abende bei der Oldenburg, sagt Graf Solms. General Knesebeck ist es, der wegen Sachsen den König von Preußen meist herumbringt. F. Czartoryski macht die Cour an die Wittib O'Donnell, die großen Kredit auf

---
[1]) Angeberg, I. 528—30 ff.

diesen Chevalier hat[1]). Der König von Württemberg hinterläßt in Wien eine weit bessere Reputation als er mitgebracht hat; er weiß sein Loos bestimmt, was ihm als Satisfaction für Kriegskosten zufällt. Der Großherzog von Baden beschwert sich, daß F. Metternich ihm nie Visite gemacht, ihn nie in die Staatskanzlei auf Mittag oder Abend eingeladen hat. Der badensche Minister Bon Berckheim ist ein loyaler rechtlicher Mann — das sind Äußerungen, die aus den Zirkeln von Rechberg und Pufendorf ich aushebe. Rechberg, Plessen, Linden, Türckheim beschweren sich sehr laut über den Cardinal Consalvi, dessen ultramontanische Principia und italienische Schleichwege und Finessen.

Die Rheinschiffahrt betreffend, heißt es, die so einträglich, so important ist, bestehet nun auch ein Congreß-Comité[2]). Bei Veranlassung aller dieser Separatverhandlungen, dieser unter sich von einander unabhängigen Comités, höre ich sagen: „Die gegenwärtige Versammlung der Potenzen in Wien sollte „Rendezvous" nicht „Congreß" heißen. Ein Kaiser (Alexander), der weder ein reines Herz noch einen reinen Kopf hat, der in Frankreich und in Österreich eben wie in Petersburg despotisiren will; ein König (v. Preußen), der die Freiheit von Deutschland und das Gleichgewicht von Europa an Rußland verkaufen will; in Wien ein Ministerium, das keine Principia und keine Application hat, das im Dezember zurücknimmt, was unterm 22. Oktober es zugegeben hatte, das keine persönliche Consideration und kein persönliches Zutrauen hat: kann da das Congreßwerk gedeihen? sind das die Elemente, aus welchen so heterogene Interessen ihre betreffende Composition, ihr Gleichgewicht bilden und finden werden?" Das sind die neuesten Ansichten über unsern ewigen Congreß, der noch bei weitem nicht endigen zu wollen scheint[3]) . . . .

Bei Graf Goëss[4]) war gestern sehr zahlreiche und ausgesuchte Coterie: Gf. Noailles, viele Engländer und Polen fanden sich daselbst ein. Es wurde gesagt: „Unsere regierende Kaiserin und die russ. Kaiserin sind heute Abends beide bei Fürstin Lubomirska; der Neffe (der Lubomirska) Czartoryski, steht in ganz besonderen Gnaden bei der russischen Kaiserin.

H. v. Pufendorf sagte gestern: „Ich habe heute früh den dänischen Minister Rosencranz besucht; der hat die Gelbsucht; er schimpft entsetzlich auf den russischen Kaiser z. B. wegen Räumung des Holsteinischen von russischen Truppen, wegen Ratification von Tractaten u. dgl. m. H. v. Rosen-

---

[1]) An die Gräfin O'Donell, die Hofdame und Freundin der Kaiserin von Österreich, wandte sich, wer bei dieser in Gnade kommen wollte. Czartoryskis Herz war nach anderer Richtung beschäftigt. S. oben die Einleitung.

[2]) Es war am 10. Dezember in der Sitzung der acht Mächte gewählt worden, trat aber erst Anfang Februar in Aktion. Angeberg, I. 527 und 693.

[3]) Es scheint immer derselbe Umkreis zu sein, aus dem * * die pessimistische Auffassung der Kongreßgeschäfte bezog, wahrscheinlich die Malkontenten um Stadion, mit denen vielleicht auch er mit seinen eigenen Ansichten übereinstimmte. Allerdings hat Hager einmal in einer Zuschrift an ihn seine Unabhängigkeit und seinen Freimut gelobt.

[4]) Gouverneur von Galizien.

cranz weiß von der „perfidie méchante" und „mauvaise foi" des russischen Kaisers nicht genug zu sagen; er sagt: „Groß Wunder, daß nicht längst der ganze Kongreß die Gelbsucht hat"[1]).

Sie sagen: „F. Schwarzenberg gibt nun alle Woche zweimal Thé dansant; zweimal die Woche bei Hof, zweimal die Woche bei Stackelberg, die ganze Woche ist wieder ausgefüllt mit Fêten. Diese ewigen Fêten!" Dieser auf unbestimmte Zeit verlängerte Aufenthalt der auswärtigen Souveräne in Wien macht in Wien und in ganz Deutschland einen äußerst schädlichen Eindruck. Sie sagen: „Das ist eine neue Art Krieg zu führen: den Feind auffressen". Graf Bernstorff und Graf Rechberg wetten darauf, daß vor Ende März der Congreß nicht auseinander gehet.

Zum Vortrag vom 29.

28. Dez. (**)

... Gestern soupirten der russische Kaiser, der König v. Preußen und alle Souverains bei Zichy-Ferraris, Sonntag bei Bagration. Als zum Souper gegangen wurde, gab der russische Kaiser der Bagration den Arm; der König von Preußen blieb stehen, auf Julie Zichy wartend. Julie Zichy wollte sich nicht führen lassen, wollte über Damen, die vor ihr den Rang haben, den Rang nicht nehmen; niemand gieng vorwärts; es stockte sich und war eine ganze Confusion. Die Leute lachen entsetzlich über den König von Preußen, der in Julie Zichy verliebt ist wie ein junger Mensch von zwanzig Jahren es sein könnte. Graf Razumowsky sagte: „Julie Zichy, après la Saxe, est ce qu'il aime le mieux."

Bei Baron Thugut und in vielen Coterien heißt es: „... La place du ministre d'Autriche à Pétersburg sera un gouffre. L'Empereur Alexandre, de retour chez lui, sera insupportable pour l'Autriche; le voyant se conduire comme nous le voyons à Vienne, de retour chez lui, à la merci des insinuations de la Prusse et de celles de ses favoris, des Capo d'Istria, des Stein, des Czartoryski, Wolkonsky, Ouvaroff etc., peut on se flatter raisonnablement que l'Autriche seulement pendant deux ans pourra rester en bonne harmonie, en paix sans guerre avec un empereur aussi fou, aussi inconséquent, aussi remuant que cet Empereur Alexandre?"

Der große, der einzige Eindruck, den nach so langem Aufenthalte der russische Kaiser und der König von Preußen zurücklassen, ist der: es sind armselige launigte Menschen...

28. Dez. (O?)

Le Cte Skarbek m'a confié un événement qui a très déconcerté les Polonais, c'est l'éloignement de M. de Humboldt des affaires du congrès et l'ascendant que le P^{ce} de Hardenberg semble avoir gagné depuis sur l'esprit

---

[1]) Alexander unterließ es fortwährend, den Friedensvertrag mit Dänemark zu ratifizieren und seine Besatzungstruppen aus Holstein zu entfernen. S. oben.

de son maître[1]). Les Polonais en augurent mal pour leur cause. Car ce fut principalement M. de Humboldt qui insista sur la cession de la Saxe à la Prusse et voulut abandonner tout le Duché de Varsovie à la Russie. M. Badeni, gentilhomme polonais, propriétaire de terres considérables en Galicie et dans le Duché, prétend que les mesures prises par les Russes dans le Duché, quoique très imposantes en apparence et très coûteuses, ne sont au fond que de simples manœuvres pour en imposer aux Polonais et pour y grossir leur parti en exaltant le courage de ceux qui commençaient à s'intimider.

Un homme de conséquence, soit par sa naissance, soit par ses richesses et ses talents, m'a assuré que le 24 ou le 25 de ce mois il y eut une conférence chez le ministre anglais Cathcart à laquelle assistèrent les P^{ces} de Hardenberg et de Talleyrand, et le jour après une seconde conférence chez le P^{ce} de Hardenberg entre les mêmes ministres sur le contenu des dernières instructions que les ministres anglais et français ont reçues de la part de leurs cours respectives[2]). A la fin de la seconde conférence le ministre de France a dû assurer que voilà enfin la base établie, le reste s'arrangera de soi-même[3])...

Les lettres de Varsovie et de la Galicie rapportent que le recrutement continue dans le Duché avec toute l'énergie possible; on évalue dans ce moment la force des troupes polonaises à 40.000 h. M. de Skarbek me dit que les jeunes gens de la Galicie qui vont joindre les troupes polonaises amènent beaucoup de chevaux. Les officiers de cercles ne peuvent employer trop d'attention pour empêcher cette émigration.

Zum Vortrag vom 30.

29. Dez. (* *)

... Von der ausgezeichneten Mißhandlung sprechend, welche F. Metternich vom russischen Kaiser erleidet[4]), sagt F. Moriz Liechtenstein: „Das war schon in Paris ebenso. Schon in Paris hat der russische Kaiser den F. Metternich mit ausgezeichneter Grobheit behandelt. Es war uns allen von jeher unbegreiflich, daß F. Metternich die Zusammenkunft der auswärtigen Souveräne in Wien veranlaßt hat. F. Metternich hätte wahrlich

---

[1]) Vgl. in Hardenbergs Tagebuch zum 30. Dezember 1814: „Soupçons de l'Empereur Alexandre contre Humboldt."

[2]) Hardenbergs Tagebuch sagt nichts von alledem, nur daß am 26. Talleyrand bei ihm speiste und Abends eine Konferenz mit den Russen stattfand. Doch ist dieses Tagebuch in dieser Zeit überaus wortkarg.

[3]) Ein Rapport vom 28. Dezember meldet die Versicherung eines französischen Legationssekretärs, man habe bei dem Diner bei Hardenberg (am 26.) eine neue Basis für die Verhandlungen gefunden; Humboldt wurde von den Geschäften ausgeschlossen. Wie man sich solchen Ausschluß gedacht haben mochte, ist nicht ersichtlich. Gebhardt, Humboldt, II, 112 f. weiß nichts davon. Doch meldet * * am 11. Januar, man hoffe nun rasch mit Preußen fertig zu werden, „da Humboldt keine Stimme mehr und F. Hardenberg die Sache allein zu beenden hat." (Zum Vortrag vom 14. Januar 1815.)

[4]) Wegen des Billets an Hardenberg vom 7. November.

den russischen Kaiser, den König von Preußen, den Baron v. Humboldt besser kennen und besser beurtheilen sollen"...

Der russische Kaiser hat gestern bei der Bagration zu Mittag gespeist. Es wurde sehr gelacht über das theuere Picnic, das Herr Sidney Smith heute im Augarten veranstaltet, au profit des h. Grabes in Jerusalem, als welches von H. Sidney Smith allerdings eine äußerst excentrische Idee ist[1])...

Bei Rechberg wurde gestern gesagt: „Die österreichische Note an Hardenberg wird erst morgen abgegeben[2]). Humboldt spricht von Nichts als von Krieg und von Revolutioniren. Humboldt und alle dessen Anhänger und Emissaires drohen ganz öffentlich: Preußen rückt ein in Böhmen, Rußland in Galizien, das linke Rheinufer stehet auf, erklärt sich als selbstständiger Staat. Diese Ausstreuungen und Drohungen des Herrn von Humboldt gehen sehr stark umher in Wien und machen eine große Sensation." Gräfin Rechberg sagte: „H. v. Humboldt hat dem F. Hardenberg ordentlich Gewalt angethan und den Fürsten durch den König gezwungen, dem russischen Kaiser die gewissen Papiere, betreffend die gegen Rußland projektirte große österreichisch-preußische Allianz mit den gewissen Privatbillets in Originali vorzulegen." Sie sagen: Humboldt und Baron Stein, der die Oldenburg an der Hand hat, arbeiten einverständlich in allen ihren Tendenzen und Operationen; Österreich soll ganz aus Deutschland hinausgedrückt werden; ganz Deutschland soll unter Preußen kommen, ist derselben Plan[3]).

29. Dez.

Bagration, Metternich, Alexandre. Hier l'empereur Alexandre a dîné chez la P^{esse} Bagration; il avait lui-même fixé le nombre et les noms des convives. Ils étaient douze. On me dit que Metternich n'est pas même prié dans les grandes occasions chez la princesse, ce que je ne crois pas, quoiqu'elle soit à présent à couteau tiré contre lui. Le parti qui voudrait le culbuter est nombreux, et l'on s'aperçoit dans les sociétés qu'il augmente toujours; je le sens de tout côté... L'opinion presque générale est que ce ministre ne pourra pas se soutenir longtemps encore... On sait dans le public qu'Alexandre ne veut plus traiter avec lui et qu'il a destiné Rasumowsky pour être le porte-parole de l'un à l'autre....

Suisse et Valteline. Les sorts de ces deux pays sont décidés. Les constitutions sont faites. Les Suisses seront 23 cantons, et les Valtelins formeront la 4ème ligne Grise. Maison se trompe fort, si on croit par là l'affaire finie. J'ai beaucoup parlé avec M. de Zerleder, député de Berne, et avec les deux délégués de la Valteline, Guicciardi et Stampa. D'après leurs demi-mots il me paraît que ni les Suisses ni les Valtelins voudront accepter les plans qu'on a formé pour eux. Il paraît, au contraire, qu'on a réussi à les mettre d'accord en cela que tous à l'unisson refuseront d'accéder au nouveau pacte

---

[1]) Über dieses Picknick vom 29. Dezember 1814 s. unten S. 330.
[2]) Sie wurde gar nicht abgegeben.
[3]) Das stimmte wenig zu Steins Kaiserprojekt für Österreich.

fédéral. Zerleder me disait: „Est-ce aux barbares du nord, à des esclaves russes, à venir en Suisse donner des leçons de liberté et de philanthropie aux descendants de Guillaume Tell? Nous n'avons pas envie d'apprendre par de tels maîtres; ils sont venus nous donner la discorde. Voilà leur présent! Ils n'ont qu'à s'en retourner chez eux. Nous avons appris à lire avant eux, et nous nous arrangerons nous-mêmes entre nous et n'avons aucun besoin ni de leurs lumières, ni de leur zèle. Croyez-moi, leur plan n'est pas encore accepté en Suisse, et je ne parierais pas qu'il le sera."

s. d. (Paris?)

... Me trouvant seul avec M. Willié qui, comme je l'ai remarqué dans mes premières notes, n'est russe ni de naissance ni de sentiments, m'a dit que les prétentions de l'empereur avaient toujours pour but son agrandissement vers l'Allemagne, mais qu'il paraissait bien que ce ne serait pas encore sous son règne que cet agrandissement aurait lieu, que d'ailleurs lui Willié était fermement convaincu que la proclamation aux Polonais[1]) n'avait pour but de la part de l'empereur que de se laver (les mains) envers la Pologne, et mettre le tort sur eux de ce qu'il s'est trouvé hors d'état de leur tenir la parole qu'il leur avait donnée, mais que, pour le temps présent, il ne saurait entreprendre de guerre, sans courir les risques de perdre ses frontières actuelles.

29. Dez. (Goehausen)

H. Weyland[2]) gibt soeben auch noch die Nachricht, einer merkwürdigen Erklärung des Königs von Preußen, die er am 27. gegen die zwei Ritterschaftsdeputirten Zobel und Rüdt von Collenberg machte, da er ihnen sagte: daß er noch manchen Anstand habe, besonders da man ihm Sachsen streitig machen wolle, welches er aber nicht lassen würde und sollte er sich darum schießen müssen. Er habe eine zahlreiche und brave Armee, glaube übrigens es um Deutschland verdient zu haben, daß er nöthigenfalls auf den kräftigen Beistand der übrigen deutschen Völker mit Zuversicht hoffen kann. Gf. Rottenhan, welcher diese Äußerung aus dem Munde seines Vetters, des Bon Zobel hat, vertraute sie Weyland an.

Zum Vortrag vom 31.

30. Dez.

... On dit d'une manière positive que le congrès, à parler juste, n'a commencé qu'hier parce que ce n'est qu'hier qu'on a mis de côté système infructueux et traînant de communication confidentielle et est venu à des séances véritables entre les intéressés[3]).

---

[1]) Konstantins vom 11. Dezember 1814.
[2]) Einer der Konfidenten. S. oben die Einleitung.
[3]) Am 29. war es zur förmlichen Konferenz der vier ehedem alliierten Mächte gekommen, also das System der vertraulichen Verhandlungen aufgegeben worden.

B. Interzepte.

Fürst Hardenberg an Stein.

s. d. 11 heures[1]).

Mille grâces, chère Excellence, de la communication du mémoire que vous avez donné au P^ce Czartoryski sur la Saxe[2]). Il faut travailler de tout côté. Voyez dans la gazette anglaise ci-jointe comment on représente mal cet objet en Angleterre[3]). Je crois par conséquent que la mission de Miltitz serait très utile; mais il faut encore attendre que la crise se développe un peu plus ici[4]). Metternich m'a promis de me donner la réponse de son empereur dans le plus court delai, mais encore je n'ai rien[5]).

La Tour du Pin an Bonnay.

Vienne, le 1er décembre 1814[6]).

L'Empereur de Russie persiste dans ses prétentions sur le Grand-Duché, ce qui le conduit à vouloir la Saxe pour son allié. Cet allié voudrait bien qu'il en fût autrement et préférerait sa situation de 1805 à celle dans laquelle on veut le placer. L'Autriche cherche à l'attirer à elle, et ils voudraient bien ensemble se partager l'Allemagne. Les Princes allemands qui voient le danger voudraient se replacer sous le protectorat ou sous l'Empire de l'Autriche. L'Angleterre ne sait trop que vouloir. Tels sont les traits principaux de ce tableau au milieu de ces agitations, de ces ambitions, de ces déviations des principes.

La France se montre calme et sans ambition. Elle prêche certainement la doctrine la plus faite pour être écoutée si les hommes savaient jamais renoncer à vouloir tout ce qu'ils peuvent. Les difficultés ici sont immenses. Aux préventions, si justement méritées depuis quelques années, que la France trouve contre elle, se joint un système copartageant qui existait depuis près de 50 ans entre l'Autriche, la Prusse et la Russie, système qui a été froissé par l'orage révolutionnaire, mais qui s'est recomposé pour en triompher,

---

Das Protokoll bei Angeberg, II. 1058 f. In der Deklaration vom 8. Oktober waren „die freien und konfidentiellen Verhandlungen unter den Staaten" als die wirksamsten und noch im Beobachter-Artikel vom 24. November war der konfidentielle Weg als „der schnellste und wirksamste" bezeichnet worden.

¹) Interzept, M. J. zum Vortrag vom 5. Dezember 1814.
²) Es ist die Denkschrift vom 3. Dezember „Über die völlige oder teilweise Vereinigung Sachsens mit Preußen", deren französischer Text unter unrichtigem Datum bei Klüber, VII. 63—69 (deutsch bei Pertz, Stein, IV. 230 ff.) abgedruckt ist.
³) S. unten den Bericht Pfeffels an Wrede, S. 365.
⁴) Die Sendung Miltitz' zum König von Sachsen.
⁵) Die Antwort verzögerte sich wegen eines Unwohlseins von Metternich bis zum 10. Dezember (Angeberg, I. 485 ff.).
⁶) Interzept, M. J. zum Vortrag vom 9. Dezember. Graf Gouvernet de La Tour du Pin war einer der drei Bevollmächtigten Frankreichs auf dem Kongreß, Marquis de Bonnay französischer Gesandter in Dänemark.

ce qu'il faut désunir aujourd'hui. Il est toujours à craindre que toute monstrueuse que soit cette association, elle ne subsiste tant qu'elle trouvera à partager, et vous voyez, Monsieur, combien de proies l'Europe offre encore à dévorer. M. de Talleyrand me paraît faire ici des tours de force. On voulait, quand il est arrivé, isoler la France de tout, et à présent elle est déjà partout. Il n'y a pas un comité dans lequel elle ne soit entrée et où sa voix ne soit très comptée[1]). L'affaire de Gênes s'est déjà terminée selon ses vues[2]). Espérons qu'il en arrivera autant des autres, non pas seulement parce que c'est la France, mais parce que c'est la justice dont le monde a autant de besoin qu'elle.

J. Erich Bollmann an Frau Reinhard in Paris.
Wien, den 14. December 1814[3]).

Mein Brief vom 8., liebe Freundin, wurde zu spät fertig, um mit dem Courier des Prinzen[4]) abzugehen, und ich schickte ihn dann, vielleicht etwas übereilt, auf die Post. Indessen hoff' ich, daß er befördert worden, wenn man ihn auch aufgebrochen und gelesen haben sollte, wie hier, sagt man, jetz sehr gewöhnlich ist.

In Betreff des Privilegiums[5]) hier nimmt meine Hoffnung mehr und mehr ab. Ein gewisser Klenk hat auch seit einigen Jahren sich mit der Sache beschäftigt, hat Zeichnungen eingegeben etc. Er ist ein halbgemeiner Mensch, und hat die Ähnlichen auf seine Seite gebracht. Gegen die Vortheile der praktischen Erfahrung kann er nun nichts sagen; aber er behauptet, ebensoviel und mehr Ansprüche zu haben als der Herr Professor Hauff[6]). Warum, sagt er, denn diesen begünstigen? Prof. Hauff hat sich überhaupt Viele abgeneigt gemacht. Man hat mich gefragt, ob ich nicht mit Klenk mich vorzugsweise einlassen wolle, dann würde die Sache durchgehen. Daran ist nun natürlich nicht zu denken. Überhaupt fang ich an, zu sehen, daß die Unternehmung auf dem Rheine, zwischen Frankfurt, Mainz, Wesel etc., des vielen Reisens wegen, viel wichtiger sein würde als auf der Donau. Die Verwaltung des Rheinoctroi ist in den Händen eines einzigen

---

[1]) Es gab damals nur drei Komitees: im deutschen saß kein Franzose, ins Komitee der „Acht" hatte man Frankreich von vornherein berufen; nur die Aufnahme Dalbergs in die Schweizer Kommission war ein Zugeständnis über die Bestimmungen des Pariser Friedens hinaus.

[2]) Die Sache war schon in Paris festgesetzt worden. Vgl. oben S. 118.

[3]) Chiffon, M. J. Zum Vortrag vom 31. Januar 1815. Justus Erich Bollmann, der Deutschamerikaner, schreibt an die Gemahlin des Diplomaten Reinhard, der in französische Dienste getreten war und später den Grafentitel erhielt. Über Bollmanns Beziehungen zu Mad. Reinhard seit 1795, wo er daran gedacht hatte, Christine. Reimarus zu ehelichen, vgl. W. Lang, Graf Reinhard, S. 138 f.

[4]) Fürst Talleyrand, lange Jahre Bollmann bekannt und gewogen.

[5]) Dampfschiffahrt auf der Donau.

[6]) Der Mechaniker Hauff hatte seit sieben Jahren schon sich mit dem gleichen Projekt befaßt und auch ein Modell vorgelegt. An ihn hatte sich Bollmann gewandt, um mit ihm vereint vorzugehen. Vgl. unten.

Mannes, Gf. Solms, und wird nachher in die von Baron Otterstedt[1]) kommen. Ich kenne beide. Man will in die neue Verfassung einen Artikel setzen, welcher der Centralbehörde im Allgemeinen das Recht gibt, Verbesserungen in der Schiffahrt durch limitirte Privilegien oder Patente zu begünstigen. Sobald dieß geschehen, wird es mit dem für mich gesuchten keine Schwierigkeit haben, so daß die Angelegenheit jetzt mit der Beendigung der Congreßgeschäfte ein bischen zusammenhängt. Ich sage von allem diesen dem Herrn Prof. Hauff nichts, weil ich fürchte, daß er, um seine Ehrsucht zu befriedigen, durch Zudringlichkeit Alles verderben würde. Aber wenn es auf dem Rheine zu Stand käme, so soll er gewiß dabei vollkommen seine Rechnung finden. Schreiben Sie ihm gefälligst nichts davon. Wir hätten auch beim Rhein den Vortheil, daß die Böthe in Holland gebaut und die erforderlichen Maschienen von England leicht herüber geschafft werden könnten. Zur Bewegung sehr großer Lasten ist die Erfindung weniger geeignet als zu der von Postschiffen.

Mit dem Congreß gehts immer noch sehr langsam, es ist noch nichts entschieden, Krieg oder Frieden sind noch zweifelhaft. Aber dieß Alles wissen Sie wohl viel besser als ich selbst. Wenns nur mit diesem Congreß ein vernünftiges Ende nähme. Alles hängt damit zusammen. Stadion ist noch immer ernstlich mit meiner Bank beschäftigt[2]). Mich soll wundern ob man etwas thun wird.

Der Prinz Talleyrand bleibt immer sehr gütig, und da es seine maxime ist „qu'il faut multiplier les chances," so hab ich mir etwas ausgesonnen, worin er sehr nützlich sein kann, mir auch schon sein zu wollen versprochen hat. Nur brauchen wir dazu Frieden zwischen Amerika und England, und darauf bin ich geneigt zu rechnen[3]).

Von den Fremden hier ist Humboldt gewiß einer der interessantesten Menschen. Wir haben zuweilen bei Gentz kleine ausgesuchte Parthien — Damen und Herren — wo Humboldt ganz allerliebst ist. Viel Gemüt hat er nun freilich wohl nicht. (Friedrich) Schlegel, den ich auch oft sehe, hat desto mehr. Bei ihm ist alles innere Offenbahrung; aber der offenbarende Gott ist nur zu oft die alte Selbstliebe, die sich so gern hinter die edlen Formen steckt. Die hellen, ganz gesunden Köpfe sind mir lieber. Aber die besten Organisationen — wie die von Goethe etwa — stehen in der Mitte zwischen beiden Extremen. Ich lege wieder mehrere Briefe bei, die Sie gewiß die Güte haben werden besorgen zu lassen.

Le P^{ce} de Ligne ist gestern entschlafen. Er wurde — sagt man — 84 Jahre alt. Noch vor einigen Tagen traf ich ihn bei einer schönen Dame, Mme Morel, wo er recht galant und witzig war[4]).

---

[1]) Über Otterstedt s. oben.
[2]) Projekt einer österreichischen Nationalbank, das der Finanzminister Stadion mit Bollmann erörterte.
[3]) Der Friede ward am 24. Dezember abgeschlossen.
[4]) Ligne wurde nahe an 80 Jahre alt; er war 1735 geboren. Über die Morel s. oben.

Einige Privatpersonen hier haben beunruhigende Nachrichten von Paris gehabt. Sind denn die gegründet?

Sollte wieder Krieg werden, so fürcht ich, daß das zu vielen, vielleicht revolutionären Bewegungen im Norden von Deutschland Anlaß geben könnte. Wir leben in einer unglücklichen Zeit, wo weder das Böse, noch das Gute Haltung hat, und die Begründung des Vernünftigen in dem ewigen Streit unmöglich scheint.

Sagen Sie von dem Rheinplane nicht viel, aus Furcht, daß hier oder dort, vielleicht aus Furcht, daß dem Heerstraßenzoll Abbruch geschehe[1])...

Justus Erich Bollmann an Gentz.

Wien, den 21. Dezember 1814[2]).

Ihre Bemerkungen gestern bei Erwähnung des Dr. Koref[3]) macht mir einige Unruhe. Ich kenne diesen nur wenig und habe über den Gegenstand nie mit ihm geredet. Auch würde ich den Aufsatz Niemandem gezeigt haben, wenn ich ihn für den Minister geschrieben hätte[4]). Da aber meine Absicht bloß war, mich mit einem interessanten Gegenstand zu beschäftigen und vielleicht den Aufsatz irgendwo drucken zu lassen, so war es natürlich, Friedrich Schlegel und Herrn von Hammer[5]) davon zu sprechen, und sie zu bitten, mir, vorzüglich was die Sprache betrifft, ihre Bemerkungen zu machen. H. v. Hammer sandte ihn dann aus eigener Bewegung dem Grafen Stadion zu. Auch wußte H. v. Laffert davon, ein Landsmann (er ist aus dem Hannöverischen), mit dem ich schon vor 17 Jahren in Amerika viel umgieng, wo er sich damals aufhielt. Durch ihn haben der Bon Eckhartstein und andere junge Leute davon gehört, und so ist die Sache ins Gerede gekommen. Dieses wird unvermeidlicherweise noch mehr der Fall sein, wenn ich mich mit einigen der Banquiers, wiewohl in meiner individuellen Kapazität, über den Plan berede. Der Graf Stadion hat selbst, wie ich höre, den Eskeles kommen lassen und ihm einige Fragen gethan, woraus dieser geschlossen hat, daß man Etwas vorhabe. So sehe ich denn voraus, daß ich wahrscheinlich in den Verdacht einer dummen und kindischen Eitelkeit kommen werde, welches mir leid thut. Ich wär's herzlich zufrieden gewesen, niemals in der Sache genannt zu werden, wenn dieses die Ausführung von Etwas Nützlichem hätte erleichtern können. Verzeihen Sie, daß ich Ihnen

---

[1]) Hier bricht das Schreiben ab. Die Stücke wurden später von der Polizei in der üblichen Weise zusammengefügt und dem Bericht an den Kaiser beigelegt.

[2]) Interzept, M. J. Über Bollmann vgl. oben S. 23 die Anmerkung.

[3]) Joh. Ferd. Koreff war Arzt des Fürsten Hardenberg und aus Berlin mitgekommen.

[4]) Aufsatz über die Gründung einer Nationalbank in Österreich, aus der Feder Bollmanns.

[5]) Es ist der Orientalist und Dolmetsch des Auswärtigen Amtes.

Dezember 1814: Interzepte.

so viel darüber sage, und schreiben Sie es gefälligst dem wirklich hohen Werth zu, den ich auf Ihre gute Meinung setze[1]).

Stein an Fürst Hardenberg.

Vienne, le 22 décembre 1814[2]).

Je vous envoie, cher Prince, les détails sur Tarnopol que la Russie cède à l'Autriche. Celle-ci gagne par là: 1. la communication entre la Bukowina et la Galicie, 2) un pays, qui a superbes pâturages pour les haras et troupeaux de bétail, 3) le cours du Dniestr, 4) sûreté pour Léopol, dont Tarnopol n'est éloigné que de 7[heures], 5) approvisionnement de Léopol, qui tire ses denrées du cercle de Tarnopol, avec le sommaire relatif aux parties de la Galicie qui, d'après la décision prise dans la conférence du 24 février (8 mars) 1810, doivent être cédées définitivement à la Russie[3]).

Stand der russischen Armee[4]).

Le dernier courrier venu de Varsovie a apporté le rapport général du mois de novembre des forces militaires de la Russie. D'après ce rapport:

Les 2 divisions qui sont ordinairement en Finnland y sont rentrées dans leurs cantonnemens.

Les Gardes sont à S. Pétersbourg.

Le corps des Grenadiers a été augmenté de 6 régimens de chasseurs et forme actuellement 3 divisions. Il est cantonné entre Riga et Mitau.

La grande armée sous le commandement immédiat du Maréchal Barclay est divisée en 7 corps; son quartier général est à Varsovie. Les corps sont à Wilna, Kowno, Grodno, Brzest-Litowsk, Varsovie, Lublin et Cracovie.

---

[1]) Gentz hatte in der Tat eine nicht geringe Meinung von Bollmann. In seinen Tagebüchern verzeichnet er zum 18. Dezember: „Visite du docteur Bollmann, qui est un homme très-supérieur en fait de finances, et dont j'espère que nous tirerons beaucoup de profit." Am 20.: „Conversation de plus d'une heure avec Bollmann" (I. 340. 341). Zwei Wochen später (3. Januar 1815) schrieb Bollmann an einen Geschäftsfreund in Paris, er habe eine Arbeit über die österreichischen Finanzen verfaßt, die vom Minister (Grafen Philipp Stadion) in allen Einzelheiten gutgeheißen wurde. Es handle sich um die Gründung einer österreichischen Nationalbank, um das Papiergeld im englischen Sinne zu fundieren und durch Banknoten zu ersetzen, die jederzeit gegen Münze einzutauschen wären. Er sei eben jetzt in Besprechungen darüber mit den ersten Wiener Bankiers, um deren Mitwirkung zu gewinnnen. Komme es zur Bank, so werde es auch zu Platingeld kommen. (Bollmann verfolgte nämlich den Plan, die Staaten zur Einführung von Platinmünzen zu bewegen.) Er möge ihm durch den Kurier Talleyrands schreiben, ob genügende Mengen dieses Metalls zu erhalten wären. Am 3. Januar 1815 teilte er auch Lafayette sein Bankprojekt mit (S. Interzepte).
[2]) Interzept, M. J.
[3]) Der österreichisch-russische Vertrag über die Grenzberichtigungen, wobei der Russe Anstett zu Österreichs Gunsten intervenierte, wurde am 19. März 1810 in Lemberg abgeschlossen. (S. Neumann, Recueil des traités de l'Autriche, II. 334 ff.)
[4]) Interzept, M. J. (undatiert) zum Vortrag vom 24. Dezember 1814.

Le Général Bennigsen commande une armée qui est composée de deux corps; son quartier général sera à Kaminiec Podolski. Les corps sont à Dubno et Kaminiec Podolski.

Un corps d'observation contre les Turcs est à Bender.

L'armée que commandait auparavant le Général Bennigsen, composée de bataillons et escadrons de réserve, est incorporée dans la grande.

La force des bataillons a été portée à 1060 h. et divisée en 6 compagnies. D'après ce rapport il doit y avoir, encore après l'augmentation des bataillons de 1000 à 1200, de surcomplet par régiment. Le Maréchal Barclay doit avoir demandé s'il fallait renvoyer le surcomplet dans les dépôts. Dans ce rapport le nombre des troupes doit monter actuellement à 550.000 h. ce que je crois exagéré.

Januar 1815.

A. Rapporte.

Zum Vortrag vom 1.

31. Dez.[1])

Fürst Talleyrand hatte am 30. d. M. vom Baron Gagern und Chevalier de Vernègues einen Morgenbesuch. Er sprach dann zwischen 1 und 2 Uhr die Grafen Latour du Pin und Noailles; um 3 Uhr kam der Herr Minister Fürst v. Metternich zu ihm und hielt eine Unterredung bis gegen 5 Uhr. Der Fürst hatte zur Mittag-Tafel den General Grafen Giulay, Fürst Rohan, den Pfarrer bei S. Anna[2]), den Commandeur Ruffo, Marquis Fontbrune, Grafen Latour du Pin, Hofrat Gentz, Architect Moreau, Flassan und die übrigen Hausgenossen. Nach Tisch machte der Graf Pálffy, Graf Trauttmansdorff, Graf Benzel, Los Rios, Marquis S. Marsan, Graf Carneville Graf und Gräfin Wallenstein (!) Besuch. Der Fürst fuhr um 9 Uhr zum Fürsten v. Metternich, wo er sich bis 11 Uhr aufhielt, von da begab er sich zum Spiel des Fürsten Wenzel Liechtenstein, von welchem er um 4 Uhr morgens nach Hause kam. In der Nacht sind zwei Kuriere aus Paris angekommen....

30. Dez. (* *)

Bei Stephan Zichy heißt es, der Palatinus negociirt alle Tage mit dem russischen Kaiser, aber ohne allen Erfolg; Bon Humboldt, Czartoryski, Bon Stein, H. Capo d'Istria haben den russischen Kaiser ganz am Bandl. Der badische Staatsrath Klüber und der aus Tübingen in Wien anwesende Buchhändler Cotta sind beschäftigt, Darstellungen der Verhandlungen des Wiener Congresses auszuarbeiten, die seiner Zeit im Ausland im Druck erscheinen werden. — Die Stadt Mainzer Deputirte[3]) sagen, am linken Rheinufer sind die Preußen so verhaßt, weil sie so habsüchtig, so äußerst interessirt und schmutzig sind. Am linken Rheinufer hat man allgemein die Pfälzer oder Bayern um deswillen lieber, weil sie weniger interessirt und schmutzig sind als die Preußen und weil vor dem französischen Kriege am linken Rheinufer mehrere Länder, z. B. ein Theil der Rheinpfalz, Kreuznach, das Herzogthum Jülich, pfälzisch oder bayrisch gewesen sind. Die Deputirten sagen: „Nur dann kann und wird die Stadt Mainz glücklich sein, wenn sie bayrisch wird"....

Heute ist wieder (Gesellschaft bei) Bon Gagern. Es macht groß Aufsehen, daß Bon Gagern so groß lebt, so viel zu essen und zu tanzen gibt, so

---

[1]) Materieller Rapport über Talleyrand.
[2]) Der Pfarrer von St. Anna war französischer Prediger in Wien.
[3]) Die Bevollmächtigten für Mainz waren der Domherr Graf Kesselstadt, Baron Mappes und Dr. Hadamar.

großen Aufwand macht. — Zucker, Kaffee, Kerzen etc. sind auf den künftigen Monat schon seit mehreren Tagen vorhinein aufgeschlagen; Fleisch und Brod werden auch theurer; das verursacht große Klagen und Lamentationen.

Bei Graf Rechberg höre ich es wiederholt sagen: Baron Humboldt, wenn wegen Sachsen er in die Hitze kommt, drohet sogleich in Böhmen einzufallen und das linke Rheinufer zu revolutioniren. Die alte Fürstin Metternich, da von den bekannten Scenen von den Ministern die Rede war[1]), sagte gestern, da Graf Fugger, Graf Manderscheid und Chappuis dort gewesen: „Glauben Sie mir, der russische und unser Kaiser haben keinen Augenblick aufgehört, sehr gut Freund mitsammen zu sein; es wird Alles friedlich und gut ausgehen." — Bei Graf Rechberg habe ich zwei sehr schöne Röckchen des jungen Napoleons, wunderschöne Pariser Arbeit, ein Kleidchen per 80 f. W. W. käuflich anbieten sehen....

Über das gestrige Piknik im Augartèn[2]) wird entsetzlich raisonnirt als über ein höchst albernes und lächerliches Projekt; kein einziger Engländer war dort außer Sidney Smith, der von der Opposition ist; deswegen war kein Engländer, die — wie sie in Wien anwesend — sämmtlich von der Ministerial-Partei sind, auf dem Piknik. Es waren dort nicht 300 Personen, darunter nicht 30 Frauen; um 11 Uhr war Alles aus[3]).

Bei Talleyrand hatte ich heute etwas ausgesetzt mit Besuchen. Ich war heute Abends dort. Ich bin außerordentlich gut beempfangt worden. Es waren dort alle von der Mission, dann Vernègues, Ruffo, S. Marsan, Trauttmansdorff, Graf Wallenstein, etc. Dalberg sagte mir: „Ich bin mit meinem Onkel, dem Großherzog, ziemlich kalt oder brouillirt, wie man es nennen will, seit der Coadjutor-Geschichte des Cardinal Fesch[4]). Ich bin in französische Dienste gegangen, um am linken Rheinufer meine Güter nicht zu verlieren. Ich werde Ihnen dieses beweisen, lieber * *, durch Originalien, die ich ihnen dieser Tage werde zu lesen geben".

M. Flassan, Schriftsteller der „Histoire de la Diplomatie française", bat mich, es einzuleiten, daß er dem Baron Thugut einen Besuch abstatten dürfe, weil er eben die Periode des Ministeriums des Bon T. bearbeitet...

Zum Vortrag vom 2.

1. Jan. (Nota)

Alexandre, Princesse Bagration, Metternich, Prince Royal de Württemberg, Grande-duchesse d'Oldenbourg. J'ai risqué ma vie en allant pour le service de S. M. chez la Princesse (Bagration) pendant quelques heures. Voici ce que j'en rapporte. L'Empereur Alexandre est furieux contre Metternich. Il

---

[1]) Metternich wider Hardenberg wegen des Verrats der Korrespondenz an Alexander.
[2]) Das Sidney Smith arrangierte.
[3]) Darüber urteilt viel nachsichtiger Lagarde in seinen Fêtes et souvenirs.
[4]) 1806 hatte der Fürst-Primas Dalberg den Kardinal Fesch zum Koadjutor und Nachfolger bestimmt.

l'accuse de la plus mauvaise foi, d'avoir voulu semer la mésintelligence entre la Russie et la Prusse. Il dit que celle-ci lui a montré toute la correspondance secrète avec Metternich. La comtesse Aurore Marassé[1]) m'a assuré que nommer Metternich et se perdre auprès d'Alexandre c'était la même chose. Cette bonne personne m'a dit ça d'un ton vraiment affligé, car elle tient à Metternich et à l'Autriche. La princesse (Bagration) jouit d'une espèce de triomphe en cela et se croit vengée des infidélités de son amant. La comtesse Aurore Marassé me dit qu'elle voyait se former un orage contre lui (Mett.) par les propos qu'on tenait à Alexandre sur son compte, mais que Metternich ne lui en a jamais fourni l'occassion, quoiqu'elle lui ait fait entendre son désir, et lui-même eût envie d'être instruit. „Mais," dit-elle, „il trouvait bien le temps de courir chez la Sagan, mais pas $^1/_4$ h. pour m'entendre. J'en ai été bien peinée, car j'aurais désiré le prévenir de tout. La princesse me dit qu'elle ne croit pas que le mariage du Prince Royal de Württemberg avec la Oldenbourg se fera. Celle-ci le voudrait, mais lui n'en est pas si pressé. La princesse dit que la Oldenbourg est jalouse d'elle, „quoique," me dit la Bagration, „il n'y ait pas de quoi. Il vient chez moi en ami. S'il y avait quelquechose je vous le dirais. J'ai cependant voulu prévenir l'empereur que sa sœur était jalouse de moi. L'empereur me répondit: „Ce sont là vos affaires, je ne m'en mêle pas." Nous parlâmes de Czartoryski. Elle me dit qu'il a repris son ascendant sur Alexandre; qu'elle osa lui (Alex.) dire: „Ce Czartoryski ne me plaît pas. Au premier moment d'embarras il vous plantera pour courir à Baaden ou à Carlsbade." Elle me dit aussi que le P^{ce} Royal de Württemberg lui avait dit qu'il se proposait de parler à Alexandre pour le détourner de cet entêtement de rétablir le Royaume de Pologne, et me pria de ne rien dire à personne de cette confidence que le prince lui avait fait. Elle a été toujours (et j'ignore le pourquoi) d'opinion contraire à ce rétablissement. Elle m'a assuré que Pozzo ne compte plus tant près d'Alexandre à présent, et que c'est le moment heureux de Capo d'Istria. Je dois ajouter, pour mon compte, que celui-ci n'est pas l'ami de Metternich. Encore dernièrement, il m'en a parlé. Il lui accorde beaucoup d'esprit et d'éloquence, mais point de morale, point de bonne foi. Il m'a cité un trait de lui. Il écrivit à Lebzeltern en Suisse, en lui donnant un ordre qu'Alexandre approuvait, comme il verrait par la pièce qu'il lui joignit à la dépêche. Cette pièce n'y était pas et n'avait jamais existé. Il fit cela pour attraper le consentement de Capo d'Istria, qui le donna, mais partit le lendemain pour Fribourg, alla chez Alexandre qui fut furieux d'entendre ce tour de Metternich[2]). Capo d'Istria se dit très content de Wessenberg qu'il trouve

---

[1]) Über Aurora von Marassé, die gefällige Gesellschaftsdame der Bagration, s. die „Souvenirs" der Montet, p. 185: „recevant dans sa mansarde, et souvent avant d'être levée, les ambassadeurs, les ministres, les chargés d'affaires au congrès de Vienne."

[2]) Es war in der Sache des Durchmarsches durch die Schweiz wider Alexanders Willen.

franc, clair, droit, loyale, intelligent. Il dit aussi du bien de Stadion. Mais on voit que pour Metternich il partage tout à fait les sentiments de son maître."

1. Jan. (Gochausen)

... Über die neuerlichen Anmassungen Preußens, besonders in den provisorisch occupirten Landestheilen von Westphalen, macht der bekannte Herr v. Kl. die anliegende Darstellung und legt zugleich das Promemoria bei, welches der hier befindliche Graf Bentheim-Steinfurt Namens der sämmtlichen dort beeinträchtigten ehemaligen freien Reichsstände vor kurzem dem König von Preußen überreicht hat. Die Sache macht Aufsehen. Die Schrift ist von dem Gf. Bentheim selbst verfaßt. Der Reichsadel wird gegen Preußen aufs äußerste erbittert, und Einer sagt dem Andern, da sehen wir schon, was wir zu erwarten haben. Der Wunsch, Österreich zum gemeinsamen Oberhaupt Deutschlands zu haben, um Schutz gegen solche Vorgänge zu finden, erwacht daher aufs Neue. Humboldt und Stägemann werden als die Urheber dieser berüchtigten preußischen Kabinetsordre genannt. Stein gehört auch dazu, allein er maskirt es, wie er überhaupt in seinen meisten Schriften zweideutig sein soll[1]).

Beilage:

„1. Jänner 1815: Der k. preuß. Gouverneur in Münster erließ vor kurzem ein Dekret, welches die besetzten Provinzen in Distrikte einteilte und die für die ehemaligen preußischen Länder erlassenen Verordnungen nun auch auf die Enclaven ausdehnte. Unter diese gehören die Besitzungen der Salmischen Häuser, der Herzoge v. Aremberg und Croy, des Grafen v. Bentheim u. A. Letzterer übergab die hier in Abschrift beiliegende Vorstellung an den König v. Preußen und sprach mündlich hierüber mit dem Fürsten v. Hardenberg und dem StR. Stägemann. Jener entschuldigte die Sache, wie bei mehreren ähnlichen Gelegenheiten, als wenn ein Irrtum dabei zugrunde läge. Der StR. Stägemann geriet in eine sichtbare Verlegenheit, als der Graf v. Bentheim ihn auf eine noch weit nachdrücklichere Weise, als die schriftliche Vorstellung enthält, das Benehmen des preuß. Ministeriums vorhielt, das nicht allein den Verhältnissen der Dinge, sondern auch den eigenen Zusicherungen gerade entgegen gesetzt sei. Letzterer wußte hierauf nichts anderes zu erwidern, als dieses, daß er die Sache höheren Ortes vorlegen wolle. Bis auf diese Stunde ist aber nichts erfolgt. Die Herren v. Humboldt und Stein und ihre Anhänger sind es, die hier ihr System, öfters gegen die Stimme des F. Hardenberg durchsetzen wollen. Die Sache geht so weit, daß manche behaupten, Jene hegten revolutionäre Grundsätze."

---

[1]) Bekanntlich nützten die Proteste nichts, und nach Art. 43 der Schlußakte wurden diese westfälischen Standesherrschaften Preußen einverleibt. Der Protest von Bentheim-Steinfurt bei K l ü b e r, IX. 313 ff.

Zum Vortrag vom 3.

2. Jan.

Baron Humboldt sagte vor einigen Tagen bei F. Hardenberg, als er im Begriffe stand, sich um 8 Uhr Abends in die Staatskanzlei zu begeben: „Ich gehe nun in die Rangconferenz; sie wird lange dauern, denn man muß abwarten bis jeder nach seinem Range gesprochen hat." Dabei lachte er laut auf[1]). Bei dem Diner, welches F. Hardenberg am letzten Freitage gab, wurde, solange Bon Wessenberg nicht zugegen oder an einem entfernteren Theile des Saales war, über den Kongreß und die österreichische Partei beständig gespöttelt u. zw. auf jene eigentlich preußische Art, welche man nicht leicht nach der Erzählung eines dritten wiedergeben kann und die nur für Eingeweihte verständlich ist. Am meisten aber spöttelte Humboldt, welcher sich auch gegen Personen, die er für preußisch gesinnt hielt, als heftigen Gegner Österreichs zeigte. — Der Großherzog von Baden hat, als er unlängst bei seinem Obermarschall mit Staatsrath Sensburg zu Nacht speiste und der Rheinwein wirkte, sich ohngefähr in folgenden terminis geäußert: „Wenn der Krieg ausbricht, werde ich mich zu Österreich halten, obgleich ich vorsehe, daß ich hierdurch meine Schwester aufopfern werde. Denn Alexander wird eine so gute Gelegenheit, ihrer los zu werden, nicht versäumen. Allein ich kann nicht anders, besonders sobald Frankreich mit Österreich ist."

2. Jan. (Goehausen)

... Veith[2]) erzählte dem Berichtleger, der sich als geborner Preuße gab, Hardenberg hätte bei der Nachricht vom englisch-amerikanischen Friedensschluß gesagt: „Nun werden wir wieder Geld bekommen, nämlich durch die Freiheit des Handels und der preußischen Flagge, und England wird sich der Sachen auf dem Continent mit Ernst annehmen."

Zum Vortrag vom 4.

3. Jan. (Nota)

... P^{ce} Metternich. Toute la ville est remplie de la nouvelle qu'il est disgracié... Avant-hier Lanckoronski me confia avec une espèce de douleur que Metternich déplaisait beaucoup, et que même son roi[3]) n'était pas pour lui. „Je sais qu'il traite ces souverains un peu trop lestement, il leur parle assis, il se donne un ton qui les blesse."

Zum Vortrag vom 6.

4. Jan.

Der Kammerrath Bertuch, Redacteur der „Geograph. Ephemeriden" zu Weimar, hatte sich gestern Abend unter anderen Gesprächen gegen mich

---

[1]) Am 10. Dezember war im Komitee der „Acht" eine achtgliedrige Kommission zur Regelung der Rangverhältnisse unter den Staaten und ihren diplomatischen Vertretern eingesetzt worden. Angeberg, I. 504.

[2]) Hardenbergs vertrauter Kanzleidiener. S. oben.

[3]) Bayern?

folgendermaßen geäußert: „Ich habe es von mehreren sehr geachteten russischen Generalen, daß Alexander zu Ihren ausgesprengten Kriegsrüstungen nur lacht und sich in der Idee sehr gefällt, einmal selbst Feldherr zu sein; er sagte erst neulich zu Wolzogen[1]): „Nous verrons si moi ou Schwarzenberg était le grand capitaine dans les dernières campagnes"... Gestern war Wolzogen bei mir und bestätigte durch seine sehr auffallenden Äußerungen nur zu sehr, daß Alexander recht gern die Gelegenheit wünscht, eine Feldherrnrolle zu übernehmen, daß wenn Alexander nicht gewesen wäre und die fehlerhafte Disposition des F. Schwarzenberg bei Leipzig noch in Zeiten abgeändert hätte, die Sache sehr schlimm ausgefallen wäre, daß Schwarzenberg ein ministerieller Feldherr aber kein Soldatenfeldherr wäre u. s. w. ..[2])

Der junge Lord Auckland erzählte gestern bei Arnstein, daß es falsch sei, daß Castlereagh abgerufen sei, und daß er sich vor der Eröffnung des Parlaments gar nicht fürchte. Hingegen erzählte der Berner Gesandte Zerleder dem Grafen K., daß... L. Clancarty eigentlich der einzige Engländer hier am Congresse ist, der die richtigsten Ansichten habe, daß Clancarty sowohl als Canning-Stratford ihm ihre Meinungen anvertraut hätten, nämlich: daß man Alles anwenden müsse, den Krieg zu vermeiden, daß dabei nur Frankreich und einige Egoisten gewinnen können und daß England nie zugeben wird, daß Preußen zu sehr geschwächt werde, damit dasselbe Frankreich am Niederrhein die Spitze zu bieten im Stande bleibe; daß, wenn der König v. Sachsen nicht aufgehetzt worden wäre, er die niederrheinischen Provinzen als Königreich angenommen haben würde, und daß er bestimmt wüßte, daß England die 7 (ionischen) Inseln Österreich niemals zukommen lassen werde.

Aus einem Gespräch des Fürsten Koslowsky[3]) mit Canning konnte ich deutlich vernehmen:

Koslowsky: „On nous menace de guerre (Gelächter), eh bien nous verrons quels avantages ils en tireront. Soyez assuré qu'aucune armée ne la désire plus que la nôtre qui n'attend avec impatience que cela."

Canning: „Je n'en doute pas, mais votre souverain ne la désire pas, et s'il voyait que l'Autriche veut oser la guerre et que ce ne sont plus de simples menaces, je veux parier que vous céderiez."

K.: „C'est-ce qui est mauvais, il fait trop le raisonnable. J'aurais signé ou dit depuis longtemps: Emmenez avec vous les Français en Allemagne, anéantissez avec les Bavarois et les Würtembergeois les pauvres Prussiens, ceux qui ont seuls délivré l'Allemagne du joug étranger... Si on nous fait la guerre, nous serons obligés de profiter de la disposition des Polonais et Hongrois, ils n'attendent que cela. Et puis d'où prendra-t-elle (Autriche) les ressources matérielles pour continuer la guerre? Elle se fie à vous, à

---

[1]) Dem russischen General.

[2]) S. oben Einleitung S. 40. Anmerkung.

[3]) Der erwähnte russische Diplomat. S. über ihn S c h i e m a n n, Nikolaus, I. 552 (nach Michailowsky).

vous qui promettiez (la Saxe) à la Prusse alors et qui vous l'abandonnez maintenant"...

Zum Vortrag vom 8.

6. Jan. (A.)

... Alle Russen und Preußen suchen bei jeder Gelegenheit unsere Finanz-Umstände auf das schlechteste zu schildern. Daß sie dieß durch viele Wege geflissentlich ins Publicum kommen lassen, beweist, daß ich von mehreren Wienern gerade mit denselben Worten darüber klagen hörte, als ich dies von den Fremden selbst vernommen habe. — Vom General Neipperg her weiß ich, daß unlängst Alexander zu dem Prinzen Eugen sagte: „Soyez tranquille, vous serez indemnisé en Italie, je vous le garantis." — Capitän Schumacher von den Dänen klagt über das geheime Polizeiwesen; Sie alle und der König selbst wären überzeugt, daß der ihm von unserem Hof beigegebene Kammerdiener Müller Einer wäre, der ihn belauscht. Auch den Steigentesch[1]) lieben die Umgebungen des Königs nicht.

Zum Vortrag vom 9.

7. Januar (* *)

Ich und Graf Herberstein, wir haben alle Freitage bei Prosper Sinzendorf ein vertrautes Diner, wo wir vertraulich zusammentragen, was Jeder weiß. Emanuel Khevenhüller, der auch zu Baldacci geht, ist auch von diesen Diners... Hofmarschall Wilczek, der noch viele alte Mailänder Relationen hat, und Em. Khevenhüller sagten: „Die Stadt Mailand war unter Napoleon das Centrum einer bedeutenden Monarchie, der Mittelpunkt des Commerz von Italien..., der Sitz eines glänzenden Hofstaates. Alles das hat aufgehört mit Napoleon. Die Stadt Mailand, die Stadt Venedig, die österreichisch gewordenen italienischen Staaten können ungeachtet des K. Franz' bestem Willen, unter Österreich nie glücklich und zufrieden sein."

H. v. Hammer sagte gestern: „H. Capo d'Istria begehret mit Ungestüm den Plan der orientalischen Akademie zu Wien. Ich habe es dem Grafen Stadion angezeigt. F. Metternich hatte mich nicht kommen lassen, mich nicht angehört, es mir mündlich erlaubt, hinterdrein, weil in russische Hände ich etwas gegeben, mir ein Verbrechen daraus gemacht. Graf Stadion sagte mir: „Sie haben sich klug und gut benommen. Wäre ein Anderer mit ihren Talenten so behandelt worden, wie Sie behandelt worden sind, er wäre längst in auswärtige Dienste gegangen. Ich rathe Ihnen an, noch einige Monate zu warten. Vielleicht giebt es eine Änderung. Gibt es keine, kein Mensch kann es Ihnen verdenken, wenn Sie in auswärtige Dienste gehen. Nur rathe ich Ihnen, gehen Sie nicht in russische Dienste; das würde sehr üblen Effekt machen."

---

[1]) Baron Steigentesch war dem König als Ehrenkavalier (Oberhofmeister) zugeteilt.

Zum Vortrag vom 10.

9. Jan. (* *)

[Soupers fins der Portugiesen, wo eine schöne Engländerin, die Sängerin ist, den Vorsitz hat und auch manchmal Talleyrand um 2 Uhr Nachts erscheint. Dieser spielt häufig mit Wenzel Liechtenstein auch Vormittags Whist. Auf dem Ball bei Stackelberg saß der König v. Preußen zwei Stunden lang neben Julie Zichy „in der Anschauung und Anbetung".]
... Dienstag beim Diner von Karl Zichy wurde bis 6 Uhr auf L. Stewart gewartet, dann nach ihm geschickt. Er ließ sich entschuldigen und sagen, er habe es vergessen. Er war bei seiner Mätresse, die eine Französin ist. Sie sagen, unser Hof hat dessen Rappel bereits in London begehrt, L. Stewart sei bereits in London wahnsinnig und bei Dr Willis, dem bekannten Narrendoktor, in der Kur gewesen. Er habe unlängst in der Naglergasse wieder Schläge bekommen ...

9. Jan.[1])

Fürst Hardenberg arbeitete gestern den 8. wie gewöhnlich den ganzen Vormittag. Um 12 Uhr kam Bon Humboldt, hielt sich aber nicht lange auf. Dann schickte der Fürst zum Gfen. Rasumowsky, sich zu erkundigen, um welche Zeit er zu ihm kommen würde, der ihm entgegnen ließ, daß er nur den Gfen. Capo d'Istria erwarten und dann gleich erscheinen werde. Beide kamen auch um 1 Uhr und blieben eine Stunde beisammen. Sobald sie sich entfernt hatten, sandte der Fürst ein kleines Billet an L. Castlereagh, der gleich darauf selbst kam, sich eine halbe Stunde verweilte, dann sogleich zum F. Talleyrand gieng und in einer halben Stunde zum F. Hardenberg zurückkam, aber nicht lange blieb. Mittags hatte der Fürst den Grafen Münster, F. Hohenzollern, Grafen Hardenberg, die Generale Schoeler und Grolman, Baron Humboldt, Doctor Cotta und einige Räthe zur Tafel. Nachher machten Bon Gärtner, Graf Bentheim, die beiden Fürsten v. Schönburg, Herzog Campochiaro, F. Cariati ihre Besuche. Gegen 7 Uhr wurde, wie man im gestrigen Rapporte schon erwähnte, durch den Geheimsekretär und Vertrauten Veith ein Brief an Talleyrand geschickt. Um 9 Uhr begab sich der Fürst in die Theegesellschaft zur Fürstin Taxis und blieb bis 11 Uhr.

9. Jan. (Freddi)

J'ai passé la soirée chez le Commandeur de Saldanha da Gama[2]). Les ministres portugais ont reçu hier à 2^h un courrier de la cour de Brésil qui leur porte des dépêches en date du 18 octobre. Ce courrier a confirmé l'indépendance proclamée par le Paraguay, le Peru et le Méxique. Ces peuples travaillent à présent à une nouvelle constitution. Les mesures inconsidérées de Ferdinand VII. ont causé cette perte qui va plonger son royaume dans

---
[1]) Materieller Bericht über Hardenberg.
[2]) Zweiter Bevollmächtigter Portugals auf dem Kongreß neben Palmella.

les plus grandes calamités... Rios[1]) m'a peint l'agitation de son gouvernement, qui vient de recevoir un coup mortel par la séparation de la Métropole, ou pour dire mieux du domaine du roi, de toutes les vastes possessions de l'Amérique.

Zum Vortrag vom 11.

10. Jan. (Freddi)

[Der Berichterstatter macht dem Grafen Magauly-Cerati[2]), Staatsminister v. Parma, Piacenza und Guastalla, seinen Gegenbesuch.] C'est un jeune homme qui ne touche pas encore l'âge de 30 ans, plein de présomptions, avec quelques talents naturels, mais entièrement dépourvu de connaissances, soit dans les sciences comme dans les lettres et dans toutes les disciplines libérales. Il suffit de l'entendre parler pour le juger tel qu'il est, un honnête homme et un ignorant. Loin de parler sa langue maternelle ou adoptive, c'est à dire l'italienne, avec cette netteté armonique (!), élégance et précision, il parle un détestable patois, et dans une période il prononce vingt fois „caz, caz", manière de s'exprimer qui n'est exercée que par les gens vulgaires... Il est très actif et entreprenant... Il nous retraça le plan d'organisation, suivant lequel était reglée l'administration générale de la souveraineté de Parme. Elle produit un revenu net de 6,385,000 francs monnaie de France, ce qui mettra en état la nouvelle souveraine M. Louise de vivre avec toute la splendeur due a son rang. Le ministre a 70,000 frcs. d'appointements.

10. Jan. (* *)

In kleinen Cirkeln heißt es: „Der russische Kaiser ist ein zweideutiger, falscher, schwacher Mensch, ein schlechter Freund, ein schlechter Feind, ein Brausekopf, der, werden ihm die Zähne gezeigt, gleich die Fittige einzieht. Hat in Europa alle Consideration verloren. Sie schämen sich auch in Petersburg, einen tanzsüchtigen Nachtschwärmer zum Kaiser zu haben. Die jeweiligen fungirenden Minister sind in fortwährendem Conflikt mit den jeweiligen Umgebungen des K. Alexander. Conclusum: Der russische Kaiser hat unendliche Blößen, ist bei weitem nicht so furchtbar als er sich selbst glaubt."

Sie sagen bei Stefan Zichy: „Es wird nächstens ein feierliches Requiem gegeben von der Composition des Herrn Neukomm für Louis XVI.; alle Souveräne und Corps diplomatiques werden beiwohnen. — Der preußische Major von Martens, Neffe des hannoveran. Legations-Rathes v. Martens, scheint ein Spion Dalbergs zu sein." — In anderen Cirkeln höre ich sehr viel sprechen von dem Buch über die „Centralverwaltung des Herrn von Stein[3])".

— Der Kaiser von Rußland war gestern abermals nicht auf dem Balle bei Metternich.

---

[1]) Los Rios, spanischer Chargé d'affaires in Wien.
[2]) Vetter des österreichischen Generals Nugent und Minister in Parma seit 1814.
[3]) Die bekannte Eichhornsche Schrift „Die Zentralverwaltung der Verbündeten unter dem Frh. v. Stein", Deutschland, 1814.

Zum Vortrag vom 12.

11. Jan.

Capo d'Istria. Hier au soir chez Mme d'Arnstein j'ai rencontré cet ami, qui vint d'abord à moi et, me prenant par la main, me dit après quelques autres choses insignifiantes qu'il ne venait chez moi, parce qu'il n'allait aucune part, vu qu'il n'avait pas un quart d'heure d'un repos assuré, qu'il avait dîné chez Hardenberg tout près de là, et celui-ci lui avait proposé de venir un instant chez la Fanny[1]), qu'il avait acepté, mais qu'il s'en irait bientôt. Je lui dis: „Eh bien, où en êtes-vous?" „Nous travaillons et nous avançons grâce à Dieu. On a changé de méthode. On traitait les affaires les plus grandes, les affaires du monde, comme on traite les amusements, par sauts, par boutades etc.; on avait adopté la même légèreté qu'on emploie en tout et partout et qui est devenue le caractère du siècle. Qu'en arriva-t-il? On ne s'entendait pas. Croyez-moi, tous voulaient le bien, mais ils avaient l'air, faute de se comprendre, de vouloir toute autre chose. A présent nous nous comprenons, nous nous entendons, et sous peu vous serez content."
Il faut se rappeler que C. d' I. sait ma façon de penser en politique; ainsi, en m'annonçant que je serai content, il n'a pas voulu certainement me dire, ni que toute la Pologne serait aux Russes, ni qu'il y aurait un petit Royaume de Pologne, ni que le Roi de Saxe perdrait la Saxe, ni que Murat resterait Roi de Naples, ni qu'enfin les usurpations, de quel côté que ce soit, seraient sanctionnées par le congrès; il me connaît trop.

Zum Vortrag vom 13.

11. Jan.

Seit ungefähr 8 Tagen scheint H. v. Anstett mit seinem Kaiser vollkommen ausgesöhnt zu sein ... Wie aus seinen Reden abzunehmen war, haben die Grafen Nesselrode und Stackelberg ganz das Vertrauen ihres Monarchen verloren und ihre Unfähigkeit bloßgegeben. Sie sind daher jetzt ganz ohne Einfluß, und der Kaiser hat alle Congreßarbeiten einem aus dem Grafen Rasumowsky, Grafen Capo d'Istria und Herrn v. Anstett zusammengesetzten Ausschuß übertragen. Letzterer allein führt dabei die Feder.... Bisher hatte er (Anstett) immer geglaubt, es würden die Sachen mit einem Kriege endigen, seit einiger Zeit aber äußert er die Hoffnung, der Bruch werde vermieden werden und jeder der Alliirten werde es vorziehen, mit einigen blauen Flecken nach Hause zu gehen...

11. Jan. (Hebenstreit)

Ich habe die Bekanntschaft des H. Uhde, Sekretärs des Prinzen August von Preußen, gemacht und mich ohne Schwierigkeit in Verbindung mit ihm gesetzt. Er ist ein ziemlich gebildeter Mann, jedoch Berliner im ganzen Sinne des Wortes, der mit Lächeln auf das Treiben, die Lebens- und Denk-

---

[1]) So nannten die Freunde des Hauses Arnstein die Hausfrau.

weise der Österreicher d. i. der Wiener herabsieht. Er setzte die Anwesenden[1]) sogleich in Kenntniß von dem ganzen Geschäftsgange der Kanzlei des Prinzen und erzählte ohne Aufhören von seinen Reisen und Bekanntschaften. Er versicherte ganz unverhohlen, daß Preußen auf Sachsen Verzicht thun und sich mit einigen Partikeln am Elb-Ufer begnügen werde, wobei es sich von selbst verstehe, daß es den größten Theil von seinen ehemaligen Besitzungen von Großpolen und dem Netzedistrikte erhalte. Auch sei es unnütz, dagegen längeren Widerspruch zu führen, denn man müsse nicht bloß auf die politische Lage des Landes, sondern auch auf die Stimmung der Einwohner Rücksicht nehmen. Die Sachsen wären nun aber einmal nicht für Preußen gestimmt, mithin würde ihre Armee augenblicklich auf Österreichs Seite treten und dadurch Preußens Verhältnisse sehr zweifelhaft werden. Müller brachte zwar seine Lieblingsidee, daß nicht Flüsse, sondern Berge (Höhenzüge) die Grenzen der Länder bestimmen sollen, in Anregung, allein er hatte zu viele Stimmen gegen sich, und Sachsen wurde wieder zu einem selbständigen Reiche erhoben.

Die Tugendkrämer[2]) führen in diesem kritischen Augenblicke mehr gar keine Kraftsprache, sondern leben wie die Sybariten. Ihr Mittagsmahl nehmen sie entweder beim Sperl in der Leopoldstadt oder in dem orientalischen Speisehause bei der Hauptmauth ein. Dann besuchen sie das Neunert'sche Kaffeehaus in der Plankengasse u. zw. im 1. Stock, versammeln sich 7—8 Uhr Abends bei den „3 weißen Löwen", trinken viel Wein, essen auch Austern und verirren sich um 10 Uhr noch zur Mehlgrube oder zu Neunert. Man kennt sie schon ziemlich allgemein und läßt sie größtenteils laufen. Müller hat noch den meisten Kredit, weil er klug ist und nicht immer das große Wort führt... Überhaupt ist die Verbindung mit Willié[3]) und Consorten lockerer geworden, und die Russen scheinen keine Lust mehr zu haben, das entfernte Interesse einiger Schwindelköpfe zu ihrem eigenen einstigen Nachtheil zu befördern, weil, vernünftig beurtheilt, die deutsche Sache der russischen, wie der Süden dem Norden, entgegensteht...

12. Jan. (**)

Bei Arnstein stellten vorgestern lebendige Personen (die Frauen Pereyra, Geymüller, Salins etc.) das Müllersche Wachsfigurencabinet als lebendige Tableaux vor. Es war an Zurichtung, Verzierung und Beleuchtung der größte Aufwand gemacht. Es hat reüssirt; es waren fast mehr Zuschauer dort als der Raum ertragen konnte: die Prinzen von Preußen, Card. Consalvi, Fürst Trauttmansdorff, Fürst Hardenberg, Fürst Hessen-Homburg, Graf Capo d'Istria, Graf Salmour, Graf Keller, Graf Solms, Graf Degenfeld, Gräfin Colloredo-Crenneville, Gräfin Bernstorff, Herr Carpani etc. Sie sagten:

---

[1]) Es war in der von Karl Müller präsidierten Gesellschaft preußischer Alldeutschen bei der „kleinen Landskrone".
[2]) Für „Tugendbundisten".
[3]) Dem russischen Leibarzt.

Frau v. Arnstein hatte zum Zweck, die Tableaux mouvants vom Hof zu übertreffen; sie hat ihren Zweck erreicht... Bei Castlereagh wird alle Dienstag getanzt nach dem Souper, d. i. nach Mitternacht...

Meine holländische Gesandtschaft versicherte gestern und vorgestern: „Der russische Kaiser hat endlich den von H. Talleyrand entworfenen neuen Theilungs-Traktat des Herzogthumes Warschau unterfertigt. Die Verhandlungen der Preußen und Rußen gehen nun mit Österreich und England gut voran, und vorzüglich mit höflichen, bisher ganz außer Übung gerathenen angenehmen Formen"... Dienstag (den 10.) hat F. Metternich bei F. Hardenberg (gespeist.) Hier hätten sie die lineas fundamentales, die principia, die Bases nach der Tafel verabredet, und der Congreß werde nun einen den Schluß beförderlichen Schwung erhalten...[1])

Zum Vortrag vom 14.

11. Jan. (C. K. aus der Hofburg[2]).)

P. T. Die mittels Rapport vom 9. d. M. kundgegebene geheime Conferenz zwischen beiden kaiserlichen Majestäten hatte bei geschlossenen Thüren wirklich an diesem Tage statt und währte durch 3 Stunden, jedoch ohne der anbei gemeldeten Zuziehung der zwei Minister. Gestern hatten die beiden Kaiser unter ihrem Vorsitze ein großes Conseil gehalten. F. Metternich, Lord Castlereagh, F. Talleyrand und Gf. Rasumowsky waren die debattirenden Minister hiebei[3]). Man hat alle Ursache mit dem Resultate zufrieden zu sein. Ebenso geschwind hofft man mit Preußen einig zu werden, da Humboldt keine Stimme mehr und F. Hardenberg die ganze Sache nunmehr allein zu beenden hat. Dem Grafen Rasumowsky danket man die Aufklärung der feindlichen Gesinnungen des K. Alexander gegen den Fürsten Metternich, welche durch niedrige Kabale und Zwischenträgerei des Ministers Nesselrode (?) in Verbindung mit Humboldt so tiefe Wurzeln faßte und alles Gute so lange unterdrückte. Gestern war vom Hof Alles im Burg- und Kärnthnerthortheater im fröhlichen Verein, welches schon seit langer Zeit nicht geschah.

13. Jan. (Goehausen)

Der preuß. Finanzminister B^{on} v. Bülow ist mit mehreren ihm angehörigen Personen in einem eigenen Geschäfte anhergekommen. In dem Gefolge sind Regierungsrat Paalzow, Ober-Rechnungsrath Rother, Geh. Secretär Bauert, Exped. Secretär Paris, Offizier Bierold. Sein Geschäft wird sein, die im Herzth. Warschau durch Napoleon confiscirten Gelder, die der König von

---

[1]) Hardenberg notiert zum 10. Januar in sein Tagebuch nur: „Dîner diplomatique, Talleyrand, Castlereagh etc."
[2]) Bildet die Beilage zu dem folgenden Berichte des Polizeirates Goehausen.
[3]) Talleyrand erwähnt nichts von einem solchen Konseil mit den beiden Kaisern n seiner Korrespondenz.

Sachsen baar reluiren mußte, zu liquidiren und die diesfälligen Ansprüche Preußens geltend zu machen[1]).
Die Preußen erzählen, daß es in den letzten Conferenzen heftige Debatten gegeben habe, allein sie behaupten, daß Friede bleibe. Erst seit dem letzten Samstag (7.), heißt es, haben die Preußen nachgegeben und werden nur einen kleinen Distrikt von Sachsen bekommen. Auch haben die sächsischen Herrschaften, die hier sind[2]), am verflossenen Freytag (6.) das erstemal bei der offenen Hoftafel gespeist. Graf Rasumowsky soll schon das russ. Portefeuille übernommen haben und dieses den Preußen gar nicht recht sein[3]).

Zum Vortrag vom 16.

13. Jan.

Mme Schwarz hat seit zwei Tagen keinen Besuch von dem hohen Gast gehabt[4]). Sie hält sich untertags viel zu Hause, hat einzig Umgang mit dem Kaufmann und Wechsler Lutteroth aus Hamburg und mit dem Petersburger Kaufmann Schmidt. Abends war sie schon zweimal im Theater. Es hat übrigens seine Richtigkeit, daß sie die Frau des Kaufmanns Schwarz ist und daß der hier befindliche Schwarz ihr Mann ist. Sie hat selbst erzählt, daß sie in Petersburg mit einer Madame Schmidt, die die Gattin des obgedachten Schmidt ist, (welcher eben auch zur „Kaiserin v. Österreich" wohnt) die Gunst des Kaisers Alexander theile, daß Alexander in diesem Punkte die Damen von hohem Adel nicht suche und daß sie und die Schmidt in Petersburg öfters und ohne alles Aufsehen besucht würden. Sie ist über die Gunstbezeugungen des Kaisers und über den Gedanken, seine Geliebte zu sein, ungemein stolz und eitel und hat schon mehreremal bei dem Hausdirector ihre Eitelkeit an Tag gegeben, daß sie gewiß unter den hiesigen Damen viele Eifersucht gegen sich erwecken würde. Sie sagt auch, daß sie verflossenen Sommer in Paris war und daß sie hier so lange bleiben würde als Alexander hier bleibe; wie lange aber dieses sein würde, weiß sie nicht. Und bei einer andern Gelegenheit äußerte sie sich vertraulich, daß sie schon ansehnliche Geschenke vom Kaiser bekommen habe, daß sie aber niemals von öffentlichen Geschäften reden und um nichts bitten dürfe, wenn sie nicht Gefahr laufen wolle, seine Gunst auf einmal zu verlieren....

15. Jan.

Bei der gegenwärtigen Gestalt der Dinge läßt sich nichts anderes bei meinen Bekannten merkwürdig finden, als daß jeder von ihnen, Russe oder Preuße, sehr vergnügt in jeder Gelegenheit des Gespräches scheint, folglich nicht minder einen guten friedlichen Ausgang der Sache herzlich wünscht.

---

[1]) S. oben den Bayonner Vertrag.
[2]) Prinz Anton und Gemahlin.
[3]) Rasumowsky wurde nicht Minister, so sehr er es gewünscht hatte.
[4]) Hager schreibt an den Rand: „Kaiser v. Rußland". Vgl. unten zum Vortrag vom 28. Januar. Näheres über Mad. Schwarz.

Selbst General Grolman[1]) hat über eine Annäherung zum Frieden seine äußerste Freude sehr herzlich zu erkennen gegeben, ließ aber demungeachtet einige sehr bittere Anmerkungen über Fürst M(etternich) fallen, welcher nach seiner Meinung an allem Zwiespalt Schuld sein soll. So sagte er z. B.: „Bei Gott, M. irrt sich. Nie können, nie werden wir Euch schaden. Also warum Feindschaft erwecken, wo im Gegentheile wir und Österreich, vereint mit Deutschlands Gesammtmacht, verstärkt gegen Westen und Osten, gleich stark imponirend und schützend und Ehrfurcht gebietend stehen könnten." Weiters sagte er: „Glauben Sie mir, daß es Stadion allein ist, dem wir alles zu verdanken haben. Denn nur er allein ist von der Wahrheit durchdrungen, daß Österreich und Preußen enge sich zu verbinden streben sollten"[2]). Oberst Höfel, Adjutant beim F. Hohenzollern (Hechingen), sagte heute, daß die Preußen nachgäben, weil sie seit einiger Zeit bemerkten, daß Rußland nicht mehr dasselbe Interesse an Preußen zu nehmen scheine, welches dasselbe Anfangs laut pronozirte....

Zum Vortrag vom 21[3]).

20. Jan.

Bei einer Unterredung mit einem mediatisirten Fürsten bemerkte ich gestern, daß sich die Gesinnungen dieser Fürsten durch Preußens listige, einschmeichelnde Politik etwas auf die Seite dieser Macht lenken, weil sie in selber einen Stützpunkt zu finden hoffen. Es kursirt nämlich unter selben die Erzählung, Preußen habe eine Note übergeben, worin es ein Tableau der Bevölkerung, die es ansprechen könne, macht und am Ende sagt, es sei völlig der Meinung, daß, wenn ihm Gebiete mediatisierter Fürsten zur Kompletirung seines Bevölkerungsstandes zugewiesen würden, es diese Fürsten bei ihrer völligen Landeshoheit belassen und selbe gleichsam unter seinen Schutz nehmen wolle[4]). Der mediatisirte Fürst, mit dem ich sprach, ist einer der gebildetsten und feinsten Köpfe. Er machte daher gleich die Bemerkung, Preußen führe vermuthlich nur diese Sprache, weil es ohnehin sich überzeugt halte, daß auf dem Congreß allgemeine Bestimmungen wegen der mediatisirten Fürsten festgesetzt werden würden. Wenn nun diese für die Fürsten nicht günstig ausfielen, so werde Preußen immer sagen: „Ich habe für Euch sehr günstig gedacht, es ist nicht meine Schuld, daß die andern

---

[1]) Der preußische Generalstabschef, der mit Operationsentwürfen im Dezember nach Wien gekommen war.

[2]) Grolman wußte offenbar nicht, daß er hier Metternichs ursprüngliches Programm vertrat, während Stadion kein Preußenfreund war.

[3]) Die Verträge vom 18. bis 20. Januar fehlen in den Akten.

[4]) Hier ist wohl Hardenbergs Plan der Rekonstruktion Preußens, vorgelegt in der Konferenz der „Fünf" vom 12. Jänner 1815, gemeint, worin es heißt: „Les petits états allemands qui seraient attachés à la Prusse d'après leur situation géographique ne peuvent pas être postés en ligne de compte parmi les compensations, vu que ces pertes renfermaient aux possessions directes avec tous leurs revenus et que ceux-ci resteront aux princes auxquels ces états appartiennent, sauf les contributions qu'exigent les arrangements militaires." Angeberg, I. 604.

Mächte nachtheilige Generaleinrichtungen getroffen haben, denen ich mich allein nicht widersetzen konnte." Durch diese gewandte Politik mache es sich auf jeden Fall Anhänger unter den mediatisirten Fürsten und besteche gleichsam die Stimme Deutschlands in Hinsicht der sonst allgemein gemißbilligten Ansprechung Sachsens.

Unter den preußischen Staatsmännern scheint vorzüglich H. v. Bülow derjenige, welcher durch eine einschmeichelnde Beredsamkeit und durch geschickte Anrühmung der preußischen Staatsverwaltung die Gemüter zu gewinnen weiß. Er sagte vor kurzem zu einem mediatisierten Fürsten: „Uns wird das Verhältniß mit derlei Fürsten, welche uns werden zugewiesen werden, keine Beirrung in deren Behandlung, wie sie sie fordern können, machen; wir haben ja in Schlesien mehrere derlei Fürsten, die wir immer in ihren Vorrechten belassen, und wir sind daher an deren gehörige Behandlung gewöhnt." Ein anderes Mal soll er auf Ravensberg aufmerksam gemacht haben, welches Preußen mit vielen Privilegien des Landes übernommen und selbe auch gewissenhaft beobachtet habe. Überhaupt sucht er die preußische Regierung als eine solche zu schildern, unter der die größte Freiheit des Denkens und der Äußerungen herrsche, und Alles gehe in den preußischen Staaten so nach festen unveränderlichen Gesetzen, daß Jeder bei allen seinen Handlungen immer im Voraus das Resultat in Hinsicht auf das gesetzliche Verhältniß vorhersehen könne und nichts der Willkür überlassen sei.

17. Jan. (1 ∞)

Gestern Abend war Alles, was zum preußischen Hofe und der Legation gehörte, außerordentlich allarmirt über den Vorfall am Stuttgarter Hofe. Die Rede, mit welcher der König vom Thron herab die neue Konstitution seines Reichs den versammelten Ständen übergeben, wurde als ein Produkt der gefährlichsten demokratischen Grundsätze dargestellt[1]). Der König habe nach dieser Konstitution alle königlichen Gerechtsame, ohne Ausnahme, der Controle der Volksrepräsentanten unterzogen, das Volk sogar von der Huldigung, im Falle der Thronfolger die Konstitution nicht beschwören wollte, losgesprochen und selbst die Bestimmung der Civilliste der Großmuth der Stände überlassen. Man gestand dabei ein, daß dieser Schritt besonders für die preußische Monarchie höchst unangenehm sei, nachdem in solcher sonst keine Spur mehr von ständischer Verfassung vorhanden wäre, dennoch aber Preußen, nachdem nun schon die meisten deutschen Fürsten ähnliche Verfassungen (obgleich in einem ganz andern Sinne) ihren Völkern zugesagt hätten, bei einer unbeschränkten monarchischen Verfassung nicht wohl verbleiben könne. Einige nahmen es dem Könige von Württemberg besonders übel, daß er, nach dem Inhalt seiner Rede,

---

[1]) Am 11. Januar 1815 hatte König Friedrich in einem „Manifest" verkündet, daß er seinem Volke nicht länger die Wohltat einer Repräsentativverfassung vorenthalten wolle. (S. „Allgem. Zeitung" vom 12. Januar.) Die Konstitution selbst wurde erst im März den versammelten Ständen vorgelegt und konnte im Januar noch kaum allgemein bekannt sein.

sich gleichsam von aller Verbindlichkeit gegen den Congreß loszähle und sich und die neue Reichsconstitution der Vertheidigung seines Volkes übergebe[1]).
Nach heutigen Berichten sollen die Umgebungen des Kronprinzen v. Württemberg diesen unerwarteten Staats-Akt des Königs als gegen den Kronprinzen gerichtet ansehen. Der König sei mit seinem Betragen zu Wien höchst unzufrieden gewesen und habe ihn sehr genau beobachten lassen. Auch soll der Kronprinz (beim Volke von jeher beliebter als der Vater) bestimmt sich erklärt haben, den Antritt seiner Regierung durch Einführung einer Volksrepräsentation beginnen zu wollen; daher nun der König sich durch diese Handlung eben jene Liebe des Volkes erwerben wollte, welche bisher der Kronprinz allein besaß. Einige der anwesenden Preußen machten das Geständniß: es bleibe doch wahr, daß man so oft in die Lage gerathe, die Klugheit der österreichischen Monarchen bewundern zu müssen; sehr weislich hätten Sie die alte ständische Verfassung auch in der kleinsten Ihrer Provinzen geschont und solche, wenn auch nur pro forma, bestehen lassen, und in einem Zeitalter, wo diese Verfassung wieder an die Tagesordnung komme, wäre der Souverän von Österreich nicht in jener Verlegenheit, in welcher sich alle jene Fürsten befinden, welche ihre Macht auf die Vernichtung dieser Verfassung gründeten.

20. Jan. (* *)

[Das Patent der württembergischen Verfassung macht Sensation.] Dritte Personen — Graf Künigl zeichnet sich aus unter diesen — sagen: „Wenn alle Regenten das Repraesentativ-Gouvernement einführen, wenn sogar Louis XVIII. in Frankreich seine Constitution einführt, warum zaudert K. Franz a) eine ähnliche Regierungsform und ständische Verfassung für Böhmen, Mähren, Österreich, Galizien, Steiermark, Illyrien einzuführen? warum exponirt sich der Kaiser dem Vorwurf, der S. M. gemacht wird: Folget meinen Worten, nicht meinen Werken? b) Warum werden nicht, wie in den Königreichen Hannover, Bayern, Württemberg, die Stände der Länder, die bisher einzelne Provinzen gewesen, in allgemeine Reichsstände zusammengestoßen oder gar eine neue Organisirung der Stände und der ständischen Verfassung vorgenommen? Ist es nicht räthlich oder nicht thunlich, allgemeine Stände des österreichischen Kaiserstaates zu organisieren und in Function zu setzen? Warum werden nicht 3 oder 4 Stände-Abtheilungen organisirt und in Function gesetzt als a) böhmisch-deutsche, b) Ungarn c) illyrische d) italiänische? Wie muß die Repräsentation organisirt sein? Welche muß derselben Activität sein? Actu sind die Stände

---

[1] „Da die Endresultate des Kongresses — hieß es in dem Manifest — nicht so schnell als Wir gewünscht hätten, herbeigeführt werden konnten, so finden wir uns bewogen usw." In einem Polizeibericht vom 21. Januar heißt es, man habe beim König mehrere Tage vor seiner Abreise, ein Schriftstück gesehen, das Klagen der Stände, des Adels und der Bürgerschaft enthielt, und vermutet, daß es seinen Entschluß, eine Verfassung zu geben, bewirkt habe. (Z. Vortrag vom 22. Januar 1815.)

in Böhmen, Mähren, Österreich in sämmtlichen böhm. oesterr. und illyr. Provinzen nichts als eine Dekoration, nichts als Antiquitäten vel quasi Zahlämter, und nichts als Zahlämter. In Illyrien, in der Lombardei, in Venedig etc. sollten Stände mit mehrerer Regierungs-Activität organisirt und in Function gesetzt werden. Das wäre das Ergiebigste, das Erfreulichste, was geschehen könnte für die Opinion, für die Stimmung des Landes, für den Staatscredit." Das sind die Ideen, welche der Congreß nähret...[1])

Bei Gelegenheit des neuesten Börse-Curses erneuern sich bei allen Klassen des wiener Publikums a) die Lamentationen und Schimpfereien gegen die Börse und gegen das Papiergeld b) die Klagen und Forderungen der Kapitalisten.... Der neueste Börsecurs bringet im Publicum eine Gährung, eine Unruhe hervor wie nie gewesen....[2])

20. Jan. (Freddi)

[Der Nuntius erzählte dem Berichterstatter von dem Feste bei Lord Stewart. Beauharnais, „ce coquin de bâtard, ce friseur parisien", sei entrüstet gewesen, weil man ihn (beim Kammerfest) nicht zur Tafel der Monarchen, sondern zu der der Erzherzoge geladen habe.] „Je m'en suis allé de bonne heure, car ces sortes de spectacles ne conviennent nullement à un archévêque, mais le cardinal[3]), qui n'est que diacre, resta jusqu'à 2ʰ après minuit et s'enivra de cette fête non moins magnifique que brillante par le concours des divinités terrestres." Je tâchais, avec la plus grande circonspection, de faire tomber le discours sur un article du „Moniteur", où il est annoncé que dans l'imprimerie apostolique à Rome on travaillait en secret à imprimer quelque écrit de la plus haute importance. „Vous savez," me répondit-il, „que les armes du S. Père sont ses décrets. Or il se peut bien que, attendu l'injustice criante et abominable des deux puissances de Naples et d'Autriche d'occuper les états de l'Église, attendu l'inutilité de ses réclamations malgré toutes les promesses remportées d'y faire droit, il se peut bien, dis-je, que le pape, à l'exemple de ses prédécesseurs, ait pris l'unique parti qui lui est accordé par l'autorité divine, de lancer l'excommunication aux sacrilèges envahisseurs des biens de l'Église. Ce secret est dans les mystères du Vatican. Nous ne tarderons guères à en être informés. J'ai été questionné sur le même objet par des personnages très élevés, et même par commission du roi de Prusse, qui s'est montré beau-

---

[1]) Der österreichische Oberst Fallon hörte Erzherzog Johann sagen: „Metternich hegt selbst das geheime Projekt, den Kaiser auf die Entwerfung einer Konstitution nach und nach zu leiten." (Zum Vortrag vom 24. Januar 1815.) Vgl. „Aus dem Tagebuch des Erzherzog Johann", S. 201 f. wo der Prinz empfiehlt, es beim Alten zu lassen, jedoch dann bemerkt, er müsse mit dem Kaiser „unter vier Augen darüber sprechen". Graf Leopold Künigl war kais. Kämmerer.

[2]) Der Kurs betrug am 18. Januar 284 und stieg stetig. Am 24. war er in Prag schon über 300. „Es strömt auf einmal alles österreichische Papier aus dem Ausland in das Inland. Die Armee zu Frankfurt und im Ausland wird zu ³/₄ in Papier, ¹/₄ klingend bezahlt." Vgl. unten.

[3]) Consalvi.

coup avide de découvrir cette affaire. J'ai répondu en badinant avec deux vers de Voltaire dans la Henriade:
„Mais l'art de ménager le reste des humains
fut dans tous les temps la vertu des Romains"...

Zum Vortrag vom 22.

21. Jan. (* *)

... Die Rivalität zwischen den beiden Damen Bagration und Sagan ist aktiver als je gewesen; der einen wie der Andern Erbitterung und Intrigue gegen Fürst Metternich gehen crescendo. Alle Leute sind neuerlich indignirt über das moralisch und politisch skandalöse Thun der beiden Damen. Sie handeln mit politischen Rendezvous, verbinden die Liederlichkeit mit der Politik. In den Annalen des Wiener Congresses werden sie eine Rolle spielen. Sie haben bis heute bei Weitem zu vielen Einfluß in dem Congreß, sind decidirte preußisch-russische Agenten. Sie werden forthin soufflirt und geleitet von Bon Humboldt etc....

Mehrere Diplomatiker wollen den amerikanischen Frieden[1]) als etwas vor der Hand äußerst Ungewisses ansehen, a) weil die Frist von vier Monaten zur Auswechslung der Ratifikazionen gar zu lang ist, b) weil über die Grenzberichtigung in Amerika alles sich zerschlagen kann.

Auf dem adeligen Pic-nic im kleinen Redouten-Saale vorgestern spielten der preußische Hofmarschall Graf (!) Wittgenstein, der gerne hoch spielt und gewinnt, Graf Carneville (ist für die Bagration und meidet die Sagan), Prinz Rohan und Graf Naso Dietrichstein die hohe Parthie Whist[2])....

Der preußische Hofrath Bartholdi von des F. Hardenberg Departement, der neulich getauft worden, steht mit Hofrath Gentz und mit Herrn Pilat, dessen Frau neuerlich auch katholisch geworden ist, in vertrauter Liaison.

21. Jan.

Gestern hielt Talleyrand in seinem Salon eine Gelegenheitsrede aus Anlaß der heutigen Gedächtnisfeier des K. Ludwig XVI.[3]) Er hatte ein zahlreiches Auditorium, besonders von russischen und preußischen Großen. Der Schluß seiner Rede, oder besser seiner Predigt, war, daß er einen Ausfall auf jene Souveräne machte, welche Sachsen dessen rechtmäßigem Könige entziehen wollten. Der Übergang auf diesen Epilog war natürlich; aber man zweifelt, daß er dem größeren Theil des Auditoriums behagte.

La Tour du Pin sagte, daß der Prediger, welcher heute seinen Sermon in der St. Stephanskirche hielt, selben vorher dem F. v. Benevent habe zeigen müssen. Dieser corrigirte ihn eigenhändig an den meisten Stellen, und so war es eigentlich eine Rede von Talleyrand, welche dort heute vorgetragen wurde.

---

[1]) S. oben S. 325.
[2]) Talleyrand pflegte Whist den Fish zu zwei Louisdor zu spielen.
[3]) Am 21. Januar 1793 war Ludwig XVI. guillotiniert worden.

Zum Vortrag vom 23.

19. Jan.[1])

Grâce à Dieu le gouverneur du P^ee héréditaire s'est déclaré fou[2]). ... On dit que le prince héréditaire est hors de minorité d'après les lois du pays à 18 ans, et qu'on le traite comme un enfant encore à présent qu'il en a 21; qu'après un pédant sans formes et sans connaissance du monde on lui en donne un autre; qu'à un villageois du Frioul pour une si grande éducation on a fait succéder un petit gentillâtre de Laibach etc.; que de cette manière ce prince, chargé un jour d'un si grand empire, ne pourra jamais se développer, qu'il ne sera jamais qu'un prince à petites idées, pendant qu'il s'agit du bonheur de la génération future et qu'on ne peut pas négliger un point qui intéressait des millions d'hommes; qu'on devait au moins donner à ce prince un Grand-Maître et une petite cour, comme on l'a donnée déjà aux archiduchesses, ses sœurs, moins âgées que lui; qu'en se voyant traité de cette manière il doit devenir sombre, soupçonneux, acariâtre, boutonné, et qu'on ne pourra jamais le connaître, ni lui pourra (faire) connaître les autres... Je réponds que du vivant du père le fils est toujours mineur; qu'il est faux qu'en Autriche le souverain cesse d'être mineur à 18 ans; que pour la Hongrie cette célèbre confusion, que les Hongrois nomment „constitution", n'a pas un mot qui ait rapport à la minorité du roi[3]). Le public considère comme un bonheur pour le prince héréditaire que la catastrophe arrivée à son gouverneur ait éloigné celui-ci de sa personne. Ses idées, dit-on, étaient sinistres, il tenait ce jeune prince dans une constante timidité, et tout le monde désire de le voir bientôt remplacé par un homme qui ait des connaissances et de l'énergie.

Zum Vortrag vom 24.

23. Jan. (**)

[Das Seelenamt für Ludwig XVI. hat Neukomm componirt, seine Schwester, Gouvernante bei Graf Csáky in Kaschau, die erste Stimme schön gesungen.] Bei Stephan Zichy wurde gesagt: „Auf dem Kongreß ist neuerlich der Teufel los. Worüber man bereits einig gewesen, wird wieder zurückgenommen. Über keinen Punkt ist etwas abgeschlossen[4]). In Allem muß von vorne angefangen werden. Bei Gelegenheit der Schlittenfahrt und der ewigen Hof- und Hausfeste höre ich die Achseln zucken und das italieni-

---

[1]) „Vertraulich nur für Baron Hager."
[2]) Der Gouverneur (Ajo) des österreichischen Kronprinzen Ferdinand, Baron Joseph Erberg, verfiel plötzlich in Wahnsinn. S. unten „Interzepte".
[3]) Franz Joseph I. wurde im Dezember des Jahres 1848, obgleich er bereits im August 18 Jahre alt geworden war, von Ferdinand I. großjährig erklärt, bevor er den durch dessen Resignation erledigten Thron bestieg.
[4]) Es war die Verwicklung wegen Leipzigs und der Elbefestungen, die bald nach außen drang. Auch der Holländer Spaen wußte zu erzählen, „que tout est dérangé au congrès et qu'il faut recommencer de nouveau". Zum Vortrag vom 27. Januar 1815.

sche Trinklied anstimmen: „Sempre é giorno di gala, si mangia, si beve, si balla."

23. Jan. (Hebenstreit)

Die Äußerungen der Tugendbundisten gehen immer aufs nämliche hinaus: daß nämlich der Augenblick noch nicht gekommen sei. Indessen triumphiren sie laut wegen Sachsen.... Müller ist eines der Hauptorgane der ganzen Partei des preuß. Bundes; mit Bon Otterstedt ist er auch besonders gut. Gegen Minister Stein schimpfen Alle außerordentlich. Dieser habe sich — wie Hofrath Kluge aus Frankfurt dem Berichterstatter erzählte — bei der neuen Konstitution von Nassau als Ablösung der Steuerfreiheit seiner Güter 45,000 F. vom Fürsten geben lassen, und alle andern Güterbesitzer erhielten nichts dafür[1])....

Zum Vortrag vom 25.

21. Jan. (Leurs)

Graf Reichenbach konnte [nachdem er dem Berichtleger eine lange Geschichte über eine angeblich geplante Entführung des Königs von Sachsen vorgetragen hatte sich nicht enthalten, mir zu äußern, daß Mehrere nur mit Zittern diese enge Verbindung mit Rußland ansähen, theils wegen den Entwürfen Rußlands, noch mehr aber wegen der Persönlichkeit und dem Charakter des Kaisers. Diese hielten dafür, der Kaiser wäre vollkommen verführt durch Eitelkeit und Projektmacherei und sei keiner Ruhe mehr fähig. Die Äußerungen des Kaisers wären bedenklich und so verschieden, daß nichts auf dieselben zu bauen sei. Heut wolle er mit Ende Jänner, wenn seine Armeen aufgestellt wären, anders am Congreß sprechen und dem Ganzen ein Ende machen, morgen spreche er von der Türkei, übermorgen von Änderungen in seinem Reiche, wozu er seine Armee verwenden wolle...

24. Jan. (K.)

... In einer Privatgesellschaft, wo auch bedeutende Ausländer (anwesend waren), hat man für gewiß behauptet, daß weder Alexander noch der König von Preußen gerne der Schlittage beigewohnt haben. Der König soll zum Hardenberg gesagt haben: „Sie hätten in Berlin auch nicht glauben können, daß uns der Metternich zur Schau der Wiener zuletzt wird nach Wien kommen lassen."[2])... Während die hohen Herrschaften in der Stadt herumfuhren, befand ich mich an verschiedenen Orten und war nicht wenig erstaunt, hie und da laut zu hören: „Da fahren sie mit unsere 50% und wir müssen Alles von Tag zu Tag theurer zahlen[3]).

---

[1]) Hiemit war vielleicht eine Entschädigung für die Verluste gemeint, die Stein durch den Sequester seiner Güter erfahren hatte. Vgl. Lehmann, Stein, III. 397.

[2]) Ein anderer Rapport über die Schlittenfahrt der Fürstlichkeiten meldete, der König habe während der Fahrt sehr unfreundlich ausgesehen und kaum aufgeblickt. In einem Bericht von ** (zum Vortrag vom 26. Januar), hieß es: „Nur der Herzog von Weimar hat von den Souveränen das Schlittenrecht ausgeübt; die übrigen waren zu züchtig, um dasselbe zu fordern".

[3]) Am 1. Januar war die Erwerbsteuer um 50% erhöht worden.

24. Jan. (Nota)

Capo d'Istria. ... Je m'empresse de communiquer à V. E. une conversation que j'ai eue hier au soir (en) tête à tête avec le Cte Capo d'Istria chez moi, conversation qui aurait dû devenir encore plus intéressante, si un troisième n'était pas malheuresement survenu pour nous faire changer d'entretien. J'ai commencé moi-même. „Eh bien, mon cher, comment vont les choses?" „Oh, mal, mal! Oui, je vous assure que je suis bien de mauvaise humeur; voilà 15 jours bientôt perdus, et sans aucune raison." „Ah, vous voulez parler de la réponse à la note prussienne que Metternich n'a pas encore présentée." „Mais oui; pourquoi lanterner tant? On n'y comprend rien avec cet homme; il est inconcevable. Voulait-il sauver le Roi de Saxe? Pourquoi le laisse-t-il, quand il pouvait tout, retenir comme prisonnier à Leipzig? Non, il a l'air lui-même d'accorder la Saxe à la Prusse, et puis il s'oppose. Castlereagh, après bien du temps perdu, tranche la question et dit: „Avant tout il faut arranger la Prusse; il faut lui tenir la promesse; cet arrangement influe sur tous les autres; il faut commencer par celui-ci." Bon. La Pologne était déjà arrangée. Nous venons à la Saxe, et que fait Metternich? Il s'arrête et nous arrête." Les Prussiens disent: „Voilà ce qu'il nous faut." Qu'y a-t-il à faire à présent? Si vous n'êtes pas contents du projet prussien, donnez un contre projet; on discute, et on s'arrange. Mais que fait Metternich? Il ne fait rien.[1]) Il nous traine de semaine en semaine; en attendant il finasse à l'oreille de l'un et de l'autre; il embrouille et s'embrouille, et il a l'air d'un homme qui a une besogne à remplir qui est au-delà de ses forces, et demande du temps parce qu'il n'a pas le courage d'avouer son insuffisance. Et où veut-il en venir? Si c'était un sot, un imbécile, on le comprendrait fort bien, et on l'expliquerait par ce que je viens de vous faire observer. Mais on ne peut pas lui refuser de l'esprit, quoique inférieur à cette besogne qui écraserait un Hercule... Quel ministre qui a osé conseiller à François de refuser la couronne d'Allemagne, et qu'est-ce qu'il lui propose au lieu de ça? De former deux Allemagnes, la septentrionale et la méridionale." „Eh bien, est-ce Metternich qui a proposé cela?" „Oui, c'est son idée favorite." Ici nous fûmes interrompus.

Course de traineaux. Tout le monde a remarqué que le peuple de Vienne a beaucoup applaudi au passage du prince héréditaire avec l'archiduchesse sa sœur. Ces applaudissements signifient bien des choses par rapport à ce prince après la maladie de son gouverneur, qui est à présent connue partout.

---

[1]) Das österreichische Gegenprojekt wurde als Ultimatum am 28. Januar überreicht. S. Angeberg, I. 677. Die Zeit vorher war es, wo Talleyrand den von Bollmann an Frau Reinhard mitgeteilten Ausspruch tat: „Ils n'ont ni le courage de se brouiller, ni l'intelligence de s'entendre." (Zum Vortrag vom 26. Januar 1815. Interzept.) Vgl. Steins Tagebuch S. 427 über das Stillschweigen der Österreicher: „weil sie sich mit den Engländern über die sächsische Entschädigung nicht vereinigen können".

Zum Vortrag vom 27.

25. Jan.

Seit einigen Wochen boten die Versammlungen der fürstlichen Deputirten[1]) kein Interesse dar, waren auch wenig besucht, und man schien sich mehr mit den köstlichen Frühstücken als mit Staatssachen zu beschäftigen. Gestern aber war bei Baron Marschall von Nassau eine vollständige Versammlung, in welcher sich ein Geist der Einigkeit, der bisher öfters vermißt worden war, aussprach. Man beschloß, am nächsten Sonnabend den Herren Fürsten von Metternich und Hardenberg eine Note zu überreichen, welche die Erfüllung des in der ersteren Note geäußerten Wunsches zum Gegenstande haben soll. Sie ward vorgelesen und genehmigt[2]). Zugleich las B^{on} v. Gagern einen von ihm an Graf Münster gerichteten Aufsatz vor, worin er seine Ideen über die deutschen Angelegenheiten, gleichsam als wären es jene aller Deputirten, aufstellt. Bon Gagern erstattete Bericht über eine mit Fürst Hardenberg und Bon Humboldt gehabte Unterredung. In dieser soll Jener sich geäußert haben, daß, wenn man den Grundsatz der repräsentativen Verfassung der deutschen Staaten im Einzelnen und in ganz Deutschland, so wie einer National-Defension, durchaus annehme, von Seiten Preußens in Betreff der Errichtung eines Fürstenrathes oder Unterhauses, sowie aller humanen Propositionen, keine Schwierigkeiten aufgestellt werden würden. Bon Humboldt habe sich auf den von ihm neuerdings entworfenen Plan einer deutschen Verfassung viel zu Gute gethan und zweifle nicht, derselbe werde angenommen werden.

26. Jan.

Die Russen wundern sich, daß Österreich seine Note noch nicht übergeben hat... Sie läugnen, daß Böhmen verloren sei, wenn Sachsen an Preußen käme, indem sie vorgeben, daß die Wirksamkeit der Festungen sich nur auf einige Meilen ihres Umkreisses erstrecke, daß eine Festung nur eigentlich das hinter ihr gelegene Land decke und daß weder Erfurt noch Torgau den Preußen die Eroberung von Böhmen erleichtern könne, wenn ihnen sonst keine andern Hilfsmittel zu Gebote ständen[3]).

26. Jan.

... Der junge Graf Bonnay von der Suite des Grafen Noailles erzählte, daß Alexander wieder nicht bei Metternich gewesen wäre[4]), daß die Fürstin Bagration gerade deshalb am selben Tage Gesellschaft gab, damit auch alle übrigen Russen von Metternich abgezogen würden, und daß dieser das Haus dieser Fürstin nunmehr vermeide...

---

¹) D. i. der deutschen Kleinstaaten.
²) Es ist die am 2. Februar 1815 überreichte Note, die dem schon früher geäußerten Wunsche nach einem allgemeinen deutschen Kongreß zur Beratung der neuen Verfassung nochmals Ausdruck gibt. S. Klüber, Akten, I. 3. 127.
³) Betraf das österreichische Widerstreben, Torgau an Preußen gelangen zu lassen.
⁴) Auf dem Balle am 23. Januar.

Vom Legations-Rat (!) Bertuch¹) habe ich in Erfahrung gebracht, daß nun der alte Herzog von Sachsen-Weimar sich ganz auf die preußische Partei geneigt habe, daß er sagt, Sachsen würde unglücklich sein, wenn nur ein Theil an Preußen käme, weil dies zu beständigen Unruhen führen würde, daß der König von Sachsen keine Rücksicht verdiene, daß Österreich nicht gescheidt sei, diese Gelegenheit fahren zu lassen, anstatt den erzgebirgischen Theil zu nehmen, daß Österreich viel lieber auf diese Art zu gewinnen suchen soll, weil es nicht im Stande wäre, in seiner gegenwärtigen Lage ohne Geld, ohne gute Armee, einen Krieg anzufangen, daß man ein rechter Esel wäre, bei so bewandten Umständen nachzugeben, und daß Alexander den vollkommensten Beifall verdiene, so hartnäckig auf seiner Forderung zu bestehen und ebenso hartnäckig Preußen zu unterstützen²)...

Zum Vortrag vom 28.

27. Jan.

Es befindet sich hier seit einer geraumen Zeit ein gewisser Banquier Schwarz, welcher mit seiner jungen schönen Frau bei der „Österr. Kaiserin" wohnt und 1813 von Petersburg nach Berlin und seit dem Congreß von Berlin hierher kam³). Schon zu Petersburg hatte die Frau geheime Verhältnisse mit dem K. Alexander, von welchen das Publicum als von einer seiner gewöhnlichen Liebschaften spricht. Allein dem dänischen Kabinet ist es bekannt, daß dieses Weib sammt ihrem Manne von Alexander zu den feinsten Staatsintriguen gebraucht werde. Daher bei ihrer Erscheinung hier zu Wien der Kammerjunker von Scholten von seinem Könige den geheimen Auftrag erhielt, die Bekanntschaft dieses Weibes zu suchen und sie mit vigueur fortzusetzen, es mag kosten was es wolle. Dieses ist nun Scholten wirklich geglückt. Kostbare Präsente, und vorzüglich eine nervigte Gestalt, haben ihn zum auserlesenen Cicisbeo gemacht, und so suchte er, besonders in schwachen vertraulichen Stunden, zu erfahren, was Alexander mit ihr spricht, da er sie hier zu Wien wenigstens alle Wochen zweimal besucht, und was er etwa ihr für geheime Aufträge gibt. Das Resultat hievon ist mir nur zum Theile bekannt geworden: Alexander mache sich oft bei ihr lustig über unsern Kaiser und noch mehr über den Kronprinzen; ebenso äußere er öfters seinen Unwillen über das langsame und oft confuse Benehmen Konstantin's in Polen. Er treibe diesen mit aller Strenge an, die Organisirung des Landes und der Armee zu beschleunigen. Ihr, der Frau, habe er einen Wink gegeben, ihr Mann solle seine Geldgeschäfte in Berlin

---

¹) Der Buchhändler Bertuch war herzoglich weimarischer Kammerrat.
²) Eine ähnliche Meinung hatte kurz zuvor der preußische Staatsrat Beguelin geäußert: Österreich vergesse seinen eigenen Vorteil; „denn es hätte ohne Gewissensangst den erzgebirgischen Kreis bis an den Plauenschen Grund und bis Dohna sich zueignen können; beide Teile (Österreich und Preußen) wären befriedigt und beide Staaten würden, eng verbunden, dem Westen und Osten die Stirne mit Kraft bieten können." (Zum Vortrag vom 24. Januar 1815.)
³) S. oben S. 341.

und Holland dergestalt ordnen, damit er binnen zwei Monaten nichts weiter mehr da in Spekulationen zu thun hätte. In zwei Monaten solle sie auch in Petersburg sein, während ihr Mann noch so lange in Holland bleiben soll, bis er nicht von ihr einen guten Wink erhalten würde. Morgen reiset daher der Mann fort. Ob sie gleich mitgehen soll, war vorgestern noch nicht ausgemacht.

Ferners war Alexander vor einigen Tagen, natürlich wie immer ganz incognito, zu ihr gegangen. Allein einige Menschen erkannten ihn, ungeachtet der Dunkelheit, und liefen ihm nach und blieben vor dem Thore der „Österr. Kaiserin" stehen. Alexander war nun außerordentlich aufgebracht, tobte und schimpfte in den bittersten Ausdrücken gegen die Nation und befahl gleich beim Eintritt in das Zimmer, daß Schwarz mit einem tüchtigen Stock hinab gehen und die Leute wegprügeln soll. Als aber Schwarz wirklich hinab gieng, so suchte er mit dem Portier vereint die Leute gütlich und ohne Spektakel fortzubringen[1]).

27. Jan. (* *)

... H. Beauharnais ist — darüber höre ich sehr viel klagen — wenn der russ. Kaiser allein oder en retraite ist, einer der wenigen Auserwählten, die S. M. Gesellschaft leisten. Man schreit allgemein über La Harpe, Czartoryski, Capo d'Istria, Beauharnais, die Damen Bagration und Sagan, die sämmtlich als des Kaisers influente Umgebung angesehen werden. Da der russische Kaiser gegen F. Metternich eine so prononcirte Abneigung zeigt, so ist es bemerkt worden, daß Dienstag auf dem Ball bei Stackelberg die russische Kaiserin den F. Metternich, der russische Kaiser aber gleichwohl die Frl. Marie Metternich zum Tanz begehrt hat. — Vorgestern im Concert bei Hof ist bemerkt worden, daß die Kaiserin Marie Louise auf dem Chor incognito beigewohnt hat. — Bei F. Talleyrand ... war in generalissimis die Rede vom Ausgang des Congresses. Sierra-Capriola sagte, der Malteser-Orden, der Verfügungen des Friedens von Amiens sich erinnernd, werde schwerlich zufrieden sein[2]). H. Talleyrand fiel ein: „C'est ainsi qu'il

---

[1]) Ein späterer Bericht vom 29. Januar (zum Vortrag vom 30. Januar) nennt Schwarz als vermöglichen Kaufmann, der zwar selbst kein Bankier sei, aber mit den angesehensten Wechselhäusern in Verbindung stehe. Die Beziehung seiner Gattin zu Alexander habe ihm vortreffliche Verträge mit der russischen Armeeverwaltung verschafft, die zugleich dem Kaiser Gelegenheit gaben, selbst auf den Heereszügen öfters mit ihr zusammen zu sein. Daher die Reise nach Paris im vorigen Sommer. „Vorgestern Abends (27.) war Alexander bei Mad. Schwarz, und sie sollte gestern Morgens mit ihrem Manne nach Berlin abreisen. In der Nacht hingegen bekam sie Kontreordre. Gestern Morgens war H. Schwarz bei Alexandern gerufen. Nach der Audienz verkaufte er 400.000 fl. Papier. Gestern Abends war vor dem Hofballe abermals Alexander bei Madame Schwarz, und heute (29.) morgens ist sie mit ihrem Manne nach Prag, wo sie sich ein paar Tage aufhalten soll. Von da geht die Reise weiter nach Berlin und in zwei Monaten nach Petersburg..."

[2]) Im Friedensvertrag von Amiens vom 27. März 1802, Art. I. war dem Orden die Rückgabe der Insel Malta in Aussicht gestellt worden, zu der es dann allerdings nicht gekommen ist. In den zwei Mémoires, die die Vertreter des Johanniterordens

faut que cela soit. Il faut que chacun parte un peu mécontent, que chacun ait fait un sacrifice quelconque. C'est de ces sacrifices partiels que doit naître l'accord de tous, le bien général."...

Zum Vortrag vom 29.

28. Jan. (**)

... Graf Antonelli sagte, er speise oft bei Card. Consalvi, der eine gute Küche und alltäglich 6 oder 8 Gäste hat, um Alles zu erfahren, was beim Congreß und in den Häusern vorgeht...

Sie sagen: „H. Talleyrand hat erklärt: begnüge sich Rußland mit dem ihm von Talleyrand angewiesenen Theil vom Herzogtum Warschau nicht[1]), räumt Preußen nicht das Königreich Sachsen, gibt Preußen nicht nach wegen seiner Zuwage von 900,000 Seelen Population, so hält sich Frankreich nicht an den Pariser Frieden gebunden, nimmt Belgien und das linke Rheinufer. Beide Länder wünschen es, französisch zu sein. Wer wird sie hindern?"....

Bei der alten Gräfin Pergen führten Domherr Torres und Ruffo[2]) gestern in ziemlich zahlreicher Soirée das Wort und äußerten sich äußerst unzufrieden über die im gestrigen „Beobachter" aus Paris mitgetheilte, am 21. gehaltene Predigt, wo Louis XVI. mit unserm Heiland J. Chr. in Parallele und Jener diesem zur Seite gestellt wird[3])....

Zum Vortrag vom 30.

28. Jan. (Schmidt)

[Die Beobachtung der Russen in der Burg sei sehr schwierig.] Indessen war man so glücklich, vom F. Wolkonsky eine bedeutende Anzahl zerrissener Schriften zu erhalten. (General) Uwaroff macht eigentlich die Gesellschaft des Kaisers seines Herrn, wird öfters mit Aufträgen zu den Ministern gesendet und arbeitet beim F. Wolkonsky, kommt öfters zum gewesenen Vicekönig von Italien, bei dem er auch speist. Ojarowsky ist fortwährend im Dienste seines Kaisers, treibt sich außerdem in der großen Welt herum und arbeitet sehr wenig. Czernischeff arbeitet sehr fleißig

---

auf dem Wiener Kongreß überreichten, ist nur beiläufig von der Nichterfüllung der Bedingungen jenes Traktates die Rede, ohne darauf Ansprüche zu gründen. Vgl. Klüber, Akten, I. 3. 85 und VI. 463.

[1]) S. oben S. 340.

[2]) Die Grafen Anton Torres und Xystus Ruffo waren Domherren des Erzbistums Wien.

[3]) Der „Österr. Beobachter" brachte am 27. Januar nach der Pariser „Gazette de France" einen Teil des Hirtenbriefes, den die Generalvikare des Pariser Erzbistums erlassen hatten und worin sich folgende Stelle findet: „Da die Religion lehrt, daß die Könige Ebenbilder der Gottheit sind, so berechtigt uns die Religion selbst, einen König, der von seinen Untertanen auf das Blutgerüst gebracht wurde, einem Gott zu vergleichen, den seine Geschöpfe ans Kreuz schlugen."

und kommt mit allen russischen Generalen in Berührung. Kiseleff bringt seine meiste Zeit in der Burg zu und arbeitet bei Wolkonsky und Kutusoff[1]).

29. Jan. (* *)

... Die Parteien von Lucca, Neapel, Malta und Consalvi, die Portugiesen und Schweden hängen an L. Castlereagh; Holland und Oranien an Clancarty; Hetrurien, Sicilien, Spanien, Consalvi, Sardinien, Baden an Talleyrand; Preußen an Rußland; Bayern, Neapel, Dänemark, Hannover an Österreich. So denken sich die diplomatischen Beobachter die politischen Gruppen, die betreffenden Positionen und Anhaltspunkte für die Agenten, Zuträger, Spione und respectu der Influenzirungen. Preußen hat vielleicht die meisten geheimen Agenten[2]). Der Abgeordnete von Bremen, H. Smidt, Graf Solms, Fürstin Isenburg und Taxis, der Herzog von Weimar, der Principe Campo Chiaro, Bon Linden hängen persönlich an der preußischen Congreßgesandtschaft. Die persönlichen Relationen der Congreß-Parteien machen das Congreßpanorama noch buntscheckiger. Übrigens sind es bei Weitem nicht die Potenzen des europäischen Congresses allein, die Abschriften aller gewechselten Noten haben; alle auch minderen Gesandtschaften, H. Bon Karcher, Leg.-Rat von Toscana, sogar Particulare, z. B. Graf Bentinck, haben eine ganz vollständige Sammlung aller gewechselten Noten[3]).

[Auf dem gestrigen Hofball, dem K. Franz eines Katarrh's wegen und die russische Kaiserin fern blieben, besprach man insbesondere die gestrige lange Sitzung des europäischen Congreßcomités[4]) und die Ankunft eines englischen Kuriers am Vormittag mit der Entschließung und Antwort Sachsen betreffend.]

Zum Vortrag vom 31.

29. Jan. (M.)

Seitdem Anstett wieder in Activität getreten ist, bleibt er gegen mich über die Geschäfte verschlossen, weil er ohne allen Zweifel glaubt, daß ich von seinen Äußerungen Gebrauch mache.... Als ich ihn bei einem meiner letzten Besuche über den Gang der Sachen fragte, erwiderte er mir: „Er braucht mich jetzt um nichts mehr zu fragen. Ich sage Euren Herren Alles in den Konferenzen, die wir nun täglich mit ihnen haben ".... Von Nesselrode sagte er mir jüngst, er habe längst seine Seele an Österreich verkauft, sei aber auch dafür bezahlt worden. Aus Anlaß der verschiedenen Negotia-

---

[1]) Vgl. die Schilderung der russischen Adjutanten durch Mihailowski bei Schiemann, Nikolaus, I. 540 ff.

[2]) S. unten über Heun u. A.

[3]) Vgl. auch die Denkwürdigkeiten des Grafen Hans v. Schlitz, eines Mediatisierten, S. 161 ff.

[4]) Es war die Sitzung der „Fünf" am 28. Januar, wo Metternich sein Gegenprojekt Sachsens wegen vorlegte.

tionen und Conventionen habe Nesselrode von Österreich fünf in Dosen etc. bestehende Präsente erhalten, jedes im Werth von 100,000 Rubel. Er, Anstett, habe die für Österreich vortheilhafteste und einträglichste Convention für die Verpflegung[1]) geschlossen, und dafür eine geringfügige Dose erhalten, die er dem Neuling[2]) um 350 Dukaten verkauft habe... Mit seinen Finanzen ist er immer brouillirt, lebt wie ein Sybarit, braucht mehr auf Wein und noch niedrigere Unterhaltungen als mancher große Haushalt kostet; Abends ist er gewöhnlich sehr betrunken...

B. Interzepte.

Baron Marschall an Stein.

Wien, 1. Januar[3]).

„Ew. Excellenz erhalten in der Anlage den Rieder Traktat und den mit Württemberg. Aus dem geheimen Artikel des Letzteren ergiebt sich, daß es unbegreiflich ist, wie Württemberg glauben konnte, oder thun konnte, als stehe es in seiner Willkühr, in den deutschen Verband zu treten oder nicht. Können mir Ew. Excellenz die neuen Humboldtischen deutschen Constitutions-Pläne mittheilen, so werden Sie mich sehr verbinden." [Neujahrsgruß.]

J. E. Bollmann an Lafayette in Paris.

Vienne, ce 3 janvier 1815[4]).

Le succès de mes vues particulières tient à la tournure que prendront les affaires publiques. J'ai été très industrieux depuis que je suis ici, et mon travail principal a été un traité sur les finances de ce pays-ci, dans lequel j'ai proposé un plan de se débarrasser du papier déprécié, qui fait la seule circulation actuelle de la monarchie autr. et de la remplacer avec (!) un bon papier-monnaie par le moyen d'une banque nationale d'Autriche dont j'ai tracé l'organisation. Ce plan a été tout à fait approuvé du ministre et des principaux membres du conseil, de sorte qu'il en a résulté plusieurs entrevues avec le ministre et plusieurs démarches préparatives (!) à l'exécution que j'ai faites conformément à son désir. Mais son exécution dépendra finalement du résultat des travaux du congrès, résultat auquel tiennent tant de choses!

---

[1]) 1813 in Prag.
[2]) Wiener Juwelier.
[3]) Chiffon, M. J.
[4]) Interzept, M. J. „Sous couvert à Madame de Reinhard." Bollmann war mit Lafayette seit der Zeit befreundet, als er ihn aus der Festung Olmütz zu befreien trachtete, was allerdings nicht gelang. Vgl. M. Büdinger, Lafayette in Österreich (1878).

Je me suis fait valoir aussi (si vous voulez excuser l'expression) de plusieurs autres manières, et j'ai préparé plusieurs affaires importantes. Aucune ne peut être décidée avant la décision de la grande où tous les yeux sont portés. Cette grande affaire en est venu au point que la paix, ou la guerre au moins, doit être décidée dans la quinzaine. Ni l'une, ni l'autre ne le sont dans ce moment-ci. La Prusse paraît ne pas vouloir relâcher la Saxe; l'Autriche, la Bavière, la France, l'Angleterre s'y opposent; la Russie la soutient. On attend quelque chose de la paix avec l'Amérique que nous connaissons depuis avant-hier, comme mettant l'Angleterre dans le cas de pouvoir se prononcer d'avantage. Cependant la guerre paraît être, plutôt que la paix, l'intérêt de la Prusse et de la Russie, qui sentent sur leurs adversaires (surtout la Prusse avec un matériel de guerre à peu près égal) une supériorité décidée dans le moral, c'est à dire les talents, l'enthousiasme, l'énergie etc. Les jeunes gens en Prusse ont pris le goût, la soif de la guerre, l'habitude de la guerre; ce sont tous des têtes chaudes; les Russes ont pris l'habitude des climats doux et du pillage; les Autrichiens (ne) me paraissent guères être sortis de leur engourdissement naturel; la France s'en moquerait; l'Angleterre voit que cela lui coûterait des sommes prodigieuses; elle aurait à solder toute l'armée autrichienne outre la sienne. Ainsi le dénouement me paraît encore fort douteux. Je puis me tromper, mais je croirais plutôt que l'Autriche cédera que la Prusse.

J. E. Bollmann an Professor Hauff.

3. Jänner 1815[1]).

Ew. Wolgeboren Zuschrift von gestern habe ich durchgelesen und gebe Ihnen gerne zu, wenn es Ihnen Vergnügen macht, daß ich in Geschäften recht dumm bin, übrigens bemerke 1) daß ich von Ihrem Modell niemals gesprochen habe, außer wenn ich mußte, 2) daß, davon sprechend, ich immer gesagt habe: das Princip sei richtig, die Art der Ausführung im Großen

---

[1]) Interzept, M. J. zum Vortrag vom 4. Januar. Der Brief wurde von dem Polizeirat Gœhausen mit folgendem Berichte an den Polizeiminister Baron Hager in Abschrift vorgelegt: „Dr. Bollmann hat heute dem Prof. Hauff den anliegenden Brief geschrieben, wovon man in der Eile eine Abschrift genommen hat. Der Brief scheint bedeutend zu sein. Er hat sich des Modells wegen mit Hauff überworfen, und dieser hat ihn einen gefährlichen oder vielmehr verdächtigen Menschen genannt. Übrigens hofft man, daß er heute seine Briefschaften mittels eines französischen Kuriers abschicken und man solche zu Handen bringen werde. Wien, den 3. Jänner 1815. Gœhausen." Vgl. oben S. 324. Es handelte sich um das Modell eines Dampfschiffes, das der Wiener Professor und Mechaniker Karl Friedrich Hauff angefertigt hatte, dem schon 1809 ein Patent in Aussicht gestellt worden war. Am 31. Juli 1813 hatte die amtliche „Wiener Zeitung" überdies verkündet, „daß Menschen, welche sich mit der Erfindung, befrachtete Schiffe ohne Anwendung von Zugvieh stromaufwärts zu führen, melden, von Seiten der Staatsverwaltung möglichst aufzumuntern seien." Mit Hauff hatte sich Bollmann, der seine Erfahrungen aus Amerika mitbrachte, wo Foultonsche Dampfboote bereits verkehrten, in Verbindung gesetzt. Sie entzweiten sich bald.

nicht anwendbar. Dieß halt ich für wahr, dieß weiß ich für wahr. Nicht gegen meine Überzeugung sprechen zu wollen und zu können, ist vielleicht einfältig, aber es ist nun einmal meine Gewohnheit. 3) Es ist bei der Kommission recht eigentlich ausgesprochen worden, daß keine Darstellung im Modell der Forderung entspricht. 4) Die scharfsinnige Bemerkung Ihres hellsehenden Hofraths amüsirt mich recht sehr. Ich habe mit politischen Angelegenheiten nicht mehr zu thun wie jeder andere politische Kannegießer auf dem Pflaster von Wien, bin von keinem Menschen „gesandt" oder „bestellt", bin durchaus von mir selbst Niemandem Rechenschaft schuldig.

Was indessen auch Ihr hellsehender Hofrath denken mag: Fürst Metternich, Graf Stadion und Andere in ähnlicher Lage wissen sehr wohl und sehr genau, was ich mache, was ich wünsche, was mich bewegt, und halten mich weder für einen Politiker in Holz- noch in Tanzschuhen. Da ich indessen ein so gefährlicher oder vielmehr verdächtiger Mann bin, so werden E. W. wohl thun, nichts mehr mit mir zu schaffen zu haben. Unsere Karrieren haben sich punktenweise berührt und müssen nun wieder jede ihren natürlichen Gang fortlaufen.

Ihnen alles mögliche Gute recht aufrichtig anwünschend bleibe ich mit großer Hochachtung E. W. gehorsamster   E. Bollmann.

P. S. Vom Modell und dergl. werde ich durchaus nicht mehr reden.

Bollmann an Mad. Reinhard in Paris.

Wien, den 3. Jänner 1815[1]).

Eins der gewünschten Ereignisse hätte denn Statt gefunden — der Friede mit Amerika. Mit den anderen siehts noch wild aus. Krieg oder Frieden muß sich indessen nun in einigen Tagen entscheiden. Ich sage darüber nicht viel, weil ich immer denke, daß Sie besser unterrichtet sein müssen als ich selbst. — Meine Lage hier wird immer interessanter, bedeutender; aber es sind nur noch Aussichten, weil alles Vorbereitete, Gebaute, zu Grund fällt, wenn wieder Krieg ausbricht, eine Entwicklung, die mir der Gang der Dinge, die Stimmung der Gemüther, der Charakter der herrschenden Leidenschaften nur zu sehr anzudrohen scheint. — Mit den Dampfböthen auf der Donau wird nichts werden, ausgenommen, daß man auf gut Glück die Sache ausführe (und) dann sehe, ob ein Privilegium zu bekommen. Wer wird das thun? Prof. Hauff schreibt das nur dem Umstande zu, daß man auf sein Modell nicht genug Werth gelegt. Wie könnte ich mehr sagen als das Princip sei richtig, da ich die Art der Ausführung im Großen nicht für möglich halte. Auch hat ihm ein Halbweiser in den Kopf gesetzt, die Verbindung mit mir sei für ihn recht unglücklich gewesen, da man mich für einen verkappten Politiker halte. Natürlich mußte ich ihm dann sagen, er möchte es allein versuchen. Auch will er

---

[1]) Interzept, M. J. Zum Vortrag vom 4. Januar.

alles anderswo in Bewegung setzen. Die Macht der Hölle kann ihm hier das Privilegium nicht vorenthalten. Er verbürgt seine Ehre, er will es haben auf dem Rhein und in Holland. Das Grübeln und die Noth und die Selbstliebe verwirren seinen Kopf. Ich muß ihn durchaus sich selbst überlassen. Bleibt indessen Frieden, so wird es auf dem Rhein am leichtesten sein, mir das Recht zu verschaffen, dessen Ausnützung sodann größtentheils in seine Hände fallen dürfte.

Wintzingerode und Linden an Friedrich I. in Stuttgart.

Wien, 5. Januar 1815[1]).

Die Ungewißheit, welche noch vorgestern über die Zulassung Talleyrands zum Comité obwaltete, ist nun entschieden: Die Zulassung findet statt und es scheint als ob die vier Souverains über diese Frage nicht dieselben Zweifel, wie ihre Minister, hegten[2]). (Man behauptet sogar, K. Alexander habe sich darüber gegen den F. Talleyrand mündlich geäußert[3])). Wenn nun Polens Grenzen als ziemlich bestimmt angesehen werden können, und Österreich, so wie Frankreich, in allen bisherigen Erklärungen immer die Fortdauer Sachsens behauptet hat, und dennoch preußischer Seits sich auf Verhandlungen eingelassen wird, so möchte dieses die Meinung bestätigen, Kaiser Alexander hege Grundsätze, welche für die Rettung Sachsens sprechen. Populazionsberechnungen werden dann wohl zu Ergänzungen der Erfordernisse von Sachsen etwas abschneiden, und vermutlich könnte die Elbe die Grenze werden, wodurch die Lausitz und Wittenberg preußisch würden.

Wir sind noch außer Stand E. M. die preußische Note vorzulegen, welche dem K. Alexander und L. Castlereagh zur Mittheilung an Österreich und zur Beantwortung der Metternich'schen Note vom 10. v. M. übergeben wurde. Seitdem ist dem Comité eine zweite preußische Note direct an Österreich eingegeben worden, worin man mehr Mäßigung findet als in der ersten. Es soll sich in dieser ein merkwürdiger Passus finden. Preußen macht Österreich nemlich den Vorwurf, es wolle, indem es der Incorporation von Sachsen hinderlich würde, Preußen zu demselben politischen Fehler verleiten, den Österreich gemacht habe, indem es Traktate mit Bayern abgeschlossen, die dessen Incorporation hinderten[4]). Ist dem also, so enthält dieses die implicite Bewilligung zu dieser Incorporation und zeigt deutlich

---

[1]) Interzept, M. J.

[2]) D. h. Rasumowsky und Hardenberg. Metternich und Castlereagh hatten Talleyrands Aufnahme schon in der ersten Konferenz des sächsisch-polnischen Komitees der „Vier" am 29. Dezember beantragt.

[3]) Diese und die weiterhin vorkommenden eingeklammerten Stellen sind beim Interzipieren weggelassen worden. Ich verdanke ihre Kenntnis gütiger Mitteilung der kön. Archivsdirektion in Stuttgart nach dem dort befindlichen Original.

[4]) In den Noten Hardenbergs bei Angeberg, I. 531, 1863, 1954 ist ein ähnlicher Passus nicht enthalten.

an, was der oft angerühmte Schutz Preußens den teutschen Staaten für Vorteile gewähren kann.

In der Unterredung, welche gestern mit F. Metternich Statt hatte und in welcher er die Zulassung Talleyrands als entschieden erklärte, sagte er, zwei Sitzungen würden noch erforderlich sein, um die polnischen Angelegenheiten ganz zu beseitigen. (Eine Proklamation aus Warschau vom 11. Dezember datiert, verbreitet sich hier unter der Hand. Man weiß, daß sie nicht anerkannt wird, und bei dem jetzigen Stand der Dinge muß sie als gleichgültig angesehen werden.) Man vermutet, Castlereagh werde seit dem amerikanischen Frieden mit größerer Bestimmtheit für Sachsen sprechen[1]). Seine Äußerungen haben indeß nicht immer denselben Charakter. Die letzteren von ihm bekannten sind in Beziehung auf die Verhandlungen im Comité: Seine Instruktionen enthielten nichts sich auf die Diskussionen der Grundsätze Beziehendes. Ihm sei vorgeschrieben, auf die Exekution der Traktaten zu halten. England wolle die Erfüllung des Pariser Traktats sowohl als die jeder Verbindlichkeit, welche früher mit den Höfen und Mächten des Kontinents eingegangen seien. Man glaubt, daß Fürst Talleyrand suchen wird, den englischen Bevollmächtigten von dieser verworrenen Äußerung auf einen reinen Grundsatz zurückzuführen, damit er in den polnischen und sächsischen Angelegenheiten eine Stütze des österreichischen und französischen Systems bleibe. Es verlautet, ein neuer Plan sei vorbereitet, um dem „Comité der deutschen Angelegenheiten" vorgelegt zu werden. Auf die Frage, die dem Fürsten Metternich hierüber gemacht wurde, erklärte er, es sei nichts hierin geschehen, und versprach, sobald dergleichen bearbeitet sein würde, E. M. Bevollmächtigten hievon Mittheilung zu machen. Preußischer Seits soll auf Mainz unter der Bedingung verzichtet sein, daß es eine Bundesfestung werde. Auch sagt man, Rußland unterstütze das Gesuch des Herzogs von Weimar wegen Fulda. Die Furcht des dänischen Kabinets wegen der Einräumung von Schwedisch-Pommern hat sich bestätigt. Der Vorwand ist, daß Schweden durch Dänemark nicht in den Besitz von vier norwegischen Festungen gesetzt worden, wie solches der Traktat zur Übergabe von Schwedisch-Pommern fordere.

Soeben geht über das oben erwähnte neue Projekt, die deutschen Angelegenheiten betreffend, die Nachricht ein, daß Humboldt ein solches entworfen, es Österreich kommunizirte, von wo es verworfen wurde, daß Bon Wessenberg seinerseits das oberwähnte entworfen, F. Metternich es noch nicht als das seine anerkannte, dessen Privatmittheilung inzwischen an Bayern gemacht wurde, und dieses sich vorläufig damit einverstanden erklärt habe. Auch verlautet über die sächsischen Angelegenheiten, daß, obzwar in dem vereinigten Comité die polnischen Sachen vorangehen, K. Alexander doch erklärt habe, er schließe nicht eher ab als bis nicht auch Preußens Rekonstruction berichtigt sei...

---

[1]) Über den Genter Frieden zwischen England und den Vereinigten Staaten, s. oben S. 325 u. 346.

Ompteda an Münster.

Berlin, den 10. Januar 1815[1]).

Bereits in meinem unterthänigsten Berichte vom 3. d. M. hatte ich der Ankunft des sächsischen Obristen von Miltitz erwähnt. Der eigentliche Gegenstand seiner militärischen Aufträge ist mir bisher noch nicht mit völliger Gewißheit bekannt geworden, obgleich es nicht zu verkennen ist, daß er vorzüglich auch mit dem Generallieutenant Grafen v. Gneisenau Geschäfte zu pflegen hat[2]). Seine Ankunft in Berlin hat aber außerdem noch einen andern politischen Zweck gehabt, nämlich den König von Sachsen durch Anerbietungen, die nicht blos das Interesse seines Hauses sondern auch zugleich die religiösen Gesinnungen und Gefühle dieses Fürsten befriedigen könnten, zur Renunziation der sächsischen Krone zu bewegen. Diese Anerbietungen giengen zu vörderst auf Territorial-Entschädigungen für Sachsen, wobei die Absicht auf Überlassung von Provinzen jenseits des Rheins gerichtet zu sein scheint, deren Hauptstadt Bonn oder Coblenz werden könnte. Außerdem solle auf eine nicht blos anständige, sondern glänzende Weise für das Schicksal der übrigen Mitglieder der kön. sächs. Familie gesorgt werden. Endlich drittens hat man auf die religiösen Gefühle des Königs und eines Theils seiner Umgebungen durch folgende Anerbiethungen zu wirken gesucht: Zusicherung eigener und bedeutender Vorrechte für die in den sächsischen Staaten einheimischen Anhänger der röm. kath. Kirche; Versorgung derjenigen Bekenner des röm. kath. Glaubens, die sich in persönlichen Diensten des Königs befunden hätten; Beibehaltung und Dotirung der kath. Kirche in Dresden; endlich Stiftung eigener kath. Bisthümer für Sachsen. Dem sächs. Kabinetsminister Grafen Einsiedel, der den König von Sachsen hierher begleitet hat, hat man Beibehaltung seines jetzigen Postens und Geschäftskreises auch nach der Vereinigung Sachsens mit Preußen anbieten wollen. Der Graf von Einsiedel war schon auf seine Güter in der Lausitz abgegangen, als der Obrist von Miltitz hier ankam. Wie also keine Hoffnung war, auf diesem Wege obige Anerbietungen an die Person des Königs gelangen zu lassen, so hat der Obrist von Miltitz auf indirectem Wege gesucht, durch den Pater Schneider, Beichtvater des Königs, sie zu der Kenntniß dieses Fürsten zu bringen. In der festen Überzeugung aber, daß der König die obigen Anerbietungen mit Verachtung verwerfen würde, hat man jenem Fürsten sogar den Schmerz ersparen wollen, sie kennen zu lernen. Der Obrist von Miltitz scheint nun noch die Rückkunft des Grafen Einsiedel erwarten zu wollen. Er wird aber auf diesem Wege nicht glücklicher sein wie auf dem vorhin gedachten.

---

[1]) Interzept, M. J.
[2]) Vgl. Flathe, Gesch. v. Sachsen, III. 309 f. über die Sendung von Miltitz, die gar keinen Erfolg hatte, da der zurückgekehrte Graf Einsiedel ihm erwiderte, der König werde niemals seinem angestammten Lande entsagen.

König Friedrich von Württemberg an die Congreß-
gesandtschaft in Wien.

Stuttgardt, den 12. Januar 1815[1]).

Aus dem „Rheinischen Merkur" vom 4. Januar 1815 werdet Ihr ersehen, welche neue Schmähungen und Unwahrheiten sich dieses Blatt erlaubt hat gegen uns und unsere Regierung auszustoßen und zu verbreiten[2]). Da der Fürst Metternich in einer der letzten Sitzungen des deutschen Comité den förmlichen Verspruch auf sich genommen hat, durch seine Vermittlung dem Unfug dieses zügellosen Libellisten[3]) ein Ende zu machen, dieser neue Ausfall aber beweist, daß vermuthlich die zwischen Österreich und Preußen bestehende Spannung es gehindert hat, dieses Versprechen in Erfüllung zu setzen, so befehlen wir unserem Staats- und Conferenz-Minister Grafen von Wintzingerode, in einer dringend und ernstlich abgefaßten Note, unter Vorlegung des Aktenstückes, bei dem Fürsten Metternich Abhülfe und Erfüllung des gegebenen Versprechens zu verlangen; zugleich aber auch bei dem Fürsten von Hardenberg in einer ebenfalls mit Würde und Ernst abgefaßten Note zu erklären, daß, wenngleich bisher alle über diesen und ähnliche Gegenstände bei den kön. preuß. Gouvernement geführten Beschwerden theils unbeantwortet, theils unerledigt geblieben seien, man sich doch gemüßigt sehe, über die ganz unerhörten neueren, bis zum Verbrechen ausartenden Ausfälle, Beschimpfungen und Unwahrheiten Klage zu führen und das kön. preuß. Ministerium, unter dessen Protektion dieses Alles ohne Scheu geschehe, zu ersuchen, zu erklären, ob es in dessen Absicht liege, einen befreundeten, verbündeten und durch die nächsten Verwandtschaftsbande mit des Königs von Preußen Majestät im Verhältniß stehenden Hof fernerhin den Beleidigungen eines zügellosen Verläumders und Libellisten aussetzen zu wollen....

Wintzingerode an seinen Sohn in Petersburg.

Vienne, le 12 janvier 1815[4]).

On ne peut pas dire qu'on ne soit pas occupé ici des affaires d'Allemagne, mais on peut dire que la manière de s'en occuper était (entre le père et le fils, pourquoi choisir péniblement les termes?) ridicule. Pour jouer aux échecs il faut que le parquet soit net, ou les pièces culbutent. Pour établir

---

[1]) Interzept, St. A. Die Kongreßgesandtschaft waren die Minister v. Wintzingerode und v. Linden. Das ausgefertigte Original fehlt im Stuttgarter Archiv.
[2]) Ein Artikel „Aus dem Württembergischem" brachte eine scharfe Kritik der ehedem napoleonfreundlichen Haltung des Königs, der die ungeheure Konskription, die Jagdlasten u. a. bestehen lasse und dessen Despotismus das Übel des Landes sei. „Die Württemberger verhalten sich schweigend und warten bis Gott hilft."
[3]) Görres, der damals unter Steins Einfluß und in dessen Sinne schrieb.
[4]) Interzept, M. J., zum Vortrag vom 14. Januar. „Unter Kouvert an Tschernischeff."

notre congrès germanique, il eût fallu qu'on ait distingué les cases noires d'avec les cases blanches, ce qui était difficile tant que la Saxe et les pays en veuvage ne sont pas rangés dans la classe des autres. Les pièces de notre petit congrès ont culbuté, et dans ce désordre on ne veut plus le roi Metternich et la reine Humboldt. Je ne sais sur quels secours d'en haut on comptait, lorsque d'aucun côté on n'osait aborder une question qui se présentait et se représentait comme l'ombre de Hamlet, mais de jour comme de nuit, aux épouvantés. La Russie y avait moins d'intérêt, parce que tout au plus elle devenait protectrice. La France, dont l'ambassadeur aime encore se jouer de tout, attendait moins que personne que l'embarras de certains ministres diminue; il établit la question, et peu à peu il voudrait peut-être en rapprocher de trop près, lorsque d'abord on (le) voyait de trop loin. Trop est trop, dit-on, et le proverbe se vérifiera. Vous saurez, lorsque vous recevez celle-ci, que ce qu'on y disait, lors de la vôtre, du consentement de l'Autriche par rapport au sort de la Saxe était vrai. Mais ce qui était vrai hier n'est pas chez le P^{ce} Metternich vrai aujourdhui. Le 22 octobre et le 10 décembre ne se ressemblent pas, et il n'a pas fallu un tel espace pour changer les vues d'un cabinet qui ne pouvait avoir tort qu'une fois. La France et l'Angleterre inébranlables, vous dit-on? Talleyrand boite, raisonne, cite et finira par protester. Castlereagh écoute Talleyrand; je ne sais s'il l'entend. Mais je prévois une caricature dans laquelle l'un des deux montera l'autre; Caméléon sera sur un cheval de race. Le premier court moins risque d'être „Sandreiter" que de se fatiguer de la marche incertaine de sa monture. Der Eine hinkt körperlich, der Andere geistig.

Prinzessin Therese an Prinzessin Amalie von Sachsen.

Vienne, le 14 janvier 1815[1]).

Je fus hier soir chez Rodolphe[2]), qui ne peut se remuer, ayant les mains et pieds enflés et souffre tout cela avec une patience angélique. Les médecins veulent bien faire sortir cette humeur, en espérant du bien pour la suite. Avant j'eus la visite du beau-frère de l'Hermite[3]); ne l'ayant pas vu depuis une couple de mois, j'en fus effrayée; si je le rencontrais la nuit, j'en aurais peur, ayant l'air d'un spectre ambulant et ayant encore maigri. Si son cœur est comme ses discours, j'en suis fort contente. Il a écrit une lettre à Krumpholz[4]) dont je suis extrêmement contente. Il nous a dit que rien n'est encore décidé; que Birkstock[5]) et ses domestiques ne veulent rien céder de la boisson des Dieux[6]); qu'il y a bien des débats pour cette matière,

---

[1]) Interzept, St. A.
[2]) Erzherzog Rudolf, Bruder des Kaisers und der Prinzessin.
[3]) Graf Schulenburg, der Schwager des Ministers Einsiedel.
[4]) Talleyrand.
[5]) Friedrich Wilhelm III.
[6]) Sachsen.

et qu'il tient cela d'une personne fort portée pour la malade[1]) et qui travaille avec le champ des choux[2]); que cela peut durer encore bien longtemps et qu'il craint comme moi que l'on trainera, écrira, jettera de la poudre aux yeux de Vénus[3]), et qu'à la fin la consulte se séparera et que cela wird ein schmutziges Ende nehmen sans le dieu Mars, lequel, s'il ne vient en visite actuellement, viendra dans peu de temps. Enfin, ce beau-frère de l'Hermite n'est rien moins que couleur de rose. S'il pense comme il parle, c'est parfait; il n'y a mot à dire; je l'ai entendu avec plaisir; il était tout feu et zèle pour la malade et a dit: „Il est moralement impossible qu'elle se soumette à toutes les opérations proposées mais qui jusqu'à présent n'existent qu'en idée, Birkstock et ses domestiques ne désistant pas de la boisson des Dieux. Il dit Althof[4]) très faible et n'en est nullement content, ni (de) ses discours et des premiers écrits donnés au sujet de la malade qui l'outrent. Piatti[5]) étant dans une société de notre sexe qui prend feu et flamme ici pour notre malade, il dit à ces dames: „Vous voulez absolument que la malade soit guérie, eh bien, vous l'aurez guérie (de sorte) qu'elle vous rappellera la seconde grande carte nécessaire pour gagner au „Zwicken"; elle lui ressemblera parfaitement"[6]). Comment cette insolence vous plait-elle de la part d'un grandmaître qui n'entend rien à la médecine? Elles en étaient toutes outrées. L'on ne (se) fait que de la bile du matin au soir. On commence en ville à comparer Piatti, pour le caractère, a Rominagrobis[7]); pour moi j'ai déjà fait cette comparaison depuis longtemps.

Il a neigé pour favoriser la partie de traineaux. Les plumes coûtent 26,000 florins; jugez du reste.

Dieselbe an Prinz Maximilian von Sachsen in Prag.

Vienne, le 15 janvier 1815[8]).

Vous m'avez causé une terrible frayeur en me disant que vous vous prépariez à me féliciter par écrit le 15 octobre; neuf mois est trop long; mon terme est Pâques; là nous verrons à quoi nous sommes, ou bien, ou mal, ou le dieu Mars. Il y a dix semaines; c'est long; mais pas trop long de la manière que tout va. Combien de fois l'Empereur[9]) ne ma-t-il dit: „En trois, quatre jours tout sera décidé." Cela ne me fait plus d'effet. Le 15 novembre il me dit: „En deux jours je pourrai vous dire tout ce qui vous concerne,"

---

[1]) König von Sachsen.
[2]) Metternich.
[3]) Kaiser Franz.
[4]) Castlereagh.
[5]) K. Alexander. Ein Marquis Piatti war Obersthofmeister der Prinzessin und befand sich mit ihr in Schönbrunn. Sein Name schmückte hier den Zar.
[6]) Ein Karten-König in einem beliebten Hazardspiel.
[7]) Rominagrobis ist der Name des Katers, der in der Lafontaineschen Fabel den Streit zwischen Wiesel und Kaninchen dadurch schlichtet, daß er beide frißt.
[8]) Interzept, St. A.
[9]) Kaiser Franz.

et nous voilà au 15 janvier! D'après cela Vénus[1]) m'a dit: „Je ne s ais rien." Krumpholz[2]) a dit au beaux champs[3]): „La malade[4]), j'espère, restera." Klepsch (?), dont les nouvelles sont apokryphes, a dit: „L'opération ne sera pas fort grande." Voilà ce que j'ai appris. La P^{cesse} Lobkowitz est une charmante femme. Je raffolle de son frère à elle[5]). C'est mon homme. Il a les adresses des domestiques du dieu Mars du pays où coulait jadis la boisson des dieux[6]) pour qu'en cas de besoin ils puissent se réunir à ceux de Vénus. [Trennung des Kronprinzen von seinem Gouverneur[7]).]

General Phull an den Kronprinzen von Württemberg.

Stuttgart, 15. Januar 1815[8]).

... Der König setzt mit vieler Gewandtheit das System seiner Heuchelei fort, doch nicht so fest, daß nicht auch hie und da die alte brutale Ungerechtigkeit wieder zum Vorschein kommen sollte... Am Morgen des neuen Jahres that er sich noch etwas zu Gute, ehe er ein „Lämmle" ward; er prügelte und trat seinen Kammerdiener mit Füßen... Die Wiener Reise hat das Gute für die Soldaten bei uns gehabt, daß sie bei der jetzigen Kälte in Mänteln auf die Wache ziehen dürfen... Die geheime Polizei ist noch immer stark in Bewegung; man dürfte sie aber füglich ruhen lassen, da ihr Zweck, die Erforschung der öffentlichen Meinung über die Propositionen

---

[1]) Kaiser Franz.
[2]) Talleyrand.
[3]) Schönfeld.
[4]) König von Sachsen.
[5]) Fürst Schwarzenberg, der Feldmarschall.
[6]) der sächsischen Generale.
[7]) Über den Fall des Baron Erberg schreibt die Kaiserin Maria Ludovika an die Gräfin Eszterházy am 16. Januar 1815 in einem (gleichfalls interzipierten) Brief folgendes: „Malheureusement c'est devenu depuis hier un égarement complet, de façon que j'ai dû — et avec grande peine — l'engager à venir chez lui dans son quartier et soigner qu'on n'en laisse plus sortir. Jugez de ma douleur. Le voilà dans cet état depuis deux jours, perdant raison par moments, ensuite violent et tout à fait hors de propos. Vous savez quel homme c'est, quelle perte pour mon fils!... Je suis malade, épuisée, mais mon courage ne m'abandonne pas au milieu de ma douleur. A la suite du violent chagrin que j'éprouvais, j'ai dû, et je dois, être en société d'un air gai et riant." Am 19. schreibt die Kaiserin: „J'ai la fièvre tous les jours et je me traîne avec peine." Nach einem Briefe eines Anonymus an Fürst Reuss in Venedig vom 18. Januar hatte sich Erberg mit der Idee getragen, Gouverneur von Illyrien zu werden, über die er den Verstand verlor. Gagern berichtet darüber seinem Freunde Düngern in Weilburg am 21. Januar: „Le prince héréditaire de cette monarchie avait un gouverneur. Ce brave homme est devenu fou ces jours-ci, fou à lier. Le premier accès l'a pris dans la nuit; il a pris son épée, s'est jeté sur son élève pour défendre son innocence, et le jeune homme a eu toutes les peines de s'en débarrasser et d'appeler au secours. Au reste ce n'est pas l'innocence de ce jeune homme que l'on accuse, mais le trop d'innocence. S'il en avait un peu les travers de son âge, il en aurait aussi les moyens." (Interzepte, M. J.)
[8]) Interzept, M. J. Phull war württembergischer General und Vertrauensmann des Kronprinzen.

des Königs zur Errichtung von Landständen, längst erreicht sein muß. Ist ihr Rapport dahin ausgefallen, daß man das ganze Machwerk allgemein für eine Absurdität erklärt, so ist nichts mehr zu spionieren...

Pfeffel an Wrede.

Londres, le 19 janvier 1815[1]).

Le mauvais succès du Général Watzdorf, et la froideur avec laquelle il fut repoussé de tout contact avec le P^ce Régent et ses ministres, m'avaient démasqué dès le mois de juin les vues intéressées de la Prusse, le patronage déclaré et non moins intéressé que leur accordait la Russie, la complaisance que les ministres brittanniques étaient disposés à y apporter, et la faiblesse avec laquelle l'Autriche était préparée alors à y résister[2]). Je ne puis m'empêcher de faire honneur au P^ce de Metternich de la prévoyance qu'il eût de fonder l'espoir de chances plus favorables sur le bénéfice du temps. Le congrès fut ajourné au mois d'octobre, et l'opinion publique en Angleterre fut livrée dans cet intervalle au jeu des engouements populaires et des discussions des journaux. Deux points leur servaient de point de mire: les mérites de la Prusse et la cause de la Pologne; l'un et l'autre était également dangereux pour la Saxe, dont on n'avait pas encore soufflé un mot à la fin de juillet. L'agrandissement de la Prusse avait été jusque là le mot d'ordre des politiques que leur confiance dans le ministère attachait aux principes qu'on lui supposait, tandis que quelques patriotes varsoviens, arrivés ici à la suite de l'empereur, avaient entrepris l'apostolat de la résurrection de leur patrie et trouvèrent dans les principes de l'opposition une semence féconde d'intérêt en leur faveur.

Le Chevalier Makintosh[3]) prononça avant la clôture du parlement un discours plein d'énergie, dans lequel il prit à tâche de prouver que l'Angleterre n'avait jamais reconnu le démembrement de la Pologne et avait le droit et l'obligation de réagir contre cette iniquité. Cet appel à la magnanimité nationale flattait trop la vanité anglaise pour que les journaux de tous les partis ne l'accueillissent pas avec bienveillance. Mais une heureuse inspiration me fit découvrir dans cet engouement naissant le même venin que vous avez dénoncé à notre cabinet en lui marquant „que la cause polonaise était vraiment une cause allemande." Je crus devoir jeter dans le

---
[1]) Interzept, M. J. Pfeffel war Gesandter Bayerns in London.
[2]) Der sächsische General v. Watzdorf hatte sich im Juni 1814 in London vergebens bemüht, bei dem Kaiser Alexander und bei Castlereagh im Interesse seines Königs vorzusprechen. Jener ließ ihn versichern, er habe seinen in Frankfurt gemachten Erklärungen nichts hinzuzufügen. (In Frankfurt hatte Alexander den König auffordern lassen, seinem [Alexanders] Charakter und seinen Gefühlen zu vertrauen.) Daraufhin schrieb Watzdorf an Castlereagh am 19. Juni 1814, Alexander habe sich geäußert, der König möge „se résigner sur le présent et de prendre confiance en dieu et un peu dans le caractère et les sentiments de l'Empereur des Russies". Nach Flathe, Sachsen, III. 256 hätte in Watzdorfs Bericht vom 5. Dezember 1813 aus Frankfurt der letzte Satz gefehlt.
[3]) James Mackintosh, führender englischer Politiker.

public un correctif propre à partager son intérêt. Sous le titre d'un „Saxon" j'écrivis au redacteur du „Morning Chronicle", principal journal de l'opposition, une lettre dans laquelle, tout en payant mon tribut d'éloge aux principes du Chev. Makintosh, j'observai que la Saxe, représentante dans cette occasion de l'Allemagne, ne devait pas être sacrifiée à la résurrection très problématique de la Pologne, pour ne pas ressembler au chien de la fable qui laisse échapper un os. Cette lettre alluma la colère des Polonais, mais elle produisit l'effet que j'en attendais; elle donna l'éveil; elle rappela qu'il existait une Saxe. Dès lors cette cause gagna des partisans, et vous remarquerez qu'elle a eu au parlement assez de défenseurs pour inspirer au „Morning chronicle" l'idée ambitieuse que c'était le parti auquel il appartient et qu'il a la prétention d'endoctriner, qu'il avait sauvé la Saxe, en faisant sentir au ministère la responsabilité à laquelle l'abandon de ce pays l'exposerait, et faisant donner en conséquence de nouvelles instructions à L. Castlereagh.

Vous pouvez, mon cher prince, vous faire une idée des dispositions dans lesquelles j'ai lu vos deux lettres que je nommerais des chefs-d'œuvre de dépêches, si le fond me permettait de parler de la forme. Il m'est impossible de vous dépeindre tout ce que j'ai éprouvé en lisant les procédés de la Prusse. On devrait presque désirer la guerre, dans l'espoir que cette puissance, envahissante par son essence, sera renversée de dessus le piedestal où elle est remontée par la complaisance trop aveugle de ceux qui la croyaient corrigée. La paix est cependant préférable, et j'espère que nous la conserverons et la consoliderons avec honneur par l'alliance dont V. A. m'a fait l'intéressante révélation[1]). J'en ai parlé avec M. de Hamilton qui est l'organe du cabinet politique de ce pays. Je lui ai fait lire votre seconde lettre. „Le maréchal écrit comme il se bat," m'a-t-il dit. Nous sommes entrés ensuite en matière, et le résultat de notre consultation fut qu'il fallait garder le silence jusqu'à ce qu'il y ait eu un dénouement[2]). Ne vous étonnez pas d'après cela si vous lisez dans le „Times" et même dans le „Courrier", qui a les prétentions d'être dans le secret du ministère, des diatribes contre notre système. Ces journaux écrivent encore dans le sens d'il y a 6 mois. Quand les principes du ministère seront fixés, leur langage changera. Il est heureux, en attendant, que l'opposition ait pris une sorte d'initiative en faveur de notre système. Cela assurera à celui-ci une popularité plus générale quand il sera temps de le faire connaître. Je ne manquerai pas non plus alors de faire parler de nous...

---

[1]) Gemeint ist wohl die Defensivkoalition zwischen Österreich, England und Frankreich, die am 3. Januar unterzeichnet worden war. Am 13. schloß sich Bayern an.

[2]) Auch Montgelas erwähnt einer Pfeffelschen Depesche an ihn in einem Schreiben an Wrede vom 4. Februar 1815: „Pf. m'a mandé en date du 20 qu'il était entré en communication avec le sous-secrétaire d'État Hamilton sur le nouveau sistème, et que celui-ci avait recommandé le secret et la discrétion jusqu'à ce qu'on vit la tournure que prendraient les affaires." (Münchener Staatsarchiv, wo sich aber der Bericht Pfeffels an Montgelas nicht vorfindet.)

Prinzessin Therese an Prinz Maximilian in Prag.

Vienne, le 20 janvier 1815[1]).

.... Vénus[2]) a dit qu'on tâche à gagner Althof[3]) pour la malade[4]). Voilà à quoi l'on travaille. Je crains une vilaine fin à tout cela et souhaite me tromper. Mon frère Charles souhaite qu'à Pâques tout soit terminé; avant il ne s'y attend pas; c'est mon terme; ensuite je suis au bout de mon latin. Tout ce congrès me fâche et chipote et me fait soupirer.

General Phull an den Kronprinzen von Württemberg.

Stuttgardt, den 22. Jänner 1815[5]).

... Vermuthlich denkt man in Wien jetzt ebenso kühl über unsere Constitutions-Sachen als hier. Man spricht es ganz laut und öffentlich aus, daß diese Operation nichts anderes sei als die seitherige absolute Willkühr in eine gesetzliche zu verwandeln, und damit ist der Nagel auf den Kopf getroffen. In der That, die Pille ist gar zu schlecht vergoldet. Bei der hierüber stets zunehmenden Gährung werde ich vorzüglich damit — auf alle Fälle aber behutsam — Trost zu verbreiten suchen, daß E. K. H. mir geschrieben hätten, Alles zu thun, um die Grundsätze dieser (!) Constitution aufrecht zu erhalten. Nicht so ärgerlich ist es mir, daß der König Comödie spielen wollte und dazu ein schlechtes Stück schrieb, als daß er nun selbst der Sache Hohn spricht. Man weiß nämlich, daß den 11. d., als der berühmte Staatsrath zu Ende und Wangenheim[6]) aus dem Kabinet des Königs wieder weg war, dieser ein lautes Gelächter aufschlug und ausrief: „Diesen Esel habe ich auch gefangen." Ferner, daß Dillen[7]) bei einem kleinen Souper dem König sagte: „Wenn Ihre Landstände zusammenkommen, so müssen Sie sie eben einquartieren lassen wie Soldaten", worüber der König lachte und erwiderte: „Wenn die Kerls heute kommen, so müssen sie morgen in den weißen Saal. Dann gebe ich ihnen zu fressen, und den dritten Tag darf mir keiner mehr in der Stadt sein"...

Königin Hortense an Eugen Beauharnais.

Paris, ce lundi 23 janvier[8])

Mon cher Eugène, je profite d'une occasion pour t'envoyer la brosse que tu désirais pour tes rhumatismes. Il faut se faire bien frotter devant le feu avec de l'eau Opodeldoc et de coucher après. Je n'ai pu te l'envoyer par le dernier courrier parce qu'elle n'était pas prête. On en trouve difficile-

---

[1]) Interzept, St. A.
[2]) Kaiser Franz.
[3]) Castlereagh.
[4]) König von Sachsen.
[5]) Interzept, M. J.
[6]) Freiherr Karl August von Wangenheim war damals Präsident des Obertribunals in Tübingen und Kurator der Universität, ein Mann liberaler Gesinnung.
[7]) Graf Dillen, Adjutant des Königs. S. Einleitung.
[8]) Interzept, M. J. zum Vortrag vom 6. Februar 1815. S. oben S. 23.

ment avec ce blaireau fin. Enfin j'espère que cela te guérira. Je profite du départ de Lord Wellington, et comme je ne veux pas perdre cette occasion, je n'ai que le temps de t'embrasser tendrement, et tu sais que c'est bien comme je t'aime. Quand donc finira cet éternel congrès? J'ai été bien contente du L. Wellington, et j'espère que tu le seras aussi.

Beilage[1]):

Un homme est parti d'ici, il y a quelques jours. Il porte au prince une petite lettre, où on lui nomme des maréchaux, on lui parle d'un grand nombre des troupes qui sont prêtes à se révolter. J'ignore si la chose est vraie et si l'homme est réellement envoyé par un parti. Mais ce qu'il y a de sûr c'est qu'il a été tout dit à la police, qu'un homme de police est parti avec lui, et que tout ce que répondra le prince sera su aussitôt ici; car à ce qu'il paraît, c'est une intrigue. Cet homme est venu lui-même dire à la police qu'on voulait l'envoyer à Vienne et s'il fallait qu'il acceptât. Il a donné une fausse adresse, quoiqu'on lui eût dit de suivre cela, et il est revenu avec la petite lettre qu'il porte sans doute à Vienne. Je sais bien que le prince ne veut se mêler de rien, mais il est bon qu'il soit prévenu. Sémonville[2]) disait, il y a quelques jours, qu'il était sûr (que), quand le prince serait placé quelque part, on serait bien aise de lui donner une grande place ici pour réunir, a-t-il dit, le parti bonapartiste et tenir tête au parti Orléans.

Gentz an den Herzog von Dalberg.

Vienne, le 23 janvier 1815[3])

J'ai l'honneur de vous envoyer ci-joint, M. le Duc, les feuilles du „Beobachter" et de la „Gazette de Vienne" relatives à la cérémonie de samedi dernier[4]). Je m'occupe dans ce moment même de traduire en français l'article du „Beobachter", et cette traduction sera entre vos mains dans deux ou trois heures. Comme vous connaissez heureusement les deux langues, vous êtes en état d'attester qu'une pareille traduction n'est pas une tâche aisée, et je m'en remets d'avance à votre protection et à votre appui pour détourner de ma tête un jugement trop sévère. Agréez....

Derselbe an Denselben.

Wien, 23. Jänner 1815.

Ich besorge, der Artikel im „Beobachter" wird gerade Ihnen, mein Herr Herzog, dessen Urteil mir hier doch das Wichtigste ist, nicht sehr gefallen,

---

[1]) Anmerkung der Behörde: „Dieser Brief befand sich in äußerst kleinem Format in der in dem andern Schreiben angekündigten Bürste auf eine sehr geschickte Art versteckt."

[2]) Französischer Staatsmann unter der Revolution und später.

[3]) Chiffon, M. J. zum Vortrag vom 27. Januar.

[4]) Totenfeier für Ludwig XVI. In Betracht kommt nur der am 23. Januar im „Österr. Beobachter" erschienene Aufsatz.

und halte es daher für sehr nöthig, mich darüber mit einigen Worten zu erklären. Mein Gemüth hat an und für sich eine religiöse Tendenz, die, sobald ich Gegenstände von großer und erhabener Natur zu behandeln habe, in mir die herrschende wird. Dies geht nun bloß meine Persönlichkeit an. Die Gründe aber, welche mich außerdem bewogen, diesem Artikel einen möglichst religiösen Charakter zu geben, waren: 1) daß die Gelegenheit, der Stoff und die Umstände mich deutlich und bestimmt dazu aufzufordern schienen; 2) daß ich nur in dieser Form einige große und herbe Wahrheiten aussprechen zu können glaubte, da jede andere mich an kleinliche Rücksichten gebunden hätte, von denen ich mich loszumachen wünschte; 3) daß ich auf diesem Wege allein meinen hohen Chef[1]) von aller Mitwirkung bei dieser Redaction gänzlich auszuschließen im Stande war. Hätte ich politische Reflexionen von gewöhnlichem Schlage, Anspielungen auf die Weisheit und Thaten der Alliirten, und dergleichen Gemeinplätze hineingemischt, so mußte ich jedes Wort mit dem Fürsten discutiren und debattiren und Alles so verdrehen und verwässern, daß mir, wie es nur zu oft geschieht, meine eigene Arbeit zum Ekel wurde. Indem ich mich hingegen auf einen hohen und imposanten Standpunkt stellte, wurde ich frey und mächtig, und entzog mich aller kleinlichen Kritik. Übrigens glaube ich, daß man gerade in Frankreich den von mir gewählten Gang nicht tadeln wird. Und da ich Ihre höchst gerechte und liberale Denkungsart kenne. so halte ich mich versichert, daß Sie gegen Ihre Herren Collegen meinen Artikel vertreten und gut heißen werden, wenn Sie selbst auch nicht unbedingt damit zufrieden seyn sollten.

Prinzessin Therese v. Sachsen an Prinzessin Amalie.

Le 25 janvier 1815[2])

Vénus[3]) a parlé au sujet de ma malade[4]) avec Althof[5]) et s'est bien querellé avec lui. Il ne veut absolument pas que ma malade soit transportée là où on voulait une fois, en lui ôtant la boisson des dieux[6]). Vous me comprendrez, à la R(ive) gauche. Il fera son possible qu'on ne lui fasse pas de trop grandes opérations, mais il est pour lui opérer les parties fortes de son corps[7]). Voilà le sentiment d'Althof, à quoi Vénus ne peut pas consentir. Il a proposé d'y employer le rasoir, mais inutilement. „Oui," dit-il, „si on emploie le rasoir à toutes celles qui existent." Althof a fait accroire à Vénus que Birkstock[8]) cède. La femme du 1er, de l'endroit où est le verger, que j'ai vue[9]), ne peut rien; Klepsch[10]) non plus. Il dit: „Je ne sais rien." Il

[1]) Metternich.
[2]) Interzept, St. A.
[3]) Kaiser Franz.
[4]) König von Sachsen.
[5]) Castlereagh.
[6]) Sachsen.
[7]) Die Festungen.
[8]) Friedrich Wilhelm.
[9]) Die Oldenburg?
[10]) Der Palatin?

faut voir ce que le discours de Vénus avec Althof produira. Je crains toujours que l'on berce mon cher Vénus de vaines espérances et, quand il n'y aura plus de remède, lui dira le tout. Dieu veuille que je me trompe... Il m'a dit: „Sans Althof, qui doit me fournir ce sans quoi rien ne se fait[1]), je ne puis rien faire avec Krumpholz seul, et Althof peut faire le plus de mal à Piatti[2]) et Birkstock, en fermant, comme le lion de l'Isle d'Elbe, et défendant ce qui est au trafic[3]). Si Althof s'unit à Krumpholz et à moi, alors je vous réponds de guérir la malade." On va encore donner des écrits. Le frère de Vénus Bosse[4]), qui a de bonnes nouvelles, m'a dit: „Tout est dans la plus grande confusion depuis hier." D'autres ont dit la même chose à Alexandre. On va de nouveau donner des écrits pour gagner du temps, tromper, bercer et ne rien avancer. N'est-ce pas désolant? Piatti est entré fumant de colère chez sa femme. Vénus y étant et voyant cela s'en alla. Voilà mes nouvelles. C'est la tour de Babel, mais rien de beau, ni de bon.

Löwenhjelm an Engeström.

Vienne, le 25 janvier 1815[5]).

[Hatte gestern eine Audienz bei Kaiser Alexander, dem er den Anspruch Schwedens auf einen Theil der in Frankreich erhobenen Kontributionen vortrug.] S. M. est entièrement convaincue[6]) des droits de la Suède à cette participation et m'a de nouveau promis ses bons offices à cet égard, mais elle m'a en même temps engagé à ne pas presser cette affaire[7]), vu que les grandes questions politiques, qui ont si longtemps occupé les grandes puissances, paraissent en général[8]) être au point de pouvoir être amenées sous peu de jours à une décision finale, et que S. M. croyait, par conséquent, plus avantageux[9]) à nos intérêts d'attendre cette époque pour nous occuper de nos affaires de finance. [Löwenhjelm wird warten].

Mavrojeni an seinen Bruder in Jassy.

Vienne, le 25 janvier 1815[10]).

Il semble que les ministres d'Autriche et de France n'ont pas su jusqu'ici s'accorder avec celui d'Angleterre sur les sacrifices à imposer à la Saxe pour compléter le lot de la Prusse. L. Castlereagh favorise beaucoup la Prusse et, pourvu que le principe de l'existence de la Saxe sous sa dynastie actuelle

---

[1]) Englische Subsidien.
[2]) Alexander.
[3]) Blockade.
[4]) Erzherzog Johann?
[5]) Interzept, St. A. Das Original war chiffriert.
[6]) Orig.: „convenue".
[7]) Orig.: „dans le moment présent".
[8]) Orig.: „enfin".
[9]) Orig.: „utile".
[10]) Interzept, St. A.

soit maintenu, peu lui importe l'étendue du pays qu'on laissera au Roi de Saxe. L'Autriche et la Bavière ont un intérêt militaire plus direct (à ce) qu'il reste un état intermédiaire entre elles et la Prusse, et elles ne consentiront jamais, ainsi que la France, que les provinces méridionales de la Saxe, qui avoisinent à la Franconie et à la Bohême, tombent sous la domination prussienne. En échange, ces cours sont moins difficiles à abandonner à la Prusse quelques parties à sa convenance au nord de la Saxe. Le plus ou moins ne paraît pas positivement fixé. Leipzig est regardé par la France comme une place de commerce européenne qui doit rester à la Saxe. On estime également que les forteresses de Torgau et d'Erfurt, si on les laissait entre les mains de la Prusse, donneraient une prépondérance trop marquante à cette dernière puissance au nord de l'Allemagne, et tous ces points seront vraisemblablement touchés dans la note autrichienne. Si la Prusse se montre disposée à entrer en compensation d'une manière que l'équilibre en Allemagne ne soit pas trop lésé, on peut se flatter que les négociations du congrès se terminent par des arrangements amiables aux dépens de la Saxe, parce qu'on ne fera pas la guerre pour lui conserver quelques centaines de mille âmes de plus ou de moins. Si, au contraire, la Prusse persistait dans des prétentions outrées, les contestations pourraient conduire à une rupture formelle...

Prinzessin Therese an Amalie von Sachsen.

Vienne, le 26 janvier 1815[1])

... Je ne fais que soupirer sur l'état de ma malade. Ce vilain Althof[2]), Vénus n'a pu l'engager à autre chose pendant une heure entière qu'à lui promettre de ne pas dire qu'il consentait à tuer ma malade par ses drogues. Là-dessus Althof s'est promené 6 heures au Champ des choux. Ce dernier s'est disputé sans rien obtenir. C'est un mulet entêté que cet Althof. Surtout pour tout ce qui est fort, il ne veut céder. Il veut que les choses fortes[3]) restent à Birkstock. Demain on va faire une nouvelle proposition à la consultation générale[4]); mais Birkstock ne veut rien céder de la boisson des dieux; c'est un fait notoire. Vénus, à qui nous avons parlé du dieu Mars[5]), a dit: „J'ai menacé d'implorer son secours, mais l'essentiel me manque; c'est Althof qui doit me le fournir; sans cela rien n'est fait dans le monde; je ne l'ai pas; voyez comme la valeur est dans un mauvais état; il est vrai que j'ai un grand nombre de domestiques du dieu Mars[6]), mais il m'en faut aussi au midi, et si Althof est de concert avec Piatti et Birkstock je ne puis rien seul avec Krumpholz, qui a besoin de trois semaines pour le moins

---

[1]) Interzept, St. A. „Parti le 28."
[2]) Castlereagh. Für die übrigen Pseudonyme s. oben.
[3]) Die sächsischen Festungen.
[4]) S. die österreichische Note wegen Sachsens vom 28. Januar, bei Angeberg, I. 676.
[5]) Krieg.
[6]) Soldaten.

pour faire venir ses domestiques[1]). Et puis, sans l'essentiel je ne peux rien, ni exposer ceux, qui dépendent de moi, à des malheurs. Si Althof est avec moi, alors cela va, je vous en garantis." Voilà mes nouvelles...

Neustädter an Verhovácz in Agram.

(Wien), 27. Jänner 1815[2]).

Man nimmt für ausgemacht an, daß der englische Courier, welcher mit dem Ultimatum nach London abgegangen ist, bis 1. Febr. die Antwort des Prinz-Regenten zurückbringen könne, worauf die Finalconferenzen folgen sollen... Nach den neuesten Nachrichten von der Insel Elba soll Napoleon alle Bauführungen eingestellt haben und die Kanonen der Festung Portoferrajo zu verkaufen anfangen. Dies würde seine Abreise von Elba wahrscheinlich machen. Ein Engländer, welcher von Elba hierherkam, erzählt, Napoleon täglich spazieren fahren gesehen zu haben. Er saß in seinem einfachen Anzuge allein in dem offenen Wagen zurück, gegenüber saßen zwei Generale von seinem Hofstaat, nach dem Wagen folgten Mamelucken, Garden, Offiziere und Ordonnanzen der Bürgergarden von Ferrajo. Er sah sehr gesund aus und dankte militärisch. Den kaiserlichen Adler hat er in seinem Wappen beibehalten.

General Phull an den Kronprinzen von Württemberg.

Stuttgard, den 31. Januar 1815[3]).

...Ich beklage den armen König von Preußen; der ist gänzlich bei uns in Ungnade gefallen. Man spricht von keinem Gassenjungen erniedrigender. Viel besser kommt auch Österreich nicht weg. Rußland läßt man noch etwas leben und glaubt an Gewandtheit bei dem Kaiser, aber nicht an Verstand. Die Ansicht, welche der „Rhein. Mercur" von unserer projektirten Verfassung gibt, hat den heftigsten Zorn erregt: die spanische Sentenz mit der der Artikel schließt, machte das Zeitungsblatt mit Füßen treten....[4])

2. Februar.

Man ist hier über die „Allgem. Zeitung" empört, die durch ihre neueren Artikel zwischen Nord- und Süddeutschen einen Krieg zu erregen sucht, dessen Tendenz gegen die öffentliche Meinung streitet und nur in dem Kopfe eines Montgelas zu Hause ist. Man kann sich nicht wohl mehr prostituiren

---

[1]) Die französische Armee.
[2]) Interzept, St. A. Verhovácz war Bischof von Agram und Mitglied der Magnatentafel, v. Neustädter der oben angeführte österreichische Staatsbeamte und Konfident Hagers.
[3]) Interzept, M. J.
[4]) Es war die Nummer 183 vom 24. Januar und das Schlußzitat lautete: „Se el Rey non muore, el reyno muore". Es hatte seinerzeit Philipp II. gegolten.

und compromittiren als Cotta in dieser Sache tat. Denn als Mann von Ehre mußte man hinzusetzen, daß es auf Befehl geschehe, und einen Artikel nicht aufnehmen, der auf das Frechste ein Factum läugnet, das in seiner eigenen Vaterstadt so öffentlich geschehen ist, daß es Jedermann weiß; oder wenn es sein Redacteur that, so muß ihn Cotta seiner Ehre wegen wegjagen. Ich spreche nicht einmal von dem groben Angriffe auf Stein[1]), noch davon, daß man sogar den Sultanismus von uns und den der Baden'schen Minister in Schutz nimmt. Willkommen war mir übrigens diese Veranlassung, um den Bayern wieder ein Bein zu stellen...

---

[1]) In dem Artikel „Von der Donau. Januar 1815" in Nr. 29 vom 29. Januar 1815 wird an der Hand der Schrift: „Die Zentralverwaltung der Verbündeten unter dem Frh. v. Stein" dessen Verhalten gegenüber den deutschen Fürsten satyrisch glossirt.

Februar 1815.

A. Rapporte.

Zum Vortrag vom 1.

30. Jan. (**)

Die holländische Mission ist gegen die Preußen. Sie pflegen zu sagen: „Die Preußen sind wie die Juden: „Nichts zu handeln?" Sind wahre Beutelschneider, Chevaliers d'industrie, Glücksritter, nichts hinten, nichts vorne; jedes Auge schauet einen andern Weg, wie die Augen des Herrn von Humboldt. Das Berliner Ministerium ist heute falscher, schlechter, durchtriebener als es je gewesen. Die erste Dupe dieser Glücksritter-Coterie ist der schwache blödsinnige König, Humboldt kriegt das Portefeuille und die Oberhand. Der Herzog von Weimar und die ernestinischen Häuser sind ganz preußisch, lachen sich in die Faust, lassen sich gut entschädigen, wenn die albertinische Linie depossedirt wird." Die Herren Bertuch und Cotta, Deputirte des Deutschen Buchhandels beim Kongreß, sind alle Tage bei F. Hardenberg. Die bedeutenden Artikel der Cotta'schen „Allgem. Zeitung" über den Kongreß werden in des F. Hardenberg Kanzlei concipirt.... Sie erzählen die nachstehende Geschichte vom bayrischen Kronprinzen mit Bon Stein. Im „Rhein. Mercur" — er erscheint unter Influenz des Bon Stein — war unlängst ein Artikel gegen den Kronprinzen, worin gesagt war: „Der Prinz ist nicht mehr, was er gewesen[1]." Auf dem letzten Ball bei Stackelberg stellt sich der Kronprinz hinter den Bon Stein, wiederholt sehr laut, dem Bon Stein sehr zu Ohren, die Worte: „Ist nicht mehr, was er gewesen." Bon Stein schaut sich um; der Kronprinz wiederholt die obigen Worte: Bon Stein fragt: „Was meinen Eure Königliche Hoheit?" Der Kronprinz sagt: „Ich meine die injuriose Stelle gegen mich im „Rhein. Merkur". Bon Stein sagt: „Der „Rhein. Merkur" geht mich nichts an." Der Kronprinz wiederholt die Worte: „Das ist nicht wahr: der Kronprinz ist nicht mehr was er gewesen." Bon Stein ballt die Hand, sagt sehr laut die Worte: „Das ist so impudent als indecent." Der Kronprinz geht ab. Mehrere umstehende Personen haben diesen auffallenden Auftritt gesehen und sprechen nun davon...

Gf. Golowkin, russischer Gesandter zu Stuttgart, der in Gießen studirt hat, spricht mit unendlicher Sachkenntniß von den deutschen Bundesangelegenheiten und der württembergischen ständischen Verfassung.

---

[1] Die Stelle in einem Artikel „Aus Wien" in der Nummer vom 12. Januar lautete: „Der Kronprinz von Bayern gilt auch allgemein für brav, soll aber jetzt etwas schwächer sein als sonst."

Zum Vortrag vom 2.

30. Jan.

[Mißvergnügen in der Gesellschaft über die Unhöflichkeit des russischen Kaisers, der auf dem Hofball weder mit der österreichischen Kaiserin noch mit den Prinzessinnen getanzt habe[1]).]

Herr von Zerleder[2]) beklagte sich gestern darüber, daß er nicht dazu kommen könne, mit F. Metternich zu sprechen. „Wir sind überzeugt," sagte er, „daß Österreich es mit uns gut meine, aber Ihr Kabinet zeigt sich schwach in der Sicherstellung Ihres Einflusses auf die Schweiz. Solange Österreich sich nicht dem Rheine nähert und dadurch uns näher zur Unterstützung kommt, müssen wir trachten, in gleichem Verhältnis mit selbem und Frankreich zu bleiben. Frankreich berücksichtigt uns sehr. Warum sollten wir bei Eurer Unentschlossenheit nicht davon Nutzen ziehen? Das ist noch unser Anhaltspunkt. Mit der Drohung, uns ganz in die Arme Frankreichs zu werfen, machen wir auch England und Österreich manchmal bange. Warum suchte Österreich nicht die Schweizer Truppen, die England jetzt entlassen will, in seine Dienste zu nehmen und dadurch zu verhindern, daß Frankreich eine neue Capitulation abschließen könne?"...

Beim alten Grafen Széchényi wurde von unserem Kronprinzen gesprochen und bemerkt, wie wenig Selbstvertrauen und Repräsentationsgabe er besitze und wie sehr man vernachlässige, ihm selbe zu geben.

Die Gräfin Sophie Zichy erzählte ihrem Vater, daß sie ohnlängst gehört habe den K. Alexander zu Talleyrand sagen: „Si vous ne vous y mêlez pas, je vous laisse faire avec Murat." Und am nämlichen Tage behauptete Gräfin Caroline Széchényi, den Kaiser sagen gehört zu haben: „Je ne sais pas pourquoi l'on veut à lui (Murat); il se conduit en chevalier," und daß sie einmal selbst mit Czernischeff einen Disput gehabt habe, weil er gesagt hat: „Si Murat n'eut été votre allié, Eugène aurait chassé Bellegarde jusqu'à Vienne." Bei den Dänen herrscht Empfindlichkeit, weil, trotz der von Pálffy[3]) eingeholten Äußerung, daß das Stück „Gustav Wasa" etwas für Dänemark Anstößiges habe, dasselbe doch gestern Abends aufgeführt wurde. — Die hiesigen Engländer sagen von Wellington: „S'il aura du temps pour réfléchir il fera quelque chose de bien."

31. Jan.

... Gf. Pappenheim hat mich im Namen seines Schwiegervaters, des Fürsten Hardenberg, zur Tafel bei Letzterem eingeladen, und er wird mich selbst hinführen, weil der Fürst ihm gesagt hat, er wolle meine Bekanntschaft

---

[1]) Kaiserin Maria Ludovika tanzte wohl kaum, da sie leidend war.
[2]) Abgesandter der Kantone Bern und Zug.
[3]) Graf Ferdinand Pálffy, der schon 1806—1811 einem Konsortium von Aristokraten angehört hatte, das die beiden Hoftheater und das Theater an der Wien verwaltete, war im Jahre 1814 Pächter und Direktor der Hoftheater geworden. S. oben die Notiz über Joël S. 199.

durch ihn machen... Hacke hat sich vor ein paar Tagen sehr gegen Fürst Metternich herausgelassen, dem er die Schuld des schlechten Kurses und überhaupt an dem üblen Gang der Geschäfte gibt. Er meinte, daß er einen großen Fehler schon dadurch begangen habe, den Congreß hierher zu verlegen, wo die fremden Mächte in Stand gesetzt wären, die Mängel der österreichischen Monarchie in ihrem Ursprung zu erkennen. Gegen das Verbot des Buchhandels mit Frankreich in Italien hat er besonders gesprochen. Diese Ideen sind übrigens nicht seine eigenen, und haben einen fremden Impuls. Ich vermuthe Rechberg, der den F. Metternich auch ganz insbesondere haßt, wie ich von Hacke gehört habe.

1. Febr. (Nota)

[Man macht Metternich Vorwürfe, daß er in der sächsischen und polnischen Frage so viel nachgegeben habe.] On remarque que les Prussiens depuis quelques jours ont l'air bien gai, et je l'ai remarqué moi-même sur une demie douzaine des plus marquants aux affaires. L'un d'eux a dit hier tout bas à Mme d'Eskeles: „Les choses vont bien." C'est Staegemann, le confident du P^{ce} Hardenberg, et Jordan lui a confirmé la même chose. Par contre les Français sont bien mécontents et crient contre nous... Ils se plaignent aussi du „Beobachter" qui, par l'influence supérieure, montre des passions incroyables: „Tout en disant qu'il donnerait le discours en entier de Chateaubriand sur le transport des cendres de Louis XVI et d'Antoinette, il en a retranché le beau passage qui regarde les tombeaux de S. Denis détruits par les révolutionaires et rétablis par l'usurpateur, qui voulait s'en servir pour sa dynastie etc. Effacer ces morceaux c'est dire aux connaisseurs qu'on regarde toujours Napoléon comme souverain légitime de France et Louis XVIII comme un intrus.... Sous Stadion on n'aurait pas vu cela[1].“ Ces cris des Français et de leurs partisans se repètent parmi les Autrichiens, et je les ai entendus moi-même. Les Russes ont aussi l'air d'être contents de la baisse que nous éprouvons en argent et en influence politique, et se moquent de nous et de notre ministre qu'ils détestent ouvertement, ne fût-ce que pour faire la cour à leur maître. Telle est la position des choses dans ce moment...

1. Febr. (* *)

... Lord Auckland, der gestern von hier nach London zurückgereiset ist, Parlamentsmitglied, hat bei Bon Pufendorf über die teutsche Verfassung Unterricht genommen. Er nimmt viele Materialien mit, um im Parlament gegen L. Castlereagh aufzutreten. Dieser Tage speisten Herr und Frau v. Pufendorf bei Canning, der bei Pufendorf eben auch Unterricht nimmt über die teutsche Verfassung.... Die bairische Gesandschaft ist sehr bekümmert wegen Auferstehung des Jesuitenordens, Österreich möchte ihre Jesuiten-Collegia auf die bayrische Gränze pflanzen. Ich habe mir ein

---

[1] Es betraf die Totenfeier Ludwig XVI. am 21. Januar und den Bericht über den Vorgang in Paris. S. oben S. 368.

höheres Bildchen verdient, daß ich ihnen ein lateinisches in Rom gedrucktes Exemplar der päpstlichen Restitutions-Bulle, nach der sie so äußerst lüstern gewesen waren, verschafft habe[1]). Sie sprechen sehr viel von dem wunderschönen Déjeuner in Wiener Porzellan, mit Miniaturporträts der bayrischen Prinzessinnen, das unser Kaiser letzten Samstag der Königin zum Namenstag verehrt hat.

[Die bevorstehende Ankunft Wellingtons macht große Sensation.] Die Diplomatiker sagen: „L. Castlereagh ist kein Negociateur, ist zu leicht für Humboldt und Consorten, er hat es selbst gefühlt, Talleyrand hat es in London fühlbar gemacht; Frankreich, England, Österreich können sich von den vereinten Russen und Preußen nicht insultiren und dominiren lassen. Humboldt hatte sich zu viel herausgenommen; Castlereagh hat nicht imponirt, hat Alles eingesteckt; Lord Wellington wird nichts einstecken, wird imponiren..."

Zum Vortrag vom 3.

2. Febr. (* *)

... Bei Stephan Zichy wurden nachstehende Anekdoten erzählt: a) Der russische Kaiser hat letzten Freitag seine gute Gemalin gebieterisch gezwungen, zur Bagration auf den Ball zu gehen. Die Kaiserin gieng gegen ihren Willen. Das Kanapee, worauf sie zu sitzen kam, war so elend, daß es zusammenfiel. b) Letzten Samstag speisten beim russischen Kaiser en famille Schwester und Bruder der Kaiserin. Er mißhandelte ganz außerordentlich alle drei. Es ist ernstlich die Sage, die Kaiserin soll nach Karlsruhe zu ihrem Bruder und nicht mehr zurück nach Rußland. So sagt Graf Seilern angeblich aus Äußerungen seines Großherzogs[2]). [Zum Diner bei Bernstorff, wo der König v. Dänemark und die Diplomatie anwesend waren, kam Lord Stewart um eine Stunde zu spät in Uniform mit Charivari-Beinkleidern.]

Zum Vortrag vom 5.

4. Febr. (* *)

Die Gräfin Cobenzl hielt vorgestern bei der alten Gräfin Pergen sich darüber sehr auf, daß auf den Kammerfesten die Cavaliere, wie vom Souper sie sich erheben, nach Hause gehen. Die alten Damen sagten: „In vorigen Zeiten durfte kein Cavalier fortgehen. bevor nicht der Hof sich retirirt hatte." Weil Lord Wellington[3]) und F. Metternich alle Augen auf sich ziehen, so wird allgemein davon gesprochen, daß Donnerstag F. Metternich mit den Lords Wellington, Castlereagh und Stewart bei dem Juden, Banquier Herz, zu Mittag gespeist haben. Sie sagen: „Das kommt aus dem letzen

---

[1]) Gemeint ist das Breve „Sollicitudo omnium" Pius' VII., vom 7. August 1814, mit dem der Jesuitenorden wiederhergestellt wurde.
[2]) Von Baden.
[3]) Er war am 1. Februar in Wien angekommen.

Feldzug, da Herz Hofbanquier gewesen und mit allen diesen Herren in liaison gekommen." Sie sagen: „M. Herz ist verschrien als der schlechteste Agioteur; er nimmt Agio auf die unverschämteste und sträflichste Weise von den Loosen der Lotterie ausspielenden böhmischen Herrschaften." Sie sagen: „F. Metternich protegirt den Herz, weil er ihm Geld schuldig ist." Bei dieser Veranlassung wird auch commentirt über die somptuosen Diners, die Hofrath Gentz gibt an Talleyrand, Schulenburg, Dalberg und F. Hardenberg und Bon Humboldt, wo unglaublich hoch gespielt wird und wo H. v. Dalberg das letzte Mal 8000 f. verloren hat.

Sie sprechen sehr viel von der Fehde der Herren Bertuch und Cotta gegen die Buchnachdrucker. Sie sagen: F. Metternich hält es mit Bertuch und Cotta, H. v. Baldacci mit den Nachdruckern. Die Mehrheit des Publicums ist mit H. v. Baldacci gegen H. Cotta einverstanden nach den Patenten Kaiser Josefs II., und weil den Nachdruck verbieten ebenso viel heißt als dem Auslande einräumen, im Inlande Gesetze zu geben[1])....

Von der griechischen Société philomuse unter H. Capo d'Istria höre ich forthin viel sprechen; sie tragen mystische Ringe, wodurch sie einander erkennen[2])...

Bei dem russischen Staatsrath Ott sagte Graf Potocki[3]): „Die Familie Czartoryski ist schon so; sie meinen es nicht ehrlich, nicht aufrichtig mit den Russen, und nicht mit der polnischen Nation. Diese Familie denkt nur daran, sich zu bereichern. Sie hat Besitzungen und Reichthümer zusammengebracht und wird deren noch mehr zusammenbringen. Die Cz. haben es noch gar nicht aufgegeben, die Krone Polen an das Haus Cz. zu bringen. Kaiser Alexander soll sich wohl in Acht nehmen. Er ist falsch, aber die Cz. sind es noch weit mehr."

Bei Eskeles wurde gesagt, Bon Miltitz, bisheriger Amant der Fürstin Taxis-Mecklenburg, tritt in preußische Dienste als Legations-Secretär in London, wo die Relationen, die er durch die Herzogin von Cambridge, geb. Mecklenburg, die Schwester der Fürstin Taxis, haben wird, dem Könige Dienste leisten können[4]).

4. Febr.

Bei der Gräfin Fuchs-Gallenberg sagte diese: „Wie kann man so gierig begehren zu Gentz zu kommen. Ihr seid mir Leute! Ich wollt' ich wäre nie hingekommen; ich mach' mir ein ordentliches Gewissen daraus. Hätt' ich M(etternich) nicht so gern, mein Leben gieng ich nie einen Schritt in

---

[1]) Nach dem Zensurgesetz vom 11. Juni 1781 § 8 war der Nachdruck gestattet. S. Gnau, Die Zensur unter Josef II. (1911), S. 157 ff.
[2]) Im Jahre 1812 war in Athen der literarische Verein der „Musenfreunde" gegründet worden, der in Kapodistrias seinen Obmann und in Wien eine Anzahl Mitglieder hatte. S. unten S. 382.
[3]) Generalmajor in russischen Diensten.
[4]) S. über Miltitz' Gesuch, in preußische Dienste zu treten: Staegemann, Briefe und Aktenstücke, I..353.

sein Haus. Wollen Sie [zu einem Freunde des Berichtlegers] etwa auch zu Gentz kommen? Wollen's gut essen, mit den Matadores zusammenkommen? so sagen sie's dem Neipperg. Ich kann mich was ärgern, daß er Gentz so distinguirt. Aber man braucht blos schön zu reden, wenn auch nicht so zu denken, so ist Neipperg gleich enchantirt. Nein, was ich schon darüber mit ihm disputirt hab', ist einzig. Kein guter Patriot sollte eigentlich ihn (Gentz) aufsuchen. Der Kerl verräth noch die ganze Monarchie."

Graf P. (?): „Ich weiß von sicherer Hand, daß er 1806 für die Preußen das Manifest für 12.000 Stück Dukaten gemacht hat[1])."

Gräfin Fuchs: „Freilich, und der seine Feder verkauft, verkauft auch sich. Un homme vénal me fait horreur."

Graf P.: „Aber wie kann sich M. jetzt von ihm die Nase so drehen lassen, wie es vorher Humboldt gethan?"

Gräfin Fuchs: „Das ist unbegreiflich. Ich habe M. so gerne; aber da ist ihm nichts zu sagen. Gott behüte, daß er sich einmal überzeugt. Mich freut nur, daß der Kaiser ihm abgeschlagen hat, Gentz zum Staatsrat zu machen."

Graf P. erzählt, daß Metternich schon am zweiten Tag Wellington zu Herz gebracht habe. „Stellen Sie sich vor, M. hat dem guten Monarchen weiß gemacht, es hätte müssen sein, es wäre englisch, daß der Minister bei seinem Banquier speist..."

Der König von Preußen ist sehr aufgebracht, daß mehrere der bei ihm angestellten Hofcavaliere[2]) auf mehrfach wiederholtes Bemerken, daß er in ihrer Gesellschaft zu speisen wünsche, dennoch ausgeblieben sind, und speist deswegen nunmehr ganz allein.

4. Febr. (Leurs)

... Graf Reichenbach meinte, es sei sehr traurig, daß alle Monarchen von England allein abhiengen, und schien L. Wellington zu apprehendiren, der wenigstens nicht so ignorant sein wird als L. Castlereagh, der, wie mich M. Bresson auf sein Ehrenwort versicherte, bei der französischen Legation gehört zu haben, nicht wußte, daß Leipzig in Sachsen läge. — Dalberg hat dem Hacke erzählt, daß er ein Mädchen hier kenne, zu welcher auch Czernitscheff komme, und dieser hätte ihr Gold angeboten, um dem Dalberg Papiere, Briefe, kurz interessante politische Sachen herauszupraktiziren und sie ihm zu geben. Dalberg sagte, überhaupt hätten die Russen alle Mädchen in ihrem Sold.

---

[1]) Gentz hat das Manifest von 1806 nicht verfaßt, sondern nur, auf den Wunsch der preußischen Regierung, daran mitgearbeitet und an dem Entwurf einiges geändert. S. Guglia, Gentz, S. 202. Welche Summe er von Preußen dafür erhielt, daß er damals einer Einladung ins preußische Hauptquartier folgte, ist nicht bekannt.

[2]) Es waren dies: Fürst Moriz Liechtenstein als Obersthofmeister, Major Graf Vinzenz Eszterházy und Rittmeister Fürst Albert Hohenzollern als kaiserliche Kämmerer.

[Der Großherzog von Baden wünscht den Berichterstatter, mit dem er auf der Redoute sehr lange gesprochen hatte, wie ihm Oberststallmeister v. Geusau mitteilte, in seinem Dienst zu haben.] Graf Pappenheim hat mich heut versichert, daß die Oldenburg wirklich außerordentlich viel mit dem Kaiser und den Ministern arbeite und einen außerordentlichen Einfluß auf die Geschäfte habe....

3. Febr. (Nota.)

Je n'en vois pas la raison, mais c'est un fait que les Prussiens ne paraissent pas partisans de Wellington. Ils s'empressent au contraire de dire partout qu'il est à la vérité un bon général, mais que hors de là il n'est rien, et qu'en politique il vaut bien moins que Castlereagh, qui est un véritable homme d'état et qui s'y connaît aux affaires parfaitement. Ils disent que ce grand général a amené avec lui, et dans la même calêche, la célèbre Grassini[1]). Cette G. a été la belle de l'Univers depuis les sbirres de Salò jusqu'aux princes du sang d'Angleterre et aux empereurs et rois de nouvelle création. C'est une femme amusante, agréable, gaie, excellente actrice, d'une constitution unique, plutôt généreuse qu'avare, et bonne dans le fond; elle n'a jamais passé pour intrigante. Elle m'a écrit, il y a dix ans, qu'elle voulait se faire entendre à Vienne. Je l'en ai déconseillée. S'il le faut, je la verrai, si tant est qu'elle soit arrivée tout de bon et que les Prussiens ne nous en imposent pas, ce que je ne sais pas encore.

Zum Vortrag vom 6.

5. Febr. (* *)

.. Fürst Clary weiß forthin viel zu erzählen von der üblen Art, Unhöflichkeit, Grobheit, womit der russische Kaiser ihm und allen Österreichern überhaupt zu begegnen pflegt... Gestern bei Hof, vor und nach der Marschallstafel, wurden sequentia erzählt: a) Donnerstag war Kinderball im Kriegsgebäude bei Karl Schwarzenberg; der russ. Kaiser tanzte mit allen Kindern und schien sich herrlich zu amüsiren; b) Lord Castlereagh war Freitag (den 3.) über zwei Stunden beim König von Preußen, vorher ebenso lange bei F. Hardenberg c) Gleich nach dem 12. d. M. (S. M. Geburtstag) reist die russische Kaiserin mit ihrem Bruder, dem Großherzog von Baden, über München nach Karlsruhe. Diese in ihrer Ehe so unglückliche Fürstin speist nie mit ihrem Gemahl, nie mit ihren Schwägerinnen, den Großfürstinnen; seit Abreise der Königin, ihrer Schwester, speist sie bei dem König von Bayern, ihrem Schwager. Alle Ansichten sind, die Kaiserin beschließt ihre Leben in Karlsruhe. In Petersburg wird es groß Aufsehen machen, wenn man die Kaiserin nicht zurückkommen sieht; die Kaiserin hat großen Anhang dort. — Der Herzog v. Weimar steckt immer bei der Oldenburg und bei dem König von Preussen; er hat eine der ersten Rollen in dem großen preußisch-rus-

---

[1]) Die berühmte Sängerin an der Mailänder Scala, der auch Napoleon einst seine Gunst geschenkt hatte.

sischen Schauspiele... f) L. Wellington, von Stewart begleitet, fuhr bei den Souverains, wie bei Particuliers vor, was gegen alles Herkommen ist. Man schiebt es auf den Botschafter Pumpernickel, oder Goldfasan, wie sie den L. Stewart wegen seiner gelben Stiefel heißen, der es nicht weiß, oder vergessen hat, daß bei Souveränen, Regenten und Prinzen man nicht aufwarten kann ohne durch die Behörde angemeldet und bestellt zu sein. g) Zwischen Talleyrand und Wellington herrscht die größte Intimität; diese Intimität beweiset schon, daß Wellington den Preußen und Russen weniger hold ist als der indolente Castlereagh; h) Beauharnais ist die intimste Societät des russischen Kaisers. „C'est qu'il y a un grand esprit de corps entre les libertins et les coquins". Es wurde gesagt: „Beauharnais, F. Czartoryski, M. La Harpe, H. Capo d'Istria, der Herzog von Weimar, die Oldenburg mit ihrem Baron Stein — lauter intriguante, höchst zweideutige Umgebungen. Wer in diesem Gewebe steckt und es nicht merkt, der kommt nicht zur Selbsterkenntniß."...

H. v. Hammer sagt, Erzherzog Johann habe ihm mitgeteilt: a) F. Metternich habe vorgestern seinen Freund, den König von Bayern, verloren, der ihn öffentlich einen schlechten Menschen heißt, da F. Metternich Freitag (3.) ein Objekt an Preußen cedirte, das er bestimmt an Bayern zugesagt hatte[1]). b) In der „Allg. Zeitung" steht Bon Stein ipssissimus verbis als ein „Jakobiner" gedruckt, dessen System revolutionär genannt wird. Der Kaiser v. Rußland ist ganz rasend über den Artikel, hat den H. Cotta darüber entsetzlich hergenommen, der sich damit entschuldigt, Graf Montgelas habe diesen Artikel einrücken lassen[2]). Cotta reist morgen von Wien zurück nach Augsburg und Tübingen, nimmt Schätze mit sich an Skripten und Notizen über den Kongreß.

5. Febr. (C—i)[3])

Capo d'Istria a été chez moi hier. Il est entré d'abord dans les affaires. Il m'a dit que dans huit jours les grandes questions seraient arrangées, que les Prussiens travaillent à un calcul pour réponse au contreprojet de l'Autriche, et qu'on pouvait regarder l'affaire de la Saxe comme baclée. Ici un 3ème entra, et il changea de discours. Il allait parler de la Pologne. Le nouveau venu le fit changer de thême. On parla du cours et des finances de l'Autriche... C. d'I. commença le procès derechef de Metternich. Il parla de son manque de foi, de son peu de jugement, de son inimitié ridicule contre les Bourbons et en général de toute la légèreté, faute de principes et de morale, de son entêtement pour l'usurpateur Murat, de sa manière insensée de traiter

---

[1]) Vgl. Erzh. Johanns Tagebuch vom 16. Februar, S. 203. Es war Fulda.
[2]) Es ist der schon erwähnte Artikel in der Nummer vom 29. Januar 1815. Er enthielt folgende Stelle: „Daher unterscheidet sich auch jener tiefgedachte Plan der Steinianer von den tollen Einfällen der Jakobiner von 1793 wie deutsche Philosophie von französischer, und Frh. v. Stein kann sich mit allem Recht von „jakobinischer Umkehrungssucht" freisprechen. Nur eine (löbl.) Eigenschaft teilt er mit jenen französischen Revolutionärs etc."
[3]) Irrigerweise vom 5. März datiert.

l'Italie... Il soutint que, lors de l'insurrection des Milanois contre Beauharnais et l'entrée de Bellegarde dans Milan, Metternich aurait dû engager son maître à faire tout le contraire de ce qu'il lui a fait faire. „François I," dit-il, „aurait dû se mettre la couronne d'Italie sur la tête, prendre l'armée d'Italie à son service et la conserver telle que Napoléon l'avait formée, supprimer le sénat, car il était inutile, mais conserver toutes les autres formes du royaume. Voulait-il rendre Modène à un Archiduc? Bon. Les Etats au Pape? Tant mieux. Il aurait gardé le Milanais, le Vénitien, la Valteline, et le Royaume d'Italie, réduit à la grande moitié de ce qu'il était, aurait suffi pour contenter les Italiens animés de l'esprit de la gloire nationale, et la maison d'Autriche aurait eu une telle influence sur les cœurs italiens qu'elle aurait pu se regarder comme la souveraine de toute l'Italie. L'administration financière des Français était excellente, il fallait la conserver; le royaume alors aurait rapporté ce qu'il fallait à ses dépenses, au lieu qu'à présent il ne suffit pas. Qu'a fait Metternich? Tout le contraire. Il a détruit le royaume, déclaré la guerre à l'esprit national, dispersé, congédié, fâché l'armée, jeté le germe du mécontentement et de la rébellion partout. Les coquins que l'Italie détestait ont été conservés en places, les habitants surchargés de logements militaires que les Français n'avaient jamais pratiqués qu'avec les troupes de passage. A présent on veut allemandiser les Italiens, leur ôter toute nationalité. Ils avaient un excellent tribunal d'appellation(!) à Venise, ils l'ont bouleversé pour y fourrer une demi-douzaine d'Allemands qui ne savent pas même la langue. Ils ôtent le tribunal suprême à l'Italie, ils veulent que tout soit subalterne, et que l'on sente cela dans l'âme, de peur que l'Italie devienne quelque chose. Elle aurait été le soutien de l'Autriche, elle se regardera à présent simplement comme l'esclave. Si, au-moins, l'on y protégeait le commerce, mais on fait tout pour le gêner et rien pour l'animer. Il n'y a pas de doutes qu'on reviendra sur plusieurs choses. Le gouvernement-ci est dans le fond bon, juste, indulgent; l'Empereur François a une réputation de bonté établie; cela fait encore espérer quelque chose aux Italiens. Mais avec un ministre qui soutient des Murat et voudrait rétablir sur le trône de France les Napoléon, s'il le pouvait, un ministre qui a fini par perdre la confiance de tous les cabinets de l'Europe, il faudra attendre longtemps, et les ressources pour l'Italie, et le désarmement de l'Europe, et le retour général, et par les faits, à l'ordre et à la tranquillité.

Académie d'Athènes. Je lui ai parlé de cette société. Capo d'Istria m'a dit que lui en était à présent le chef, que les voyageurs anglais en avaient conçu l'idée, que le nombre d'associés augmentait tous les jours, qu'ils payaient 2 ducats par an, que lui en était le dépositaire, qu'il avait déjà en main au-délà de 1000 ducats d'or, que cet argent devait servir à l'achat de livres et aux secours des étudiants grecques (!), et le reste était destiné à faire des fouilles. Je lui ai demandé ce que les Turcs disaient et feraient. „Ils ne disent rien, mais si un jour ils se reveillent, ils feront sauter quelques têtes, les autres se sauveront. Mais l'instruction se répandra, et peu à peu da cosa nasce cosa, et le pays pourra se relever. La nation est toujours la même, elle ne respire que la liberté; d'esclaves grecques il n'y a que ceux de l'Isle des Princes, vis-à-vis de Constantinople, ces misérables qui veuillent s'enrichir et parvenir et finissent par être décapités quand ils sont devenus puissants. Les autres Grecques, les montagnards, sont une toute autre espèce de gens, et c'est à l'instruction de ceux-ci que se rend l'académie d'Athènes...

[Bei der Bagration.] La P^{esse} commença par me raconter comment elle avait obtenu de Wellington à la redoute masquée le ruban qu'elle m'a montré de l'ordre de victoire que le héros portait à sa boutonnière[1]). Puis elle me dit que Metternich l'avait accompagnée ce soir-là et avait été aux petits soins avec elle, et que parmi les discours différents il lui avait dit que la haine d'Alexandre lui avait fait beaucoup de bien auprès des Français, que cette haine lui avait rendu un grand service, qu'il était bien loin de s'en plaindre. „Avouez," dit la Princesse, „qu'il vous a coûté moins d'abattre Napoléon qu'il n'en coûte à présent à vous arranger sur ses dépouilles." „Et c'est pour ça que j'ai voulu le conserver," répondit Metternich. „Voilà la clef de ma politique; je prévoyais tout cela, et j'ai voulu pour cela le rétrécir mais le garder." Cet aveu est bien sincère, et si les Bourbons le savent, et ils le sauront certainement, ou par Fontbrune ou par d'autres, car la P^{esse} ne sait pas se taire, ils n'aimeront pas d'avantage Metternich, malgré le désir qu'a Louis XVIII, à ce que dit ici l'ambassade française, de se lier avec l'Autriche pour contre-balancer la ligue russo-prusse (!) du Nord[2]).

La P^{esse} m'a dit qu'elle détestait Stein et aimait La Harpe, que le premier était un philanthrope par projet, que le P^{ce} Royal de Württemberg le soutenait avec la P^{esse} d'Oldenbourg, mais qu'elle — la Bagration — ne le regardait qu'un intriguant et qu'elle avait eu le courage de dire au P^{ce} Royal: „Vous voudriez faire Stein directeur d'Allemagne et vous en être le général;" — que la Harpe lui avait dit qu'on avait tort de ne pas parler raison à Alexandre, qu'il en répondait pour le cœur, mais qu'il fallait éclairer sa tête, car il voyait mal en plusieurs choses, que lui avait parlé, et fort souvent bien fort, mais qu'il ne parlait plus, de peur de paraître toujours faire auprès de lui, qui n'était plus un enfant, le gouverneur; que les Saxons auraient dû aborder Alexandre eux-mêmes et avec confiance, et ils auraient réussi[3]). La P^{esse} me dit que, se fiant à ces propos de la Harpe, elle avait conseillé au P^{ce} de Cobourg de parler à l'Empereur, qu'il y avait été, mais qu'il avait été reçu comme un chien et se répentait bien d'y avoir été; qu'elle même n'osait plus rien dire à Alexandre, qu'il ne voulait entendre raison, que toute opposition le choquait et qu'à cause de cela il n'avait plus de tête-à-tête avec elle; qu'il y venait toujours, mais qu'il avait l'air d'éviter de se trouver seul avec elle, lui, qui y passait

---

[1]) Wellington, der am 1. Februar angekommen war, hatte am 2. die Lichtmeßredoute besucht.

[2]) Bleistiftnotiz Hagers: „Ich sprach mit Metternich über das was C—i von der Bagration sagte." Leider verschweigt Hager die Antwort Metternichs.

[3]) Haben sie getan, ohne Erfolg. S. oben die Mission Watzdorfs.

souvent 2 et 3 heures de suite sans témoins; qu'à présent c'était Czartoryski qui jouissait de sa grâce en plein, parce qu'il avait toujours l'air d'être de son avis.

Je lui demandai si le mariage de la Oldenbourg avait lieu. Elle me dit qu'elle n'en savait rien, que le prétendant lui disait qu'il ne pouvait pas la souffrir et que, s'il n'avait pas peur d'Alexandre, il l'enverrait au diable, mais que cette peur l'y tenait...

Zum Vortrag vom 8.

7. Febr. (* *)

...Vorgestern hat mich H. v. Dalberg aus dem Theater in seinem Wagen nach Hause geführt, und ich habe aus unserm Gespräch folgendes als interessant aufbewahrt: 1) sagte er mir, daß es mit der Allianz zwischen Frankreich, England und Österreich nicht recht vorwärts wolle; daß man Österreich nun in den bevorstehenden Türkenkrieg zu verwickeln suchen werde, und daß dieser natürlich ganz Europa entzünden müsse; daß Fürst Metternich dem Ansehen des öst. Kabinets entsetzlich geschadet und eine gewisse Schlaffheit habe durchblicken lassen, so daß L. Castlereagh ihm (Dalberg) selbst gesagt habe, er gehe mit äußerst wenig Zutrauen zur österreichischen Monarchie ab und müsse eingestehen, daß doch mit Preußen es weit sicherer wäre, sich in irgend etwas einzulassen, weil es doch Festigkeit und Energie habe. 2) sagte mir Dalberg von seinen eigenen Verhältnissen, daß er sehr gerne werde weggehen, und froh sei, nicht hier bleiben zu müssen. „Die hiesigen Menschen, besonders der Adel, sind mir unerträglich." Er beklagte sich über sein Unglück im Spiel und daß er vor ein paar Tagen im Whist 16.000 f. verloren habe.

Zum Vortrag vom 9.

7. Febr.

Kaiser Alexander kann, wie ich von Fürst Kozlowski es anvertraut erhielt, den hiesigen Gesandten, Grafen Stackelberg, nicht leiden, ebenso wenig liebt er Rasumowski, den er Österreich zu ergeben hält, und sucht unter seinen Militärs einen zum Ambassadeur für den Wiener Posten. Er soll zu Czernitscheff gesagt haben: „Wenn Sie Generallieutenant wären, würde ich Sie da lassen."

In Sachsen kaufen preußische Beamte die Einlösungs-Scheine, die noch vom Aufenthalte unserer Armee herrühren, jetzt stark auf und lassen das hier auf dem Platze dafür umgesetzte Geld klingender Münze durch Kouriere und königlich-preußische Hofbeamte sich nach Sachsen bringen. Ebenso soll die Königin von Bayern mehrere 100.000 f. klingender Münze mit sich über die Gränze gebracht haben, die von in Bayern aufgekauftem österreichischem Papiergelde hier eingewechselt wurden und wegen des bestehenden Verbots der Geldausfuhr durch den Hofstaat über die Grenze gebracht wurden.

Fürst M(etternich) erzählte denselben Tag, als er bei Hertz speiste — nachher aber bei S. M. dem Kaiser in Geschäften war — Abends bei Zichy, wie vertraulich er Ihre Majestäten[1]) beisammen gefunden habe, und sagte dabei: „Es ist doch sonderbar, daß das Publikum der Meinung ist, Ihre Majestäten lebten uneinig und sehen sich ungerne und selten. Ich habe mich heute vom Gegentheil überzeugt."

Der (sächsische) Kammerherr Friesen begegnete mir heute Mittags und erzählte mir Folgendes — er hat großes Vertrauen in mich, da ich ihn immer angelegentlichst und mit Theilnahme um die Hoffnungen des Königs von Sachsen befrage: „Wissen Sie schon, daß wir bedeutende Opfer bringen müssen? Es ist verflucht." Ich: „Wenn nur der König damit gerettet worden ist; das war das Meiste." Er: „Teufel, wir können so nicht bestehen. Der verdammte Kosmopolit Gentz hat uns sitzen lassen; M.[2]) ist butterweich geworden. Hätte ihn (sc. Gentz) Ihr Kaiser zum Staatsrath gemacht, wie ich hörte er es dem Metternich abgeschlagen haben soll, so hätte er hartnäckiger unsere Sache verfochten. Glauben Sie, daß das uns keine kleinen Summen gekostet hat. Der König wird's doch nicht mehr ersetzen können." Ich: „Ich hoffe, Gentz wird es auch ohne Geldunterstützung gethan haben, aus Haß gegen Humboldt." Er: „Teufel, der thut nichts umsonst. Und doch will er stets von mir noch Geld zu leihen. Mir geht der Faden selbst bald aus. Nun geht es zu Ende; hätte anders werden können. Nein, es ist verflucht, Adieu! Vielleicht verwirrt sich die Sache von Neuem, zu unserm Besten! Adieu!"

Gestern Abends hat Werner[3]) die drei letzten Akte seiner Tragödie „Kunigunde" der Kaiserin Marie Louise vorgelesen. Er hat dann viele inconsequente Behauptungen vorgebracht, die theils unschicklich waren, theils ihn von neuem als einen Heuchler und Aventurier unter der heiligen Maske darstellen. Die Dienerschaft machte sich über ihn lustig und heißt ihn den „lateinischen Comödianten".... Graf Magaoli[4]) sagte zu dem Parmesaner Cornachio: „Ich begreife nicht, daß der Kaiser ihr erlaubt, daß dieser Komödiant ihr mit seinem Romanen-Geist den Kopf verrückt. Aus allen seinen Reden und Axiomen, die er aufstellt, blickt der gefährliche Sectirer-Geist hervor. Unter Napoleon hätte er es nicht wagen dürfen, zu ihr zu kommen[5])."

8. Febr. (* *)

... Bei Karl Zichy wird erzählt: „Letzten Sonntag nahm die russische Kaiserin den Hausherrn Grafen Karl Zichy zum Tanz, die Großfürstin Catharina den Lord Wellington. Der Kaiser machte seine Gemahlin ent-

---

[1]) Kaiser und Kaiserin von Österreich.
[2]) Metternich.
[3]) Zacharias W.
[4]) Minister von Parma.
[5]) Hager war längst von der Ungefährlichkeit Werners überzeugt, in dessen Ehrlichkeit er keinen Zweifel setzte. S. oben.

setzlich aus, daß sie nicht Lord Wellington zum Tanz genommen und daß sie nie den Verstand habe wie die Oldenburg. Bei Pufendorf heißt es: Die Heirath der Oldenburg mit dem Kronprinzen von Württemberg werde zwar geheim gehalten, aber sie ist unwiderruflich sicher. Ibidem wurde gesagt, F. Hardenberg habe an F. Metternich eine Note übergeben mit dem Ersuchen, die altfürstlichen Häuser zur Sitzung im deutschen Congreß-Comité einzuladen, um litteram der neuen Bundesakte anzuhören und darüber sich zu äußern; d. h. die Preußen wissen ihre Sachen so zu machen, daß das Odiosum auf Andre fällt und Berlin im herrlichsten Lichte dasteht; die Preußen machen den Mediatisirten unglaubliche Avantagen; Brandenburg arbeitet dahin, in ganz Deutschland die Opinion zu gewinnen in der Tendenz, daß die deutsche Kaiserkrone ihm angeboten werde[1]). Aus der Coterie Stephan Zichy u. A.: „Die Großfürstin Catharina fängt an und wird liederlich... Bei der Bagration wurde dieser Tage, obwohl die Gesellschaft nicht zahlreich war, ein Gesellschaftsausschuß um Mitternacht gebildet, die Übrigen, die nicht zum Ausschuß benannt wurden, wurden nach Hause geschickt.... Im Publicum wird nur von zwei eminenten Personen als zwei Athleten gesprochen, die einander gegenüberstehen: Talleyrand und Humboldt; die übrigen Gesandten werden wenig genannt und scheinen wenig Effekt zu machen...

Zum Vortrag vom 10.

9. Febr. 1815 (Leurs)

Graf Reichenbach erzählte mir soeben, heftig bewegt über den Aufsatz gegen Baron v. Stein[2]), S. M. der König hätte vor einigen Tagen, in Gegenwart des Generals v. Knesebeck und des Adjutanten v. Thiele, einen wüthenden Ausfall gegen S. D. den F. v. Metternich gemacht, denselben im Auf- und Ablaufen im Zimmer einen „Kerl" genannt und immer hinzugesetzt, der Fürst habe ihm „einen Lieblingsplan vernichtet" und die Zwietracht zwischen Preußen und Österreich gestreut. Die Adjutanten, welche nichts von dem Plane wußten und denen dieses mehr als alles Übrige auffiel, erzählten den Vorfall den Staatsräten, welche von dem Fürsten von Wittgenstein[3]) erfuhren, S. M. der König habe bei dem ersten Besuch der Kaiser- (und) erzherzoglichen Familie gegen denselben geäußert, die dritte Tochter S. M. des Kaisers, die Frau Erzherzogin Caroline[4]), gefalle ihm dergestalt, daß er höchstdieselbe als Gemalin für den Kronprinzen wünschte, für welchen er ohnehin noch keine Wahl getroffen. Der König habe zugleich dem Fürsten den Auftrag gegeben, bei Gelegenheit, jedoch ohne Aufsehen zu machen,

---

[1]) Es war die Note vom 4. Februar, auf die Metternich am 9. antwortete. Angeberg, I. 703. 735.

[2]) In der „Allgemeinen Zeitung" vom 29. Januar 1815.

[3]) Preuß. Oberhofmeister.

[4]) Karoline war die vierte Tochter des Kaisers Franz, geb. 1801, die dritte Clementine, geb. 1798. Diese dürfte gemeint gewesen sein.

mit dieser Erzherzogin zu sprechen, um höchstdieselbe genauer zu kennen. Der Fürst habe S. M. von Verschiedenheit der Religion gesprochen, worauf derselbe zur Antwort erhalten, daran könne heutzutage kein Hinderniß sein, denn eine röm. kath. Fürstin könne den Thron schon besteigen, wenn nur die Kinder die Religion des Vaters hätten. Der Staatsrath Staegemann, mit welchem Reichenbach gestern speiste, hat demselben dieses während dem Mahl erzählt[1]).

Zum Vortrag vom 11.

9. Febr.

[Wyllie erklärt die letzte Verstimmung zwischen Alexander und Friedrich Wilhelm III.]: „Il est probable que c'était parce qu'il lui (Alex.) était parvenu que des émissaires prussiens remplissaient les tavernes de Londres et se réunissaient au café du Lloyd pour gagner des partisans aux séances du parlement, et que les propos fanfarons, qu'ils tenaient là-bas aussi bien qu'à Vienne et partout où il y en a, étant parfaitement les mêmes, étaient dictés par le gouvernement prussien[2]).

9. Febr. (**)

... Der russische Kaiser geht nicht mehr auf die Redoute seit mehrerer Zeit. Es hatte sich mehrfach der Fall ereignet, daß Masken dem Kaiser ärgerliche empfindliche Dinge gesagt hatten. Der Kaiser hatte nachgeschickt, hatte auf keine Spur kommen können....

Bei Eskeles wurde erzählt: Als die Kaiserin von Rußland auf dem letzten Ball bei der Bagration eingetreten war, sagten einige Stimmen ganz laut: „Ah, quelle est belle! Il faut avouer que l'impératrice est une bien belle, une superbe femme!" Der Kaiser, der glaubte, es sei ihm zu Gehör gesagt, sagte: „Foi d'honneur, c'est ce que je ne trouve pas, ce n'est nullement mon opinion," so laut, daß die Kaiserin es hören und verstehen mußte... Die Oldenburg hat in Rußland die Opinion und die Armee für sich. Ohne sie wäre Kaiser Alexander nie über den Rhein gegangen; sie wird, ehe man sich's versieht auf dem russischen Thron sitzen. So opinirt, so referirt H. Carpani[3])....

---

[1]) Am 20. September 1814 schrieb Staegemann aus Wien an seine Gattin, man sei in Wien unzufrieden, daß der Kronprinz von Preußen nicht zum Kongreß gekommen sei. Die Nation (d. i. das österreichische Volk) wünsche sehr eine intime Freundschaft mit Preußen. Olfers, geb. Staegemann, I. 225. Bekanntlich heiratete Friedrich Wilhelm später eine russische Prinzessin.

[2]) Wyllie hatte bei Galitzin, dem Oberhofmeister der russischen Kaiserin, erzählt, „qu'une dépêche de Londres avait mis l'Empereur (Alex.) de fort mauvaise humeur; qu'après en avoir fait lecture l'empereur s'était rendu chez le Roi de Prusse où ces deux souverains eurent une conversation fort vive et qu'ils se séparèrent froidement et d'assez mauvaise humeur..." (Zum Vortrag vom 9. Februar 1815.)

[3]) Die Vertrauensmänner Hagers überwachten sich, wie man sieht, gegenseitig.

Zum Vortrag vom 12.

s. d.

... Der König v. Preußen ist sehr guter Laune über diesen Ausgang der Sachen[1]). Ohngeachtet sich die Preußen unzufrieden stellen, hat mir Graf Pappenheim gesagt, daß ihm ein paar Herren von den ersten Umgebungen gesagt hätten, man habe von ihrer Seite nicht die Hälfte dessen erwartet, was sie bekommen haben. Mit L. Wellington hat der König von Preußen einen kleinen Auftritt gehabt, der darin bestand, daß der König dem Lord auf gestern Vormittag eine Stunde gegeben hatte, allein nicht zu Hause war als der Lord kam, weil er sich bei Herrn Isabey[2]) verspätete, der die Gräfin Zichy malt. Heute war L. Wellington beim König von Bayern, und der König von Preußen glaubte, seinen Fehler gut zu machen, wenn er dem Lord sagen ließ, daß er nach der Audienz beim König von Bayern ihn erwarte. Dieser aber ließ dem König sagen, daß sein ganzer Tag schon ausgefüllt sei. Diese Anekdote kömmt vom Großherzog von Baden, der sie diesen Morgen selbst erzählt hat. — Die Bayern sind nicht bester Laune. Wrede soll große Schnitzer als Diplomat gemacht und dem Vergrößerungsprojekt von Bayern durch seine dictatorische Sprache geschadet haben.

11. Febr.

General Czernitscheff hat Donnerstag Abends bei Bühler der Fürstin Suworoff[3]) folgendes erzählt: „Stellen Sie sich vor die fatale Geschichte, die unserm Gospoda[4]) mit dem Feldmarschall Schwarzenberg geschehen ist. Der Kaiser sieht die Fürstin Auersperg fahren, befiehlt dem Kutscher ihr nachzufahren, sie geht zur Fürstin Schwarzenberg in's Kriegsgebäude, er nach; sie trifft den Feldmarschall bei ihr in größter négligée, im Hemde, weil sich der Fürst gerade aus der Gala zog und, da er leicht warm hat, sich abkühlt. Auf einmal wird der Kaiser gemeldet, und in demselben Augenblick, wo der Fürst sagt: „Nein, das ist doch zu stark wie zudringlich der Mensch ist" und den Bedienten ausmacht, daß er ihn nicht verläugnet habe, tritt der Kaiser ein. Czernitscheff[5]) behauptet, die letzteren Worte des Feldmarschalls deutlich gehört zu haben. Der Kaiser sei bitter gewesen und habe sich sogleich entfernt. — Die Fürstin Suworoff hatte ferners von Czernitscheff erfahren, daß der Kaiser zu ihm gesagt habe: „Durch Zufall habe ich heute erfahren, daß Schwarzenberg auch falsch gegen mich ist."

Zwischen dem Kaiser und dem König von Preußen war eine kleine Scene, wo der König sehr bitter gewesen sein soll, aber nunmehr wieder ausgesöhnt ist...

---

[1]) In der Sitzung der „Fünf" vom 7. Februar hat man sich über Sachsen formell geeinigt.
[2]) Dem Porträtmaler.
[3]) Die Fürstin Suworow war im Gefolge der Kaiserin nach Wien gekommen.
[4]) Der Zar.
[5]) Der Begleiter des Zaren.

Kozlowsky erzählt, daß dieser Tage ein Sekretär der Königin Caroline von Neapel von Fürst Metternich heimlich sei mit Depeschen abgefertigt worden, daß L. Castlereagh es wisse und daß er vermute, daß die Correspondenz ohne Vorwissen unseres Kaisers geschehe, anspielend auf die vertrauten Verhältnisse des Fürsten M. mit der Königin Caroline in früheren Zeiten[1])....

11. Febr. (Schmidt nach Hebenstreit)

... Die preußische Gesellschaft bei der „kleinen Landskrone", welche sich des Abends theils beim „Schwarzen Kameel", theils bei den „3 weißen Löwen", von ihnen die „Katzen" oder das „Katzenloch" genannt, zuweilen, aber selten, bei den „3 Laufern" zu versammeln pflegt, besteht des Mittags regelmäßig aus folgenden Personen:

1) Hauptmann und Dr. Karl Müller, welcher das Präsidium führt und den Mittelplatz am großen Tische, mit dem Rücken nach dem Spiegel gekehrt, unveränderlich einnimmt. 2) Obersteuerrath Borbstedt, unverkennbar an einem Hemdekragen von schwarzem Taffet[2]). 3) preuß. Rechnungscalculant Neumann, ein junger hübscher Bursche, übrigens ein servus des Borbstedt ohne alle Bedeutung, welcher auch Schreibereien übernimmt. 4) Der Hofrath und ehemalige Professor in Landshut Butte, ausgezeichnet durch Wohlbeleibtheit und Augengläser. Er ist der Verfasser der „Arithmetik des menschlichen Lebens", der „Ideen zu einem allgemeinen Völkerbunde", etc. und will hier staatswirthschaftliche Vorlesungen halten. 5) Der Kanzleidirector Herzogenroth[3]), ein großer Heraldiker, der immer Siegel und Wappen in Händen hat (kommt in keine Abendgesellschaft). 6) Der Graf v. Reichenbach aus Schlesien, lang und hager, die blonden kurzen Haare von der Schläfe aufwärts gestrichen. 7) Der Hofrath und Dr. Dambmann aus dem Hause des Generals von Steigentesch; 8) Ponora oder Bonora, ein guter Musiker, ebenfalls wie 9) der Gelehrte und Redacteur der „Friedensblätter" Jos. Bernard (Letzterer gut für Österreich gesinnt); 10) der Maler und Musiker Möchler (Müchler?), ein guter Patriot. Dieser geht, so wie Ponora, weder zum „Kameel" noch zu den „Löwen". Dagegen findet sich dort gewöhnlich noch 11) der geh. Sekretär des Prinzen August v. Preußen Uhde ein. Zuweilen, aber selten, 12) der Baron v. d. Sala[4]) und 13) der Baron Sinclair[5]), beide Liederdichter und Reformatoren[6]).

---
[1]) S. oben S. 80.
[2]) Von Borbstedt erfuhr die Polizei, daß er seinerzeit eine Kompagnie Lützower geworben hatte. (Zum Vortrag vom 11. Februar 1815.)
[3]) Kanzleidirektor in Neuwied, vormals Prediger in Nürnberg.
[4]) S. oben S. 202.
[5]) Hessen-Homburgscher Geheimrat.
[6]) Ein späterer Rapport vom 15. Februar nennt außerdem als Teilnehmer der Tafelrunde: Baron Reiffenberg, ehemaliger holländischer Major und dann von General Langenau verwendet, einen Sachsen namens Moehmer aus der Degenschen Buchhandlung in Wien, einen Wiener Großhändler Hoffinger, auch Sachse, und Schöne aus Merseburg, Prediger der Wiener lutherischen Gemeinde.

Zum Vortrag vom 15.

13. Febr. (Schmidt nach Hebenstreit)

... Die neue Zeitschrift, welche Cotta, der am 10. d. M. von hier wirklich abgereist ist, wie man behaupten will für Rechnung des preußischen Hofes, herausgeben wollte, ist bereits erschienen und führt den Titel „Neuer Hamburger Beobachter" (Hanseatische Zeitung). Der St. R. Staegemann ist bis jetzt der Einzige, der sie von Hamburg, wo sie verlegt wird, bezieht. Mitarbeiter sind er, Müller, Varnhagen etc. Die Aufsätze unter der Rubrik „Literatur" und „Wien" sind größtentheils von Müller. Heute geht eine Abhandlung von ihm über die Frage ab: „Was ist Volk und Volksstamm?" — Der „Neue Berliner Correspondent" ist eine andere Zeitschrift, welche von hier aus, sowie der „Rheinische Merkur", mit Materialien versehen wird. Die Aufsätze für den Letzteren werden unter der Adresse: Dr. med. Fores in Coblenz abgesendet. Staegemann besorgt die Abhandlungen nach Hamburg. Die Adresse habe ich noch nicht erforschen können. . . . . . . Staegemann und Müller u. A. sprachen ohne Zurückhaltung davon, daß man Bayern, statt etwas zu geben, vielmehr abnehmen müsse, und es besser wäre, wenn der König wieder zum Kurfürsten gemacht würde.

Man fängt hin und wieder von einem „Bunde der Theatermitglieder" in Beziehung auf die Direkzionen und die inneren Verhältnisse der Gesellschaft zu sprechen an. Derselbe soll eine kurze Zeit in Württemberg und Bayern bestanden haben und daselbst strenge verboten sein. Es soll im Vorschlage sein, ihn hier einzuführen.

14. Febr. (* *)

Bei Frau v. Bildt heißt es: „Die preußischen Schriftsteller verbreiten die Opinion: ganz Deutschland sei nun in preußischer Gewalt. Dazu kommt die Lehre und Opinion: Deutschland muß preußisch sein um nicht französisch zu werden. Österreich hat sich zu wehren genug in Italien und gegen das Herzogtum Warschau, ist gar nicht in der Lage, sich in die deutschen Angelegenheiten mischen zu können. ... Es wurde als etwas ganz besonders auffallendes bemerkt, daß das deutsche Hochstift Basel ohne allen Grund an die Schweiz verschenkt wird und daß das Haus Brandenburg, um die Schweiz und Schwaben zu influenzieren, als Kanton Neufchâtel im Schweizer Bund sitzet". . . .

Bei Goëss war gestern die gewöhnliche Montags-Soirée.

Bei Pufendorf ist man influenziert durch Solms und preußisch gesinnte Plaisanterien über die bayrischen Staatsmänner. Rechberg, der Geschäftskundige, werde nicht verwendet, dafür der unkundige Wrede, „der nichts macht als Bestialitäten".

14. Febr.

... Vom Cardinal Consalvi wurde bemerkt, daß man unmöglich einen für das Interesse seines Souverains geschäftigeren Unterhändler finden könne als ihn; man treffe ihn nemlich unausgesetzt entweder bei Talleyrand oder bei Castlereagh; bei Letzterem bleibe er, wenn Bälle sind, meistens bis 12—1 Uhr nach Mitternacht. Er sei überhaupt ein sehr aufgeklärter Mann, der im Punkte von Religionssachen vernünftig mit sich sprechen lasse... Die preußischen Staatsmänner scheinen jetzt zu der Ansicht zu kommen, daß es Preußen ersprießlich sein dürfte, sich eng mit Österreich zu verbinden, um der von Rußland für die Zukunft drohenden Gefahr einen Damm entgegenzustellen. H. v. Bülow äußerte sich nämlich, es scheine fast, als ob Napoleon nicht Unrecht in der von ihm gemachten Behauptung gehabt habe, daß Rußland wie ein Keil in Europa vorwärts zu dringen suchen werde. Auf der andern Seite suchen sich die Preußen populär bei den Deutschen und ihren Fürsten zu machen. Sie tragen nämlich darauf an, daß die mediatisirten Fürsten bei dem Comité über die deutschen Angelegenheiten auch ihre Stimme haben sollen[1]). Diese Fürsten rechnen nun darauf, daß Österreich diesen Gesinnungen um so mehr beitreten werde, als die kleineren deutschen Fürsten immer am stärksten an Österreich hingen.

14. Febr. (Nota)

[Der Vorschlag K. Alexanders, für Beauharnais eine Landentschädigung zu finden, wird vom König von Bayern unterstützt.] Les Prussiens s'empressent de répandre que ce sont eux seuls qui s'y opposent, que, à la honte du nom allemand, nous fléchissons par égard à notre chère Bavière etc. V. Exc. comprendra facilement toute la malice qu'il y a dans cette conduite des Prussiens...

On dit que hier au soir le P^{ce} Metternich a été à Schönbrunn pour annoncer à l'impératrice M. Louise que le congrès avait disposé autrement du Duché de Parme et Plaisance, et qu'on le rendait à la branche bourbonne de Parme en indemnisation de l'Étrurie[2]). Cette nouvelle déplait aux Viennois... Les cosmopolites et les sages de toutes couleurs sont charmés de cette restitution au prince légitime d'un état si injustement volé, et tout le monde admire la justice et l'honnêteté de notre auguste maître, qui sacrifie tout jusqu'aux faiblesses d'un père quand il s'agit de justice et de devoir. Les Muratistes et les Suédois plaignent beaucoup Marie Louise; on en sent la raison...

---

[1]) Das Schreiben, das Hardenberg und Humboldt am 4. Februar 1815 an Metternich richteten (Angeberg, I. 703), hatte die Aufnahme einer Vertretung der kleinen Staaten in das deutsche Komitee vorgeschlagen.
[2]) Im Februar kam es aufs neue zu Schwierigkeiten wegen Parma, und Kaiser Franz verständigte seine Tochter, daß ihre Sachen schlecht stünden. Damit mag der Besuch Metternichs zusammenhängen. Schon am 15. Februar aber wandte sich Maria Louise, wie ehedem im Herbst, an Alexander, der dann zu ihren Gunsten intervenierte. Nach Wertheimer, Reichstadt, S. 144, hatte Kaiser Franz ihr selbst dazu geraten.

s. d.

Graf Pappenheim erzählt von einem Auftritt bei Castlereagh zwischen Wrede und Metternich, wobei F. Wrede äußerst grob und anmaßend gegen den Letzteren war und Metternich sehr geduldig gewesen sein soll. Es kam dazu wegen der Deputirten der Mediatisirten, des alten Fürsten Metternich und des Grafen Solms-Laubach, die bei dem deutschen Comité Sitz und Stimme haben sollen, was sämtliche ehemalige deutsche Bundesfürsten nicht leiden wollen[1])...

Vom Papst erzählt man sich viele und komische Sachen, daß er sich eine sehr hohe Sprache gegen unsern Kaiser erlaube und lächerliche Zumuthungen selbst wegen polizeilicher Einrichtungen mache. Allgemein wird mit Enthusiasmus die Sache des Kaisers vertheidigt.

Die Note vom Kaiser von Rußland wegen der 300,000 Seelen für den Vicekönig macht allgemein große Sensation. Die Franzosen behaupten, bestimmt, daß er sie erhalten werde, und nennen selbst das Trierische als für ihn bestimmt[2])....

Zum Vortrag vom 16.

15. Febr.

Le général polonais Cte Krukowiecki est arrivé avant quelques jours en cette ville. Il vient de Londres, où il fut envoyé par l'Empereur de Russie pour l'échange des prisonniers de guerre il y a cinq mois, comme j'avais l'honneur de le marquer à V. E. à ce temps-là. Le Cte K. est un des plus fameux révolutionnaires; il est fils du défunt président des appels à Léopol, fait comte de simple gentilhomme par la grâce de notre cour. Il s'esquiva en 1807 de Léopol et entra en service de l'armée révolutionnaire formée dans cette époque. Ayant servi jadis dans nos troupes, il fut décrété par le gouvernement de la Galicie comme émigré in contumaciam, mais amnistié à la suite de la paix de Tilsit. Le connaissant depuis 15 ans de près, et sachant à quel point il est ennemi du gouv. autrichien, et combien de tort il a fait à la monarchie en séduisant une quantité de jeunes gens de la Galicie à l'émigration, j'étais on ne peut plus étonné lorsqu'il me dit qu'il demeure chez le Cte Lanckoronski. Après un quart d'heure de pourparlers nous étions dans l'ancienne confiance, et il me raconta que l'Empereur Alexandre lui

---

[1]) Nach einem Bericht Wrede's an Montgelas vom 10. Februar hätte Metternich sein Gegenprojekt vom 28. Januar in der sächsischen Frage ohne Vorwissen Bayerns eingebracht, was zu einer „vive explication entre moi et le Prince de Metternich" führte. „Elle a fini comme bien des précédentes, c'est à dire qu'il m'a avoué avoir eu tort, mais ses aveux ne changent rien à la nature des faits". (Münchener Geh. Staatsarchiv.)

[2]) Es war ein Territorium mit 200 bis 250.000 Seelen im Pfalz-Zweibrückenschen, das Alexander für Beauharnais gewünscht, aber nicht zugestanden erhalten hat. S. in Du Casse Mémoires, X. 321 ff. die Briefe Beauharnais' an seine Frau vom 13. und 17. Februar 1815.

avait dit qu'il espère que la nation polonaise sera satisfaite d'avoir recouvré son existence et que, si pour le moment il était impossible de lui rendre son entière indépendance, il l'avait placée du moins dans le cas de la regagner un jour sous sa protection. Krukowiecki a reçu en même temps l'ordre de l'empereur de rester encore quelques jours à Vienne et d'attendre les dépêches qu'il lui fera rendre pour le Grand-duc Constantin à Varsovie. J'ai remarqué au Cte K. comment il se peut qu'un si bon patriote comme lui pouvait se fourrer dans la maison d'un antipatriote tel que Lanckoronski, à quoi il me dit en confiance que tout le monde se trompe sur les sentiments de ce dernier qui, au fond, est un des meilleurs patriotes de la Pologne et a rendu à sa patrie les services les plus signalés par sa fine politique, et ajouta que Lanckoronski est très lié avec les P^{ces} Henri Lubomirski et Adam Czartoryski, et qu'il jouit d'un grand crédit auprès de l'Empereur Alexandre; que son beau-père, le Cte Casimir Rzewuski (nommé en Pologne pisarz koronny), connu comme un des plus zélés patriotes, est toujours en correspondance avec lui et n'agit que dans les sentiments de son beau-fils.... Krukowiecki m'a dit savoir de la bouche du P^{ce} Ad. Czartoryski que les deux cercles de Tarnopol et de Zaleszczyki retourneront à la maison d'Autriche, mais qu'on espère encore sauver le cercle de Zamosc. K. ajouta que la conservation de ce cercle au Duché de Varsovie coûte déjà plus de 500,000 francs au Cte Zamoyski, et que ce dernier est prêt de sacrifier encore la moitié de sa fortune en négociations afin d'empêcher que le cercle de Zamosc ne retombe sous la domination autrichienne.

15. Febr. (Freddi)

[Beim Nuntius äußerte sich St. Marsan über Castlereagh:] „Il quitte Vienne avec regret. Son secrétaire Planta m'a assuré qu'il y a eu entre Castlereagh et Wellington la veille un long entretien, où celui-ci avec son sang-froid déclara à l'autre son improbation sur différents objets et lui répéta d'un ton sévère que le P^{ce} Régent n'approuvait point du tout sa conduite et qu'il aurait dû plutôt quitter Vienne"[1]).

[Saldanha (Portugal) erzählt Freddi von einem Diner bei Labrador, nach dessen Beendigung Talleyrand und Consalvi durch geistreiche Ausfälle die Anwesenden ergötzten.] „Le saint père", dit Consalvi, „a remis la défense de ses droits au Sultan des Turcs et au Roi de Suède."

15. Febr. (Gœhausen nach Hebenstreit)

Bei den Preußen in der „kleinen Landskrone" am Wildpretmarkt bemerkte Hofrath Butte, auch mit Süddeutschland werde man bald ein Herz und eine Seele sein, alle Werke seien dahin geleitet.. Die Rechte der Menschheit würden jetzt nicht mehr Spielwerk der Monarchen sein, England und Holland seien vorausgegangen, Preußen habe sehr viel gethan und man werde es

---

[1]) Das wäre ein bei den englischen Diplomaten seltenes Beispiel von Indiskretion.

noch mehr anerkennen. Im Vertrauen sind sie schon darüber einig, daß längstens binnen zehn Jahren Deutschland eine Erschütterung bevorstehe, wozu die Maurerei, und zwar mit englischem Einfluß, das Meiste beitragen wird. Butte steht nicht in bayrischen Diensten und dürfte nur in geheimen Aufträgen verwendet werden; er ist ganz den Preußen ergeben. Sie sind sämmtlich Maurer und pflegen sich auch bei Tische die gewöhnlichen Zeichen zu geben.

Zum Vortrag vom 17.

16. Febr. (**)

Ziemlich allgemein macht man sich lustig, daß F. Metternich abermal die Oberleitung der Tableaux bei Hof führt, die Proben in der Staatskanzlei hält und die Zeit versplittert, die so viele in- und ausländische Sollicitanten vergeblich in Anspruch nehmen....

Frau v. Eskeles teilt die preußische Flugschrift aus: „Deutsche Ansichten der Vereinigung Sachsens mit Preußen", (Deutschland 1814[1]).

Bei Arnstein war gestern wieder Wachsfiguren-Vorstellung und ausgesuchte Gesellschaft: L. Wellington, der unter Begleitung des portugiesischen Gesandten eingetreten war, P^{ce} Beauharnais (mit Mr Méjan), Cardinal Consalvi, H. v. Labrador, Capo d'Istria, F. Hardenberg, Bon Humboldt, Commandeur Ruffo, Graf S. Marsan, Graf Solms, der alte F. Metternich etc. etc.

Bei Pufendorf heißt es: Bon Hacke ist Minister d. aff. étr. in Karlsruhe, Bon Benckheim Gesandter in Wien, Dänemark erhält Lauenburg, Hannover Ostfriesland für Lauenburg, Bayern vier Ämter von Fulda und bei Mainz sein Äquivalent für Salzburg, Inn- und Hausruckviertel. So ist alles Dienstag in der Nacht vor L. Castlereaghs Abreise unterfertigt worden.

[Wyllie sagt:] que l'Empereur des Russies gardait depuis quelques jours un silence morne dont le motif était facile à pénétrer; que ce silence avait pour cause son mécontentement sur le cours des affaires, et que tout ce qu'on savait c'est qu'il a dit au Roi de Prusse, en présence du P^{ce} de Wolkonsky: „Soyez tranquille, en voulant cimenter une paix durable on n'a fait que couvrir de cendres le feu d'une guerre inévitable qui devra éclater dans peu et déranger l'édifice politique projeté à Paris et exécuté à Vienne"[2]).

Zum Vortrag vom 18.

17. Febr. (Göhausen)

[Alexander tritt für Beauharnais' Entschädigung durch Zweibrücken ein.] ... Bon Stein soll sich die Ungnade des Kaisers von Rußland zu-

---

[1]) Die Schrift war eine phrasenreiche Stilübung Varnhagens, der sich selbst zu ihr bekannte. Vgl. Troska, „Die Publizistik der sächsischen Frage", S. 27.

[2]) Der Berichtleger erzählte am nächsten Tag die Sache den Franzosen, die darüber lachten und meinten, der Kaiser von Rußland habe dadurch und durch seine schlechte Laune sich gleichsam nur dem König gegenüber entschuldigen wollen, weil er von seinen Versprechungen, Sachsen betreffend, nicht alles hätte halten können. (Zum Vortrag vom 19. Februar 1815.)

gezogen haben, indem er — und zwar am 15. d. — ihm unverholen gesagt: Es würde den Thatenruhm des großen Kaisers ganz verdunkeln, wenn er, wider seine vorigen Erklärungen, darauf bestünde, daß diesem Gliede der Napoleonischen Familie eine Entschädigung in Deutschland zuerkannt werden sollte.

17. Febr. (Freddi)

[Gestern waren die drei lucchesischen Deputierten beim Nuntius[1]).] Le Nonce avec une joie apparente annonça aux députés la nouvelle que les trois légations seraient rendues incessamment au Pape. „Nous devons beaucoup au sublime dévouement manifesté en faveur du S. Père par l'Empereur Alexandre et par les souverains protestants. Ce sera une époque que le pinceau de l'histoire consacrera dans les annales de ce fameux congrès que de voir appuyés les droits du pape par les hérétiques contre les desseins avides et ambitieux de ceux-même qui devaient en être les plus zélés défenseurs[2]).

Zum Vortrag vom 19.

18. Febr. (Freddi)

[Der Nuntius versichert den Berichterstatter:] que M. Bartholdi l'avait assuré que la dette de l'Autriche s'élevait à 4 milliards monnaie de France, et qu'il était inévitable une banqueroute qui produirait des maux incurables à l'Autriche[3]). Le susdit Prussien prélude assez méchamment encore à des désastres plus épouvantables, c'est-à-dire à une révolution qui finira par rendre cette monarchie constitutionelle. Les ennemis de l'Autriche travaillent à cela, et on en parle même dans les cafés....

18. Febr.

... P^{esse} Bagration. Dès que cette dame entre pour quelque chose dans les manœuvres de la politique, il n'est pas inutile de dire à V. Exc. que les affaires de sa caisse vont si mal et sont dans un tel accablement que les créanciers menacent de toute part, et son cuisinier Bretton, qui jusqu'ici avançait l'argent pour faire aller la cuisine, a déclaré hier à sa maîtresse qu'il ne veut plus lui faire le dîner à moins qu'elle ne le paye. Elle est dans le plus grand embarras.

---

[1]) Graf Mansi, Cittadella und Sardi.
[2]) Vgl. unten die Ausfälle von Consalvis Sekretär gegen Metternich.
[3]) Nach einer für den internen Gebrauch verfaßten „Übersicht des Passiv- und Aktiv-Kapitalienstandes zu Anfang Monat Mai 1814", betrug die gesamte Staatsschuld rund 832 Millionen Gulden. (1800 Millionen Francs.) Beer, Finanzen Österreichs, I. S. 404 läßt die sogenannten Englischen Schulden, die 1794, 1797 und 1800 kontrahiert worden waren (103 Millionen Gulden), unberücksichtigt.

Zum **Vortrag** vom 20.

18. Febr. (Freddi)

Je me suis rendu hier matin selon ma coutume à l'hôtel de la nonciature. Au moment que j'entrais, venaient d'arriver le Chev. Salis[1]) et le Marquis de Vecchietti, ce vieux plaidoyeur des droits de l'Infante M. Louise Bourbon à la souveraineté de Parme etc. Au lieu de voir le nonce, je me suis adroitement ménagé un entretien avec l'abbé Evangelisti, secrétaire du C. Consalvi. Combien de blasphèmes et d'imprécations ne sont pas sorties de la bouche de cet enragé Romain contre les ministres autrichiens qu'il honore des titres d'ignorants, d'irréligieux et de franc-maçons. „Le cardinal avait demandé à être admis aux conférences du congrès; il était même appuyé par les ministres des différentes cours; mais Metternich, impitoyable ennemi de la cour de Rome, lui qui est initié dans les horribles mystères d'Isis, de Ceres et de la franc-maçonnerie, s'est opposé avec autant d'ardeur et d'art qu'il a obtenu l'exclusion du cardinal... Nous avons à faire à des monstres pis que Bonaparte. Le doigt de Dieu signera aussi leur condamnation. En attendant nous n'avons encore aucune notification officielle. Le P^{ce} Neri Corsini, qui approche souvent Metternich et qui tâche de découvrir les secrets de ce dangereux Protée, nous assura hier qu'il n'y avait rien d'arrêté encore. Ainsi il faut attendre. „La haute politique," a dit tout récemment un savant auteur français, M. de Bonald, „demande plus impérieusement que jamais l'affermissement de la puissance du S. Siège. C'est de là qu'est venu la lumière, c'est de là encore que viendront l'ordre et la paix des esprits et des cœurs." Ainsi me parla tout plein de rage et d'amertume le dépositaire des secrets du cardinal[2])....

Saldanha[3]) m'apprit que l'Impératrice M. Louise avait écrit une lettre fort touchante et énergique à l'Empereur de Russie, implorant son appui pour être conservée dans la souveraineté de Parme conformément à l'article 5 du traité de Fontainebleau, et selon les promesses que l'empereur lui avait réitérées de toute sa faveur[4]). „Cette démarche n'est qu'une savante manœuvre du cabinet autrichien pour mettre des entraves à la définition de cette affaire, manœuvre qui a été bien connue par le Grec, à qui il est fort indifférent que Parme soit gouvernée par une princesse de la maison de Bourbon ou d'Autriche."

---

[1]) Vertreter Graubündtens.
[2]) Nach dem Kongreß, am 11. September 1815, schrieb Consalvi an Metternich: „Depuis mon arrivée à Vienne jusqu'à mon départ Votre Altesse m'a donné trop des (!) preuves de son vif intérêt d'assurer dans le congrès le bon succès des affaires du S^t· Siège, pour que je me sois cru en devoir, à mon arrivée à Rome, de dire au S. Père que c'est principalement à Votre Altesse, et aux soins particuliers qu'Elle s'est donnés, que le S^t· Siège doit ce qu'il a obtenu." (Original im Archiv des Schlosses Plass in Böhmen.)
[3]) Saldanha da Gama, Vertreter Portugals in Rußland und auf dem Kongreß.
[4]) Es war der Brief, den die Exkaiserin am 15. Februar an Alexander richtete, der sie am 17. seines unveränderlichen Interesses an ihrer Sache versicherte.

18. Febr. (Schmidt nach O.)

Im Zusammenhange mit der Beobachtung des F. Adam Czartoryski stehen jene Männer, welche in der Kanzlei, die in des Fürsten Wohnung errichtet ist, arbeiten. Wie bereits gemeldet wurde, sind die vorzüglichsten Mitglieder derselben: Fürst Heinrich Lubomirski, Szanyawski und Gross... Der Vertraute O..., welcher Gelegenheit fand, sich ihnen (den beiden Letzteren) als Landsmann zu nahen und sie vertraulich zu machen, will schon vor einigen Tagen bemerkt haben, daß eben die Genannten nicht am besten für Rußland gestimmt seien und daß sie mit der Lage, die zu erwarten stehet, unzufrieden wären. Sie ließen sich besonders über einen Aufsatz heraus, der in Bezug auf Polen in der Londoner Morgen-Chronik[1]) abgedruckt wurde. Obschon er von einem angeblichen Krakowski unterzeichnet wäre, so seien sie doch überzeugt, daß die Schrift aus der Feder des bekannten Flüchtlings General Jomini, geflossen sei, weil sie ganz den Geist der Grundsätze des Petersburger Cabinets athme. Unter Anderem wird in diesem Aufsatz auseinander gesetzt, daß Polens Heil die Theilung nothwendig mache, und daß der größte Theil der Einwohner die Herstellung der alten Dinge keineswegs verlange; nur könne man etwa fünfzig Magnaten annehmen, die sich einen König wünschen, was sich mit den allgemeinen Wünschen gar nicht vereinbare. Ein sicherer angeblicher Polakowski habe diese Schrift mit Würde und Nachdruck beantwortet. Man glaubt, diese Schrift sei unter Czartoryski's Augen von Szanyawski geschrieben. Dieser sucht zu beweisen, daß Polens Existenz zur Herstellung der Ruhe und des Gleichgewichts der Mächte erforderlich wäre und daß es nicht etwa fünfzig Edelleute gewesen seien, die in der Hoffnung des Wiederauflebens ihres Vaterlandes unter Napoleons Fahnen ihr Blut in allen Gegenden Europas mit Ruhm und Ehre vergossen haben. Von diesen Schriften, fügte Groß bei, dürfte in der „Allg. Z." ein kurzer Auszug erscheinen[2])...

Heute, in einem zweiten Gespräch, ließen sich Szanyawski und Groß verlauten, daß Polen seine Unabhängigkeit gewunschen habe und daß es, auf die Versicherung des Kaisers Alexander, welche Großfürst Konstantin nachhin in dessen Namen öfters wiederholte, einige Hoffnung gerichtet habe. Aber die Polen seien nun mit der versprochenen Constitution und dem Vice-Könige keineswegs zufrieden gestellt. Sie hätten auch die Verheißungen der russischen Kaiserin Catherina II. keineswegs vergessen, welche nicht erfüllt wurden, sondern nur dahin geführt haben, sie ihrer Freiheit zu berauben und ihnen am Ende selbst ihren König zu nehmen. Groß ließ sich noch mehr heraus... Er ist der Meinung, daß bei dem nächst entstehenden Kriege zwischen Österreich und Rußland, wenn jene Macht einen Aufruf an sie erläßt, in welchem sie die politische Existenz der polni-

---

[1]) „Morning Chronicle." Vgl. oben das Interzept des Briefes von Pfeffel an Wrede, 19. Januar 1815,
[2]) Er ist in den nächsten Wochen nicht erschienen.

schen Nation verheißet, die ganze Nation an Österreich sich anschließen wird, bes. wenn es die ersten Familien des Reichs begünstigt.....

19. Febr.

Ce matin Capo d'Istria a été chez moi, il vient de me quitter. Il n'a fait que me répéter qu'avec Metternich on ne peut pas négocier, il varie trop; il vous change les paroles, il vous nie aujourdhui ce qu'il vous a dit ou accordé hier; qu'il a forcé tout le monde à ériger la méfiance en système; qu'on sent bien qu'un ministre ne doit pas dire son secret, mais que quand il dit: cette boule est ronde, il ne doit pas dire le lendemain: non, elle est quarrée; que lui, Capo d'Istria, en était bien fâché pour le mal qui en résultait et parcequ'il aimait Metternich qui d'ailleurs était gai et tout à fait aimable; que pour le moment les choses s'arrangeraient, mais, qu'à parler sincèrement entre nous, de tous côtés on avait exigé des choses déraisonnables, et cela ne pourrait pas durer longtemps, et que la faute principale en était à Metternich qui avait laissé échapper le moment de s'entendre, soit avant de passer le Rhin, soit à l'entrée à Paris; que dans l'arrangement actuel les seules qui y gagnaient étaient la France et l'Angleterre... Heureusement les souverains se sont connus personnellement, et mon empereur aime et estime le vôtre.

[Gestern bei Talleyrand Wortgefecht, woran er, Noailles, Pozzo, Ruffo und Kardinal Consalvi theilnahmen.] On est fâché contre le cardinal de ce qu'il n'a jamais poussé au congrès que les affaires propres de sa cour et jamais prit part aux intérêts des autres; on lui reproche cet égoïsme de n'avoir jamais énoncé les principes de justice et de légitimité, lui qui, comme lui dit Talleyrand, était le ministre du plus ancien monarque de l'Europe et du plus légitime, et en même temps le ministre du vicaire du dieu de la justice, principes qui auraient si bien siégé dans sa bouche. Le cardinal a répondu qu'il les avait énoncés dans tous ses discours. Alors Talleyrand lui dit que dans ses notes il n'en parlait pas du tout, et qu'au congrès rien n'est dit que ce qui est écrit et communiqué ministériellement. Le cardinal répondit qu'il les avait énoncés par le fait, car il aurait pu, et pouvait encore, s'arranger avec Murat et ravoir les Marches, si le pape voulait le reconnaître comme Roi de Naples, mais par attachement et respect à ces principes sacrés le pape ne l'avait pas fait. Sur quoi Ruffo lui répondit qu'il n'aurait pas eu les Marches pour cela et que d'ailleurs cette reconnaissance du pape n'aurait rien fait à la chose, au lieu que, s'il avait intoné les grands principes il aurait fait l'affaire de son maître et appuyé celles des autres (princes) légitimes. Talleyrand... lui dit, entre autres, que c'était à cela que s'attendait toute l'Europe de la part d'un ministre si estimé pour ses qualités d'esprit et de cœur tel que le Cardinal Consalvi[1]).

---

[1]) Die Sache wird von St. Marsan in seinem Tagebuch (Rinieri, p. LXXII) mit einer persönlichen Spitze Consalvis gegen Talleyrand erzählt.

19. Febr. (N. N.)

J'ai cru m'apercevoir que le P^ce Henri Lubomirski se donne beaucoup de peine pour captiver les ambassadeurs anglais, surtout L. Stewart, et je m'en suis convaincu à la fin. Le P^ce Henri se sert à ce dessein de Mad. Zielinska qui, par sa liaison avec M. Griffith, tient à tous les Anglais, et a plusieurs moyens d'entrer en relation avec eux[1]). Née Polonaise elle est naturellement portée pour tout ce qui paraît être utile à ses compatriotes. En outre elle a la rage de se fourrer parmi les grands pour s'entourer d'un lustre que sa réputation comme ancienne maîtresse du P^ce Eszterházy avait terni. Par conséquence elle est non seulement prête à seconder les vues du P^ce Henri, mais encore est-elle glorieuse de sa confiance. Je trouve presque toujours le prince chez elle, et je le vois très lié avec plusieurs Anglais de l'ambassade...

Zum Vortrag vom 21.

s. d. (Freddi)

[Beim portugiesischen Gesandten, der erkrankt war, versammelten sich in Gegenwart des Berichterstatters Diplomaten verschiedener Länder.] Parmi les différents sujets qui nourrirent les entretiens de ces diplomates le principal qui aiguisa le talent de la contradiction et de la médisance fut l'étrange nouvelle de l'arrivée de Bonaparte à Naples. Il y en eut qui crurent à la possibilité de cet événement, et d'autres qui se refusèrent à y prêter foi. Les premiers voient déjà l'Italie devenir le théâtre de grands événements qui ébranleront l'Univers „et nos flendo ducimus horas"[2]). Quant à moi, je ne crois rien.

Zum Vortrag vom 22.

20. Febr.

K. Alexander war vorgestern (18.) incognito bei der Kaiserin M. Louise, um mündlich auf ihren Brief in betreff ihrer Angelegenheiten zu antworten[3]). Goethe hat die Note des Herzogs v. Weimar in Betreff der deutschen Angelegenheiten geschrieben[4]). K. Alexander will den Herzog für seine Anhänglichkeit an ihn entschädigt wissen. Fürst Koslowski erzählte mir heute selbes samt dem Ausspruch: „Que diable veut donc la Bavière qui

---
[1]) S. oben.
[2]) Virgil, Aeneis, VI. 539.
[3]) S. oben. Bei dem Besuch, den der Zar einem Briefe vom 17. folgen ließ, soll er (nach einem anderen Polizeirapporte vom gleichen Tage) die Kaiserin versichert haben, er wolle sich ihrer Sache mit allen Kräften — si même il devrait la soutenir par la force des armes — annehmen. Er hat diese Zusage gehalten. (S. Fournier, Histor. Studien und Skizzen, II. 244.) M. Louise hatte auf den Zar den besten Eindruck gemacht, so daß er zu Eugen Beauharnais sagte, er könnte sich ihr, wenn sie in der großen Welt erschiene, bis zur Verliebtheit attachieren („il s'attacherait à elle tellement qu'il en deviendrait éperdument amoureux"). Zum Vortrag vom 4. März 1815.
[4]) S. oben S. 66.

a été gâtée par vous, messieurs. L'empereur dit que vous l'avez assez indemnisée par le Würzbourg, et il a raison. Vous prenez trop sa partie, vous vous en répentirez. Wellington voit bien, en disant, que la Prusse doit être mise dans un état de pouvoir arrêter les Français qui deviendront sous peu les mêmes qu'ils étaient. Il ne se laissera pas imposer par votre élégant, votre aimable (P^{ce} Metternich), qui se trouve cependant lui-même embarrassé par le trop d'amitié qu'il a porté au maître d'école galonné"[1]).

21. Febr. (* *)

[Graf Schönfeld erzählte wenig Erbauliches aus dem Vorleben des neuen preußischen Kämmerers und Legationssekretärs in London, Baron Miltitz, und daß ihm Graf Salmour seinerzeit das Leben gerettet habe, da er bereits zum Tode verurteilt war.] „Dessen Geschichte ist unter uns Sachsen ganz bekannt; wir wundern uns, daß er in Wien überall erscheinen mag."

Bei Graf Goess war gestern zahlreiche Soirée. ... Sie sprachen von dem Hochmut und der wahren Grobheit der Zichy'schen Familie und des Grafen Karl Zichy, als welchen sämtlichen die Familiarität des russischen Kaisers und der Könige von Preußen und Dänemark die Köpfe verrückt...

Bei Pufendorf wurde gestern gesagt: „Das Wiener Publikum wird nun sehr gebildet. Jeder Handwerker, jeder Taglöhner, jede Obstlerin versteht sich auf den Börsekurs; sie wissen genau, was oben beim Kongreß vorgeht, wann es Aufenthalt gibt, wann es voranrückt u. s. w. Der Kongreß ist ein großes medium der Agiotage."

Zum Vortrag am 23.

21. Febr. (Schmidt nach Hebenstreit.)

[Aus dem Verkehr mit Graf Rechberg:] Der König von Bayern hat gestern die entworfene Reichsconstitution zur Durchsicht empfangen und selbige, nachdem er eine halbe Seite gelesen, unter den Tisch geworfen. Das preußische Cabinet fährt noch immer fort, hier in Wien Schriftsteller zu suchen, welche für sein Interesse Flugschriften verfassen und verbreiten sollen. Es bezahlt übrigens alle seine Diener mit barem Gelde, worauf sich die Herren nicht wenig zu Gute thun...

Zur Charakteristik des bekannten Werner[2]) dienen folgende zwei aus guten Quellen mir mitgetheilte Anekdoten: Als er nach manchem fruchtlosen Versuche beim Könige von Preußen den Zutritt erhielt und derselbe ihm äußerte, er wolle nichts in der Religion ändern lassen, weil er das Reformiren nicht liebe, antwortete Werner: „Dann müssen Ew. Majestät auch Luther und Calvin nicht leiden können." Der als Übersetzer mehrerer französischen Stücke bekannte Franz von Kurländer besucht fleißig Werners Predigten und hat sich die Gabe eigen gemacht, denselben

---
¹) Wrede.
²) Zacharias W.

im Ton und in der Gebärde nachzuahmen. Werner, der dies in Erfahrung gebracht, wirft in seiner letzten Predigt bei den Ursulinerinnen seinen Blick gerade auf den vor der Kanzel stehenden Kurländer und ruft ihm zu: „Christum sollt Ihr nachahmen, aber nicht ehrwürdige Kanzelredner."

22. Febr. (Gœhausen)

Während einer Unpäßlichkeit Gärtner's[1]) werden Papiere desselben zur Kenntniß gebracht:

No. 1 ist ein Bericht desselben (No. 20, expedirt 15. Febr.)[2]), worin es u. A. heißt: „Die Cessionen Bayerns an Österreich, sowie Preußens an Hannover p. p. finden allein noch Schwierigkeiten. Alles Übrige wird schnellere Berichtigung finden. Entschieden ist es bereits, daß der souveräne Fürst der Niederlande seine ganze teutsche Erbstaaten verliert und dagegen eine Erweiterung der Grenzen in der Gegend von Luxemburg erhält. Darmstadt und Nassau werden größtentheils über den Rhein gewiesen werden. Preußens Grenzen rücken dagegen bestimmt diesseits des Rheins bis an die Lahn vor. Alles dieses ist bereits vor der Abreise des Lord Castlereagh en gros besprochen (worden), über das Detail aber einen völlig zuverlässigen Bericht zu erstatten bis jetzt unmöglich. Mit großem Vergnügen und wahrer Beruhigung kann ich dagegen melden, daß S. D. der Fürst Hardenberg und S. Exc. der Minister Freiherr von Humboldt den neuen preußischen Constitutionsplan, soweit er von § 54—75 die durch den Rheinbund unterdrückte Reichsstände betrifft, S. Exc. Graf von Solms-Laubach und mir offiziell mitgetheilt und uns erlaubt haben, Bemerkungen darüber aufzustellen. Ich habe diese sogleich ausgearbeitet, und den andern Tag fand mit gedachter Seiner Durchlaucht und S. Excellenz eine förmliche Conferenz darüber statt, in welcher meine Gegenbemerkungen verlesen, erwogen, von mir möglichst vertheidigt und größtentheils wohlwollend aufgenommen wurden. Es ist mir nun von dem hiernach abgeänderten Plane eine offizielle Mittheilung zugesagt worden, welche ich sodann dem nächsten Berichte beizulegen nicht ermangeln werde. Für heute muß ich mich auf die Bemerkung beschränken, daß der Plan für diejenigen, welche jetzt Preußen als Schutzherrn erhalten, oder welche größeren Staaten, zu welchen sie nach dem Rheinbund nicht gehörten, dermal erst militärisch zugetheilt werden, beinahe gar nichts mehr zu wünschen übrig läßt. Für diejenigen aber, welche in dem bisherigen Verhältnisse zu den größeren Staaten bleiben, denen der Rheinbund sie zugetheilt hat, ist der Plan weniger günstig. Die Aussichten heitern sich also in jedem Falle sehr auf, und von Österreichs Unterstützung und Ausspruch hängt es jetzt lediglich ab, jene fürtreffliche preußische Intentionen für Alle zu generalisiren. Sobald dieses geschieht, ist Preußen bestimmt dafür, allen die gerechten

---

[1]) Des Anwalts der Mediatisierten.
[2]) An wen, ist nicht angemerkt.

Bedingungen, welche es seinen künftigen mindermächtigen Schutzverwandten in jedem Falle bestimmt, ohne Ausnahme zu verwilligen[1])."

Zum Vortrag vom 24.

23. Febr. (Freddi)

Le Nonce me parla d'abord de la gageure qui avait eu lieu entre l'Empereur Alexandre et Madame de Wrbna. „Mais se peut-il des pareilles sottises! Voilà par quels hommes le monde est gouverné! La chronique scandaleuse du congrès ajoutera cette jolie aventure aux autres ignobles et blâmables traits de ce héros des freluquets, et l'histoire rappellera un jour à la postérité que le palais des césars servit de b... au Czar de Russie[2])."...

23. Febr.

General Grolman sagte, daß eine sächsische Deputation bereits hier sei, wozu General Carlowitz und Hofrath Ferber gehören[3]): „Diese zwei Herren habe ich nun wirklich schon vorgestern im Bureau des Generals Langenau gesehen." G. sagte mir ferners, diese Deputation bitte, daß entweder ganz Sachsen Preußen mit einer Integralverfassung zufalle, oder Alt-Sachsen dem sächsischen Königshause verbleibe und bloß die Lausitz an Preußen falle. Er sagte aber, indem er dieses erzählte: „Nun ist es zu spät. Nur die Bayern sind es nunmehr allein, welche die teutschen Angelegenheiten aufhalten. Was Mainz betrifft, sind wir zufrieden, daß es Bayern nicht bekommt, denn diese Macht kann unmöglich Zutrauen einflößen; ihre Handlungsweise hat bis zum letzten Momente nur zu deutlich der ganzen Welt die Überzeugung verschafft, was man von ihrem teutschen Sinn erwarten kann. Nur Ihre, d. i. Österreichs, Großmuth, die ganz unbegreiflich ist, hat verhindert, daß Bayern nicht ganz entlarvt dasteht. Sie hätten bei günstiger Gelegenheit den Franzosen gerne die Thore von Mainz öffnen wollen, wenn ihnen gegen Österreich Erweiterung zugesichert worden wäre. Ich will wetten, daß Sie, meine Herren Österreicher, die Bayern noch hier zu Wien durchblicken werden und sehr kalt voneinander scheiden."

[1]) Nr. 2 war der Humboldtsche Entwurf § 54—79, betreffend die Mediatisierten, hie und da abweichend von Klüber, II.; Nr. 3 waren Gärtners Bemerkungen dazu.

[2]) Die Wette zwischen Alexander und der schönen Gräfin Wrbna, wer sich rascher umkleiden könne, wurde keineswegs in anstößiger Weise ausgetragen, wie der Nuntius vermutet zu haben scheint. Beide verließen zu gleicher Zeit die Gesellschaft, um in gesonderten Gemächern möglichst rasch das Kostüm zu wechseln und dann, anders gekleidet, wieder im Salon zu erscheinen. Es nahm auch, außer Severoli, niemand Anstand an dem harmlosen Scherz, bei dem der Kaiser die Gräfin höflicher Weise gewinnen ließ.

[3]) Beide, Generalmajor von Carlowitz und Hofrat Ferber gravitierten nach Preußen und traten auch später in preußische Dienste. Vgl. Flathe, III. 338.

Zum Vortrag vom 25.

24. Febr. (Leurs?)

Reichenbach erzählt über Bon Bühler, den russischen Geschäftsträger, er sei von Hardenberg zum Rothen Adlerorden 2. Klasse vorgeschlagen worden. „Der wahre Grund dieser verspäteten Dankbezeugung soll sein, daß Baron von Bühler in allem gegen Preußen viel Nobilité gezeigt, daß er nicht allein mehr Preuße als Österreicher, Franzos, Engländer, sondern sogar mehr Preuße als Russe sei und diese Barbaren genauer kennt. Derselbe soll ein deutscher Mann sein und hier während des Kongresses Preußen durch Nachrichten und Verbindungen ungeheure Dienste geleistet haben.

24. Febr. (Nota)

[Frau von Eskeles erzählt dem Berichtleger von einem Diner bei Hardenberg, wo üble Briefe aus Berlin angekommen seien, die Unzufriedenheit meldeten:] Que ceux qui avaient manié le sabre pour la patrie avaient fait tous des merveilles, tandis que ceux qui maniaient la plume étaient bien au-dessous de ce qu'on les croyait, et mériteraient tous d'être renvoyés... Que la cause de tout ce malheur était que les deux grands cabinets de l'Allemagne n'avaient jamais été d'accord comme ils l'auraient dû être. Le roi même sera mal reçu

... Bartholdi m'a dit que le Roi a donné l'ordre de lui faire une constitution, et que les trois qui en sont chargés et y travaillent sont les conseillers Stägemann, Hoffmann et le ministre des finances Bülow.

Zum Vortrag vom 27.

26. Febr. (**)

... Bei Dalberg begegne ich fleißig den H. Zerleder und Graf Schlitz, der der Schwager und Rapportierer des Grafen Rechberg ist.

... Dalberg äußerte sich gestern u. A.: „Den König Murat betreffend, so ist dessen Controverse mit der päpstlichen Heiligkeit die nachstehende: Der Papst fordert Ancona zurück. Murat sagt: „Erkenne mich als legitimen Souverain von Neapel und ich gebe Dir Ancona zurück." Der Papst sagt: „Ich kann Dich nicht anerkennen, Du bist ein Usurpator." So stehet die Sache von dieser Seite... Der sardinische Gesandte Rossi sagte: „Heute hat Graf Rasumowsky eine Note übergeben, worin dessen Kaiser und Herr auf Beendigung der Kongreß-Verhandlungen sehr ernstlich dränget. Graf Wrbna[1]) hat heute die bestimmtesten Befehle gegeben, bis Anfang April müssen S. M. des Kaisers Franz Reiseequipagen bereit stehen, um jede Stunde die Reise[2]) antreten zu können... — Bei Pufendorf wird hervorgehoben, daß der russische Kaiser sich als den Beschützer der Kaiserin Maria Louise sehr laut prononcirt.

---

[1]) Der Oberstkämmerer des Kaisers Franz.
[2]) Nach Italien.

Zum Vortrag vom 28.

26. Febr.[1])

Der Monat September 1814 ist nicht nur für die Zeitgeschichte, sondern er war auch für die Bewohner Wiens einer der merkwürdigsten. Jeder Tag brachte neue Gespräche und Erwartungen über die baldige Ankunft der h. Alliierten und so vieler bedeutender Fremder, und der Spekulationsgeist aller Menschenklassen, die Neugierde, die Zahl der Müssiggeher, die Vorliebe für alles Fremde wurden im höchsten Grad in Bewegung gesetzt. Menschen, die kurz vorher über Mangel an Raum für sich und ihre Familien geklagt hatten, fanden auf einmal Platz genug, einen oder gar zwei Fremde für monatlich 100 auch 2—300 Gulden und darüber zu beherbergen, und es kam so weit, daß viele Bogen lange Verzeichnisse leerer Zimmer und Wohnungen ausgegeben wurden, weil jedermann, selbst die Vermöglicheren, ein Behagen in der Hoffnung fand, durch die Vermietung eines Zimmers auf ein paar Monate, den ganzjährigen Zins und noch etwas darüber hereinzubringen. Hierdurch geschah es auch, daß zwar die Ankommenden Anfangs über die Theuerung der Wohnungen (da die öffentlichen Gasthäuser mit dem Beispiele, das schlechteste Zimmer täglich um 4 bis 5, auch 7 f anzusetzen, vorausgegangen waren) klagten, aber doch mehr ein Überfluß als ein Mangel an Quartieren war.

Nun erfolgte am 25. September der glänzende Einzug unseres Kaisers mit den zwei verbündeten Friedensstiftern, wobei der Ernst und die Männlichkeit des Königs von Preußen und die herablassende Freundlichkeit des russischen Kaisers die Bewunderung des Publikums, besonders auch der Ausländer und der Damen, auf sich zogen. Man vergötterte sie beinahe anfangs. Allein bald nach den ersten Belustigungsfesten, wo man sie so oft zu sehen und so vieles von ihnen zu hören bekam, trat schon Gleichgültigkeit ein. Man stellte sich Anfangs die Dauer des Kongresses nur auf höchstens 2—3 Monate vor; jetzt aber, da man das Ende kaum mehr erwarten kann, mißt man ihnen allein die Schuld der Verzögerung bei. Man urteilet frei und unbefangen, und im Allgemeinen ist man ihrer müde, weil man sich in seinen Erwartungen größtenteils getäuscht sieht.

Diejenigen, die man anfangs am höchsten verehrte: Kaiser Alexander und der Preußen-König, sind in der Meinung des Volkes durch die Länge des Aufenthaltes und ihr Benehmen am meisten gefallen. Die Disharmonie des (russischen) Kaisers mit seiner Gemahlin, wovon auch das Publikum zu sprechen weiß, der Besuch bei Mädchen, die hervorleuchtende Eitelkeit in seiner Person, sind Sachen, die man an ihm nicht zu finden glaubte. Noch mehr: die Behauptung Polens, die als die Ursache der Verzögerung aller Kongreß-Verhandlungen angegeben wird, wurde ihm zur hohen Schuld angerechnet; man hält ihn für einen eitlen schwachen Mann. Als die Damen, denen er eine besondere Aufmerksamkeit schenkt, werden genannt: Gräfin Eszterházy-Roisin, Zichy-Festetics und Fürstin Auersperg, geb. Lobkowitz.

---

[1]) Wiener Stimmungsbericht.

Februar 1815: Rapporte. 405

Des Kaisers Umgang mit dem Ex-Vicekönig von Italien, mit dem er Arm in Arm die Straßen durchläuft, setzt ihn ganz unter seine Würde, denn der sogen. Prinz Eugen steht beim Publikum im gehässigsten Andenken. Der König von Preußen, von dem es anfangs in einem Bonmot hieß: „Er denkt für Alle" wird nun für den gehalten, der gar nicht denkt, aber höchst eigensinnig, hinterlistig und boshaft ist[1]). Sein finsteres Wesen wollen Einige noch dem Schmerz über den Verlust seiner Gattin, andere seinem Temperamente zuschreiben. Er ist von Natur schwermütig und mürrisch, spricht nur in abgebrochenen Sätzen, und das Publikum liebt ihn durchaus nicht, da man sich in einem Preußen keinen Freund Österreichs denken kann. Auch erinnert man sich genau, daß es eben dieser König war, der i. J. 1805 den damaligen General Bernadotte durch das Bayreuthische marschieren ließ, um die Armee des Generals Mack bei Ulm zu fangen, und der dem Feldzug ein so geschwindes und ungünstiges Ende gab[2]).

Man stellt die Rohheit der Russen, sowohl der höheren als der niederen Klasse, und die Kargheit und schlaue Zurückhaltung der Preußen mit dem Charakter der hiesigen Einwohner zusammen, und das Urteil ist bald gefällt, daß diese Nationen zu keiner gegenseitigen Freundschaft geeignet sind.

Mit den Königen von Dänemark, Bayern und Württemberg (!) ist man ganz zufrieden, weil man Anhänglichkeit an unsern Hof, Ordnung und Bescheidenheit wahrzunehmen glaubt; besonders lobt man die Einfachheit des dänischen Hofes und das solide anständige Betragen des Königs. Niemand aber ist, der nicht mit höchstem Wohlgefallen die Bemerkung macht, daß unser a. g. Monarch über alle, wie die Sonne am Firmament hervorleuchtet. Die sich immer gleiche Ernsthaftigkeit und Würde, die höchste Sittlichkeit und Zuversicht und Liebe, womit jeder Untertan sich ihm nahet, die seltene Offenheit und die Erhabenheit über alle Ostentazion sind Eigenschaften, die auch die Ausländer in Verwunderung setzen, denen er mit jedem Tage höhere Ehrfurcht abringt.

Von den übrigen Größen fanden die Großfürstinnen von Weimar und Oldenburg den meisten Beifall wegen ihrer einnehmenden Herablassung. Die Letztere wollte das Publikum durchaus als die künftige Gemahlin des Palatins, und man war ungehalten, daß sie die des Kronprinzen von Württemberg werden sollte[3]). So wie aber die anderen Fürsten, als: der Herzog von Koburg, von Weimar, von Nassau, die Kronprinzen von Bayern u. Württemberg, die Fürsten von Hohenzollern durch ihr anständiges Betragen

---

[1]) Zum 25. Oktober erzählt ein Rapport von einer kursierenden Abbildung der sechs Souveräne, wo bei jedem eine Bemerkung angebracht war: bei Alexander: „Er liebt für Alle", bei Friedrich Wilhelm: „Er denkt für Alle", beim Dänenkönig: „Er spricht für Alle", beim König von Bayern: „Er trinkt für Alle", beim Württemberger: „Er frißt für Alle", beim Kaiser Franz: „Er zahlt für Alle".

[2]) Man konnte ihm höchstens den Vorwurf machen, daß er, obgleich die Franzosen gegen seinen Willen durch sein bayreuthisches Land marschierten, nicht offen am Kriege gegen sie teilnahm.

[3]) Von einer Verbindung mit dem Palatin, ihrem verwitweten Schwager, war nur vorübergehend die Rede.

alle Achtung genießen, so sehr weiß man, daß andere, als: der Großherzog v. Baden, der Erbprinz von Darmstadt, die Prinzen August v. Preußen, Karl von Bayern, Prinz Eugen, Muster der Ausgelassenheit sind, und man stellt zwischen diesen Herren und unsern kaiserl. Prinzen manchen Vergleich an, der nur zum Lobe und zur Auszeichnung der Letzteren gereicht. Man sagt: unter den Erzherzogen ist keiner, der nicht überall den höchsten Anstand bewahrte, keiner, der die öffentliche Sittlichkeit im Mindesten beleidigte, nicht einer soliden Wissenschaft sich widmete, nicht im Publikum geschätzt und geehrt würde. Diesen Unterschied hat man besonders in öffentlichen Orten und in den Redouten machen gehört, wo jene Herren sich oft unter ihrer Würde betrugen. Auch ist kein Schlupfwinkel in der Stadt, wo selbe sich nicht zu den gemeinsten Weibspersonen bei Tag und Nacht verlieren. Und in dieser Hinsicht hat wirklich die Anwesenheit des Kongresses ein böses Beispiel gegeben und auf die Moralität einen nachteiligen Einfluß gehabt. Es haben sich eine Menge galante Frauenzimmer etabliert, von denen man vorher wenig oder gar nichts hörte, die nun große Wohnungen halten und reichlichen Verdienst haben und wieder andere Mädchen wegen der Leichtigkeit und Einträglichkeit des Verdienstes zum gleichen Handwerk verführen. Daß in dieser Art Unterhaltung und Ausschweifung die inländischen Kavaliere den fremden nicht ganz nachstehen und daß Andere dem Beispiele der Größeren folgen, ist eine bekannte Sache.

B. Interzepte.

Jouffroy an König Friedrich Wilhelm III.

Stouttgard, le 3 février 1815[1]).

Le gouvernement de Bavière n'était pas, il y a quelque temps, disposé à rétablir les Etats. Un conseiller d'état, nommé Feuerbach, en place à Munich, fit sentir dans une brochure la nécessité de rétablir les Etats dans toute l'Allemagne[2]). Le Roi de Bavière le fit tout de suite appeler, et lui fit d'amères reproches d'avoir fait circuler de pareilles idées révolutionnaires, en lui disant: „Vous savez bien que je n'aime pas les Etats." Je tiens ceci de la bouche même du conseiller Feuerbach. On éloigna cet homme de la capitale, que l'on regardait comme dangereux à l'état, en lui donnant une place de président d'une chambre de justice dans les nouvelles provinces que la Bavière vient d'acquérir[3]). Il paraît cependant que la cour de Bavière plie maintenant aux circonstances. Car des avis reçus de Munich m'appren-

---

[1]) Interzept, M. J. zum Vortrag vom 2. Februar. Jouffroy war diplomatischer Agent Preußens.
[2]) S. oben S. 61.
[3]) Er wurde 1814 zum Präsidenten des Appellationsgerichtes in Bamberg ernannt. Vgl. Ludwig Feuerbach, „Leben und Wirken A. v. Feuerbachs", S. 275 ff., wo allerdings einer Audienz beim König nicht erwähnt wird.

nent qu'un projet de constitution représentative vient d'être travaillé dans le cabinet sous l'inspection du ministre Cte de Montgelas et qu'il doit être envoyé à Vienne pour y recevoir l'approbation des grandes puissances de l'Allemagne.

Montgelas an Wrede.

Munich, le 4 février 1815[1]).

Je profite du départ d'un courrier anglais pour avoir l'honneur d'adresser à V. E. quelques lignes en supplément de la dépêche d'hier[2]). J'ai vu une lettre qui entre dans plus de détails que je n'en avais eus jusqu'ici. Elle est du 31. Il y est dit qu'on y proposait une ligne en faveur de la Prusse qui enleverait outre le cercle de Wittenberg une partie du cercle de Leipzig, la Basse-Lusace et le Torgau au Roi de Saxe, et ne lui laisse qu'une population de 1,300.000 âmes. C'est un peu dur pour lui. C'en serait cependant assez pour notre politique, si on n'y avait joint des sacrifices du côté de la Moselle qui compliquent nos échanges. En général tout cela devient si difficile qu'on devrait presque désirer n'avoir jamais été obligé d'entamer ces plans. Plus nous pouvons garder du côté de la Bavière, mieux cela sera. L'Innviertel est fertile, industrieux, fait à amalgamer avec le reste du pays. La plaine de Salzbourg est un pays de grande culture jusqu'à Werffen. Nos salines ne sçauront se passer de Berchtoldsgaden. Je sçais bien que le traité du 3 juin[3]) donne des droits incontestables à l'Autriche, mais enfin la cour de Vienne trouvera souvent des obstacles qu'elle n'a pas la force de vaincre; et si cela était, des vœux patriotiques seraient à leur place. On dit Talleyrand furieux de la trop grande condescendance du P^ce Metternich, et surtout de l'indifférence de l'Angleterre, qui se déclare indifférente sur la Saxe et ne veut donner de subsides à personne, en motivant ce système par l'indifférence et la légèreté du cabinet de Vienne sur la Pologne, qui ne tient rien actuellement intéressant que le sort du Roi de Saxe[4]). C'est ainsi que tout va de travers, et que l'un rejette la faute sur l'autre.

Stein an die Gräfin Orloff in London.

Vienne, le 5 février 1815[5]).

Pardonnez mon long silence. Il n'est cependant point l'effet de l'indifférence mais de l'état pénible où je me trouvais mis par la situation gé-

---

[1]) Interzept, M. J. Der Brief fehlt im Münchener Staatsarchiv.
[2]) Gleichfalls vom 4. datiert. S. oben S. 366 das Zitat daraus.
[3]) 1814. Angeberg. I., 179 f.: Bayern wird an Österreich abtreten: Tirol, Vorarlberg, Salzburg, wie es unter dem letzten österreichischen Fürsten gewesen war, ausgenommen Laufen und die Dörfer am linken Ufer der Saalach, das Inn- und das Hausruckviertel.
[4]) Montgelas scheint von der Annäherung zwischen Österreich und Rußland im Dezember — die Zurückhaltung Österreichs in der polnischen Frage verursachte — nichts gewußt zu haben. Dem Engländer war sie bekannt.
[5]) Interzept, M. J.

nérale des affaires. Je me voyais trompé dans l'idée et les espérances que je m'avais formé (!) sur bien des personnes. Je trouvais une fausse politique, une tiédeur pour les vrais intérêts de leurs patries qui contribuèrent à aucuns résultats satisfaisants. Il est vraisemblable que nous quitterons Vienne à la fin du mois. L'Empereur passera par Munic, Carlsruhe, Studtgardt, Berlin, Varsovie à S. Pétersbourg. Je me rendrai directement à Berlin rejoindre ma famille, et je passerai l'été en Allemagne à mes terres sur le Rhin.

Stein an Humboldt.

Wien, 6. Februar 1815[1]).

Ich überschicke Ew. Exc. einen Traktat der Schweizer v. J. 1777. Sollte man nicht, wenn in Deutschland was zu Stande kommt, einen ähnlichen zwischen ihnen und dem Deutschen Bund abschließen können? „Traité d'alliance générale et défensive entre S. M. Très-Chrétienne Louis XVI et les Cantons hélvétiques ainsi que les états coalliés, conclu à Soleure le 28 mai 1777." Dieser Vertrag steht deutsch abgedruckt in Moser's Versuch des neuesten europäischen Völkerrechts Th. VIII. S. 99[2]).

Zerboni di Sposetti an Leipziger in Rawa.

Wien, den 8. Februar 1815[3]).

Es wird eben in der Hauptsache abgeschlossen[4]). Die Hälfte des Flächeninhalts von Sachsen, 815.000 Menschen[5]) an Bevölkerung, aber nicht: Dresden, Leipzig, Bautzen. Von Polen Alles, was von der Acquisition von 1772 zum Herzogthume Warschau abgetreten worden ist. Das Departement Posen-Kalisch nur bis an die Prozina, exclus. Kalisch, welches mit dem Kreise ausfällt. Das Übrige am Rhein. In Allem einige 100ᵐ Menschen mehr als wir 1805 hatten. Wir erhalten Thorn mit, aber Krakau wird eine freie Stadt. Das Umständlichere wird in einigen Tagen nach Berlin zur Zeitungs-Publication abgehen. Die sich mit den polnischen Angelegenheiten beschäftigende Commission schreitet bis jetzt recht liberal vorwärts. Die andere[6]) und wichtigere hat noch keine Sitzung gehabt. Ich lege viel Werth darauf, auch ihr Mitglied zu sein. Hoffentlich wird es nun bald an die Besitznahme

---

[1]) Interzept, M. J. Zum Vortrag vom 8. Februar. Anmerkung des geh. Kabinets: „Die dabei gemachten Bemerkungen konnten wegen Kürze der Zeit nicht kopiert werden."

[2]) De Clercqs „Recueil des Traités de la France" enthält ihn nicht.

[3]) Interzept, M. J. zum Vortrag vom 10. Februar. Hauptmann von Leipziger war vor Jahren mit Zerboni des Hochvorrats angeklagt und zu Festungshaft verurteilt worden. S. Grünhagen, Zerboni und Held in ihren Konflikten mit der Staatsgewalt.

[4]) Am 7. Februar gab Friedrich Wilhelm seine Zustimmung zur Herstellung der sächsischen Dynastie in einem Teil des Landes.

[5]) Soll heißen 855.000.

[6]) Die für die Angelegenheiten der sächsischen Abgrenzung.

und Organisation gehen. Der Fürst[1]) war bis jetzt ungeheuer beschäftigt. Es hat Mühe gekostet, ihm die allerwichtigsten Angelegenheiten vorzutragen. Nun wird er hoffentlich mehr Gehör geben können. Wir glauben Anfangs Mai nach Berlin gehen zu können und reisen wahrscheinlich durch Schlesien. P. S. Am Rhein haben wir $2^1/_2$ Mill. Menschen.

Zerboni an Freiherrn v. Reibnitz in Opatow.

Wien, 11. Februar 1815[2]).

...Die preußischen Staaten erhalten eine Constitution und eine neue Organisation. In Rücksicht Oberschlesiens hast du einen Nebenbuhler an dem Vicepräsidenten Grafen v. Reichenbach. Mit den wichtigen Bestimmungen wegen der doppelten Vasallen sind wir fertig. Heute haben wir das Kapitel wegen Schiffahrt und Handel geschlossen. Ein hoher Geist der Liberalität beseelt die Commission.[3]) Alle Ein- und Ausfuhrverbote hören auf. Rußland nimmt alle seine diesfälligen Ukasen zurück. Eine völlig freie Circulation aller Produkte der Natur und Fabriken zwischen Rußland und uns gegen sehr mäßige Ein- und Ausfuhrzölle; die Schiffahrt völlig frei[4]). — Wir kommen nun auf das Kapitel von den Schulden, vor dem mir doch etwas bange ist....

Graf Salmour an die Fürstin Tyszkiewicz-Poniatowski in Paris.

Vienne, le 11 février 1815[5]).

Les nouvelles de la société deviennent toujours moins intéressantes depuis que le carnaval a mis fin aux plaisirs. Les souverains paraissent vouloir goûter les charmes d'une société intérieure. Les agréments de la nièce ont fait pardonner à l'oncle d'avoir été cause de la perte de la bataille d'Austerlitz, et l'empereur a demandé le P^{ce} Auersperg à souper[6]). Le Roi de Prusse vit absolument en famille. Tout ce qui porte le nom de Zichy le suit partout, et comme Lady Castlereagh reçoit du monde, S. Majesté

---

[1]) Hardenberg.
[2]) Interzept, M. J. Reibnitz war zuletzt Oberpräsident in Brieg.
[3]) Der Abrenzung Posens. Zerboni wurde Oberpräsident daselbst.
[4]) Es sind die Artikel 22 bis 30 des Vertrages zwischen Preußen und Rußland, der am 3. Mai 1815 unterzeichnet wurde. Angeberg, II. 1146.
[5]) Interzept, M. J. zum Vortrag vom 13. Februar. Graf Salmour hoffte als sächsischer Diplomat nach Paris zu kommen.
[6]) Man schob russischerseits dem österreichischen General Fürsten Auersperg, der 1805 den Franzosen den Übergang über die Brücke bei Wien nicht wehrte, den späteren Verlust der Schlacht bei Austerlitz in die Schuhe, die doch nur auf Alexanders Drängen hin geliefert worden war. Auersperg konnte bloß der Vorwurf gemacht werden, daß er den zwar ehrenwörtlichen aber falschen Versicherungen der Franzosen vertraut hatte, es seien Friedensunterhandlungen dem Abschluß nahe. Vgl. Fournier, Napoleon I., II. 102. Auersperg war übrigens für seine Vertrauensseligkeit bestraft worden. Die von Alexander besonders ausgezeichnete Fürstin Julie war dessen Nichte.

y est venue, il y a trois jours, et aussitôt le salon s'est trouvé rempli de trois dames Zichy. Cet empressement a quelque chose de conséquent et n'échappe pas aux sarcasmes des bons Viennois. Au reste on a bien l'air d'être extrêmement fatigué les uns des autres. Tout le monde espère que cela tire à sa fin, maintenant que l'affaire de la Saxe est fixée. L'on ignore si le roi[1]) souscrira à cet arrangement; je le voudrais, parce que, ne cherchant à son service ni fortune ni honneurs, il me suffit d'avoir quelque chose à ajouter à ma fortune délabrée pour vivre à Paris. Ce sera à M. de Talleyrand qu'appartiendra l'honneur de la décision de cette affaire s'il veut s'en mêler.

Castlereagh an Liston in Konstantinopel.

Wien, 14. Febr. 1815[2])

Der russische Minister hatte mich vor kurzem aufgefordert, einen gemeinschaftlichen Schritt bei der Pforte zu tun, daß sie den europäischen Mächten mehr Handelsfreiheit auf dem Schwarzen Meer einräume. Hierauf antwortete ich, ein solcher Schritt würde desto mehr Wirkung haben, wenn die vorzüglichsten Mächte von Europa der Pforte einen sichtbaren Beweis geben wollten, daß sie sich für die Integrität des ottomanischen Reiches interessieren. Ich bin nachher von dem russischen Kaiser mit einer Unterredung über die Sache beehrt worden. Der Kaiser gab mir die ausdrückliche Versicherung, daß er geneigt sei, gemeinschaftlich mit den übrigen Mächten die Pforte in die allgemeine Garantie mit einzuschließen, die vermutlich durch den gegenwärtigen Kongreß zu Stande kommen werde; er nahm nur einige eben jetzt in Streitigkeit begriffene Punkte aus, zu deren Begleichung er aber das arbitrage („the Intervention") von England, Österreich und Frankreich annehmen wolle. Sie werden also die erste Gelegenheit ergreifen, um der Pforte, diese wichtige Äußerung mitzuteilen. Auch können Sie dem türkischen Ministerium melden, daß ich diese Äußerung soeben dem Fürsten Metternich und Talleyrand mitgeteilt habe, die beide der Meinung sind, die Pforte solle ohne Verzug ihren hiesigen Minister autorisieren, eine so günstige Gelegenheit zu benützen um die allgemeine Ruhe in Europa und das besondere Interesse der Pforte zu befestigen. In Betreff der Handelsfreiheiten mögen Sie vorstellen, daß sie nur die Ausübung schon bestehender Rechte seien und daß deren Bewilligung der Pforte ebenso vorteilhaft sein würde als ihre Verweigerung sie in den Augen aller übrigen Mächte verhaßt machen würde.

---

[1]) de Saxe.
[2]) Interzept, M. J. zum Vortrag vom 19. Februar. Aus dem Englischen ins Deutsche übersetzt. Lord Liston war britischer Vertreter bei der Pforte. Über die Audienz Castlereaghs bei Alexander berichtete später Gentz, dem Castlereagh von der Unterredung mit dem Bemerken erzählt hatte: „Cette fois-ci il était vraiment de bonne foi", in einem Schreiben an den Hospodar vom 25. April 1815. (Deutsch bei Klinkowström-Metternich, Österreichs Teilnahme an den Befreiungskriegen, S. 529) unterm 24. April.

P. S. Ich habe auch dem türkischen Chargé d'affaires hier[1]) den Inhalt der obigen Äußerung mitgeteilt. Da aber die Negociation über die Beilegung der besonderen Streitigkeiten zwischen Rußland und der Pforte länger dauern kann als der Kongreß währt, so wird es vielleicht am besten sein, von Rußland erst den Beitritt zur allgemeinen Garantie zu bewirken und dann die übrigen Differenzen durch Vermittlung von England, Österreich und Frankreich beizulegen.

Wellington an Liston.

Wien, 16. Febr. 1815[2]).

[Lord Castlereagh sei gestern abgereist und er habe die englischen Geschäfte beim Kongreß übernommen. Die großen Angelegenheiten wegen Polen und Sachsen seien beendigt. Er sende ihm eine Niederschrift der Unterredung Castlereaghs mit dem türkischen Chargé d'affaires.]

Beilage[3]):

Le Ministre Secrétaire d'Etat d'Angleterre L. Castlereagh m'a invité à me rendre aujourd'hui chez lui. Il m'a dit ce qui suit: „J'ai voulu, avant mon départ d'ici, avoir une explication qui regarde votre gouvernement. Vous devez savoir que les grandes questions qui entravaient jusqu'ici la marche du congrès se trouvent applanies, étant convenu les parties en opposition sur l'arrangement final, et il ne reste plus que de sanctionner par le traité cette convention avec tous ses détails. Le gouvernement d'Angleterre, qui considère les intérêts de la Porte ainsi que son intacte conservation nécessaire au système à établir et à l'ordre général en Europe, avait chargé son ministre à Vienne de combiner au moment opportun avec les puissances amies de la Porte les moyens pour lier ensemble, dans la forme et dans la sûreté de la pacification et d'un arrangement général en Europe, son intégrité. L'Autriche, qui a un plus grand intérêt à veiller sur votre indépendance et conservation, est parfaitement dans l'esprit de mon gouvernement, la France ayant le même interêt y est aussi d'accord. Je vous dirai donc que j'ai saisi deux fois l'occasion de parler à l'égard de votre conservation et intégrité à l'Empereur de Russie et une troisième fois avec le Comte Nesselrode sur la navigation commerciale dans la Mer Noire. Celui-ci a rapporté cette conversation à l'Empereur, comme il m'en a fait depuis l'aveu, et hier, que S. M. a eu la bonté de venir prendre congé chez ma femme, j'ai entamé de nouveau une longue conversation avec Elle sur la question de

---

[1]) Mavrojeni.
[2]) Interzept, gleich dem vorigen unterm 19. Februar dem Kaiser samt der Beilage vorgelegt.
[3]) Diese Niederschrift des türkischen Geschäftsträgers Mavrojeni war nicht auf offiziellem Wege in die Hände der Engländer gelangt. Eine Bemerkung des Sekretärs Morier weist Liston an, nichts davon verlauten zu lassen, daß er sie kenne. Das Dokument wird von Philipps in Cambridge modern history, X. 803, als handschriftliche Quelle erwähnt.

la Turquie, et, par tout ce qu'Elle a daigné m'y répondre, j'ai relevé que l'empereur se trouve tout disposé à garantir avec les autres puissances la conservation de l'Empire ottoman et son intégrité.

„Vous devez savoir qu'à cette occasion j'ai dit à l'Empereur Alexandre: „Il ne reste plus à l'arrangement, qui vient heureusement d'avoir lieu en Europe, que le seul soupçon que V. M., avec ses grandes forces sur pied de guerre très imposantes, quoiqu'Elle ne voudra pas transgresser l'ordre établi, ni troubler le repos de l'Europe, voudra peut-être faire agir par la suite une partie de ces forces pour entamer la Turquie, ce dont il est nécessaire pour le repos même de l'Europe que V. M. veuille bien consentir à concerter avec les autres puissances, les amies de la Porte, sur les moyens de sa garantie." Là-dessus, sans aucune opposition, l'Empereur Alexandre paraissait extrêmement complaisant et pliant, et il m'a donné l'assurance de sa parole qu'il est prêt à donner volontiers la même garantie pour les états de la Sublime Porte avec les autres puissances y intéressées, et qu'il accepterait même l'intervention de l'Angleterre et celle de la France et de l'Autriche pour terminer sur quelques points de limites en litige, qui font encore un objet de discussion entre la Porte et la Russie. Il m'a paru que le traitement en Servie de la part des autorités turques, contraire à la lettre de votre traité, donne aussi de l'humeur à l'Empereur Alexandre, et si j'ai à vous conseiller en ami, je vous dirai franchement que, dans ce moment, il est nécessaire de ne pas faire les difficiles à un arrangement avec la Russie et lui passer au contraire quelque chose à ses prétentions pour la contenter. Nous sommes sans doutes intéressés à empêcher d'autres empiétements ultérieurs sur vous; mais considérant sa force, il faut, pour le moment au moins, avoir à son égard des ménagements. Car si vous l'irritez, en la contrariant beaucoup, l'Empereur Alexandre ne demanderait pas mieux que de recommencer la guerre en Turquie, tandis qu'aucune autre puissance en Europe n'est pas en état d'entreprendre si tôt de nouveau une guerre comme la Russie. Il faut plutôt profiter de cette heureuse circonstance pour vous arranger promptement sur tous les différends existants encore entre vous et la Russie par l'intervention des trois puissances vos amies."

„En suite de cette conversation que j'ai entamée, moi le premier, avec l'Empereur Alexandre, je viens d'en faire part aux P[ces] Metternich et Talleyrand, ainsi que de la disposition favorable que j'ai trouvé à l'Empereur à cogarantir l'intégrité des états de l'Empire Ottoman. Ils en sont très contents, et ils se concerteront sur l'éxécution de cette mesure avec le D. de Wellington qui me remplace à Vienne. J'envisage la question de la garantie des états de l'Empire Ottoman comme une question capitale, inhérente et indépendante de l'intervention pour les points litigieux qui forment dans ce moment un objet de discussion entre la Porte et la Russie, et l'on pourra sanctionner la garantie par une convention littérale en même temps, et durant les conférences du congrès, pour atteindre le but général, et négocier séparément, par votre intervention à Constantinople, pour s'accorder sur la discussion existante entre la Russie et la Porte. J'ai donné là-dessus mes idées au D. de

Wellington pour s'entendre avec les P^ces Metternich et Talleyrand, dont les gouvernements ont aussi le plus grand intérêt à votre conservation, et vous ferez aussi part à votre gouvernement de ma communication qui ne doit manquer de lui prouver l'intérêt que mon gouvernement prend à vous être utile et agréable. J'ai une occasion qui part aujourd'hui pour Constantinople et la chargerai d'une dépêche pour notre ambassadeur, et si vous voulez aussi écrire, vous remettrez la vôtre à M. Morier qui reste ici avec le Duc pour faire l'expédition, car je partirai dans une heure."

„Je dois cependant vous annoncer que mon gouvernement n'est guère content, et il s'en faut de beaucoup, de la manière singulière de procéder de la Porte envers notre commerce et nos vaisseaux pour le traffic dans la Mer Noire, tout-à-fait en opposition aux traités existants entre l'Angleterre et la Porte, et je suis peiné d'entendre des plaintes fréquemment à ce sujet. Car je voudrais, d'après l'esprit de mon gouvernement, qu'on éloigne chez vous de pareils incidents qui ne manquent à produire ordinairement des refroidissements. Il n'est nullement question de faire naviguer des vaisseaux de guerre dans la Mer Noire, et nous ne prétendons pour nos vaisseaux commerçants d'autres avantages que ceux que les puissances amies de la Porte y obtiennent."

A toute cette communication j'ai répondu que je profiterai de l'occassion qu'il veut bien m'offrir pour écrire à mon gouvernement et pour lui mander la communication dont il me fait l'honneur de me charger.

Bollmann an Bülow.

Wien, den 19. Februar 1815[1]).

Ich nehme mir die Freiheit, E. Exc. den Aufsatz über die Verbesserung des hiesigen Geldwesens zu senden, weil Sie gewünscht haben, ihn zu sehen. Manches darin ist nur erster Entwurf, und vorzüglich sind manche der Erörterungen auf den verbesserten Bankplan nicht ganz anwendbar. Ew. Exc. werden die Güte haben, ihn mit dieser Rücksicht zu lesen.

Bollmann an Gentz.

Wien, den 20. Februar 1815.

Erlauben Sie mir, über den Gegenstand unseres letzten Gespräches Ihnen ein paar Worte sagen zu dürfen. Ich bin mit der Administration der Vereinigten Staaten nicht in dem Verhältniß, von ihr etwas schicklich fordern zu können; ich könnte nicht einmal das Ungeforderte schicklich annehmen, ausgenommen es sei von der Art wie der Posten, wovon die Rede ist, daß es mich mit den politischen Grundsätzen derselben nicht in Collision bringe.

---

[1]) Interzept, M. J., wie das folgende, zum Vortrag vom 22. Februar. Bülow ist der preußische Finanzminister.

Auf der andern Seite fürchten sich Madison[1]) und seine Freunde, daß es mit ihrem Regiment zu Ende gehe. Sie suchen daher mit den Federalisten Frieden zu machen und haben schon mehrere derselben angestellt. Wenn es daher mit dem politischen etiquette vereinbar wäre, und F. Metternich schriebe an den Präsidenten der Ver. Staaten, „daß es wegen der Aussicht zu bedeutenden Handelsverhältnissen zwischen Österreich und Nordamerika zufolge der Acquisition von Triest und Venedig, diesem Gouvernement angenehm sein würde, wenn die Ver. Staaten einen Bevollmächtigten bei ihm accreditirten, und daß man meine Ernennung dazu vorzüglich gern sähe, weil man mich kenne und glaube, daß ich, wegen meiner Bekanntschaft mit der Landessprache zur Einleitung der neuen Verhältnisse vorzüglich geeignet sei," so würde ein solches Schreiben auf eine sehr schmeichelhafte Weise entscheiden. Sollte das politische etiquette einen solchen Schritt nicht erlauben, so könnte dieselbe Eröffnung, obwohl sie dabei verlieren würde, durch eine befreundete Macht stattfinden, und dieses wäre vielleicht England, da mir mehrere Mitglieder dieses Ministeriums wohlwollen. Ein Schreiben des Fürsten an mich selbst gerichtet, dessen Sie erwähnen, dürfte weniger conveniren, weil ich dann die Sache in Amerika selbst in Anregung bringen müßte, und der ganze Schritt weniger frei und ernstlich erschiene. Der Antrag ist vielleicht für das hiesige Land nicht ganz ohne Interesse, indem ich in Geschäftsrücksicht vieles Nützliche sehe, das durch meine Veranlassung bald zu Stande kommen dürfte, und sonst wohl auch im Verlauf vieler Jahre nicht zu Stande käme. Auf jeden Fall ist der gegenwärtige Zeitpunkt der schickliche, indem nun, nach beendigtem Krieg mit England, die auswärtigen Verhältnisse der Ver. Staaten sich von Neuem bilden müssen[2]).

Herzog Dalberg an Fürst-Primas Dalberg in Regensburg.

s. d.[3]).

J'étais jusqu'ici dans l'impuissance de Vous parler de Vos affaires. La marche du congrès présentait tant de difficultés et de passions si haineuses que son succès me paraissait incertain. Lorsque tout le monde conspirait pour dépouiller le Roi de Saxe, lorsque l'Angleterre disait qu'il fallait juger

---

[1]) Madison war 1813 zum zweiten Mal Präsident der Vereinigten Staaten geworden.
[2]) Zu diesen beiden Briefen bemerkt Hager in seinem Vortrage an den Kaiser vom 22. Februar folgendes: „Die Interzepte des Amerikaners Bollmann dürften E. M. besonders zu würdigen geruhen, da derselbe in dem Augenblick, wo er als amerikanischer Konsul in E. M. Staaten angestellt zu werden wünscht, den zur Regelung des hiesigen Geldwesens gemachten Aufsatz dem preußischen Finanzminister v. Bülow mitzutheilen nicht Anstand nimmt." Worauf K. Franz am 3. März resolvirt: „Dient zur Nachricht, doch haben Sie den Umstand, daß Bollmann seinen Aufsatz über die Regelung des hiesigen Geldwesens dem preuß. Finanzminister Bülow mitgeteilt hat, sogleich Meinem Staats- und Konferenzminister Graf Stadion zu wissen zu machen." S. unten S. 419. .
[3]) Interzept, M. J. Zum Vortrag vom 23. Februar 1815.

tous les princes d'Allemagne qui avaient voulu empêcher le triomphe de ce qu'elle nomme la bonne cause, il n'y avait pas à espérer pour Vos intérêts. ³/₅ de la Saxe ont été sauvés, et nous sommes parvenus à placer dans le protocole que Vous aurez une pension qui sera repartie sur les pays qui ont composé le Grand-duché de Francfort[1]). L'Electeur de Hesse se refuse encore à y contribuer, et tout ce monde travaille contre Vous avec une bien coupable passion. La cour de Vienne, son ministre et toutes les familles établies ici marquent une ingratitude à Votre égard qui me désole. A les entendre, l'affaire de Fesch a déterminé la cour de Vienne à abdiquer la couronne impériale, et par cet acte toute l'Allemagne a été envahie. De telles folies se repètent tous les jours. Malheureusement vos affaires sont dans des mains peu habiles. Marschall est en querelle avec tout le monde, et Borsch veut être dirigé[2]). Vous avez à Vous louer du Grand Vicaire Wessenberg,[3]) de Rechberg et de la P^{esse} de Taxis. Dans toutes les occasions ils ont plaidé Votre cause contre ces Teutomagogues qui ont tous le jargon et les allures de Jacobins. Telle est votre position ici. Les obstacles créés par la passion, le ressentiment, et la jalousie sont insurmontables, et nous osons dire: l'un et l'autre, nous sommes méconnus."

Grote an Münster.

Paris, 27. Februar 1815[4]).

Seit einiger Zeit ist hier eine, vielleicht nicht sowohl dem Könige als gewiß dessen rechtmäßigen Thronfolgern nachteilige Änderung der öffentlichen Stimmung vorgegangen. Das Benehmen der Duchesse d'Angoulême[5]) hat vielleicht viel dazu beigetragen.... Ich bin überzeugt, daß, solange der König lebt, wahrscheinlich keine vorbereitete Revolution stattfinden wird, weil die große Mehrheit der Klassen, welche die Revolution leiten und vorbereiten, der Unruhen müde sind und bei einer wenigstens erträglichen Existenz nicht aufs neue alles aufs Spiel setzen wollen, und weil jene, die anfangs wegen ihrer persönlichen Sicherheit besorgt waren, so lange der König lebt, ohne Besorgnis sind. Mit völliger Gewißheit kann man indessen nicht hierauf rechnen. Ein unbedeutendes und unerwartetes Ereignis, wodurch Mißver-

---

[1]) In der Schlußakte heißt es über die Entschädigung des ehemaligen Großherzogs von Frankfurt: Art. 45: „Sustentation du Prince Primas... Il recevra à dater du 1er juin 1814 la somme de cent mille francs... comme rente viagère. Cette rente sera acquittée par les souverains sous la domination desquels passent les provinces ou districts du Grand-duché de Francfort, dans la proportion de la partie que chacun d'eux en possédera."

[2]) Graf Marschall und v. Borsch waren Sachwalter Dalbergs und v. d. Leyens.

[3]) Ignaz Freiherr v. Wessenberg, der Bruder des österreichischen Diplomaten, Generalvikar und Koadjutor von Konstanz.

[4]) Interzept, M. J. zum Vortrag vom 10. März. August Otto Graf Grote war preußischer Diplomat.

[5]) Tochter Ludwigs XVI. und der Marie Antoinette, vermählt mit dem ältesten Sohne des Grafen v. Artois, Bruders Ludwigs XVIII., späteren Königs Karls X.

gnügen und eine Versammlung einer einigermaßen bedeutenden Masse Volks veranlaßt wird, wie z. B. bei der Beerdigung der Mme Raucour[1]), kann von denen, die à tout prix eine Veränderung wünschen, sehr leicht benützt werden, zumal wenn man unpassende Maßregeln anwendet. Das vorsichtige und kluge Benehmen des Königs wird dies hoffentlich verhüten.. Monsieur[2]) wirft man vor, daß er seine Einwilligung gegeben habe, daß die Festungen vor Abschluß des Friedens übergeben worden sind; man fürchtet ferners seine Schwäche, daß die Duchesse d'Angoulême, vereinigt mit den Priestern, ihn ganz regieren und dahin bringen werde, die Constitution umzustoßen und diejenigen, die an der Revolution teilgenommen, zu attaquieren. In Rücksicht des Duc d'Angoulême findet dieselbige Besorgnis statt, und der Duc de Berry[3]) hat seinen ganzen Kredit verloren und sich bei der Armee und auf seinen Reisen durch sein brüskes Betragen sehr verhaßt gemacht. Hiezu kommt noch, daß man sagt, er sei nicht de la bonne race, und gewiß kann dieses Gerücht einen sehr nachteiligen Einfluß haben. Der Herzog von Orléans[4]) wird allgemein geachtet. Man versichert, daß er der Nachfolger des Königs sein werde. Dies ist nicht allein Vermutung, sondern der Wunsch der Majorität... Ich glaube nicht, daß der Herzog von Orléans die Absicht hat, den rechtmäßigen Nachfolger des Thrones zu berauben, aber vielleicht on se laisse faire une douce violence, zumal wenn man glaubt, sein Gewissen damit beruhigen zu können, daß dies zum allgemeinen Besten und zur Vermeidung größeren Unglücks nötig sei. Die nicht unwahrscheinliche Abweichung von der rechtmäßigen Thronfolge, oder wenn der rechtmäßige Thronfolger nicht ruhig, sondern nach einem Kampf auf den Thron kommt, wird zur Folge haben, daß in beiden Fällen der, der auf den Thron kommt, um sich zu soutenieren und den unruhigen Geistern eine andere Diversion zu geben, gezwungen sein wird, den sehr prononcirten Willen der großen Mehrheit zu befolgen und die Eroberung von Belgien zu versuchen. Nach längerer Zeit müssen wir darauf gefaßt sein, daß dies jeden Augenblick geschehen kann. Es scheint mir daher sehr nötig, daß eine bedeutende Armee in Belgien bleibt, weil es dort gewiß sehr nötig ist, den ersten Anfall zu repoussieren.

---

[1]) Ein anderer Bericht, aus Paris nach Wien gelangt, hatte gemeldet, daß der König selbst die Verweigerung der Einsegnung der Schauspielerin Raucour angeordnet habe.
[2]) Karl, Graf von Artois.
[3]) Zweiter Sohn Karls.
[4]) Louis Philipp, der spätere König nach der Julirevolution.

März 1815.

A. Rapporte.

Zum Vortrag vom 1.

28. Febr. (* *)

Bei Bon Bildt und anderwärts heißt es: „Der russische Kaiser insistiert, daß die Fürstin Taxis in Deutschland eine Souveränetät erhalte"[1]).
... Die Frage: „Wird K. Franz wieder Deutscher Kaiser?" verursacht viele gesellschaftliche Disputationen[2]). Die Einen sagen: „Bei dem neuesten Territorialbestand der Königreiche Preußen, Bayern und Württemberg kann der künftige deutsche Kaiser nur ein Kaiser in partibus infidelium sein." Dagegen sagen Andere, vorzüglich die Gesandtschaften der altfürstlichen Häuser und alle Personen, die im Interesse der Mediatisirten sich befinden: „Die deutsche Kaiserkrone hat für Österreich den ganz unläugbaren Vorteil, daß es dadurch titulum gewinnt, ex offo sich in die deutschen Angelegenheiten mischen und dadurch für Bayern, Württemberg, Hessen, Braunschweig, Hannover, Preußen etc. interessant und influent werden kann."

Die Mailänder sagen: „Kriegen wir nicht den Erzherzog Karl oder einen anderen Erzherzog, so geht es nicht. Mit dem Grafen Saurau, der seine Tafelgelder einsteckt, tut es sich nicht in Mailand[3])".

28. Febr. (Nota)

La P^esse Eszterházy ce matin a dit à une personne de toute sa confiance, et de toute la mienne, que hier le Roi de Bavière avait dîné chez son fils et qu'à dîner ce roi avait dit une parole sur Metternich qui l'avait frappée au vif, car elle avait dû comprendre que ce roi en voulait aussi à notre ministre: „Metternich a de l'esprit, des talents, de la grâce et de la finesse, mais il ne faut pas croire que tout le monde soit des aveugles"...

Devant la P^esse Lubomirska et le P^ce Czartoryski Lanckoronski a eu une dispute très-forte avec Henri Lubomirski. Je le tiens de Lanckoronski lui-même. Henri pestait contre nous, et Lanckoronski lui dit: „Il faut être conséquent. Êtes-vous mieux dans le Duché? Pourquoi prenez-vous tant

---

[1]) Sie hat sie nicht erhalten.
[2]) Infolge der Agitation des Frh. vom Stein, der im Februar 1815 durch Görres u. A. die Idee des deutschen Kaisertums im österreichischen Hause vertreten ließ und schließlich selbst vertrat. Preußens Widerspruch, die Abneigung der andern Königreiche und mancherlei Überlegung brachten den Gedanken zum Scheitern.
[3]) Graf Franz Saurau, der Statthalter von Niederösterreich, war 1814 Hofkommissär für Illyrien geworden.

de mesures pour avoir tout vôtre bien dans la Pologne autrichienne? Je vous propose de troquer vos terres en Galicie contre celles que j'ai dans le Duché et qui ne me rapportent rien. Je vous les céderais avec une perte de 10% sur l'évaluation. Troquons!" La chose en est restée là. Czartoryski n'a pas dit le mot, ni la vieille P^{esse} Lubomirska non plus.

Zum Vortrag vom 3.

2. März (Freddi)

Toute la ville de Vienne parle du départ prochain des monarques. Elle exprime sa joie de se voir une fois débarrassée de la présence de ses hôtes importants...

[Im Gespräch mit Saldanha:] L'événement arrivé à Bonaparte, qui a manqué d'être tué par certain Thomas Ubaldi, Corse, forma ensuite le sujet d'une longue conversation. La Corse est actuellement gouverné par un général qui signala sa fidélité vers les Bourbons dans la guerre de la Vendée. Après la convention qui donna la paix à cette contrée, ce général, sous l'égide de l'amnistie, vint à Paris, espérant d'y jouir dans l'obscurité d'un asyle tranquille. Bonaparte ourdit des embûches contre ses jours. Le général, qui eut le bonheur d'en être averti, se sauva par une prompte fuite en Angleterre. C'est de là que ce respectable Vendéen écrit à Bonaparte, lui reprocha sa perfidie en le menaçant que, tant qu'il respirerait l'air du jour, il ne cesserait d'employer tous les moyens pour délivrer par sa mort la France d'un abominable monstre. On prétend que ce général ait envoyé Ubaldi de la Corse pour tuer Bonaparte[1]).

Zum Vortrag vom 5.

3. März (Nota)

Un Polonais, aide de camp de Murat[2]), a été hier au matin au magazin d'Artaria et a demandé à acheter tous les exemplaires de la „Gran Carta amministrativa del Regno d'Italia," et à tout prix. Cet empressement a frappé Artaria qui me l'a confié. Il n'en avait qu'une de ces cartes, mais il doit lui en avoir donné d'autres aussi du même pays.

A propos de Murat en causant hier avec le Marquis Litta Modignani[3]), il m'a juré sur son honneur que toutes les espérances de mauvaises têtes à Milan, de coquins, de jeunes enthousiastes, de philosophes, de Napoléonistes, etc. reposent sur ce Murat qu'ils espèrent tôt ou tard voir avancer

---

¹) Bruslart, ein Chouan und Gegner Napoleons seit 1804, war jetzt Kommandant auf Korsika. Von ihm wurde Ubaldi nach Elba gesandt, um den Kaiser zu ermorden. Er ward verdächtig und von der Menge mißhandelt. Garden befreiten ihn aus der Gefahr. Napoleon ließ ihn laufen, gab aber später Befehl, Bruslart zu verhaften. Vgl. Houssaye, „1815", I. 172 n. Völlig aufgeklärt ist die Sache noch nicht.

²) Der Major Malczewski, der im Februar 1815 zum zweiten Mal nach Wien geschickt worden war. S. unten.

³) Die Marchesen Litta waren schon unter Maria Theresia kaiserl. Kämmerer gewesen.

et devenir Roi de toute l'Italie. Il m'a dit que le nombre de ces sectateurs de Murat, et qui travaillent à indisposer le pays contre les Allemands et la maison d'Autriche, est immense, que les officiers autrichiens, en arrivant à Milan, croyaient que c'était le vice-roi qui y avait un parti, mais qu'ils se trompaient très fort, le parti était et est bien prononcé pour Murat...

Finanzminister Graf Stadion an Hager.

Wien, am 8. März 1815[1]).

Es war Ew. Exc. gefällig, mir mit schätzbarster Note vom 5. d. M. zu eröffnen, daß Herr Bollmann einen von ihm verfaßten Aufsatz über die Regulierung des österreichischen Geldwesens, und über die Errichtung einer Nationalbank in unseren Staaten, mehreren hiesigen Wechslern, und auch dem hier anwesenden k. preußischen Finanzminister Frh. v. Bülow mitgeteilt habe. Indem ich Ew. Exc. dafür verbindlichst danke, glaube ich jedoch Hochderselben nachstehende Aufklärung schuldig zu sein, welche das Benehmen des Herrn Bollmann in das gehörige Licht setzen dürfte. Derselbe überbrachte mir schon vor geraumer Zeit seine finanziellen Vorschläge, über welche ich mich einige Mahle mit ihm besprach. Einige flüchtige Blicke in seinen Aufsatz lieferten sogleich den Beweis, daß es das Werk eines Privaten ist und auf solchen Daten beruht, die ohnehin dem Publicum bekannt sind, sowie ihm auch wirklich von keinem Zweige der Staatsverwaltung irgend Behelfe oder Notizen, die er bei seiner Schrift hätte benützen können, an die Hand gegeben worden sind. Ich selbst war es, der ihn aufforderte, seine, ohne alles Zuthun von Seite der Administration zusammengestellten Ideen mehreren verständigen Männern des Handelsstandes mitzutheilen, um ihre Gesinnungen in merkantilischer Beziehung zu erforschen, und ebenso rechtfertigt sich wohl auch der Schritt von selbst, wenn er einen, aus der Feder eines fremden Privatmannes geflossenen, blos auf allgemein bekannten Daten beruhenden Aufsatz einem höheren Staatsbeamten einer auswärtigen Macht mittheilet.

Stadion.

Zum Vortrag vom 8.

8. März (**)

Dem Wiener Dichter Castelli wurde von einem Leipziger Banquier, der zurück nach Hause reiste, des Nachts auf seine (Castellis) Kosten eine Estaffete überbracht, daß sein Freund glücklich im ersten Nachtquartier angelangt sei. Castelli läßt einen schweren Stein verpackt mit Diligence auf des Freundes Kosten nach Leipzig senden, mit einem begleitenden Schreiben: so groß sei der Stein gewesen, der ihm bei seiner Nachricht vom Herzen fiel[2])...

---

[1]) Das Schreiben dürfte nachträglich den Akten dieses Vortrags beigelegt worden sein. S. oben S. 415 die kais. Resolution wegen Bollmanns.

[2]) Castelli erzählte die Geschichte in seinen „Memoiren", II, 248 ff. ausführlicher und in Einzelheiten verschieden.

Die Mainzer Deputation sagt, das Fluß-Komité[1]) habe das Mainzer Stapelrecht abgewiesen und die Rheinschiffahrt nach § 5 der Pariser Friedens für frei erklärt. „Gott wolle nur, daß Bayern der Landesherr von Mainz werde," sagen Graf Kesselstadt und Herr von Mappes.

„Der russische Kaiser ist von der ganzen Welt, von allen Nationen, von den Russen selbst und von den Polen (!) als „mauvaise tête", als „mauvais cœur", als ein „méchant homme qui fait le mal pour le plaisir de le faire" anerkannt und proklamirt." Dieses Urteil höre ich vertraulich in der Stefan Zichy'schen Koterie, die da versichern, daß es selbst die Opinion der Preußen, und der Russen selbst von ihrem Kaiser, sei"...

Zum Vortrag vom 9.

7. März.

Bei Bühler sagte Salis-Soglio: „Österreich ist sehr nahe daran, seinen ganzen Einfluß in der Schweiz zu verlieren. Hätte es doch wenigstens die dreizehn alten Kantone befriedigt, die der guten Sache durch zwanzig Jahre ergeben blieben, aber es nimmt sich gerade der gefährlichsten Freiheitsanhänger an, und ahnet nicht, wie undankbar diese Jakobiner einst sein werden." Gagern: „Wissen Sie, daß Metternich von diesen Jakobinern sagt: „Ce sont des gens de caractère?" Bei Gott, wäre das Wiener Volk nicht so gut, Metternich verdiente längst gesteinigt zu werden. Er wird diesem Spektakel sicher nicht entgehen. Wir werden leider die schrecklichsten Folgen seiner politischen Vergehungen erleben." Salis-Soglio: „Gott gebe nur dem guten Kaiser langes Leben, sonst sind wir in die übelsten Umstände versetzt. Die Erzherzoge sind zwar, bis auf einen[2]), sehr brave Leute, — dieser Eine scheint nur für sich zu denken — aber es sind ihrer zu viele, und Spaltungen wären unvermeidlich. Der Kronprinz ist ganz und gar vernachlässigt und von ihm keine Kraft zu erwarten."

Es wurde auch erzählt, daß Bon Erberg[3]) von Preßburg angekommen sei und sich bei der Kaiserin zur Fortsetzung seines Dienstes (beim Kronprinzen) gemeldet habe...

8. März (Goehausen).

Über die heutige Erzählung von der Flucht Napoleons verlautete gestern in Schönbrunn noch nichts. Der junge Montesquiou[4]) und die Sekretäre Méneval und Mihaud mit dem Schreiber Forestier machten Knittelreime über den Congreß.

---

[1]) Das Komitee für die freie Flußschiffahrt hatte am 2. Februar seine erste Sitzung gehalten.
[2]) Der Palatin?
[3]) Der an Geistesverwirrung erkrankte Erzieher des Kronprinzen Ferdinand.
[4]) Der kürzlich in Wien angelangte Sohn der Gouvernante des kleinen Prinzen, Graf Anatole M.

8. März (Nota).

[Talleyrand zu Ruffo, mit dem er gestern (7.) vier Stunden „fort gai" verbrachte:] „J'ignore où il[1]) vise de se porter, mais en France certainement pas; chez nous il a fini, ce n'est plus possible, il n'a plus rien à y faire."... Zu Kaiser Alexander sagte er (sehr laut): „Voilà ce qu'est les discussions inutiles et la lenteur du congrès." Heureusement que pour tout le monde les nouvelles, que S. M. va proclamer le Royaume d'Italie et que l'Italie conservera son tribunal suprême, diminueront les partisans de Napoléon.

Zum Vortrag vom 10.

9. März (Goehausen).

Mad. Montesquiou gieng gestern (8.) früh gleich zu I. M. der Kaiserin (M. Louise), die von ihrem Sohne (dem jungen M. der sie aus Wien nach Schönbrunn brachte) erhaltene Nachricht zu überbringen[2]). I. M. hörten sie an, ohne die mindeste Antwort zu geben, giengen in ihr Schlafzimmer und weinten einige Zeit so laut, daß es im Vorzimmer gehört wurde. Höchstselbe kamen dann aus ihrem Zimmer wieder und gaben Befehl, daß allen Bedienten, so auch dem Kutscher, der gewöhnlich den Grafen Neipperg zur Stadt fährt, strenge verboten werde, kein Wort über die Sache zu sprechen. Die Erzählung des Montesquiou war, daß Napoleon in der Nacht vom 24. Februar von der Insel Elba entflohen sei und die Engländer dieses erst am 26. gewahr geworden wären, daß man behaupte, er habe seinen Weg nach Amerika genommen und daß ihm sehr viele von seinen Garden, jedoch nicht alle, gefolgt seien.... Um 12 Uhr fuhren I. M. in die Stadt zur Burg und kamen schon um 2 Uhr zurück[3])....

Zum Vortrag vom 11.

10. März (Freddi).

[Die Entweichung Napoleons von Elba hat Alles elektrisiert. Man sucht allenthalben das Ziel seiner Fahrt zu erraten.] Tantôt on désigne Naples, tantôt Oneglia ou Nice, et tantôt Toulon. D'ici on le fait marcher droitement, et sans coup férir, à Paris. Le Nonce, les ministres portugais, les Espagnols m'ont assuré qu'il a en France un nombre considérable de partisans, qu'on craignait même d'une conspiration dont le gouvernement avait déjà le fil et pour laquelle on avait déjà jadis arrêté le Général Dufour et d'autres individus, et, par conséquent, il ne serait pas improbable que Bonaparte alla en France pour encourager son parti, allumer la guerre civile et tenter de remonter sur le trône. Les autres disent qu'il ira en Italie, où est le véritable foyer des mécontents, et où, d'accord avec Murat, il invadera la péninsule. Il fera un massacre des Autrichiens, et il délivrera

---

[1]) Napoleon.
[2]) Von der Entweichung Napoleons. Über diese vgl. meinen „Napoleon I." III. 309 f.
[3]) Vgl. unten zum Vortrag vom 1. April 1815.

— disaient les Italiens chez le confiturier au soir[1]) — pour jamais l'Italie du joug des barbares.

Le Nonce que j'ai vu hier matin (9.) me parla de cette matière assez au long. Il craint que le Pape se verrait contraint d'abandonner Rome et de chercher un asyle soit à Florence, soit à Parme. Il me marqua avec une sorte d'aigreur que le Cardinal (Consalvi), en ayant parlé au P^{ce} de Metternich, celui-ci lui avait ri au nez et lui avait répondu qu'il fallait être prêt à tous les événements....

11. März.

[Nachricht von der Flucht Napoleons. Im Hause der französischen Mission.] Je ne pus apprendre autre chose sinon que le Duc de Benevent, en apprenant cette nouvelle, dit d'un air tranquille: „Voilà un coup de main de maître; je m'y attendais, et j'ai écrit à ce sujet au roi. Les efforts de Bonaparte seront vains, mais ils ne manqueront pas d'apporter encore de la confusion qui prolongera nécessairement notre voyage à Vienne."

s. d.

Der k. preußische Hofrat Heun, bekannt durch seine Aufsätze unter dem Namen Clauren, welcher seit etlichen Jahren für die (preußische) Regierung in geheimen Verbindungsangelegenheiten reiste, ward plötzlich mit Mißbilligung seiner Vorgesetzten von hier entfernt. Der Kanzler äußerte sich, als derselbe den Befehl zur Zurücksendung erteilte, folgendermaßen in Gegenwart mehrerer Staatsräte: „Heun ist zwar geschickt und gelehrt, auch sehr tätig, aber sein ganzes Benehmen ist zwecklos für den Dienst des Königs. Er berichtet viel, aber lauter dummes Zeug, welches keinen Bezug auf öffentliche Geschäfte hat. Er soll mich frei lassen mit seinen Anekdoten, mit denen ich nur meine Zeit verliere. Die sind nur gut für die, welche Romane, Reisebeschreibungen oder Komödien herausgeben wollen. Ein Staatsmann und eine Regierung brauchen nicht erst die Welt kennen zu lernen, wo es sich um Politik handelt. Er will sich nicht belehren lassen; also schicke man ihn ab." Der Kanzler fügte noch hinzu, man möge allen übrigen mehr Verschwiegenheit, mehr Bescheidenheit einprägen und ihnen wiederholen, er wolle nichts von Privatsachen wissen. Sie hätten nur über öffentliche Gegenstände zu berichten, an denen der Regierung etwas gelegen sein könnte[2])....

---

[1]) Von den Italienern, die sich beim Konditor Wohlfahrt am Michaelerplatz einzufinden pflegten, wo sie ihre Freude über die Wiederkehr Napoleons nicht verhehlten, verzeichnete die Polizei: Aldini, Tambroni, Guicciardi, Marinoni, Stampa, Lucchesini, Cornachio u. A. (Zum Vortrag vom 16. März.)

[2]) Heun wurde an den Minister v. d. Recke nach Dresden geschickt, der ihn, wenn er ihn nicht brauchen wollte, nach Berlin senden sollte. Im Vortrag hieß es noch über ihn: „Der preuß. Hofrat Heun trieb sich hier meistens unter Schauspielern und der sogenannten schöngeisterischen Welt herum, weil er Komödien und den „Freimütigen" schrieb". Er habe, nach der Äußerung Hardenbergs, zu den preußischen Konfidenten in Wien gehört.

s. d. (Leurs?)

Graf Reichenbach brachte am 6. d. M. den Abend bei Otterstedt[1]), welcher die Gelbsucht aus Gram hat, in Gesellschaft des Varnhagen zu. Varnhagen sowie Otterstedt[1]) klagten bitter über Mißhandlung und Mangel an Dankbarkeit von seiten Preußens. Ersterer zählte seine Dienste auf und teilte folgendes mit: Rußland habe den Gedanken nie gehabt, Dänemark zu schwächen, sondern es habe Dänemark bei ungeschwächter Kraft erhalten wollen, um sich desselben gegen Schweden zu bedienen. Das Versprechen, Norwegen an Schweden zu bringen, wäre mit dem festen Vorsatz geschehen, sich später der Ausführung mit allen Mitteln zu widersetzen, sobald Schwedens Hülfeleistung überflüssig geworden. Preußen habe im Gegentheil ganz verschiedene Absichten und ganz entgegengesetzte Zwecke gehabt. Es habe Schweden stark gegen Rußland haben wollen, Dänemark aber ganz geschwächt oder vernichtet, weil es im Rücken frei sein mußte, ehe an die Ausführung großer Entwürfe gedacht werden konnte. Die (preußischen) Minister hätten blos den Entwurf gemacht, aber das Verdienst, die Sache bewirkt zu haben, komme ihm, Varnhagen, zu. Er sei deswegen als Adjutant und Sekretär zu Tettenborn gegangen, habe diesen gewonnen und das Ganze durch ihn bewirkt. Der Kaiser von Rußland habe, teils aus oben angegebenen Ursachen, teils aus Furcht vor dem Kaiser der Franzosen, schon Befehl gegeben gehabt, dem König von Dänemark zu versichern, daß er nicht allein Norwegen nicht verlieren, sondern auch noch Hamburg und einen größeren Bezirk in Deutschland erhalten werde, wenn er zur Coalition übertrete. Tettenborn hätte den Befehl wirklich gehabt, Hamburg gleich unbedingt zu übergeben. Er (Varnhagen) habe aber Tettenborn bewogen, dies nicht zu tun, sondern Berichte gegen Dänemark an den Kaiser zu unterschreiben, welche die ganze Sache rückgängig gemacht. So habe er Rußland, gegen dessen Absichten und Interessen, zum Vorteil Preußens geleitet und Dänemark gestürzt, und er habe nichts, während Tettenborn, welcher als ein elender Verräter und nur sein Instrument gewesen, ein großes Geschenk vom König erhalten. Die Berichte sollen Verläumdungen gegen den König von Dänemark, die dänischen Beamten, die Armee und das Volk, auch erdichtete Nachrichten, welche den Kaiser selbst erbittern und unversöhnlich machen mußten, enthalten haben[2]).

---

[1]) Über Otterstedt s. oben den Vortrag vom 3. Oktober 1814.
[2]) Späterhin, in seinen „Denkwürdigkeiten des eigenen Lebens" hat Varnhagen, der 1813 Tettenborns Adjutant war, die Sache anders, für Tettenborn weit günstiger, dargestellt und von seinem Einfluß auf ihn gar nicht gesprochen. (S. Gesammelte Schriften, III. 316 ff.) Von „Aufträgen in Hamburg", die er „glücklich ausgeführt" habe, ist ebenda IV. 179 nur vorübergehend die Rede. Staegemann schrieb einmal über ihn im Oktober 1814 an seine Frau: „Eben geht Varnhagen von mir. Er wird hier viel Fabeln machen, und doch kann ich ihm nicht gram sein." Das von ihm hier Vorgetragene dürfte wohl teilweise auch zu seinen Dichtungen gehören. (S. Olfers, I. 231.) Im Vortrag vom 11. hieß es über ihn: „Varnhagen wird gemäß dem Verlangen des Fürsten Metternich auch in andern Wegen

Das Werk „Blicke eines Sachsen auf dessen König. Dem sächsischen Volk zur Beherzigung," welches im vorigen Sommer herauskam, ist von Varnhagen und seinem Schwager, dem Juden Robert, verfaßt worden[1]).

Zum Vortrag vom 13.

s. d.

La confusion était dans toutes les têtes françaises et russes au moment où l'on apprit le départ de Napoléon; la tranquillité qu'affecta le Duc de Benevent n'était qu'apparente, mais, comme il a beaucoup de pouvoir sur lui-même, on ne s'appercevait de rien; il n'y a que ceux qui le voyent de près qui surent pénétrer dans ses idées. C'est à Presbourg surtout qu'il s'ouvrit là-dessus à la Princesse de Lorraine[2]), en lui témoignant de grandes inquiétudes et des doutes sur la fidélité du ministre de la guerre, M^{al} Soult. La tranquillité cependant commence à renaître. L'arrivée de Napoléon devant Antibes, dont l'entrée lui fut interdite, a prouvé qu'il marche en aventurier et sans un plan solidement mûri. C'est ce qui fit dire au Duc de Benevent „que cet homme, n'ayant pas voulu finir par une tragédie, finirait par une farce." Il n'en est pas moins vrai cependant que la marche de Napoléon de Cannes jusqu'à Grasse prouve qu'il a des intelligences, ou qu'il compte d'en avoir, avec les chefs de l'armée qui s'assemble près de Grenoble. Je tiens tout ceci de M. la Martinière[3]).

11. März (* *)

Die von den verbündeten Mächten im April 1814 bewiesene Großherzigkeit, oder Indolenz, wie einige es heißen, die während Napoleons Aufenthalt auf Elba bewiesene sträfliche Gleichgiltigkeit, sind der Gegenstand sehr bitterer Klagen und Kommentare gegen die Ministerien aller Puissancen. Bey Madame Wieland[4]) wurde gestern (10.) erzählt, es sei ein Bild zu sehen, das die Mäuse vorstellt, die sich belustigen, da die Katze im Käficht ist, und verschlüpfen, wenn sie ihn forciert. Bei Stephan Zichy, und in vielen Häusern, hielt man gestern sich sehr laut darüber auf, daß — ungeachtet der neueingetretenen äußerst bedenklichen Umstände —

---

von mir beobachtet." Aus seinen Papieren gehe u. A. hervor, „daß er im letzten Krieg insbesondere dem russischen Militär als faux frère angelehnt war". „Er war zum preußischen Legationssekretär dahier bestimmt, wogegen aber F. Metternich protestieren will."

[1]) Ludwig Robert, früher Levin, Rahels Bruder, war Schriftsteller und zeitweilig diplomatischer Agent. Im Jahre 1814 lebte er ohne Stellung in Frankfurt. Über die Familie Robert-Tornow siehe die Biographie in Varnhagens „Vermischten Schriften", II. 162 ff, wo aber von der hier erwähnten Broschüre nichts gesagt wird. Es ist wohl die Schrift „Blicke auf Sachsen, seinen König u. s. Volk etc.", deren Verfasser bisher nicht erweisbar war. S. T r o s k a, Publizistik, S. 23.

[2]) Die Prinzessin v. Lothringen war die frühere Gräfin Colloredo, Erzieherin der Kaiserin Maria Louise und ihrer Geschwister.

[3]) Einer der französischen Sekretäre.

[4]) Gemahlin eines der Schweizer Delegierten.

heute wieder Birutschade und Hoffest im Augarten (angesagt?) ist und daß
der Hoffeste-Taumel noch nicht aufhört[1]).

Zum Vortrag vom 14.

13. März (* *)

[Man hält sich „in der Societät" darüber auf, daß auch jetzt noch der
Kaiser von Rußland Beauharnais, La Harpe und Czartoryski zu seinen
Vertrauensmännern zähle.] Graf Odonell erzählte gestern bei Pufendorf:
„Am 25. Februar war in Paris am Louvre angeschlagen:
Q. Le Roi pourquoi est-il en guêtres?
R. C'est qu'il fait froid au mois de février.
Q. Qu'est-ce qu'il fera au mois de mai?
R. Il sera en bas."
„Der Congreß hat einen fahren lassen"; „Es ist dem Congreß einer aus-
kommen", plaisantiren die Wiener über Napoleons Entweichung.

Graf Vargemont sagte gestern bei Alt-Metternich: „Ich komme eben
von Talleyrand; es waren circa 20 Neugierige dort. Talleyrand sagte:
„Napoleon sitzt in den Waldungen vom Dauphiné und macht den Flibustier;
es wird nicht lange dauern, so wird man seiner habhaft sein. Je n'aime
pas la politique sentimentale, et c'est la politique sentimentale qui fait
reparaître Bonaparte, et qui nous replonge dans les malheurs de la révolution
et de la guerre." Gräfin Colloredo-Carneville sagte gestern: „Ich fahre
nun alle Tage nach Schönbrunn zur Kaiserin M. Louise, die sich nicht
äußert, aber traurig ist, und zu Frau Brignole, die heute versehen wurde
und die nun sieben Aerzte hat, worunter Frank, Malfatti, Staudinger"[2])...
Gräfin Lichnowska sagt: „Wüßte es nur Kaiser Alexander, alle Polen sind
wieder exaltiert für Bonaparte seit dessen Auferstehung in Frankreich;
er ist nicht mehr der Polen Liebling"...

Man legt dem russischen Kaiser nachstehende Außerung über Napoleons
Entweichung in den Mund: „Ce n'est rien, si nous pensons que c'est quelque
chose"... Baron Sumeraw und Bon Binder schimpfen sehr vorlaut über unser
Ministerium, daß der Breisgau nicht zurückkommt[3])....

Aus dem Vortrag vom 15.

[... Doktor Tschebulz, bei dem sich der schwedische Gesandte Graf
Löwenhjelm häufig einfinde, mache Experimente mit der Elektrisier-

---

[1]) Vgl. den Brief Friedrich Wilhelms III. vom 14. März 1815 an seinen Sohn
unter den Interzepten, wonach die Birutschade und das Augartenfest am 14. statt-
fanden. Noch vor dem 27. erließ übrigens Kaiser Franz das erwähnte Handbillet
an den Obersthofmeister, mit dem er weitere Hoffeste untersagte. (Zum Vortrag
vom 27. März 1815.)

[2]) Sie starb wenig Tage darauf und wurde, auf Neippergs Fürwort, durch
eine Gräfin Mittrowsky ersetzt.

[3]) Baron Sumeraw war, ehe er das Polizeiministerium übernahm, Gouverneur
in Vorderösterreich gewesen.

maschine und dem Galvanismus], indem er dadurch Personen in einen betäubenden Schlaf versetzt und sie im Schlafe zumalen über Krankheiten anderer Menschen, die mit den Eingeschläferten in Berührung gesetzt werden, reden macht[1]).

Zum Vortrag vom 15.

14. März.

Eine Schwester Napoleons (ob Elise oder Pauline weiß ich nicht bestimmt, da ich es in der Schnelligkeit des Diskurses nicht genau unterschieden habe), soll in Lucca auf die Nachricht von dessen Fahrt angehalten worden sein. Man sagt, sie habe erzählt, Napoleon habe sich noch von allen Gliedern seiner Familie, die sich gerade auf Elba befanden, beurlaubt und sich geäußert, er wolle sein Glück noch einmal bei Fréjus versuchen, denn dieser Ort sei ihm schon einmal günstig gewesen[2])...

Von Talleyrand wird erzählt, er habe aus dem Anlaß von Napoleons Unternehmung gesagt: „Es beschleunigt sein und des Kongresses Ende." Dieser letzteren Meinung sind auch viele der fremden Größen... Talleyrand soll dem Kaiser von Rußland sehr bittere Bemerkungen über seine Großmut, den Kaiser Napoleon auf Elba belassen zu haben, gemacht haben. Überhaupt scheint es, daß die französ. Botschaft dem russischen Kaiser sowohl aus diesem Grunde, als wegen seiner Verwendung für den Prinzen Eugen, dann für die Beibehaltung der Herzogtümer Parma und Piacenza durch I. M. die Kaiserin Marie Louise, gar nicht hold sei.

Zum Vortrag vom 16.

15. März.

L'inquiétude, dont l'entreprise hazardée de Napoléon avait frappé les esprits des habitans de cette capitale, a fait place à un calme parfait et aux meilleurs espérances depuis que les feuilles publiques en ont donné les détails et présenté le fait dans le vrai jour. On fait des paris pour la prise ou la mort de Bonaparte dans quinze jours tout au plus, et on a si peu de crédit sur cet exploit chimérique qu'il ne se trouve personne qui voulut risquer 50 ducats contre 500 que le Comte Triangi a parié qu'au bout de quinze jours Napoléon sera pris ou tué. Il n'y a que quelque peu de personnes qui, accoutumés de tout voir en noir, semblent craindre des suites désastreuses.

Les Polonais, au contraire, se croyent trouver au lever du soleil de leur bonheur. Mad. Zielinska, qui par cause de sa liaison avec Mr Griffith est, ou au moins affecte d'être, anglaise dans l'âme, m'a dit que tout ce qu'il y a de polonais, et principalement le P^{ce} Henri[3]) avec tout ce qui l'en-

---

[1]) Franz Tschebulz war ein Wiener Arzt und Mitglied des medizinischen Doktoren-Kollegiums.
[2]) Das konnte nur Pauline gewesen sein.
[3]) Lubomirski.

toure, s'abandonne aux plus doux espoirs pour la réussite de l'entreprise de Napoléon. Ils sont très-convaincus que le plan a été combiné avec ceux qui tiennent les rênes des commandements des armées en France et qui influent sur l'esprit du soldat français. Cependant, le P^{ce} Henri a le pouvoir sur soi-même de cacher ses sentimens, et Mad. Zielinska m'a dit qu'elle-même ne l'aurait pas cru capable de tant de finesse. On m'a assuré qu'il ne se passe pas de jour qu'il n'envoye pas des lettres en Pologne, et même en Galicie. Je ne pouvais parvenir à savoir avec qui il corresponde en Galicie, mais je sais qu'il avait expédié des lettres par des juifs polonais[1]).

Le P^{ce} Kozlowski m'a dit que personne n'est plus affecté et frappé de frayeur que le Roi de Bavière, qui doit avoir fait les plus fortes reproches à l'Empereur de Russie à cause de la trop grande générosité dont il a usé envers la France, en rendant 150,000 prisonniers français, tous élevés dans l'école de Bonaparte et, dans ce moment, les ennemis les plus dangereux des Bourbons.

Zum Vortrag vom 19.

17. März (Hebenstreit?)

[Bayern wolle sich nicht bequemen, das Innviertel abzutreten. Man zweifle aber nicht an einem guten Ausgang, sobald Preußen und Rußland näher ins Interesse gezogen würden.] Insoferne es dem österreichischen Staate auf irgend eine Weise daran gelegen wäre, den preußischen Hof für sich zu gewinnen, so mache ich auf den geheimen Staatsfinanzrat Jordan aufmerksam, weil derselbe der Einzige ist, welcher sich unter den Preußen die meisten Kenntnisse von Österreich erworben hat und überhaupt sich zu unserer Seite hinneigt. Er war es auch hauptsächlich, welcher im Jänner, als Preußen den Besitz von ganz Sachsen ertrotzen und augenblicklich, bevor Österreich daran gedacht hätte, 200,000 M. vor Wien rücken lassen wollte, die Albernheit dieses Planes anschaulich machte.

18. März (Nota)

Je m'empresse d'instruire V. Exc. d'une conversation bien intéressante; c'est celle d'Alexandre chez Stackelberg hier au soir. Ce monarque y fut avec le Roi de Prusse, et ils avaient tous les deux l'air bien consterné. J'ai lu un billet écrit ce matin par une dame, qui était de la petite société; elle écrit qu'elle n'a jamais vu rien de si triste, qu'on n'y parla que politique, qu'Alexandre dit aux dames avoir reçu le soir même un courrier qui lui apportait la nouvelle que Bonaparte avait dépassé Lyon et marchait sur

---

[1]) Etwas anders hieß es in einem späteren Rapport vom 21. März: „Die hier domicilierenden Polen sind über das Vordringen des Bonaparte betroffen und besorgen für den Fall, daß die im Herzogtum Warschau liegenden russischen Truppen abgehen, daß die neuerrichteten polnischen Regimenter, die mit selben zur Armee ausmarschieren, bei erster günstiger Gelegenheit zu Bonaparte übergehen, und für den Fall, daß sie im Herzogtum zurückgelassen werden, unruhige und exaltierte Köpfe es dahin bringen könnten, daß Unruhen ausbrechen dürften."

Paris, d'où Louis XVIII se disposait à partir pour gagner la Belgique; que le Duc d'Angoulême était à Bordeaux, mais qu'on ignorait ce qui était arrivé de Monsieur. Alexandre ajouta, d'après la dite dame, à ces nouvelles ce qui suit: „Nous ne pouvons plus empêcher la révolution en France. A l'heure qu'il est, Bonaparte (est) à Paris[1]). Il faudra prendre des mesures pour que le mal en reste là et ne se répande pas ailleurs." On a dit dans la même conversation que Soult avait été déposé et que c'était lui qui avait dirigé toute la traîne[2]). Alexandre accusa à cette occasion Metternich et Talleyrand, disant que c'était à eux qu'on devait tout ce qui arrivait.

18. März.

Der Prinz Eugen zeigte gestern Abends bei Stackelberg die größte Unwissenheit und fragte den Kaiser Alexander, und dann auch Andere, um die hier eingetroffenen Nachrichten. Manchmal aber widersprach er sich und wußte mehr als ihm die Andern sagten. Der Oberst vom 7. Regiment bei Chambéry, der mit seinem ganzen Regiment übergieng[3]), war Adjutant bei ihm, und Prinz Eugen erzählte von ihm, daß Napoleon denselben nie habe ausstehen können und daß er ihn deshalb oft gewarnt habe, sich klüger zu benehmen und sich nicht um seine Carrière und sein Glück zu bringen[4])...

s. d. (19. März[5])

Am 18. Morgens, als ich, wie gewöhnlich, die Ordre von dem Fürsten verlangte, so gab er mir zur Antwort: „Mein lieber Freund, ich habe euch nichts mehr zu befehlen. Macht mir nur möglich, daß ich noch einen Kurier von Paris erhalte, der mir sagt, daß Paris still und ruhig sei, sonst will ich nichts mehr wissen noch hören." Dieses sagte der Fürst mit tiefer Rührung und fing sich wehmütig mit beiden Händen den Kopf zu kratzen an. Um ein Uhr kam Bon Gagern, wie man sagt, mit der Nachricht, daß der König Paris verlassen habe und nach Holland gegangen sei. Um zwei Uhr kam ein Kurier von Paris, der sagte, daß Paris ruhig sei, daß er auf seiner Reise die Garden, welche in Nancy und Metz waren, mit einem Teil der schweren Kavallerie begegnet hätte, welche in aller Ruhe zu Bonaparte marschiert wären; sein Einzug in Lyon soll ruhig und mit Ordnung gehalten worden sein. Wie man von Rouen[6]) hört, so soll in Lyon Bonaparte die Post genommen haben mit Kavalleriebedeckung und soll nach Paris gegangen sein.

---

[1]) Napoleon kam erst am 20. März nach Paris.
[2]) Der Verdacht gegen Soult zerstreute sich bald. Siehe das Schreiben der Erbherzogin von Weimar an ihren Gemahl vom 16. März unter den Interzepten.
[3]) Labédoyère.
[4]) Vgl. über Napoleons Abneigung gegen Labédoyère, der dann um seinetwillen den Tod erlitt, meinen „Napoleon", III. 385 und Chuquet, „Le jugement de Napoléon sur Ney et Labédoyère" in den „Feuilles d'histoire", 1912, Juillet.
[5]) Materieller Bericht über Talleyrand eines in dessen Dienerschaft untergebrachten Vertrauten.
[6]) Dem Sekretär.

Nachmittag und Abend ging der Fürst in die Staatskanzlei. Man sagt im Hause, daß er sich geäußert habe, wenn er auch nichts mehr für den König thun könne, er doch so viel als möglich ist seinem Vaterlande dienen wolle. Heute gehen vier Sekretärs fort zu Hause nach Paris — auf eine Erklärung des Fürsten, daß er seinen Haushalt sehr beschränken wolle. Sie heißen Rouen, Sens, Damour, St. Marc. Labesnardière folgt in einigen Tagen. Es ist wirklich tief fühlend, wenn man denket, daß vor kurzem der Fürst (der wirklich der beste Mann ist) gleichsam herrschend und jetzt gleichsam infam und verlassen da steht. Wenn es wahr ist, was man in unserem Haus sagt, daß der Fürst sein Haus auf 1 Bedienten und 1 Kammerdiener beschränken will, so müssen die Sachen sehr schlecht und ohne Aussicht sein.

Zum Vortrag vom 20.

s. d. (Leurs)

Der Berliner Professor Jahn[1]), welcher vor wenig Tagen hier eingetroffen, ist ein steinianisch-teutscher Mann. Derselbe steht an der Spitze jener, welche das Teutschtum durch die Sprachgesellschaft in Berlin befördern wollen[2]). Derselbe hat im Sinne des Bundes über Teutschtum geschrieben[3]). Er ist hier mit Aufträgen, welche darauf zielen. Vor vier oder fünf Tagen sprachen die Geh. Staatsräte Beguelin, Küster, Staegemann und Hoffmann in Gegenwart des Grafen Reichenbach über die Wahrscheinlichkeit eines Erfolges seiner Sendung. Hoffmann allein hegte einige Hoffnung, die übrigen zuckten die Achsel und sagten: man habe hier ein stilles ruhiges Gemüt, kalte Beurteilung und das Fundament der Kenntnisse; das heftige Geschrei, die beleidigende Eitelkeit und der Prunk der Berliner könnten hier keinen Eingang finden; die geschraubt zierlichen Sätze des Jahn würden hier ekeln, wo man an die Sache denkt, von der man spricht, und eben deswegen die Worte außer Acht läßt. Sie meinten, Jahn werde hier Zeit, Mühe und Geld verlieren, sich mehrere Blößen geben und dann, wie Heun, unverrichteter Sachen zurückkehren.

Graf Reichenbach war am 16. in der Frühe bei dem Baron Humboldt, um Abschied zu nehmen und Pässe nach Schlesien zu begehren[4]). Bon Hum-

---

[1]) Friedrich Ludwig Jahn, der Turnvater, war als Kurier der preußischen Regierung nach Wien geschickt worden. Er sollte, wie der Vertraute Hebenstreit erfahren haben wollte, in Wien dafür gewonnen werden, den Unmut in Berlin darüber, daß nicht ganz Sachsen an Preußen kam, beschwichtigen zu helfen. (Zum Vortrag vom 17. März 1815.) Jahn ging am 22. März wieder von Wien ab.
[2]) Jahn hatte die „Berlinische Gesellschaft für deutsche Sprache" mit puristischen Tendenzen gegründet, für die er in Wien Anhänger warb.
[3]) „Das deutsche Volkstum" war 1810 erschienen.
[4]) Reichenbach verließ am 21. wieder Wien, um nach Schweidnitz heimzureisen. Seine Absicht, eine Stelle in der preußischen Domänenverwaltung zu erhalten, hatte er vorläufig noch nicht erreicht. Zum Vortrag vom 22. März 1815. Siehe S. 409.

boldt zeigte unendlich viel Ängstlichkeit über die Ereignisse und die Folgen derselben für Frankreich und besonders für Preußen. Derselbe erklärte: das einzige Interesse Preußens in diesem Augenblick wäre ein genaues Anschließen an Österreich und das beste Einverständnis mit demselben; alle Diener des Königs müßten jetzt nur dieses vor Augen haben und eifrigst daran arbeiten. Österreich habe nichts von Napoleon zu fürchten, denn Österreich habe denselben blos bekriegt und keinen Teil an der Entthronung genommen; auch Graf Clam habe demselben das Leben gerettet, welches ein großes Unglück gewesen[1]). Bon Humboldt setzte hinzu, sie könnten sich noch immer nicht erklären, wie es mit der Einschiffung und den Vorbereitungen derselben zugegangen, noch woher Napoleon so viel Geld erhalten...

Zum Vortrag vom 21.

20. März (N. N.)

Les Prussiens qui avant quatre semaines prétendaient que c'est la Prusse qui avait sauvé l'Autriche, et qui étaient bien loin de rendre justice aux exploits valeureux de l'armée autrichienne, ne parlent qu'avec enthousiasme de la loyauté et de la justice magnanime de notre auguste souverain. Ils jurent que les deux nations sont faites pour s'entrainer et rester unis à jamais. [Heinrich Lubomirski habe den Kaiser Alexander um die Gunst gebeten, die Polen an die Spitze der russischen Armee zu stellen.]

20. März (* *)

[Samstag (den) Vormittag von 12 bis 2 Uhr hat wieder eine musikalische Veranstaltung bei Streicher[2]) stattgefunden, wo Mme Pereira und Fräulein Haan, Tochter des obersten Landrichters[3]), ein Klavierkonzert für vier Hände spielten, „welches vollkommen reüssiert hat."]

Zum Vortrag vom 23.

21. März (Verschiedene)

[Das Gasthaus „zur Kohlkreunze" auf der Wieden werde wegen seiner guten und billigen Verabreichungen seitens eines höflichen Wirtes gern von den preußischen Räten (Beguelin, Küster, Paalzow, Lombard, Schroer u. A.) besucht[4]). — Fürst Trauttmansdorff fragte Talleyrand, ob Napoleon

---

[1]) Bei der Fahrt von Fontainebleau nach Fréjus im April 1814, wo Graf Clam, der österreichische Kommissär, mit dem von der Volkswut bedrohten Kaiser die Uniform tauschte. S. Helfert, Von Fontainebleau nach Elba.
[2]) Der berühmte Musiker und Klavierbauer, außerdem bekannt durch seine Beziehung zu Schiller.
[3]) Math. v. Haan, Geheimer Rat, Oberst-Landrichter und niederösterreichischer Landrechtspräsident, war Präsident der Hofkommission in Justizgesetzsachen.
[4]) Am 26. kam das Gasthaus unter tägliche materielle Beobachtung, nachdem sich die Tischgesellschaft „zur kleinen Landskrone" allmählich ganz aufgelöst hatte und einige ihrer Stammgäste zur „Kohlkreunze" übergegangen waren, wo auch die Räte der Bülowschen Kanzlei (Horstmann, Rother u. a.) verkehrten.

großen Anhang in Frankreich besitze, worauf Talleyrand antwortete, das könne er nicht wissen, da er abwesend sei, wohl aber wisse er, welchen Anhang er in Österreich habe. — Ein Kurier des Großherzogs von Baden habe bei Ebelsberg (Oberösterreich) den berüchtigten Spion Napoleons, Charles Schulmeister, angetroffen, der erzählte, er habe sich einen Monat in Wien aufgehalten. — Man reicht die Karrikatur Talleyrands mit den sieben Köpfen (als Bischof, als Carmagnole, u. s. w.) herum, deren jeder einen andern Ausruf tut „Vive la République", „Vive l'Empereur" etc.]

Zum Vortrag vom 24.

23. März.

[Der Parmesane Magauly sagt dem Berichtleger, daß „des lettres qu'il a reçues de Parme l'informent qu'en Italie ce n'est qu'un cri général en faveur de Bonaparte"[1]).]

Zum Vortrag vom 28.

27. März (Verschiedene).

[Die Umgebung des Königs von Dänemark sondert sich in zwei Parteien, in eine Mehrheit, die gegen Napoleon, und eine Minderheit — es seien die Aufgeklärtesten — die für ihn sich ausspricht. — Graf Neipperg habe die verwitwete Gräfin Mittrowsky[2]) als Gouvernante bei dem Prinzen Napoleon empfohlen, um eine vertraute Freundin bei Marie Louise zu haben, „über die er Ascendant gewonnen hat, der sie ohne des Freundes Rat keinen Schritt wagen läßt"[3]). — Die Großfürstin Katharina soll nicht den großen Einfluß auf den Kaiser Alexander haben, wie man glaubt und wie ihn Czartoryski und La Harpe ausüben.]

B. Interzepte.

Angelo an den Reis Effendi.

Paris, den 8. März 1815[4]).

Ich benütze die Verzögerung des Ministerial-Kouriers um Ew. Herrlichkeit gehorsamst anzuzeigen, was ich gestern Abends bei der Comtesse Jaucourt

---

[1]) Magauly selbst machte mit den anderen Italienern Chorus für Napoleon und verurteilte mit ihnen das Ächtungsdekret der Kongreßmächte als ein „Dokument des Hasses". (Zum Vortrag vom 17. März.)
[2]) Ihr Gemahl war Feldmarschalleutnant gewesen.
[3]) Neipperg verließ am 1. April Wien. Die Korrespondenz zwischen beiden besorgte die Mittrowsky, freilich nicht so, daß sie der Geheimpolizei entgangen wäre. S. meine Studie: „Marie Louise und der Sturz Napoleons" (Studien und Skizzen II. im Anhang).
[4]) Interzept, St. A. Aus dem Griechischen übersetzter Bericht des Gesandten der Türkei in Paris an den Minister des Auswärtigen, der ehedem die Bezeichnung „Reis Effendi" führte.

und der Duchesse Wellington von den dort befindlichen Individuen über das Ereigniß gehört habe, welches jetzt die allgemeine Aufmerksamkeit fesselt. Napoleon hatte am 26. Februar mit mehreren Schiffen die Insel Elba verlassen, als ihn von weitem eine englische Fregatte gewahr wurde, welche, ohne seine Abfahrt verhindern oder ihn einholen zu können, unverzüglich nach Livorno kehrte und von dort aus dem zu Florenz befindlichen englischen Minister die Sache melden ließ. Dieser schickte augenblicklich Curiere nach Wien und hieher. Man schließt hieraus, daß man es in Wien am nämlichen Tage wußte als der englische Curier hier eintraf, d. i. den 6.[1]). Die weiteren Nachrichten sind von einer für die hiesigen Gemüther beruhigenden Beschaffenheit. In allen Städten, wo Napoleon auf seinem Marsche vorüberzog, wurden seine Parlementaires zurückgewiesen; zu Digue zog man seine Herolde aus und jagte sie nackt aus der Stadt. Napoleon selbst passirte viele Städte ohne Furcht und ganz sorglos und kam bis Gap, wo es sich zuerst zeigte, daß er seinen Marsch auf Grenoble richten wolle, dann aber sich wieder zurückzog und die Straße nach Italien einschlug, wo man ihn in den Gebirgen von Piemont vermuthet. Keine von den Städten oder Ortschaften zeigte indeß auch nur die mindeste Anhänglichkeit an ihn. Eben dieses gibt dem jetzigen Gouvernement große Hoffnungen, so daß der König dem diplomatischen Corps mit ruhiger Heiterkeit in der gestrigen Versammlung sagte, sie könnten mit Gewißheit ihren Höfen melden, daß dieses Ereigniß weder die Ruhe von Europa, noch jene von Frankreich insbesondere, im geringsten stören werde, indem alles diesen Aufrührer kennt und man ihn überall zurückweisen werde... Als das Volk gestern den Herzog v. Berry ausfahren sah, bezeugte es mit großem Enthusiasmus seine Zufriedenheit über dessen Hierbleiben (Anstatt seiner wurde der Herzog v. Bourbon abgesendet). Man hofft die Sache werde ein gutes Ende nehmen und Napoleon sein Leben einbüßen, da ihm keine Hoffnung und kein Zufluchtsort übrig ist.

Czartoryski an Anstett.

Vienne, le 1/13 mars 1815[2]).

Après y avoir encore réfléchi, je pense qu'il convient de s'en tenir à l'instruction donnée par l'Empereur et à ce que les deux souverains[3]) ont accordé ensemble. Je ne prévois pas que les commissaires autrichiens[4]), après avoir cédé sur le principe, soient fort difficile sur quelques cents toises

---

[1]) In Wien traf die Nachricht, enthalten in einer Depesche des österr. Generalkonsuls in Genua, erst am Frühmorgen des 7. ein. Metternich, Nachgelassene Papiere, I. 209 ff.

[2]) Interzept, M. J. zum Vortrag vom 16. März.

[3]) Der Zar und Kaiser Franz.

[4]) Die österreichischen Unterhändler in der Frage der Freistellung und Abgrenzung Krakaus waren Staatsrat v. Hudelist und der Vizepräsident der Hofkammer v. Barbier. Russischerseits verhandelten Anstett und der polenkundige Chanevsky. Vgl. Martens, III. 358 ff. den Vertrag vom 3. Mai 1815.

de plus ou de moins. Ils paraissent être sincères dans le désir de garantir véritablement la neutralité de Cracovie et de favoriser son commerce et son bien-être. Ces deux buts sont essentiellement obtenus en reculant d'un mille d'Allemagne les barrières du port. Les Autrichiens ne perdent rien par là, puisque ils ne pensent à déplacer leur ligne de douanes. Pour ce qui est de Swokowice, comme ils conservent la pleine souveraineté et propriété, rien ne les empêchera d'exploiter les mines. En dernière analyse on pourrait partager en deux la distance depuis Podgorce jusqu'à la ligne des douanes autrichiennes. Je dois vous observer que plusieurs petits villages touchent au bourg de Podgorce, ce qui a pu vous faire croire qu'il est fort étendu. Podgorce proprement (dit) n'est pas grand. Nous pouvons consentir à ce que le territoire soit nommé libre, et pour cette concession ils n'ont qu'à donner un peu plus d'étendue à ce territoire. En permettant un établissement militaire pour la garde des magasins à Podgorce, il est indispensable d'ajouter que cet établissement ne pourra dans aucun cas excéder un certain nombre de soldats, car, sous prétexte de la sûreté des magasins, l'on pourrait amener des régiments et de l'artillerie. Je suis fâché de vous donner de la peine, tandis que vous-même vous mettez tant de zèle et de talent à avancer les affaires qui heureusement vous sont confiées; mais j'ai eu l'idée que le changement que je propose, et qui est plus conforme à la juste attente de l'Empereur, ne coûtera pas autant de peine à faire douter que nous le redoutons.

Großherzog Karl von Baden an K. Alexander.

Wien, den 14. März 1815[1]).

[Teilt ihm mit, daß er den von seinem Großvater am 10. Februar 1806 dressierten Akt unterschrieben habe, der beim Aussterben des Mannsstammes die Grafen Hochberg zur Herrschaft beruft.]

Der König von Preußen an den Kronprinzen zu Berlin.

Wien, den 14. März 1815[2]).

Ich habe zwar Ursache zu hoffen und zu erwarten, daß du, mein lieber Fritz, auch ohne erst von mir dazu ermuntert und aufgefordert zu werden, nicht versäumen wirst, um die Zeit der Ostern zum Abendmahle zu gehen. Dennoch hab' ich geglaubt, dich hierauf aufmerksam machen zu müssen, da es jetzt wohl klar ist, daß ich um jene Zeit noch nicht wieder mit Euch seyn werde.

Seit der erfreulichen Wiedererscheinung des fast vergessenen N. auf dem festen Lande erhält leider alles wieder ein kriegerisches Ansehen. Die Vorbereitungen, um auf alle Fälle bereit zu seyn, sind schon im vollen Gange, und ehe man sehen wird, wo das alles hinaus will, ist freylich nicht

---

[1]) Interzept, M. J. zum Vortrag vom 25. März.
[2]) Interzept, M. J. zum Vortrag vom 17. März.

daran zu denken, Wien zu verlaßen. Gebe der Himmel, daß das angehende Übel gleich in der Geburt erstickt werde.

Deine lustigen und possierlichen Briefe haben mir viel Freude und Spaß gemacht. Ich ersehe daraus, daß deine gute Laune die nämliche bleibt, sowie ich auf der andern Seite mit Zufriedenheit vernehme, daß du fleißig bist und in der dir nöthigen Ausbildung gute Fortschritte machst. Seit einigen Tagen ist das Wetter sehr unstätt und unfreundlich. Morgen soll, wenn anders das Wetter keinen Querstrich macht, eine „Birutschade", wie der hiesige ästhetische Name ist, nach dem Augarten gemacht werden. Es ist dies das Surrogat einer Schlittenfahrt, oder Schlittade (!) auf gut wienerisch.[1]) Dort soll zum erstenmal „Joconde" aufgeführt werden, auf deutsch heißt das —[2]). Lebe wohl, lieber Fritz, ich umarme Euch alle von ganzem Herzen.

P. S. Kousine wird gewiß auch zur Kommunion gehen.

Großfürstin Marie Paulowna an ihren Gemahl, den Erbherzog von Weimar.

Vienne, le 4/16 mars 1815[3]).

Le Roi de Saxe jusqu'ici balance, prétextant que l'on n'a pas le droit de lui préscrire des conditions. Les Prussiens sont pourtant en possession de ce qui leur a été assigné, et la part destinée au Roi de Saxe sera administrée par eux provisoirement. Selon les apparences, et pour peu que les circonstances prissent en France un caractère grave, il sera question d'une levée en masse en Allemagne.

Les nouvelles de Paris du 8 et 9 sont bonnes; la fermentation, quoique très grande, ne prend encore aucun caractère alarmant; jusqu'ici les démarches du gouvernement sont sages et vigoureuses; la proclamation du Maréchal Soult donne la garantie de sa fidélité; enfin l'armée seule, on peut mieux dire quelques corps, peuvent encore alarmer, témoin la défection d'un régiment entier à Grenoble. Pour autant que j'ai appris de mon frère lui-même[4]), les corps d'armée russes, qui vont arriver à la sollicitation de l'Empereur d'Autriche, ne traverseront point la Saxe; nous n'aurons donc que les Prussiens et les Saxons à revoir.

Talleyrand an Ruffin in Constantinople.

Vienne, le 16 mars 1815[5]).

[Flucht Napoleons von Elba.] Dès que j'eus été informé ici de cette tentative, je pensai qu'une déclaration de tous les souverains contre son

---
[1]) Soll — auf gut wienerisch — „Schlittage" heißen.
[2]) Die französische Oper „Joconde" wurde im Augarten unter dem Titel „Das Rosenmädchen" von Sängern des Theaters an der Wien aufgeführt.
[3]) Interzept, M. J. zum Vortrag vom 19. März.
[4]) Kaiser Alexander.
[5]) Interzept, M. J. „Sous couvert de Mavrojeni à Argyropulo." Ruffin war französischer Gesandter in Konstantinopel.

auteur aurait, entre beaucoup d'autres avantages, celui de retenir les hommes égarés et criminels, qui pourraient être disposés à se joindre à lui, en lui ôtant tout espoir qu'il puisse réussir. La proposition que j'en ai faite a été adoptée avec l'empressement le plus unanime. En conséquence la déclaration, dont je vous joins ici plusieurs exemplaires, a été signée le 13 par les plénipotentiaires réunis à Vienne au congrès[1]).

Il était à craindre que Joseph Bonaparte, qui est dans le pays de Vaud, n'excitât des troubles et ne nouât des intrigues, soit dans ce pays, soit dans les partis de la France qui l'avoisinent. J'ai chargé le Cte Talleyrand de faire la demande qu'il soit éloigné. La même demande sera faite aussi au nom de l'Autriche et de la Russie, et des officiers autrichiens et russes ont même été expédiés en Suisse pour emmener Joseph Bonaparte à Gratz, lorsque le canton de Vaud aura obtempéré à ces demandes. Ainsi tout tend à prévenir ou arrêter les suites qu'aurait pu avoir l'entreprise de Bonaparte.

Dalberg an seine Frau in Bologna.

Vienne, le 20 mars 1815[2]).

Je t'invite bien, ma chère amie, à ne pas quitter dans ce moment l'Italie qui, je crois, restera le pays le plus tranquille. L'événement qui a lieu en France n'est point à calculer dans ses chances. 840,000 hommes se mettent de tous côtés en mouvement pour combattre cette nouvelle révolution, et la France sera, ou forcée à suivre le chemin de l'ordre et de l'honneur, ou à succomber, et elle le méritera, si elle ne sait se tirer des chaînes que ce malheureux homme forge de nouveau pour elle. Si tout le monde se rend au quartier général, nous (le) suivrons pour y être comme ministres du Roi. Mon avis est que tu reste tranquillement avec Nina, ou que tu ailles à Gênes, jusqu'à ce que cet orage soit passé. L'Allemagne va être un champ de la plus horrible dévastation, et toutes les armées s'y concentreront.

Que deviendra notre fortune si ce malheureux homme parvient à se replacer à Paris? Mon esprit est fort alarmé. On écrit en date du 11 qu'il y a tout à craindre pour Paris. Sois, au reste, tranquille, chère amie, et bien confiante dans le sort. Les apparences sont peut-être plus effrayantes que ne le sera la réalité.

Mme Montesquiou a été renvoyée de Schönbrunn pour le mauvais propos qu'elle tenait. Son fils était arrivé de Paris, et nous croyions tous que c'était avec le projet d'enlever le petit prince. On l'a fait habiter[3]) depuis le château en ville, et on a ordonné à M. Anatole de s'en aller[4]).

---

[1]) Es ist die Achterklärung wider Napoleon, gedr. bei Angeberg, II. 912. Was Talleyrand vorgelegt hatte und von den Mächten verworfen wurde, war in weit stärkeren Ausdrücken gehalten gewesen als die veröffentlichte Erklärung.
[2]) Interzept, M. J. zum Vortrag vom 21. März.
[3]) Den kleinen Prinzen, der in die Burg nach Wien übersiedelte.
[4]) Der Verdacht gegen den jungen Montesquiou, den Prinzen entführen zu wollen, war durch nichts gerechtfertigt. Man schickte ihn übrigens nicht fort, sondern behielt ihn bis in den Juni in Wien unter Aufsicht.

La révolution militaire qui s'est faite en France est ourdie par Flahault, Labédoyère, Ornano, Girardin, Lefebvre-Desnouettes et tout ce monde qui entre la perte d'un pays et un bâton de maréchal ne sait pas trouver de différence. Il est plus que probable que la guerre intérieure purgera ce malheureux pays de toutes les mauvaises têtes. Dis à Borne qu'à Paris on crie beaucoup contre M..... à Livourne[1]); je ne sais s'il pouvait mieux faire.

Stein an Plessen.

Wien, den 21. März 1815[2]).

In Beantwortung auf die mir überschickten „Allgemeinen Beratungspunkte als Grundlagen des deutschen Bundes" muß ich Folgendes bemerken: Über die militärische Verfassung müßte ein besonderes Gesetz gemacht und darauf Bezug genommen werden. — Den Namen „Kaiser" auszusprechen, halte ich für bedenklich, da Österreich nicht entschlossen ist, ihn anzunehmen. — Die Stände müssen bei der Gesetzgebung mehr als eine beratende Stimme erhalten. — Der Bundestag muß sogleich hier oder in Cassel oder in Erfurt eröffnet werden wegen der vorhandenen Kriegsgefahr. — Einen Bund lasse uns Ew. Excellenz zu Stande bringen, und wer nicht darin stehen will, der stehe draußen, gebrandmarkt mit Ineptismus, Dummheit und läppischer Aufgeblasenheit.

Der König von Bayern an die Königin in München.

Vienne, 31 mars 1815[3]).

J'ai eu hier au soir la visite de l'Empereur Alexandre. Il est venu me parler au sujet de la démarche que je t'ai mandée hier. La scène a été vive au commencement; j'ai fini par trouver qu'il y avait du mésentendu; alors je lui ai demandé d'entendre Wrede que je lui ai envoyé sur le champ. Le commencement de l'explication a été aussi très bruyant, mais à la fin il a trouvé les raisons du maréchal si bonnes et si claires qu'il s'est chargé de rédiger lui-même les articles, et nous nous sommes tous quittés les meilleurs amis du monde[4]). Il y avait longtemps que je désirais une pareille explication. Ich habe mich recht ausgeleert. J'ai été enchanté de l'empereur, de la franchise qu'il a montrée et de tout ce qu'il m'a dit d'amical. Tout cela sera arrangé dans la journée. Il ne restera plus qu'à arrêter les affaires territoriales, car dans ce moment-ci il ne peut pas être question de l'échange

---

[1]) Konsul Mariotti in Livorno. S. oben.
[2]) Interzept, M. J. zum Vortrag vom 23. März. Hatte Plessen, der Vertreter Mecklenburgs, den Entwurf einer in Gemeinschaft mit Gagern redigierten Note an die Großmächte vorher Stein mitgeteilt?
[3]) Interzept, M. J. zum Vortrag vom 1. April.
[4]) Es handelte sich um die Militärkonvention zwischen Österreich, Rußland und Bayern, vom 2. April 1815, bei Martens, III. 187 ff. Wrede setzte in der Unterredung dem Kaiser auseinander, wie wenig glimpflich man Bayern seit dem Rieder Vertrag behandelt habe.

du pays. Je peux actuellement assurer avec certitude que je quitterai Vienne dans le courant de la semaine prochaine et que j'aurai, pour sûr, le bonheur de me retrouver après une si longue et si cruelle séparation avec toi, ma bien aimée Caroline, et avec mon enfant que je te prie d'embrasser. Plains-moi, je dîne aujourdhui chez Zichy, qui fait une chair détestable; je n'ai pas pu refuser, ayant reçu tant d'honneurs dans cette maison. Je vais aller chez Wrede et ne ferai partir l'estaffette qu'à midi pour pouvoir te mander des nouvelles si j'en apprends. Hier on a fait tuer Bonaparte par Ney. Oh, si nous avions un pareil bonheur, que de sang serait épargné[1])!

à $9^h \, 3/4$.

Je reviens de chez Wrede. Il n'y a jusqu'ici rien de nouveau, si non que j'ai appris que ce diable d'Artaria[2]) est encore ici, et qu'il ne part que ce matin, de sorte que je vais lui envoyer cette lettre. Il t'en remettra par conséquent deux de ma part...

---

[1]) Der König kommt mit diesem on dit zu spät. Am 25. März hatte zwar Freddi das Gerücht gemeldet, Ney habe Napoleon geschlagen und auf Lyon zurückgeworfen; am 27. schon aber wußte* * zu berichten, daß der Übergang Neys zu ihm die größte Sensation mache. (Zu den Vorträgen vom 26. und 28. März.)

[2]) Der Mannheimer Kunsthändler, der in Geschäften nach Wien gekommen war.

April 1815.

A. Rapporte.

Zum Vortrag vom 1.

31. März.

Nach der Generalin Hitrow Äußerungen, die sich auf die Erzählungen der ersten Umgebungen des Kaisers (Alexander) gründen, ist der Kaiser gegen die Bourbons gar nicht gut gesinnt und scheint vom Napoleon ein gemäßigtes Benehmen und Sicherheit auf lange Jahre zu erwarten. Nach einer Äußerung der Kaiserin M. Louise zu Neipperg hätte K. Alexander bei der letzten Visite ihr gesagt: „Si la nation veut Napoléon ou la régence, je n'hésiterai pas de proposer de le reconnaître. On ne peut pas s'opposer à une nation entière" u. dgl., so daß sie in der größten Verlegenheit war. Die Prinzessin[1]) hat heute erst wieder gesagt: „Da steh' ich gut dafür, daß sie mich nach Paris nicht bringen werden[2])."

31. März.

Lanckoronski m'a dit de tenir des personnes, qui l'ont entendu de leurs propres oreilles, que Beauharnais avait dit chez la P^{esse} Bagration qu'il ne voyait pas la raison par laquelle les puissances coalisées ne pourraient pas faire la paix avec l'Empereur Napoléon; que, dès que celui-ci se bornerait à ne prétendre que la France telle qu'elle est à présent, on pourrait bien aisément s'entendre. [Bei Arnstein habe die Frau vom Hause Beauharnais' Sekretär Méjean gefragt, ob er sich jetzt nicht schäme, Franzose zu sein, wo solche Dinge geschähen, und Méjean geantwortet, er sei im Gegenteil nun stolzer als je auf sein Franzosentum, wo Frankreich sich für seinen Kaiser erklärt habe. Die Arnstein sei darauf beleidigend geworden und schließlich in Krämpfe verfallen.]

---

[1]) M. Louise.
[2]) Darüber, daß M. Louise niemals Neigung hatte, zu Napoleon zurückzukehren, vgl. meine Studie „M. Louise und der Sturz Napoleons". Diese mehrfach bestrittene Ansicht wird jetzt durch einen ihrer Briefe an ihre vertraute Freundin, die Herzogin von Montebello, unterstützt, die jüngst v. E. G a c h o t, „M. Louise intime", veröffentlicht wurden. Schon am 8. September 1814 schrieb sie aus der Schweiz, der Kaiser habe ihr Botschaft auf Botschaft gesandt, sie möge ihr Söhnchen in Wien lassen und zu ihm nach Elba kommen, worauf sie ihm freimütig geantwortet habe, daß sie jetzt nicht kommen könne. „Wenn nur das den Wiener Hof nicht bestimmt, mich länger dort (d. i. in Wien) zurückzuhalten. Ich will Ihnen aber mein heiligstes Ehrenwort geben, daß ich weder für jetzt noch irgendwann nach Elba gehen werde. Sie, liebe Freundin, wissen ja besser als irgendwer, daß ich keine Lust dazu habe (vous savez mieux que personne que je n'en ai pas envie)." (Gachot, II. 95.) S. unten.

Zum Vortrag vom 5.

4. April (**)

Graf Stefan Zichy erzählte gestern: „Letzten Samstag, da der russische Kaiser und der König von Preußen, auch M. Beauharnais, bei Graf Karl Zichy, wie sonst alle Samstag, soupierten, sagte M. Beauharnais bei seinem Spiel: „So gut ich auch von der Polizei bewacht werde, so ist mir doch meine Brieftasche mit 500 Gulden Wiener Währung entwendet worden."

Zum Vortrag vom 8.

7. April

Une personne, qui voit souvent Mad. la Comtesse de Mittrowsky[1]), disait que S. M. Imp. et Royale, l'Archiduchesse Louise, lui avait avoué qu'Elle n'avait jamais aimé en Napoléon que sa grandeur, c'est-à-dire l'éclat du trône, mais qu'à présent Elle était si indignée contre lui qu'Elle avait fait vœu d'aller à pied à Maria-Zell[2]), si l'on pouvait parvenir à s'emparer de lui[3]).

Zum Vortrag vom 9.

s. d.

Dans un des petits conciliabules que tient toujours l'Empereur Alexandre lorsqu'il va se coucher il s'exprima de cette manière: „Je suis étonné que dans une ville comme Vienne, où l'ordre est si bien établi et maintenu, il puisse s'y trouver des scélérats qui osent impunément s'exprimer en faveur de Napoléon; et d'après toutes les notions que j'ai eues à cet égard, ce qui m'a frappé le plus est de voir que tout ce qui se dit à ce sujet sort des ateliers des fabricants, et que parmi eux il ne s'y trouve que des Allemands et des Suisses, et aucun Français. Je veux bien croire que ces derniers, qui sont ici en grande quantité, pensent également comme les Suisses; mais ils ont au moins la prudence de se taire, ce qui, à la vérité, pourrait les rendre plus dangereux, s'il n'était pas de la nature des choses d'avoir continuellement l'attention fixée sur eux." Il parla aussi de Murat qu'il traita de traître. Il dit que, depuis l'abdication de Bonaparte à Fontainebleau, la conduite de ce dernier, ainsi que celle du reste de sa famille, n'avait été qu'un tissu de scélératesse....

---

[1]) S. oben.
[2]) Berühmter Wallfahrtsort im steirisch-niederösterreichischen Grenzgebiet.
[3]) Vgl. ihre Briefe an den Vater aus dem Juni 1815 in „Hist. Studien und Skizzen", II. 275, und in einem Schreiben an die Montebello vom 27. August 1815 die Stelle: „Dès que je serai un peu plus rétablie, je compte aller faire un pèlerinage à Mariazell; c'est un vœu que j'ai fait et que je m'empresserai d'acquitter en mon nom et en celui d'autres." Gachot, Marie Louise intime, II. 205.

Zum Vortrag vom 10.

9. April (* *)

... Graf Keller und Graf Salmour sagen, der in Wien bei Talleyrand aus Paris angekommene M. Montrond ist M. Talleyrands natürlicher Sohn. Er hat Aufträge von Bonaparte an Talleyrand und Dalberg, welche beide Bonaparte nach Frankreich zurückberuft[1])...Bei Pufendorf wird viel gesprochen von der österreichischen Antwort an die altfürstlichen Häuser, welche als eine wörtliche Abschrift der preußischen Expedition, mutatis mutandis, hätte expediert werden sollen, wo vergessen worden ist, mutanda zu mutieren, und wo Fürst Metternich „einverständlich mit dem preußischen Ministerium" erscheint, als welches neue Veranlassung gibt, über die in der Staatskanzlei herrschende Unordnung zu kommentieren. Graf Marschall sagt: „Ich habe als sächsischer Landstand die an F. Metternich exhibierte vier Bogen starke Vorstellung der sächsischen Landschaft mit großem Bedenken mit unterschrieben. Vier Bogen ist zu viel für F. Metternich, der nicht vier Seiten liest.".

Zum Vortrag vom 11.

s. d.

[Gespräch mit Major Martens, Bartholdy und Jordan bei Arnstein über Murat, „le chef des Carbonari, des Unitaires, des Indépendentistes d'Italie, qui venait de dire à Ancone que ses limites seraient les Alpes et la mer", und Napoleon. Jordan erklärte:] „Nous ne faisons pas la guerre à la nation, nous la faisons à Napoléon, parce qu'il nous est prouvé qu'avec lui nous ne pouvons pas avoir de tranquillité et de sûreté chez nous. Mais la nation française peut faire ce qu'elle veut chez elle." „Comment," dit la Fanny, „et vous abandonneriez les Bourbons?" Jordan: „Il n'y a pas un mot qui les regarde dans nos derniers traités. Voulez-vous que nous fassions tuer 300,000 de nos enfants pour donner aux Français une dynastie qu'ils ne veulent pas? Aussi le Roi a biffé de sa main dans une pièce que vous verrez un de ces jours, et que j'ai copiée moi-même, tout ce qui avait regard à la nation française dans ce sens, ou qui pouvait l'irriter[2])." „Donc — j'ai dit — si la France veut se donner une République, nous le permettrons en dépit de nos risques, du passé?" „Pourquoi-pas? Qu'est ce que cela nous fait?" „Mais qui voulez-vous qu'ils se donnent pour roi, si ce n'est un Bourbon et l'Europe ne lui permet pas un Bonaparte?" [Jordan spielte auf eine Regentschaft für den jungen Prinzen von Parma an, was

---

[1]) Über die Sendung des Emissärs Montrond vgl. Houssaye „1815", I. 445 f.

[2]) Es handelte sich wohl um den Entwurf einer zweiten Deklaration gegen Napoleon, die aber unterblieb. Vgl. bei Angeberg, II. 1181, das Protokoll der acht Mächte vom 12. Mai 1815, und namentlich Gentzens Brief an Wessenberg vom 9. April bei Fournier, Gentz und Wessenberg, S. 86.

allgemeines Entsetzen erregte.] Je suis parti très-frappé d'avoir entendu un semi-ministre parler de telles choses).

[Bordereau der materiellen Berichte:] 1) Clancarty, 2) Stewart, 3) Talleyrand, 4) Dalberg, 5) Noailles, 6) Abbé Altieri[1]), 7) Montrond, 8) Palmella, 9) Nesselrode, 10) Stackelberg, 11) Anstett, 12) Czartoryski, 13) Radziwill, 14) Stein, 15) Hardenberg, 16) Humboldt, 17) Goltz[2]), 18 u. 19) Bülow, 20) Boyen[3]), 21) Zerboni, 22) Wrede, 23) Rechberg, 24) Großherzog von Baden, 25) Gagern, 26) St. George (?), 27) Gail[4]), 28) Méjan, 29) Campo Chiaro, 30) Cariati, 31) Aldini, 32) Fontanelli[5]), 33) Guicciardi, Stampa, Cornachia, 34) Paravicini[6]), 35) Italienische Coterie bei Wohlfahrt, 36—38), Umgebungen I. M. der Kaiserin M. Louise und des Prinzen von Parma, 39) Mad. Montesquiou und ihr Sohn.

Zum Vortrag vom 12.

11. April (* *)

...Bei Hof, vor der Marschall-Tafel, wurde gestern von Mad. Bagration erzählt: Die tugendhafte Princesse wurde, von Burkersdorf kommend[7]), in ihrer Equipage erkannt und angeredet von Reitenden und Fahrenden, die die Regimenter wollten passieren sehen. Die Mad. Bagration war blaß und matt. Sie hatte ihrem Kronprinzen von Württemberg bis Burkersdorf das Geleit gegeben. Dieser zärtliche Abschied könnte wohl das dritte außereheliche Kind der tugendhaften Prinzessin produzieren[8]). Graf Rossi (Sardinien) sagte gestern, bis 20. April kann die Kongreß-Publikation erfolgen. H. v. Gentz hat uns vorgestern bei Bon Humboldt die ganze Redaktion vorgelesen. Es fehlten nur einige wenige §§.[9])

Zum Vortrag vom 15.

13. April (S.)

Der bekannte Pater Werner hat einen Schlachtgesang auf die dermaligen Zeiten geschrieben und ihn einem seiner Freunde mitgeteilt, von welchem man ihn im Vertrauen erhielt. Obschon diese Schrift auf die Angelegen-

---

[1]) Abbé Altieri war der österreichischen Gesandtschaft in Paris zugeteilt gewesen und mit Montrond, nach Wien gekommen.

[2]) Graf Goltz, der preußische Botschafter bei Ludwig XVIII., war nach dessen Abreise nach Wien beordert worden.

[3]) Der preußische Kriegsminister.

[4]) Baron Gayl war Vertreter der Gräfin Hartz (ehedem Königin von Westfalen) in Triest.

[5]) Marchese Fontanelli, italienischer General.

[6]) Die Grafen Rudolf und Simon P., Veltliner Abgeordnete.

[7]) Dorf Purkersdorf, einige Kilometer westlich von Wien im Wiener Wald auf der Straße nach Linz.

[8]) Eins kam auf Rechnung Metternichs.

[9]) In St. Marsans Tagebuch heißt es zum 9.: „Le matin conférence chez Humboldt avec Gentz pour les rédactions".

heiten des Kongresses keinen Bezug hat, so hat man doch davon eine Abschrift genommen, und der Unterzeichnete unterfängt sich, sie Ew. Exc. in tiefer Ehrfurcht als ein karakteristisches Stück von Werner gehorsamst zu unterbreiten.

Beilage:

Schlachtgesang

für die zum neuen Kreuzzuge gegen den Erzfeind der ganzen Menschheit verbündeten deutschen Strafheere von F. L. Z. W.

„Alte Zeit wird wieder neu,
Trotz dem Teufel die deutsche Treu!"
Kunegunde.[1])

1.

Noch einmal ziehn wir aus zum Kriegen,
Ist Gott mit uns, zum letzten Mal!
Es bleibt uns keine Wahl als siegen
Oder dem Tieger zu erliegen;
Da hat die Wahl denn keine Qual!
Chor: Es bleibt uns keine Wahl als siegen etc.

2.

Der Feind, wir haben sein geschonet,
Denn das geziemt dem deutschen Mann;
Der Feind hat schändlich uns gefrohnet
Und dennoch uns mit Hohn gelohnet:
Ein Schelm, der das ertragen kann.
Chor: Der Feind hat schändlich etc.

3.

Ein Christenkrieger muß vergeben,
Weil Gott am Kreuz vergeben hat;
Doch als des Teufels Söldner leben,
Dagegen muß er sich erheben,
Da muß sein Schwert ihm schaffen Rat!
Chor: Doch als des Teufels etc.

---

[1]) Aus Werners Drama „Kunegunde", dem er auch Feldgeschrei und Losung für die zwei Kriegslieder entnommen hatte, mit denen er sich im Spätherbst 1813 den Freiheitssängern anschloß. Das hier mitgeteilte wurde, soweit man sehen kann, nicht veröffentlicht.

4.

Wir stecken nicht es in die Scheide
Bis der, der aus der Hölle kam,
Den frech entehrten Purpur meide
Und seines Frevels Strafe leide!
Aufs neue weht das Oriflamm[1])!
Chor: Den frech entehrten etc.

5.

Zwar sind wir wert nicht es zu tragen,
Das Kreuzpanier, die Siegesfahn.
Auch wir sind aus der Art geschlagen
Und müssen schier vor Gott verzagen,
Zu dem die Väter freudig sah'n.
Chor: Auch wir sind etc.

6.

Es zogen freudig ihre Schaaren
Zu kämpfen um das heilige Grab.
Wir, weil wir nicht gewollt bewahren
Den Glauben, den lebend'gen klaren,
Sanken ins Grab der Schmach hinab!
Chor: Wir, weil wir etc.

7.

Wir haben schändlich uns entzweiet,
Zerrissen frech, was Gott verband;
Der Herr hat Wahrheit benedeyet,
Vom Lügenvater uns befreyet —
Und wir erwählten Lügentand!
Chor: Der Herr hat etc.

8.

Drum sind wir denn so tief gesunken,
Daß Jeder uns verspotten mag,
Vom Taumelkelch sind so wir trunken,
Daß selbst dem Kaiser der Hallunken
Das heilige römische Reich erlag!
Chor: Wir waren so vom Taumel trunken etc.

---

[1]) Anmerkung im Ms.: „So ward das Hauptpanier der Christenheere in den Kreuzzügen genannt." Man vergleiche Werners Gedicht auf die Stanzen, wo er sich die Rolle des Oriflammeträgers beilegt.

9.

Was halfs, daß wir uns mal ermannten
Und Hand in Hand mit dem Kosack
Die Babels-Hure niederrannten?
Den Satan zwar aus ihr wir bannten,
Doch nicht der kleinen Teufel Pack.
Chor: Die Babelshur wir niederrannten etc.

10.

Und als im tölpischen Vertrauen,
Als hätten wir was Rechts gemacht,
Wir Ehrensäulen schon uns bauen
Und neuen Schlaftrunk wollten brauen,
Weckt Satan wieder uns und lacht!
Chor: Jetzt, als wir Ehrensäulen bauen etc.

11.

So tief ist, Herr, dein Volk gefallen;
Wir sind, doch du bist nicht erschlafft.
O rett' uns aus des Teufels Krallen!
Wenn deine Blitze niederfallen,
Zermalmen sie der Hölle Kraft.
Chor: Errett' uns aus etc.

12.

Gieb uns aufs neu' die Väterwaffen,
Des Glaubens Helm, der Treue Lanz'.
Zu Teufels-Sklaven nicht geschaffen,
Wollen wir uns zusammenraffen,
Verdienen neu den Eichenkranz!
Chor: Zu Teufels-Sklaven etc.

13.

Und nun, da wir gestählt durchs Beten,
Den Handschlag drauf, ein Wort, ein Mann:
Der Feind soll nicht uns niedertreten,
Ihn wollen wir zusammenkneten,
Er fühl's, was Gott und Deutschland kann.
Chor: Die Hand drauf, er soll nicht uns treten etc.

14.

Die Losung „Gott und Deutschland!" schalle
Vom Donaustrom zum Seinestrand.
Mit uns ihr Europäer alle!

Es kämpft mit uns, daß Babel falle,
Wer Gott hat und ein Vaterland!
Chor: Mit uns ihr etc.

15.

Frankreich wird jetzt die Hur geheißen,
Die sich in unserm Blut befraß.
Sie mag nun rasen oder gleißen,
Es muß Europa sie zerreißen,
Denn übervoll ist jetzt ihr Maß!
Chor: Sie mag nun etc.

16.

Der Weiber, Greise, Kinder schone,
Wer ist ein Christ und Kriegesmann.
Doch wer uns naht mit frechem Hohne,
Ihn lehre Mores die Kanone,
Wenn es die Kolbe noch nicht kann!
Chor: Ha, wer uns naht mit etc.

17.

Die deutschen Herrn Illuminaten,
Für die wär's um die Kugel schad'.
Erwischt Ihr solche Teufelsbraten,
Die Deutschland heimlich noch verraten,
Brennt ihnen Galgen ein und Rad.
Chor: Was gilts, Sie riechen schon den Braten etc.

18.

Denn daß sie Gottes Vehm[1]) verheget,
Zieht aus die Christenkrieger-Schaar.
Nie hat der Deutsche Rach' gepfleget,
Doch hats der Feind uns auferleget,
Was unser Tun sonst nimmer war.
Chor: Nie hat der Deutsche etc.

19.

Die kalte heilige Zornesrache
Nicht dafür, was an uns er tat,
Doch dafür, daß er Gottes Sache,
Auf daß er sie zu Schanden mache,
Jahrhundert lang mit Füßen trat.
Chor: Ja, dafür, daß er Gottes Sache etc.

---

[1]) Anmerkung im Ms.: „Vehme, altdeutsches Wort für heimliches Hochgericht."

20.

Darum ereilt im kühnen Fluge,
Packt und zerreißt ihn Deutschlands Aar[1]).
Gott fleucht voran dem Zorneszuge,
Mitwelt komm' mit uns und Nachwelt luge[2]),
Dir retten wir den Hochaltar!
Chor: Gott fleucht voran etc.

21.

Der Sohn der Hölle stürzt zum Lohne
Hinunter auf den Flammenthron
Sein harrt die ewig glüh'nde Krone,
Die Hölle, huldigend, heult mit Hohne:
Vive l'Empereur Napoleon!
Chor: Nein! Der am Kreuze starb, er schone
Dein dort. Doch hier bedeckt mit Hohne
Der Menschheit, stirb Napoleon!

14. April (S.)

Leute, die das Glück haben, näher an I. M. die Kaiserin Louise zu kommen, wollen bemerkt haben, daß höchstdieselbe nun mehr tiefsinnig als sonst seien. Der teutsche Ordensrat von Sommer hatte vor einigen Tagen die Gnade, I. M. zu sprechen, und Sie ließen sich heraus, daß Sie vernahmen, das Publikum von Wien denke sehr nachteilig von ihr, und Sie wisse nicht, welche Veranlassung Sie dazu gegeben haben, und nichts sehnlicher wünschen, als dem Volke Ihre Gesinnungen anschaulich machen zu können. Es drehte sich das Gespräch auf Frankreich. I. M. ließen Sich verlauten, daß, wenn auch geschehe was wolle, Sie auf keinen Fall mehr nach Frankreich zurückkehren würden und eher vorzögen, Ihre Tage in einem Kloster zu verleben als je wieder mit Napoleon sich zu vereinen[3]). Noch ließen sich I. M. heraus, daß Ihr einziger Trost Ihr geliebter Herr Sohn sei, und daß ihr nichts schmerzlicher fallen könnte als sich von ihm trennen zu müssen. Sie hoffen auch, daß dieses in keinem Fall geschehen könne, so lange er der weiblichen Obsicht unterliege....

Zum Vortrag vom 16.

s. d. (Paris?)

L'Empereur de Russie qui parcourt, et fait parcourir, tous les carrefours de Vienne et des faubourgs, fit, en se couchant, un éloge flatteur des

---

[1]) Anmerkung im Ms.: „Aar, altdeutsches Wort für Adler."
[2]) Anmerkung im Ms.: „Lugen, altdeutsches Wort für Sehen."
[3]) Das Gerede gegen sie hatte nicht aufgehört und einige hatten in der Tat gemeint, sie hätte längst in ein Kloster gehen sollen.

Autrichiens parmi lesquels, dit-il, on peut se mêler incognito sans avoir rien à appréhender. Il a dit, en badinant, lorsqu'il revint d'avoir été conduire son régiment aux lignes que, s'il n'était pas Empereur de Russie, il n'ambitionnerait rien autre qu'une place de général en Autriche. Mr Willié m'a dit que l'Empereur, dans une conversation qu'il eut avec le P^{ce}Talleyrand, lui avait dit que la conduite du roi, ainsi que celle du Duc de Berri, était assurément sans reproche, mais que celle de Monsieur et des autres princes de la maison, plus encore celle des grands émigrés, avait occasionné les troubles qui donnent une nouvelle secousse à l'Europe dans ce moment; que ces messieurs avaient toujours marqué un mépris impolitique envers les nouveaux dignitaires de la France auxquels le roi avait sagement conservé et assuré leur état; que le Duc de Grammont avait dit à haute voix dans l'antichambre du roi, en présence des maréchaux et des ministres de la composition de Bonaparte, que ces messieurs jouiraient encore pendant une couple d'années du fruit de leurs rapines, mais qu'une fois le gouvernement bien établi, on les ferait rentrer dans le néant d'où ils n'étaient sortis que pour le malheur du monde. „Voilà," ajouta l'empereur, „ce qui fournit les aliments à l'espoir ambitieux de Napoléon, et voilà la cause de la défection de l'armée." L'empereur fait partir pour Francfort des affidés en grand nombre, qui sont chargés de se répandre dans les sociétés, afin qu'il soit toujours au courant de ce qui se passe dans les lieux qu'occupe la cour. Il espère que l'Empereur d'Autriche usera de la même précaution.

Zum Vortrag vom 19.

17. April.

.Le Prince (!) Campo Chiaro, ambassadeur du Roi de Naples au congrès de Vienne, affecte un air de désolation sur la manière d'agir de son roi; il jure qu'il ne s'y était jamais attendu et déclare qu'il a déjà donnée sa démission, qu'il n'acceptera plus aucun emploi sous un tel gouvernement, et qu'il est fermement décidé à passer sa vie en homme privé à Vienne. Mais j'étais averti par un certain Comte de la Garde, que je vois toujours chez Mad. Zielinska, que ce P^{ce} Campo Chiaro est un fourbe consommé et que toutes ses déclamations et invectives contre le Roi de Naples ne sont que des ruses pour se faciliter les moyens d'obtenir la permission de prolonger son séjour à Vienne, afin de faire l'espion[1]).

---

[1]) Der abenteuerliche Graf de la Garde, der Verfasser der heute noch viel gelesenen „Fêtes et souvenirs du congrès de Vienne" (1843), ist darin über Campo Chiaro durchaus nicht der oben zitierten Meinung. Er erzählt da von Murat, er sei in der Wahl seiner Vertreter sehr glücklich gewesen, denn Campo Chiaro sowohl als Cariati „verdienten durch ihre Rechtschaffenheit, ihre Geschäftskenntniß, ihre persönliche Bedeutung Organe einer besseren Sache zu sein" (Bd. I, S. 290 der deutschen Übersetzung). Campo Chiaro stand schon seit einiger Zeit im Vertrauen der österreichischen Regierung, insbesondere der Fürsten Metternich und Schwarzenberg. Jener schreibt an diesen am 10. April 1815: „J'ai eu ce matin une conversation

En parlant de ce Comte de la Garde je ne puis passer sous silence que Mr. Griffith m'avait confié que la police trouve des difficultés à permettre au Comte de la Garde de rester à Vienne. Quoique bien éloigné d'anticiper indiscrètement sur les raisons des hauts ordres, je crois pourtant de mon devoir de communiquer à V. Exc. mes observations pour le cas si ce Comte de la Garde était soupçonné comme antiroyaliste. Je le vois presque tous les jours, et comme Français il était longtemps l'objet de mes observations; mais je puis assurer sur mon honneur que jusqu'à ce moment je n'ai rien remarqué ce qui pourrait jeter sur lui un ombre de soupçon....

18. April (* *)

Baron Thugut sagte dieser Tage, da von den vielen k. k. Gesandschaften die Rede war: „Ich hatte anno 1801, da ich das Portefeuille abgegeben, fast alle Posten offen und unbesetzt gelassen. Die meisten Posten sind unnötig, werden nur besetzt und geschaffen, um Leute, um Familien zu obligieren, um sich Kreaturen zu machen. Fürst Trauttmansdorff, an den ich das Portefeuille abgegeben, war damals sehr froh, den Grafen Stadion, Graf Clemens Metternich, Graf Elz, Graf Kaunitz etc. placieren zu können. Man muß gestehen, seit a⁰ 1802 bis jetzt hat Fürst Metternich Glück gemacht. Wir müssen nun sehen, wie es weiter geht, was der bevorstehende Krieg bringt"....[1])

[Ansturm neuer jakobinischer Grundsätze auf das alte Europa]. Sie sagen: „Die österr. Monarchie ist ein Quodlibet von Nationen und heterogenen Provinzial-Landesverfassungen; diese Länder und Völkerschaften sind zwar noch nicht reif zum Jacobinismus, aber es gehören große Vorsichten dazu, um vor fremdem Anflug das Land zu hüten. Unsere Armeen im Ausland können angesteckt werden, fremde Armeen, die durch unsere Länder ziehen, können diese anstecken. Alle Armeen, die nach Frankreich ziehen, haben eine große Prüfung, große moralische Gefahren zu bestehen." Darüber höre ich große Klaglieder anstimmen und wünschen, unser Gouvernement möge allerdings das Inquisitions-Regime eintreten lassen.

---

avec le Duc de Campo Chiaro qui mérite quelque attention. Loin de partager les idées du roi son maître, je n'ai plus de doutes qu'il ne se retirera du service et que nous en disposerons dans la suite pour notre cour et par conséquent pour celle du Roi Ferdinand. Ayant témoigné de l'étonnement au duc sur la lenteur des mouvements du roi après qu'il s'est décidé à l'offensive, il ma dit qu'il parierait ce que l'on voudrait que son plan n'est pas d'aller au-devant d'une affaire qui puisse le compromettre, il croit que d'abord il a cru que nous n'acceptions pas le défi et que nous le laisserions s'établir tout tranquillement dans les légations, et, le voile déchiré, il suppose qu'il va se borner à la petite guerre .." (Archiv v. Worlik). Vgl. auch den Brief Schwarzenbergs an Metternich vom 9. Januar 1815, der sich auf eine Mitteilung Campo Chiaros beruft. (Klinkowström, Österreichs Teilnahme an den Befreiungskriegen, S. 822, wo Duc de Cadore (!) ergänzt wird.)

[1]) Über den eigenartigen Rücktritt Thuguts s. Fournier, „Gentz und Cobenzl", Geschichte der österr. Diplomatie, 1801—1805, S. 12 f.

Zum Vortrag vom 22.

21. April (Nota)

[Ruffo klagt über Lord Bentinck] qui lui paraît un de ces fous aussi terribles qu'incurables qui s'occupent jour et nuit de la liberté universelle des peuples. Il vient de faire partir de Sicile encore des troupes anglaises pour Gênes, au lieu d'y envoyer celles dont Gênes n'a plus besoin à présent.. Bentinck (est) rempli de caprices et d'idées baroques, mais malheureusement étant le fils du Duc de Portland, on ne peut pas le faire rappeler du poste qu'on lui a donné....

21. April (* *)

Sie sagen, in Presburg nehmen der König und die Königin von Sachsen selten Cour an, aber sonst gehet der Hof viel ins Theater, das durch die Anwesenheit des sächsischen Hofes wirklich Fortune macht und weshalb Baron Zinneck nicht so bald diesen Sommer mit seiner Schauspielergesellschaft nach Baden kommen dürfte[1]).

Die Freunde unseres Ministeriums klagen mit Recht über die vielen seit Eröffnung des Kongresses in Wien vorgehenden Redereien, Intriguen und Frondeurs.... Die dem Kongreß als erste Obliegenheit zustehende Zuteilung der herrenlosen großen Länder, die Satisfaktion der Interessenten der zur Herstellung der Ruhe und des Gleichgewichtes von Europa gemachten Aufopferung und erfochtenen Siege, mußte notwendig für die Zeit des Kongresses die Ausländer als die ersten Parteien und Agenten des in Wien versammelten europ. Publikums hinstellen. Die Inländer kamen in die zweite Linie des Wiener Publikums. Wie nun die großen politischen Interessen der großen Potenzen und der kleinen Gouvernements beim Kongreß sich kreuzen, so verändern sich nach Ordnung der Materien und Objekte, die beim Kongreß verhandelt werden, die Rollen der Frondeurs und der Teilnehmer der Intriguen und der Stadtredereien....

Der reichste Stoff für die Frondeurs, das fruchtbarste Feld für die Intriguen und Redereien ist die Organisation des deutschen Föderativ-Systems, der Bundes-Konstitution und der einzelnen Bundesländer und Bundesgouvernements. Die Mediatisierten wollen restituiert sein, die Bundeskönige und Souveräne, denen in den österreichischen Accessions-Verträgen die napoleonische Souveränität garantiert ist, wollen nicht weichen, nichts abgeben. Die deutschen altfürstlichen Häuser, die meist im Norden von Deutschland und binnen der neuen preußischen Gränze existieren, werfen sich in österreichischen Schutz, um nicht von Preußen verschlungen zu werden. Diese Ruinen des gefallenen Deutschen Reichs, die Mediatisierten und die isoliert stehenden fürstlichen Häuser, sind actu die Ausländer, die gegen unser Ministerium am lautesten losziehen, das Maul am weitesten aufreißen. Die Preußen und die Baiern, die ihr Handwerk gut verstehen und nichts

---

[1]) Das Königspaar war am 4. März nach Preßburg gekommen.

suchen als die Mediatisierten einzuschläfern und zu papierln, wie man sagt, geben ihnen Constitutionen, welche derselben Wünsche zu erschöpfen scheinen, und die Frondeurs sind so ungerecht nicht, zu fühlen, daß dem österr. Ministerium sie die Wohltat schuldig sind und daß, ohne ungerecht zu sein, sie vom österr. Ministerium gar nicht mehr verlangen können. Wer kann sich einfallen lassen, das österr. Ministerium solle sich exponieren, solle sich kompromittieren wegen der Mediatisierten!

Was die Berichtigung des österr.-bairischen Territorial-Arrangements betrifft, so hat sich aber auch der vorgeweste höchst ärgerliche Lärmen über unser hohes Ministerium ganz gelegt, nachdem bekannt worden, daß die Sache bei weitem nicht aus ist, wie behauptet werden wollte, und daß noch gestern der Herr Großherzog von Baden selbst Vormittag in diesen Sachen in der Staatskanzlei in Konferenz gewesen[1]). Die Inländer.....sagen: „Man hat den Mediatisierten zu große Hoffnungen, zu große Illusionen gemacht; es wird schwer sein, ihnen den Taumel zu benehmen." Sie sagen: „Soll nicht Baiern in Süddeutschland den Profit allein haben, Österreich muß sich mit Preußen und Hannover einverstehen. Betreffend der neusten Humboldtischen deutschen Bundes-Organisationsplans, so machen die mecklenburgischen Gesandschaften und Graf Keller die vorzüglichste Ausstellung, daß der Punkt vom Bundes-Direktorium ganz übergangen ist..

Zum Vortrag vom 25.

24. April (* *)

... Die Feinde des russischen Kaisers wollen hoffen, S. Majestät soll dupe werden seiner Eitelkeit, Ambition oder Philantrophie, wie man es nennen will, und die Krone Polen und die polnische Konstitution sollen das Grab werden des drohenden russischen Continental-Despotismus. Sie erzählten gestern bei Stephan Zichy: „Der russische Kaiser sagt: ‚Ich habe die Gabriele (Wittib Auersperg) so lieb; hätte ich nicht eine Gemahlin, ich würde die Gabriele heiraten"... Sie sagen: „Jetzt, da ihnen das Wasser an den Hals gehet, arbeitet der russische Kaiser und der König von Preußen wirklich fleißig und strenge."

Die altfürstlichen Kongreßgesandschaften hielten gestern bei Bon Gagern ihre zweite Versammlung, um die Accessions-Akte der altfürstlichen Häuser zur Allianz der großen Puissances gegen Bonaparte und die Bestimmung eines jeden betreffenden Kontingents zu fixieren. Die darmstädter und die badensischen Gesandschaften schrien sehr laut, daß ihnen in Folge des österreichisch-bayrischen Territorial-Arrangements Gewalt geschiehet, daß ihre alten Besitzungen von neuen Acquirenten wenigstens militariter besetzt werden, indessen sie in Hinsicht der ihnen gebührenden Territorial-

---

[1]) Der vorläufige Vertrag zwischen Bayern und Österreich über des ersteren Gebietsabtretungen und Entschädigungen wurde am 11. April 1815, der zwischen Bayern und den vier Großmächten desselben Inhalts am 23. geschlossen, ohne dann ratifiziert zu werden. Vgl. Neumann, Österr. Staatsverträge, II. 545.

Entschädigung mit Anweisungen in partibus infidelium auf dem linken Rheinufer sich beruhigen sollen. Die altfürstlichen Gesandschaften erwarten mit Sehnsucht den Bon Wessenberg'schen Plan zur Organisation des Deutschen Bundes, zur Berichtigung des Bon Humboldtischen Planes vom Monat April, wo der Punkt des Bundesdirektorium ganz übergangen ist....

Heute ist Konzert bei Alt-Apponyi, wo die junge Gräfin Apponyi-Nogarolla, die bekanntlich eine große Virtuosin ist, und Mad. Vera, deren Mann bei Card. Consalvi angestellt ist, singen werden....

Zum Vortrag vom 27.

26. April

.... Der hier angekommene k. württemberg. Geh. Rat B^on v. Geismar und seine Frau sind bekanntlich beauftragt, die Gräfin von Hartz (ehemals Königin von Westphalen) in Gratz abzuholen und sie in das Kgr. Württemberg, wo ein Schloß zu ihrem Aufenthalt eingerichtet wird, zu begleiten. Da aber die gedachte Gräfin Hartz teils selbst nicht ganz für diese Absicht gestimmt zu sein scheint, hauptsächlich aber durch ihre mitunter bonapartischen Umgebungen in ihrer Abneigung unterstützt wird, so hat Bon Geismar zugleich den Auftrag, die nötigen Befehle an die obersten Zivil- und Militärbehörden nachzusuchen, um nötigenfalls Gewalt brauchen zu können. Die noch nicht erfolgte Ausfertigung jener Befehle ist die einzige Ursache, daß er noch nicht nach Gratz abgereist ist.[1])

Zum Vortrag vom 28.

27. April (* *)

Die Prinzen von Holstein-Beck und Hessen-Phillipsthal quaest. leben forthin in der gewissen Coterie der Mediatisierten, wovon ich bereits die Ehre hatte zu berichten. Diese Coterie besteht aus Isenburg, F. Fürstenberg, Taxis, Fürsten und Grafen Solms, Löwenstein, Lippe, Graf Münster, Graf (!) Mecklenburg-Strelitz[2]) und dessen Schwester Fürstin Taxis, Fürst Reuss, Hohenzollern, Graf Schulenburg und General Degenfeld, als der einzige Österreicher, der in die Confidence dieser Coterie admittiert ist. Das Losungswort dieser Coterie ist „Deutsche Bundesorganisierung und Constitution". Sie hängen an Bon Stein und Fürst Hardenberg, welch Letzteren sie ganz besonders loben und schätzen; sie mögen weder das österr. Ministerium noch den Wiener Adel. Die genannten zwei Prinzen

---

¹) Bald nach Napoleons Sturz hatten die Bemühungen des württemberg. Hofes begonnen, des Königs Tochter ihrem Gemahl zu entfremden, dem sie am 24. August 1814 ihren Sohn Jérôme gebar und dem sie trotz tausend Widerwärtigkeiten treu verbunden blieb. Vgl. ihren „Briefwechsel" (her. v. Schloßberger), Bd. II. S. 98 ff. Nachdem Napoleon nach Paris zurückgekehrt war, wurde die „Gräfin Hartz" in ihre Heimat geholt.

²) Der Erbprinz von M.-Strelitz befand sich seit Oktober in Wien.

Holstein-Beck und Hessen-Philippsthal äußern übrigens keine andere als eine deutsche, ganz antibonapartistische Gesinnung.... Der immer exaltierte Bon Gagern spricht immer von der deutschen National-Versammlung, wohingegen die Preußen und andere Diplomatiker in der Stille bemerken: „Kein größeres Unglück als eine deutsche Nationalversammlung. Deutschland muß organisiert werden von oben herab durch die fünf oder durch die drei (Österreich—Preußen—Hannover—Baiern—Würtemberg), nur nicht von unten hinauf! Das gibt Spektakeln, Konfusionen. Haben nicht vor acht Tagen in Darmstadt die Offiziere von der großherzoglichen Garde auf des Bonaparte Gesundheit ordentlich getrunken? Also kein deutsches Comité, sondern von oben herab durch die „Fünf" Theilung von Deutschland." Das ist der Wunsch der Opponenten....

Die triviale Conversation befasset sich gerne mit der Lizitation der Fürstin Nannerl Dietrichstein, weil in dieser Verlassenschaft, vorzüglich in Spiegeln, Leib- und Tafel-Wäsche, Haushaltungs-Artikeln etc. ein solcher Luxus erscheint, daß nie desgleichen vorgekommen.

Zum Vortrag vom 29.

s. d.

Comme il n'y avait personne chez Wohlfahrt[1]), je fis avant le théatre une visite à Mr Willié. Nous parlâmes de la maison de Bourbon, et il me dit qu'il était parfaitement égal à l'Emp. de Russie qui régnait en France, pourvu que ce ne soit pas Napoléon; que si l'on ne pouvait pas induire les Français à vivre sous la domination des Bourbons, par ce qu'ils ne sont pas militaires, on pourrait leur donner un roi-soldat, et que, dans ce cas, on ne pourrait mieux choisir que dans la personne de l'Archiduc Charles qui, étant de la maison de Lorraine, pourrait plaire aux Français; qu'il serait facile d'induire les Bourbons à abdiquer en faveur de ce héros, chose qu'ils ne feront jamais en faveur de Bonaparte.

Zum Vortrag vom 30.

29. April (* *)

Graf Solms und Bon Pufendorf machen sich sehr lustig darüber, daß seit dem von Bonaparte dekretierten Sequester des in Frankreich befindlichen Vermögens, M. v. Dalberg sich so arm macht und als ein Bettler passieren will, indessen Emanuel Khevenhüller das sehr bedeutende Vermögen der Frau von Dalberg, geb. Brignole, Schwester der Frau Marescalchi, attestiert und das Dalberg-Vermögen am Rheinstrom ganz in salvo ist. Sie erzählen, der Primas Dalberg hatte in der Gewohnheit, die nachstehende Sittenlehr zu geben: „Drei Gattungen von Menschen muß man in der Welt kultivieren, um glücklich zu leben: a) die Weiber, um sich lustig zu machen, b) die Banquiers, die mit Geld helfen, c) die Gelehrten und Schriftsteller, die die Reputation des Menschen bestimmen"....

---

[1]) Die von den Italienern besuchte Konditorei am Michaelerplatz.

Von des Lord Stewart kostbaren sechzig englischen Jagdhunden wird viel gesprochen[1]). Der Lord will sie verkaufen, Niemand will sie kaufen, weil die Hunde sehr hoch gehalten werden, weil sie kostbar zu erkaufen sind und zu keiner Jagd taugen als zur Fuchsjagd....

Sie sagen: „Die Herren Geymüller[2]) wollten dem Herrn Talleyrand keinen weiteren Credit geben. Lord Stewart hat gut gesagt bei M. Geymüller für P^{ce} Talleyrand"....

Den in Wien befindlichen breisgauischen Schreiern, an deren Spitze Bon Sumeraw und Herr v. Fechtig stehen, die da entsetzlich schreien, daß das Breisgau badisch bleiben soll, wird bei solcher Veranlassung entgegnet: „Wegen Entlegenheit hat der Hof das schöne Belgien, 470 Quadratmeilen, abgegeben, aber der Entlegenheit ungeachtet soll der Hof das Land Breisgau, 52 Quadratmeilen, 115,000 Einwohner, das zu allen Zeiten für den Hof ein Embarras sein muß, lediglich wegen der schönen Augen und der losen Mäuler der Breisgauer acquirieren und seine Inngrenze, Salzburg etc. vernachlässigen, oder gar opfern und hindangeben, von welcher Inngrenze die Sicherheit der Residenzstadt Wien und die Sicherheit der Monarchie dependiert?" Sie sagen: „Unter Bon Thugut hätte niemand dergleichen vorlautes Raisonnement sich erlaubt. Man sollte wohl den Breisgauern ein Wörtchen in das Ohr sagen[3])."

B. Interzepte.

Dalberg an seine Frau in Mannheim.

Vienne, le 11 avril 1815[4])

Kesselstadt[5]) vous porte un mot de ma part. Les grands événements se préparent. Du 10 au 12 mai j'ai lieu de croire que les mouvements militaires commenceront sur tous les points. Les chances sont incalculables, si la plus forte union ne subsiste. Elle est jusqu'ici entière. Bonaparte a jeté le masque. C'est Mahomed à la tête d'une armée de fanatiques; c'est Robespierre à cheval, ceint d'un sabre, et se faisant le souverain de tous les jacobins du monde[6]). On termine les tristes affaires du congrès qui, par ses résultats, est le plus mesquin ouvrage qu'on n'ait jamais vu. La

---

[1]) Der Lord hatte sich seine prächtige Meute nachkommen lassen.
[2]) Das Wiener Bankhaus.
[3]) Es handelte sich nicht um den Breisgau allein, sondern um einen entsprechend breiten süddeutschen Streifen Landes von Bregenz und Lindau bis Freiburg, den Österreich opferte, um die ihm in der Fehde gegen Preußen und Rußland so nötig gewordenen süddeutschen Staaten Bayern, Baden usw. nicht zu beeinträchtigen. Geheimer Rat v. Fechtig war Vizepräsident der Obersten Justizstelle.
[4]) Interzept M. J. zum Vortrag vom 16. April.
[5]) Vertreter der Stadt Mainz auf dem Kongreß.
[6]) Diese Wendungen kommen auch in anderen Briefen Dalbergs aus diesen Tagen vor.

Bavière aura sa frontière au delà de Neckargemünd et aux portes de Höchst, Bade à donné de beaux cadeaux pour conserver le Palatinat. La France n'est plus rien au congrès; elle laisse faire et pleure sa destinée. Je m'arrêterai à Munich. Je suis „émigré" dans la force du terme. Tout ce que j'ai à Paris a été séquestré.

S. M. Bethmann an Kaiser Alexander I. in Wien.

Francfort s. M., le 14 avril 1815[1]).

Mettre la lettre que je viens de recevoir du Général Cte de Rapp sous les yeux de V. M. J. m'a paru être mon premier devoir, en attendant Vos ordres, Sire, si Vous jugez à propos que je donne quelque suite à cette correspondance, dont diverses chances peuvent naître pendant le cours de la guerre pour en tirer un parti avantageux, tant pour connaître ce qui se passe en France, que pour faire filtrer au cabinet des Tuilleries d'une manière indirecte ce qu'on veut lui faire savoir. Je lui ai répondu d'une manière à ne rien compromettre, ne rien préjuger; mais V. M. ne désapprouvera pas que je n'aie point rompu en visière avec un homme que j'estime personnellement depuis 20 ans comme un franc et loyal militaire.

Beilage:

General Rapp an Bethmann.

Strassbourg, le 8 avril 1815.

Que dites-vous des derniers événements? Qui aurait pu jamais s'y attendre? Il est certain qu'avant une année il y aurait eu une révolution en France, car les Bourbons ont réellement fait les plus grandes bévues. Mais pouvait-on s'attendre à voir revenir ce diable d'homme pour opérer cette révolution, et sans tirer un coup de fusil? Vous savez combien j'ai depuis plusieurs années blâmé sa conduite, et avec quel chagrin je voyais ses entreprises gigantesques, qui nous ont jeté dans l'abîme; mais les principes qu'il professe aujourd'hui sont absolument changés; il veut vivre en paix, il se contentera de la France telle qu'elle existe, et si l'on le laisse tranquille, je réponds que jamais il (ne) recommencera ses diables d'expéditions qui nous ont fait, à tous, tant de mal. On ne se fait pas d'idée de l'enthousiasme qui règne en France; c'est plus fort encore qu'en 1789; il faut que les autres aient fait bien des sottises depuis dix mois pour avoir ainsi changé l'opinion en faveur de Bonaparte. Ses plus grands ennemis d'autrefois sont aujourd'hui les plus enragés contre les Bourbons, et si, contre toute attente, on voulait nous attaquer, toute la France se lèverait en croisade contre l'ennemi. Bonaparte aurait pu amener 3 millions d'habitants armés devant Paris, s'il l'avait cru nécessaire pour en former sa rentrée. Voilà encore un terrible exemple pour les souverains qui se laissent aussi horrible-

---

[1]) Interzept St. A. „Sous couvert à Fries et Co." Es ist der Bankier Simon Moriz Bethmann, der an den Kaiser schreibt.

ment tromper par leurs alentours. Je plains Louis XVIII; c'était un véritable honnête homme et né pour le siècle actuel; mais ces sots messieurs l'ont perdu, et perdu à jamais. Vous savez combien je suis l'ennemi de la tyrannie, mais un gouvernement faible est encore pire. Enfin, j'ignore si les souverains alliés veulent nous faire la guerre, mais je vous réponds d'avance que toute la France marchera, et avec plus d'enthousiasme que jamais, si l'on veut mettre le pied chez nous. Vous savez combien ma vénération est grande pour Alexandre et le Roi de Prusse; je voudrais qu'ils sachent bien ce qui se passe en France et qu'ils ne se laissent pas tromper.

Vous aurez, sans doute, vu que j'avais un commandement contre Bonaparte. Il n'y avait rien à faire avec les troupes; elles étaient plus exaltées que les supérieurs. Lorsque Bonaparte est arrivé à Paris, il m'a demandé sur le champ. On lui dit que je ne voulais pas quitter mes soldats. Je m'étais retiré sur S. Denis et Ecouen pour protéger le départ du pauvre roi. Enfin le lendemain à 11 h les troupes ne voulant pas aller plus loin, et le roi étant d'ailleurs en sûreté avec toute sa suite, je suis rentré dans Paris, en descendant aux Tuileries. Je me suis présenté chez Bonaparte avec ma cocarde blanche, ma décoration d'Henri IV et celle du lys. Je suis le seul qui ait osé se présenter ainsi. L'Empereur m'a reçu de la manière la plus touchante; il m'a demandé si j'aurais tiré sur lui; je lui ai fait une inclination sans répondre; il dit: „Si tu t'étais trouvé vis-à-vis de moi pour te battre contre moi, j'aurais couru sur toi sans armes, et je t'aurais fait voir la tête de Méduse qui t'aurait désarmé." Enfin, après m'avoir fait connaître ses principes à venir, et le sincère désir qu'il a de rendre la France heureuse et de ne plus faire la guerre à moins qu'on l'attaque, mais surtout après lui avoir dit cinq à six vérités très fortes qu'il a bien prises, je me suis séparé de lui en l'assurant qu'il peut de nouveau compter sur moi. Me voilà enfin en Alsace avec un corps d'armée d'observation. Tout est animé ici du même esprit qu'en France.

Si vous aviez le bonheur de voir l'Empereur Alexandre, vous pourriez dire à S. M. que le Duc de Richelieu ainsi que le Duc de Grammont sont les seuls attachés aux Bourbons qui n'ont pas de reproches à se faire, et qui leur ont toujours donné de très bons conseils qu'on n'a malheureusement pas suivis[1]). Je sais combien l'Empereur Alexandre estime ces deux seigneurs.

Hardenberg an Brockhausen im Haag.

Vienne, le 15 avril 1815[2]).

Le Roi sait-gré à V. Exc. d'avoir renoncé volontairement au congé qui l'autorisait à quitter son poste. Il est de la plus grande importance pour

---

[1]) Vgl. die Erzählung über Grammont S. 447. Was Richelieu angeht, so lassen die Memoiren Rochechouarts nicht annehmen, daß er, der erst im November 1814 aus Rußland nach Paris kam, viel Gelegenheit gehabt hätte, Ludwig XVIII. zu beraten. S. unten S. 461 über ihn.

[2]) Interzept M. J. zum Vortrag vom 22. April. Brockhausen war preußischer Gesandter in Holland.

nous de suivre en détail tous les événements qui se préparent du côté de la Hollande. Depuis le retour de Bonaparte dans Paris, et le départ des Bourbons, toutes les pensées se dirigent vers un seul et même but, celui d'éloigner l'oppresseur et de maintenir l'indépendance de l'Europe. L'Autriche, la Russie, l'Angleterre et la Prusse viennent en conséquence de signer un nouveau traité basé sur celui de Chaumont, et dans lequel ces puissances s'engagent de réunir leurs efforts pour renverser le trône de l'usurpateur. Les autres puissances de l'Europe ont été invitées à accéder à ce traité. Tous les princes de l'Allemagne montrent le meilleur esprit pour la défense de la cause commune, mais ce bon esprit se manifeste surtout dans les états de notre auguste souverain.

Cependant, les travaux du congrès ne sont pas oubliés. On veut les terminer avant de commencer les hostilités. Les arrangements relatifs au Duché de Varsovie viennent également d'être conclus. Nous allons nous mettre en possession de notre partie. En général toutes les mesures ont été prises pour faire cesser l'état provisoire et pour assurer l'existence des peuples. Bonaparte paraît encore fort incertain, d'après les dernières nouvelles de Paris, sur le parti qu'il prendra relativement à la guerre extérieure qui le menace. Le parti des Bourbons, bien loin d'être étouffé, semble au contraire faire des progrès rapides dans le midi de la France. La tranquillité de Paris n'est point encore établie, et, enfin, il est constant que l'armée française, complétement désorganisée, manque essentiellement de tout ce qui compose le matériel de la guerre. Ajoutons à tout cela la pénurie des finances, et nous pourrons nous convaincre qu'il faudra du temps à Bonaparte avant de pouvoir se porter sur la frontière avec des forces imposantes, et qu'il lui devient impossible de prendre l'offensive avant d'avoir triomphé de toutes ces difficultés. Il est nécessaire toute-fois de mettre la plus grande activité dans toutes les mesures qui se préparent contre cet homme audacieux, et je vois avec plaisir dans les rapports de V. Exc. que la Hollande et l'Angleterre agissent dans le plus parfait concert pour la défense du Royaume des Pays-Bas, et pour coopérer d'une manière efficace avec les autres puissances alliées. Le M^{al} Blücher et le Général Gneisenau ont ordre de s'entendre pour toutes les grandes opérations militaires avec le Duc de Wellington. La prudence et les talents reconnus de ce grand capitaine doivent inspirer une confiance sans bornes à la Hollande.

Die Gräfin Hartz an die Gräfin Compignano in Brünn.

Gratz, le 21 avril 1815[1])

Ma chère Elise! Depuis ma dernière lettre ma situation est encore devenue plus triste. Le seul espoir que j'avais conservé, et auquel je m'aban-

---
[1]) Interzept M. J. zum Vortrag vom 28. April. Siehe S. 451. Elisa Bacciochi lebte mit ihrem Gemahl in Brünn unter dem Namen einer Gräfin Compignano. Sie war von Bologna dahin gebracht worden. Erst 1816 durfte sie Brünn mit Triest vertauschen. Elisa antwortet hier auf einen Brief Katharinens vom 8. Mai. Dieser hier scheint nicht in ihre Hände gelangt zu sein.

donnais avec une pleine sécurité, celui d'aller vous rejoindre à Brünn, a été complétement évanoui par une déclaration positive du gouvernement autrichien. Cette décision paraît lui avoir été demandée par les menées et les intrigues de Wurttemberg, et nommément par celles du P^ce Royal et du Comte Wintzingerode, qui mettent, tous les deux, un acharnement inconcevable à vouloir me séparer, non seulement de mon mari, mais encore du reste de notre famille. Il n'y a sorte de démarches qu'ils n'ont faites auprès de la cour d'Autriche pour que cette dernière me fasse sortir de ses états, mais jusqu'à présent elle s'y est refusée, et je me repose entièrement, et avec confiance, sur la loyauté du cabinet de Vienne qui ne peut ignorer les relations dans lesquelles je me trouve vis-à-vis de ma famille; mais en même temps il m'a fait pressentir que, si je manifestais une volonté trop prononcée d'aller rejoindre les autres membres de la famille impériale, il serait peut-être dans ce cas-là dans la nécessité d'acquiescer à la volonté du Roi de Wurttemberg; que, par conséquent, il me conseillait de me désister de l'idée d'aller à Brünn et de choisir telle ville dans ses états qui pourrait me plaire, à l'exception cependant d'un port de mer. Pour obvier donc à aller dans les états de Wurttemberg, j'ai dû céder, et j'ai choisi Linz de préférence à toute autre ville, Prague étant trop éloigné et le séjour ainsi que le voyage trop dispendieux.

Je crois qu'il est superflu de vous dire que, quelque soit la conduite du Roi de Wurttemberg envers moi, je suis inébranlable dans mes résolutions et dans mes principes, mais je trouve de la satisfaction à vous en assurer; rien ne pourra jamais me détacher, ni des intérêts de mon Jérôme, ni de ceux de sa famille, à laquelle je me glorifie d'appartenir. Adieu, donnez-moi donc de vos nouvelles. J'en ai besoin. Vous concevrez l'état dans lequel je me trouve; il est terrible et augmenté par le manque de nouvelles de Jérôme. Toute communication est interrompue, et je ne puis plus espérer en avoir, puisque les mauvaises nouvelles qu'on nous donne ne laissent pas non plus de beaucoup m'inquiéter[1]).

Blacas an Talleyrand.

Gand, ce 22 avril 1815[2]).

[Die Stimmung in Frankreich ist noch immer für den König, der namentlich von Lord Wellingtons Kriegseifer überaus befriedigt ist. Dem Erscheinen des österreichischen Gesandten Baron Vincent beim König wird große Wichtigkeit beigelegt.]

M. de Jaucourt vous envoie sans doute le Journal que l'on imprime ici, et auquel travaillent MM. de Lally Tolendal, de Chateaubriand etc.[3])

---

[1]) Jérôme war am 24. März, die österreichischen Behörden täuschend, von Triest zu Murat entwichen und befand sich in der zweiten Hälfte April in Neapel.
[2]) Interzept St. A.
[3]) In einem Brief an Talleyrand vom 23. April nennt Jaucourt (p. 284 der „Corresspondance") nur Lally als Mitarbeiter an dem „Journal universel".

Je désirerais savoir si vous en êtes content. Ces messieurs sont quelquefois appelés aux réunions qui se forment dans le cabinet du roi, pour traiter de ses affaires. M. Anglès[1]) est souvent consulté, et le Roi est fort satisfait de son bon esprit, ainsi que de celui du Bon Capelli[2]), préfet de l'Aisne, qui est venu offrir ses services à S. M. Le Cte Roger de Damas est parti pour la Suisse d'où il cherchera à établir des rapports avec la division militaire dont il était gouverneur. Nous attendons M. de la Tour du Pin. Ce sera un très bon commissionnaire du Roi à placer auprès de L. Wellington. Lorsque le congrès aura terminé ses travaux, il vous sera permis de revenir auprès du roi. Vous savez (avec) quelle confiance S. M. se verra aidé de vos lumières[3]).

Großfürstin Katharina an den Kronprinzen von Württemberg.

Vienne, le 10/22 avril 1815[4]).

J'ai oublié de te conter une petite anecdote. On a fait intimer d'Angleterre à Léopold de Cobourg qu'il doit s'y rendre, afin de se mettre sur les rangs pour épouser Charlotte[5]); du caractère patelin, et de la figure, dont il est, c'est une union possible; il faudra, je crains, qu'il fasse abnégation de „monopole". Mon frère dans ses fureurs contre Dadé[6]), pour lequel il a une de ces horreurs comme certaines personnes pour les souris, disait que l'indemnité, qu'il faudrait lui donner, serait un balai. Cela a passé en terme technique dans la maison pour signifier un balai; tu appelle cela „vos abréviations[7])". Il est vrai que nous avons entre nous notre jargon, ce qui est commode, ces personnes ne nous entendent.

Le maître[8]) sort tous les soirs dans les différentes maisons que tu connais.

Prinzessin Therese v. Sachsen an Prinz Maximilian.

Schönbrunn, le 23 avril 1815[9])

Consolez-vous. S'il était possible de prendre la fièvre bilieuse, je l'aurais déjà prise depuis longtemps, surtout par la marotte que Vénus[10]) a (er meint es nicht böse) de donner toujours toutes les nouvelles ordinairement à table ou le moment après s'en être levé. Dans l'attente d'en apprendre on ne peut

---

[1]) Julius Graf Anglès war Polizeipräfekt während Ludwigs XVIII. erster Regierung.
[2]) Baron Guillaume Capelli war Präfekt des Departements de l'Aisne.
[3]) Näheres in dem zitierten Brief Jaucourts an Talleyrand.
[4]) Interzept, St. A. „Sous couvert de Winzingerode au Roi, par estaffette".
[5]) Von England, Tochter des Prinzregenten.
[6]) War es Peter, der regierende Administrator von Oldenburg, Schwiegervater Katharinens, der vom Kongreß eine Entschädigung für die Kriegskosten verlangte?
[7]) Etwa für „coup de balai", um ihn fortzukehren.
[8]) Alexander.
[9]) Interzept St. A.
[10]) Kaiser Franz.

pas jeuner tous les jours, mais c'est de quoi vous donner bien souvent des indigestions, et puis cela me fait suer à cause des derrières. Je sais me taire und verbeiße manches, mais une couple de fois c'était à un point que je ne l'ai pu und mich recht ereifert habe.

Le Champ des choux[1]) a assuré au beau frère de l'Hermite[2]) que Vénus garantira par écrit au Nectar[3]) qu'il pouvait recouler là où il coulait jadis, et que l'on nommera quelqu'un pour finir de traiter tout cela, et que le beau-frère osait l'écrire à Nectar et que le beau-frère d'après cela était d'avis que Nectar tâche d'y être à la moitié du mois qui vient. Demain je verrai Vénus et m'éclaircirai à ce sujet, et au retour de Presbourg je verrai clair. — Le Champ des choux a en outre suggéré au beau frère de l'Hermite de faire que Nectar se remette en tout à Vénus, qu'alors tout irait. Non mi fido; qui j'ai attrapé une fois sur une fausseté a perdu son crédit chez moi[4]).

Großfürstin Katharina an den Kronprinzen von Württemberg.

Le 24 avril[5])

Malsain(?) est venu m'ennuyer et puis Krechmann(?), avec ses deux acolytes. Je suis sûre que cet homme a joué la comédie en sa vie; j'ai vu ses deux confrères. Le sieur des Tilleuls[6]) parle fort raisonnablement; mais pour le mari de Safmann(?), il n'est pas fort intéressant. Après eux le duc de Richelieu, qui est fort raisonnable, croyait aussi que les lys sont fournis[7]). Ensuite le Chat (?) est arrivé auquel j'ai remis le papier pour Mylhens[8]). Nous avons causé des événements, et il les voit tels qu'ils sont. Sa croyance est que Napoléon culbutera avant le commencement des hostilités qui, selon lui et moi (deux grandes puissances), ne doivent alors plus avoir lieu. Il met beaucoup d'importance et d'influence aux affaires d'Italie. Ce n'est pas mon opinion. Il me semble qu'on ferait très bien de faire cadeau au R. de Danemarc, jusqu'à ce que les événements de France s'éclaircissent, de toute la race bourbonne avec leurs acolytes. Je suis convaincue que personne ne prendra décidément fait et cause pour la dynastie, mais un bourdonnement continuel aux oreilles doit finir par produire de la confusion dans la tête, et je crains mes chers Anglais qui au fond, je crois, ne sont pas fâchés d'une guerre. Le Chat a dit que je n'avais pas tort.

Toutes les nouvelles de Stuttgardt disent que l'on est heureux de ton retour, que l'on t'adore etc. Tu ne peux croire combien tout cela me charme.

---
[1]) Metternich.
[2]) Schulenburg, der Schwager Einsiedels.
[3]) König von Sachsen.
[4]) Metternich, der Sachsen bereits aufgegeben hatte.
[5]) Interzept St. A.
[6]) Baron Linden?
[7]) Die Bourbons „geliefert".
[8]) „M. Mülhens de Frankfort", Gentz, Tagebücher, I. 310.

Si tu parviens à pacifier les esprits et à les ramener à la douceur, tu auras bien mérité du ciel et de la patrie. Je crois si facilement le bon quand il s'agit de toi. — Cher ami! Ce matin le Bon de la Pierre est arrivé pour une espèce de visite de congé parcequ'il croit que les affaires d'Allemagne vont être terminées demain ou après demain[1]). Je lui ai demandé combien d'années d'apprentissage lui fallait puisqu'il paraissait que les mois ne suffisent pas pour lui prouver qu'il ne faut croire une affaire achevée que quand elle est signée et paraphée. — On dit que dans l'absence de Franz son frère Reignier[2]) sera chef de l'administration intérieure. C'est devenu un vrai chirocco archiducal.

Der Kronprinz von Württemberg an die Großfürstin Katharina.

Stuttgardt, le 24 Avril 1815[3])

Hier j'ai vu une personne instruite qui revenait directement de Paris. Elle a confirmé encore tout ce que je t'ai écrit dans mes dernières. Bonaparte est maître absolu; tout ce qu'on dit là-dessus du contraire n'est pas vrai; on croit Talleyrand dans son parti. Plusieurs traitres entourent le roi, même Clarke[4]) doit être de ce nombre. Il ne faut se fier à aucun Français de quelque parti qu'il soit. Ils veulent sauver leur patrie du danger qui la menace. L'armée sera, à ce que ce même personnage disait, de 3 à 400.000 h. dans deux mois au plus tard; ils ne manquent pas d'armes. Les gardes nationales sont jusqu'à présent indifférents et froids, mais ils obéissent. L'armée demande à se battre et à reconquérir les provinces perdues, et tous les partis sont d'accord là-dessus. Voilà le tableau exact. Ainsi, pour l'amour de Dieu, point d'illusions que les murailles tomberont d'elles-mêmes au son de la trompette, ni de confiance dans aucun Français, tant que la lutte dure. Ils sont et seront tous traîtres.

Stackelberg an Phul.

Vienne, le 13/25 avril 1815[5]).

Le P^{ce} de Wrede a quitté hier cette capitale, et le départ de M. le M^{al} le P^{ce} de Schwarzenberg est censé avoir lieu vers le 10 du mois prochain. Le premier a M. le Comte de Rechberg pour son successeur au congrès, dont la clôture paraît instante. On doit l'inférer de ce que l'objet de l'indem-

---

[1]) Der Name verriete Stein, der aber Wien noch nicht verließ, sondern am 8. Mai in sein Tagebuch schrieb: „Endlich begannen die Unterhandlungen über die deutschen Angelegenheiten".

[2]) Kaiser Franz, der nach Italien reisen wollte, sollte durch Erzherzog Rainer vertreten werden, was dann auch wirklich der Fall war.

[3]) Interzept St. A. „Sous couvert à Wintzingerode par estaffette".

[4]) Der Herzog von Feltre, Napoleons früherer Kriegsminister.

[5]) Interzept M. J. zum Vortrag vom 26. April. Der Adressat war Gesandter in Holland.

nisation plénière de la Bavière semble ajourné de même que celui des affaires de l'Allemagne. Celle de la Pologne est terminée, mais non encore signée par S. M. l'Empereur notre auguste maître. En vertu d'un des nombreux articles de cet ouvrage rédigé par M. d'Anstett, S. M. prend le titre de Czar (Roi) de Pologne. Aussitôt sa signature l'aide de camp Général Comte Czarowsky se rendra en courrier à Varsovie pour la proclamation du nouveau titre. Il est encore extrêmement douteux que les troupes varsoviennes soyent employées contre la France. Vous saurez sans doute que le Grandduc Constantin restera à Varsovie avec le grand corps de réserve. Le Général Sacken a déjà dépassé Breslau. Son corps d'armée sera le 10 mai à Prague. L'esprit public en Saxe n'est pas des meilleurs. La résistance du roi à la signature du traité[1]) ne paraît plus porter que sur des choses de détail. Il est encore à Presbourg. Mme Elise (Bacciochi) est à Brünn, et la Reine Catherine de Westphalie, ne demandant plus de la rejoindre, désire se fixer à Lintz. De France nous sommes réduits pour le moment aux nouvelles de gazettes. Le Duc de Richelieu[2]), arrivé à Vienne depuis peu, suivra le quartier général de S. M. l'Empereur.

Der Kronprinz von Württemberg an die Großfürstin Katharina.

Stuttgardt, le 25 avril 1815[3])

Tu nommes dans ta lettre „le chat" un homme supérieur; je ne le crois pas. Un homme astucieux n'est pas un supérieur, car l'astuce est une sorte de faiblesse d'esprit. Il a le don de te plaire à un degré éminent, et c'est le seul talent qu'il possède. Je le lui passerais bien, mais ce que je ne lui pardonne pas c'est qu'avec un air patelin il veut marquer de la confiance et qu'il n'en a pas la moindre véritable en toi. Ses raisonnements sur Napoléon sont si absurdes que certainement il n'en croit pas la moindre chose. Ses phrophéties sur les projets futurs du maître sont des finesses bien mal conçues pour tâter la vérité, et c'est un homme supérieur!! Gronde moi, si l'effet de la vérité m'a entraîné trop loin. Tu connais à cet égard ma mauvaise tête. Il en est de même pour la „maréchale". Si elle suit son mari elle a tort, car les femmes et la guerre ne doivent jamais se marier. Mon avis est toujours d'attaquer le plutôt possible, mais en force. Le temps perdu nous coûtera bien cher. On dit qu'il se rassemble une armée près de Landau sous le commandement de Rapp. Demain je commence à passer la revue de mes troupes, mais le jour de mon départ n'est pas fixé encore.

---

[1]) Der König unterzeichnete erst am 21. Mai einen Vertrag, der von Schulenburg und Hofrat Globig, nach mehrwöchigen Verhandlungen mit Vertretern der Großmächte, am 18. Mai abgeschlossen worden war.

[2]) Armand Emanuel Duplessis, Herzog von Richelieu, war als Emigrant von Alexander I. 1803 zum Gouverneur von Odessa bestellt und später Ludwig XVIII. empfohlen worden. Im September 1815 wurde er französischer Minister.

[3]) Interzept St. A. „Sous couvert à Wintzingerode par estaffette". Antwort auf den Brief Katharinas vom 21.

Ompteda an Münster.

Berlin, 25. April 1815[1])

... In einem hier angekommenen Privatbriefe des Gen.-L. Grafen v. Gneisenau äußert derselbe, er sei über das zaudernde Benehmen des H. v. Wellington höchst unzufrieden und verdrießlich gewesen. Seitdem er aber mit diesem berühmten Feldherrn eine Conferenz von mehreren Stunden gehabt habe, sei die hohe Achtung, die er für denselben gehegt habe, nicht allein um vieles vermehrt worden, sondern er habe auch die Überzeugung gewonnen, daß das Benehmen des Herzogs auf Motiven der höchsten Klugheit, Einsicht und Überlegung beruhe[2]).....

[Der in Kopenhagen residierende französische Gesandte Marquis von Bonnay hat die an ihn gesandten Depeschen anzunehmen sich geweigert. Sie wurden von dem dort befindlichen Gesandten Schwedens für den französischen Gesandten in Stockholm übernommen.]

Piquot an Voigt in Weimar.

Vienne ce 26 avril 1815[3])

Le sieur Montrond, envoyé par Napoléon, a, dit-on, passé plusieurs jours à Vienne, où il a eu des conférences suivies avec le P^{ce} de Metternich, le Cte de Nesselrode et plusieurs autres ministres, et il doit être reparti avant-hier avec la conviction que les puissances alliées sont fermement résolues de ne reconnaître en France ni la souveraineté de Napoléon ni l'établissement d'une nouvelle république. Peu de jours suffiront peut-être pour nous faire voir plus clair sur un objet qui paraît très important....

General Watzdorf an seine Gemahlin in Prag.

Presburg, le 26 April 1815[4])

L'incertitude sur notre armée est désolant. Après avoir cédé sur tous les points capitaux, il paraît que nous voulons enfin mettre un terme tardif à nos complaisances. Les Russes, vu la situation de la Pologne, voudraient que tout finisse promptement, mais les Prussiens, en position de sucer notre malheureux pays, ne sont nullement pressés et suscitent constamment des chicanes. S. et E.[5]), de la conduite desquels je suis révolté, voudraient finir à tout prix; le premier pour faire tranquillement sa partie de whist à 1000 florins le robber sans les paris! — et le second par déférence pour

---

[1]) Interzept St. A.

[2]) Dieser Brief findet sich nicht in der Sammlung bei Pertz-Delbrück, Gneisenau IV. Doch bestätigt der an den König vom 14. April (Ebenda, S. 493) das hier über Wellington gesagte.

[3]) Interzept St. A. Über die Sondierung Montronds berichtet Talleyrand am 13. April an Ludwig XVIII. (Pallain-Bailleu, S. 336). Auch Houssaye „1815", weiß wenig mehr.

[4]) Interzept St. A.

[5]) Die Grafen Schulenburg und Einsiedel, die Wortführer der Sache des Königs von Sachsen.

S., étant sourd à toutes les autres remontrances. Je plains la personne principale[1]) si compromise vis-à-vis du pays et notre patrie, qui, ayant tout au plus 3 millions de revenus et les dépenses inévitables en apanages, pensions etc., ne pourra se soutenir. Tout le monde est mécontent ici. Z. paraît[2]) avoir le ministère de la guerre en poche et fait un peu le courtisan. Globig[3]) se conduit fort bien.... S. prétend, dit-on, que le roi doit-être retourné à la mi-mai à Dresde. Quant à moi, je crois plutôt que les Prussiens traîneront jusqu'à ce que les relations vis-à-vis de la France se seront éclaircies....

Czartoryski an Anstett.

Vienne, le 29 avril[4])

M. Capo d'Istria m'a envoyé le préambule autrichien pour le transmettre à V. Exc. avec mon opinion[5]). Je le trouve en général très misérable et très mesquin, et je désirerais bien que vous réussissiez à le rendre un peu moins sec et décharné. L'on ne peut cependant s'attendre à rien obtenir facilement des Autrichiens, et les choses ayant déjà tant traînées (!) il importe avant tout de finir. Les observations qui me paraissent mériter votre attention sont les suivantes: 1.) „par l'extinction de ce duché"est une expression dure et inutile; l'on pourrait tourner la phrase „par les changements amenés dans le sort de ce pays"[6]). 2.) Là, où il est question „des dispositions bienveillantes pour les provinces et districts", pourquoi ne pas faire mention de la nation, ou nommer du moins les Polonais, auxquels il était nécessaire d'accorder des compensations pour les pertes qu'on leur a fait essuyer?[7]) 3.) L'intercalation „conformes aux circonstances" ne produit pas un bon effet; „autant que les circonstances l'ont rendu possible" vaudrait mieux[8]). Avec ces changements la pièce pourrait aller sans qu'on invertisse toute la pièce...

Prinz Wilhelm von Preußen an Erzherzog Johann.

Berlin, 29. April 1815[9]).

Welche Freude hat mir nicht Dein freundschaftlicher Brief gemacht, mein bester Johann! Von ganzem Herzen danke ich Dir nochmals für Deine

---

[1]) Der König.
[2]) General Zeschau.
[3]) Der sächsische Hofrat von Globig; über ihn s. oben S. 461.
[4]) Interzept M. J. zum Vortrag vom 30. April 1815.
[5]) Es handelte sich um den Eingang des Vertrags zwischen Österreich und Rußland über Polen, der am 3. Mai abgeschlossen wurde. S. Martens, Recueil des traités conclus par la Russie, III. 317. S. oben.
[6]) Wurde zugestanden.
[7]) Wurde nicht aufgenommen, wohl auch von Anstett kaum vorgeschlagen.
[8]) Die Änderung wurde zugestanden.
[9]) Interzept M. J. zum Vortrag vom 5. Mai 1815. In Erzherzog Johanns Tagebuch heißt es zum 24. März 1815: „Wilhelm reist heute ab; heute nahmen

Liebe und Gastfreundschaft. Schon vor unserer Bekanntschaft liebte ich den Erzh. Johann; der Ruf hatte ihn mir so schön verkündigt; da zeigte mir Dein herzlicher Empfang gleich anfangs, wir würden gewiß recht gute Freunde werden. Indem ich nun ganz meiner Neigung zu Dir folgte, und zu meinem lieben alten Habsburger Fürstenstamm, durchdrang mich wieder von neuem der lang gehegte Wunsch, Österreich und Preußen möchten doch endlich einmahl eine recht feste und innige Verbindung schließen für alle Zeiten zu ihrer eigenen dauerhaften Sicherheit, zur Aufrechthaltung ihres gemeinsamen deutschen Vaterlandes gegen falsche Freunde und offenbare Feinde. Mir war es oft, als müßten unsere eigenen Verhältnisse auch die Annäherung unserer Staaten bewirken. Wir sind ihnen wenigstens mit gutem Beispiele vorangegangen. Nichts konnte ja unser Vernehmen stören, wenn der politische Horizont auch noch so bezogen war. Deine ehrenvolle Bestimmung nach Italien[1]) hat mich recht gefreut, weil sie Dir angenehm ist und gewiß ihrer Absicht, die neuen Provinzen zu gewinnen, vollkommen entspricht. Dennoch hätte ich Dir lieber das Kommando über die gegen Joachim (Murat) streitende Armee gewünscht, besonders anfangs, als man eben keine erfreulichen Nachrichten von dort hörte, war ich unzufrieden, nicht Dich oder Deinen Bruder Karl dort zu wissen. Doch Frimont und Nugent ergreifen die Offensive, und somit bin ich wieder ausgesöhnt. Die Resignation, mit der Du Deine Anstellung bei Schwarzenberg angenommen hast[2]), und der Erzh. Karl sich in seine Bestimmung zu Mainz findet[3]), erwecken allgemeine Bewunderung und sind gewiß schöne Züge von Selbstverläugnung in unserem Stande und werden für alle Zeiten ein edles Muster zur Nachfolge bleiben. Des sizilianischen Leopoldus heroischer Entschluß[4]) ist erstaunlich aber gut, denn in diesem Kriege können nicht genug rechtmäßige Fürsten mitstreiten.

---

wir Abschied; unsere Freundschaft ist geschlossen; wo sich die Seelen gefunden, löst selbst nicht der Tod. Wir werden uns schreiben." K r o n e s, a. a. O. S. 214. Wilhelm war, wie schon erwähnt, der Bruder des Königs.

[1]) Johann hatte namens des Kaisers als Königs der Lombardei und Venedigs die Huldigung der Italiener entgegenzunehmen. Am 27. April 1815 trat er die Reise dahin an.

[2]) Als Geniedirektor unter Schwarzenbergs Befehlen im bevorstehenden Krieg gegen Napoleon.

[3]) Als Gouverneur der Bundesfestung.

[4]) Leopold hatte sich für den Krieg gemeldet.

Mai 1815.

A. Rapporte.

Zum Vortrag vom 1.

30. April (**)

... Fürst Reuss-Ebersdorf und Fürst Hohenzollern-Hechingen sagten gestern: „Wir reisen noch ziemlich vergnügt nach Hause. In unserer Akzessionsakte zur großen Allianz gegen Bonaparte ist uns von den großen Puissances unsere Unmittelbarkeit und Selbständigkeit nach dem Frieden ausdrücklich garantiert. Damit begnügen wir uns für gegenwärtig." Senator Smith aus Bremen und Senator Hach von Lübeck hatten resp. dieselbe Ansicht, mit dem Beisatze zwar, mehr für diesen Augenblick werden Österreich und Preußen Niemandem zumuten wollen, um nach dem Frieden mehr offene Hand für sich zu behalten, werden Bayern und Württemberg sich nicht zumuten lassen. Diese Herren Senatoren sagen: „Erst nach dem nächsten Frieden mit Frankreich, wenn der Besitz des linken Rheinufers für Deutschland konfirmiert sein wird, lässet wahrscheinlich sich das Schicksal von Deutschland erst definitive regulieren. Alsdann lässet sich erst der österreichische, der bairische, etc. Territorialbestand definitive bestimmen. Ganz entgegengesetzte Ansichten dagegen haben Graf Solms, Bon Plessen, Bon Türckheim, Bon Pufendorf, welcher Letztere von Graf Solms sich ganz führen lässet. Diese Herren begnügen sich nicht, wie die genannten Senatoren, wie die genannten Fürsten Reuß und Hohenzollern, mit der bezogenen Garantie der großen Potenzen für die Fortdauer und Selbständigkeit der Kleinen, sie fordern gleich jetzt die Modifikationen des deutschen Bundesstaates, sie machen die deutsche Bundeskonstitution zum praejudiciale und verunglimpfen, da dieses nicht sogleich geschiehet, schon im vornhinein unser h. Ministerium, und machte Graf Solms verschiedentlich sich gar lustig darüber, daß er den alten Fürsten Metternich in diese Sache hineingezogen und den Vater gegen den Sohn gehetzt habe.

Vortrag vom 3[1]).

[Der Kaiser wird besonders auf die beiliegenden Interzepte und den Rapport d) über Anstett aufmerksam gemacht und resolviert am 14. (!):]
„In dem Rapport d ist es auffallend, daß der Vertraute als ein eifriger Verteidiger des russischen Bevollmächtigten v. Anstett auftritt, welches den Verdacht erregt, daß entweder eine Parteilichkeit obwaltet, oder daß Anstett den Vertrauten als einen geheimen Agenten Österreichs kennt und

---

[1]) Hager war seit einigen Tagen beurlaubt und blieb es bis Mitte Mai.

sich desselben zu seinem eigenen Vorteil und zu jenem seines Hofes bedient. Ich finde Sie hierauf aufmerksam zu machen und nehme den übrigen Inhalt dieser Rapporte zur Nachricht. Franz."

Beilage:

2. Mai[1])

Der Traktat mit Rußland wegen Pohlen ist nicht unterfertigt[2]). Die Ursache ist, weil von Seite unseres Hofes Anstand gemacht wird. Dieser gründet sich auf eine in diesem Traktate übernommene Zahlung, die, wie H. v. Anstett mich versichert, mehr nicht als 500,000 pohlnische Gulden beträgt. Die Finanzhofstelle will diese Zahlung nicht übernehmen. Indessen ist der Traktat doch lange durch die drei k. k. Kommissare, den H. Staatsrat Hudelist, den Vizepräsidenten Barbier und den Grafen Goëss erörtert, der nun bestrittene Artikel von ihnen angenommen, paraphiert und unterschrieben, hierauf dem Kaiser von Rußland vorgelegt und von demselben genehmigt worden. Die Finanzhofstelle, um eine Abänderung zu bewirken, hat sich an den F. Metternich gewendet, der die Sache abgelehnt, aber doch eine Collazionirung der Artikel eingeleitet und damit den Staatsrat Hudelist beauftragt hat. Dieser war gestern Abend bei H. v. Anstett. Er tat sein Möglichstes, überzeugte sich aber, daß die Sache als abgeschlossen anzusehen und jede Verzögerung der Unterschrift des Traktats von großem Nachteile wäre. Heut Vormittags kam aber H. v. Barbier, der sich weniger nachgiebig zeigte, den H. v. Anstett mit Vorwürfen, als hätte er die österreichischen Kommissare übervorteilt und pflichtwidrig gehandelt, überhäufte und dadurch zu einem stürmischen Auftritte Anlaß gab, der kein Resultat als eine heftige Erbitterung hinterließ und viel schaden kann. H. v. Barbier endigte mit der hier wohl nicht am rechten Orte stehenden Drohung, daß er und die ganze Finanzhofstelle H. v. Anstett bei unseres Kaisers Maj. verklagen werde.

Herr v. Anstett ist ein herzensguter gefälliger Mann; er selbst gesteht, er habe sich gewundert, daß die österreichischen Kommissare den nun bestrittenen Artikel ohne Widerrede angenommen haben. Er würde, wenn Einwendungen damals gemacht worden wären, zu einem Nachlasse sich verstanden haben. Noch jetzt, sagte er mir, wenn man an ihn gekommen, ein Übersehen eingestanden und ihn ersucht hätte, demselben Abhülfe zu schaffen, würde er willig die Mittel gesucht und gefunden haben; aber da man die Sache so angreift, daß man ihn beschuldigt und ihm droht, so werde ihn nichts von einer Bedingung abbringen, die, wenn sie ein Übersehen ist, zur Schande der Kommissare gereiche, die an der Zahl drei gegen ihn

---

[1]) Mit Bleistift in tergo mit d bezeichnet. Die Rapporte eines jeden Vortrags wurden mit fortlaufenden Buchstaben, die Interzepte mit Ziffern angemerkt. Der Rapport ist ohne Unterschrift, nicht von Bartsch verfaßt.

[2]) S. oben S. 463 Anmerkung.

allein waren, alle drei gesund sich befanden, während er mit dem heftigsten Podagra kämpfte. Er habe bereits seinem Kaiser berichtet, daß der Traktat nicht unterzeichnet würde. Und da 30 Tage nach Unterzeichnung des Traktats der Tarnopoler Kreis übergeben werden soll, so habe er bereits die Einleitung getroffen, so viel möglich alle Vorräte aus demselben wegzuziehen. Je länger also die Unterfertigung und die Übergabe verzögert würde, desto weniger würde der österreichische Hof daselbst vorfinden. Dieser Entgang würde bei weitem die Summe überwiegen, um die man sich streitet.

Dieser Umstand schien mir die unausweichliche Pflicht aufzulegen, diesen untertänigen Bericht zu erstatten.....

Zum Vortrag vom 6.

5. Mai (* *)

.... Sie wollen bemerkt haben, die in Wien befindlichen italienischen Regimenter bezeugen dem kleinen Napoleon[1]) einen wahren Enthusiasmus; wo sie ihn in der Kutsche oder am Fenster entdecken, da schreien sie „Evviva il nostro Napoleone!" Der russische Kaiser mit dem König von Preußen soupiert forthin abwechselnd bei Veriand Windischgrätz, Karl Zichy, Franz Zichy, Bagration, Auersperg etc. Sie sagen: „Es ist nicht viel dahinter. Es ist gar nicht schwer, die russische Majestät bei der Nase zu führen". Über die großen persönlichen Unannehmlichkeiten die unser auswärtiges Ministerium von der russischen Majestät auszustehen gehabt, höre ich gegenwärtig, da alle Teile kaltblütig geworden, das nachstehende Raisonnement: „Gleich im Oktober setzte es Stöße in materiali et personali; England und Österreich hatten gewißlich schon in Paris concedirt, daß Preußen das ganze Königreich Sachsen haben solle; des H. Whitbread[2]) Reden im Parlament zu London und des H. Talleyrand Kongreßreden und Deklamationen zu Wien veranlaßten das österreichische und das englische Ministerium, wortbrüchig zu werden, auf Erhaltung der Dynastie Sachsen zu bestehen und solchergestalten alle vorhergegangenen Verabredungen und Pläne wegen Kriegssatisfaktion und Zuteilung der provisorie verwalteten eroberten Länder dadurch zu zerstören, daß die Dynastie Sachsen, die als ein objectivum satisfactionis, als eine Zuteilung angetragen und komputirt gewesen war, nun fortzubestehen habe. Diese Veränderung des österreichisch-englischen Systems brachte die Preußen und die Russen zur großen Erbitterung, und der chevaleresque Kaiser Alexander ließ wirklich durch seine Damen den leichten Krieg führen. Was indessen ist geschehen? Kann das Königreich Sachsen, sowie dasselbe reducirt geworden, gegen Preußen und gegen Rußland irgend etwas unternehmen und helfen? Ist nicht das reducirte Königreich Sachsen, es mag nun von der Dynastie Sachsen oder von der Dynastie Preußen regiret werden, von Preußen abhängig? absolute unter preußischer Influenz? Hat die ganze Geschichte gegen Sachsen, die so unendlichen Lärmen gemacht hat,

---

[1]) Dem Prinzen von Parma.
[2]) Führer der whigistischen Opposition im englischen Parlament.

irgend einen diplomatischen Wert für Europa? Wäre die Dynastie Sachsen, nach der Pariser Verabredung vom J. 1814 geopfert geblieben, hätte nicht Österreich seine volle Inngrenze mit Wasserburg und mit Passau längst im Besitze? Wäre das für die Monarchie nicht weit mehr wert als den Embarras der Dynastie Sachsen auf dem Buckel haben? Will unser Ministerium forthin den generosen spielen, forthin die undankbare Rolle des refugium peccatorum übernehmen? Verleget sich unser Ministerium nicht auf das Griebsen, auf das Zugreifen, wie das preußische, wir werden ewig dupe sein, ewig zu kurz kommen"[1])....

Dieser Tage wurde bei Pufendorf von Bombelles, und mehreren Personen aus Paris, auch von dem dänischen Gesandten und General von Waltersdorf, bei Graf Bernstorff gar vieles gesagt von des Napoleons vormaliger geheimer Polizey in Paris und im Auslande.... „Napoleon hatte in Paris und im Auslande ostensibiliter hoch charakterisierte Personen, denen er 60.000 oder 100,000 Fr. zu verzehren gab, die Haus machen mußten, die ein großes Personale, eine große Inspection hatten, nur um recht zu spionieren und zu referiren."

Zum Vortrag vom 9.

8. May (**)

.... Die Preußen sagen: „Im März hat bekanntlich der russ. Kaiser an F. Metternich den schönen hochherzigen Brief geschrieben. Die von dem Fürsten an den Kaiser erlassene suffisante Antwort hat wieder alles verdorben; die Spannung ist jetzt, wie vor des Bonaparte Entweichung; es ist sehr zu fürchten, es schadet der guten Sache"[2])....

Fürst Czartoryski reiset dieser Tage nach Warschau zurück, Fürstin Moriz Liechtenstein und Gräfin Marie Batthyányi geb. Eszterházy beziehen eine Sommerwohnung in der Brühl, die Familie Eskeles ziehet diese Woche nach Hietzing, Ende d. M. die Familie Roisin nach Meidling. Gestern in der Soirée bei Eszterházy machte ein Brief der Duchesse d'Angoulême an Gräfin Eszterházy-Roisin aus London sehr großen Effekt. Bei Alt-Pergen wurde gestern gesagt: „Die Hauseigentümer in Baden haben zurückgehalten mit ihren Wohnungen, auf die fremden Souverains calculierend; die Souverains kommen nicht, die Hauseigentümer haben sich garstig geschnitten." Die oft angeführten Lamentationen der Mediatisirten und der alten fürstl. Häuser über unser Ministerium wurden sehr laut und stark wiederholt.

Zum Vortrag vom 10.

9. Mai (**)

.... Sie sprechen neuerlich viel von Cardinal Consalvi. Sie sagen: „Er hat seinen guten Namen in Wien überlebt; il a resté trop longtemps

---

[1]) Leider deutet ** nicht näher die Quelle dieser Äußerungen an, die manches Richtige enthalten.
[2]) Von diesem Briefwechsel war bisher nichts bekannt. Nach Metternichs Aufzeichnungen erfolgte eine persönliche Aussöhnung, als der Minister dem Kaiser die Nachricht von Napoleons Abfahrt von Elba überbrachte.

pour sa gloire; der Kardinal hat sich mit Bartholdi, S. Marsan, Salmour, Aldini, Marescalchi etc. zu sehr encanaillirt". Sie sprechen von sonderbaren Szenen des Botschafters Stewart mit dem Kardinal, der den Herrn Botschafter oft im Bett überfallen, den der Herr Botschafter nicht mehr vorläßt, des Vormittags nämlich....

Sie sprechen davon, daß der k. k. Major Baron Marschall, vormals bei der k. k. Mission in Petersburg angestellt, um deswillen nach Konstantinopel gesendet worden, um namens Österreichs, Rußlands und Englands von der Pforte zu verlangen und zu erwirken, daß in Konstantinopel von Bonaparte kein Agent und keine Mission angenommen wird.

Bei F. Trauttmansdorff wurden gestern sequentia erzählt: a) „Unser Herzog Ferdinand Württemberg wird Civil- und Militär-Gouverneur in Galizien, und kömmt nun S. k. H. Heirat zu Stande mit Pauline Metternich. b) Der König von Preußen hat dem Moriz Liechtenstein den Schwarzen Adlerorden in den schönsten Diamanten, dem F. Althann eine Dose von sehr hohem Werte geschenkt. c) Der König hatte mit der Familie Zichy Sonntag Picnic im Prater, Montag im Augarten.... Bei Arnstein erscheint seit drei Tagen ein Engländer — Herr Wiwić(?) ni fallor — der eben aus Italien kömmt und groß Aufsehen macht. Der Engländer war im Jänner auf Elba, wo Bonaparte ihm unter andern sagte: „Die Herren in Wien wollen mich auf St. Helena etablieren, aber daraus wird nichts"....

Zum Vortrag vom 12.

11. Mai (* *)

Der engl. Botschafter Lord Stewart hat vorgestern wieder von sich reden gemacht. Er ritt über den Graben und Kohlmarkt nach Hause. Das Pferd, das er ritt, hatte den Kopf mit Maiblumen reich geschmückt; er selbst hielt in der Linken einen großen Buschen Maiblumen, lachte und schien einen Rausch zu haben. Auf den Straßen blieb alles stehen und lachte... Sie erzählen, ohne es zu garantieren, Erzh. Karl heiratet eine Prinzessin N. N.[1]), der Erzh. Palatinus eine von Hildburghausen[2]), Erzh. Anton aber seine Wittib Fürstenberg[3])....

Das Publikum apprehendirt sehr, daß statt des bonapartisch Gesinnten H. Bartsch ein Redakteur der „Wiener Zeitung" endlich bestellt worden ist. Gestern wurde viel davon gesprochen, daß der russische Kaiser seiner Gabriele Auersperg sehr nachläuft, daß er Montag dieser Schönen

---

[1]) Erzherzog Karl heiratete in der Tat am 17. September 1815 die Prinzessin Henriette von Nassau-Weilburg, wovon schon ein Rapport vom 8. Mai gemeldet hatte: „On parle beaucoup d'un mariage qui va se faire entre l'Archiduc Charles et la belle Princesse de Nassau-Weilburg, malgrè qu'elle soit protestante. Chez les Courlande on donne la chose comme décidée".

[2]) Nein, der Palatin heiratete Ende August 1815 Hermine von Anhalt-Bernburg.

[3]) Erzherzog Anton heiratete nicht.

zu Liebe bei Fürstenberg sich zum Souper angesagt hatte. Gestern waren der russ. Kaiser und der König von Preußen mit der Zichy'schen Familie in Baden, indessen unser Kaiser und Kaiserin mit dem König von Sachsen in Bruck a. d. Leitha im Graf Harrachischen Haus ein Rendezvous hatten. Bon Hacke erzählte es selbst: „M. Flassan, von der franz. Kongreßgesandschaft zu Wien im April nach Paris entlassen, wurde zu Kehl durchsucht. Es fand sich bei ihm eine verdächtige Flasche und in dieser Flasche Briefe und Notizen für Bonaparte, unter andern von H. Beauharnais in München auf der Durchreise übernommen. Diese Flasche hat in Karlsruhe die Badensche Regierung dem österr. Chargé d'affaires zugestellt. Der hat alles übernommen und nach Wien eingesendet. In Paris ediert nun M. Flassan die Geschichte des Wiener Kongresses[1])...

10. Mai (Nota)

[Hatte ein Gespräch mit dem Baillif Miari des Malteserordens, der die Hoffnung aussprach, daß der Kongreß wenigstens die Fortexistenz des Ordens zugestehen werde. Baillif Carraciolo, der seit Jahren die Rolle eines Großmeisters spiele, sei nur als Kandidat aufzufassen. Ein Glück für den Orden wäre es, wenn — wie der Vertraute nahelegte — Erzherzog Maximilian d'Este die Großmeisterwürde annehmen wollte. Wenn nicht, meinte Miari, wäre der Commandeur Ruffo erwünscht. Der Vertraute möge ihn sondieren.] J'ai parlé hier au soir à Ruffo; j'ai deviné, il n'en veut pas du tout de la Grand-Maîtrise. Il m'a même dit qu'il comptait s'en retirer à Vienne, et finir ici ses jours, loin des tracasseries et des bruits de son pays natal.

Zum Vortrag vom 14.

12. Mai (* *)

... Der Herr (Ober-) Ceremonienmeister Graf Wurmbrand sagte gestern: „Alle Auslagen für die fremden Souveräne, alle Fêten, Livreen, Hauszinse[2]), Tafeln, Stallparteien etc., alle Kategorien inbegriffen, bis Ende Mai(!) getreulich extrahirt und berechnet, betragen zusammen nicht 8$^{1}/_{2}$ Millionen Gulden Wiener Währung. — Die Familie Zichy beziehet nächsten Mittwoch ihre Sommerwohnung in der Jägerzeile[3])..." General Koller zitirte den Bonaparte, der zu sagen pflegte: „L'Italie ne porte ni argent, ni soldats."

13. Mai (* *)

... Bei Eskeles und Arnstein wird daraus groß Wesen gemacht, daß in Lüttich die kön. sächsischen Truppen dem FM. Blücher und dem Wel-

---

[1]) Das Werk erschien erst im Jahre 1829. Die Geschichte mit der Flasche und Beauharnais' Anteil daran ist historisch noch nicht aufgeklärt.
[2]) Für die außerhalb der Burg wohnenden Gäste.
[3]) Heute Praterstraße.

lington die Fenster eingeworfen haben¹).... In der Zichyschen Familie heißt es: „Der russ. Kaiser ist ganz still und beschämt seit dem Empfang der in der Bouteille des M. Flassan entdeckten Depeschen des H. Beauharnais²). Der russ. Kaiser schimpfet gar nicht mehr wie sonst über den F. Metternich, auch schweigen neuerlich die zwei Sibyllen Bagration und Sagan....

Zum Vortrag vom 17.

16. Mai (* *)

Die russischen Armeeverpflegs-Kommissäre Wolkonsky, v. Anstett und Bon Stein, welcher Letzere de praeterito Abrechnung und Übergabe macht und sofort auf seine Güter bei Schwalbach sich retirirt, dann die preuß. Kommissarien Stägemann und Heim, sprechen forthin auf die rühmlichste Weise von den Talenten des österr. Commissarius und Armee-Ministers Bon Baldacci. Daß Erzh. Rainer während S. Maj. Abwesenheit im Felde — nicht wieder Graf Karl Zichy wie das vorige Mal — als S. M. Stellvertreter dastehet und mit ausgedehnter Vollmacht das Internum der ganzen Monarchie leitet, findet im Publikum großen Beifall. [Dem Grafen Karl Zichy wird zur Last gelegt] a) die von dem verstorbenen Palatinus Erzherzog Leopold auf dem Todbett gemachten Entdeckungen³); b) der Umstand, daß zur Zeit als Graf Karl Zichy die Fräuln Khevenhiller heiratete, er nicht die Mittel hatte, einen Heiratsbrief zu machen, wohingegen jetzt Graf Karl Zichy auffallend reich ist und auffallenden Aufwand macht; c) der Umstand, daß, nachdem F. Eszterházy um deswillen in Administration des Grafen Karl Zichy sich begeben, um aus des Herrn Joël Händen zu kommen, Graf K. Zichy den H. Joël beibehalten hat, der bis heute unter der Firma Karl Zichy des Fürsten Eszterházy Vermögen plündert wie vorhin⁴).....

Von dem neuen diplomatischen Werke des H. v. Hammer über die Türkei machen Diplomatici und Kenner großen Rühmens, und alle in Wien geweste Kongreßfremde haben den H. v. Hammer als eine vorzügliche Wiener Kuriosität in Beschau genommen.... Die ewigen Frondeurs gegen unser hiesiges Ministerium bleiben forthin die Mediatisierte und die Pufendorfsche Koterie, welche das Reichskammergericht, den Reichshofrat und die Reichsversammlung forthin beschwören und von den Toten erwecken wollen....

---

¹) Es war nur Blücher, gegen den die sächsischen Gardetruppen sich derart empörten. Vgl. u. a. Flathe, III. 334 ff.
²) S. oben S. 470. Alexander hat später die Korrespondenz mit Beauharnais wieder aufgenommen, was kaum geschehen wäre, wenn Eugen sich ernstlich kompromittiert hätte.
³) Leopold, der nächstjüngere Bruder des Erzherzogs Karl, war 1795, dreiundzwanzigjährig, gestorben.
⁴) Über Joël s. oben S. 199.

Zum Vortrag vom 20.

19. Mai (Freddi)

[Im Kaffeehaus zur „Goldenen Krone" spricht man über das Ergebnis des Kongresses. Der hannöversche Diplomat Franz v. Reden meinte:] „Si l'on doit en juger par les partages sanctionnés entre les potentats sans avoir égard à la position géographique des pays, aux mœurs et habitudes des nations, aux droits imprescriptibles des peuples, il paraît que les souverains ont marchandé, et ainsi ils ont adjugé à leurs Empires les territoires par un acte arbitraire qui étaient de leur convenances." [Ähnlich der Franzose Monchenon und andere „Nouvellisten".] Alors la conversation roula sur les dernières affaires d'Italie. On raconta que le Général en chef Frimont avait annoncé au Conseil aulique de guerre que peu s'en est fallu de succomber dans les deux derniers combats par la faute du Général Neipperg, qui manqua de se joindre au corps de Bianchi selon les ordres qu'il avait reçus, et qu'il s'était vu dans la désagréable nécessité de le repréhender par une lettre dont il envoyait copie. On doit le triomphe de ces journées à la valeur héroïque des troupes autrichiennes.... [Der Nuntius teilt ihm trauernd mit, daß Talleyrand sein Fürstentum Benevent dem König von Sizilien verkauft habe.]

Zum Vortrag vom 24.

22. Mai (*,*)

[Fürst Starhemberg geht als Gesandter nach Turin und war von seiner Abschiedsaudienz beim Kaiser sehr befriedigt... Die Italiäner, der Deputierte v. Lucca und Andere, bedauern den Rückanfall der Legationen an den Kirchenstaat, den die Bevölkerung nicht wünscht.... Den Kaiser von Rußland heiße man, nach der jüngst aufgeführten Oper „L'Empereur Joconde".] Die preußischen Staatsräte Jordan, Stägemann, Philippsborn, vom österr. Internum confidentialiter sprechend, sagen: „Wie kömmt es doch, daß Karl Zichy de facto die ganze Leitung des Internum der österr. Monarchie an sich gerissen hat und despotisch führet, indessen Graf Stadion, der wahrlich höhere Qualitäten vereinigt, eine passive Rolle in der inländischen Administration spielen muß? So etwas wäre in Berlin nie geschehen."

Zum Vortrag vom 25.

s. d.

... Le P^{ce} Wolkonsky arrive de l'Italie et, d'après ce que j'ai pu comprendre de ce qu'il disait en russe, il paraît que sa mission avait pour objet de faire revivre le projet qu'avait conçu Cathérine II d'avoir un port dans la méditerranée pour y tenir continuellement une flotte toujours prête à agir où le besoin l'exigerait; il a eu à ce sujet plusieurs entrevues avec Lord Bentinck.

Zum Vortrag vom 26.

18. Mai (* *)

.... Die Gräfin Zichy-Ferraris hat Dienstag (16.) auf Greifenstein dem russ. Kaiser, der Gräfin Flora Wrbna und einigen anderen Personen ein Diner gegeben. Es war eine tolle Metten; sie haben die ganze Gegend berauscht und lustig gemacht, haben solches Aufsehen gemacht, daß in allen Dörfern und Vorstädten davon gesprochen wird. — Die Kongreß-Gesandschaften, die alle gerne Landpartien machen, fahren fleißig zu Graf Beroldingen auf Strebersdorf....

Vom abgereisten König von Dänemark[1]) wird auch forthin gesprochen und besonders ausgehoben, a) daß S. Maj. den Herrn Joël als seinen Chargé d'affaires und Consul in Wien bestellt hat, b) daß S. M. dem Baron Nathan Arnstein eine prächtige Dose im Werte von 6000 Gulden klingend geschenkt hat, c) daß S. Maj. seiner Mätresse, einer Wienerin, eine lebenslängliche Pension von 1200 bis 2000 F. W. W. zugesichert hat. Dieses Frauenzimmer, die sie die „dänische Wittib" heißen, ist nun alle Abende auf der Bastei zu sehen, bei der Lemonadihütten, wo die Leute ihr nachgehen.

Sie sprechen.... in allen Zirkeln und Häusern von dem russischen Kaiser. Z. B. daß er in der „Stadt Wien", in der „Ungarischen Krone", im „Spanischen Kreuz" sich Wein geben lassen, daß in der Jägerzeil S. Maj. im Bierhaus gewesen und sich Bier geben lassen. Sie sagen: „In des russischen Kaisers Coterie sind kleine Spiele die eigentliche Unterhaltung. Und das Gesichterschneiden. Wer das ärgste Gesicht macht, gewinnt ein Pfand.."

Zum Vortrag vom 28.

26. Mai (* *)

Die sehr bedeutenden Geschenke, die der russische Kaiser und der König von Preußen an den (ihnen) beigegebenen Hofstaat: Oberstolmeister, Hofdienerschaft, Stallparteien gemacht haben[2]), dann die Betrachtung, daß, wären die Souverains im halben März, da Bonaparte auf Frankreich wieder erschien, nicht eben noch beisammen gewesen, wie schlecht würde es für uns gestanden haben mit den Verteidigungsanstalten gegen den wiedererstandenen Kronenräuber, sind Gegenstände des Gesprächs. Fürst Trauttmansdorff zeigte gestern sechs Tabatièren, die die Zusammenkunft der Souverains ihm eingetragen, sagend, diese sechs Dosen seien im geringen Anschlag 40,000 Gulden klingend geschätzt. Das Meiste hat bekanntlich Fürst Clary erhalten: außer seinen Tabatièren 5000 Stück Dukaten in Gold als Ersatz für den zu Töplitz durch die russischen Truppen erlittenen Schaden[3]).

---

[1]) Er verließ Wien am 16. Mai.
[2]) Bei ihrer Abreise von Wien am 26. Mai.
[3]) Fürst Johann Clary war „Generalhofbaudirektor" und Herr der Herrschaften Teplitz, Grauppen, Bindsdorf und Bensen.

Baron Pichler, Edelknabe bei der Großfürstin Katharina, sagte gestern: „Im Hause meiner Eltern, wo der preußische Postdirektor wohnte, und in anderen Häusern, wo Hofleute gewesen, ist von Hof gesagt worden, der Hof behält sich die Wohnung auf demnächst wieder bevor. Die Idee, die actu aus(zu)arbeitende Kongreßakte muß ihren zweiten Teil haben — wegen des Feldzugs 1815 — die Idee, dieser zweite Teil der Kongreßakte erheischet eine zweite Zusammenkunft der Souverains, und wo kann diese Zusammenkunft besser gehalten werden als in Wien? diese Ideen sind allgemein hörbar[1]). Dazu kommen die Wünsche der hohen und zahlreichen Personen, welche Präsente erhalten haben und bei Hof zur Aushilfe aufgenommen waren, und man kann sagen, man wünschet (in diesen Kreisen) bald wieder den Kongreß in Wien....

Zum Vortrag vom 30.

28. Mai.

[Der Wessenberg'sche Plan einer deutschen Bundeskonstitution wurde den deutschen Gesandschaften „von Seiten Österreichs und Preußens vereint" vorgelegt, die Abgeordneten der bereits anerkannten selbständigen deutschen Fürsten und der freien Städte sind auf den 29. zu einer Sitzung eingeladen worden. Man habe zwar im Vertrauen gehört, „daß viele Monita über diesen Plan gemacht worden seien und daß man sogar von Protestationen sprechen wollte", doch werde, wenn Österreich bei dieser Sitzung „mit Energie auftrete und von Preußen mit Nachdruck unterstützt werde," wahrscheinlich jeder Einwand entfallen[2]).]

29. Mai (* *)

[Die Heirat Erzh. Karls mit der Prinzessin Henriette von Nassau-Weilburg, Tochter einer Gräfin Sayn-Hachenburg, wird durch Briefe vom Rhein bestätigt.].... Baron Salis-Soglio und die Schweizer lamentiren sehr, daß der russ. Kaiser nicht erlauben will, daß die Österreicher die Schweiz besetzen, daß der russ. Kaiser zu sehr bestehet auf der Neutralität der Schweiz. Sie sagen: „Das ist die Einleitung des H. La Harpe, der seine Waadt-Länder, seine schweizer Jakobiner nicht gerne will sich demasquiren lassen". Von den Mordszenen in Serbien wird viel gesprochen. Sie sagen: „Dieser Aufstand in Servien ist von Rußland angezettelt, um die Türken zu beschäftigen und abzuhalten, während des Kriegs gegen Bonaparte nichts zu unternehmen gegen Rußland"[3])....

---

[1]) Der Gedanke, nach dem Feldzug den Kongreß in Wien wieder fortzusetzen, ist eine Zeit lang erörtert worden. In der ersten Aprilwoche soll Talleyrand eine Wette darauf angeboten haben, daß „Napoleon binnen dreier Monate zu Grunde gegangen und die Souveräne nach Wien zurückgekehrt sein würden, um den Kongreß zu ratifizieren". Zum Vortrag vom 11. April 1815.
[2]) Vgl. das Protokoll der Sitzung vom 29. Mai bei Angeberg, II. 1263.
[3]) Es war der Aufstand des Miloscḥ Obrenovič zu Ostern 1815.

Der König von Preußen hat der Dienerschaft bei Karl Zichy 3000 Gulden W. W. geschenkt. Der König hat beim Abschiednehmen bei Karl Zichy geweint wie ein Kind. Der russ. Kaiser hat der Dienerschaft bei Karl Zichy nichts gegeben. Vom Könige noch die nachstehende Anekdote: Der König begegnete die Gräfin Julie Zichy, wie sie mit dem Gebetbuch in der Hand aus der Kirche kömmt. „Sie haben ein schönes Gebetbuch, schöne Gräfin," sagte der König. „Es steht Ew. Maj. zu Befehlen," sagte die Gräfin. Der König nahm das Gebetbuch nach Hause, durchblätterte es und entdeckte, daß es ein Geschenk einer Freundin der Gräfin sei, die unterzeichnet ist mit einem Denkspruche des Inhalts: „Ich liebe dich ewig. Lieb' mich ebenso. N. N." Der König schrieb darunter: „Ich tue, was sie tat, ich bitte wie sie bat. Friedrich Wilhelm", und gab mit diesem Spruch das Gebetbuch wieder zurück....

Die Erzh. Marie Louise hat neulich entsetzlich geweint. Ihr General Neipperg war zu spät gekommen mit seiner Truppe. FZM. Frimont hatte ihn angeklagt. Neipperg hat einen entsetzlichen Verweis bekommen. Kaiser Franz hat das Alles der Erzherzogin ganz umständlich erzählt[1]).

B. Interzepte.

Krüdener an Nesselrode.

Zürich ce $\frac{\text{19 avril}}{\text{2 may}}$ 1815[2])

Les nouvelles de Paris s'accordent sur les embarras pécuniaires de Bonaparte qui sont en ce moment à leur comble et qu'il ne peut cacher. Il fait argent de tout. L'esprit de cette capitale s'exalte de plus en plus contre lui. Les murs se couvrent continuellement d'affiches qui contiennent des provocations d'attenter à sa vie. Le parti républicain est mécontent de la constitution qu'il prétend établir. L'armée, elle-même, manifeste du ressentiment d'avoir été trompée au sujet de l'Archiduchesse Marie Louise et ne voit point avec plaisir une guerre qu'il faudra soutenir sur le sol de la France contre des forces supérieures[3]). Les fonds baissent sans interruption.... Les partisans marqués de Bonaparte sont insultés à Paris. Tels sont les renseignements uniformes qui se tirent d'un grand nombre de lettres venues de cette capitale.... Le peuple de la Franche-Comté est très mécontent; plusieurs communes ont déjà manifesté leur opposition

---

[1]) S. oben. Später hat General Bianchi in einem Memoire Neipperg zu rechtfertigen gesucht, das M. Louise ihrem Vater überschickte. Vgl. meinen Aufsatz „M. Louise und der Sturz Napoleons" in „Studien und Skizzen", II. 281.

[2]) Interzept, St. A. Krüdener war russischer Vertreter in der Schweiz.

[3]) Bethmann schrieb am 2. Mai an Nesselrode, ein vertrauenswürdiger Reisender habe gesehen, wie die nach Norden ausmarschierenden Grenadiere weiße Kokarden gekauft und im Rock versteckt hatten. (Interzept.)

au gouvernement de Bonaparte en refusant de payer les impositions et de fournir des gardes nationales. En plusieurs endroits le drapeau tricolore a été abattu et déchiré....

Prinzessin Therese v. Sachsen an Prinz Maximilian in Prag.

Vienne, le 6 mai 1815[1])

Piatti[2]) parlait de s'en aller. La déesse de l'amour[3]), au lieu de ne rien dire, lui dit: „Il y a du temps, ne vous pressez pas." Elle me l'a conté. Qu'Elle laisse aller ce grand-maître, il peut s'arrêter où il veut, seulement pas ici. Si on dit à cette déesse: „Ne pourriez-vous pas empêcher ceci ou cela?" Elle dit: „Que voulez-vous que je fasse, je ne suis pas seule, et ne puis me brouiller avec les autres." Cette déesse, hélas!, n'est pas à la tête mais à la queue ou derrière — comme vous voulez — du grand-maître, du chauffeur, qui la dominent[4]). Elle les craint comme un enfant craint la verge, et est, à ce qu'Elle m'a dit Elle-même, hélas!, N⁰ 3 ou 4 en tout. Elle sait qu'on ruine Nectar[5]), et n'a pas le courage de s'y opposer. Ma consolation pour notre bon Roi sera de voir l'attachement de ses sujets qui lui restent (car les autres le seraient de même et les témoigneraient s'ils le pouvaient) et de finir de mener cette vie errante et désagréable et d'être chez lui et réuni à nous tous, et je trouve que réunis on supporte tout plus facilement, et malgré que je sois très bien ici, et que l'Empereur ait fait tout au monde pour nous, outre qu'il ne faut pas abuser d'une pareille bonté, si une fois notre sort est décidé, croyez que jamais je ne resterais, étant trop attachée à la chère famille de Saxe, pour m'en séparer et ne pas partager tout avec elle. Mes bonnes nièces[6]) n'osent penser à la possibilité de mon départ sans soupirer et avoir envie de pleurer. Elles disent: „Vous êtes tout pour nous, notre vraie amie, nous n'osons songer que vous nous manquerez. Vous étiez toute notre consolation à qui nous pouvions tout confier et qui nous a si bien conseillées". Il est aussi sûr que de quitter mes excellentes nièces sera ce qui me coûtera le plus, et je voudrais pouvoir les mener avec moi, car elles me peinent; il faut avoir tout vu pour en juger.

L'on traite et négocie ici; il faut en attendre le résultat. Il y a encore des choses qui clochent par ci par là, mais l'on espère que cela s'applanira. J'ai demandé à l'Empereur s'il ne savait rien de nos affaires. Il me dit: rien. Le Roi espère que tout va s'arranger; je l'espère dans le courant de la semaine qui vient.

---

[1]) Interzept, St. A.
[2]) Alexander I.
[3]) Kaiser Franz.
[4]) Alexander und Friedrich Wilhelm.
[5]) Sachsen.
[6]) Die Schwestern Marie Louisens.

Gräfin Hartz an Gräfin Compignano in Brünn[1]).

Gratz, le 8 mai 1815.

Ma chère Elise, enfin j'ai reçu de Vos nouvelles. Je ne saurais vous dire, combien votre silence m'a inquiétée; je croyais qu'on interceptait vos lettres. Je serai exacte à vous écrire deux fois par semaine. Je vous remercie des nouvelles que vous me donnez de Jérôme; je n'en ai pas reçu de lui directement depuis un mois. Une lettre qu'il m'a adressée avant son départ de Naples a été saisie par le gouvernement et ne m'a point été rendue. Ainsi, non content de vouloir me séparer de mon mari, on veut encore nous ôter tous les moyens de communication. Convenez, ma chère Elisa, qu'il faut bien de la philosophie pour supporter de pareils traitements.

Ma situation est toujours la même, et je ne puis obtenir aucune réponse quelconque aux différentes lettres que j'ai écrites à Vienne, et dans cette incertitude je me trouve depuis plus de quatre semaines, nichée dans une très mauvaise auberge. Outre que cet établissement-là me coûte énormément, il est on ne peut pas plus inconvenant. Je ne sais à quoi attribuer tous ces retards, et pourquoi dans toutes les affaires qui me regardent l'on veut y faire intervenir la cour de Württemberg. Il me semble qu'à mon âge, mariée depuis huit ans et mère de famille, il n'y aurait que mon mari qui pourrait décider sur mon sort, mais il paraît que la cour de Württemberg n'envisage pas la chose sous ce point de vue. Cependant ma résolution est inébranlable de ne pas mettre le pied dans les Etats du Roi mon père[2]). Ce qui m'afflige douloureusement dans toutes ces affaires c'est que je suis convaincue que ce ne sont que les intrigues du Cte Wintzingerode à Vienne, et les procédés peu fraternels du P^{ce} Royal, qui ont engagé mon père à faire toutes ces démarches. Ce qui vous étonnera aussi c'est que je n'aie point encore eu jusqu'à présent de communication directe sur l'invitation de me rendre dans le Württemberg. C'est aussi à mon insu qu'on m'a déjà nommé toute ma cour, et que mon père a même envoyé le B^{on} et la B^{onne} de Geismar pour me chercher. Toutes les personnes qui m'accompagnent à présent n'oseraient me suivre; cela s'entend même jusqu'aux femmes de chambre. Vous avouerez, ma chère Elise, que ces conditions ne seraient pas faites pour m'engager à y aller, si même des raisons majeures n'y mettaient des obstacles insurmontables.

Dites-moi, si vous avez des nouvelles de votre fils, qui, je sais, est resté à Bologne.

Je conçois que l'air de Brünn ne soit pas favorable à votre santé, vous qui avez été accoutumée à vivre dans des pays chauds. J'ai su que vous aviez demandé à échanger ce lieu d'exil avec toute autre ville de la monarchie autrichienne, mais que, comme moi, vous n'avez point obtenu de réponse.

---

¹) Interzept, St. A. Siehe oben.
²) Diesem Entschluß blieb Katharina nicht treu, sondern ließ sich im Juni zu einem längeren Aufenthalt in Göppingen bestimmen. Vgl. ihre Briefe, herausgegeben von Schloßberger.

Ma santé est tout aussi mauvaise que la vôtre, et c'est de mon lit, comme vous, que je vous écris. Il faudrait que je prisse les eaux cet été, mais dans la position où je me trouve on n'aura point égard à ma santé, et je devrai me passer du seul remède qui pourrait peut-être me rétablir.

Notre petit trésor se porte à merveille. Il est d'une gaieté folle; il n'a point encore de dents, mais l'opération s'est faite tout doucement. Je vous embrasse de toutes les facultés de mon âme. Dites mille choses aimables de ma part au Prince et à Napoléon. C'est un chagrin cuisant pour moi de ne pas oser aller vous rejoindre. C'eût été la seule consolation à laquelle j'aurais été susceptible que de verser mes peines dans l'âme de ma bonne Elise qui, par son esprit, est si faite pour y apporter quelques soulagements.

Prinz Anton von Sachsen an Graf Einsiedel in München.

Schönbrunn, ce 10 mai 1815[1])

.... Vous saurez sans doute qu'il (le Roi de Saxe) est maintenant établi à Laxenbourg. Au commencement je n'étais pas content de ce déplacement, mais actuellement je trouve en effet que l'approximation dépêche les affaires qui en vont d'autant plus vite. Je ne doute pas que les choses s'arrangeront à la fin de cette semaine, ou au commencement de la prochaine, et je compte être à la fin du mois de retour dans ma chère patrie. Ce moment sera bien doux et bien triste, mais Dieu fera tout tourner pour le mieux, et je dois dans ce moment rendre justice à nos adversaires que, grâces au désir qu'a la Russie de terminer bien vite à cause de la Pologne, ils agissent avec de meilleurs procédés et donnent beaucoup de facilités aux négociations, accordant les arrangements pour le futur relativement au sel, au bois, et aux dettes beaucoup mieux qu'on n'osait l'espérer[2]). Car, par exemple, le dernier article sera stipulé non d'après la population, mais d'après les revenus, ce qui, au fond, n'est que juste. Il n'y aura pas non plus de difficultés (à ce) que le Roi retourne à Dresde dès que les ratifications seront échangées, et que 15 jours après le gouvernement provisoire aura quitté le pays[3])...

Münster an den Prinzregenten von England.

Wien, 24. Mai 1815[4]).

In der gestern stattgehabten Conferenz ist bestimmt worden, daß eine Redactions-Commission für die Congreß-Akte, bestehend aus L. Clancarty,

---

[1]) Interzept, St. A.
[2]) Man vergleiche Hardenbergs Brief an Gneisenau vom 29. März 1815: „Der König von Sachsen überkam ein Land ohne Holz, ohne Brot, ohne Salz, und wird von uns ganz abhängig." (Pertz-Delbrück, Gneisenau, IV. 481.)
[3]) S. den Vertrag bei Angeberg, II. 1191, insbes. Art. XIX u. f.
[4]) Interzept St. A. (Übersetzung?). Der Brief fehlt in der Sammlung Münsterscher Berichte in den „Politischen Skizzen".

B. Humboldt und dem Hofrat v. Gentz, täglich morgens mit der Redaktion der Akte sich beschäftigen sollen. Diese Akte wird sämmtliche durch den Congreß bestimmte Punkte der Kürze nach darstellen, und es werden derselben alle abgeschlossenen einzelnen Verträge unter der Clausel angehängt, daß sie eben die Kraft haben sollen als wären sie von Wort zu Wort der Congreß-Akte selbst einverleibt worden. Diese soll demnächst von den hier anwesenden Ministern unterzeichnet und den bereits abgereisten ins Hauptquartier nachgesandt werden.

Schon diese Einrichtung, wenn es nicht wegen besonderer Punkte ohnedieß nötig wäre, macht es erforderlich, daß wegen unserer Auseinandersetzung mit Preußen eine besondere Convention abgeschlossen werde. Mit der Verfassung derselben sind wir, Graf Hardenberg und ich, seit ein paar Tagen beschäftigt. Sie wird ganz der Punktation vom 13. Februar[1]) gemäß sein, nur mit der nötigen Veränderung wegen des Abtretungstermins der von beiden Theilen cedirten Länder[2]). Ich bemühe mich, die Cessionen zu unseren Gunsten möglichst zu beschleunigen, während wir Lauenburg zurückbehalten bis wir die hessischen uns zugedachten Districte oder für selbige die stipulirte Abfindung erhalten haben werden. Meine Hoffnung, Lauenburg durch einen Austausch mit Preußen zu retten, wird sehr schwach, da mir Graf Bernstorff noch eben die Nachricht bestätigt, daß Dänemark und Schweden mit jener Macht wegen der Abtretung von Schwedisch-Pommern fast einig sind und Dänemark als einen Teil seiner Entschädigung Lauenburg erhalten soll. Graf Bernstorff glaubt, daß der Traktat morgen unterschrieben werden dürfte[3]). Wegen Lauenburg ist ein zweimonatlicher Termin der Abtretung an Dänemark vorbehalten. Ich bin bemüht in unserer Convention diejenigen Punkte wegen dieser Provinz besonders zu berücksichtigen, die mir meine hochgeehrten Herren Collegen empfohlen haben.

P. S. Es wird unter allen Umständen für uns wichtig sein, einen Gesandten im Hauptquartier der vereinigten Monarchen zu haben. Diese beabsichtigen indessen, das corps diplomatique an einen andern Ort zu etabliren. Ich leite es, auf den Rat der Fürsten Metternich und Hardenberg, so ein, daß der Graf Hardenberg auf die Liste der großbrittanischen Gesandtschaft gesetzt werde, welche im großen Hauptquartier das vierte Cabinet bilden soll.

F. Hardenberg an Goltz in Gent.

Vienne, le 31 mai 1815[4])

... Ce que l'on nous mande des bonnes intentions de différents départements de la France à l'égard de Louis XVIII facilitera sans doute

---

[1]) Nach dem Protokoll der fünf Mächte bei Angeberg, I. 776.
[2]) Der Vertrag zwischen Preußen und Hannover wurde am 29. Mai 1815 unterzeichnet. Angeberg, II. 1257.
[3]) Er wurde es erst am 4. Juni.
[4]) Interzept, M. J. zum Vortrag vom 1. Juni. Das hier Mitgeteilte war chiffriert. Goltz war als preußischer Gesandter dem König nach Gent gefolgt.

le succès de nos opérations militaires. Il est à prévoir qu'on sera bientôt en mesure de pouvoir les commencer. Il est nécessaire, au reste, de ménager le parti qui se déclare en France contre Napoléon. Nous ne pouvons pas nous cacher que toutes les opinions sont bien éloignées de se réunir en faveur des Bourbons, malgré le désir des puissances alliées de les voir rétablis sur le trône de leurs ancêtres, il serait dangereux de vouloir s'expliquer d'une manière trop précise sur cet objet dans la crise actuelle. C'est dans ce sens-là qu'est rédigée la dernière déclaration extraite du protocole des consultations du congrès en date du 12 mai[1]). Je désire qu'elle vous serve de direction jusqu'à l'époque que je pourrai vous donner des instructions plus positives. Par conséquent, il est hors de doute que la cause du roi gagnerait beaucoup sur l'opinion publique, si S. M. pouvait se décider d'éloigner de ses conseils, et de sa personne, le Cte de Blacas et quelques autres émigrés. Je conviens avec vous que cette matière est délicate, mais l'intérêt que les puissances alliées portent à l'infortune monarque vous oblige de ne pas lui cacher sa vraie situation. Vous saisirez donc le moment le plus favorable de vous expliquer dans ce sens, et d'agir à cet égard dans le plus parfait accord avec le Duc de Wellington et les messieurs des cours alliées.

---

[1]) Vgl. Angeberg, II. 1181: Man bezog sich auf die Erklärung vom 13. März und verzichtete auf eine zweite (von Talleyrand, und ursprünglich auch von Metternich, gewünschte) Deklaration.

Juni 1815.

A. Rapporte.

Zum Vortrag vom 2.

1. Juni.

[Kosciuszko ist aus Paris am 30. Mai in Wien unter dem Namen Graf Thaddäus Polski angelangt und im „Goldenen Ochsen" am Neuen Markt abgestiegen. Er verkehrt nur bei Czartoryski, Lanckoronski und Lubomirski.]

Zum Vortrag vom 3.

s. d. (**)

.... Kosciuszko ist sehr alt geworden, trägt nichts Militärisches an sich und keine polnische Kleidung.... Bei Bon Thugut wurde gesagt: „Der russische Kaiser und Czartoryski haben den Kosciusko nach Polen kommen lassen, er soll das Evangelium des Kaisers Alexander predigen. Es wird sich zeigen, wenn er wird im Herzogtum Warschau angekommen sein, welch Evangelium er predigen wird."

26. Mai[1]).

J'ai l'honneur d'envoyer ci-joint 1º le traité d'amitié conclu le $\frac{21 \text{ avril}}{3 \text{ may}}$ entre l'Empereur de la Russie et le Roi de Prusse[2]), 2º le traité additionnel relatif à Cracovie, son territoire et sa constitution[3]). S. M. l'Empereur de Russie est parti ce matin de cette capitale pour se rendre à Munic. S. M. l'Empereur d'Autriche compte de partir demain et sera rendu le 4 juin à son quartier général de Heilbronn. S. M. le Roi de Prusse est parti la nuit passée se rendant à Berlin, et de là à l'armée...

31. Mai (Derselbe)

Leurs Altesses Imp. les Grandes-duchesses de Russie Marie et Catherine ont quitté cette capitale, la première pour se rendre par Munic directement à Weimar tandis que la Grande-duchesse Catherine est allée à Bude. Le Grand-duc de Weimar va également partir pour sa résidence après avoir conclu un traité avec S. M. le Roi de Prusse par lequel il acquiert des districts formant une population de 50,000 âmes, outre 27,000 que la Prusse lui cède de la partie de la principauté de Fulde[4]).

---

[1]) Wahrscheinlich aus der russischen Kanzlei.
[2]) Angeberg, II. 1154 über Polen.
[3]) Ebenda II. 1165.
[4]) S. Angeberg, II. 1304. Karl August war nun Großherzog.

On est extraordinairement occupé de finir le congrès, et outre le traité susmentionné, on va en conclure incessamment un qui regarde les frontières entre le Royaume des Pays-Bas et la Prusse, et des conférences fréquentes ont eu lieu tous les jours pour le réglement definitif des affaires allemandes, dont la base va être posée d'un commun accord à Vienne et le travail détaillé remis à la diète qui siègera à Francfort. On travaille aussi à un recès général qui comprendra toute la série des ouvrages du congrès.

Zum Vortrag vom 7.

6. Juni (* *)

.... Die Congreß-Gesandschaften fahren fort, von unserem H. Minister der ausw. Geschäfte sehr viel Rühmliches und Gutes zu sagen. .Sie sagen: „Wäre gleich im November so gearbeitet worden, der Congreß wäre im Monat März bequem vollendet gewesen." Sie loben den H. Minister wegen dessen prudentem, unzudringlichen Benehmen im deutschen Comité im Contrast mit der opiniâtreté des alten Fürsten Metternich in der Sache der Mediatisirten. Der Lübeckische Deputirte tat Sonntag in Hitzing bei Eskeles sich sehr viel zugute darauf, daß er, Lubecensis, Samstag bis 2 Uhr nach Mitternacht in der Staatskanzlei in der Conferenz gesessen, indeß das Komité der Mediatisierten beim alten F. Metternich eben auf Samstag bis nach Mitternacht Conferenz gehalten und leeres Stroh gedroschen habe. Sie sagten: „Der Baden'sche Gesandte Bon Bornstett hat Wien verlassen insalutato hospite, Graf Rechberg und Graf Bernstorff, dann der conciliatorische Bon Gagern, tun sehr viel für den Erfolg der deutschen Bundesakte. Prinz v. Mecklenburg machte auch gestern bei Stephan Zichy sehr große Elogen von unserem H. Minister der auswärtigen Geschäfte, wie trefflich derselbe in den deutschen Angelegenheiten sich benommen hat, wie unbefangen, wie kalt, wie uneigennützig, rechtlich derselbe in der delikaten Lage sich benommen hat als selbst mediatisirt und vis-à-vis seinem H. Vater, dem Sprecher der Mediatisirten.....

Als über den neuen Don Quixotte-Streich des russ. Kaisers gelacht wurde, der da haben will, und darauf besteht, der junge Bonaparte soll seiner Zeit das Herzogtum Parma als Souverain erblich besitzen, weil er, K. Alexander, im April es so versprochen hat, indes K. Franz und alle übrigen Alliirten einverstanden sind, der kleine Napoleon soll nie Souverain werden, nach dem Ableben der Erzh. Louise kommt Parma an den Infanten: geriet Bon Linden in eine fürchterliche Wut, sagend: „Kann der Großpapa so unnatürlich sein, seiner Tochter Kind mutwillig um das Seinige zu bringen? Das ist eine deplacirte Hochherzigkeit[1])"....

Sie sagten gestern: „Die 7 Inseln und die italienischen Angelegenheiten,

---

[1]) Nach einem zwischen Österreich, Rußland und Preußen am 31. Mai 1815 abgeschlossenen Geheimvertrag wurde das Erb- und Herrscherrecht des Prinzen in Parma sichergestellt. In der am 9. Juni unterzeichneten Kongreßakte blieb dies unausgesprochen.

über die man noch gar nicht einig ist, machen einen neuen Aufenthalt." Bei den Congreß-Traktaten ist das novum: bisher waren alle Ratificationen in lateinischer Sprache, bei den betreffenden Congreß-Traktaten sind sie in der betreff. Nationalsprache ... Sie heißen den neuen Congreß-Tractat[1]) „la nouvelle charte de l'Europe"....

Die altfürstlichen Häuser Mecklenburg, Nassau, Braunschweig, Hessen, Oldenburg, Herzogt. Sachsen, Lippe, Schwarzburg, äußern sich mit dem Resultat des deutschen Comité, mit der nun geschlossenen neuen deutschen Bundesakte sehr zufrieden, so auch mit der betr. Einleitung und dem Benehmen unseres H. Ministers der ausw. Angelegenheiten. Desto lauter schreien dagegen die Mediatisirten: die Fürstenberg, Löwenstein, Neuwied etc. etc. wie sie alle heißen. Diese wollen sich nicht begnügen mit den Prärogativen als Standesherren, mit den Privilegien des angetragenen bayrischen Edikts von 1807. Jeder Mediatisierte will in jenen Zustand der Unmittelbarkeit zurückgestellt sein, in welchem er vor 1805 gestanden, und damit dieser Zustand eintreten könne, soll die deutsche Kaiserwürde, ein Reichsoberhaupt hergestellt werden. Zum redenden Beweis, wie gut österreichisch die Mediatisirten sind, führen diese Träumer, Somnambulants, wie sie der Bon Thugut heißt, an: Österreich soll wieder Reichsoberhaupt werden, wie es 1805 gewesen.... Die Mediatisirten, deren Groll wirklich alle Schranken zu übersteigen scheint, die nun an Frankreich und Preußen sich accrochiren zu wollen, revolutionäre Bewegungen machen zu wollen scheinen, haben nun einen großen Gift und Lärm über F. Johannes Liechtenstein, der nicht mediatisirt ist und nicht mediatisirt wird.... Es ist ihnen ein großer Verdruß, daß sie es nicht dahin bringen können, daß F. Johann Liechtenstein nicht auch mediatisirt wird; sie reproduziren nun alle ehrenrührische und verläumderische Propos gegen F. Johann wegen des skandalosen Friedens vom J. 1805 und 1809....

Als bei Trauttmansdorff gestern erzählt wurde, daß Bon Stein, Bon Humboldt, Bon Türckheim etc. österreichische Orden erhalten haben, wurde gesagt: die Zahl der Fremden, die unsere österreichischen Orden tragen, wird bald größer sein als die Zahl der Einheimischen.

H. v. Stojowsky sagte gestern: „Ich habe Samstag bei der alten Fürstin Lubomirska mit Gen. Kosciusko zu Mittag gespeist. Alle Polen machen ihren Besuch bei Kosciusko. Kosciusko hat eine ansehnliche Pension vom K. Alexander und die Erlaubnis, das Bad von Aachen zu gebrauchen. Er bleibt noch 14 Tag oder 3 Wochen in Wien, geht dann von Wien recta nach Aachen ...

Zum Vortrag vom 9.

8. Juni (* *)

... Die Großfürstin Katharina von Oldenburg, von Ofen kommend, hat Dienstag (6.) früh 11 Uhr in Wien bei Graf Stackelberg ein Déjeuner

---

[1]) Die Kongreßakte, die alle Verträge zusammenfaßte.

à la fourchette eingenommen, ist nach 12 Uhr weiter gereist. Graf Stackelberg bezieht dieser Tage seine Sommerwohnung zu Gumpendorf. Gestern war bei Graf Stackelberg eine Thee-Soirée, wobei Gen. Kosciusko erschien; es war die Coterie der alten Fürstin Lubomirska, welche morgen für dieselbe Coterie bei sich auf der Bastei eine Thee-Soirée gibt. Graf Buol-Schauenstein und Fürst Starhemberg machen sich etwas lustig, daß sie mit ihren Expeditionen respective nach Hannover und nach Turin so gar lange aufgehalten werden.....

Ich war dieser Tage zufällig auf der Universitäts-Bibliothek etwas nachschlagen. Ich ließ mich mit dem Bibliothekarius in Discurse ein und hebe Folgendes aus: „Es ist kein Mut," sagte der geistliche Bibliothekarius „weder unter den Studenten noch unter den Lehrern wegen der Theuerung, wegen des Kurses; der Zuschuß[1]) hilft nicht, die Professoren verlegen sich auf Nebenverdienst aus Not, um mit Frau und Kindern einigermaßen bestehen zu können; die jungen Leute studiren schlecht und weniger; sie sehen, es kann Niemand leben bei seinem Dienst, mit seiner Besoldung samt dem Zuschuß. Alle großen Werke, und periodische Schriften, die klingend bezahlt und continuirt werden müssen, werden nicht angeschafft, nicht continuirt, der Curs leidet das nicht[2])....

Zum Vortrag vom 11.

10 Juni (* *).

Vorgestern war großes diplomatisches Abschieds-Diner bei Fürst Rasumowsky, der heut in das russ. Hoflager abgeht....

Herr Serra Capriola sagt: „Ich kenne den K. Alexander so lange er auf der Welt ist. Der Kaiser hat keinen Charakter, hat eine sehr lebhafte Imagination, ist von H. La Harpe und anderen Revolutionsvorläufern gebildet und erzogen, hat keinen Minister, seine sogenannten Minister sind nur Secretaire, ist eitel, empfänglich für die Weiber. Der Kaiser wird ewig dupe sein (dessen), wer es darauf anlegt, ihn zu dupiren. Die Preußen haben das unvergleichlich angelegt; denen entwischt er nicht mehr. Das österreichische Ministerium hat es in materiali — wegen Sachsen und Polen — und durch Weibergeschichten versehen; will das österreichische Ministerium mit dem russ. Kaiser etwas richten, es kann nicht anders geschehen, als durch den preußischen Hof. Nun aber ist der preuß. Hof ein Hof, der allerdings mit sich reden läßt. Benützt das österreich. Ministerium seine Fehler und seine Erfahrung vom Kongreß, es kann vieles wieder gut machen"....

Die Herren von den Bourbon'schen Gesandtschaften sagen: „Will man dem russ. Kaiser Vorwürfe machen wegen dem verschiedentlichen chevaleresquen Benehmen, wegen Unklugheit, Unbesonnenheit, Inconséquence? Wie in-

---

[1]) Den Beamten und Lehrern waren im Herbst 1814 Zuschüsse zu ihrem Gehalt zugebilligt worden.

[2]) Der Kurs, der Anfang Februar 290 (für 100) gestanden hatte, stand am 10. Juni 432.

consequent, unklug, unbesonnen war doch das österreich. Ministerium a) den Kongreß in die Haupt- und Residenzstadt Wien zu verlegen, b) den russ. Kaiser einzuberufen und ihn diesem großen Windstoß zu exponiren, c) den Congreß zum Porto franco zu machen, daselbst alle fallirte Individuen und Häuser und derselben Agenten unter wahren Porto-franco-Freiheiten zu admittiren."

Der Ritter Raddi[1]) von der sicilianischen Gesandtschaft weiß die merkwürdigsten Details zu erzählen, wie Aldini, Campo Chiaro, und mehrere einzelne der italien. Deputirten, Herr Beausset in Schönbrunn[2]), mehrere Individuen des Personals des H. Talleyrand, mehrere Individuen der Missionen von Baden, Bayern, Württemberg zusammengewirkt haben, respective bedeutende Summen gezahlt und empfangen haben, an jedem Tag das Geheimnis des Kongresses zu kaufen und zu wissen[3]). H. Raddi sagt: „Beauharnais und Campo Chiaro hatten jeden Abend richtig ihre Abschriften von jeder Kongreß-Note und Protokolle des Tages. Sie verschwendeten große Summen, aber sie waren trefflich bedient. Bonaparte auf Elba, Murat zu Neapel hatte jeder seine Congreß-Akten so vollständig beisammen, als in Wien irgend eine Mission sie hatte. So wenig obgenannte Individuen in Wien hätten admittirt werden sollen, so schlecht war in Wien deren Surveillance. Keine derselben (Sendungen) nach Elba oder Neapel ist aufgefangen worden, ungeachtet das österr. Ministerium benachrichtigt war. Einmal wurde der mit Murat'schen Depeschen abreisende geheime Agent überfallen, visitirt, angehalten, NB. ehe er seine Depeschen erhalten hatte. Bonaparte, Murat, Beauharnais haben noch actu in Wien ihre gut gezahlten Agenten und ihren großen Anhang." So der Chevalier Raddi... Sie sagen: „Herr und Frau Brignole aus Genua — sie war die alte Schöne des Card. Consalvi — waren auch nicht rein respectu Murat und Bonaparte"...

s. d.

... Um Sachsen ungeteilt zu erhalten und Rußland im Nordwesten eine bedeutende Macht entgegenzusetzen, soll man den Plan (gehabt) haben, Schweden (!) und Norwegen mit Dänemark zu vereinigen. Indem dadurch alle Zwistigkeiten gehoben sind, welche beide Reiche kraftlos machten, wollte man Rußland beschränken, die Küsten des baltischen Meeres gegen England sichern, indem der Sundpaß ganz dänisch und mit Gewalt nicht zu passieren sei. Mit Vereinigung dieser Zwecke bliebe das für Österreich so wichtige Sachsen ungeteilt und die nördlichen kleinen Fürsten außer der Gefahr, von Preußen verschlungen zu werden. Indem Letzteres mit Holstein und Schleswig ent-

---

[1]) Chevalier de Raddi gehörte zu den Beamten Ruffos.
[2]) Herr von Beausset war als Ehrenkavalier Marie Louisens mit ihr aus Frankreich nach Wien gekommen.
[3]) Beaussets Memoiren verraten wenig von dieser intimen Kenntnis der politischen Geschäfte.

schädigt wird, erreicht es seinen vorgeblichen Zweck, mehr Breite seinen Staaten zu gewinnen besser, als daß es durch Besitznahme des sächsischen Neustädter Kreises und einen Teil des Stiftes Zeitz einen langen schmalen Streifen erhält, welcher von der einen Seite durch Sachsen, von der andern durch die fürstl. Schwarzburgschen, Reussisch- und herzogl.-Sächsischen Länder so eingeengt ist, daß seine Breite kaum 4 oder 5 Meilen beträgt[1]). Obgleich noch Souveräns, blicken die Herren dieser Länder bittend auf Österreich, fürchtend auf Preußen. Denn durch das Drängen des Berliner Kabinetts nach Süden sehen sie sich ganz von Preußen umringt und sind in Hinsicht ihrer Kräfte, sobald Preußen in Besitz des Neustädter Kreises, der Stifter Naumburg, Zeitz, Erfurt und der Grafschaft Henneberg bleibt, für Österreich auf immer verloren.... Im Besitze aller Pässe des Thüringerwaldes werden die früheren Pläne des F. Hardenberg, Franken wenigstens bis an den Main zu besitzen, wohl einmal wieder erwachen, wenn Österreich nicht diejenigen Mittel anwendet, die sein Interesse ihm gebietet, und aus diesem Grunde habe unser Kabinett den Plan mit Dänemark entworfen[1])..

Die Bearbeitung des Acceptes geht sehr schnell vorwärts; es sind schon bis heute 105 §§ collationiert und signiert; es werden nicht ganz 200 §§ herauskommen; so kann also übermorgen alles fertig werden[2]). Hardenberg wird schon Sonnabend über Berlin ins Hauptquartier gehen, und Humboldt reiset acht Tage später ab. Heute ist der Vertrag zwischen Schweden, Dänemark und Preußen geschlossen worden; an Preußen fällt Schwedisch-Pommern[3]). So endigen sich schnell die Arbeiten des Congresses, welche, wenn nicht der neue Krieg dazwischen gekommen wäre, in vielen Monaten nicht beendigt worden wären.

Zum Vortrag vom 13.

11. Juni.

Der span. Minister bestand gestern den ganzen Tag auf seinem Entschluß, die im Congreß verabredeten Artikel nicht zu unterzeichnen und zeigte einem seiner vertrautesten Freunde die mit dem außerordentlichen Kurier aus Madrid erhaltene Depesche, mit welcher der König gänzlich das wegen des Herzogtums Parma und wegen der Cession von Olivenza beobachtete Benehmen seines Ministers billiget[4]). Vormittags noch werde ich es erfahren, was er in der gestern abgehaltenen Konferenz wird getan

---

[1]) Das sächsische Hochstift Naumburg-Zeitz gelangte an Preußen. Was diesem abenteuerlichen Projekte zugrunde lag, ist nicht klar.

[2]) Es waren 121 Artikel, die den ,,Acte final" des Kongresses bildeten und am 9. Juni im Konzept unterzeichnet wurden.

[3]) Schon am 4. Juni war zwischen Preußen und Dänemark ein Vertrag geschlossen worden, am 7. ein zweiter zwischen Preußen und Schweden, dem Dänemark mit einer Erklärung beitrat. S. Angeberg, II. 1338 ff. 1357.

[4]) Wegen der seinerzeit Portugal entfremdeten Festung Olivenza verpflichteten sich die Mächte, Spanien zur Rückgabe bewegen zu wollen, wogegen Labrador protestierte.

und gesagt haben und was er seinem Hofe darüber berichten wird, und werde Ew. Excellenz davon benachrichtigen...

s. d. (**)

Bei Pereira in Hitzing und bei Stephan Zichy in der Jägerzeil, und in vielen Häusern, höre ich seit einigen Tagen sehr laut und sehr allgemein von der großen Geldverlegenheit sprechen, worin die Fürstin Bagration sich befindet; auf gerichtliches Andrängen ihrer Gläubiger ist gegen sie, aus Schonung, der Hausarrest erkannt worden. Das Publikum gönnt der boshaften Fürstin, die unserem Hofe beim russischen Kaiser so großen Schaden getan hat, diese Schmach, prononcirt sich aber sehr laut, daß sie gar keine Schonung verdient ... Sie sagen, die Bagration pronuncirt sich nur für Bonaparte; sie deklarirt gegen den Krieg gegen Bonaparte. Sie sagt, was geht das Rußland an, wer auf dem französischen Thron sitzt[1])? [Serra Capriola, Labrador, Saldanha, Ruffo erklären sich gegen Österreichs Nachgiebigkeit gegenüber Rußlands Wunsch, die Dotation für Beauharnais auf die päpstlichen Legationen zu fundieren, wogegen Consalvi protestirt. Bei Stackelberg im Garten, in Gumpendorf, war ein Fest zu Ehren der Fürstin Lubomirska, wo eine Gräfin Romer, die aus Frankreich gekommen war, erzählte, Napoleon habe kürzlich von Talleyrand gesprochen und gesagt: „J'ai deux torts à me reprocher vis-à-vis de Talleyrand, le premier de ne point avoir suivi les sages avis qu'il m'avait donnés, le second de ne point l'avoir fait pendre, n'ayant pas suivi le système qu'il m'avait indiqué".]

Im Ganzen, heißt es, ist in diesen acht Kongreßmonaten unendlich viel geschehen, und nie hat ein Kongreß höhere, bedeutendere Resultate ergeben. Dieser Kongreß wird auf mehrere Jahrhunderte die Regierung des Kaisers Franz verherrlichen. Die Mehrheit im Publikum sagt nun auch: „Der Minister der auswärtigen Angelegenhetien hat Ehre von seinem Werk, von der Erfindung und Ausführung der Idee des Kongresses zu Wien, und der damit verbundenen Zusammenkunft der Souveräns."

Zum Vortrag vom 14.

14. Juni (**)

Bei Stephan Zichy wurde gestern sehr relevirt, daß in der Kongreß-Versammlung Schweden gegen die in dem Kongreß-Traktate zu inserirende Anerkennung des Königs Ferdinand IV. als König von beiden Sizilien und Garantirung der Krone beider Sizilien an das Haus Bourbon aus dem Grunde und unter dem Vorwande sich gewehrt hatte, weil von der Krone beider Sizilien im Pariser Traktat von 1814 nichts vorkömmt und in Wien beim Kongreß 1815 nichts vorkommen konnte, wo nicht der Pariser Traktat schon die Initiative davon gegeben habe. Sie schimpfen sehr auf des Com-

---

[1]) Über die Bagration heißt es in einem späteren Rapport vom 13., daß nur ihre Gesellschafterin, Aurora von Marassé, treu bei ihr aushielt, obwohl ihr von der Kaiserin ein Haus in Döbling zur Wohnung angeboten worden war.

mandeur Ruffo Gleichgiltigkeit, schlechten Diensteifer und schlechten Ernst für Ferdinand IV. und auf dessen Schmutzerei und Geiz, da Ruffo von seinem König so unvergleichlich, wie Serra Capriola, nämlich mit 1000 Dukaten monatlich bezahlt ist. Gräfin Zichy gab zu erkennen, Ruffo habe einst drei volle Jahre Briefe vom Könige und der Königin an unsern Kaiser und Kaiserin verlegt gehabt oder unterschlagen ... Sie sagten: 1) Labrador spielt die erste Rolle in Sachen der Bourbons, 2) Consalvi ist doch noch zufrieden gestellt worden, 3) der Kongreß ist am Ende deswegen noch gut ausgegangen und Jedermann deswegen so ziemlich zufrieden gestellt worden, weil sowohl die sämtlichen Souveräns als dirigirenden Minister und Gesandte, jeder seines Orts, zur äußersten Billigkeit und Nachgiebigkeit gleichsam instinktmäßig getrieben worden und wirklich der allgemeinen Ruhe und Ausgleichung Jeder gerne sein Opfer gebracht hat...

Zum Vortrag vom 15.

14. Juni (v. d. Hand Hagers)

[Anstett hat den Leopoldsorden nach Schluß des Kongreßes erhalten, ist aber auf Metternich noch immer schlecht zu sprechen.] Dem Ansehen nach tut er, als ob er keinen Wert auf diesen Orden lege, und soll sogar gesagt haben, daß er ihn niemals tragen werde, indessen stimmen seine Reden mit seinen Handlungen nicht überein, er trägt den Orden fleißig. Als Graf Rasumowsky von dem russischen Kaiser zum Fürsten ernannt und ansehnlich beschenkt wurde, soll er sich eigends zu Bon Anstetten begeben und sich bei ihm bedankt haben, weil dieser sich durch seine Arbeiten bei dem Kongreß die meisten Verdienste erworben und F. Rasumowsky ihm alles zu verdanken habe.

B. Interzepte.

Gaertner an Graf Solms-Laubach.

Wien, den 9. Juni 1815[1]).

Heute morgen hoffe ich nun zu erfahren, wie es denn um die Konstitution endlich steht. Denn gestern sollte die Schlußsitzung sein[2]). Was wird es nun wieder über die Schlußprotestation für Spektakels geben! Ich habe bereits zwei Entwürfe gemacht, und beide sind verworfen worden, weil man sie nicht grob genug fand. Wenn es Bon Vrints nicht gelingt, noch etwas Wasser in dieses Feuer zu gießen, so bleibt nichts als gänzliche Trennung übrig[3]).

---

[1]) Interzept M. J. zum Vortrag vom 11. Juni: „In simili an den Grafen von Westphalen."
[2]) Sie hatte in der Tat am 8. Juni stattgefunden.
[3]) Es handelte sich um die Erklärung der Mediatisierten wider die deutsche Bundesakte. Baron Vrints-Berberich vertrat Thurn-Taxis auf dem Kongreß. Von

Eben komme ich von den Erkundigungen zurück. Sie können sich das Resultat leicht denken. Bayern hat im Grunde Gesetze vorgeschrieben; auf dessen Verlangen ist sogar der Artikel wegen des Bundesgerichts herausgeblieben, nur eine Art von Austrägal-Instanz für die Souveräne wird gestattet. Die Protestazionen gegen die Norm der bayrischen Deklaration sind ad acta genommen; in so weit ist also Alles gewahrt. Ob es nach Beendigung dieses Krieges eine bessere Zukunft geben wird? Ich zweifle daran. Nur aus einer totalen Umwälzung des Ganzen kann eine Umwandlung hervorgehen, und dann ist vielleicht die Kur schlimmer als die Krankheit, eine Reformatio in pejus zu erwarten.

Dalberg an die Gräfin Schönborn in Schönborn.

Vienne, le 12 juin 1815[1]).

Plains-moi, ma vie est ennuyeuse, mais je ne choisirai pas le sort de Berthier. Depuis longtemps sa tête était légère, mais l'effet du mariage[2]) la lui a rendu lourde, il a pris un vertige. Les hostilités commencent du 15 au 16 en Brabant, et ainsi de suite. Le retard n'a pas fait de mal. La nation a jugé sa situation, la fermentation en France est trop forte. On est à la veille de quelque éclat. J'augure bien du résultat de la campagne. Il faut tuer tant qu'on peut, les conduire en Sibérie et les y laisser faire des enfants. J'irai à Munich le plus tôt que je le puis. Nos expéditions ici durent encore huit jours. On ne me reverra plus de sitôt à un congrès.

Spaen nach Hause.

Vienne, ce 14 juin 1815[3]).

... Outre l'affaire des Isles Ioniennes[4]) les plénipotentiaires russes ont eu encore d'autres motifs pour ne pas signer l'acte du congrès qu'on appelle „Traité Européen", quoique les plénipotentiaires d'un très grand nombre des puissances de l'Europe n'y aient eu non seulement presque aucune part, mais ignorent même encore en grande partie le contenu dont on a fait soigneusement mystère[5]). Je viens d'en parler avec Bernstorff qui,

---

den Mediatisierten protestierten später die Häuser Fürstenberg, Solms und Bentheim. Außer ihnen legte auch die römische Kurie Protest gegen die Schlußakte ein. Die Erklärungen, die der alte Fürst Metternich namens der Mediatisierten abgab, s. Angeberg, II, 1363.

[1]) Interzept, M. J. zum Vortrag vom 13. Juni.
[2]) Berthier hatte 1808 eine bayrische Prinzessin (aus der Linie Zweibrücken-Birkenfeld) geheiratet. Er tötete sich am 1. Juni geistesgestört.
[3]) Interzept, M. J. zum Vortrag vom 14. Juni.
[4]) Sie war ungelöst geblieben.
[5]) Es handelte sich nur um die Unterzeichnung der ausgefertigten Originale. Das Konzept der Kongreßakte war auch von den drei russischen Bevollmächtigten: Nesselrode, Stackelberg, Rasumovsky unterschrieben worden. Nun weigerte sich aber der in Wien allein zurückgebliebene Stackelberg, das Instrument für Rußland zu unterschreiben, ehe es sein Herr gesehen habe, was die anderen Diplomaten nicht als richtig ansahen. Politische Beweggründe lagen nicht vor. So schreibt Gentz an den Hospodar der Walachei, 18. Juni 1815.

comme tout le monde, tâche d'en attraper encore quelque chose avant son départ. Un des principaux motifs qu'ont eu les plénip. russes de ne pas signer sont les prétentions de leur maître en faveur du P^{ce} Eugène de Beauharnais. Pour complaire à ce monarque les puissances, qui se qualifient „Haupt-Mächte", viennent de faire passer au commandeur Ruffo une note pour engager le Roi Ferdinand à céder de ses états, en reconnaissance de tout ce qu'on a fait pour le rétablir, un territoire de 50.000 habitants à ce nouveau prince français. J'ignore si l'Angleterre s'est jointe a cette démarche. L'envoyé des Deux Siciles a tout simplement, sans faire de réponse, envoyé cette note au Roi son maître. Je crois que l'Emp. de Russie n'est pas content de cette forme, et que S. M. aurait voulu qu'on en eût fait un article du grand traité, ce qui, sans aucun doute, eût été bien plus efficace. J'avais auparavant quelques notions peu exactes sur ceci, à présent je le tiens de Ruffo lui-même[1]).

[1]) Vgl. oben S. 49 die Ablehnung Beauharnais'.

Nachtrag.

Zu Seite 411: Während des Druckes erschien von C. K. Webster in Cambridge, dem ich freundliche Winke über Castlereagh's Korrespondenz zu danken habe, eine kleine Schrift „Some aspects of Castlereagh's Foreign Policy", worin die Depesche an Liston vom 14. Februar 1815 teilweise mitgeteilt, und ihre historische Bedeutung betont wird. Eine Vergleichung ergab, daß das Interzept zwar sehr genau abgefaßt wurde, daß aber darin der Satz wegblieb: „S. k. Majestät drückte den Wunsch aus, jedes Mißverständnis beseitigt zu sehen, das die allgemeine Ruhe bedrohen oder stören könnte".

PERSONEN-REGISTER.

Acerenza-Pignatelli, Herzog v. 22, 162, 162 n, 209, 204, 261, 268.
Achenwall, Staatsrechtslehrer 1 n.
Albert, Herzog von Sachsen-Teschen 114, 114 n, 186.
Albini Frz. Jos., Freih. v., ehedem Kurmainzischer Hofkanzler 288.
Aldini, ehem. italienischer Staatssekretär, Vertreter von Bologna 25, 104, 104 n, 106, 107, 121, 163, 164, 230, 231, 422 n, 441, 469, 485.
Alexander I., Kaiser von Rußland 13, 21, 23, 26, 27, 30—32, 33—50, 51, 53, 54, 56 n, 61—69, 72—76, 79, 80, 83, 85, 88, 90, 91, 93, 95—99, 101, 103, 107—111, 113, 114, 119, 120, 124, 125, 125 n, 129—136, 138, 141—152, 154—157, 159, 162, 166, 168, 170—174, 177, 178, 187—189, 192—195, 197—201, 203—211, 217, 224, 224 n, 225, 225 n, 229, 231, 233—239, 241—255, 258—260, 262, 264, 266, 269—274, 276, 277, 280, 283—288, 290—303, 305—315, 317 bis 323, 329—331, 333, 334, 337, 338, 340, 341, 348, 350—353, 358, 359, 363, 365 n, 370—372, 375, 377, 378, 380, 381, 383—385, 387, 388, 391 bis 400, 402—405, 408, 409 n, 411, 413, 417, 420, 421, 423, 425—428, 430 bis 434, 436, 438, 439, 446, 447, 450, 452, 454, 455, 458, 461, 467, 468, 468 n, 470—476, 481, 482, 484, 485, 487, 488, 490.
Alexander, Herzog von Württemberg 23.
Alexandra Paulowna, älteste Schwester Kaiser Alexanders I. 162 n, 205, 246.
Almásy, Graf 38, 239, 242.
Althann, Graf Franz, Obersthofmeister der Kaiserin 469.
Altieri, Abbé 441, 441 n.
Amalie, Prinzessin von Sachsen 102, 362, 369, 371.

Angelo, türkischer Gesandter in Paris 431, 431 n.
Anglès, Graf Julius, französischer Polizeipräfekt 458, 458 n.
Angoulême, Herzog v. 428.
Angoulême, Herzogin v. 410, 410 n, 468.
Anguissola, Gräfin 122.
Anhalt-Bernburg, Prinzessin Hermine v. 469 n, 474.
Anna, Großfürstin, Schwester Alexanders I. 99 n, 307 n.
Anstett v., russischer Staatsmann 20, 27, 42, 102, 123—125, 129—133, 145, 159, 171, 172, 187, 193, 194, 194 n, 201, 209—211, 238, 239, 247—250, 266, 273, 298, 299, 299 n, 309, 310, 327 n, 338, 354, 355, 432, 441, 461, 463, 465, 466, 471, 488.
Anton, Erzherzog 469, 469 n.
Anton, Prinz von Sachsen 43, 98, 104, 135, 167, 234 n, 244, 341 n, 478.
Antonelli, Graf 353.
Apponyi, Graf 289.
Apponyi-Nogarolla, Gräfin 451.
Aremberg, Prinz Philipp 267, 332.
Aretin v., J. C. Freih. v., bayrischer Publizist 263 n.
D'Arnay, italienischer Kabinettssekretär 158.
Arnstein v., Bankier 47, 74, 86, 100, 168, 170, 191, 201, 251, 261, 263, 267, 268, 303, 315, 334, 339, 394, 438, 440, 469, 470.
Arnstein, Franziska v. 142, 168, 268, 306, 338, 340, 438, 440.
Artaria, Kunsthändler 288, 418, 437, 437 n.
Auckland, Lord 334, 376.
Auersperg, Fürst Karl, österr. General 200, 409, 409 n, 467.
Auersperg, Fürstin Gabriele 45, 188, 244, 388, 404, 450, 469.
August, Prinz v. Preußen 233, 273 n, 406.

Bacciochi Elisa, Fürstin, Napoleons Schwester, später Gräfin Compignano 34 n, 49, 104, 106, 230, 231, 426, 456, 456 n, 461, 477.
Bacciochi Felice, Fürst 104, 105, 106, 107, 231.
Badeni, Graf 320.
Bagration, Fürstin Katharina 21, 27, 35, 42, 46, 47, 51, 55, 69, 86, 149—151, 158, 159, 162, 182, 187—189, 237 bis 240, 263, 272, 297, 319, 321, 330, 331, 346, 350, 352, 377, 383, 383 n, 386, 387, 395, 438, 441, 467, 471, 487, 487 n.
Baldacci, Ant. v., Armeeminister 17, 17 n, 312, 316, 335, 378, 471.
Balsch, Baron, Kreishauptmann von Bukowina 302, 302 n.
Balsch, Graf, russischer Diplomat 302 n.
Barbier v., Vizepräsident der Hofkammer 432, 466.
Barclay de Tolly, russischer Feldmarschall 327, 328.
Bardeleben v. 296 n.
Bartenstein, Freih. v. 247, 266.
Bartholdi v., preußischer Diplomat 122, 133, 141, 142, 189, 290, 315, 346, 395, 403, 440, 469.
Bartsch Adam, Kupferstecher 66.
Bartsch Konrad, Redakteur der „Wiener Zeitung" 20, 42, 123 n, 129, 171, 172, 193, 201, 210, 238, 266, 298, 309, 338, 466 n, 469.
Baruch (Vater Börnes), Vertreter der Frankfurter Judenschaft 207, 208, 208 n.
Batthyányi, Gräfin Marie, geb. Eszterházy 241, 468.
Baworowski, polnischer Politiker 174, 242 n.
Beatrix (Modena), Erzherzogin 17, 151, 152, 152 n, 240.
Beauharnais Eugen, ehed. Vizekönig von Italien 23, 27, 28, 34 n, 43, 48, 49, 51, 68, 75, 148, 149, 151—153, 158, 164, 169, 180, 192, 233, 237, 238, 244, 245, 250, 258, 262, 305, 315, 316, 334, 345, 352, 353, 367, 375, 381, 382, 391, 392, 394, 399 n, 405, 406, 419, 425, 426, 428, 438, 439, 470, 471, 471 n, 485, 487, 490.

Beauharnais Hortense, Exkönigin von Holland 23, 367.
Beaumarchais 5.
Beausset, Frh. v., Ehrenkavalier Maria Luisens 485, 485 n.
Beck, Baron, Edelknabe 57.
Beethoven 288, 288 n, 289.
Béguelin v., preußischer Staatsrat 73 n, 263, 351 n, 429, 430.
Bellegarde, Graf, österreichischer General 108, 145 n, 238, 316, 316 n, 375, 382.
Bellegarde, Gräfin 316.
Bellio, diplomatischer Agent des Fürsten der Walachei 17 n, 22, 67 n, 126, 217, 217 n, 225.
Bennigsen v., russischer General 92, 137, 328.
Bentheim-Steinfurt, Graf 241, 332, 332 n, 336.
Bentinck, Lord William, englischer General 154, 154 n, 231, 354, 449, 472.
Benzel-Sternau, Graf 191, 329.
Benzenheim, Fürst 200.
Berckheim, Freiherr v., badischer Minister 318.
Berg v., Staatsrechtslehrer 1 n.
Bernadotte Karl Johann, Kronprinz von Schweden 22, 49, 100, 138 n, 149 n, 220, 252, 290, 294, 405.
Bernard, Redakteur der „Friedensblätter" 389.
Bernstorff, Graf Christian, dänischer Gesandter 28, 30, 92, 94, 96, 99, 101, 103, 109, 111, 218, 261, 315, 319, 377, 468, 479, 482, 489.
Bernstorff, Gräfin 339.
Beroldingen Paul Jos., Graf, württembergischer Gesandter 161 n, 473.
Berry, Herzog v. 410, 432, 447.
Berthier, Alexander, Marschall von Frankreich 489, 489 n.
Bertuch, Buchhändler 180, 181, 334, 351, 351 n, 374, 378.
Bethmann Simon Moriz, Frankfurter Bankier 454, 454 n, 475 n.
Bethusy, Graf, preußischer Diplomat 22, 191.
Beyme v., preußischer Minister 296 n.

Bianchi, Friedr. v., österreichischer General 40, 151, 151 n, 472, 475 n.
Bibra, Baron, Nassau-Weilburgscher Kämmerer 314, 314 n.
Bierold, preußischer Offizier 340.
Bigottini, Tänzerin der französischen Oper 187, 187 n, 233, 262, 272 n, 307.
Bildt, Baron, schwedischer Diplomat 227, 227 n, 307, 417.
Bildt, Frau v. 261, 390.
Binder, Baron, österreichischer Gesandter in Stuttgart 108, 108 n, 112, 168, 210, 239, 253, 315, 425.
Blacas, Herzog von, französischer Staatsmann 457, 480.
Blome, dänischer Gesandter am russischen Hofe 138, 218, 218 n.
Blücher, Feldmarschall 299, 456, 470, 471 n.
Bodenhausen, Baron, schwedischer Agent 22, 294.
Böhnen, Baron, königlich-bayrischer Rat 154, 154 n.
Bollmann Justus Erich, deutsch-amerikanischer Arzt 13, 23, 70, 324, 324 n, 326, 326 n, 327 n, 349 n, 355, 355 n, 356, 356 n, 357, 414, 415, 415 n, 419.
Bombelles, Graf, österreichischer Gesandter in Paris 169, 169 n, 468.
Bondinelli, polnischer Politiker 288.
Bonnay, Marquis, französischer Gesandter in Dänemark 323, 323 n, 462.
Bonora (Ponora), Musiker 389.
Borbstedt, preußischer Obersteuerrat 275, 389.
Borghese, Fürstin Pauline, Schwester Napoleons I. 426.
Bornstedt v., badenscher Diplomat 63, 482.
Borsch v., Vertreter des Fürsten von der Leyen 19, 101, 416.
Boyen v., preußischer Kriegsminister 299 n, 441, 441 n.
Braun, preußischer Oberst 267.
Braunschweig-Oels Wilhelm, Herzog v. 198.
Bresson v. Valensole, Bevollmächtigter der französischen Marschälle 227, 227 n, 228 n, 379.

Bretfeld v., Rat der österreichischen Staatskanzlei 77 n, 210.
Brignole, Marquis v., Vertreter Genuas 83, 118, 127, 127 n, 128, 485.
Brignole, Marquise, Ehrendame der Kaiserin Maria Luise 127 n, 169, 306 n, 425, 425 n.
Brockhausen v., preußischer Gesandter in Holland 455, 455 n.
Broniewski v., galizischer Grundbesitzer 174, 242, 273.
Brühl, Graf 83.
Bruslart, Gouverneur von Korsika 418 n.
Bubna, Graf, österreichischer General 83 n.
Buchwieser Mme. 272.
Bühler, Baron, russischer Staatsrat 88, 209, 240, 241, 388, 403, 420.
Bülow v., preußischer Finanzminister 256, 256 n, 340, 343, 391, 403, 414, 414 n, 415 n, 419, 441, 441 n.
Bulgakoff v., russischer Diplomat 159.
Buol-Schauenstein, Graf, österreichischer Diplomat 484.
Buoncompagni, Fürst von Piombino 164, 189 n, 198.
Burgermeister Franz v., Präsidialist der Allgemeinen Hofkammer 245, 245 n.
Butte, ehemaliger Professor in Landshut 389, 393, 394.

Callenberg, Graf 241.
Callenberg, Gräfin 170, 241.
Cambridge, Herzogin v., geb. Mecklenburg 378.
Camesina, Wiener Buchhändler 180 n.
Campbell, General, Kommandant von Korfu 176.
Campochiaro, Herzog v., Vertreter Murats 126, 153, 165, 279, 295, 336, 354, 441, 447, 447 n, 448 n, 485.
Cancas, Abbate, Konfident 19.
Caulaincourt, Graf, Minister Napoleons 128, 128 n.
Canning-Stratford, britischer Gesandter bei der Eidgenossenschaft 315, 315 n, 334, 334 n, 335, 376.
Canova, Bildhauer 153.

494   Personen-Register.

Capelli, Baron, Präfekt des Departements de l'Aisne 458, 458 n.
Capo d'Istria (Kapodistrias), russischer Staatsmann 27, 74 n, 79, 175—177, 261, 291, 317, 319, 329, 331, 335, 336, 338, 339, 349, 352, 378, 378 n, 381, 382, 394, 398, 463.
Cariati, Fürst, Minister und Vertreter Murats 124, 126, 165 n, 279, 336, 441.
Carlowitz, sächsischer General 402, 402 n.
Carneville, Graf 329, 346.
Carpani, italienischer Dichter, Konfident 17, 339, 387.
Carraciolo, Baillif des Malteserordens 470.
Caselli, Sekretär in der Wiener Nuntiatur 120.
Castelalfier, sardischer Diplomat 167, 167 n, 182, 191.
Castell, Graf Schenk v. 201, 234.
Castelli, Wiener Schriftsteller 419, 419 n.
Castlereagh, Lord, englischer Staatssekretär des Äußern 21, 25—27, 30, 67, 69, 70, 73 n, 76, 87, 96, 110 n, 116, 120, 125, 127, 129, 135, 137, 138 n, 147, 153, 168, 170, 178, 181, 185, 210, 218, 219, 221—223, 225, 244, 245, 251, 264, 265, 266, 272, 277—280, 282, 300, 305 n, 313, 315, 334, 336, 340, 349, 354, 358, 358 n, 359, 362—367, 369 bis 372, 376, 377, 379, 380, 381, 384, 389, 391—394, 401, 411, 411 n, 412.
Castlereagh, Lady 181, 245, 315, 409.
Cathcart, Lord, britischer Gesandter am russischen Hofe, Vertreter am Kongreß 178, 178 n, 254, 320.
Cellini, Vertrauensmann des Nuntius 114.
Chanevsky, russischer Diplomat 432.
Charlotte von England, Tochter Georgs IV. 458, 458 n.
Chateaubriand 457.
Cherubini, Musiker, 199 n.
Chotek, Graf 168.
Chotek, Gräfin 241.
Christian, Prinz von Dänemark 92 n.
Christine, Herzogin von Sachsen-Teschen 114.

Cittadella, lucchesicher Vertreter 395 n.
Clam-Martinitz, Graf, österreichischer Major, 430, 430 n.
Clancarty, Lord, Vertreter Englands, Gesandter in Petersburg 138, 138 n, 334, 354, 441, 478.
Clarke, Herzog von Feltre, Kriegsminister Napoleons 460, 460 n.
Clary, Fürst Karl Joseph, österreichischer Kämmerer und General-Hofbaudirektor 191, 308, 308 n, 380, 473, 473 n.
Clauren, Dichter, siehe Heun.
Cobenzl, Gräfin 88, 170, 241, 377.
Coburg, Herzog von 282, 294, 383, 405.
Coburg, Prinz Ferdinand von 264.
Coburg, Prinz Leopold von 199, 199 n.
Colloredo, Graf Hieronymus, österreichischer General 40 n, 77, 86, 88, 151, 151 n, 168.
Colloredo, Gräfin 200, 201, 241, 292, 316, 339, 425, 241.
Compignano, Gräfin, siehe Bacciochi.
Consalvi, Kardinal, Vertreter des Papstes 30, 81, 104, 104 n, 118, 120, 121, 122 n, 160, 167, 182, 200, 240, 272, 307, 315, 318, 339, 345, 353, 354, 390, 393, 394, 396, 398, 422, 451, 468, 485, 487, 488.
Constant de Rebecq, Benjamin 179, 179 n.
Cornachia, italienischer Politiker 422 n, 441.
Corsini, Neri, Fürst, Vertrauensmann des Großherzogs von Toskana 105, 105 n, 282 n, 396.
Cotta, Buchhändler 18, 60, 136, 160, 171, 180, 181, 329, 336, 373, 374, 378, 381, 390.
Coudenhove, Graf 297.
Croy, Herzog v. 332.
Czáky, Graf 347.
Czartoryski, Fürst Adam 27, 37 n, 41, 42, 47—50, 74, 82, 88, 130 n, 151, 155, 156, 162, 168, 172, 174, 175, 192, 193, 211, 242 n, 272, 291, 292, 295, 298, 317, 318, 318 n, 323, 329, 331, 352, 378, 381, 384, 393, 397, 417, 418, 425, 431, 432, 441, 463, 468, 480.
Czernin, Gräfin 11 n.

Czernischeff, Fürst, Generaladjutant Alexanders I. 44 n, 191, 353, 361, 375, 379, 384, 388.

Dalberg, Emmerich Josef, Herzog v., Vertreter Frankreichs 21—23, 28, 37, 37 n, 61 n, 63, 68, 69, 127—129, 135, 139, 163, 168—170, 181, 191, 195, 199, 219, 222, 226 n, 228, 259, 260, 261, 286 n, 291, 292, 313, 313 n, 317, 324 n, 330, 368, 378, 379, 384, 403, 416, 435, 440, 441, 452, 453, 489.
Dalberg, Herzogin v., geb. Brignole 435, 452, 453.
Dalberg, Karl Theodor, Fürst-Primas, Großherzog von Frankfurt 128, 169, 183 n, 208, 330 n, 416, 452.
Damas, Graf Roger, französischer General 458.
Dambmann, Dr. Hofrat 389.
Damour, französischer General, Sekretär bei Talleyrand 429.
Danilewsky (Michailowski), Adjutant des Fürsten Wolkonsky 274.
Dannecker, Bildhauer 13, 160.
Danz, Syndikus, Vertreter von Frankfurt 207.
Degenfeld, Graf, Vertreter der Rheinischen Ritterschaft 244, 261, 339.
Degenfeld, Graf Moriz 140.
Degenfeld, Graf Max, österreichischer General 129.
Deiser, ehemaliger Rat der Staatskanzlei 127.
Diebitsch, russischer General 192.
Dietrich, Graf v., zu Erbmannszahl, Legationsrat von Mecklenburg-Schwerin 132, 196.
Dietrichstein, Gräfin M. Anna 303.
Dietrichstein, Fürstin Nanni 452.
Dietrichstein, Graf Moriz 200, 261, 346.
Dillen, Baron, Generaladjutant des Königs von Württemberg 57, 133, 367, 367 n.
Dombrowski, polnischer General 295.
Dorothea, Prinzessin von Kurland, verm. Talleyrand-Périgord 164 n, 235.
Drais, Freih. v., Mechaniker 13.
Drohojewski, polnischer Politiker 242 n.

Duca v., Peter, österreichischer General 145 n, 147, 241 n, 280 n.
Düngern v. 364 n.
Dufour, französischer General 421.
Dupont, französischer Kriegsminister 23, 204, 226, 227 n.

Einsiedel, Detlev, Graf, sächsischer Minister 139, 360, 462, 478.
Elisabeth, Kaiserin von Rußland, geb. Prinzessin von Baden 42, 46, 47, 64, 107, 146, 152, 155, 157, 168, 195, 244, 291, 295, 318, 333, 352, 354, 377, 380, 385, 387, 404.
Elisabeth, Tante des Königs Friedr. August I. von Sachsen 109.
Elkam, Wiener Bankier 250, 251.
Eltz, Graf, österreichischer Diplomat 448.
Ende, Baron v., badischer Hofkavalier 211, 211 n.
Engeström, schwedischer Minister 136, 136 n, 220, 221, 229, 277, 279, 280, 282, 370.
Erbach, Graf 244.
Erberg, Baron Joseph, Gouverneur des österreichischen Kronprinzen 347, 364 n, 420.
Erst, Sekretär in der Wiener Nuntiatur 121.
v. Eskeles, Wiener Bankier 86, 100, 201, 207, 240, 326, 376, 378, 387, 468, 470, 482.
v. Eskeles, Frau 37, 252, 306, 394, 403.
Ester, Sängerin, Gemahlin des Advokaten Vega 165.
Eszterházy, Fürst Nikolaus, österreichischer Feldmarschalleutnant, Kapitän der ungarischen Garde 11 n, 86, 88, 158, 182, 188, 265, 399, 471.
Eszterházy, Fürst Paul, österreichischer Diplomat 46, 123, 167, 188.
Eszterházy, Fürstin Paul, geb. Fürstin Taxis 46, 123, 188, 189, 259, 301, 314, 417.
Eszterházy, Graf Vinzenz 379 n.
Eszterházy-Roisin, Gräfin 45, 167, 170, 188, 404, 468.

Eugen, Herzog von Württemberg, russischer General 40 n.
Evangelisti, Sekretär Consalvis 396.

Fallon L. A., österreichischer Oberst 345 n.
Fava, Deputierter von Bologna 315.
Fechtig, Ferd. v., Vizepräsident der Obersten Justizstelle 453.
Fels, Baron 123.
Ferber, sächsischer Hofrat 402.
Ferdinand, Erzherzog, Kronprinz 347, 351, 364 n, 375, 420.
Ferdinand v. Este, Erzherzog, Bruder der Kaiserin Ludovika 39, 258.
Ferdinand, Großherzog von Toskana 106.
Ferdinand, Herzog von Württemberg 57, 148, 148 n, 469.
Ferdinand IV., König von Neapel 81, 109, 124, 125, 126, 139, 177, 317, 448 n, 487, 490.
Ferdinand VII., König von Spanien 121, 486.
Feres, Dr. med., Arzt in Koblenz 390.
Ferrari, Konfident 19, 114.
Fesch, Kardinal 330, 416.
Feuerbach, Anselm v., bayrischer Staatsrat 61, 406, 406 n.
Feuerbach, württembergischer Legationsrat 221.
Filangieri, neapolitanischer General 165 n.
Finckenstein, Graf, preußischer Gesandter in Wien 11 n.
Fischler v. Treuberg, Deputierter von Sachsen-Koburg 132.
Flahault, französischer General 436.
Flassan, französischer Historiograph 141, 329, 330, 470, 471.
Floret v., österreichischer Diplomat 170, 170 n, 253, 315.
Fontanelli, italienischer General, ehedem Kriegsminister des Königsreichs Italien 441.
Fontbrune, französischer Emigrant, der englischen Gesandtschaft zugeteilt 27, 42, 150, 329, 383.
Forestier, Sekretär bei Kaiserin Marie Louise 420.

Forstner, Beamter der obersten Justizstelle 161 n.
Franck, Dr. Peter, Wiener Arzt 314, 314 n, 425.
Frank, Reichsreferendarius 313.
Franz I., Kaiser von Österreich 4, 7, 8, 22, 24, 26 32, 45, 48, 53, 54, 60 n, 61, 63 68, 77, 81, 84 n, 85, 97, 98, 102, 144—109, 114, 115, 118, 122, 131, 133, 175, 147 n, 152, 155, 163, 170, 172, 203, 183, 184, 195, 196, 203—205, 209, 210, 213, 220, 236, 237, 241 n, 242, 244—246, 248, 258, 261, 262, 266, 267, 274, 291, 283 n, 284, 294, 296, 399 n, 300, 302—305, 314, 323, 330, 340, 344, 351, 354, 363, 364, 367, 369, 370, 371, 377, 379, 382, 385, 391 n, 492, 398, 403—405, 415 n, 417, 402, 425, 430, 432, 434, 447, 458—460, 465, 466, 470, 476, 481, 482, 487.
Franz, Erzherzog 39 n.
Franz Josef I., Kaiser von Österreich 347 n.
Freddi, Chevalier, Konfident 18, 91 n, 120, 144, 150, 243, 265, 303 n, 315, 336, 337, 345, 393, 395, 396, 399, 402, 418, 421, 437 n, 472.
Friedrich VI., König von Dänemark 13, 37 n, 48, 54, 60 n, 62, 63, 92, 133, 137, 138, 148, 152, 156, 157, 173, 205, 227, 239, 246, 259, 277, 300, 334, 351, 377, 400, 405, 423, 459, 473.
Friedrich II., König von Preußen 1, 9 n, 144, 273.
Friedrich I., König von Württemberg 13, 24, 48, 56—58, 112, 116, 119, 133, 135, 148, 153, 155, 161, 170, 182, 204, 221, 224 n, 228, 237, 239, 251, 260, 267, 275, 276, 288, 300, 304, 307, 318, 343, 344, 358, 361, 364, 367, 405, 457, 477.
Friedrich August I., König von Sachsen 30, 32, 43, 61, 65, 74 n, 95, 96, 98, 103, 109, 110, 118, 135 n, 139, 169, 185, 192, 193, 196 n, 200, 204, 209 n, 217, 237, 239, 260, 261, 266, 276, 284—289, 291, 294 n, 297, 323 n, 334, 338, 341, 346, 349, 351, 360, 363, 365 n, 367, 369, 370, 385, 407, 410, 416, 434, 449, 459, 461, 463, 470, 476, 478.

Personen-Register. 497

Friedrich Wilhelm III., König von Preußen 13, 26, 31, 34, 42, 43, 48, 52—55, 56 n, 61, 65, 66, 68, 71 n, 76, 85, 96, 118, 125, 133, 134, 143, 146, 148, 152, 157, 166, 168, 169, 172, 200, 201 n, 205, 210, 217, 218, 229, 230, 232, 241, 244—246, 252—257, 260 bis 265, 267, 268, 270—275, 283, 283 n, 285, 289—291, 294, 297—299, 300, 302, 303, 308, 318, 319, 321, 322, 332, 336, 345, 348, 361—363, 369, 371, 372, 374, 379, 380, 386, 387, 388, 394, 400, 403, 405, 405 n, 406, 408 n, 409, 423, 427, 433, 439, 450, 455, 456. 458, 467, 469, 470, 473, 475, 476, 481.
Friedrich Wilhelm (IV.), Kronprinz von Preußen 386, 387 n, 433.
Fries, Graf, Wiener Bankier 48, 86, 146, 170.
Friese, preußischer Staatsrat 165.
Friesen J. G. F. v., sächsischer Oberkammerherr 385.
Frimont, österreichischer General 464, 472, 475.
Fuchs, Gräfin 20, 84 n, 86, 263, 378, 379.
Fürstenberg, Fürstin, geb. Taxis 166, 182, 185, 170, 200, 483.
Fürstenberg Friedrich, Landgraf v. 314.
Fürstenstein, Graf, ehem. westfälischer Würdenträger 43 n, 86, 87.
Fugger Josef Maria, Graf, österreichischer Kämmerer 330.

Gaertner v., Vertreter mediatisierter Kleinstaaten 20, 185, 185 n, 198, 202, 224, 224 n, 336, 401, 401 n, 488.
Gagern v., Baron Hans, Vertreter für Nassau-Oranien 137, 184, 184 n, 185, 191, 195, 195 n, 196, 197, 198, 254 n, 307, 315, 329, 350, 364 n, 420, 428, 436 n, 441, 450, 452.
Galitzin, Fürst Alexander, Obersthofmeister der Kaiserin von Rußland 293, 293 n, 295, 387 n.
Gasparinetti, Mailänder Oberst 316.
Gayl v., Vertreter der Gräfin Hartz (Exkönigin von Westfalen) 441.
Gebhardt, preußischer Konsul in Livorno 284.

Geismar v., württembergischer Geheimer Rat 451, 477.
Genga, Kardinal, päpstlicher Nuntius in Paris 104, 104 n.
Gentz, Friedr. v., österreichischer Hofrat der Staatskanzlei 11 n, 22, 24, 35, 44 n, 45 n, 67, 70 n, 73 n, 79, 82, 83 n, 84 n, 87, 108, 147 n, 167, 186, 191, 217 n, 257, 272 n, 326, 327 n, 329, 346, 368, 369, 378, 379, 385, 411 n, 415, 440, 441, 479, 489 n.
Georg (IV.), Prinzregent von England 43 n, 56 n, 99, 103, 254, 286, 307, 308, 365, 372, 393, 478.
Georgi, württembergischer Justizrat 276.
German, griechischer Priester in Ungarn 246 n.
Gerold, Wiener Buchhändler 180 n.
Gersdorff v., Vertreter Karl Augusts von Weimar 56 n, 185.
Geusau v., badischer Oberststallmeister 380.
Geyer, Regierungsrat 185 n.
Geymüller v., Wiener Bankier 86, 120, 453, 453 n.
Geymüller, Frau v. 339.
Ghika, Fürst 272, 287.
Ghisilieri, Deputierter aus den Legationen 315.
Gioelli, Advokat, Konfident 75, 164 n.
Girardin, französischer General 436.
Globig, sächsischer Hofrat 461, 463, 463 n.
Gneisenau v., preußischer General 37, 78, 79, 83, 305 n, 310, 360, 456, 462, 478 n.
Godakowski, polnischer Politiker 242 n.
Goehausen, Polizeirat 20, 132, 132 n, 146 n, 147, 154, 155, 159, 178, 182 bis 184, 196, 202, 207, 242, 265 n, 273 n, 274, 289, 292, 296, 302, 312, 322, 331, 333, 336, 340, 356 n, 393, 394, 401, 420, 421.
Görres, Herausgeber des „Rheinischen Merkur" 60, 274, 361 n, 417.
Görtz, Graf, Vater der Gräfin Rechberg 185 n, 230, 230 n, 280, 283, 285.
Goëss, Graf, Gouverneur von Galizien 86, 318, 318 n, 390, 400, 466.
Goethe, Wolfgang v. 64, 66 n, 399.

Fournier, Geheimpolizei. 32

Golowin, Gräfin 47 n.
Golowkin, russischer Gesandter in Stuttgart 264, 264 n, 374.
Goltz, Graf, preußischer Minister und Gesandter in Paris 89, 91, 101, 102, 255, 441, 479.
Gordoni, Sekretär der Nuntiatur 120.
Grammont, Herzog v. 447, 455.
Grassini, Sängerin 380.
Grenville, Lord, englischer Minister 181.
Gries Jos. Mich., Syndikus und Vertreter von Hamburg 132.
Griesinger, sächsischer Legationsrat 195 n.
Griffith, englischer Agent 88, 158, 399, 426, 448.
Grochowska, Frau v. 174.
Grolman v., preußischer General und Kriegsminister 299 n, 310, 336, 342, 402.
Groschlag, Gräfin 241.
Gross, Sekretär bei Fürst Czartoryski 397.
Grosse, preußischer Rat 201.
Grote, Graf, preußischer Diplomat 410.
Grünne Philipp, Graf, österreichischer General 113.
Gruner Justus, Gouverneur am Niederrhein 146 n, 255, 274 n.
Guicciardi, Mailänder Senator 238, 422 n, 441.
Guicciardini, Deputierter a. d. Veltlin 238, 238 n, 321.
Gumprecht J. J., Vertreter der Frankfurter Judenschaft 207, 208.
Gyulay, Graf, österreichischer General 329.

Haan Math., Geheimer Rat, österreichischer Oberstlandrichter 430 n.
Haan, Fräulein, 430.
Hach Joh. Friedr., Senator und Vertreter von Lübeck 465.
Hacke, Baron, badischer Minister 63, 135, 163, 197, 376, 379, 394, 470.
Hadamar, Dr., Vertreter für Mainz 329 n.
Hager, Baron Franz, österreichischer Polizeiminister 9 n, 14, 15 n, 16, 19, 24 n, 25 n, 35 n, 45 n, 47 n, 81 n, 91 n, 93—95, 100, 104 n, 111 n, 113, 114, 123 n, 125, 126, 205 n, 217 n, 261, 287 n, 296 n, 309 n, 318 n, 341 n, 347 n, 356 n, 383 n, 385 n, 415 n, 419, 465 n, 488.
Hamilton, englischer Staatssekretär 366.
Hammer-Purgstall v., Orientalist 100, 101, 156, 253, 326, 326 n, 335, 381, 471.
Handel, Baron, Hofrat in der Staatskanzlei 77, 156, 181.
Hardegg, Graf, österreichischer General 36 n, 125 n.
Hardenberg, Fürst, preußischer Staatskanzler 18, 22, 25, 27, 28, 30—32, 36, 37, 53—55, 62, 64, 67, 72—76, 78, 79, 82, 83 n, 87 n, 91 n, 110, 116, 127, 132, 137, 138 n, 141, 142, 147, 155 n, 164 n, 167, 193, 206, 207, 221, 227 n, 230, 243, 246, 251, 252 n, 254 n, 256, 260, 262, 263 n, 265, 268—273, 283, 284, 286, 292, 294, 298, 299 n, 300, 305, 312—315, 319—323, 327, 330 n, 332, 333, 336, 338—340, 342 n, 348, 350, 358 n, 361, 374—376, 378, 380, 386, 391 n, 394, 401, 403, 409, 422, 441, 451, 455, 478 n, 479, 486.
Hardenberg, Graf, Gesandter Hannovers in Wien 75, 107, 108, 116, 164 n, 168, 336, 479.
Harrach, Graf 95.
Harrach, Joh. Ernst, Graf 470.
Hartz, Gräfin, Exkönigin von Westfalen 451, 456, 461, 477.
Hatzfeld, Graf 86, 168, 170, 181, 195.
Hatzfeld, Gräfin 88, 170.
Hauff, Professor und Mechaniker in Wien 324, 325, 356, 357.
Haugwitz, Graf 255.
Haydn Joseph, Komponist 69, 199 n, 314.
Hebenstreit, Schriftsteller, Konfident 18, 135, 156, 160, 170, 246, 269, 274, 292 n, 296, 338, 348, 389, 390, 393, 400.
Hedemann v., preußischer Major 267.
Hegardt v., schwedischer Geschäftsträger in Wien 92, 95, 98, 109 n, 220, 279, 280, 282, 284 n.
Heim, preußischer Geheimrat 141 n, 201, 471.

Heinrich, Prinz von Preußen, Großmeister des preußischen Johanniterordens 291, 291 n.
Herberstein, Graf 16, 335.
Hermann, Münchener Professor 13.
Herz, Wiener Bankier 377, 378, 379, 385.
Herzogenroth, Kanzleidirektor in Neuwied 389, 389 n.
Hessen-Homburg, Erbprinz v. 339.
Hessen-Philippsthal, Fürst v. 125, 451, 452.
Heun (der Dichter Clauren), preußischer Hofrat 22, 313, 422.
Hitrow, russischer General 44 n, 438.
Hochberg, Graf, badischer Prinz 234.
Höfel, Oberst, Adjutant des Fürsten Hohenzollern-Hechingen 342.
Hoffinger, Wiener Großhändler 389 n.
Hoffmann, preußischer Staatsrat 263, 263 n, 313 n, 315, 403, 429.
Hohenlohe-Bartenstein, Fürst 185, 191, 247.
Hohenzollern-Hechingen, Fürst v. 405, 465.
Hohenzollern-Hechingen, Prinz v. 167, 168, 315, 336.
Hohenzollern-Sigmaringen, Fürst v. 405, 451.
Hohenzollern, Prinz Albert v., österreichischer Rittmeister 379 n.
Holstein-Beck, Prinz 451, 452.
Hoppe, österreichischer Rat im Ministerium des Äußern 77 n, 210, 253.
Horodyski, polnischer Politiker 242.
Horstmann, preußischer Rat 430 n.
Hoyos, Gräfin 241.
Hudelist v., österreichischer Staatsrat 77 n, 99, 100, 112, 186, 210, 253, 306, 432, 466.
Hügel, Baron, österreichischer Diplomat 77 n, 169, 169 n.
Humboldt v., Wilhelm, preußischer Staatsmann 5, 30, 37, 53, 67, 72—76, 78, 82, 91 n, 102, 110, 111, 115—118, 129, 134, 151, 168, 181, 186, 227, 236, 252, 254, 255, 260, 263, 267, 268, 270, 272, 278, 282, 289, 292, 294, 297, 298, 301, 314, 319, 320, 321, 325, 329, 330, 332, 333, 336, 340, 346, 350, 359, 362, 374, 377—379, 385, 386, 391 n, 394,
401, 402 n, 408, 429, 430, 441, 450, 454, 479, 483, 486.
Hurter, Buchhändler aus Freiburg i. B. 247.

Jablonowska, Fürstin 266, 272, 315.
Jacobi-Kloest, Freiherr v., preußischer Staatsminister 54, 74 n, 168, 181 n, 260, 297, 301.
Jahn F. L., Professor, der Turnvater 429.
Jasmund, Schriftsteller 57.
Jaucourt, Graf, französischer Staatsmann 61 n, 222, 222 n, 228, 228 n, 290, 290 n, 318, 457, 457 n.
Jaucourt, Gräfin 431.
Idzstein v., Frankfurter Justizrat 207, 208.
Jermoloff v., russischer Diplomat 298.
Jérôme, Exkönig von Westfalen 105, 256, 451 n, 457, 457 n, 476.
Jérôme, Sohn des Exkönigs von Westfalen 451 n.
Jersey, Lady 45 n.
Ignatius, Archimandrit von Jassy 27, 38, 274, 274 n, 287, 288, 302.
Joël, ökonomischer Leiter der Wiener Oper 199, 199 n, 307, 471, 473.
Johann, Erzherzog 82 n, 118, 203, 236 n, 345 n, 381, 463, 463 n, 464, 464 n.
Johnson, diplomatischer Agent Englands 153, 154.
Jomini, russischer General 27, 157, 157 n, 268, 397.
Jordan, preußischer Legationsrat 54, 62, 73 n, 74 n, 133, 141 n, 168, 206, 260, 270, 273, 312, 315, 376, 427, 440, 472.
Josef II., Kaiser 1—3, 8 n, 115, 195, 302, 378.
Joseph, Erzherzog-Palatin 82, 162, 188, 306, 370 n, 405, 420 n, 469.
Josef, Bruder Napoleons I. 105, 435.
Josephine, Gemahlin Napoleons 284.
Jouffroy, diplomatischer Agent Preußens 406.
Isabey, Porträtmaler 13, 388, 388 n.
Isenburg-Birstein 451.
Isenburg, Fürstin 236, 244, 354.
d'Ivernois, Vertreter der Stadt Genf 191, 195, 195 n, 219.

32*

Kaiserstein, Baron 261.
Kaiserstein, Baronin 303.
Karcher, Baron, toskanischer Legationsrat 354.
Karl, Erzherzog 58, 102, 108, 112, 113, 117, 118, 152, 153, 155, 310, 367, 405 n, 417, 452, 464, 469, 474.
Karl, Großherzog von Baden 13, 21 n, 63—64, 146 n, 182, 197, 211, 233, 244, 291, 318, 333, 377, 388, 406, 433, 441, 450.
Karl, Graf v. Artois, später Karl X. 410, 447.
Karl, Prinz von Bayern 188, 406.
Karl, Prinz von Sizilien 13.
Karl August, Herzog von Sachsen-Weimar 13, 37 n, 41, 64—66, 74 n, 77 n, 82, 109, 120, 168, 202, 230, 254, 265, 348, 351, 354, 359, 374, 380, 381, 399, 405, 481.
Karolina Augusta, Kronprinzessin von Württemberg, nachmals Kaiserin von Österreich 59, 112 n, 117, 182, 183.
Karoline Fr. W., Königin von Bayern 13, 47, 182, 377, 384, 436.
Karoline, Schwester Napoleons, Königin von Neapel und Sizilien 79, 80, 81, 125, 126, 389.
Karoline, Tochter Kaiser Franz I. 386.
Karski 192.
Katharina, Exkönigin von Westfalen, siehe Gräfin Hartz.
Katharina II. von Rußland 203 n, 293, 397, 472.
Katharina von Oldenburg, Großfürstin, Schwester Alexanders I. 24, 26, 41 n, 45 n, 58—60, 65, 96, 99 n, 102, 108, 112, 113, 117, 152, 155, 181, 188, 205, 236, 269 n, 306, 317, 321, 331, 369 n, 380, 381, 383—387, 405, 431, 458 bis 461, 481, 483.
Kaunitz, Fürst, österreichischer Diplomat 167, 448.
Keller, Graf, kurhessischer Staatsminister 169, 181, 184, 185, 198, 211—216, 303, 339, 440, 450.
Kerpen W., Freih. v., österreichischer General, Vizepräsident des Hofkriegsrats 135.

Kesselstadt, Graf, Vertreter von Mainz 329, 420, 453.
Khevenhüller, Fürst Emanuel 17, 152, 303, 335, 452.
Kinsky, Graf Karl, österreichischer General 135.
Kiseleff v., russischer Kapitän und Flügeladjutant 354.
Klaus, österreichischer Oberleutnant 20, 202.
Klebelsberg, Graf 146.
Kleist v., sächsischer Leutnant 178.
Klementine, Erzherzogin, Tochter Franz I. 243, 386 n.
Klewitz v., preußischer Staatsrat 246.
Klüber v., Rechtsgelehrter 148, 329.
Kluge, Hofrat bei der Frankfurter Vertretung 348.
Knesebeck v. d., Generaladjutant Friedrich Wilhelms III. 53, 55, 74, 141 n, 146, 167, 262, 263, 270, 317, 386.
Koch v., bayrischer Legationsrat 134.
Koháry, Komtesse 233 n, 264.
Koller, Freiherr v., österreichischer General 108, 109 n, 265, 470.
Kolowrat Franz, Graf, Gouverneur in Böhmen 11 n, 296 n.
Konstantin, Großfürst 50—52, 98, 134, 179, 180, 182, 188, 192, 193, 203 n, 243, 248, 270, 281, 295, 303, 311, 322 n, 351, 393, 397, 461.
Kopitar, Slawist 66.
Koreff, Dr., Arzt 326, 326 n.
Kosczuiszko, polnischer Freiheitsheld 34 n, 203, 481, 483, 484.
Kozlowski, Fürst, russischer Diplomat 36 n, 241, 335, 384, 389, 399, 427.
Koznicki, polnischer General 242.
Krüdener, russischer Diplomat 49 n, 50, 475.
Kruft, österreichischer Rat im Ministerium des Äußern 77 n, 186, 253.
Krug, preußischer Hilfsbeamter 201.
Krukowiecki, Graf 392, 393.
Kudriaffsky Emil, v., russischer Kollegienrat 145.
Künigl, Graf 241, 344.
Kurland, Prinzessin Johanna v. 22, 162 n.
Kurländer, Franz v., Schriftsteller 400.

Küster v., preußischer Diplomat 28, 254—257, 275, 301, 429, 430.
Kutusoff, Graf, russischer Generalleutnant 354.

Labédoyère, französischer Oberst 428, 436.
La Besnardière, französischer Diplomat, 61, 72 n, 429.
Labrador, Graf, Vertreter Spaniens 18, 60, 66, 121, 126, 139, 149, 150, 163, 168, 191, 218, 221, 223 n, 251, 278, 282, 283, 393, 394, 486, 487, 488.
Lafayette 327 n, 355.
Laffert v. 326.
La Garde, Graf 13, 330 n, 447, 448.
La Harpe, Vertreter von Waadt 20, 27, 41, 42, 52, 144, 157, 162, 165, 187, 193, 198, 202, 203, 236, 237, 243, 253, 259, 260, 288, 296, 303, 352, 381, 383, 425, 431, 474, 484.
Lally-Tolendal, französischer Schriftsteller 457.
La Martinière, Sekretär der französischen Gesandtschaft 308, 424, 424 n.
Lamb, Friedr., englischer Diplomat 127.
Lanckoronski, Graf 88, 333, 392, 393, 417, 438, 481.
Langenau, Friedr. v., österreichischer Generalstabschef 108, 289, 294.
Lannes, Marschallin, Herzogin von Montebello 89 n, 438 n.
La Roze, österreichischer Regierungsrat 15, 93, 94.
Latour du Pin, Graf, Vertreter Frankreichs 28, 115, 167, 307, 323, 329, 346, 458.
Lažanski, Graf Prokop, österreichischer Präsident der italienischen Kommission 316.
Lebzeltern, Freiherr v., österreichischer Diplomat 176, 331.
Lecchi Theodor, italienischer General 316.
Lefebvre Desnouettes, französischer General 436.
Lehrbach, Graf 127
Leipziger, preußischer Hauptmann 408.
Leopold II., Kaiser 3, 4 n.
Leopold, Prinz von Coburg 458.
Leopold, Erzherzog 471.
Leopold, Prinz von Sizilien 61, 162, 464.
Leopoldine, Erzherzogin, Tochter Franz' I. 307.
Lepel, Deputierter von Kurhessen 132.
Leurs v., Konfident 17, 126, 254, 262, 269, 272, 299, 310, 348, 379, 386, 403, 423, 429.
Leyen, Gräfin v. d. 128.
Leykam, ehem. Rat der Staatskanzlei 127.
Lichnowska, Gräfin 425.
Liechtenstein, reg. Fürst Johann, österreichischer Feldmarschall 86, 245, 314, 483.
Liechtenstein, Fürst Karl 86, 123, 240.
Liechtenstein, Fürst Moriz, österreichischer General 188, 320, 379 n, 469.
Liechtenstein, Fürstin Moriz, geb. Eszterházy 45, 468.
Liechtenstein, Prinz Wenzel 20, 187, 191, 336.
Lieven, Gräfin 50 n.
Ligne, Fürst v. 41, 47, 62, 68, 69, 86, 120, 204, 205, 253, 266, 269 n, 273, 303, 305, 308 n, 325.
Limpens v., österreichischer Staatsbeamter 181.
Linden, Baron, Vertreter Württembergs 28, 134, 156, 202, 224 n, 236, 244, 251, 266, 267, 288, 300, 303, 318, 354, 358, 361 n, 459, 482.
Lips, Professor in Erlangen 201.
Liston, Lord, britischer Diplomat 411, 412.
Litta-Modignani, Marquis 418.
Lobkowitz, Fürstin 364.
Löwenhjelm, Graf, Vertreter Schwedens 28, 30 n, 68 n, 136, 168, 221, 227, 229, 251, 274, 277, 282, 370, 425.
Löwenstein, Fürst 185, 224, 244, 451, 483.
Löwenthal, Max v. 6 n.
Lombard, preußischer Staatsbeamter 430.
Londonderry, Lord, ehedem Stewart 70 n.
Longinold v., Sekretär der russischen Kaiserin 309.
Los Rios, spanischer Attaché 329, 337, 337 n.

Lothringen, Prinzessin von, frühere Gräfin Colloredo, 71, 424.
Louis Philipp, Herzog von Orleans 411.
Lubienski, polnischer Politiker 174, 295.
Lubomirska, Fürstin 88, 247, 266, 295, 318, 417, 418, 483, 487.
Lubomirski, Fürst Heinrich 11 n, 88, 192, 393, 397, 399, 417, 426, 427, 430, 481.
Lucchesini, preußischer Diplomat 255.
Lucchesini, jun. 422 n.
Ludovika, Kaiserin von Österreich 24, 78 n, 82, 158, 258, 297 n, 314, 318, 364 n, 375, 385, 470, 487 n.
Ludwig XVI., König von Frankreich 337, 346, 347, 368 n, 376.
Ludwig XVIII., König von Frankreich, 13, 21, 28, 67, 71, 72, 80, 85 n, 101, 139, 169 n, 195, 204 n, 219, 224, 236, 290, 317, 344, 376, 383, 410, 428, 432, 447, 455, 457, 458, 461 n, 479.
Ludwig, Exkönig von Holland 105.
Ludwig, Kronprinz von Bayern 59, 60, 136, 153, 170, 173, 192, 264, 269, 315, 374, 405.
Ludwig, Großherzog von Hessen 220.
Ludwig, Erbgroßherzog von Hessen 220.
Luise, Herzogin von Sachsen-Weimar 74 n, 77 n, 114.
Lutteroth, Hamburger Kaufmann 341.

Machado, spanischer Gesandtschaftssekretär 121, 125, 191.
Madison, Präsident der Vereinigten Staaten 415, 415 n.
Magauly-Cerati, Minister in Parma 337, 385, 385 n, 431.
Maistre de, Joseph, Vertreter Sardiniens in Petersburg 84, 223.
Mackintosh, englischer Politiker 365, 366.
Malachowski, polnischer Offizier und Politiker 242.
Malczewski, neapolitanischer Major und Diplomat 295, 418 n.
Malfatti, Wiener Arzt 425.
Maltzahn, Baron Albert, Vertreter für Oldenburg 165, 183, 185.
Mandelslohv., württembergischer Staatsminister 57, 221, 276.

Manderscheid, Graf, 330.
Mansi, Graf, Deputierter von Lucca, 395 n.
Mappes, Baron, Vertreter für Mainz 329 n, 420.
Marassé, Aurora v., Gesellschaftsdame der Bagration 331, 487 n.
Marcolini, Graf, ehem. sächsischer Staatsminister 95, 102.
Marescalchi, Graf, ehem. Gouverneur in Parma 469.
Marescalchi, Frau v., geb. Brignole 452.
Maret, Minister Napoleons 256 n.
Marie Amalie, Königin von Sachsen 61.
Maria Feodorowna, Kaiserin-Mutter 108, 112, 114 n.
Maria Louise, Gemahlin Napoleons I. 18, 24, 28, 30, 44, 71, 88, 89, 127 n, 129, 170, 200, 261, 265, 283, 284, 290, 314, 337, 352, 385, 391, 396, 399, 403, 421, 425, 426, 438, 439, 441, 446, 475, 482.
Maria Luise, ehem. Königin von Etrurien 265, 283, 396.
Maria Paulowna, Erbherzogin von Weimar 57 n, 65, 188, 405, 434, 481.
Maria Theresia, Kaiserin 1, 195.
Maria Theresia, zweite Gemahlin Kaiser Franz I. von Österreich 173 n.
Marinoni v., italienischer Politiker 422 n.
Mariotti, französischer Konsul in Livorno, 204, 219, 226, 436.
Marmont, Marschall 285.
Marschall, Graf, Vertreter d. Großherzogs von Frankfurt 167, 241, 416, 440.
Marschall, Baron, Vertreter von Nassau 185, 355, 469.
Martens, Georg Friedr. v., Diplomat und Völkerrechtslehrer 117, 132, 168, 215.
Martens, preußischer Major, Neffe des Vorigen 22, 337, 440.
Matt, ehem. Reichsagent 94.
Mavrojeni, Geschäftsträger der Pforte in Wien 228, 276, 281, 284, 287, 288, 306, 370, 412, 434 n.
Maximilian d'Este, Erzherzog 470.
Max, Prinz von Sachsen 24, 363, 367, 458, 476.

Max I., Joseph, König von Bayern 13, 23, 59—62, 104, 109, 135, 152, 155, 156, 162, 169, 223 n, 227, 237, 250, 260, 269, 274 n, 288, 290 n, 302, 380, 381, 388, 390, 391, 405, 406, 417, 428, 436.
Mecklenburg-Strelitz, Erbprinz von 303, 451, 482.
v. Medici, Graf Ludwig, sizilianischer Diplomat 124, 261.
Méjan, Privatsekretär Eugen Beauharnais' 238, 316, 394, 438, 441.
Melzi de, Marchese 328, 315.
Méneval, Sekretär Maria Louisens 420.
Mercy, Graf, österreichischer Hofrat im Ministerium des Äußern 77, 112, 156, 181, 210.
Metternich, Fürst Clemens, österreich. Minister des Äußern 11 n, 20, 21, 24, 26, 30, 31, 34—36, 38—41, 44 n, 46, 50, 54, 55, 57, 60, 63, 64, 67, 68, 70, 73, 75, 76—86, 88, 96—99, 101—112, 115, 116, 118, 119, 121, 123, 127—129, 131, 133, 138 n, 145, 147, 148, 150, 151, 156, 160, 163, 164, 166 n, 167, 168, 171, 180, 181, 184, 186—189, 193, 195, 198, 200, 204, 209—216, 221—223, 227—230, 233—241, 243, 244, 252, 253, 257, 259, 261, 265, 266, 270, 271 n, 276, 277, 279—284, 288, 297 n, 299 n, 303, 305, 310, 312, 313, 318, 320, 321, 323, 329—333, 335, 337, 340, 342, 345 n, 346, 348—350, 352, 354, 357—359, 361—365, 369, 371, 375—379, 381 bis 386, 389, 391, 392, 394, 396, 398, 400, 407, 412—414, 416, 417, 420, 422, 423 n, 428, 432 n, 440, 441 n, 447 n, 448, 459, 465, 466, 468, 471, 479, 480 n, 482, 488.
Metternich, Prinzessin Marie, Tochter des Ministers 497 n, 352.
Metternich, Reichsfürst Franz, österreichischer Staats- und Konferenzminister 84, 115, 132, 148 n, 392, 394, 425, 465, 482.
Metternich, Reichsfürstin 39, 48, 167, 261, 330.
Metternich, Graf Josef 63, 148.
Metternich, Gräfin Pauline 148, 469.

Meyendorf, Baron Peter, russischer Diplomat 84.
Meyerbeer, Kompositeur 156.
Miari, Baillif des Malteserordens 470.
Michailowsky-Danilowsky, Adjutant des Fürsten Wolkonsky 40 n.
Mihaud, Sekretär Marie Louisens 420.
Milder, Sängerin, 69, 199.
Miltitz v., sächsischer Oberst 178, 283, 287, 294, 323, 360, 360 n, 378, 400.
Minciaky, russischer Agent in Patras, 136.
Miranda, Graf, portugiesischer Geschäftsträger in Wien 38 n, 243.
Mirza Mahmud, Bey, russischer Diplomat 287.
Mittrowsky, Gräfin, Dame d'honneur Maria Louisens 431, 439.
Möchler, Maler und Musiker 389.
Moehmer, Wiener Buchhändler 389 n.
Mohrenheim v., russischer Offizier 191.
Montenach, Schweizer Bevollmächtigter 191, 203.
Montesquiou, Graf Anatole 420, 421, 435, 441.
Montesquiou, Gräfin, Gouvernante des Prinzen von Parma 421, 435, 441.
Montgelas, leitender Minister Bayerns 129, 250, 269, 294 n, 366 n, 372, 381, 392 n. 407.
Montrond, französischer Diplomat 440, 441, 462.
Moreau, Architekt 329.
Morel Rosalie, Kurtisane, 146 n, 233, 244, 325.
Morier, Sekretär bei Castlereagh 412 n, 414.
Moszczynski, polnischer Politiker 242.
Müchler s. Möchler.
Mülinen, Baron, württembergischer Diplomat 200.
Müller v., Schweizer Deputierter 38, 161 n, 243.
Müller Karl, Hauptmann der Lützower 18, 87, 274, 339, 384, 389, 390.
Müller, Kammerdiener beim König von Dänemark 63, 334.
Münch, Frau v. 315.
Münster, Graf, Minister für Hannover 43 n, 56 n, 107, 108, 116, 161, 196,

219, 225, 286, 315, 336, 350, 360, 410, 451, 462, 478.
Murat, König von Neapel 13, 20, 30, 33, 44, 61, 79, 80, 81, 118 124 125, 141, 162, 164, 165, 173, 177, 179, 188, 218, 223, 234, 237, 238, 287, 290, 317, 338, 375, 381, 382, 398, 403, 418, 421, 439, 440, 447, 457 n, 464, 485.
Murray, Graf Albert, k. k. Kämmerer 305 n.
Murray, Caroline v., Freundin Ligne's 305.
Mutzenbecher, Deputierter von Oldenburg 132, 183, 185.

Napoleon I. 6, 7, 12, 13, 23, 30, 32, 34, 37, 40, 44, 47—49 55 58, 60—62, 68—72, 78, 80, 83, 85, 91, 99 n, 103, 105, 106, 128, 130, 136, 148, 149, 152, 157, 158, 163, 166 n, 175, 179, 182, 190, 194 n, 195 n, 200, 202 n, 204, 206, 219 n, 220, 222, 226, 227 n, 230, 232, 236, 242 n, 245 n, 250 n, 257, 265, 271 n, 280, 281, 284, 287, 290, 296, 306, 316, 335, 340, 372, 376, 380 n, 382, 383, 385, 391, 397, 399, 418, 420—428, 430—433, 435, 437, 438—440, 446, 447, 450, 452, 453, 455, 456, 459—461, 468—470, 473—476, 478, 480, 485, 487.
Napoleon, Prinz von Parma 314, 330, 435, 440, 441, 446, 467, 482.
Naranzi, Spiridion, russischer Oberst 177, 177 n.
Narischkin, russischer Oberkammerherr 264.
Narischkin, Gräfin 46.
Nassau, Friedrich Wilhelm, Herzog von 405.
Nassau, Prinz Wilhelm von 200, 272, 314.
Nassau, Prinzessin Henriette von 469 n, 474.
Neipperg, Graf Adam 24, 89, 201, 265, 314, 334, 379, 421, 425 n, 431, 438, 472, 475.
Neri Corsini Fürst siehe Corsini.
Nesselrode, Graf, russischer Staatsminister 20, 30, 40, 41 n, 42, 110 n, 116, 124, 131, 143, 155, 165, 168, 187, 194, 204, 209, 221, 227 n, 228, 230, 249, 250 n, 252 n, 272, 278, 338, 340, 354, 355, 413, 441, 475, 489 n.
Neukomm, Kompositeur 13, 69, 198, 199, 337, 347.
Neumann v., österreichischer Diplomat 315.
Neumann, preußischer Rechnungskalkulant 389.
Neustädter v., Konfident, 18, 94, 372.
Neuwied, Fürst von 185, 236, 483.
Ney, französischer Marschall 228, 228 n, 437.
Noailles, Alexis v., Vertreter Frankreichs 28, 244, 262, 318, 329, 398, 441.
Nogarolla, Graf 303.
Nugent, Graf, österreichischer General 464.

Obrenovič Milosch, Fürst von Serbien 474 n.
O'Donell, Moriz Graf, k. k. Kämmerer 303, 425 n.
O'Donell, Gräfin, Hofdame der Kaiserin von Österreich 317, 318 n.
Ojarowsky (Osherowsky), Graf Adam, russischer Generaladjutant 164 n, 172, 187, 353, 461.
Ompteda, Freih. v., hannöverscher Diplomat 225, 360, 462.
Orczy, Gräfin 45, 205 n.
Orloff, Gräfin 107, 407.
Ornano, Herzog von, französischer General 436.
d'Orsay, Dominica Gräfin 247.
Orurk, Graf, russischer Generalleutnant 144, 197.
Ossolinsky, Graf Josef, Hofbibliotheks-Präfekt 74 n, 253.
dall'Ost, italienischer Bataillons-Kommandant 154.
Otocki, Konfident 18, 287 n, 298.
Ott v., russischer Staatsrat 88, 164 n, 205, 250, 298, 378.
Otterstedt, Baron Friedrich, preußischer Diplomat 19, 146, 325, 348, 423.
Ouvarof, Generaladjutant Alexanders I. 149.
Oyen v., General, hessischer Obersthofmeister 220.

Paalzow, preußischer Regierungsrat 340, 430.
Pacca, Kardinal 115, 122.
Pankratiew, russischer Oberst und Flügeladjutant 145 n.
Pálffy, Ferdinand Graf 167, 187, 199 n, 375.
Pálffy, Franz Graf 167, 187, 253, 266, 329.
Palm, Fürstin 303.
Palmella, Graf, Vertreter Portugals 18, 441.
Pappenheim, Graf, bayrischer Generalleutnant 191, 191 n, 375, 380, 388, 392.
Paravicini, Grafen, Veltliner Abgeordnete 441.
Paris, ehem. österreichischer Offizier, Konfident 19, 293, 295, 322.
Paris, preußischer Exped.-Sekretär 340.
Paul I., Kaiser von Rußland 37, 51, 193, 203 n, 259, 273.
Pedro I., Kaiser von Brasilien 307 n.
Pereira, Baronin, Wiener Bankiersfrau 339, 430, 487.
Perez de Castro, Geschäftsträger Spaniens 121, 150.
Pergen v., Graf Joh. Anton, österreichischer Polizeiminister 2—4, 6, 7.
Pergen, Gräfin, 88, 170, 209, 240, 353, 377.
Persoon v., holländischer Diplomat 178, 315.
Petit-Aimée, Pariser Tänzerin, 272.
Pfaffenhofen, Baron 86, 123.
Pfeffel v., bayrischer Diplomat 70 n, 365, 366 n.
Philippsborn, preußischer Staatsrat 274, 472.
Phull, württembergischer General 364, 367, 372, 460.
Piatti, Oberthofmeister der Prinzessin Therese von Sachsen 363 n.
Pichler, Baron, Edelknabe 474.
Pilat, Sekretär Metternichs 217 n, 346.
Piquot, preußischer Legationsrat 91, 101, 102, 284, 285, 462.
Pius VII., Papst 81, 103, 104, 115, 118, 120, 122, 153, 188, 265, 345, 377, 382, 392, 393, 395, 398, 403, 422.
Planta, Sekretär Castlereaghs 393.

Plessen, Baron, Vertreter von Mecklenburg-Schwerin 75 n, 78, 132, 183, 184, 213, 215, 216 n, 307, 318, 436, 436 n, 465.
Polski, Graf Thaddäus, Pseudonym Koscziuszkos 481.
Potocka, Fürstin 21.
Potocki, Graf, russischer Generalmajor 378.
Potocka, Gräfin 45 n, 52 n, 305.
Pozzo di Borgo, russischer Gesandter in Paris 27, 191, 231, 237, 239, 331, 398.
Puffendorf, Baron Konrad Friedrich v., ehem. Reichshofrat 62, 86, 87 n, 129, 140, 170, 195, 209, 239, 288, 312, 318, 376, 386, 390, 394, 400, 403, 425, 440, 452, 465, 468, 471.

Quadt-Isny, Graf, 185 n.

Raab v., Hofsekretär bei der allgem. Hofkammer 240.
Raddi v., sizilianischer Sekretär 485.
Radecky, Graf, österreichischer General 83 n, 108, 147 n.
Radermacher, Hofrat der Staatskanzlei 147.
Radziwill, Fürst Anton 25, 164 n, 168, 272, 287, 295, 315, 441.
Rainer, Erzherzog 460, 471.
Rapp, französischer General 454.
Rasori, Arzt in Mailand 316.
Rasumowsky, Graf, russischer Diplomat 20, 39, 55, 88, 114, 124, 177, 181, 188, 233 n, 238, 249, 272, 291, 293, 304, 319, 321, 336, 338, 340, 341, 358 n, 384, 403, 484, 488, 489 n.
Raucour, Pariser Schauspielerin 410.
Rechberg, Alois Graf, bayrischer Gesandter in Wien 123, 135, 156, 163, 181, 200, 209, 210, 240, 252, 272, 288, 291, 293, 304, 305, 318, 319, 321, 330, 376, 390, 400, 403, 416, 441, 460, 482.
Rechberg, Karl Graf, bayrischer Kämmerer 18, 135, 156, 269.
Rechberg, Gräfin, geb. Goertz 52, 65 n, 201, 210, 230, 280, 283, 285, 321.
Recke v. d., preußischer Minister in Dresden 422 n.

Reden, hannöverischer Sekretär 472.
Reibnitz, Freih. v., preußischer Staatsbeamter 409.
Reichenbach, Graf Leopold, preußischer Oberstleutnant, in der Kanzlei Hardenbergs 28, 262, 263, 269 n, 270, 299, 300, 311, 348, 379, 386, 389, 403, 409, 423, 429.
Reiffenberg, Baron, ehem. holländischer Major, im österreichischen Generalstab 389.
Reinhard, Schweizer Bevollmächtigter 191, 285.
Reinhard, Gräfin 70 n, 324, 349 n, 355 n, 357.
Repnin, Fürst, russischer Gouverneur in Sachsen 88, 178, 230, 260, 298, 305.
Reuß-Greitz, Fürst v. 182, 364 n, 451.
Reuß-Greitz, Prinz v. 272.
Reuß-Ebersdorf, Fürst v. 465.
Richelieu, Herzog v., französischer Staatsmann 455, 459, 461.
Ried, Baron 234.
Ringel, bayrischer Rat 250.
Robert-Levin Ludwig, Schriftsteller 424.
Rocca Romana, Herzog v., Oberststallmeister Murats 109, 126, 165 n.
Röntgen v., naussauischer Sekretär 196.
Rohan, Prinz Viktor 164 n, 199, 329, 346.
Rohan Ludwig, Prinz, österreichischer General 22, 187.
Romer, Gräfin 487.
Rosenberg, Fürst 272.
Rosencranz, Baron, dänischer Minister des Äußern 92, 94, 96, 99, 101, 103, 109, 111, 138, 277, 318.
Rossi v., sardischer Geschäftsträger 403, 441.
Rother, preußischer Oberrechnungsrat 340, 430 n.
Rothschild, Frankfurter Bankier 84, 208.
Rottenhan, Graf 322.
Rouen, Sekretär Talleyrands 68, 72 n, 125, 428, 429.
Rudolf, Erzherzog 362.
Rüdt v. Collenberg, Baron, Vertreter der Reichsritterschaft 313, 322.
Ruffin, französischer Gesandter in Konstantinopel 434.

Ruffo, Graf, Kommandeur und Vertreter Siziliens 167, 173, 177, 191, 261, 272, 329, 330, 394, 398, 421, 470, 487, 488, 490.
Ruffo, Graf Xystus, Domherr von St. Stephan zu Wien 167, 353.
Rzewuski, Graf Kasimir 393.

Sacken, Baron, russischer General 461.
Sagan, Herzogin Wilhelmine v., geb. Kurland 21, 22, 35, 36, 46, 86, 150, 151, 154, 164, 182, 187, 233, 234, 235, 238, 240, 244, 263, 297, 331, 346, 352, 471.
St. Marc, Chevalier de, französischer Gesandtschaftssekretär 429.
Saint Marsan, Marquis v., Vertreter Sardiniens 20, 75, 76, 115, 118, 135, 164, 167, 168, 182, 218, 223, 256, 329, 330, 393, 394, 398 n, 441 n, 469.
Saint Martin d'Ayle, sardischer Gesandter in England 218.
Sala v. d., Baron 122, 202 n, 389.
Saldanha da Gama, Kommandeur, Bevollmächtigter Portugals 336, 393, 396, 418, 487.
Salins, Frau v. 239.
Salis-Sils, Graf, Vertreter von Graubünden 396, 396 n.
Salis-Soglio, Graf 420, 474.
Salm, Grafen 200, 332.
Salmour, Graf, sächsischer Diplomat 135, 167, 303, 339, 400, 409, 440, 469.
Sándor, Graf 205 n, 246.
Sardi, Deputierter von Lucca 395 n.
Sartori, Konfident des Nuntius 114.
Sartorius, sachsen-weimarischer Hofrat 132.
Sapieha, Fürstin 88.
Saurau, Graf, Hofkommissär für Illyrien 417.
Saurau, Gräfin 297, 301.
Scharff, Wiener Kaufmann 208.
Scharnweber, preußischer Staatsrat 258.
Schaumburg, Wiener Buchhändler 180 n.
Schenk v. Castell, Graf, siehe Castell.
Scherzer, Baron 9 n.
Schimmelmann, Graf Ernst Heinr., ehem. dänischer Finanzminister 277.

Schlegel Friedrich, Hofsekretär der Staatskanzlei 18, 115 n, 125, 325, 326.
Schlick, Graf Franz 297.
Schlitz-Goertz, Graf 303, 403.
Schmidt v. Phiseldeck, Vertreter von Braunschweig 132, 183, 185.
Schmidt, Wiener Polizeirat 20, 146, 155, 160, 191, 198, 246, 273, 302, 353, 389, 390, 397, 400.
Schmidt, Kaufmann aus Warschau, und Frau 341.
Schmitz v., Vertreter des Fürsten von Leiningen 132, 183, 185.
Schneider, P., Beichtvater des Königs von Sachsen 360.
Schoeler, preußischer General am russischen Hof 28, 43, 53, 142, 166, 167, 336.
Schönborn, Graf 77, 88, 168, 181, 195, 297.
Schönborn, Gräfin, geb. Colloredo 240, 489.
Schönborn, Gräfin, geb. v. d. Leyen 128.
Schönborn, Gräfin, geb. Stadion 128.
Schönborn-Wiesentheid, Graf v. 297.
Schönburg, Prinz 11 n, 185 n, 336.
Schönburg, Gräfin (?) 202.
Schöne, Prediger in Wien 389 n.
Schönfeld, Graf H. A., ehem. sächsischer Gesandter in Wien 102 n, 140, 210, 244, 364, 400.
Schönfeld, Graf, Gesandtschaftskavalier bei der österr. Botschaft in Berlin 188.
Scholten v., dänischer Kammerjunker 351.
Schröer, preußischer geheimer Hofrat 274, 430.
Schuhmacher, dänischer Kapitän 334.
Schulenburg-Closterode, Graf A. v. d., Vertreter Sachsens 102, 139, 167, 191, 287, 313, 362, 363, 378, 451, 459, 461 n, 462.
Schulenburg, Graf, Flügeladjutant Schwarzenbergs 20, 187, 188, 244.
Schulmeister Karl, Spion Napoleons 431.
Schwarz, russ. Bankier 351, 352 n.
Schwarz, Frau, Gattin des Vorigen 46, 341, 352 n.
Schwarzenberg, Fürst Karl, österreichischer Feldmarschall 27, 39, 40, 70 n, 73 n, 83 n, 88, 98, 108, 145, 146, 147, 151, 186, 194 n, 195, 200, 241, 280, 281 n, 289, 290, 299 n, 303, 310, 319, 334, 364, 380, 388, 447 n, 460.
Seilern, Graf Jos. Aug., österreichischer Kämmerer 377.
Sémonville, französischer Staatsmann 368.
Senfft-Pilsach, Graf, ehem. sächsischer Minister, 83, 234.
Sens, französischer Sekretär 429.
Sensburg v., badischer Staatsrat 63, 64 n, 197, 211.
Serra-Capriola v., Herzog, Vertreter Ferdinands IV. von Sizilien 124, 134, 268, 315, 352, 484, 487, 488.
Severoli, Kard., päpstlicher Nuntius in Wien 18, 27, 81, 104 n, 114, 115, 120, 121, 126, 167, 236 n, 303 n, 345, 393, 395, 402, 421, 422, 427.
Siber, Hofrat, Wiener Oberpolizeidirektor 14, 15, 81 n, 93, 113, 125, 154, 182.
Sickingen Wilhelm, Graf, österreichischer Kämmerer 22, 77, 78 n, 129, 173, 261.
Sidney Smith, britischer Admiral 195, 307, 321, 330, 330 n.
Sieminski Stanislaus, Graf, österreichischer geheimer Rat 88, 242.
Sinclair, Baron, hessen-hamburgischer Geheimrat 261, 389.
Sinclair, Lady 123.
Sinzendorf, Prosper Graf 17, 335.
Skall, österreichischer Hofbeamter 45 n.
Skarbek, Graf Ignaz, k. k. Kämmerer 75 n, 88, 174, 242, 298, 311, 312, 319, 320.
Smidt Johann, Senator und Vertreter von Bremen 132, 354, 465.
Sokolewski, warschauischer Minister 295.
Solms-Laubach, deutscher Reichsgraf 16, 73, 74, 87 n, 107, 117, 129, 170, 244, 260, 261, 288, 313, 314, 317, 325, 339, 354, 390, 392, 394, 451, 452, 465, 488.
Sommer, Rat des deutschen Ordens in Wien 446.
Soult, Marschall, französischer Kriegsminister 71, 428, 434.

Spaen v. Voorstonden, Baron Gerhard, Bevollmächtigter für Holland 137, 147, 157, 241, 347 n, 489.
Speth, Baron 97 n, 167.
Speth, Baronin, geb. Sickingen 97.
Spaur, Graf, österreichischer Kämmerer 156.
Spiegel, Baron, Regierungsrat in der Wiener Staatskanzlei 147, 296.
Spiegel, Domdechant 207, 303.
Spontini, Musiker 199 n.
Squarcioni, Bevollmächtigter von Ferrara 315.
Stackelberg, Graf, russischer Botschafter in Wien 20, 41 n, 51, 55, 88, 115, 136, 155, 182, 188, 195, 210, 243, 249, 261, 272, 319, 336, 338, 352, 374, 384, 427, 428, 441, 460, 483, 484, 487, 489 n.
Stadion, Graf Philipp, österreichischer Finanzminister 12, 12 n, 39, 77, 78, 81, 83, 110, 112, 121, 122, 168, 186, 209, 210, 232, 234—237, 240, 241, 245, 247, 280 n, 281, 289, 297, 299 n, 316 n, 318 n, 326, 327 n, 332, 335, 342, 357, 376, 415 n, 419, 448, 472.
Stadion, Gräfin, dessen Gemahlin 243.
Stadnicki, Joh. Graf, österreichischer Kämmerer 88, 242.
Staegemann, F. A. v., preußischer geheimer Oberfinanzrat 65 n, 75 n, 201, 246, 260, 274, 332, 376, 387, 390, 403, 423 n, 429, 471, 472.
Stampa, Vertreter des Veltlin 321, 422 n, 441.
Starhemberg, Fürst Ludwig, österreichischer Diplomat 77, 88, 166—168, 181, 200, 209, 235, 263, 472, 484.
Staudinger, Wiener Arzt 425.
Stechfuß, sächsischer Finanzrat 178.
Steigentesch, Freiherr v., österreichischer General und Diplomat 63, 92, 100, 244, 334.
Stein, Freiherr Karl v., deutscher Staatsmann 19, 23, 27, 28, 35, 36 n, 40 n, 41, 57, 60, 73, 74, 75 n, 76, 81, 87 n, 107, 116, 117, 126, 128, 133, 140, 144, 146 n, 154, 155, 161, 165, 166, 170, 178, 181, 196, 236, 243, 252 n, 253, 255, 257, 259, 260, 270, 272, 274, 283, 289, 291, 296, 298, 306, 313 n, 317, 319, 321, 223, 327, 329, 332, 348, 349 n, 355, 361 n, 373, 374, 381, 383, 386, 394, 407, 408, 417, 436, 441, 451, 460 n, 471, 483.
Steinlein v., bayrischer Legationssekretär 104, 109.
Stephany, Kammerdirektor, Bevollmächtigter von Solms-Braunfels 185n.
Stewart, Lord, englischer Gesandter in Wien 36, 191, 233, 235, 244, 261, 288, 305, 315, 336, 345, 377, 381, 399, 441, 453, 469.
Stojowsky v., 483.
Streicher, Musiker in Wien 430.
Strzyczewski, polnischer Politiker 242 n, 312.
Strzechocki, polnischer Politiker 147 n, 174.
Sumeraw, Baron, ehem. österreichischer Polizeiminister 7, 8 n, 10 n, 12, 425, 453.
Suworoff, Fürstin, Hofdame der russischen Kaiserin 388.
Szanyawski, polnischer Politiker 295, 298, 397.
Széchényi, Gräfin Karoline 375.
Széchényi Joseph, Graf 375.
Széchényi Franz, Graf 311.
Széchényi Stephan, Graf 310.
Széchényi-Guilford, Gräfin 44—46, 188, 266, 268.
Szuyski, polnischer Politiker 174.

Taillade, französischer Kapitän 226.
Talleyrand, Fürst, franz. Minister des Äußern 21—23, 26, 27, 28, 37 n, 44, 61, 66—72, 76—79, 85 n, 87, 88, 122, 125, 128, 135, 138, 139, 141, 149, 150, 157, 159, 162, 163—164, 165, 167 bis 170, 172, 189, 191—195, 198, 199, 200, 203, 204, 221—223 n, 225—227, 230, 232, 234, 236, 237, 243, 248, 254, 266, 267, 272, 273, 276, 278, 286, 287, 290, 292, 308, 313, 320, 325, 329, 330, 336, 340, 346, 349 n, 352—354, 358, 359, 362, 363, 364, 370, 371, 375, 377, 378, 381, 386, 391, 393, 398, 407, 410, 412, bis 414, 421, 422, 424—431, 434, 435, 437, 440, 441, 453, 457, 460, 462 n, 467, 472, 474 n, 480 n, 487.

Personen-Register.

Talleyrand-Perigord Edmund, Graf, französischer Diplomat 164 n.
Tambroni, ehem. italienischer Diplomat 422 n.
Tascher de la Pagerie, Graf Ludwig 183 n.
Tempsky, Prager Buchhändler 180 n.
Tettenborn v., russischer General 423.
Therese, Prinzessin von Sachsen, Schwester Kaiser Franz I. 24, 26, 68 n, 97, 102, 167, 234, 341, 362, 367, 369, 371, 458, 476.
Thiele v., preußischer Generaladjutant 55, 386.
Thugut Franz, Baron, ehem. österreichischer Minister des Äußern 62, 78, 129, 140, 195, 202, 210, 218, 232, 319, 330, 448, 452, 481.
Thurn-Taxis, Fürstin Therese Mathilde, geb. Mecklenburg 123, 168, 173, 181, 336, 378, 416, 417, 451.
Torres, Graf, Domherr von Wien 353.
Trauttmansdorff, Fürst, k. k. Obersthofmeister 86, 125, 191, 266, 329, 330, 339, 430, 448, 469, 473, 483.
Triangi, Graf 426.
Trubetzkoi, Fürst, Generaladjutant des Zaren 288.
Truchseß, Graf 185 n.
Tschebulz Franz, Wiener Arzt 425, 426 n.
Türkheim, Baron Johann, Vertreter von Hessen-Darmstadt 123, 185, 232, 254, 266, 307, 318, 465, 483.
Tyszkiewicz-Poniatowska, Fürstin 409.

Ubaldi, Attentäter auf das Leben Napoleons 418.
Ugarte Alois, Graf, k. k. Oberster Kanzler 187.
Uhde, Sekretär des Prinzen August von Preußen 338, 389.
Uworoff, Graf, russischer Generaladjutant 297, 319, 353.
Ulrich, Baron, Vertreter des deutschen Ordens 303.

Varnhagen v. Ense, preußischer Schriftsteller und Diplomat 390, 394 n, 423, 424.

Varnhagen, Rahel 90.
Vecchietti, Marquis v., Vertreter für Bourbon-Parma 396.
Vegesack, preußischer Major 83.
Veith, Konfident des Fürsten Hardenberg 22, 312, 333, 336.
Vera, Advokat, Vertreter des Fürsten von Piombino 164, 189.
Verhovácz, Bischof von Agram 372.
Vernègues, französischer Emigrant und russischer Staatsrat 211, 329, 330.
Viktor Emanuel I. von Sardinien 13, 30, 218, 281.
Vincent Karl, Freiherr v., österreichischer General und Diplomat 457.
Voß v., preußischer Staatsmann 256 n.
Vrints-Berberich, Baron, Vertreter von Thurn-Taxis 167, 488.

Karadja, Fürst der Walachei 24, 45 n, 67 n, 217, 225, 489 n.
Waldstein, Gräfin, geb. Rzewuska 258, 266.
Wallis, Graf, österreichischer Staats- und Konferenzminister 168, 240, 244.
Wallenstein (Wallerstein?), Graf und Gräfin 329, 330.
Waltersdorf v., dänischer General und Diplomat 468.
Wangenheim Karl Aug. v. 367.
Washington, Baron, bayrischer Hofmarschall 315.
Watzdorf, sächsischer General und Diplomat 102, 365, 462.
Weißenwolf Nikolaus, Graf, österreichischer General 258.
Welden, Freiherr v., österreichischer Oberstleutnant 51, 179.
Wellington, Herzog v., britischer Feldherr 47, 153, 368, 375, 377, 379 bis 381, 383, 385, 388, 393, 394, 400, 412, 414, 457, 458, 462, 470, 480.
Wellington, Herzogin v. 432.
Werner Zacharias, deutscher Dichter und Kanzelredner 13, 54, 159, 160, 170, 171, 385, 400, 441.
Wessenberg Johann, Freiherr v., österreichischer Bevollmächtigter 11 n, 16, 17, 83 n, 108, 166 n, 232, 236, 280 n,

283 n, 289, 305, 313, 331, 333, 359, 416, 440 n, 451, 474.
Westfalen, Graf 86, 133, 297.
Weyland v., Konfident 18, 207, 208, 293, 322.
Whitbread, englischer Parlamentarier 467.
Widtmann, Prager Buchhändler 180 n.
Wieland, Schweizer Bevollmächtigter 191.
Wieland, Frau 424.
Wielohorski Matthias, polnischer Politiker 242.
Wilczek, Graf, k. k. Hofmarschall 335.
Wilhelm, Prinz von Preußen 267, 463.
Wilhelm, Prinz von Oranien 13, 99, 137, 307, 401.
Wilhelm, Kronprinz von Württemberg 24, 56, 58, 59, 108 n, 112, 113, 117, 133, 134, 153, 155, 161, 170, 173, 182, 183, 192, 239, 272, 304, 306, 331, 344, 364, 367, 372, 383, 386, 405, 441, 457, bis 461, 477.
Windischgrätz, Veriand, Graf 467.
Wintzingerode Georg Ernst, Graf, württembergischer Staatsminister 300, 358, 361, 457, 458 n, 460 n, 461 n.
Wintzingerode Ferdinand, Graf, russischer General 112 n, 116, 119, 224 n,
Witt, Graf de, russischer General 21, 27, 41 n, 162.
Wittgenstein, Graf, russischer General 119, 144, 167, 346, 386.
Wohlfahrt, Konditor in Wien 441, 452.
Wolkonsky, Fürst, russischer Generaladjutant 21 n, 41 n, 147 n, 154, 155, 288, 308, 319, 353, 354, 394, 471, 472.
Wolkonsky, Fürstin 114.
Wolters, Mademoiselle, Kurtisane 21 n.
Wolzogen, Freih v., russischer General 40, 334.
Woronzoff, Fürst 159.
Wrbna, Graf, k. k. Oberstkämmerer 202, 403.
Wrbna, Gräfin 49, 402, 473.
Wrede, Fürst, bayrischer Feldmarschall und Bevollmächtigter 39, 59, 75 n, 77,
88, 134, 173, 181, 182, 200, 230, 241, 265, 269, 272, 289, 294, 303, 313, 365, 366 n, 388, 390, 392, 400 n, 407, 436, 437, 441.
Wurmbrand, Graf, k. k. Zeremonienmeister 149, 471.
Wurmser v., Graf, ehem. Gouverneur in Galizien 145.
Wylie, Dr. Jakob, Baronet, russischer Leibarzt 27, 293, 295, 308, 322, 336, 339, 387, 394, 447, 452.

Yermeloff, russischer General 144.

Zamoyski, Graf 242 n, 393.
Zastrow v., preußischer Landrat 257, 258.
Zeppelin, Graf, württembergischer Minister 146 n.
Zerboni di Sposetti, preußischer Geheimer Rat 54, 74 n, 141, 142, 156, 161, 189, 191, 246, 408, 409, 441.
Zerleder, Schweizer Bevollmächtigter 191, 321, 334, 375, 403.
Zeschau v., sächsischer General 463.
Zichy, Graf Karl, Staats- und Konferenzminister 55 n, 75 n, 188, 232, 232 n, 233 n, 240, 259, 297, 385, 400, 439, 467, 471, 472, 475.
Zichy, Graf Stephan, österreichischer Gesandter in Berlin 103 n, 168, 195, 244, 329, 337, 347, 377, 386, 420, 424, 439, 450, 482, 487.
Zichy, Gräfin Julie 35, 38, 44, 45, 55, 148, 173, 182, 187, 234, 242, 297, 319, 336, 388, 475.
Zichy, Gräfin Marie 45, 148.
Zichy, Gräfin Sophie 45, 151, 170, 188, 375.
Zichy, Graf Franz 467.
Zichy-Ferraris, Gräfin 319, 473.
Zielinska, Madame 88, 158, 399, 426, 427, 447.
Zobel, Baron, Vertreter der Reichsritterschaft 313, 322.
Zwieliniew, Graf, russischer Generalleutnant 197.